国家出版基金项目
NATIONAL PUBLICATION FOUNDATION

中国文化遗产
ZHONGGUO WENHUA YICHAN

中国文物志

文献辑存 I

法律·行政法规·地方性法规（选录）·
中共中央、国务院文件

何洪　副总编纂
董保华　总编纂
中国文物志编纂委员会　编

文物出版社

图书在版编目（CIP）数据

中国文物志. 文献辑存：全三册／中国文物志编纂委员会编；董保华总编纂. —北京：文物出版社，2024.3

ISBN 978 - 7 - 5010 - 6837 - 1

Ⅰ.①中…　Ⅱ.①中…②董…　Ⅲ.①文物工作—文件—汇编—中国　Ⅳ.①K87

中国版本图书馆 CIP 数据核字（2021）第 098065 号

中国文物志·文献辑存

编　　者：中国文物志编纂委员会
总 编 纂：董保华
副总编纂：何　洪

封面题签：苏士澍
责任编辑：许海意　王海东
责任印制：张道奇
封面设计：谭德毅

出版发行：文物出版社
社　　址：北京市东城区东直门内北小街2号楼
邮　　编：100007
网　　址：http：//www.wenwu.com
经　　销：新华书店
印　　刷：文物出版社印刷厂有限公司
开　　本：889mm×1194mm　1/16
印　　张：140.25
版　　次：2024年3月第1版
印　　次：2024年3月第1次印刷
书　　号：ISBN 978 - 7 - 5010 - 6837 - 1
定　　价：980.00元（全三册）

编纂团队

总编纂

董保华

副总编纂

张自成　李　季　刘小和　董　琦
黄　元　乔　梁　何　洪

本编副总编纂

何　洪

资料收集整理

许海意　王海东

审稿专家

田　嘉　刘曙光　李晓东　彭常新
王　军　李耀申

不忘来时路　扬帆新征程

历史是现实的源头活水。习近平总书记指出，历史是最好的教科书。以史为鉴，可以知兴亡之根本，可以察民心之所盼，可以明资政之方略。一切向前走，都不能忘记走过的路；走得再远、走到再光辉的未来，也不能忘记走过的过去，不能忘记为什么出发。不忘来时的路，才能走好前行的路。学习、总结历史对党和国家事业改革发展重要作用如此，对行业和区域的改革发展重要作用亦如此。

编志修史是中华民族悠久的历史文化传统。新中国成立后，党和国家高度重视社会主义新方志的编修工作。早在六十多年前，王冶秋局长就提出过编修中国文物志的设想。改革开放后，国家先后启动了两轮新方志编修，一些省市地方志或在资源卷中记述文物资源，或设置文物资源分卷。近年来，部分省市县三级文物部门，根据工作需要陆续编修了一些区域性文物资源志，有关行业协会、文博机构相继推出了工作年鉴、博物馆志等志书类出版物。所有这些，都为中国文物志的编修做了业务储备和人才准备。在这种背景下，不少领导、专家先后提出过编修国家级文物志的设想和建议。

习近平总书记对文物工作发表了系列重要论述，作出系列重要指示批示，就我国考古最新发现及其意义、深化中华文明探源工程和用好红色资源、赓续红色血脉等主持中央政治局集体学习，多次考察文物博物馆单位，要求加大文物和文化遗产保护力度，用好考古和历史研究成果，让文物活起来，走出一条符合国情的文物保护利用之路，正确反映中华民族文明史，推出一批研究成果。进入新时代，党和国家前所未有重视关怀文物工作，事业体系逐步健全，专业队伍不断壮大，重要成果层出不穷，学术研究和技术发展水平持续提高，国际学术话语权明显提升，社会关注度、参与度空前高涨。

国家文物局因时应势，2014 年起组织编纂《中国文物志》。各地文物部门、文博单位和有关高校、科研机构积极参与，文博专家、方志专家悉心指导。总编纂董保华同志组织带领数百人的编纂团队青灯黄卷，孜孜以求，爬梳剔抉，删繁就简，钩沉拾遗，披沙拣金，历经七年的不懈努力，呈现出一部资料翔实、内容丰富、记述有序的大型志书——《中国文物志》。

修志为用，存史资政。《中国文物志》系统反映了我国文物资源状况和重要价值，翔实记述了我国文物工作的发展历程和文物事业的辉煌成果，生动呈现了一代代文物工作者不畏艰辛、筚路蓝缕、求真务实、守正创新的精神风貌。翻阅厚厚的志稿，深感七十余年来文物事业因应时代之需、人民之需，伴随着中华民族从站起来、富起来到强起来的历史飞跃，从配合重要基础建设艰难启程时的"重点保护、重点发掘""既对基本建设有利，又对文物保护有利"，到适应改革开放不断深入、经济社会高速发展形势的"保护为主、抢救第一、加强管理、合理利用"，再到新时代以来贯彻新发展理念、构建新发展格局、推进高质量发展的"保护第一、加强管理、挖掘价值、有效利用、让文物活起来"，走过非凡的发展历程。文物法律法规体系逐步形成并日趋完善，财政投入持续加大，文物资源管理质效大幅提升，文物保护力度明显加强，博物馆公共文化服务效能充分彰显，文物考古研究阐释不断深化，文物领域科技支撑能力有力提升，文物国际交流合作持续拓展，文物传播力影响力显著增强，中国特色文物保护利用之路正越走越宽广。

彰往而察来。《中国文物志》即将出版，回望事业发展历程，我们深知文物作为国家文明"金色名片"的重要性，更感文物工作职责使命之光荣。殷切希望广大文物工作者学好用好《中国文物志》，传承好、发扬好事业发展宝贵经验，汲取智慧，深刻把握文物事业发展规律，切实增强文物工作者的历史使命感和责任感。学习先辈择一事、终一生奋斗精神，坚守使命，甘于奉献，求真务实，激发创新创造活力，全力推进新时代文物保护利用工作。做好志书宣传，利用新媒体多渠道充分挖掘文物和文化遗产的多重价值，传播更多承载中华文化、中国精神的价值符号和文化产品，增强全社会文物保护意识，营造发展传承中华文明的浓厚氛围。不忘来时路，扬帆新征程，为全面建设社会主义文化强国、实现中华民族伟大复兴而团结奋斗。

文化和旅游部副部长、国家文物局局长　李　群

2023 年 10 月

谨终如始　善作善成

盛世修典，鉴往知来。为深入贯彻习近平总书记关于文物工作重要论述和重要指示批示精神，全面落实国务院第五次全国地方志会议精神和《全国地方志事业发展规划纲要（2015—2020年）》部署，2014年6月，国家文物局正式启动《中国文物志》编纂工作。

2015年，《中国文物志》编纂工作全面展开。国家文物局高度重视，将《中国文物志》编纂工作纳入《国家文物事业发展"十三五"规划》和年度工作重点，定期听取工作汇报、部署推进编纂工作。局机关各司室主动协调、指导相关志稿内容设置和修改。全国文博单位鼎力支持，积极提供资料，确定撰稿人员，确保撰稿质效。文物出版社作为项目承担单位，切实加强管理，做好各项保障工作。

编纂委员会办公室和编纂团队紧紧依靠国家文物局及有关文博单位、各地文物部门和相关高等院校、科研院所，充分发挥文博专家和方志专家作用，克服专职人员不足、撰稿人员分散、资料基础薄弱等困难，根据章节内容细分撰稿任务，形成责任清单；编制撰写说明，明确撰稿要求；创新推进形式，组织审稿专家与撰稿人对接研讨，及时发现解决问题、督促进度；聘请文博专家审改专业内容、方志专家统顺体例，切实保障志稿质量。

编纂团队始终坚持大局意识、正确导向，重大问题及时向国家文物局请示汇报，确保志书的国家高度和专业水准；始终坚持精品意识、质量优先，严格按照志书编纂体例要求，组织撰写，确保志书稿件统一规范；始终坚持守正创新、突出特色，创设"管理编"记述文物工作的艰辛历程，创设"事业编"记述文物事业的发展成就；始终坚持勤俭节约、严格管理，确保编纂工作规范推进。

"无冥冥之志者，无昭昭之明；无惛惛之事者，无赫赫之功。"总编纂董保华同志带领编纂团队秉持初心、甘于奉献，组织数百名专业人员撰写初稿、百余名专家审改稿件，经过七年艰辛努力，圆满完成了包括总述、大事记、不可移动文物编、可移动文物编、文物管理编、文物事业编、人物传、文献辑存8个部类16分册1200多万字、7000余张图片的大型国家志书——《中国文物志》的编纂工作。

2021 年 3 月，国家文物局组织完成了《中国文物志》书稿的终审。事非经过不知难。一路相伴走来，我们深切体会编纂工作筚路蓝缕的艰辛、善作善成的坚忍和文稿告竣后的喜悦。衷心祝贺《中国文物志》付梓出版！

值此全面建设社会主义现代化国家开启新征程、向第二个百年奋斗目标进军的重要历史节点，《中国文物志》的出版，必将能够发挥为党立言、为国存史、为民修志的作用，为推动新时代文物事业发展、建设社会主义文化强国做出应有贡献。

国家文物局原局长　刘玉珠

2023 年 10 月

修志存史　正当其时

官修志书是中华民族悠久的文化传统。新中国成立以来，党和政府十分重视志书编修工作，党和国家领导人多次倡导、指导志书编修工作。改革开放以来，国务院颁布《地方志工作条例》，先后启动了两轮新志书编修工作。2014 年 2 月 25 日，习近平总书记在首都博物馆考察时明确要求："要在展览的同时高度重视修史修志，让文物说话，把历史智慧告诉人们，激发我们的民族自豪感和自信心，坚定全体人民振兴中华、实现中国梦的信心和决心。"同年 4 月 19 日，国务院召开第五次全国地方志工作会议，会议强调要把地方志作为重要的文化基础事业切实抓好。

国家文物局认真贯彻落实习近平总书记重要指示和第五次全国地方志工作会议精神，决定组织编纂《中国文物志》，立足行业、面向社会、服务公众，全面反映我国文物资源状况，翔实记述文物事业发展历程。2014 年 6 月，国家文物局设立中国文物志编纂委员会及其办公室，特聘编委会顾问和指导专家，组建编纂团队，聘任董保华同志为总编纂。同年 7 月 21 日，中国文物志编纂委员会第一次全体会议召开，确立《中国文物志》行业志书的基本定位及内容框架，明确记述地域范围和记述时限，并作出工作部署，要求各省级文物行政部门、各参编单位加强组织领导、强化责任落实，把《中国文物志》作为文物事业发展的重大文化典籍工程抓实抓好。编纂工作正式启动。

编纂委员会办公室依托文物出版社组建秘书处，承担组织协调和相关保障工作；依照文物资源、文物管理、文物事业等各编内容设置，结合资料基础和工作实际，以订单形式向参编单位搜集资料，开展业务培训，明确编撰要求，组织初稿撰写；建章立制，规范管理，保障编纂工作有效运行。

经过七年编纂、两年编校，《中国文物志》付梓在即，可喜可贺。全书体大虑周、内容丰富，见物见事见人，是文物行业老、中、青三代学者的智慧荟萃与精神传承，对于存史资鉴、探究文物事业改革发展规律、弘扬传承中华优秀传统文化具有重要而深远的意义。

值此新的历史起点、开启新的百年征程之际,《中国文物志》的编纂出版正当其时,必将在加强文物保护利用、推动文物事业高质量发展中发挥独特作用!

原文化部副部长、国家文物局原局长　励小捷

2023 年 10 月

《中国文物志》凡例

一、指导思想

本志编纂坚持以毛泽东思想、邓小平理论、"三个代表"重要思想、科学发展观、习近平新时代中国特色社会主义思想为指导，运用辩证唯物主义和历史唯物主义的观点方法，客观记述中华人民共和国境内文物资源状况和文物管理，文物事业的历史与现状、发展与变化。为经济社会提供资政存史的国情资料，为人民群众提供爱国主义和革命传统教育的人文素材。

二、主体内容

本志以文物资源状况和文物管理工作、文物事业发展为主体内容。全书共设《总述》《大事记》《不可移动文物资源》《可移动文物资源》《文物管理》《文物事业》《人物》《文献辑存》八个部分。

三、记述时限

本志记述时间范围，上限不限，下限截至 2017 年 12 月 31 日，重点反映 1949 年中华人民共和国成立以来文物资源的变化，以及文物管理和文物事业的发展历程。

四、记述范围

本志记述中华人民共和国境内（不包括香港、澳门特别行政区及台湾地区）的文物资源、文物管理与文物事业，以及对文物事业有突出贡献的已故人物。并辑存重要文献。

五、体裁结构

本志体裁形式为述、记、志、传、图、表、录七种体裁，以志为主。为增强志书的整体性，全志设总述，篇设综述，章设简述。图与表，随文插入相关章节。

本志采用大编体式，主体为篇章结构，设置篇、章、节、目四个层次，个别章依据记述需要，可增设子目层次。本志采用语体文、记叙体。

六、编纂原则

本志总述、综述采用述议结合的记述方法；大事记采用编年体记述方法；主体志坚持横分门类、纵述史实、详近略远、述而不论的原则；人物传坚持生不立传的原则；文献辑存采用分类以时为序收录原文的做法。

七、行文规则

记述语言要求朴实、简洁、流畅。标题做到简短精炼、题概文意。

文字书写一律以 1964 年中国文字改革委员会规定的《简化字总表》和文化部、文字改革委员会联合发布的《第一批异体字整理表》为准。志稿中的古籍引文和姓氏、地名、专用名，如果简化后容易引起误解或失去原意的，仍用繁体字或异体字。

本志执行 2011 年 12 月中华人民共和国国家质量监督检验检疫总局和中国国家标准化管理委员会发布的中华人民共和国标准《标点符号用法》（GB/T 15834—2011）。

本志使用的数据，以国家统计部门公布的法定数据为准。统计部门没有统计的，可采用文物主管部门的统计数据。数字书写，以中华人民共和国国家标准《出版物上数字用法的规定》（GB/T 15835—2011）为准。

本志使用的量、单位及名称，原则采用国家法定计量和单位名称、符号，以 1993 年国家技术监督局公布的中华人民共和国国家标准《量和单位》（GB 3100—3102—93）为准。

称谓要简洁明确。志稿行文，一般使用第三人称。机构名称、人员身份等术语，第一次出现可使用全称，并括注简称，以后出现时均使用简称。地名一律使用现行标准地名。

清代以前要使用历史纪年，并括注公元纪年。民国时期要使用民国纪年，并括注公元纪年。1949 年中华人民共和国成立以后，一律使用公元纪年。时间一律写具体的年、月、日，尽可能不使用不确切的时间概念，

外国的国名、地名、人名、党派、机构、团体、报刊等译名，以新华通讯社的译名为准，如

无，则用国内通用译名。

八、资料使用

本志资料，均来自历史档案和各级文物管理部门提供的文字资料，经考证后入志，一般不注明出处。特定事物或尚属存疑的，采用夹注和页末注。

《文献辑存》编纂说明

一、《文献辑存》收录与《中国文物志》主体志有关的重要文献及资料，印证主体志史实、加强记述深度、丰富志书内容，增加全志的科学性和整体性。

二、收录时限上溯至中华人民共和国成立，下限截至 2017 年 12 月 31 日。

三、收录包括现行和废止文件。

四、按照中央、部委等层级关系，收录内容包括法律，行政法规，地方性法规，中共中央、国务院文件，部门文件，国家文物局文件，领导讲话七类，每类按时间顺序排列。

五、《中华人民共和国文物保护法》，全文收录 1982 年、2002 年、2017 年三个完整版本，其他版本只收录修改条款。

六、行政法规全文收录首次发布和最新修订版本，其他版本只收录修改条款。

七、地方性法规，由于体量较大，限于篇幅，选录省级人大常委会公布重要法规文件。

八、中共中央、国务院文件全文收录中共中央、国务院、中共中央办公厅、国务院办公厅发布或批转关于文物保护管理的文件。

九、部门文件全文收录文化部与其他部委、国家文物局与其他部委联合发布关于文物工作的文件。限于篇幅，采取选录方式，不收录关于阶段性工作、临时事件的文件。

十、国家文物局文件收录国家文物行政管理部门等发布关于文物工作的文件，限于篇幅，采取选录方式，不收录关于阶段性工作、临时事件的文件。其下按文物工作类别分列文件。

十一、规划类文件不具备独立法律地位，但体现了文物工作在国家社会经济发展中的重要地位，故在此单独分类。收录文化部、国家文物局发布的文物事业五年发展规划、国家文物局及与其他部委联合发布的文物保护专项规划。

十二、领导讲话收录党和国家领导人、文化部部长、国家文物局局长在重要会议上的讲话。重要会议范围包括全国文物工作会议、全国革命文物工作会议、全国文物局长会议、全国文物安全工作部际联席会议、全国考古工作会议、全国博物馆工作会议等。讲话领导首次出现时在页下注中介绍职务，非有职务变动，不再说明。

十三、不收录国际公约双边协定及国际、国内论坛通过的关于文物保护的宣言、倡议。

十四、限于资料情况和收集编纂能力，个别年份文件收录不全；因收于一书，个别文件体例有所改动，可能与原文件不符。

总 目 录

本册目录

法　律

行政法规

地方性法规（选录）

中共中央、国务院文件

法律

中华人民共和国文物保护法

中华人民共和国第五届全国人民代表大会常务委员会令

第十一号

《中华人民共和国文物保护法》已由中华人民共和国第五届全国人民代表大会常务委员会第二十五次会议于 1982 年 11 月 19 日通过，现予公布实施。

委员长　叶剑英

一九八二年十一月十九日

第一章　总　则

第一条　为了加强国家对文物的保护，有利于开展科学研究工作，继承我国优秀的历史文化遗产，进行爱国主义和革命传统教育，建设社会主义精神文明，特制定本法。

第二条　在中华人民共和国境内，下列具有历史、艺术、科学价值的文物，受国家保护：

（一）具有历史、艺术、科学价值的古文化遗址、古墓葬、古建筑、石窟寺和石刻；

（二）与重大历史事件、革命运动和著名人物有关的，具有重要纪念意义，教育意义和史料价值的建筑物、遗址、纪念物；

（三）历史上各时代珍贵的艺术品、工艺美术品；

（四）重要的革命文献资料以及具有历史、艺术、科学价值的手稿、古旧图书资料等；

（五）反映历史上各时代、各民族社会制度、社会生产、社会生活的代表性实物。

文物鉴定的标准和办法由国家文化行政管理部门制定，并报国务院批准。

具有科学价值的古脊椎动物化石和古人类化石同文物一样受国家的保护。

第三条　国家文化行政管理部门主管全国文物工作。

地方各级人民政府保护本行政区域内的文物。各省、自治区、直辖市和文物较多的自治州、县、自治县、市可以设立文物保护管理机构，管理本行政区域内的文物工作。

一切机关、组织和个人都有保护文物的义务。

第四条 中华人民共和国境内地下、内水和领海中遗存的一切文物，属于国家所有。

古文化遗址、古墓葬、石窟寺属于国家所有。国家指定保护的纪念建筑物、古建筑、石刻等，除国家另有规定的以外，属于国家所有。

国家机关、部队、全民所有制企业、事业组织收藏的文物，属于国家所有。

第五条 属于集体所有和私人所有的纪念建筑物、古建筑和传世文物，其所有权受国家法律的保护。文物的所有者必须遵守国家有关保护管理文物的规定。

第六条 文物保护管理经费分别列入中央和地方的财政预算。

第二章　文物保护单位

第七条 革命遗址、纪念建筑物、古文化遗址、古墓葬、古建筑、石窟寺、石刻等文物，应当根据它们的历史、艺术、科学价值，分别确定为不同级别的文物保护单位。

县、自治县、市级文物保护单位，由县、自治县、市人民政府核定公布，并报省、自治区、直辖市人民政府备案。

省、自治区、直辖市级文物保护单位，由省、自治区、直辖市人民政府核定公布，并报国务院备案。

国家文化行政管理部门在各级文物保护单位中选择具有重大历史、艺术、科学价值的作为全国重点文物保护单位，或者直接指定全国重点文物保护单位，报国务院核定公布。

第八条 保存文物特别丰富、具有重大历史价值和革命意义的城市，由国家文化行政管理部门会同城乡建设环境保护部门报国务院核定公布为历史文化名城。

第九条 各级文物保护单位，分别由省、自治区、直辖市人民政府和县、自治县、市人民政府划定必要的保护范围，作出标志说明，建立记录档案，并区别情况分别设置专门机构或者专人负责管理。全国重点文物保护单位的保护范围和记录档案，由省、自治区、直辖市文化行政管理部门报国家文化行政管理部门备案。

第十条 各级人民政府制定城乡建设规划时，事先要由城乡规划部门会同文化行政管理部门商定对本行政区域内各级文物保护单位的保护措施，纳入规划。

第十一条 文物保护单位的保护范围内不得进行其他建设工程。如有特殊需要，必须经原公布的人民政府和上一级文化行政管理部门同意。在全国重点文物保护单位范围内进行其他建设工程，必须经省、自治区、直辖市人民政府和国家文化行政管理部门同意。

第十二条 根据保护文物的实际需要，经省、自治区、直辖市人民政府批准，可以在文物保护单位的周围划出一定的建设控制地带。在这个地带内修建新建筑和构筑物，不得破坏文物保护单位的环境风貌。其设计方案须征得文化行政管理部门同意后，报城乡规划部门批准。

第十三条 建设单位在进行选址和工程设计的时候，因建设工程涉及文物保护单位的，应当事先会同省、自治区、直辖市或者县、自治县、市文化行政管理部门确定保护措施，列入设计任务书。

因建设工程特别需要而必须对文物保护单位进行迁移或者拆除的，应根据文物保护单位的级别，经该级人民政府和上一级文化行政管理部门同意。全国重点文物保护单位的迁移或者拆除，由省、自治区、直辖市人民政府报国务院决定。迁移、拆除所需费用和劳动力由建设单位列入投资计划和劳动计划。

第十四条　核定为文物保护单位的革命遗址、纪念建筑物、古墓葬、古建筑、石窟寺、石刻等（包括建筑物的附属物），在进行修缮、保养、迁移的时候，必须遵守不改变文物原状的原则。

第十五条　核定为文物保护单位的属于国家所有的纪念建筑物或者古建筑，除可以建立博物馆、保管所或者辟为参观游览场所外，如果必须作其他用途，应当根据文物保护单位的级别，由当地文化行政管理部门报原公布的人民政府批准。全国重点文物保护单位如果必须作其他用途，应经省、自治区、直辖市人民政府同意，并报国务院批准。这些单位以及专设的博物馆等机构，都必须严格遵守不改变文物原状的原则，负责保护建筑物及附属文物的安全，不得损毁、改建、添建或者拆除。使用纪念建筑物、古建筑的单位，应当负责建筑物的保养和维修。

第三章　考古发掘

第十六条　一切考古发掘工作，都必须履行报批手续。地下埋藏的文物，任何单位或者个人都不得私自发掘。出土的文物除根据需要交给科学研究部门研究的以外，由当地文化行政管理部门指定的单位保管，任何单位或者个人不得侵占。为了保证文物安全、进行科学研究和充分发挥文物的作用，省、自治区、直辖市文化行政管理部门，必要时可以报经省、自治区、直辖市人民政府批准，调用本行政区域内的出土文物；国家文化行政管理部门经国务院批准，可以调用全国的重要出土文物。

第十七条　各省、自治区、直辖市文物机构、考古研究机构和高等学校等，为了科学研究进行考古发掘，必须提出发掘计划，报国家文化行政管理部门会同中国社会科学院审查，经国家文化行政管理部门批准后，始得进行发掘。

需要对全国重点文物保护单位进行的考古发掘，由国家文化行政管理部门会同中国社会科学院审核后，报国务院批准。

第十八条　在进行大型基本建设项目的时候，建设单位要事先会同省、自治区、直辖市文化行政管理部门在工程范围内有可能埋藏文物的地方进行文物的调查或者勘探工作。调查、勘探中发现文物，应当共同商定处理办法。遇有重要发现，由省、自治区、直辖市文化行政管理部门及时报国家文化行政管理部门处理。

在进行基本建设工程或者农业生产中，任何单位或者个人发现文物，应立即报告当地文化行政管理部门。遇有重要发现，当地文化行政管理部门必须及时报请上级文化行政管理部门处理。

第十九条 需要配合建设工程进行的考古发掘工作，应由省、自治区、直辖市文化行政管理部门在勘探工作的基础上提出发掘计划，报国家文化行政管理部门会同中国社会科学院审查，由国家文化行政管理部门批准。确因建设工期紧迫或有自然破坏的危险，对古文化遗址、古墓葬急需进行抢救的，可由省、自治区、直辖市文化行政管理部门组织力量进行发掘工作，并同时补办批准手续。

第二十条 凡因进行基本建设和生产建设需要文物勘探、考古发掘的，所需费用和劳动力由建设单位列入投资计划和劳动计划，或者报上级计划部门解决。

第二十一条 非经国家文化行政管理部门报国务院特别许可，任何外国人或者外国团体不得在中华人民共和国境内进行考古调查和发掘。

第四章　馆藏文物

第二十二条 全民所有的博物馆、图书馆和其他单位对收藏的文物，必须区分文物等级，设置藏品档案，建立严格的管理制度，并向文化行政管理部门登记。

地方各级文化行政管理部门，应分别建立本行政区域内的馆藏文物档案；国家文化行政管理部门应建立国家一级文物藏品档案。

第二十三条 全民所有的博物馆、图书馆和其他单位的文物藏品禁止出卖。这些单位进行文物藏品的调拨、交换，必须报文化行政管理部门备案；一级文物藏品的调拨、交换，须经国家文化行政管理部门批准。未经批准，任何单位或者个人不得调取文物。

第五章　私人收藏文物

第二十四条 私人收藏的文物可以由文化行政管理部门指定的单位收购，其他任何单位或者个人不得经营文物收购业务。

第二十五条 私人收藏的文物，严禁倒卖牟利，严禁私自卖给外国人。

第二十六条 银行、冶炼厂、造纸厂以及废旧物资回收部门，应与文化行政管理部门共同负责拣选出掺杂在金银器和废旧物资中的文物，除供银行研究所必需的历史货币可以由银行留用外，其余移交给文化行政管理部门处理。移交的文物须合理作价。

公安、海关、工商行政管理部门依法没收的重要文物，应当移交给文化行政管理部门。

第六章　文物出境

第二十七条　文物出口和个人携带文物出境，都必须事先向海关申报，经国家文化行政管理部门指定的省、自治区、直辖市文化行政管理部门进行鉴定，并发给许可出口凭证。文物出境必须从指定口岸运出。经鉴定不能出境的文物，国家可以征购。

第二十八条　具有重要历史、艺术、科学价值的文物，除经国务院批准运往国外展览的以外，一律禁止出境。

第七章　奖励与惩罚

第二十九条　有下列事迹的单位或者个人，由国家给予适当的精神鼓励或者物质奖励：

（一）认真执行文物政策法令，保护文物成绩显著的；

（二）为保护文物与违法犯罪行为作坚决斗争的；

（三）将个人收藏的重要文物捐献给国家的；

（四）发现文物及时上报或者上交，使文物得到保护的；

（五）在文物保护科学技术上有重要发明创造或者其他重要贡献的；

（六）在文物面临破坏危险的时候，抢救文物有功的；

（七）长期从事文物工作有显著成绩的。

第三十条　有下列行为的，给予行政处罚：

（一）在地下、内水、领海及其他场所中发现文物隐匿不报，不上交国家的，由公安部门给予警告或者罚款，并追缴其非法所得的文物；

（二）未经文化行政管理部门批准，私自经营文物购销活动的，由工商行政管理部门给予警告或者罚款，并可没收其非法所得或者非法经营的文物；

（三）将私人收藏的文物私自卖给外国人的，由工商行政管理部门罚款，并可没收其文物和非法所得。

第三十一条　有下列行为的，依法追究刑事责任：

（一）贪污或者盗窃国家文物的；

（二）盗运珍贵文物出口或者进行文物投机倒把活动情节严重的；

（三）故意破坏国家保护的珍贵文物或者名胜古迹的；

（四）国家工作人员玩忽职守，造成珍贵文物损毁或者流失，情节严重的。

私自挖掘古文化遗址、古墓葬，以盗窃论处。

将私人收藏的珍贵文物私自卖给外国人的，以盗运珍贵文物出口论处。

文物工作人员对所管理的文物监守自盗的，依法从重处罚。

第八章　附　则

第三十二条　国家文化行政管理部门根据本法制定实施细则，报国务院批准施行。

文物的复制、拓印、拍摄等管理办法由国家文化行政管理部门制定。

第三十三条　本法自公布之日起施行。1961 年国务院颁发的《文物保护管理暂行条例》即行废止。其他有关文物保护管理的规定，凡与本法相抵触的，以本法为准。

中华人民共和国文物保护法

（1991 年修正）

中华人民共和国主席令

第四十七号

《全国人民代表大会常务委员会关于修改第三条第三十一条的决定》已由中华人民共和国第七届全国人民代表大会常务委员会市第二十次会于 1991 年 6 月 29 日通过，现予公布，自公布之日起施行。

中华人民共和国主席　杨尚昆

一九九一年六月二十九日

一、在第三十条规定给予行政处罚的行为中增加下列五项：

（一）刻划、涂污或者损坏国家保护的文物尚不严重的，或者损毁依照本法第九条规定设立的文物保护单位标志的，由公安部门或者文物所在单位处以罚款或者责令赔偿损失；

（二）违反本法第十一条的规定，在文物保护单位的保护范围内进行建设工程的，或者违反本法第十二条的规定，在文物保护单位周围的建设控制地带修建建筑物、构筑物的，由城乡规划部门或者由城乡规划部门根据文化行政管理部门的意见责令停工，责令拆除违法修建的建筑物、构筑物或者处以罚款；

（三）在文物保护单位附近进行爆破、挖掘等活动，危及文物安全的，由公安部门或由公安部门根据文化行政管理部门意见予以制止，可以处以罚款；

（四）文物经营单位经营未经文化行政管理部门许可经营的文物的，经工商行政管理部门会同文化行政管理部门检查认定，由工商行政管理部门没收其非法所得，可以并处罚款或者没收其非法经营的文物；

（五）全民所有制博物馆、图书馆等单位将文物藏品出售或者私自赠送给其他全民所有制博物馆、图书馆等单位的，由文化行政管理部门责令追回出售、赠送的文物，没收其非法所得或者处以罚款，对主管人员和直接责任人员由其所在单位或者上级机关给予行政处分。

将第三十条第二项"未经文化行政管理部门批准，私自经营文物购销活动的，由工商行政管理部门给予警告或者罚款，并可没收其非法所得或者非法经营的文物"修改为"未经文化行政管理部门批准，从事文物购销活动的，由工商行政管理部门或者由工商行政管理部门根据文化行政管理部门的意见，没收其非法所得和非法经营的文物，可以并处罚款"。

在第三十条中增加一款，作为第二款："对于依照前款规定作出的行政处罚决定不服的，可以依法申请复议或者提起诉讼"。

二、在第三十一条中增加规定：

（一）"全民所有制博物馆、图书馆等单位将文物藏品出售或者私自赠送给非全民所有制单位或者个人的，对主管人员和直接责任人员比照刑法第一百八十七条的规定追究刑事责任"；

（二）"国家工作人员滥用职权，非法占有国家保护的文物的，以贪污论处；造成珍贵文物损毁的，比照刑法第一百八十七条的规定追究刑事责任"。

对第三十一条第一款关于依法追究刑事责任的规定作如下修改：（一）将第二项中的"盗运珍贵文物出口"修改为"走私国家禁止出口的文物"；（二）增加一项："盗掘古文化遗址、古墓葬的"。

将第三十一条第二款"私自挖掘古文化遗址、古墓葬的，以盗窃论处"删去。

将第三十一条第三款"将私人收藏的珍贵文物私自卖给外国人的，以盗运珍贵文物出口论处"修改为："任何组织或个人将收藏的国家禁止出口的珍贵文物私自出售或者私自赠送给外国人的，以走私论处。"

本决定自公布之日起施行。

《中华人民共和国文物保护法》第三十条、第三十一条根据本决定作相应的修正，重新公布。

中华人民共和国文物保护法

（2002 年修订）

中华人民共和国主席令

第七十六号

《中华人民共和国文物保护法》已由中华人民共和国第九届全国人民代表大会第三十次会议于 2002 年 10 月 28 日修订通过，现将修订后的《中华人民共和国文物保护法》公布。自公布之日起施行。

中华人民共和国主席　江泽民

二〇〇二年十月二十八日

目　录

第一章　总　则

第一条　为了加强对文物的保护，继承中华民族优秀的历史文化遗产，促进科学研究工作，进行爱国主义和革命传统教育，建设社会主义精神文明和物质文明，根据宪法，制定本法。

第二条　在中华人民共和国境内，下列文物受国家保护：

（一）具有历史、艺术、科学价值的古文化遗址、古墓葬、古建筑、石窟寺和石刻、壁画；

（二）与重大历史事件、革命运动或者著名人物有关的以及具有重要纪念意义、教育意义或者史料价值的近代现代重要史迹、实物、代表性建筑；

（三）历史上各时代珍贵的艺术品、工艺美术品；

（四）历史上各时代重要的文献资料以及具有历史、艺术、科学价值的手稿和图书资料等；

（五）反映历史上各时代、各民族社会制度、社会生产、社会生活的代表性实物。

文物认定的标准和办法由国务院文物行政部门制定，并报国务院批准。

具有科学价值的古脊椎动物化石和古人类化石同文物一样受国家保护。

第三条 古文化遗址、古墓葬、古建筑、石窟寺、石刻、壁画、近代现代重要史迹和代表性建筑等不可移动文物，根据它们的历史、艺术、科学价值，可以分别确定为全国重点文物保护单位，省级文物保护单位，市、县级文物保护单位。

历史上各时代重要实物、艺术品、文献、手稿、图书资料、代表性实物等可移动文物，分为珍贵文物和一般文物；珍贵文物分为一级文物、二级文物、三级文物。

第四条 文物工作贯彻保护为主、抢救第一、合理利用、加强管理的方针。

第五条 中华人民共和国境内地下、内水和领海中遗存的一切文物，属于国家所有。

古文化遗址、古墓葬、石窟寺属于国家所有。国家指定保护的纪念建筑物、古建筑、石刻、壁画、近代现代代表性建筑等不可移动文物，除国家另有规定的以外，属于国家所有。

国有不可移动文物的所有权不因其所依附的土地所有权或者使用权的改变而改变。

下列可移动文物，属于国家所有：

（一）中国境内出土的文物，国家另有规定的除外；

（二）国有文物收藏单位以及其他国家机关、部队和国有企业、事业组织等收藏、保管的文物；

（三）国家征集、购买的文物；

（四）公民、法人和其他组织捐赠给国家的文物；

（五）法律规定属于国家所有的其他文物。

属于国家所有的可移动文物的所有权不因其保管、收藏单位的终止或者变更而改变。

国有文物所有权受法律保护，不容侵犯。

第六条 属于集体所有和私人所有的纪念建筑物、古建筑和祖传文物以及依法取得的其他文物，其所有权受法律保护。文物的所有者必须遵守国家有关文物保护的法律、法规的规定。

第七条 一切机关、组织和个人都有依法保护文物的义务。

第八条 国务院文物行政部门主管全国文物保护工作。

地方各级人民政府负责本行政区域内的文物保护工作。县级以上地方人民政府承担文物保护工作的部门对本行政区域内的文物保护实施监督管理。

县级以上人民政府有关行政部门在各自的职责范围内，负责有关的文物保护工作。

第九条 各级人民政府应当重视文物保护，正确处理经济建设、社会发展与文物保护的关系，确保文物安全。

基本建设、旅游发展必须遵守文物保护工作的方针，其活动不得对文物造成损害。

公安机关、工商行政管理部门、海关、城乡建设规划部门和其他有关国家机关，应当依法认真履行所承担的保护文物的职责，维护文物管理秩序。

第十条 国家发展文物保护事业。县级以上人民政府应当将文物保护事业纳入本级国民经济和社会发展规划，所需经费列入本级财政预算。

国家用于文物保护的财政拨款随着财政收入增长而增加。

国有博物馆、纪念馆、文物保护单位等的事业性收入，专门用于文物保护，任何单位或者个人不得侵占、挪用。

国家鼓励通过捐赠等方式设立文物保护社会基金，专门用于文物保护，任何单位或者个人不得侵占、挪用。

第十一条 文物是不可再生的文化资源。国家加强文物保护的宣传教育，增强全民文物保护的意识，鼓励文物保护的科学研究，提高文物保护的科学技术水平。

第十二条 有下列事迹的单位或者个人，由国家给予精神鼓励或者物质奖励：

（一）认真执行文物保护法律、法规，保护文物成绩显著的；

（二）为保护文物与违法犯罪行为作坚决斗争的；

（三）将个人收藏的重要文物捐献给国家或者为文物保护事业作出捐赠的；

（四）发现文物及时上报或者上交，使文物得到保护的；

（五）在考古发掘工作中作出重大贡献的；

（六）在文物保护科学技术方面有重要发明创造或者其他重要贡献的；

（七）在文物面临破坏危险时，抢救文物有功的；

（八）长期从事文物工作，作出显著成绩的。

第二章 不可移动文物

第十三条 国务院文物行政部门在省级、市、县级文物保护单位中，选择具有重大历史、艺术、科学价值的确定为全国重点文物保护单位，或者直接确定为全国重点文物保护单位，报国务院核定公布。

省级文物保护单位，由省、自治区、直辖市人民政府核定公布，并报国务院备案。

市级和县级文物保护单位，分别由设区的市、自治州和县级人民政府核定公布，并报省、自治区、直辖市人民政府备案。

尚未核定公布为文物保护单位的不可移动文物，由县级人民政府文物行政部门予以登记并公布。

第十四条　保存文物特别丰富并且具有重大历史价值或者革命纪念意义的城市，由国务院核定公布为历史文化名城。

保存文物特别丰富并且具有重大历史价值或者革命纪念意义的城镇、街道、村庄，由省、自治区、直辖市人民政府核定公布为历史文化街区、村镇，并报国务院备案。

历史文化名城和历史文化街区、村镇所在地的县级以上地方人民政府应当组织编制专门的历史文化名城和历史文化街区、村镇保护规划，并纳入城市总体规划。

历史文化名城和历史文化街区、村镇的保护办法，由国务院制定。

第十五条　各级文物保护单位，分别由省、自治区、直辖市人民政府和市、县级人民政府划定必要的保护范围，作出标志说明，建立记录档案，并区别情况分别设置专门机构或者专人负责管理。全国重点文物保护单位的保护范围和记录档案，由省、自治区、直辖市人民政府文物行政部门报国务院文物行政部门备案。

县级以上地方人民政府文物行政部门应当根据不同文物的保护需要，制定文物保护单位和未核定为文物保护单位的不可移动文物的具体保护措施，并公告施行。

第十六条　各级人民政府制定城乡建设规划，应当根据文物保护的需要，事先由城乡建设规划部门会同文物行政部门商定对本行政区域内各级文物保护单位的保护措施，并纳入规划。

第十七条　文物保护单位的保护范围内不得进行其他建设工程或者爆破、钻探、挖掘等作业。但是，因特殊情况需要在文物保护单位的保护范围内进行其他建设工程或者爆破、钻探、挖掘等作业的，必须保证文物保护单位的安全，并经核定公布该文物保护单位的人民政府批准，在批准前应当征得上一级人民政府文物行政部门同意；在全国重点文物保护单位的保护范围内进行其他建设工程或者爆破、钻探、挖掘等作业的，必须经省、自治区、直辖市人民政府批准，在批准前应当征得国务院文物行政部门同意。

第十八条　根据保护文物的实际需要，经省、自治区、直辖市人民政府批准，可以在文物保护单位的周围划出一定的建设控制地带，并予以公布。

在文物保护单位的建设控制地带内进行建设工程，不得破坏文物保护单位的历史风貌；工程设计方案应当根据文物保护单位的级别，经相应的文物行政部门同意后，报城乡建设规划部门批准。

第十九条　在文物保护单位的保护范围和建设控制地带内，不得建设污染文物保护单位及其环境的设施，不得进行可能影响文物保护单位安全及其环境的活动。对已有的污染文物保护单位及其环境的设施，应当限期治理。

第二十条　建设工程选址，应当尽可能避开不可移动文物；因特殊情况不能避开的，对文物保护单位应当尽可能实施原址保护。

实施原址保护的，建设单位应当事先确定保护措施，根据文物保护单位的级别报相应的文物行政部门批准，并将保护措施列入可行性研究报告或者设计任务书。

无法实施原址保护，必须迁移异地保护或者拆除的，应当报省、自治区、直辖市人民政府批准；迁移或者拆除省级文物保护单位的，批准前须征得国务院文物行政部门同意。全国重点文物保护单位不得拆除；需要迁移的，须由省、自治区、直辖市人民政府报国务院批准。

依照前款规定拆除的国有不可移动文物中具有收藏价值的壁画、雕塑、建筑构件等，由文物行政部门指定的文物收藏单位收藏。

本条规定的原址保护、迁移、拆除所需费用，由建设单位列入建设工程预算。

第二十一条 国有不可移动文物由使用人负责修缮、保养；非国有不可移动文物由所有人负责修缮、保养。非国有不可移动文物有损毁危险，所有人不具备修缮能力的，当地人民政府应当给予帮助；所有人具备修缮能力而拒不依法履行修缮义务的，县级以上人民政府可以给予抢救修缮，所需费用由所有人负担。

对文物保护单位进行修缮，应当根据文物保护单位的级别报相应的文物行政部门批准；对未核定为文物保护单位的不可移动文物进行修缮，应当报登记的县级人民政府文物行政部门批准。

文物保护单位的修缮、迁移、重建，由取得文物保护工程资质证书的单位承担。

对不可移动文物进行修缮、保养、迁移，必须遵守不改变文物原状的原则。

第二十二条 不可移动文物已经全部毁坏的，应当实施遗址保护，不得在原址重建。但是，因特殊情况需要在原址重建的，由省、自治区、直辖市人民政府文物行政部门征得国务院文物行政部门同意后，报省、自治区、直辖市人民政府批准；全国重点文物保护单位需要在原址重建的，由省、自治区、直辖市人民政府报国务院批准。

第二十三条 核定为文物保护单位的属于国家所有的纪念建筑物或者古建筑，除可以建立博物馆、保管所或者辟为参观游览场所外，如果必须作其他用途的，应当经核定公布该文物保护单位的人民政府文物行政部门征得上一级文物行政部门同意后，报核定公布该文物保护单位的人民政府批准；全国重点文物保护单位作其他用途的，应当由省、自治区、直辖市人民政府报国务院批准。国有未核定为文物保护单位的不可移动文物作其他用途的，应当报告县级人民政府文物行政部门。

第二十四条 国有不可移动文物不得转让、抵押。建立博物馆、保管所或者辟为参观游览场所的国有文物保护单位，不得作为企业资产经营。

第二十五条 非国有不可移动文物不得转让、抵押给外国人。

非国有不可移动文物转让、抵押或者改变用途的，应当根据其级别报相应的文物行政部门备案；由当地人民政府出资帮助修缮的，应当报相应的文物行政部门批准。

第二十六条 使用不可移动文物，必须遵守不改变文物原状的原则，负责保护建筑物及其附属文物的安全，不得损毁、改建、添建或者拆除不可移动文物。

对危害文物保护单位安全、破坏文物保护单位历史风貌的建筑物、构筑物，当地人民政府应当及时调查处理，必要时，对该建筑物、构筑物予以拆迁。

第三章　考古发掘

第二十七条　一切考古发掘工作，必须履行报批手续；从事考古发掘的单位，应当经国务院文物行政部门批准。

地下埋藏的文物，任何单位或者个人都不得私自发掘。

第二十八条　从事考古发掘的单位，为了科学研究进行考古发掘，应当提出发掘计划，报国务院文物行政部门批准；对全国重点文物保护单位的考古发掘计划，应当经国务院文物行政部门审核后报国务院批准。国务院文物行政部门在批准或者审核前，应当征求社会科学研究机构及其他科研机构和有关专家的意见。

第二十九条　进行大型基本建设工程，建设单位应当事先报请省、自治区、直辖市人民政府文物行政部门组织从事考古发掘的单位在工程范围内有可能埋藏文物的地方进行考古调查、勘探。

考古调查、勘探中发现文物的，由省、自治区、直辖市人民政府文物行政部门根据文物保护的要求会同建设单位共同商定保护措施；遇有重要发现的，由省、自治区、直辖市人民政府文物行政部门及时报国务院文物行政部门处理。

第三十条　需要配合建设工程进行的考古发掘工作，应当由省、自治区、直辖市文物行政部门在勘探工作的基础上提出发掘计划，报国务院文物行政部门批准。国务院文物行政部门在批准前，应当征求社会科学研究机构及其他科研机构和有关专家的意见。

确因建设工期紧迫或者有自然破坏危险，对古文化遗址、古墓葬急需进行抢救发掘的，由省、自治区、直辖市人民政府文物行政部门组织发掘，并同时补办审批手续。

第三十一条　凡因进行基本建设和生产建设需要的考古调查、勘探、发掘，所需费用由建设单位列入建设工程预算。

第三十二条　在进行建设工程或者在农业生产中，任何单位或者个人发现文物，应当保护现场，立即报告当地文物行政部门，文物行政部门接到报告后，如无特殊情况，应当在二十四小时内赶赴现场，并在七日内提出处理意见。文物行政部门可以报请当地人民政府通知公安机关协助保护现场；发现重要文物的，应当立即上报国务院文物行政部门，国务院文物行政部门应当在接到报告后十五日内提出处理意见。依照前款规定发现的文物属于国家所有，任何单位或者个人不得哄抢、私分、藏匿。

第三十三条　非经国务院文物行政部门报国务院特别许可，任何外国人或者外国团体不得在中华人民共和国境内进行考古调查、勘探、发掘。

第三十四条　考古调查、勘探、发掘的结果，应当报告国务院文物行政部门和省、自治区、直辖市人民政府文物行政部门。

考古发掘的文物，应当登记造册，妥善保管，按照国家有关规定移交给由省、自治区、直辖市人民政府文物行政部门或者国务院文物行政部门指定的国有博物馆、图书馆或者其他国有收藏文物的单位收藏。经省、自治区、直辖市人民政府文物行政部门或者国务院文物行政部门批准，从事考古发掘的单位可以保留少量出土文物作为科研标本。

考古发掘的文物，任何单位或者个人不得侵占。

第三十五条 根据保证文物安全、进行科学研究和充分发挥文物作用的需要，省、自治区、直辖市人民政府文物行政部门经本级人民政府批准，可以调用本行政区域内的出土文物；国务院文物行政部门经国务院批准，可以调用全国的重要出土文物。

第四章 馆藏文物

第三十六条 博物馆、图书馆和其他文物收藏单位对收藏的文物，必须区分文物等级，设置藏品档案，建立严格的管理制度，并报主管的文物行政部门备案。

县级以上地方人民政府文物行政部门应当分别建立本行政区域内的馆藏文物档案；国务院文物行政部门应当建立国家一级文物藏品档案和其主管的国有文物收藏单位馆藏文物档案。

第三十七条 文物收藏单位可以通过下列方式取得文物：

（一）购买；

（二）接受捐赠；

（三）依法交换；

（四）法律、行政法规规定的其他方式。

国有文物收藏单位还可以通过文物行政部门指定保管或者调拨方式取得文物。

第三十八条 文物收藏单位应当根据馆藏文物的保护需要，按照国家有关规定建立、健全管理制度，并报主管的文物行政部门备案。未经批准，任何单位或者个人不得调取馆藏文物。

文物收藏单位的法定代表人对馆藏文物的安全负责。国有文物收藏单位的法定代表人离任时，应当按照馆藏文物档案办理馆藏文物移交手续。

第三十九条 国务院文物行政部门可以调拨全国的国有馆藏文物。省、自治区、直辖市人民政府文物行政部门可以调拨本行政区域内其主管的国有文物收藏单位馆藏文物；调拨国有馆藏一级文物，应当报国务院文物行政部门备案。

国有文物收藏单位可以申请调拨国有馆藏文物。

第四十条 文物收藏单位应当充分发挥馆藏文物的作用，通过举办展览、科学研究等活动，加强对中华民族优秀的历史文化和革命传统的宣传教育。

国有文物收藏单位之间因举办展览、科学研究等需借用馆藏文物的，应当报主管的文物行政部门备案；借用馆藏一级文物，应当经国务院文物行政部门批准。

非国有文物收藏单位和其他单位举办展览需借用国有馆藏文物的，应当报主管的文物行政部门批准；借用国有馆藏一级文物，应当经国务院文物行政部门批准。

文物收藏单位之间借用文物的最长期限不得超过三年。

第四十一条 已经建立馆藏文物档案的国有文物收藏单位，经省、自治区、直辖市人民政府文物行政部门批准，并报国务院文物行政部门备案，其馆藏文物可以在国有文物收藏单位之间交换；交换馆藏一级文物的，必须经国务院文物行政部门批准。

第四十二条 未建立馆藏文物档案的国有文物收藏单位，不得依照本法第四十条、第四十一条的规定处置其馆藏文物。

第四十三条 依法调拨、交换、借用国有馆藏文物，取得文物的文物收藏单位可以对提供文物的文物收藏单位给予合理补偿，具体管理办法由国务院文物行政部门制定。

国有文物收藏单位调拨、交换、出借文物所得的补偿费用，必须用于改善文物的收藏条件和收集新的文物，不得挪作他用；任何单位或者个人不得侵占。

调拨、交换、借用的文物必须严格保管，不得丢失、损毁。

第四十四条 禁止国有文物收藏单位将馆藏文物赠与、出租或者出售给其他单位、个人。

第四十五条 国有文物收藏单位不再收藏的文物的处置办法，由国务院另行制定。

第四十六条 修复馆藏文物，不得改变馆藏文物的原状；复制、拍摄、拓印馆藏文物，不得对馆藏文物造成损害。具体管理办法由国务院制定。

不可移动文物的单体文物的修复、复制、拍摄、拓印，适用前款规定。

第四十七条 博物馆、图书馆和其他收藏文物的单位应当按照国家有关规定配备防火、防盗、防自然损坏的设施，确保馆藏文物的安全。

第四十八条 馆藏一级文物损毁的，应当报国务院文物行政部门核查处理。其他馆藏文物损毁的，应当报省、自治区、直辖市人民政府文物行政部门核查处理；省、自治区、直辖市人民政府文物行政部门应当将核查处理结果报国务院文物行政部门备案。

馆藏文物被盗、被抢或者丢失的，文物收藏单位应当立即向公安机关报案，并同时向主管的文物行政部门报告。

第四十九条 文物行政部门和国有文物收藏单位的工作人员不得借用国有文物，不得非法侵占国有文物。

第五章 民间收藏文物

第五十条 文物收藏单位以外的公民、法人和其他组织可以收藏通过下列方式取得的文物：

（一）依法继承或者接受赠与；

（二）从文物商店购买；

（三）从经营文物拍卖的拍卖企业购买；

（四）公民个人合法所有的文物相互交换或者依法转让；

（五）国家规定的其他合法方式。

文物收藏单位以外的公民、法人和其他组织收藏的前款文物可以依法流通。

第五十一条 公民、法人和其他组织不得买卖下列文物：

（一）国有文物，但是国家允许的除外；

（二）非国有馆藏珍贵文物；

（三）国有不可移动文物中的壁画、雕塑、建筑构件等，但是依法拆除的国有不可移动文物中的壁画、雕塑、建筑构件等不属于本法第二十条第四款规定的应由文物收藏单位收藏的除外；

（四）来源不符合本法第五十条规定的文物。

第五十二条 国家鼓励文物收藏单位以外的公民、法人和其他组织将其收藏的文物捐赠给国有文物收藏单位或者出借给文物收藏单位展览和研究。

国有文物收藏单位应当尊重并按照捐赠人的意愿，对捐赠的文物妥善收藏、保管和展示。

国家禁止出境的文物，不得转让、出租、质押给外国人。

第五十三条 文物商店应当由国务院文物行政部门或者省、自治区、直辖市人民政府文物行政部门批准设立，依法进行管理。

文物商店不得从事文物拍卖经营活动，不得设立经营文物拍卖的拍卖企业。

第五十四条 依法设立的拍卖企业经营文物拍卖的，应当取得国务院文物行政部门颁发的文物拍卖许可证。

经营文物拍卖的拍卖企业不得从事文物购销经营活动，不得设立文物商店。

第五十五条 文物行政部门的工作人员不得举办或者参与举办文物商店或者经营文物拍卖的拍卖企业。

文物收藏单位不得举办或者参与举办文物商店或者经营文物拍卖的拍卖企业。

禁止设立中外合资、中外合作和外商独资的文物商店或者经营文物拍卖的拍卖企业。

除经批准的文物商店、经营文物拍卖的拍卖企业外，其他单位或者个人不得从事文物的商业经营活动。

第五十六条 文物商店销售的文物，在销售前应当经省、自治区、直辖市人民政府文物行政部门审核；对允许销售的，省、自治区、直辖市人民政府文物行政部门应当作出标识。

拍卖企业拍卖的文物，在拍卖前应当经省、自治区、直辖市人民政府文物行政部门审核，并报国务院文物行政部门备案；省、自治区、直辖市人民政府文物行政部门不能确定是否可以拍卖的，应当报国务院文物行政部门审核。

第五十七条 文物商店购买、销售文物，拍卖企业拍卖文物，应当按照国家有关规定作出记录，并报原审核的文物行政部门备案。

拍卖文物时，委托人、买受人要求对其身份保密的，文物行政部门应当为其保密；但是，法律、行政法规另有规定的除外。

第五十八条 文物行政部门在审核拟拍卖的文物时，可以指定国有文物收藏单位优先购买其中的珍贵文物。购买价格由文物收藏单位的代表与文物的委托人协商确定。

第五十九条 银行、冶炼厂、造纸厂以及废旧物资回收单位，应当与当地文物行政部门共同负责拣选掺杂在金银器和废旧物资中的文物。拣选文物除供银行研究所必需的历史货币可以由人民银行留用外，应当移交当地文物行政部门。移交拣选文物，应当给予合理补偿。

第六章 文物出境进境

第六十条 国有文物、非国有文物中的珍贵文物和国家规定禁止出境的其他文物，不得出境；但是依照本法规定出境展览或者因特殊需要经国务院批准出境的除外。

第六十一条 文物出境，应当经国务院文物行政部门指定的文物进出境审核机构审核。经审核允许出境的文物，由国务院文物行政部门发给文物出境许可证，从国务院文物行政部门指定的口岸出境。

任何单位或者个人运送、邮寄、携带文物出境，应当向海关申报；海关凭文物出境许可证放行。

第六十二条 文物出境展览，应当报国务院文物行政部门批准；一级文物超过国务院规定数量的，应当报国务院批准。

一级文物中的孤品和易损品，禁止出境展览。

出境展览的文物出境，由文物进出境审核机构审核、登记。海关凭国务院文物行政部门或者国务院的批准文件放行。出境展览的文物复进境，由原文物进出境审核机构审核查验。

第六十三条 文物临时进境，应当向海关申报，并报文物进出境审核机构审核、登记。

临时进境的文物复出境，必须经原审核、登记的文物进出境审核机构审核查验；经审核查验无误的，由国务院文物行政部门发给文物出境许可证，海关凭文物出境许可证放行。

第七章 法律责任

第六十四条 违反本法规定，有下列行为之一，构成犯罪的，依法追究刑事责任：

（一）盗掘古文化遗址、古墓葬的；

（二）故意或者过失损毁国家保护的珍贵文物的；

（三）擅自将国有馆藏文物出售或者私自送给非国有单位或者个人的；

（四）将国家禁止出境的珍贵文物私自出售或者送给外国人的；

（五）以牟利为目的倒卖国家禁止经营的文物的；

（六）走私文物的；

（七）盗窃、哄抢、私分或者非法侵占国有文物的；

（八）应当追究刑事责任的其他妨害文物管理行为。

第六十五条 违反本法规定，造成文物灭失、损毁的，依法承担民事责任。

违反本法规定，构成违反治安管理行为的，由公安机关依法给予治安管理处罚。

违反本法规定，构成走私行为，尚不构成犯罪的，由海关依照有关法律、行政法规的规定给予处罚。

第六十六条 有下列行为之一，尚不构成犯罪的，由县级以上人民政府文物主管部门责令改正，造成严重后果的，处五万元以上五十万元以下的罚款；情节严重的，由原发证机关吊销资质证书：

（一）擅自在文物保护单位的保护范围内进行建设工程或者爆破、钻探、挖掘等作业的；

（二）在文物保护单位的建设控制地带内进行建设工程，其工程设计方案未经文物行政部门同意、报城乡建设规划部门批准，对文物保护单位的历史风貌造成破坏的；

（三）擅自迁移、拆除不可移动文物的；

（四）擅自修缮不可移动文物，明显改变文物原状的；

（五）擅自在原址重建已全部毁坏的不可移动文物，造成文物破坏的；

（六）施工单位未取得文物保护工程资质证书，擅自从事文物修缮、迁移、重建的。

刻划、涂污或者损坏文物尚不严重的，或者损毁依照本法第十五条第一款规定设立的文物保护单位标志的，由公安机关或者文物所在单位给予警告，可以并处罚款。

第六十七条 在文物保护单位的保护范围内或者建设控制地带内建设污染文物保护单位及其环境的设施的，或者对已有的污染文物保护单位及其环境的设施未在规定的期限内完成治理的，由环境保护行政部门依照有关法律、法规的规定给予处罚。

第六十八条 有下列行为之一的，由县级以上人民政府文物主管部门责令改正，没收违法所得，违法所得一万元以上的，并处违法所得二倍以上五倍以下的罚款；违法所得不足一万元的，并处五千元以上二万元以下的罚款：

（一）转让或者抵押国有不可移动文物，或者将国有不可移动文物作为企业资产经营的；

（二）将非国有不可移动文物转让或者抵押给外国人的；

（三）擅自改变国有文物保护单位的用途的。

第六十九条 历史文化名城的布局、环境、历史风貌等遭到严重破坏的，由国务院撤销其历史文化名城称号；历史文化城镇、街道、村庄的布局、环境、历史风貌等遭到严重破坏的，由省、自治区、直辖市人民政府撤销其历史文化街区、村镇称号；对负有责任的主管人员和其他直接责任人员依法给予行政处分。

第七十条 有下列行为之一，尚不构成犯罪的，由县级以上人民政府文物主管部门责令改正，可以并处二万元以下的罚款，有违法所得的，没收违法所得：

（一）文物收藏单位未按照国家有关规定配备防火、防盗、防自然损坏的设施的；

（二）国有文物收藏单位法定代表人离任时未按照馆藏文物档案移交馆藏文物，或者所移交的馆藏文物与馆藏文物档案不符的；

（三）将国有馆藏文物赠与、出租或者出售给其他单位、个人的；

（四）违反本法第四十条、第四十一条、第四十五条规定处置国有馆藏文物的；

（五）违反本法第四十三条规定挪用或者侵占依法调拨、交换、出借文物所得补偿费用的。

第七十一条 买卖国家禁止买卖的文物或者将禁止出境的文物转让、出租、质押给外国人，尚不构成犯罪的，由县级以上人民政府文物主管部门责令改正，没收违法所得，违法经营额一万元以上的，并处违法经营额二倍以上五倍以下的罚款；违法经营额不足一万元的，并处五千元以上二万元以下的罚款。

第七十二条 未经许可，擅自设立文物商店、经营文物拍卖的拍卖企业，或者擅自从事文物的商业经营活动，尚不构成犯罪的，由工商行政管理部门依法予以制止，没收违法所得、非法经营的文物，违法经营额五万元以上的，并处违法经营额二倍以上五倍以下的罚款；违法经营额不足五万元的，并处二万元以上十万元以下的罚款。

第七十三条 有下列情形之一的，由工商行政管理部门没收违法所得、非法经营的文物，违法经营额五万元以上的，并处违法经营额一倍以上三倍以下的罚款；违法经营额不足五万元的，并处五千元以上五万元以下的罚款；情节严重的，由原发证机关吊销许可证书：

（一）文物商店从事文物拍卖经营活动的；

（二）经营文物拍卖的拍卖企业从事文物购销经营活动的；

（三）文物商店销售的文物、拍卖企业拍卖的文物，未经审核的；

（四）文物收藏单位从事文物的商业经营活动的。

第七十四条 有下列行为之一，尚不构成犯罪的，由县级以上人民政府文物主管部门会同公安机关追缴文物；情节严重的，处五千元以上五万元以下的罚款：

（一）发现文物隐匿不报或者拒不上交的；

（二）未按照规定移交拣选文物的。

第七十五条 有下列行为之一的，由县级以上人民政府文物主管部门责令改正：

（一）改变国有未核定为文物保护单位的不可移动文物的用途，未依照本法规定报告的；

（二）转让、抵押非国有不可移动文物或者改变其用途，未依照本法规定备案的；

（三）国有不可移动文物的使用人拒不依法履行修缮义务的；

（四）考古发掘单位未经批准擅自进行考古发掘，或者不如实报告考古发掘结果的；

（五）文物收藏单位未按照国家有关规定建立馆藏文物档案、管理制度，或者未将馆藏文物档案、管理制度备案的；

（六）违反本法第三十八条规定，未经批准擅自调取馆藏文物的；

（七）馆藏文物损毁未报文物行政部门核查处理，或者馆藏文物被盗、被抢或者丢失，文物收藏单位未及时向公安机关或者文物行政部门报告的；

（八）文物商店销售文物或者拍卖企业拍卖文物，未按照国家有关规定作出记录或者未将所作记录报文物行政部门备案的。

第七十六条　文物行政部门、文物收藏单位、文物商店、经营文物拍卖的拍卖企业的工作人员，有下列行为之一的，依法给予行政处分，情节严重的，依法开除公职或者吊销其从业资格；构成犯罪的，依法追究刑事责任：

（一）文物行政部门的工作人员违反本法规定，滥用审批权限、不履行职责或者发现违法行为不予查处，造成严重后果的；

（二）文物行政部门和国有文物收藏单位的工作人员借用或者非法侵占国有文物的；

（三）文物行政部门的工作人员举办或者参与举办文物商店或者经营文物拍卖的拍卖企业的；

（四）因不负责任造成文物保护单位、珍贵文物损毁或者流失的；

（五）贪污、挪用文物保护经费的。

前款被开除公职或者被吊销从业资格的人员，自被开除公职或者被吊销从业资格之日起十年内不得担任文物管理人员或者从事文物经营活动。

第七十七条　有本法第六十六条、第六十八条、第七十条、第七十一条、第七十四条、第七十五条规定所列行为之一的，负有责任的主管人员和其他直接责任人员是国家工作人员的，依法给予行政处分。

第七十八条　公安机关、工商行政管理部门、海关、城乡建设规划部门和其他国家机关，违反本法规定滥用职权、玩忽职守、徇私舞弊，造成国家保护的珍贵文物损毁或者流失的，对负有责任的主管人员和其他直接责任人员依法给予行政处分；构成犯罪的，依法追究刑事责任。

第七十九条　人民法院、人民检察院、公安机关、海关和工商行政管理部门依法没收的文物应当登记造册，妥善保管，结案后无偿移交文物行政部门，由文物行政部门指定的国有文物收藏单位收藏。

第八章　附　则

第八十条　本法自公布之日起施行。

中华人民共和国文物保护法

（2007 年修正）

中华人民共和国主席令

第八十四号

《全国人民代表大会常务委员会关于修改〈中华人民共和国文物保护法〉的决定》已由中华人民共和国第十届人民代表大会常务委员会第三十一次会议于 2007 年 12 月 29 日通过，现予公布，自公布之日起施行。

中华人民共和国主席　胡锦涛

二〇〇七年十二月二十九日

一、第二十二条修改为："不可移动文物已经全部毁坏的，应当实施遗址保护，不得在原址重建。但是，因特殊情况需要在原址重建的，由省、自治区、直辖市人民政府文物行政部门报省、自治区、直辖市人民政府批准；全国重点文物保护单位需要在原址重建的，由省、自治区、直辖市人民政府报国务院批准。"

二、第二十三条修改为："核定为文物保护单位的属于国家所有的纪念建筑物或者古建筑，除可以建立博物馆、保管所或者辟为参观游览场所外，作其他用途的，市、县级文物保护单位应当经核定公布该文物保护单位的人民政府文物行政部门征得上一级文物行政部门同意后，报核定公布该文物保护单位的人民政府批准；省级文物保护单位应当经核定公布该文物保护单位的省级人民政府的文物行政部门审核同意后，报该省级人民政府批准；全国重点文物保护单位作其他用途的，应当由省、自治区、直辖市人民政府报国务院批准。国有未核定为文物保护单位的不可移动文物作其他用途的，应当报告县级人民政府文物行政部门。"

三、第四十条第二款修改为："国有文物收藏单位之间因举办展览、科学研究等需借用馆藏文物的，应当报主管的文物行政部门备案；借用馆藏一级文物的，应当经省、自治区、直辖市人民政府文物行政部门批准，并报国务院文物行政部门备案。"

本决定自公布之日起施行。

《中华人民共和国文物保护法》根据本决定作相应修改，重新公布。

中华人民共和国文物保护法

（2013 年修正）

中华人民共和国主席令

第五号

《全国人民代表大会常务委员会关于修改〈中华人民共和国文物保护法〉等十二部法律的决定》已由中华人民共和国第十二届人民代表大会常务委员会第三次会议于 2013 年 6 月 29 日通过，现予公布，自公布之日起施行。

中华人民共和国主席　习近平

二〇一三年六月二十九日

（一）将第二十五条第二款修改为："非国有不可移动文物转让、抵押或者改变用途的，应当根据其级别报相应的文物行政部门备案。"

（二）将第五十六条第二款修改为："拍卖企业拍卖的文物，在拍卖前应当经省、自治区、直辖市人民政府文物行政部门审核，并报国务院文物行政部门备案。"

中华人民共和国文物保护法

（2015 年修正）

中华人民共和国主席令

第二十八号

《全国人民代表大会常务委员会关于修改〈中华人民共和国文物保护法〉的决定》已由中华人民共和国第十二届全国人民代表大会常务委员会第十四次会议于 2015 年 4 月 24 日通过，现予公布，自公布之日起施行。

中华人民共和国主席　习近平

二〇一五年四月二十四日

一、将第三十四条第二款修改为："考古发掘的文物，应当登记造册，妥善保管，按照国家有关规定移交给由省、自治区、直辖市人民政府文物行政部门或者国务院文物行政部门指定的国有博物馆、图书馆或者其他国有收藏文物的单位收藏。经省、自治区、直辖市人民政府文物行政部门批准，从事考古发掘的单位可以保留少量出土文物作为科研标本。"

二、删去第四十一条中的"交换馆藏一级文物的，必须经国务院文物行政部门批准"。

三、删去第五十三条第一款中的"国务院文物行政部门或者"。

四、将第五十四条第一款中的"国务院文物行政部门"修改为"省、自治区、直辖市人民政府文物行政部门"。

本决定自公布之日起施行。

《中华人民共和国文物保护法》根据本决定作相应修改，重新公布。

中华人民共和国文物保护法

（2017年修正）

中华人民共和国主席令

第八十一号

《全国人民代表大会常务委员会关于修改〈中华人民共和国会计法〉等十一部法律的决定》已由中华人民共和国第十二届全国人民代表大会第三十次会议于 2017 年 11 月 4 日通过，现予公布，自 2017 年 11 月 5 日起施行。

中华人民共和国主席　习近平

二〇一七年十一月四日

中华人民共和国文物保护法

目　录

第一章　总　则

第一条　为了加强对文物的保护，继承中华民族优秀的历史文化遗产，促进科学研究工作，进行爱国主义和革命传统教育，建设社会主义精神文明和物质文明，根据宪法，制定本法。

第二条　在中华人民共和国境内，下列文物受国家保护：

（一）具有历史、艺术、科学价值的古文化遗址、古墓葬、古建筑、石窟寺和石刻、壁画；

（二）与重大历史事件、革命运动或者著名人物有关的以及具有重要纪念意义、教育意义或者史料价值的近代现代重要史迹、实物、代表性建筑；

（三）历史上各时代珍贵的艺术品、工艺美术品；

（四）历史上各时代重要的文献资料以及具有历史、艺术、科学价值的手稿和图书资料等；

（五）反映历史上各时代、各民族社会制度、社会生产、社会生活的代表性实物。

文物认定的标准和办法由国务院文物行政部门制定，并报国务院批准。

具有科学价值的古脊椎动物化石和古人类化石同文物一样受国家保护。

第三条　古文化遗址、古墓葬、古建筑、石窟寺、石刻、壁画、近代现代重要史迹和代表性建筑等不可移动文物，根据它们的历史、艺术、科学价值，可以分别确定为全国重点文物保护单位，省级文物保护单位，市、县级文物保护单位。

历史上各时代重要实物、艺术品、文献、手稿、图书资料、代表性实物等可移动文物，分为珍贵文物和一般文物；珍贵文物分为一级文物、二级文物、三级文物。

第四条　文物工作贯彻保护为主、抢救第一、合理利用、加强管理的方针。

第五条　中华人民共和国境内地下、内水和领海中遗存的一切文物，属于国家所有。

古文化遗址、古墓葬、石窟寺属于国家所有。国家指定保护的纪念建筑物、古建筑、石刻、壁画、近代现代代表性建筑等不可移动文物，除国家另有规定的以外，属于国家所有。

国有不可移动文物的所有权不因其所依附的土地所有权或者使用权的改变而改变。

下列可移动文物，属于国家所有：

（一）中国境内出土的文物，国家另有规定的除外；

（二）国有文物收藏单位以及其他国家机关、部队和国有企业、事业组织等收藏、保管的文物；

（三）国家征集、购买的文物；

（四）公民、法人和其他组织捐赠给国家的文物；

（五）法律规定属于国家所有的其他文物。

属于国家所有的可移动文物的所有权不因其保管、收藏单位的终止或者变更而改变。

国有文物所有权受法律保护，不容侵犯。

第六条　属于集体所有和私人所有的纪念建筑物、古建筑和祖传文物以及依法取得的其他文物，其所有权受法律保护。文物的所有者必须遵守国家有关文物保护的法律、法规的规定。

第七条　一切机关、组织和个人都有依法保护文物的义务。

第八条　国务院文物行政部门主管全国文物保护工作。

地方各级人民政府负责本行政区域内的文物保护工作。县级以上地方人民政府承担文物保护工作的部门对本行政区域内的文物保护实施监督管理。

县级以上人民政府有关行政部门在各自的职责范围内，负责有关的文物保护工作。

第九条 各级人民政府应当重视文物保护，正确处理经济建设、社会发展与文物保护的关系，确保文物安全。

基本建设、旅游发展必须遵守文物保护工作的方针，其活动不得对文物造成损害。

公安机关、工商行政管理部门、海关、城乡建设规划部门和其他有关国家机关，应当依法认真履行所承担的保护文物的职责，维护文物管理秩序。

第十条 国家发展文物保护事业。县级以上人民政府应当将文物保护事业纳入本级国民经济和社会发展规划，所需经费列入本级财政预算。

国家用于文物保护的财政拨款随着财政收入增长而增加。

国有博物馆、纪念馆、文物保护单位等的事业性收入，专门用于文物保护，任何单位或者个人不得侵占、挪用。

国家鼓励通过捐赠等方式设立文物保护社会基金，专门用于文物保护，任何单位或者个人不得侵占、挪用。

第十一条 文物是不可再生的文化资源。国家加强文物保护的宣传教育，增强全民文物保护的意识，鼓励文物保护的科学研究，提高文物保护的科学技术水平。

第十二条 有下列事迹的单位或者个人，由国家给予精神鼓励或者物质奖励：

（一）认真执行文物保护法律、法规，保护文物成绩显著的；

（二）为保护文物与违法犯罪行为作坚决斗争的；

（三）将个人收藏的重要文物捐献给国家或者为文物保护事业做出捐赠的；

（四）发现文物及时上报或者上交，使文物得到保护的；

（五）在考古发掘工作中做出重大贡献的；

（六）在文物保护科学技术方面有重要发明创造或者其他重要贡献的；

（七）在文物面临破坏危险时，抢救文物有功的；

（八）长期从事文物工作，做出显著成绩的。

第二章 不可移动文物

第十三条 国务院文物行政部门在省级、市、县级文物保护单位中，选择具有重大历史、艺术、科学价值的确定为全国重点文物保护单位，或者直接确定为全国重点文物保护单位，报国务院核定公布。

省级文物保护单位，由省、自治区、直辖市人民政府核定公布，并报国务院备案。

市级和县级文物保护单位，分别由设区的市、自治州和县级人民政府核定公布，并报省、自治区、直辖市人民政府备案。

尚未核定公布为文物保护单位的不可移动文物，由县级人民政府文物行政部门予以登记并公布。

第十四条 保存文物特别丰富并且具有重大历史价值或者革命纪念意义的城市，由国务院核定公布为历史文化名城。

保存文物特别丰富并且具有重大历史价值或者革命纪念意义的城镇、街道、村庄，由省、自治区、直辖市人民政府核定公布为历史文化街区、村镇，并报国务院备案。

历史文化名城和历史文化街区、村镇所在地的县级以上地方人民政府应当组织编制专门的历史文化名城和历史文化街区、村镇保护规划，并纳入城市总体规划。

历史文化名城和历史文化街区、村镇的保护办法，由国务院制定。

第十五条 各级文物保护单位，分别由省、自治区、直辖市人民政府和市、县级人民政府划定必要的保护范围，作出标志说明，建立记录档案，并区别情况分别设置专门机构或者专人负责管理。全国重点文物保护单位的保护范围和记录档案，由省、自治区、直辖市人民政府文物行政部门报国务院文物行政部门备案。

县级以上地方人民政府文物行政部门应当根据不同文物的保护需要，制定文物保护单位和未核定为文物保护单位的不可移动文物的具体保护措施，并公告施行。

第十六条 各级人民政府制定城乡建设规划，应当根据文物保护的需要，事先由城乡建设规划部门会同文物行政部门商定对本行政区域内各级文物保护单位的保护措施，并纳入规划。

第十七条 文物保护单位的保护范围内不得进行其他建设工程或者爆破、钻探、挖掘等作业。但是，因特殊情况需要在文物保护单位的保护范围内进行其他建设工程或者爆破、钻探、挖掘等作业的，必须保证文物保护单位的安全，并经核定公布该文物保护单位的人民政府批准，在批准前应当征得上一级人民政府文物行政部门同意；在全国重点文物保护单位的保护范围内进行其他建设工程或者爆破、钻探、挖掘等作业的，必须经省、自治区、直辖市人民政府批准，在批准前应当征得国务院文物行政部门同意。

第十八条 根据保护文物的实际需要，经省、自治区、直辖市人民政府批准，可以在文物保护单位的周围划出一定的建设控制地带，并予以公布。

在文物保护单位的建设控制地带内进行建设工程，不得破坏文物保护单位的历史风貌；工程设计方案应当根据文物保护单位的级别，经相应的文物行政部门同意后，报城乡建设规划部门批准。

第十九条 在文物保护单位的保护范围和建设控制地带内，不得建设污染文物保护单位及其环境的设施，不得进行可能影响文物保护单位安全及其环境的活动。对已有的污染文物保护单位及其环境的设施，应当限期治理。

第二十条　建设工程选址，应当尽可能避开不可移动文物；因特殊情况不能避开的，对文物保护单位应当尽可能实施原址保护。

实施原址保护的，建设单位应当事先确定保护措施，根据文物保护单位的级别报相应的文物行政部门批准；未经批准的，不得开工建设。

无法实施原址保护，必须迁移异地保护或者拆除的，应当报省、自治区、直辖市人民政府批准；迁移或者拆除省级文物保护单位的，批准前须征得国务院文物行政部门同意。全国重点文物保护单位不得拆除；需要迁移的，须由省、自治区、直辖市人民政府报国务院批准。

依照前款规定拆除的国有不可移动文物中具有收藏价值的壁画、雕塑、建筑构件等，由文物行政部门指定的文物收藏单位收藏。

本条规定的原址保护、迁移、拆除所需费用，由建设单位列入建设工程预算。

第二十一条　国有不可移动文物由使用人负责修缮、保养；非国有不可移动文物由所有人负责修缮、保养。非国有不可移动文物有损毁危险，所有人不具备修缮能力的，当地人民政府应当给予帮助；所有人具备修缮能力而拒不依法履行修缮义务的，县级以上人民政府可以给予抢救修缮，所需费用由所有人负担。

对文物保护单位进行修缮，应当根据文物保护单位的级别报相应的文物行政部门批准；对未核定为文物保护单位的不可移动文物进行修缮，应当报登记的县级人民政府文物行政部门批准。

文物保护单位的修缮、迁移、重建，由取得文物保护工程资质证书的单位承担。

对不可移动文物进行修缮、保养、迁移，必须遵守不改变文物原状的原则。

第二十二条　不可移动文物已经全部毁坏的，应当实施遗址保护，不得在原址重建。但是，因特殊情况需要在原址重建的，由省、自治区、直辖市人民政府文物行政部门报省、自治区、直辖市人民政府批准；全国重点文物保护单位需要在原址重建的，由省、自治区、直辖市人民政府报国务院批准。

第二十三条　核定为文物保护单位的属于国家所有的纪念建筑物或者古建筑，除可以建立博物馆、保管所或者辟为参观游览场所外，作其他用途的，市、县级文物保护单位应当经核定公布该文物保护单位的人民政府文物行政部门征得上一级文物行政部门同意后，报核定公布该文物保护单位的人民政府批准；省级文物保护单位应当经核定公布该文物保护单位的省级人民政府的文物行政部门审核同意后，报该省级人民政府批准；全国重点文物保护单位作其他用途的，应当由省、自治区、直辖市人民政府报国务院批准。国有未核定为文物保护单位的不可移动文物作其他用途的，应当报告县级人民政府文物行政部门。

第二十四条　国有不可移动文物不得转让、抵押。建立博物馆、保管所或者辟为参观游览场所的国有文物保护单位，不得作为企业资产经营。

第二十五条 非国有不可移动文物不得转让、抵押给外国人。

非国有不可移动文物转让、抵押或者改变用途的，应当根据其级别报相应的文物行政部门备案。

第二十六条 使用不可移动文物，必须遵守不改变文物原状的原则，负责保护建筑物及其附属文物的安全，不得损毁、改建、添建或者拆除不可移动文物。

对危害文物保护单位安全、破坏文物保护单位历史风貌的建筑物、构筑物，当地人民政府应当及时调查处理，必要时，对该建筑物、构筑物予以拆迁。

第三章　考古发掘

第二十七条 一切考古发掘工作，必须履行报批手续；从事考古发掘的单位，应当经国务院文物行政部门批准。

地下埋藏的文物，任何单位或者个人都不得私自发掘。

第二十八条 从事考古发掘的单位，为了科学研究进行考古发掘，应当提出发掘计划，报国务院文物行政部门批准；对全国重点文物保护单位的考古发掘计划，应当经国务院文物行政部门审核后报国务院批准。国务院文物行政部门在批准或者审核前，应当征求社会科学研究机构及其他科研机构和有关专家的意见。

第二十九条 进行大型基本建设工程，建设单位应当事先报请省、自治区、直辖市人民政府文物行政部门组织从事考古发掘的单位，在工程范围内有可能埋藏文物的地方进行考古调查、勘探。

考古调查、勘探中发现文物的，由省、自治区、直辖市人民政府文物行政部门根据文物保护的要求会同建设单位共同商定保护措施；遇有重要发现的，由省、自治区、直辖市人民政府文物行政部门及时报国务院文物行政部门处理。

第三十条 需要配合建设工程进行的考古发掘工作，应当由省、自治区、直辖市文物行政部门在勘探工作的基础上提出发掘计划，报国务院文物行政部门批准。国务院文物行政部门在批准前，应当征求社会科学研究机构及其他科研机构和有关专家的意见。

确因建设工期紧迫或者有自然破坏危险，对古文化遗址、古墓葬急需进行抢救发掘的，由省、自治区、直辖市人民政府文物行政部门组织发掘，并同时补办审批手续。

第三十一条 凡因进行基本建设和生产建设需要的考古调查、勘探、发掘，所需费用由建设单位列入建设工程预算。

第三十二条 在进行建设工程或者在农业生产中，任何单位或者个人发现文物，应当保护现场，立即报告当地文物行政部门，文物行政部门接到报告后，如无特殊情况，应当在二十四小时内赶赴现场，并在七日内提出处理意见。文物行政部门可以报请当地人民政府通知公安机关协助保护现场；发现重要文物的，应当立即上报国务院文物行政部门，国务院文物行政部门应当在接到报告后十五日内提出处理意见。

依照前款规定发现的文物属于国家所有，任何单位或者个人不得哄抢、私分、藏匿。

第三十三条 非经国务院文物行政部门报国务院特别许可，任何外国人或者外国团体不得在中华人民共和国境内进行考古调查、勘探、发掘。

第三十四条 考古调查、勘探、发掘的结果，应当报告国务院文物行政部门和省、自治区、直辖市人民政府文物行政部门。

考古发掘的文物，应当登记造册，妥善保管，按照国家有关规定移交给由省、自治区、直辖市人民政府文物行政部门或者国务院文物行政部门指定的国有博物馆、图书馆或者其他国有收藏文物的单位收藏。经省、自治区、直辖市人民政府文物行政部门批准，从事考古发掘的单位可以保留少量出土文物作为科研标本。

考古发掘的文物，任何单位或者个人不得侵占。

第三十五条 根据保证文物安全、进行科学研究和充分发挥文物作用的需要，省、自治区、直辖市人民政府文物行政部门经本级人民政府批准，可以调用本行政区域内的出土文物；国务院文物行政部门经国务院批准，可以调用全国的重要出土文物。

第四章 馆藏文物

第三十六条 博物馆、图书馆和其他文物收藏单位对收藏的文物，必须区分文物等级，设置藏品档案，建立严格的管理制度，并报主管的文物行政部门备案。

县级以上地方人民政府文物行政部门应当分别建立本行政区域内的馆藏文物档案；国务院文物行政部门应当建立国家一级文物藏品档案和其主管的国有文物收藏单位馆藏文物档案。

第三十七条 文物收藏单位可以通过下列方式取得文物：

（一）购买；

（二）接受捐赠；

（三）依法交换；

（四）法律、行政法规规定的其他方式。

国有文物收藏单位还可以通过文物行政部门指定保管或者调拨方式取得文物。

第三十八条 文物收藏单位应当根据馆藏文物的保护需要，按照国家有关规定建立、健全管理制度，并报主管的文物行政部门备案。未经批准，任何单位或者个人不得调取馆藏文物。

文物收藏单位的法定代表人对馆藏文物的安全负责。国有文物收藏单位的法定代表人离任时，应当按照馆藏文物档案办理馆藏文物移交手续。

第三十九条 国务院文物行政部门可以调拨全国的国有馆藏文物。省、自治区、直辖市人民政府文物行政部门可以调拨本行政区域内其主管的国有文物收藏单位馆藏文物；调拨国有馆藏一级文物，应当报国务院文物行政部门备案。

国有文物收藏单位可以申请调拨国有馆藏文物。

第四十条 文物收藏单位应当充分发挥馆藏文物的作用，通过举办展览、科学研究等活动，加强对中华民族优秀的历史文化和革命传统的宣传教育。

国有文物收藏单位之间因举办展览、科学研究等需借用馆藏文物的，应当报主管的文物行政部门备案；借用馆藏一级文物的，应当同时报国务院文物行政部门备案。

非国有文物收藏单位和其他单位举办展览需借用国有馆藏文物的，应当报主管的文物行政部门批准；借用国有馆藏一级文物，应当经国务院文物行政部门批准。

文物收藏单位之间借用文物的最长期限不得超过三年。

第四十一条 已经建立馆藏文物档案的国有文物收藏单位，经省、自治区、直辖市人民政府文物行政部门批准，并报国务院文物行政部门备案，其馆藏文物可以在国有文物收藏单位之间交换。

第四十二条 未建立馆藏文物档案的国有文物收藏单位，不得依照本法第四十条、第四十一条的规定处置其馆藏文物。

第四十三条 依法调拨、交换、借用国有馆藏文物，取得文物的文物收藏单位可以对提供文物的文物收藏单位给予合理补偿，具体管理办法由国务院文物行政部门制定。

国有文物收藏单位调拨、交换、出借文物所得的补偿费用，必须用于改善文物的收藏条件和收集新的文物，不得挪作他用；任何单位或者个人不得侵占。

调拨、交换、借用的文物必须严格保管，不得丢失、损毁。

第四十四条 禁止国有文物收藏单位将馆藏文物赠与、出租或者出售给其他单位、个人。

第四十五条 国有文物收藏单位不再收藏的文物的处置办法，由国务院另行制定。

第四十六条 修复馆藏文物，不得改变馆藏文物的原状；复制、拍摄、拓印馆藏文物，不得对馆藏文物造成损害。具体管理办法由国务院制定。

不可移动文物的单体文物的修复、复制、拍摄、拓印，适用前款规定。

第四十七条 博物馆、图书馆和其他收藏文物的单位应当按照国家有关规定配备防火、防盗、防自然损坏的设施，确保馆藏文物的安全。

第四十八条 馆藏一级文物损毁的，应当报国务院文物行政部门核查处理。其他馆藏文物损毁的，应当报省、自治区、直辖市人民政府文物行政部门核查处理；省、自治区、直辖市人民政府文物行政部门应当将核查处理结果报国务院文物行政部门备案。

馆藏文物被盗、被抢或者丢失的，文物收藏单位应当立即向公安机关报案，并同时向主管的文物行政部门报告。

第四十九条 文物行政部门和国有文物收藏单位的工作人员不得借用国有文物，不得非法侵占国有文物。

第五章　民间收藏文物

第五十条　文物收藏单位以外的公民、法人和其他组织可以收藏通过下列方式取得的文物：

（一）依法继承或者接受赠与；

（二）从文物商店购买；

（三）从经营文物拍卖的拍卖企业购买；

（四）公民个人合法所有的文物相互交换或者依法转让；

（五）国家规定的其他合法方式。

文物收藏单位以外的公民、法人和其他组织收藏的前款文物可以依法流通。

第五十一条　公民、法人和其他组织不得买卖下列文物：

（一）国有文物，但是国家允许的除外；

（二）非国有馆藏珍贵文物；

（三）国有不可移动文物中的壁画、雕塑、建筑构件等，但是依法拆除的国有不可移动文物中的壁画、雕塑、建筑构件等不属于本法第二十条第四款规定的应由文物收藏单位收藏的除外；

（四）来源不符合本法第五十条规定的文物。

第五十二条　国家鼓励文物收藏单位以外的公民、法人和其他组织将其收藏的文物捐赠给国有文物收藏单位或者出借给文物收藏单位展览和研究。

国有文物收藏单位应当尊重并按照捐赠人的意愿，对捐赠的文物妥善收藏、保管和展示。

国家禁止出境的文物，不得转让、出租、质押给外国人。

第五十三条　文物商店应当由省、自治区、直辖市人民政府文物行政部门批准设立，依法进行管理。

文物商店不得从事文物拍卖经营活动，不得设立经营文物拍卖的拍卖企业。

第五十四条　依法设立的拍卖企业经营文物拍卖的，应当取得省、自治区、直辖市人民政府文物行政部门颁发的文物拍卖许可证。

经营文物拍卖的拍卖企业不得从事文物购销经营活动，不得设立文物商店。

第五十五条　文物行政部门的工作人员不得举办或者参与举办文物商店或者经营文物拍卖的拍卖企业。

文物收藏单位不得举办或者参与举办文物商店或者经营文物拍卖的拍卖企业。

禁止设立中外合资、中外合作和外商独资的文物商店或者经营文物拍卖的拍卖企业。

除经批准的文物商店、经营文物拍卖的拍卖企业外，其他单位或者个人不得从事文物的商业经营活动。

第五十六条 文物商店不得销售、拍卖企业不得拍卖本法第五十一条规定的文物。

拍卖企业拍卖的文物，在拍卖前应当经省、自治区、直辖市人民政府文物行政部门审核，并报国务院文物行政部门备案。

第五十七条 省、自治区、直辖市人民政府文物行政部门应当建立文物购销、拍卖信息与信用管理系统。文物商店购买、销售文物，拍卖企业拍卖文物，应当按照国家有关规定做出记录，并于销售、拍卖文物后三十日内报省、自治区、直辖市人民政府文物行政部门备案。

拍卖文物时，委托人、买受人要求对其身份保密的，文物行政部门应当为其保密；但是，法律、行政法规另有规定的除外。

第五十八条 文物行政部门在审核拟拍卖的文物时，可以指定国有文物收藏单位优先购买其中的珍贵文物。购买价格由文物收藏单位的代表与文物的委托人协商确定。

第五十九条 银行、冶炼厂、造纸厂以及废旧物资回收单位，应当与当地文物行政部门共同负责拣选掺杂在金银器和废旧物资中的文物。拣选文物除供银行研究所必需的历史货币可以由人民银行留用外，应当移交当地文物行政部门。移交拣选文物，应当给予合理补偿。

第六章　文物出境进境

第六十条 国有文物、非国有文物中的珍贵文物和国家规定禁止出境的其他文物，不得出境；但是依照本法规定出境展览或者因特殊需要经国务院批准出境的除外。

第六十一条 文物出境，应当经国务院文物行政部门指定的文物进出境审核机构审核。经审核允许出境的文物，由国务院文物行政部门发给文物出境许可证，从国务院文物行政部门指定的口岸出境。

任何单位或者个人运送、邮寄、携带文物出境，应当向海关申报；海关凭文物出境许可证放行。

第六十二条 文物出境展览，应当报国务院文物行政部门批准；一级文物超过国务院规定数量的，应当报国务院批准。

一级文物中的孤品和易损品，禁止出境展览。

出境展览的文物出境，由文物进出境审核机构审核、登记。海关凭国务院文物行政部门或者国务院的批准文件放行。出境展览的文物复进境，由原文物进出境审核机构审核查验。

第六十三条 文物临时进境，应当向海关申报，并报文物进出境审核机构审核、登记。

临时进境的文物复出境，必须经原审核、登记的文物进出境审核机构审核查验；经审核查验无误的，由国务院文物行政部门发给文物出境许可证，海关凭文物出境许可证放行。

第七章　法律责任

第六十四条 违反本法规定，有下列行为之一，构成犯罪的，依法追究刑事责任：

（一）盗掘古文化遗址、古墓葬的；

（二）故意或者过失损毁国家保护的珍贵文物的；

（三）擅自将国有馆藏文物出售或者私自送给非国有单位或者个人的；

（四）将国家禁止出境的珍贵文物私自出售或者送给外国人的；

（五）以牟利为目的倒卖国家禁止经营的文物的；

（六）走私文物的；

（七）盗窃、哄抢、私分或者非法侵占国有文物的；

（八）应当追究刑事责任的其他妨害文物管理行为。

第六十五条 违反本法规定，造成文物灭失、损毁的，依法承担民事责任。

违反本法规定，构成违反治安管理行为的，由公安机关依法给予治安管理处罚。

违反本法规定，构成走私行为，尚不构成犯罪的，由海关依照有关法律、行政法规的规定给予处罚。

第六十六条 有下列行为之一，尚不构成犯罪的，由县级以上人民政府文物主管部门责令改正，造成严重后果的，处五万元以上五十万元以下的罚款；情节严重的，由原发证机关吊销资质证书：

（一）擅自在文物保护单位的保护范围内进行建设工程或者爆破、钻探、挖掘等作业的；

（二）在文物保护单位的建设控制地带内进行建设工程，其工程设计方案未经文物行政部门同意、报城乡建设规划部门批准，对文物保护单位的历史风貌造成破坏的；

（三）擅自迁移、拆除不可移动文物的；

（四）擅自修缮不可移动文物，明显改变文物原状的；

（五）擅自在原址重建已全部毁坏的不可移动文物，造成文物破坏的；

（六）施工单位未取得文物保护工程资质证书，擅自从事文物修缮、迁移、重建的。

刻划、涂污或者损坏文物尚不严重的，或者损毁依照本法第十五条第一款规定设立的文物保护单位标志的，由公安机关或者文物所在单位给予警告，可以并处罚款。

第六十七条 在文物保护单位的保护范围内或者建设控制地带内建设污染文物保护单位及其环境的设施的，或者对已有的污染文物保护单位及其环境的设施未在规定的期限内完成治理的，由环境保护行政部门依照有关法律、法规的规定给予处罚。

第六十八条 有下列行为之一的，由县级以上人民政府文物主管部门责令改正，没收违法所得，违法所得一万元以上的，并处违法所得二倍以上五倍以下的罚款；违法所得不足一万元的，并处五千元以上二万元以下的罚款：

（一）转让或者抵押国有不可移动文物，或者将国有不可移动文物作为企业资产经营的；

（二）将非国有不可移动文物转让或者抵押给外国人的；

（三）擅自改变国有文物保护单位的用途的。

第六十九条　历史文化名城的布局、环境、历史风貌等遭到严重破坏的，由国务院撤销其历史文化名城称号；历史文化城镇、街道、村庄的布局、环境、历史风貌等遭到严重破坏的，由省、自治区、直辖市人民政府撤销其历史文化街区、村镇称号；对负有责任的主管人员和其他直接责任人员依法给予行政处分。

第七十条　有下列行为之一，尚不构成犯罪的，由县级以上人民政府文物主管部门责令改正，可以并处二万元以下的罚款，有违法所得的，没收违法所得：

（一）文物收藏单位未按照国家有关规定配备防火、防盗、防自然损坏的设施的；

（二）国有文物收藏单位法定代表人离任时未按照馆藏文物档案移交馆藏文物，或者所移交的馆藏文物与馆藏文物档案不符的；

（三）将国有馆藏文物赠与、出租或者出售给其他单位、个人的；

（四）违反本法第四十条、第四十一条、第四十五条规定处置国有馆藏文物的；

（五）违反本法第四十三条规定挪用或者侵占依法调拨、交换、出借文物所得补偿费用的。

第七十一条　买卖国家禁止买卖的文物或者将禁止出境的文物转让、出租、质押给外国人，尚不构成犯罪的，由县级以上人民政府文物主管部门责令改正，没收违法所得，违法经营额一万元以上的，并处违法经营额二倍以上五倍以下的罚款；违法经营额不足一万元的，并处五千元以上二万元以下的罚款。

文物商店、拍卖企业有前款规定的违法行为的，由县级以上人民政府文物主管部门没收违法所得、非法经营的文物，违法经营额五万元以上的，并处违法经营额一倍以上三倍以下的罚款；违法经营额不足五万元的，并处五千元以上五万元以下的罚款；情节严重的，由原发证机关吊销许可证书。

第七十二条　未经许可，擅自设立文物商店、经营文物拍卖的拍卖企业，或者擅自从事文物的商业经营活动，尚不构成犯罪的，由工商行政管理部门依法予以制止，没收违法所得、非法经营的文物，违法经营额五万元以上的，并处违法经营额二倍以上五倍以下的罚款；违法经营额不足五万元的，并处二万元以上十万元以下的罚款。

第七十三条　有下列情形之一的，由工商行政管理部门没收违法所得、非法经营的文物，违法经营额五万元以上的，并处违法经营额一倍以上三倍以下的罚款；违法经营额不足五万元的，并处五千元以上五万元以下的罚款；情节严重的，由原发证机关吊销许可证书：

（一）文物商店从事文物拍卖经营活动的；

（二）经营文物拍卖的拍卖企业从事文物购销经营活动的；

（三）拍卖企业拍卖的文物，未经审核的；

（四）文物收藏单位从事文物的商业经营活动的。

第七十四条 有下列行为之一，尚不构成犯罪的，由县级以上人民政府文物主管部门会同公安机关追缴文物；情节严重的，处五千元以上五万元以下的罚款：

（一）发现文物隐匿不报或者拒不上交的；

（二）未按照规定移交拣选文物的。

第七十五条 有下列行为之一的，由县级以上人民政府文物主管部门责令改正：

（一）改变国有未核定为文物保护单位的不可移动文物的用途，未依照本法规定报告的；

（二）转让、抵押非国有不可移动文物或者改变其用途，未依照本法规定备案的；

（三）国有不可移动文物的使用人拒不依法履行修缮义务的；

（四）考古发掘单位未经批准擅自进行考古发掘，或者不如实报告考古发掘结果的；

（五）文物收藏单位未按照国家有关规定建立馆藏文物档案、管理制度，或者未将馆藏文物档案、管理制度备案的；

（六）违反本法第三十八条规定，未经批准擅自调取馆藏文物的；

（七）馆藏文物损毁未报文物行政部门核查处理，或者馆藏文物被盗、被抢或者丢失，文物收藏单位未及时向公安机关或者文物行政部门报告的；

（八）文物商店销售文物或者拍卖企业拍卖文物，未按照国家有关规定作出记录或者未将所作记录报文物行政部门备案的。

第七十六条 文物行政部门、文物收藏单位、文物商店、经营文物拍卖的拍卖企业的工作人员，有下列行为之一的，依法给予行政处分，情节严重的，依法开除公职或者吊销其从业资格；构成犯罪的，依法追究刑事责任：

（一）文物行政部门的工作人员违反本法规定，滥用审批权限、不履行职责或者发现违法行为不予查处，造成严重后果的；

（二）文物行政部门和国有文物收藏单位的工作人员借用或者非法侵占国有文物的；

（三）文物行政部门的工作人员举办或者参与举办文物商店或者经营文物拍卖的拍卖企业的；

（四）因不负责任造成文物保护单位、珍贵文物损毁或者流失的；

（五）贪污、挪用文物保护经费的。

前款被开除公职或者被吊销从业资格的人员，自被开除公职或者被吊销从业资格之日起十年内不得担任文物管理人员或者从事文物经营活动。

第七十七条 有本法第六十六条、第六十八条、第七十条、第七十一条、第七十四条、第七十五条规定所列行为之一的，负有责任的主管人员和其他直接责任人员是国家工作人员的，依法给予行政处分。

第七十八条 公安机关、工商行政管理部门、海关、城乡建设规划部门和其他国家机关，违反本法规定滥用职权、玩忽职守、徇私舞弊，造成国家保护的珍贵文物损毁或者流失的，对负有责任的主管人员和其他直接责任人员依法给予行政处分；构成犯罪的，依法追究刑事责任。

第七十九条 人民法院、人民检察院、公安机关、海关和工商行政管理部门依法没收的文物应当登记造册，妥善保管，结案后无偿移交文物行政部门，由文物行政部门指定的国有文物收藏单位收藏。

第八章 附 则

第八十条 本法自公布之日起施行。

行政法规

禁止珍贵文物图书出口暂行办法

（中央人民政府政务院令　政文董字〔1950〕第12号　1950年5月24日）

颁发《禁止珍贵文物图书出口暂行办法》令

政文董字十二号

查我国具有历史文化价值之文物图书，在过去反动统治时代，往往官商勾结，盗运出口，致使我国文化遗产，蒙受莫大损失。今反动政权已推翻，海陆运输均已畅通，为防止此项文物图书继续散失起见，特制定《禁止珍贵文物图书出口暂行办法》随令颁发，希即转令所属遵照办理为要。

附：《禁止珍贵文物图书出口暂行办法》

第一条　为保护我国文化遗产，防止有关革命的、历史的、文化的、艺术的珍贵文物及图书流出国外，特制定本办法。

第二条　下列各种类之文物图书一律禁止出口：

（一）革命文献及实物。

（二）古生物：古代动植物之遗迹、遗骸及化石等。

（三）史前遗物：史前人类之遗物、遗迹及化石等。

（四）建筑物：建筑物及建筑模型及其附属品。

（五）绘画：前代画家之各种作品，宫殿、寺庙、冢墓之古壁画，以及前代具有高度美术价值之绣绘、织绘、漆绘等。

（六）雕塑：具有高度艺术价值之浮雕、雕刻，宗教的、礼俗的雕像，以及前代金、石、玉、竹、木、骨、角、牙、陶瓷等美术雕刻。

（七）铭刻：甲骨刻辞、玺印、符契、书板之雕刻等，及古代金、石、玉、竹、木、砖、瓦等之有铭记者。

（八）图书：具有历史价值之简牍、图书、档案、名人书法、墨迹及珍贵之金石拓本等。

（九）货币：古贝、古钱币（如刀、布、钱、锭、交钞、票钞等）

（十）舆服：具有历史价值之车，舆、船舰、马具、冠履、衣裳、带佩、饰物及织物等。

（十一）器具：古代生产工具、兵器、礼乐器、法器、明器、仪器、家具、日用品、文具、娱乐用品等。

第三条 凡属上述范围之文物图书，经由中央人民政府政务院核准运往国外展览、交换、赠予，并发给准许执照者，准许出口。

第四条 凡无革命、历史、文化价值之文物图书，或有革命、历史、文化价值之文物图书的复制品及影印本，均可准许出口。

第五条 凡准许出口之文物图书，其出口地点以天津海关、上海海关、广州海关三处为限。但属于第三条所指情形者，不在此限。

第六条 凡报运出口文物图书，均须于起运或邮寄前，逐件详细开列种类、名称、大小、重量、年代之清单及装箱单，向各准许出口地点之对外贸易管理局报告，由对外贸易管理局交当地文物出口鉴定委员会，按照报运人所报清单与报运出口之文物图书逐件核对、鉴定之。各地对外贸易管理局可凭当地文物出口鉴定委员会之鉴定证明，予以发给出口许可证。海关或邮局凭证放行。

第七条 文物出口鉴定委员会分设于天津（包括北京）、上海、广州，由中央人民政府文化部在各该地区邀请专家若干人，对外贸易管理局、海关及邮局报派若干人为委员组成之。

第八条 凡已经各地文物出口鉴定委员会鉴定证明，并经各地发给出口许可证之文物图书，应由各地海关或邮局人员监视装箱，与报运人会同加封，以防暗中调换。

第九条 凡有违反本办法之规定，企图盗运上列禁运出口之文物而经海关或邮局查获者，除没收其物品外，得按情节之轻重予以惩处。

第十条 本办法自公布之日起施行。

注：原办法因政务院财政经济委员会对第三、六、七、八各条提出修改意见，经中央人民政府文化部文物局会同中央贸易部、海关总署等机关据以研究后，报奉政务院核准修订。并由中央人民政府文化部于一九五一年六月六日公布。此办法即系根据文化部令文修改后之全文。

中央人民政府政务院规定古迹、珍贵文物、图书及稀有生物保护办法，并颁布《古文化遗址及古墓葬之调查发掘暂行办法》的命令

（政文董字第 13 号　1950 年 5 月 24 日）

为规定古迹、珍贵文物、图书及稀有生物保护办法，并颁发《古文化遗址及墓葬之调查发掘暂行办法》

查我国所有名胜古迹，及藏于地下，流散各处的有关革命、历史、艺术的一切文物图书，皆为我民族文化遗产。今后对文化遗产的保管工作，为经常的文化建设工作之一。兹为保护上述古迹、文物、图书，除现有保护办法照旧适用，并制定，古文化遗址及古墓葬之调查发掘暂行办法颁发外，特规定下列办法。

（一）各地原有或偶然发现的一切具有革命、历史、艺术价值之建筑、文物、图书等，应由各该地方人民政府文教部门及公安机关妥为保护，严禁破坏、损毁及散佚；并详细登记（孤本、珍品应照相），呈报中央人民政府文化部。

（二）在反恶霸斗争和土地改革期间，应没收之地主、恶霸所有的上项文化遗产，不得听任损坏、散佚，或随意分掉；应一律由当地人民政府负责保管，并层报上级政府转报中央人民政府文化部决定处理办法。

（三）珍贵化石及稀有生物（如四川万县之水杉，松潘之熊猫等），各地人民政府亦应妥为保护，严禁任意采捕。

（四）对上述古迹，珍贵文物、图书及稀有生物保护有功者，经当地人民政府查明后，应报请大行政区或省（市）人民政府予以适当之奖励并转报中央人民政府文化部备案。如有盗卖及破坏情事，当地人民政府应及时加以制止，其情节严重者应拘送当地人民法院予以处分；并报请大行政区或省（市）级人民政府，转报中央人民政府文化部备案。

以上各项办法暨《古文化遗址及古墓葬之调查发掘暂行办法》，希即遵照并转令所辖各级政府注意执行为要。

附：古文化遗址及古墓葬之调查发掘暂行办法

古文化遗址及古墓葬之调查发掘暂行办法

第一条 为保护、研究我国文化遗产，对古文化遗址及古墓葬作有计划之调查及发掘，制定本办法。

第二条 各大行政区人民政府或军政委员会及各省市人民政府，应调查所辖境内有重大历史价值的公共或私人所有之古文化遗址及古墓葬，予以保护，并呈报中央人民政府文化部登记。其登记办法另定之。

第三条 凡因浚河、筑路及进行其它建筑工程而发现有古文化遗址、古墓葬或古物时，应即时报告当地人民政府。当地人民政府应一面按照原状合理保管，一面报告中央人民政府文化部。在未得中央人民政府文化部指示前，不得擅自发掘。其已出土可移动之古物，应由当地人民政府移往安全地带妥为保管。

第四条 凡施行团体、科学调查团体，或其它学术团体所派遣进行田野工作之调查队，于中途或工作进行中，发现古文化遗址或古墓葬时，应一面按照原状保护，一面立即报告当地人民政府转报中央人民政府文化部请示，在未得中央人民政府文化部指示前，不得擅自进行发掘。

第五条 学术机关或群众团体，必须具备田野考古之条件，并经由中央人民政府文化部会同中国科学院审查批准后由中央人民政府文化部发给执照，同时须报请当地的大行政区人民政府或军政委员会备案，始得进行发掘工作。中央人民政府文化部并得按照各该团体人力物力之实在情况，劝告该团体与其它适当团体合作，俾发掘工作更臻完善。

第六条 凡拟进行发掘工作之团体应具备下列各项条件：

1. 必须由学识经验丰富之考古专家担任实际领导。

2. 必须具有若干谙练发掘工作之技术人员。

3. 必须具有进行发掘工作之详细计划，必需之工具设备，以及足够之经费。

第七条 凡拟进行某项发掘工作之团体，应依下开各项，填具表格，备文呈请中央文化部批准。

1. 团体之简历，主持人及团员之姓名、住址及略历。

2. 经费及设备。

3. 发掘地点之名称、坐落与界限，并附平面图。

4. 发掘之目的与施工计划。

5. 发掘之期限。

第八条 凡拟进行发掘工作之团体，在取得中央人民政府文化部之批准后，应将中央人民政府文化部所发之证件向当地政府呈验，并商定具体步骤，始得进行发掘。

进行发掘工作时，不得损坏古代建筑、雕刻、塑像、碑文及其它附属地面上之古物遗迹，或减少其价值。其无历史、文化价值之建筑物，不得不拆除者，其属于公有者，应先征得地方政府机关之同意；其属于私有者，应征得业主之同意，并应付与适当之代价。

第九条 中央人民政府文化部视事实之需要得派员参加协助或督导公私团体之发掘工作。

第十条 发掘工作完毕后，所有挖开之深沟坑井，如与交通、水利、卫生有关者，发掘团体应商得当地人民政府同意，负责恢复原状或作适当之处理。

第十一条 发掘工作因故中止，或因季节、地理条件等关系而不得不为间断性之发掘者，应将原因及期限报请中央人民政府文化部，并对发掘地带予以适当之整理。

第十二条 发掘工作进行时，不得将该地无直接关系之文化遗存发掘净尽，应酌留示范性剖面或部分，以供复查及研究。

第十三条 凡发掘竣工后，该负责发掘之团体应将下列各项报请中央文化部备案：

1. 发掘施工之平面及纵面图及地质层次与古物位置图之副本；

2. 发掘施工之详细过程。

3. 发掘建筑物及古物清册，并注明其有关之价值。

4. 发掘施工之田野日记副本及照片等。

第十四条 发掘团体应于发掘工作完毕后一年内，完成发掘报告。其研究报告则视实际情形由该团体自行规定完成之期限。

第十五条 凡地下埋藏及发掘所得之古物、标本概为国有，由中央人民政府文化部及当地之大行政区人民政府或军政委员会文教部协商处理。交中央或地方博物馆保管。其情形特殊者，得先交由该发掘团体从事研究，但该团体于研究完毕后，仍应将各种记录材料、研究结果及古物送中央或地方博物馆公开展览，以供全国人民及学术界之观览及研究。

第十六条 凡进行发掘之团体有违犯本办法之各项规定时，中央人民政府文化部得随时给以警告、警告无效时，得命令其停止发掘工作或撤销其发掘执照。

第十七条 凡发掘所得古物，有不能移动或暂时不易移动者，中央人民政府文化部得委托当地人民政府加以保护管理。

第十八条 中国科学院发掘办法另定之。

第十九条 外国人及外国人所办之团体均不得在我国进行或者参加发掘工作，但经中央人民政府特许或特约者不在此限。

第二十条 本办法自公布之日起施行。

第二十一条 本办法如有未尽事宜，由中央人民政府政务院修正之。

中央人民政府关于征集革命文物的命令

（政文董字第 24 号　1950 年 6 月 16 日）

中央革命博物馆，业已在京成立筹备处，正式开始征集整理工作。全国各地区对一切有关革命的文献与实物，即应普遍征集。近查各地已有个别进行此项工作之机构，兹为更好地组织此项工作的进行，特规定下列办法，希即遵照办理，并与中央人民政府文化部文物局革命博物馆筹备处取得联系，将办理情形随时通知该处为要。

1. 革命文物之征集，以"五四"以来新民主主义革命为中心，远溯鸦片战争、太平天国、辛亥革命及同时期的其他革命运动史料。

2. 凡一切有关革命之文献与实物如：秘密和公开时期之报章、杂志、图画、档案、货币、邮票、印花、土地证、路条、粮票、摄影图片、表册、宣言、标语、文告、年画、木刻、雕像、传记、墓表；革命先进和烈士的文稿、墨迹及用品，如：兵器、旗帜、证章、符号、印信、照像、衣服、日常用具等，以及在革命战争中所缴获的反革命文献和实物等，均在征集之列。

3. 各级人民政府、各机关、各社会团体所组织之各种征集革命文物的机构，均应对上项文物认真征集，妥慎缴交中央革命博物馆筹备处或大行政区或省市文教主管机关集中保管，并开列清单层报中央人民政府文化部决定处理办法。

4. 征集方式：分捐赠、寄存、收购三种。对捐赠或寄存上项革命文物之有珍贵价值者，得分别情节，由各级征集机构呈请地方政府或中央人民政府予以褒奖。

5. 各大行政区或省市如条件具备时，亦可筹设地方革命博物馆，或在原有博物馆内筹设革命文物陈列室，一切经费由地方开支，但须向中央人民政府文化部报请备案。

中央人民政府政务院关于保护
古文物建筑的指示

（政文董字第 35 号　1950 年 7 月 6 日）

　　近查各地对具有历史文化价值之文物建筑，常有弃置、拆毁、破坏情事，如：察哈尔省大同县辽代所建下华严寺的海会殿为借用之下寺坡小学拆毁；甘肃省山丹县唐、宋所建之庙宇及其中唐、宋佛像亦多为借用庙宇者所弃置损毁；湖南南岳祝融峰之上封寺近亦被全部烧毁，似此对国家保护古代文化之政策极相违背。兹特指示数点，希即令知各级人民政府严加注意遵守，为要。

　　一、凡全国各地具有历史价值及有关革命史实的文物建筑，如：革命遗迹及古城廓（郭）、宫阙、关塞、堡垒、陵墓、楼台、书院、庙宇、园林、废墟、住宅、碑塔、雕塑、石刻等以及上述各建筑物内之原有附属物，均应加意保护，严禁毁坏。

　　二、凡因事实需要，不得不暂时利用者，应尽量保持旧观，经常加以保护，不得堆存有容易燃烧及有爆炸性的危险物。

　　三、如确有必要拆除或改建时，必须经由当地人民政府逐级呈报各大行政区文教主管机关后始得动工。

　　四、对以上所列文物建筑保护有功者，得由各大行政区文教主管机构予以适当之奖励。盗卖、破坏或因疏于防范而致损坏者，应予以适当之处罚。

中央人民政府政务院关于在基本建设工程中保护历史及革命文物的指示

（〔1953〕政文习字 24 号　1953 年 10 月 12 日）

我国文化悠久，历代人民所创造的文物、建筑，遍布全国，其中并有很大部分埋藏地下，尚未发掘。这些文物与建筑，不但是研究我国历史与文化的最可靠的实物例证，也是对广大人民进行爱国主义教育的最具体的材料，一旦被毁，即为不可弥补的损失。现在全国各地正展开大规模的基本建设工程，各工程地区已不断发现古墓葬、古文化遗址，并已掘出了不少古代的珍贵文物。在地面上，亦有在建设工程中拆除若干古建筑或革命纪念建筑的情况。因此，对于这些地下、地上的文物、建筑等如何及时做好保护工作，并保证在基本建设工程中不致遭受破坏和损失，实为目前文化部门和基本建设部门的共同的重要任务之一。为此，特作如下指示，希各有关部门切实遵照办理。

一、各级人民政府对历史及革命文物负有保护责任，应加强文物保护的经常工作。各级人民政府文化主管部门应加强文物保护政策、法令的宣传，教育群众爱护祖国文物，并采用举办展览、制作复制品、出版图片等各种方式，通过历史及革命文物加强对人民的爱国主义教育。中央人民政府文化部应有计划地举办考古发掘训练班，培养考古发掘人员；并编印通俗保护文物手册，协助基本建设主管部门，对基建工地技术人员及工人加强文物保护工作的政策及技术知识的宣传。

二、中央、省（市）级工矿、交通、水利及其他基本建设的主管部门，在较大规模的基本建设工程确定施工路线、施工地区之前，应负责与同级文化主管部门联系，必要时应即商订工地保护文物工作的具体办法，认真执行。地方文化主管部门不能决定时，得报请中央文化部决定，商由基本建设主管部门在预定工地，先期进行勘查钻探，再行决定施工。各部门如在重要古遗址地区，如西安、咸阳、洛阳、龙门、安阳、云岗（冈）等地区进行基本建设，必须会同中央文化部与中国科学院研究保护、保存或清理的办法。中央文化部认为必须在这些地区的指定地点避免进行基本建设工程时，可会商有关部门呈报政务院批准。

三、具有重大历史意义的地面古迹及革命建筑物，应予保护。文化部应调查确属必须保护的地面古迹及革命建筑物陆续列表通知各级人民政府及有关单位注意保护。一般地面古迹及革命建筑物，非确属必要，不得任意拆除；如有十分必要加以拆除或迁移者，应经由省（市）文化主管部门报经大区文化主管部门批准，并报中央文化部备查。

四、在基本建设工程进行中，发现大量地下文物或古墓葬、古文化遗址、古生物化石时，主管部门应即暂停局部工程，会同当地文化主管部门将发现遗迹尽可能保持原状，妥予保管，并迅速报告省（市）文化主管部门决定清理办法。其规模巨大，性质重要者，中央文化部应即行会同中国科学院组织发掘队前往清理，或派遣专家前往勘查，研究保护、保存的办法。

五、在基本建设工程进行中，发现零星文物，主管部门应及时与当地文化主管部门联系，并将出土文物集中保管，及时移送省（市）文化主管部门保存。其性质重要者，应即报请中央文化部处理。

六、各地发现的历史及革命文物，除少数特别珍贵者外，一般文物不必集中中央，可由省（市）文化主管部门负责保管，并应就地组织展览，对当地群众进行宣传教育。

七、各基本建设主管部门及文化主管部门的工作人员，进行上述保护、保存或清理工作，获有显著成绩者，或各地区、各工地的人民群众，特别是基本建设工人，及时报告情况，致重要的地上地下文物得以免遭破坏者，应由各级文化主管部门予以褒扬或奖励。如有对革命纪念建筑、名胜古迹、古代建筑物、纪念物、古墓葬及古文化遗址等采取粗暴态度，任意加以拆毁、破坏，致使遭受不可挽回的损失者，应由各级文化主管部门提请监察部门予以适当的处分。其情节重大者，依法移送人民法院判处。

文物保护管理暂行条例

（中华人民共和国国务院　直秘会字 34 号　1961 年 3 月 4 日）

第一条　在中华人民共和国国境内，一切具有历史、艺术、科学价值的文物，都由国家保护，不得破坏和擅自运往国外。各级人民委员会对于所辖境内的文物负有保护责任。一切现在地下遗存的文物，都属于国家所有。

第二条　国家保护的文物的范围如下：

（一）与重大历史事件、革命运动和重要人物有关的、具有纪念意义和史料价值的建筑物、遗址、纪念物等；

（二）具有历史、艺术、科学价值的古文化遗址、古墓葬、古建筑、石窟寺、石刻等；

（三）各时代有价值的艺术品、工艺美术品；

（四）革命文献资料以及具有历史、艺术和科学价值的古旧图书资料；

（五）反映各时代社会制度、社会生产、社会生活的代表性实物。

第三条　各省、自治区、直辖市和文物较多的专区、县、市应当设立保护管理文物的专门机构，负责本地区内文物保护管理、调查研究、宣传、搜集、发掘等具体工作。

第四条　各级文化行政部门必须进行经常的文物调查工作，并且应当陆续选择重要的革命遗址、纪念建筑物、古建筑、石窟寺、石刻、古文化遗址、古墓葬等，根据它们的价值大小，按照下列程序确定为县（市）级文物保护单位或者省（自治区、直辖市）级文物保护单位：

（一）县（市）级文物保护单位，由县、市文化行政部门报县、市人民委员会核定公布，并报省、自治区、直辖市人民委员会备案；

（二）省（自治区、直辖市）级文物保护单位，由省、自治区、直辖市文化行政部门报省、自治区、直辖市人民委员会核定公布，并报国务院备案。

文化部应当在省（自治区、直辖市）级文物保护单位中，选择具有重大历史、艺术、科学价值的文物保护单位，分批报国务院核定公布，作为全国重点文物保护单位。

第五条　对于已经公布的文物保护单位，应当分别由省、自治区、直辖市人民委员会和县、市人民委员会划出必要的保护范围，作出标志说明，并且建立科学的记录档案。全国重点文物保护单位的保护范围的确定，应当报经文化部审核决定。

一切文物保护单位的保护和管理，都由所在地县、市人民委员会负责；日常具体的保护和管理工作，可以委托所在地的人民公社、机关、学校、团体进行。对于特别重要的文物保护单位，省、自治区、直辖市可以设置博物馆、研究所、保管所等专门机构。

第六条　各级人民委员会在制定生产建设规划和城市建设规划的时候，应当将所辖地区内的各级文物保护单位纳入规划，加以保护。

第七条　工业、农业、水利、交通、国防、城市建设等部门，在进行各项工程设计的时候，对于工程范围内的文物保护单位，应当事先会同省、自治区、直辖市或者县、市文化行政部门确定具体保护办法，列入设计任务书。如果因建设工程的特别需要而必须对文物保护单位进行发掘或者迁移，建设部门应当根据文物保护单位的级别，同各该级人民委员会协商，并且必须在取得一致意见以后才能动工。意见有分歧的时候，由人民委员会报请上级决定。

全国重点文物保护单位的发掘或者迁移，应当由省、自治区、直辖市人民委员会报国务院决定。

第八条　在进行大规模的工业、农业、水利、交通、国防、城市建设等工程的时候，建设部门应当事先会同省、自治区、直辖市文化行政部门在工程范围内进行文物的勘探工作，对于勘探中发现的文物，应当共同商订具体的保护或者处理办法。遇有特别重要的发现，省、自治区、直辖市文化行政部门应当报文化部处理。

在进行一般建设工程或者农业生产中，如果发现文物，应当立即报告当地文化行政部门，遇有重要发现的时候，当地文化行政部门应当及时报请上级文化行政部门处理。

第九条　凡因建设工程关系而进行的文物勘探、发掘、拆除、迁移等工作，应当纳入建设工程计划，所需的经费和劳动力，由建设部门分别列入预算和劳动计划。

第十条　各文物管理机构、科学研究机构和学校等，不是配合建设工程而进行考古发掘的时候，应当提出发掘计划，报经文化部会同中国科学院审核批准后，始得进行发掘。

第十一条　一切核定为文物保护单位的纪念建筑物、古建筑、石窟寺，石刻、雕塑等（包括建筑物的附属物），在进行修缮、保养的时候，必须严格遵守恢复原状或者保存现状的原则，在保护范围内不得进行其他的建设工程。

全国重点文物保护单位的修缮计划，应当经文化部审核同意，省（自治区、直辖市）级文物保护单位的修缮计划，应当经省、自治区、直辖市文化局（厅）审核同意，报文化部备案。县（市）级文物保护单位的修缮计划，应当经县、市文化行政部门审核同意，报省、自治区、直辖市文化局（厅）备案。

上述文物保护单位需要拆除的时候，必须报经原公布机关批准，并且要在拆除以前作好全部实测、摄影、文字记录等工作。可以保存的典型建筑构件及附属文物等，应当交博物馆或者文物管理机构保存。

第十二条 核定为文物保护单位的纪念建筑物或者古建筑，除可以建立博物馆、保管所或者辟为参观游览场所外，如果必须作其他用途，应当由主管的文化行政部门报人民委员会批准。使用单位要严格遵守不改变原状的原则，并且负责保证建筑物及附属文物的安全。

第十三条 各地文化行政部门应当加强对文物商业的管理，并且经常注意调查和搜集散存在当地的文物。

废旧物资回收及使用部门应当与各地文化行政部门共同负责拣选掺杂在废旧物资中的文物，并且注意加以保护。

第十四条 一切具有历史、艺术、科学价值的重要文物，除国务院批准运往国外展览、交换的以外，一律禁止出口。报运出口的文物，必须由海关会同文化行政部门进行鉴定。运出地点以指定口岸为限。经鉴定不能出口的文物，国家在必要的时候可以征购。经查明确系企图盗运出口的文物，应予没收。

第十五条 对于保护重要文物有功或者捐献重要文物的单位或人员，可以给予表扬或者适当的物质奖励。对于破坏、损毁、盗窃文物和盗运文物出口的分子，应当按照情节轻重给予应得的处分。

第十六条 中华人民共和国文化部可以根据本条例制定各项具体的实施办法。

第十七条 各省、自治区、直辖市人民委员会可以根据本条例的精神，结合具体情况，制定本地区的文物保护管理办法。

第十八条 本条例自公布之日起施行。

本条例公布后，中央人民政府政务院和国务院过去发布的有关文物保护管理的法规，除其中保护稀有生物和古生物化石的规定仍继续有效外，一律废止。

古遗址、古墓葬调查、发掘暂行管理办法

（经国务院批准由文化部颁布施行 1964 年 9 月 17 日）

第一条 根据《文物保护管理暂行条例》的规定，制定本办法。

第二条 各省、自治区、直辖市文化行政部门应有计划地组织力量，对本地区内的古遗址、古墓葬进行调查，并将调查的重要发现和收获及时报告文化部。如高等学校或其他单位拟对古遗址、古墓葬进行调查，必须征得调查地区的省、自治区、直辖市文化行政部门的同意，并将调查的重要发现和收获及时告知省、自治区、直辖市文化行政部门。

第三条 古遗址、古墓葬的发掘工作，必须在下列两种情况下才能进行：

（一）为解决学术问题进行的考古发掘；

（二）在工业、农业、水利、交通、国防、城市建设等基本建设工程范围内，配合工程进行的考古发掘。

第四条 各文物管理委员会、文物工作队、博物馆、高等学校和学术团体等单位，为解决学术问题，拟对某古遗址、古墓葬进行发掘时，必须经发掘地区的省、自治区、直辖市文化行政部门许可，征得发掘地点的土地使用单位或个人的同意，报请文化部会同中国科学院审核批准并发给考古发掘执照后，始得进行发掘。私人或私人组织的团体，不得进行考古调查、发掘工作。

第五条 前条拟发掘的单位，必须填写申请书一式三份，报请文化部会同中国科学院审核。申请书包含下列内容：

（一）申请单位的名称及负责人姓名；

（二）发掘对象的名称、时代、具体地点、面积和范围；

（三）发掘的时间或期限；

（四）发掘的学术目的、要求和计划；

（五）发掘的设备准备情况；

（六）对可能出土的文物进行保护工作的技术准备情况；

（七）领队人员和主要业务人员的姓名、职务、业务工作经历和所受专业训练；

（八）一般工作人员和需要劳动力的数量。

第六条 为解决学术问题进行的发掘工作中如有重要发现，应立即报告文化部和中国科学院。

在发掘进行中，文化部和中国科学院认为有必要时，可派遣有经验的人员指导工作。

第七条 为解决学术问题进行的发掘工作结束后，发掘单位应及时作好土地平整工作。

第八条 为解决学术问题进行的发掘工作结束后，发掘单位应及时提出发掘情况的报告，报请文化部会同中国科学院审核。发掘情况的报告包含下列内容：

（一）发掘计划的完成情况；

（二）发掘工地平面图、典型部分的剖面图；

（三）重要遗物、遗迹的照片；

（四）发掘的初步学术成果。文化部或中国科学院认为有必要时，可以调阅发掘单位的原始记录。

第九条 中国科学院的考古调查、发掘年度计划，应与文化部协商，在取得一致意见以后，由文化部通知有关省、自治区、直辖市文化行政部门协助进行。地方考古研究机构的考古调查，发掘年度计划，应与省、自治区、直辖市文化行政部门协商，在取得一致意见以后，报文化部会同中国科学院审核批准。

第十条 一切发掘单位在写完发掘学术报告后，应将出土文物（指完整器物和可以粘对成形的碎片）和标本（指可供研究用的碎片）移交发掘地区的省、自治区、直辖市文化行政部门（或其指定单位）保存。旧石器时代的文物标本，需要进行较长时间的研究工作，可以暂缓移交。发掘单位因学术研究或教学需要的部分标本，可由省、自治区、直辖市文化行政部门调拨；发掘单位需要一部分文物时，可与省、自治区、直辖市文化行政部门协商解决，如所需文物特别重要或在协商中双方意见不一致，应报请文化部决定。

第十一条 凡在基本建设工程范围内配合工程进行的考古发掘，除应按照《文物保护管理暂行条例》第七、八、九条的规定办理外，发掘计划由发掘地区的省、自治区、直辖市文化行政部门制定并组织实施。全国重点文物保护单位的发掘，须经国务院批准，其发掘计划应报文化部审核批准。发掘工作中如有重要发现，应立即报告文化部。在发掘进行中，文化部认为有必要时，可派遣有关人员协助。在重点地区的发掘工作结束后或告一段落时，省、自治区、直辖市文化行政部门应将发掘经过、收获和成果、报告文化部。

第十二条 在考古调查工作中，如确因工作需要必须对一部分古遗址进行试掘，应征得省、自治区、直辖市文化行政部门的同意。试掘可能会损坏古遗址，应从严控制。在一个古遗址内，一次试掘的面积以一百平方米为限，超出一百平方米即须按本办法第四、五、六、七、八条的规定办理。对核定为全国重点文物保护单位的古遗址进行试掘时，不论面积大小，一律按照本办法第四、五、六、七、八条的规定办理。文化部或省、自治区、直辖市文化行政部门认为有必要时，可以禁止对某古遗址进行试掘。对古墓葬不准试掘。试掘出土的文物和标本，应移交发掘地区的省、自治区、直辖市文化行政部门（或指定单位）保存。

第十三条 古遗址、古墓葬因雨水冲刷或其他原因造成塌陷或暴露时，省、自治区、直辖市文化行政部门应及时组织力量进行抢救，并报文化部备案。抢救范围应以在短期内有坍塌、破坏危险的部分为限，超出范围的，必须报文化部批准。

第十四条 非经国务院特许，任何外国人和外国团体都不得在我国境内进行或参加考古调查和发掘工作。凡经国务院特许在我国境内进行考古发掘的外国人和外国团体，其发掘出土的文物、标本和有关资料、统归中华人民共和国所有。

第十五条 本办法经国务院批准后，由文化部发布施行。

文物特许出口管理试行办法

（中华人民共和国国务院　国发〔1979〕191 号　1979 年 7 月 31 日）

一、根据国务院一九七四年批转外贸部、商业部、文物局《关于加强文物事业管理和贯彻执行文物保护政策的意见》第一项"乾隆六十年以前的一般文物，经国家文物事业管理局特许批准者可以出口"的规定，制定本办法。

二、凡是特许出口的文物，一定要严格掌握，以在政治上不引起不良效果，不泄露国家机密为原则。根据国际文物市场变动情况，抓住有利的时机，以出口少量的文物，换取较多的外汇，支援社会主义四个现代化的建设。

三、特许出口文物（包括传世和出土文物）标准：

（一）重复相同存量过多的；

（二）对考古发掘出土的地下文物出口，必须在完成科研任务之后，在国内无保留价值的；

（三）符合上述两项条件的，还必须参照国家制定的博物馆分类鉴定标准，严格限定在三级以下（包含三级）；

（四）鉴定出口文物时，对于一时真伪难辨或有不同意见的器物，均暂不出口，以免不慎使重要文物外流。

四、文物特许出口工作，责成文物商店总店统筹办理。所需的文物由各地文物部门提供。文物商店总店在特许出口前，应将文物项目和数量，开列清单，提交文物鉴定委员会对文物的年代、真伪、价值提出学术鉴定结论。最后经国家文物局审查批准，签发《文物出口特许证》。

五、特许出口的文物，经国家文物局批准后，文物总店应会同外贸部门共同研究，商定具体的出口方式和价格。凡属采取公开销售方式的，应本着对国家有利的原则，既可委托外贸部门单独销售，又可由文物部门的文物商店进行。

中华人民共和国水下文物保护管理条例

中华人民共和国国务院令

第 42 号

现发布《中华人民共和国水下文物保护管理条例》，自发布之日起实施。

总理　李鹏

一九八九年十月二十日

第一条　为了加强水下文物保护工作的管理，根据《中华人民共和国文物保护法》的有关规定，制定本条例。

第二条　本条例所称水下文物，是指遗存于下列水域的具有历史、艺术和科学价值的人类文化遗产：

（一）遗存于中国内水、领海内的一切起源于中国的、起源国不明的和起源于外国的文物；

（二）遗存于中国领海以外依照中国法律由中国管辖的其他海域内的起源于中国的和起源国不明的文物；

（三）遗存于外国领海以外的其他管辖海域以及公海区域内的起源于中国的文物。前款规定内容不包括一九一一年以后的与重大历史事件、革命运动以及著名人物无关的水下遗存。

第三条　本条例第二条第（一）、（二）项所规定的水下文物属于国家所有，国家对其行使管辖权；本条例第二条第（三）项所规定的水下文物，国家享有辨认器物物主的权利。

第四条　国家文物局主管水下文物的登记注册、保护管理以及水下文物的考古勘探和发掘活动的审批工作。

地方各级文物行政管理部门负责本行政区域水下文物的保护工作，会同文物考古研究机构负责水下文物的确认和价值鉴定工作。对于海域内的水下文物，国家文物局可以指定地方文物行政管理部门代为负责保护管理工作。

第五条　根据水下文物的价值，国务院和省、自治区、直辖市人民政府可以依据《中华人民共和国文物保护法》第二章规定的有关程序，确定全国或者省级水下文物保护单位、水下文物保护区，并予公布。

在水下文物保护单位和水下文物保护区内，禁止进行危及水下文物安全的捕捞、爆破等活动。

第六条　任何单位或者个人以任何方式发现本条例第二条第（一）、（二）项所规定的水下文物，应当及时报告国家文物局或者地方文物行政管理部门；已打捞出水的，应当及时上缴国家文物局或者地方文物行政管理部门处理。

任何单位或者个人以任何方式发现本条例第二条第（三）项所规定的水下文物，应当及时报告国家文物局或者地方文物行政管理部门；已打捞出水的，应当及时提供国家文物局或者地方文物行政管理部门辨认、鉴定。

第七条　水下文物的考古勘探和发掘活动应当以文物保护和科学研究为目的。任何单位或者个人在中国管辖水域进行水下文物的考古勘探或者发掘活动，必须向国家文物局提出申请，并提供有关资料。未经国家文物局批准，任何单位或者个人不得以任何方式私自勘探或者发掘。

外国国家、国际组织、外国法人或者自然人在中国管辖水域进行水下文物的考古勘探或者发掘活动，必须采取与中国合作的方式进行，其向国家文物局提出的申请，须由国家文物局报经国务院特别许可。

第八条　任何单位或者个人经批准后实施水下文物考古勘探或者发掘活动，活动范围涉及港务监督部门管辖水域的，必须报请港务监督部门核准，由港务监督部门核准划定安全作业区，发布航行通告。

第九条　任何单位或者个人实施水下文物考古勘探或者发掘活动时，还必须遵守中国其他有关法律、法规，接受有关部门的管理；遵守水下考古、潜水、航行等规程，确保人员和水下文物的安全；防止水体的环境污染，保护水下生物资源和其他自然资源不受损害；保护水面、水下的一切设施；不得妨碍交通运输、渔业生产、军事训练以及其他正常的水面、水下作业活动。

第十条　保护水下文物有突出贡献，符合《中华人民共和国文物保护法》第二十九条各项规定情形的，给予表彰、奖励。违反本条例第五条、第六条、第七条的规定，破坏水下文物，私自勘探、发掘、打捞水下文物，或者隐匿、私分、贩运、非法出售、非法出口水下文物，具有《中华人民共和国文物保护法》第三十条、第三十一条各项规定情形的，依法给予行政处罚或者追究刑事责任。违反本条例第八条、第九条的规定，造成严重后果的，由文物行政管理部门会同有关部门责令停止作业限期改进或者给予撤销批准的行政处罚，可以并处一千元至一万元的罚款。

第十一条　本条例由国家文物局负责解释。

第十二条　本条例的实施细则由国家文物局制定。

第十三条　本条例自发布之日起施行。

中华人民共和国水下文物保护管理条例

（2011 年修订）

中华人民共和国国务院令

第 588 号

《国务院关于废止和修改部分行政法规的决定》已经 2010 年 12 月 29 日国务院第 138 次常务会议通过，现予公布，自公布之日起施行。

总理　温家宝

二〇一一年一月八日

第一条　为了加强水下文物保护工作的管理，根据《中华人民共和国文物保护法》的有关规定，制定本条例。

第二条　本条例所称水下文物，是指遗存于下列水域的具有历史、艺术和科学价值的人类文化遗产：

（一）遗存于中国内水、领海内的一切起源于中国的、起源国不明的和起源于外国的文物；

（二）遗存于中国领海以外依照中国法律由中国管辖的其他海域内的起源于中国的和起源国不明的文物；

（三）遗存于外国领海以外的其他管辖海域以及公海区域内的起源于中国的文物。

前款规定内容不包括 1911 年以后的与重大历史事件、革命运动以及著名人物无关的水下遗存。

第三条　本条例第二条第（一）、（二）项所规定的水下文物属于国家所有，国家对其行使管辖权；本条例第二条第（三）项所规定的水下文物，国家享有辨认器物物主的权利。

第四条　国家文物局主管水下文物的登记注册、保护管理以及水下文物的考古勘探和发掘活动的审批工作。

地方各级文物行政管理部门负责本行政区域水下文物的保护工作，会同文物考古研究机构负责水下文物的确认和价值鉴定工作。对于海域内的水下文物，国家文物局可以指定地方文物行政管理部门代为负责保护管理工作。

第五条　根据水下文物的价值，国务院和省、自治区、直辖市人民政府可以依据《中华人民共和国文物保护法》第二章规定的有关程序，确定全国或者省级水下文物保护单位、水下文物保护区，并予公布。

在水下文物保护单位和水下文物保护区内，禁止进行危及水下文物安全的捕捞、爆破等活动。

第六条 任何单位或者个人以任何方式发现本条例第二条第（一）、（二）项所规定的水下文物，应当及时报告国家文物局或者地方文物行政管理部门；已打捞出水的，应当及时上缴国家文物局或者地方文物行政管理部门处理。

任何单位或者个人以任何方式发现本条例第二条第（三）项所规定的水下文物，应当及时报告国家文物局或者地方文物行政管理部门；已打捞出水的，应当及时提供国家文物局或者地方文物行政管理部门辨认、鉴定。

第七条 水下文物的考古勘探和发掘活动应当以文物保护和科学研究为目的。任何单位或者个人在中国管辖水域进行水下文物的考古勘探或者发掘活动，必须向国家文物局提出申请，并提供有关资料。未经国家文物局批准，任何单位或者个人不得以任何方式私自勘探或者发掘。

外国国家、国际组织、外国法人或者自然人在中国管辖水域进行水下文物的考古勘探或者发掘活动，必须采取与中国合作的方式进行，其向国家文物局提出的申请，须由国家文物局报经国务院特别许可。

第八条 任何单位或者个人经批准后实施水下文物考古勘探或者发掘活动，活动范围涉及港务监督部门管辖水域的，必须报请港务监督部门核准，由港务监督部门核准划定安全作业区，发布航行通告。

第九条 任何单位或者个人实施水下文物考古勘探或者发掘活动时，还必须遵守中国其他有关法律、法规，接受有关部门的管理；遵守水下考古、潜水、航行等规程，确保人员和水下文物的安全；防止水体的环境污染，保护水下生物资源和其他自然资源不受损害；保护水面、水下的一切设施；不得妨碍交通运输、渔业生产、军事训练以及其他正常的水面、水下作业活动。

第十条 保护水下文物有突出贡献，符合《中华人民共和国文物保护法》规定情形的，给予表彰、奖励。

违反本条例第五条、第六条、第七条的规定，破坏水下文物，私自勘探、发掘、打捞水下文物，或者隐匿、私分、贩运、非法出售、非法出口水下文物，具有《中华人民共和国文物保护法》规定情形的，依法给予行政处罚或者追究刑事责任。

违反本条例第八条、第九条的规定，造成严重后果的，由文物行政管理部门会同有关部门责令停止作业限期改进或者给予撤销批准的行政处罚，可以并处一千元至一万元的罚款。

第十一条 本条例由国家文物局负责解释。

第十二条 本条例的实施细则由国家文物局制定。

第十三条 本条例自发布之日起施行。

中华人民共和国考古涉外工作管理办法

（1990 年 12 月 31 日国务院批准　1991 年 2 月 22 日国家文物局令
第 1 号发布施行）

第一条　为了加强考古涉外工作管理，保护我国的古代文化遗产，促进我国与外国的考古学术交流，制定本办法。

第二条　本办法适用于在中国境内陆地、内水和领海以及由中国管辖的其他海域，中国有关单位（以下简称中方）同外国组织和国际组织（以下简称外方）所进行的考古调查、勘探、发掘和与之有关的研究、科技保护及其他活动。

第三条　任何外国组织、国际组织在中国境内进行考古调查、勘探、发掘，都应当采取与中国合作的形式。

第四条　国家文物局统一管理全国考古涉外工作。

第五条　本办法下列用语的含义是：

（一）考古调查是指以获取考古资料为目的，对古文化遗址、古墓葬、古建筑、石窟寺和其他地下、水下文物进行的考古记录和收集文物、自然标本等活动；

（二）考古勘探是指为了解地下、水下历史文化遗存的性质、结构、范围等基本情况而进行的探测活动；

（三）考古发掘是指以获取考古资料为目的，对古文化遗址、古墓葬和其他地下、水下文物进行的科学揭露、考古记录和收集文物、自然标本等活动；

（四）考古记录是指系统的文字描述、测量、绘图、拓印、照像、拍摄电影和录像活动；

（五）自然标本是指考古调查、勘探、发掘中所获取的自然遗存物。

第六条　中外合作进行考古调查、勘探、发掘活动，应当遵守下列原则：

（一）合作双方共同实施考古调查、勘探、发掘项目，并组成联合考古队，由中方专家主持全面工作；

（二）合作双方应当在中国境内共同整理考古调查、勘探、发掘所获取的资料并编写报告。报告由合作双方共同署名，中方有权优先发表；

（三）合作考古调查、勘探、发掘活动所获取的文物、自然标本以及考古记录的原始资料，均归中国所有，并确保其安全；

（四）合作双方都应当遵守中国的法律、法规和规章。

第七条 外方申请与中方合作进行考古调查、勘探、发掘时，应当按照下列规定向国家文物局提出书面申请：

（一）合作意向；

（二）对象、范围和目的；

（三）组队方案；

（四）工作步骤和文物的安全、技术保护措施等；

（五）经费、设备的来源及管理方式；

（六）意外事故的处理及风险承担。

第八条 申请合作考古调查、勘探、发掘的项目应当同时具备下列条件：

（一）有利于促进中国文物保护和考古学研究，有利于促进国际文化学术交流；

（二）中方已有一定的工作基础和研究成果，有从事该课题方向研究的专家；

（三）外方应当是专业考古研究机构，有从事该课题方向或者相近方向研究的专家，并具有一定的实际考古工作经历；

（四）有可靠的措施使发掘后的文物得到保护。

第九条 国家文物局会同中国社会科学院对外方的申请进行初步审查后，由国家文物局按照国家有关规定送请国防、外交、公安、国家安全等有关部门审查，经审查合格的，由国家文物局报请国务院特别许可。

第十条 合作考古调查、勘探、发掘项目获得国务院特别许可的，合作双方应当就批准的合作项目的具体事宜签订协议书。

第十一条 合作考古调查、勘探、发掘的文物或者自然标本需要送到中国境外进行分析化验或者技术鉴定的，应当报经国家文物局批准。化验、鉴定完毕后，除测试损耗外，原标本应当全部运回中国境内。

第十二条 外国留学人员（含本科生、研究生和进修生）以及外国研究学者在中国学习、研究考古学的批准期限在一年以上者，可以随同学习所在单位参加中方单独或者中外合作进行的考古调查、勘探、发掘活动。但须由其学习、研究所在单位征得考古调查、勘探、发掘单位的同意后，报国家文物局批准。

第十三条 外国公民、外国组织和国际组织在中国境内参观尚未公开接待参观者的文物点，在开放地区的，需由文物点所在的省、自治区、直辖市文物行政管理部门或者接待参观者的中央国家机关及其直属单位，在参观一个月以前向国家文物局申报参观计划，经批准后方可进行；在未开放地区的，需由文物点所在的省、自治区、直辖市文物行政管理部门或者接待参观者的中央国家机关及其直属单位，在参观一个月以前向国家文物局申报参观计划，经批准并按照有关涉外工作管理规定向有关部门办理手续后方可进行。

参观正在进行工作的考古发掘现场，接待单位须征求主持发掘单位的意见，经国家文物局批准后方可进行。

外国公民、外国组织和国际组织在参观过程中不得收集任何文物、自然标本和进行考古记录。

第十四条 国家文物局可以对合作考古调查、勘探、发掘工作实施检查，对工作质量达不到《田野考古工作规程》或者其他有关技术规范的要求的，责令暂停作业，限期改正。

第十五条 违反本办法第六条、第七条、第八条、第十条、第十一条的规定，根据情节轻重，由国家文物局给予警告、暂停作业、撤销项目、罚款一千元至一万元、没收其非法所得文物或者责令赔偿损失。

第十六条 违反本办法第十二条的规定，擅自接收外国留学人员、研究学者参加考古调查、勘探、发掘活动或者延长其工作期限的，国家文物局可以给予警告或者暂停该接收单位的团体考古发掘资格。

第十七条 外国公民、外国组织和国际组织违反本办法第十三条的规定，擅自参观文物点或者擅自收集文物、自然标本、进行考古记录的，文物行政管理部门可以停止其参观，没收其收集的文物、自然标本和考古记录。

第十八条 违反本办法的规定，构成违反治安管理的，依照《中华人民共和国治安管理处罚条例》的规定处罚；构成犯罪的，依法追究刑事责任。

第十九条 台湾、香港、澳门地区的考古团体与大陆合作进行考古调查、勘探、发掘，可以参照本办法执行。

第二十条 文物研究、科技保护涉外工作的管理办法，由国家文物局根据本办法的原则制定。

第二十一条 本办法由国家文物局负责解释。

第二十二条 本办法自发布之日起施行。

中华人民共和国考古涉外工作管理办法

（2016 年修订）

（1990 年 12 月 31 日国务院批准　1991 年 2 月 22 日国家文物局令第 1 号发布　根据 2011 年 1 月 8 日《国务院关于废止和修改部分行政法规的决定》第一次修订　根据 2016 年 2 月 6 日国务院令第 666 号《国务院关于修改部分行政法规的决定》第二次修订）

第一条　为了加强考古涉外工作管理，保护我国的古代文化遗产，促进我国与外国的考古学术交流，制定本办法。

第二条　本办法适用于在中国境内陆地、内水和领海以及由中国管辖的其他海域，中国有关单位（以下简称中方）同外国组织和国际组织（以下简称外方）所进行的考古调查、勘探、发掘和与之有关的研究、科技保护及其他活动。

第三条　任何外国组织、国际组织在中国境内进行考古调查、勘探、发掘，都应当采取与中国合作的形式。

第四条　国家文物局统一管理全国考古涉外工作。

第五条　本办法下列用语的含义是：

（一）考古调查是指以获取考古资料为目的，对古文化遗址、古墓葬、古建筑、石窟寺和其他地下、水下文物进行的考古记录和收集文物、自然标本等活动；

（二）考古勘探是指为了解地下、水下历史文化遗存的性质、结构、范围等基本情况而进行的探测活动；

（三）考古发掘是指以获取考古资料为目的，对古文化遗址、古墓葬和其他地下、水下文物进行的科学揭露、考古记录和收集文物、自然标本等活动；

（四）考古记录是指系统的文字描述、测量、绘图、拓印、照相、拍摄电影和录像活动；

（五）自然标本是指考古调查、勘探、发掘中所获取的自然遗存物。

第六条　中外合作进行考古调查、勘探、发掘活动，应当遵守下列原则：

（一）合作双方共同实施考古调查、勘探、发掘项目，并组成联合考古队，由中方专家主持全面工作；

（二）合作双方应当在中国境内共同整理考古调查、勘探、发掘所获取的资料并编写报告。报告由合作双方共同署名，中方有权优先发表；

（三）合作考古调查、勘探、发掘活动所获取的文物、自然标本以及考古记录的原始资料，均归中国所有，并确保其安全；

（四）合作双方都应当遵守中国的法律、法规和规章。

第七条 外方申请与中方合作进行考古调查、勘探、发掘时，应当按照下列规定向国家文物局提出书面申请：

（一）合作意向；

（二）对象、范围和目的；

（三）组队方案；

（四）工作步骤和文物的安全、技术保护措施等；

（五）经费、设备的来源及管理方式；

（六）意外事故的处理及风险承担。

第八条 申请合作考古调查、勘探、发掘的项目应当同时具备下列条件：

（一）有利于促进中国文物保护和考古学研究，有利于促进国际文化学术交流；

（二）中方已有一定的工作基础和研究成果，有从事该课题方向研究的专家；

（三）外方应当是专业考古研究机构，有从事该课题方向或者相近方向研究的专家，并具有一定的实际考古工作经历；

（四）有可靠的措施使发掘后的文物得到保护。

第九条 国家文物局会同中国社会科学院对外方的申请进行初步审查后，由国家文物局按照国家有关规定送请国防、外交、公安、国家安全等有关部门审查，经审查合格的，由国家文物局报请国务院特别许可。

第十条 合作考古调查、勘探、发掘项目获得国务院特别许可的，合作双方应当就批准的合作项目的具体事宜签订协议书。

第十一条 合作考古调查、勘探、发掘的文物或者自然标本需要送到中国境外进行分析化验或者技术鉴定的，应当报经国家文物局批准。化验、鉴定完毕后，除测试损耗外，原标本应当全部运回中国境内。

第十二条 外国留学人员（含本科生、研究生和进修生）以及外国研究学者在中国学习、研究考古学的批准期限在 1 年以上者，可以随同学习所在单位参加中方单独或者中外合作进行的考古调查、勘探、发掘活动。但须由其学习、研究所在单位征得考古调查、勘探、发掘单位的同意后，报国家文物局批准。

第十三条 外国公民、外国组织和国际组织在中国境内参观尚未公开接待参观者的文物点，在开放地区的，需由文物点所在地的管理单位或者接待参观者的中央国家机关及其直属单位，在参观一个月以前向文物点所在地的省、自治区、直辖市人民政府文物行政管理部门申报参观计划，经批准后方可进行；在未开放地区的，需由文物点所在地的管理单位或者接待参观者的中央国家机关及其直属单位，在参观一个月以前向文物点所在地的省、自治区、直辖市人民政府文物行政管理部门申报参观计划，经批准并按照有关涉外工作管理规定向有关部门办理手续后方可进行。参观正在进行工作的考古发掘现场，接待单位须征求主持发掘单位的意见，经考古发掘现场所在地的省、自治区、直辖市人民政府文物行政管理部门批准后方可进行。外国公民、外国组织和国际组织在参观过程中不得收集任何文物、自然标本和进行考古记录。

第十四条　国家文物局可以对合作考古调查、勘探、发掘工作实施检查，对工作质量达不到《田野考古工作规程》或者其他有关技术规范要求的，责令暂停作业，限期改正。

第十五条　违反本办法第六条、第七条、第八条、第十条、第十一条的规定，根据情节轻重，由国家文物局给予警告、暂停作业、撤销项目、罚款 1000 元至 1 万元、没收其非法所得文物或者责令赔偿损失。

第十六条　违反本办法第十二条的规定，擅自接收外国留学人员、研究学者参加考古调查、勘探、发掘活动或者延长其工作期限的，国家文物局可以给予警告或者暂停该接收单位的团体考古发掘资格。

第十七条　外国公民、外国组织和国际组织违反本办法第十三条的规定，擅自参观文物点或者擅自收集文物、自然标本、进行考古记录的，文物行政管理部门可以停止其参观，没收其收集的文物、自然标本和考古记录。

第十八条　违反本办法的规定，构成违反治安管理的，依照《中华人民共和国治安管理处罚法》的规定处罚；构成犯罪的，依法追究刑事责任。

第十九条　台湾、香港、澳门地区的考古团体与大陆合作进行考古调查、勘探、发掘，可以参照本办法执行。

第二十条　文物研究、科技保护涉外工作的管理办法，由国家文物局根据本办法的原则制定。

第二十一条　本办法由国家文物局负责解释。

第二十二条　本办法自发布之日起施行。

中华人民共和国文物保护法实施细则

（1992 年 4 月 30 日国务院批准　1992 年 5 月 5 日
国家文物局令 2 号发布实施）

第一章　总　则

第一条　根据《中华人民共和国文物保护法》（以下简称文物保护法），制定本实施细则。

第二条　革命遗址、纪念建筑物、古文化遗址、古墓葬、古建筑、石窟寺、石刻等文物，分为全国重点文物保护单位，省、自治区、直辖市级文物保护单位和县、自治县、市级文物保护单位。

纪念物、艺术品、工艺美术品、革命文献资料、手稿、古旧图书资料以及代表性实物等文物，分为珍贵文物和一般文物，珍贵文物分为一、二、三级。

第三条　文物保护法第三条规定的主管全国文物工作的国家文化行政管理部门，是指国家文物局。国家文物局对全国的文物保护工作依法实施管理、监督和指导。

地方各级人民政府保护本行政区域内的文物。

县级以上地方各级人民政府设立的文物保护管理机构为文物行政管理部门；不设立文物保护管理机构的，文化行政管理部门为文物行政管理部门。各级文物行政管理部门管理本行政区域内的文物工作。

第四条　各级公安部门、工商行政管理部门、城乡规划部门和海关，应当依照文物保护法的规定，在各自的职责范围内做好文物保护工作。

第五条　县级以上各级人民政府财政部门应当将文物事业费和文物基建支出分别列入本级财政预算，由同级文物行政管理部门统一管理，其中文物基建支出以及文物修缮、维护费和考古发掘费等，应当专款专用，严格管理。各级文物行政管理部门所属文物事业、企业单位的收入，应当全部用于文物事业，作为文物保护管理经费的补充，不得挪作他用。

第二章　文物保护单位

第六条　不同级别的文物保护单位，依照文物保护法第七条规定的程序核定公布。

文物保护法第七条第一款所列的文物中尚未公布为文物保护单位的，由县、自治县、市人民政府予以登记，并加以保护。

第七条　各级文物保护单位的保护范围，应当依照文物保护法第九条的规定，自核定公布之日起一年内划定，并作出标志说明。

全国重点文物保护单位和省、自治区、直辖市级文物保护单位的保护范围，由省、自治区、直辖市人民政府划定并公布。

县、自治县、市级文物保护单位的保护范围，由县、自治县、市人民政府划定并公布。

第八条　县级以上地方各级人民政府应当根据不同文物的保护需要，规定文物保护单位的具体保护措施并公告施行。

全国重点文物保护单位和省、自治区、直辖市级文物保护单位的保护措施由省、自治区、直辖市人民政府规定。

县、自治县、市级文物保护单位的保护措施由县、自治县、市人民政府规定。

第九条　对核定为文物保护单位的属于国家所有的纪念建筑物、古建筑，文物行政管理部门、使用单位或者其上级主管部门可以建立保管所或者博物馆等专门保护管理机构负责保护；没有专门保护管理机构的，县级以上地方各级人民政府应当责成使用单位或者有关部门负责保护，或者聘请文物保护员进行保护。

第十条　文物保护法第七条第一款所列文物中有使用单位的，使用单位应当建立群众性文物保护组织；没有使用单位的，附近的村民委员会或者居民委员会可以建立群众性文物保护组织，对文物进行保护。文物行政管理部门应当对群众性文物保护组织的活动给予指导。

第十一条　文物保护单位向社会开放，应当符合国家文物局规定的条件，并根据其级别，报经同级文物行政管理部门审核同意。

第十二条　根据保护文物的实际需要，可以在文物保护单位的周围划定并公布建设控制地带。

全国重点文物保护单位和省、自治区、直辖市级文物保护单位周围的建设控制地带，由省、自治区、直辖市人民政府文物行政管理部门会同城乡规划部门划定，报省、自治区、直辖市人民政府批准。

县、自治县、市级文物保护单位周围的建设控制地带，由县、自治县、市人民政府文物行政管理部门会同城乡规划部门划定，报省、自治区、直辖市人民政府批准，或者由省、自治区、直辖市人民政府授权县、自治县、市人民政府批准。

第十三条　在建设控制地带内，不得建设危及文物安全的设施，不得修建其形式、高度、体量、色调等与文物保护单位的环境风貌不相协调的建筑物或者构筑物。

在建设控制地带内新建建筑物、构筑物，其设计方案应当根据文物保护单位的级别，经同级文物行政管理部门同意后，报同级城乡规划部门批准。

第十四条　纪念建筑物、古建筑等文物已经全部毁坏的，不得重新修建；因特殊需要，必须在另地复建或者在原址重建的，应当根据文物保护单位的级别，报原核定公布机关批准。

第十五条 全国重点文物保护单位和国家文物局认为有必要由其审查批准的省、自治区、直辖市级文物保护单位的修缮计划和设计施工方案，由国家文物局审查批准。

省、自治区、直辖市级和县、自治县、市级文物保护单位的修缮计划和设计施工方案，由省、自治区、直辖市人民政府文物行政管理部门审查批准。

文物修缮保护工程应当接受审批机关的监督和指导。工程竣工时，应当报审批机关验收。

第十六条 文物修缮保护工程的勘察设计单位、施工单位应当执行国家有关规定，保证工程质量。

第十七条 文物修缮保护工程管理的具体办法，由国家文物局制定。

第三章　考古发掘

第十八条 一切考古发掘项目，都必须履行报批手续。考古发掘申请，由考古发掘单位经省、自治区、直辖市人民政府文物行政管理部门向国家文物局提出或者直接向国家文物局提出，依照文物保护法第十七条或者第十九条的规定审查批准。国家文物局批准直接向其申请的考古发掘计划时，应当征求有关省、自治区、直辖市人民政府文物行政管理部门的意见。

第十九条 考古发掘单位应当在每年的第一季度，向国家文物局提交当年考古发掘计划。配合建设工程的考古发掘计划，可以在发掘前三十日内向国家文物局提出；确因建设工期紧迫或者文物面临自然破坏危险，急需发掘的，经省、自治区、直辖市人民政府文物行政管理部门同意后，可以先行发掘，自发掘开工之日起十五日内补报发掘计划。

第二十条 在考古发掘工作中，考古发掘单位及其工作人员应当严格执行考古工作规程，保证发掘质量。

考古发掘单位在申请发掘时，应当提出保证出土文物和重要遗迹安全的保护措施，并在发掘工作中严格执行。

第二十一条 配合建设工程进行的文物调查或者勘探工作，由省、自治区、直辖市人民政府文物行政管理部门组织实施。跨省、自治区、直辖市的文物调查或者勘探工作，由文物所在地的省、自治区、直辖市人民政府文物行政管理部门联合组织实施或者由国家文物局组织实施。

第二十二条 在进行建设工程中发现古遗址、古墓葬必须发掘时，由省、自治区、直辖市人民政府文物行政管理部门组织力量及时发掘；特别重要的建设工程和跨省、自治区、直辖市的建设工程范围内的考古发掘工作，由国家文物局组织实施，发掘未结束前不得继续施工。

第二十三条 在配合建设工程进行的考古发掘工作中，建设单位、施工单位应当配合考古发掘单位，保护出土文物或者遗迹的安全。

第二十四条 考古发掘单位和考古发掘项目领队人员资格，由国家文物局审查认定，并颁发证书。

考古勘探单位、考古勘探领队人员资格，由其所在省、自治区、直辖市人民政府文物行政管理部门审查认定，并颁发证书。

第二十五条 考古发掘单位发掘工作结束后，应当及时写出考古发掘报告，编制出土文物清单。

出土文物由国家文物局或者省、自治区、直辖市人民政府文物行政管理部门根据保管条件和实际需要，指定全民所有制博物馆、图书馆或者其他单位（以下简称全民所有制文物收藏单位）收藏。考古发掘单位需要将出土文物留作标本的，须经国家文物局或者省、自治区、直辖市人民政府文物行政管理部门同意。

第四章 馆藏文物

第二十六条 全民所有制文物收藏单位收藏的文物，应当向文物行政管理部门登记。县、自治县、市人民政府文物行政管理部门应当将登记的珍贵文物档案报省、自治区、直辖市人民政府文物行政管理部门备案。省、自治区、直辖市人民政府文物行政管理部门登记的一级文物档案应当报国家文物局备案。具体办法由国家文物局制定。

第二十七条 全民所有制文物收藏单位应当具备确保文物安全的设施和必要的技术手段，并按照国家有关规定建立文物档案，对文物进行分类分级保管。

第二十八条 全民所有制文物收藏单位复制和修复其所收藏的一级文物，应当报国家文物局批准。

第二十九条 上级文物行政管理部门可以调拨、借用下级文物行政管理部门管理的文物。全民所有制文物收藏单位之间，经文物行政管理部门批准，可以交换或者借用其所收藏的文物。

一级文物的调拨、交换和借用，应当报国家文物局批准。

二、三级文物和一般文物的调拨、交换、借用，应当报省、自治区、直辖市人民政府文物行政管理部门批准。

第五章 私人收藏文物

第三十条 公民私人收藏的文物可以向文物行政管理部门登记。文物行政管理部门及其工作人员应当对公民登记的文物保守秘密。

第三十一条 公民可以要求文物行政管理部门对其私人收藏的文物，提供鉴定以及保管、修复等技术方面的咨询和帮助。

第三十二条 公民私人收藏的文物可以卖给国家文物局或者省、自治区、直辖市人民政府文物行政管理部门指定的全民所有制文物收藏单位和文物收购单位。

国家鼓励公民将其私人收藏的文物捐赠给全民所有制文物收藏单位。

第三十三条 文物经营单位经营文物收购、销售业务，应当经国家文物局或者省、自治区、直辖市人民政府文物行政管理部门批准，并经工商行政管理部门办理登记手续；经营文物对外销售业务，应当经国家文物局批准。

第三十四条 文物经营单位应当记录文物经营活动情况，以备核查。

文物经营单位收购或者保存的珍贵文物，应当报批准其经营文物的文物行政管理部门备案，其中一级文物应当报国家文物局备案。

文物经营单位销售的文物，应当在销售前依照国家有关规定进行鉴定。

第三十五条 银行、冶炼厂、造纸厂以及废旧物资回收等单位的文物拣选工作，应当接受文物行政管理部门的指导，并妥善保管拣选文物，尽快向文物行政管理部门移交。

第三十六条 文物行政管理部门接收移交的文物，应当按照银行、冶炼厂、造纸厂以及废旧物资回收等单位收购时所支付的费用加一定比例的拣选费合理作价。接收移交的文物行政管理部门支付所需款项有困难的，由上级文物行政管理部门解决。

第三十七条 公安部门、工商行政管理部门和海关等在查处违法犯罪活动中依法没收、追缴的文物，应当在结案后尽快按照规定移交文物行政管理部门。移交办法由国家文物局会同有关部门制定。

第三十八条 文物行政管理部门应当对移交的文物进行鉴定，属于一级文物的，由省、自治区、直辖市人民政府文物行政管理部门报国家文物局备案。

第三十九条 国家文物局或者省、自治区、直辖市人民政府文物行政管理部门应当根据文物保护要求，指定具备条件的全民所有制文物收藏单位收藏移交的文物。

银行留用拣选的历史货币进行科学研究的，应当征得国家文物局或者省、自治区、直辖市人民政府文物行政管理部门的同意。

第六章 文物出境

第四十条 文物出境由国家文物局指定的省、自治区、直辖市人民政府文物行政管理部门进行鉴定。文物出境鉴定标准由国家文物局制定。

第四十一条 经鉴定许可出境的文物，由鉴定部门发给文物出境许可凭证。海关根据文物出境许可凭证和国家有关规定查验放行。

第四十二条 个人携带私人收藏文物出境，经鉴定不能出境的，由文物行政管理部门登记发还或者收购，必要时可以征购。

第四十三条 文物出境展览和文物出口由国家文物局统一管理，具体办法由国家文物局会同有关部门制定。

第七章　奖励与惩罚

第四十四条　有文物保护法第二十九条所列事迹之一的单位或者个人，由人民政府、文物行政管理部门或者有关部门给予奖励。

第四十五条　对文物保护法第三十条所列行为的罚款，分别情节轻重，按照以下数额执行：

（一）有第（一）、（二）、（四）项所列行为之一的，罚款数额为二百元以下；

（二）有第（三）项所列行为的，罚款数额为该建筑物、构筑物造价的百分之一，但是最高不超过二万元；

（三）有第（五）、（六）、（七）项所列行为之一的，罚款数额为二万元以下；

（四）有第（八）项所列行为的，罚款数额为非法所得的二倍至五倍。

第四十六条　文物行政管理部门工作人员对有文物保护法第三十条第（三）、（四）、（五）项所列行为之一的人员，可以将其送有关行政机关处理。

第四十七条　当事人对依照文物保护法和本实施细则作出的具体行政行为不服的，可以依照行政复议条例的规定先申请复议；对复议决定不服的，可以依照行政诉讼法的规定提起诉讼。

当事人在法定期限内对具体行政行为不申请复议或者不提起诉讼、又不履行的，作出具体行政行为的行政机关可以申请人民法院强制执行，或者依法强制执行。

第八章　附　则

第四十八条　古脊椎动物化石和古人类化石的保护办法以及历史文化名城的保护管理办法，另行制定。

第四十九条　本实施细则由国家文物局解释。

第五十条　本实施细则自发布之日起施行。

中华人民共和国文物保护法实施条例

（2003 年 5 月 18 日中华人民共和国国务院令第 377 号公布）

中华人民共和国国务院令

第 377 号

《中华人民共和国文物保护法实施条例》已经 2003 年 5 月 13 日国务院第 8 次常务会议通过，现予公布，自 2003 年 7 月 1 日起施行。

总理　温家宝

二〇〇三年五月十八日

第一章　总　则

第一条　根据《中华人民共和国文物保护法》（以下简称文物保护法），制定本实施条例。

第二条　国家重点文物保护专项补助经费和地方文物保护专项经费，由县级以上人民政府文物行政主管部门、投资主管部门、财政部门按照国家有关规定共同实施管理。任何单位或者个人不得侵占、挪用。

第三条　国有的博物馆、纪念馆、文物保护单位等的事业性收入，应当用于下列用途：

（一）文物的保管、陈列、修复、征集；

（二）国有的博物馆、纪念馆、文物保护单位的修缮和建设；

（三）文物的安全防范；

（四）考古调查、勘探、发掘；

（五）文物保护的科学研究、宣传教育。

第四条　文物行政主管部门和教育、科技、新闻出版、广播电视行政主管部门，应当做好文物保护的宣传教育工作。

第五条　国务院文物行政主管部门和省、自治区、直辖市人民政府文物行政主管部门，应当制定文物保护的科学技术研究规划，采取有效措施，促进文物保护科技成果的推广和应用，提高文物保护的科学技术水平。

第六条　有文物保护法第十二条所列事迹之一的单位或者个人，由人民政府及其文物行政主管部门、有关部门给予精神鼓励或者物质奖励。

第二章　不可移动文物

第七条　历史文化名城，由国务院建设行政主管部门会同国务院文物行政主管部门报国务院核定公布。

历史文化街区、村镇，由省、自治区、直辖市人民政府城乡规划行政主管部门会同文物行政主管部门报本级人民政府核定公布。

县级以上地方人民政府组织编制的历史文化名城和历史文化街区、村镇的保护规划，应当符合文物保护的要求。

第八条　全国重点文物保护单位和省级文物保护单位自核定公布之日起1年内，由省、自治区、直辖市人民政府划定必要的保护范围，作出标志说明，建立记录档案，设置专门机构或者指定专人负责管理。

设区的市、自治州级和县级文物保护单位自核定公布之日起1年内，由核定公布该文物保护单位的人民政府划定保护范围，作出标志说明，建立记录档案，设置专门机构或者指定专人负责管理。

第九条　文物保护单位的保护范围，是指对文物保护单位本体及周围一定范围实施重点保护的区域。

文物保护单位的保护范围，应当根据文物保护单位的类别、规模、内容以及周围环境的历史和现实情况合理划定，并在文物保护单位本体之外保持一定的安全距离，确保文物保护单位的真实性和完整性。

第十条　文物保护单位的标志说明，应当包括文物保护单位的级别、名称、公布机关、公布日期、立标机关、立标日期等内容。民族自治地区的文物保护单位的标志说明，应当同时用规范汉字和当地通用的少数民族文字书写。

第十一条　文物保护单位的记录档案，应当包括文物保护单位本体记录等科学技术资料和有关文献记载、行政管理等内容。

文物保护单位的记录档案，应当充分利用文字、音像制品、图画、拓片、摹本、电子文本等形式，有效表现其所载内容。

第十二条　古文化遗址、古墓葬、石窟寺和属于国家所有的纪念建筑物、古建筑，被核定公布为文物保护单位的，由县级以上地方人民政府设置专门机构或者指定机构负责管理。其他文物保护单位，由县级以上地方人民政府设置专门机构或者指定机构、专人负责管理；指定专人负责管理的，可以采取聘请文物保护员的形式。

文物保护单位有使用单位的，使用单位应当设立群众性文物保护组织；没有使用单位的，文物保护单位所在地的村民委员会或者居民委员会可以设立群众性文物保护组织。文物行政主管部门应当对群众性文物保护组织的活动给予指导和支持。

负责管理文物保护单位的机构，应当建立健全规章制度，采取安全防范措施；其安全保卫人员，可以依法配备防卫器械。

第十三条 文物保护单位的建设控制地带，是指在文物保护单位的保护范围外，为保护文物保护单位的安全、环境、历史风貌对建设项目加以限制的区域。

文物保护单位的建设控制地带，应当根据文物保护单位的类别、规模、内容以及周围环境的历史和现实情况合理划定。

第十四条 全国重点文物保护单位的建设控制地带，经省、自治区、直辖市人民政府批准，由省、自治区、直辖市人民政府的文物行政主管部门会同城乡规划行政主管部门划定并公布。

省级、设区的市、自治州级和县级文物保护单位的建设控制地带，经省、自治区、直辖市人民政府批准，由核定公布该文物保护单位的人民政府的文物行政主管部门会同城乡规划行政主管部门划定并公布。

第十五条 承担文物保护单位的修缮、迁移、重建工程的单位，应当同时取得文物行政主管部门发给的相应等级的文物保护工程资质证书和建设行政主管部门发给的相应等级的资质证书。其中，不涉及建筑活动的文物保护单位的修缮、迁移、重建，应当由取得文物行政主管部门发给的相应等级的文物保护工程资质证书的单位承担。

第十六条 申领文物保护工程资质证书，应当具备下列条件：

（一）有取得文物博物专业技术职务的人员；

（二）有从事文物保护工程所需的技术设备；

（三）法律、行政法规规定的其他条件。

第十七条 申领文物保护工程资质证书，应当向省、自治区、直辖市人民政府文物行政主管部门或者国务院文物行政主管部门提出申请。省、自治区、直辖市人民政府文物行政主管部门或者国务院文物行政主管部门应当自收到申请之日起30个工作口内作出批准或者不批准的决定。决定批准的，发给相应等级的文物保护工程资质证书；决定不批准的，应当书面通知当事人并说明理由。文物保护工程资质等级的分级标准和审批办法，由国务院文物行政主管部门制定。

第十八条 文物行政主管部门在审批文物保护单位的修缮计划和工程设计方案前，应当征求上一级人民政府文物行政主管部门的意见。

第十九条 危害全国重点文物保护单位安全或者破坏其历史风貌的建筑物、构筑物，由省、自治区、直辖市人民政府负责调查处理。

危害省级、设区的市、自治州级、县级文物保护单位安全或者破坏其历史风貌的建筑物、构筑物，由核定公布该文物保护单位的人民政府负责调查处理。

危害尚未核定公布为文物保护单位的不可移动文物安全的建筑物、构筑物，由县级人民政府负责调查处理。

第三章　考古发掘

第二十条　申请从事考古发掘的单位，取得考古发掘资质证书，应当具备下列条件：

（一）有4名以上取得考古发掘领队资格的人员；

（二）有取得文物博物专业技术职务的人员；

（三）有从事文物安全保卫的专业人员；

（四）有从事考古发掘所需的技术设备：

（五）有保障文物安全的设施和场所；

（六）法律、行政法规规定的其他条件。

第二十一条　申领考古发掘资质证书，应当向国务院文物行政主管部门提出申请。国务院文物行政主管部门应当自收到申请之日起30个工作日内作出批准或者不批准的决定。决定批准的，发给考古发掘资质证书；决定不批准的，应当书面通知当事人并说明理由。

第二十二条　考古发掘项目实行领队负责制度。担任领队的人员，应当取得国务院文物行政主管部门按照国家有关规定发给的考古发掘领队资格证书。

第二十三条　配合建设工程进行的考古调查、勘探、发掘，由省、自治区、直辖市人民政府文物行政主管部门组织实施。跨省、自治区、直辖市的建设工程范围内的考古调查、勘探、发掘，由建设工程所在地的有关省、自治区、直辖市人民政府文物行政主管部门联合组织实施；其中，特别重要的建设工程范围内的考古调查、勘探、发掘，由国务院文物行政主管部门组织实施。

建设单位对配合建设工程进行的考古调查、勘探、发掘，应当予以协助，不得妨碍考古调查、勘探、发掘。

第二十四条　国务院文物行政主管部门应当自收到文物保护法第三十条第一款规定的发掘计划之日起30个工作日内作出批准或者不批准决定。决定批准的，发给批准文件；决定不批准的，应当书面通知当事人并说明理由。

文物保护法第三十条第二款规定的抢救性发掘，省、自治区、直辖市人民政府文物行政主管部门应当自开工之日起10个工作日内向国务院文物行政主管部门补办审批手续。

第二十五条　考古调查、勘探、发掘所需经费的范围和标准，按照国家有关规定执行。

第二十六条　从事考古发掘的单位应当在考古发掘完成之日起30个工作日内向省、自治区、直辖市人民政府文物行政主管部门和国务院文物行政主管部门提交结项报告，并于提交结项报告之日起 3 年内向省、自治区、直辖市人民政府文物行政主管部门和国务院文物行政主管部门提交考古发掘报告。

第二十七条 从事考古发掘的单位提交考古发掘报告后，经省、自治区、直辖市人民政府文物行政主管部门或者国务院文物行政主管部门依据各自职权批准，可以保留少量出土文物作为科研标本，并应当于提交发掘报告之日起 6 个月内将其他出土文物移交给由省、自治区、直辖市人民政府文物行政主管部门或者国务院文物行政主管部门指定的国有的博物馆、图书馆或者其他国有文物收藏单位收藏。

第四章　馆藏文物

第二十八条 文物收藏单位应当建立馆藏文物的接收、鉴定、登记、编目和档案制度，库房管理制度，出入库、注销和统计制度，保养、修复和复制制度。

第二十九条 县级人民政府文物行政主管部门应当将本行政区域内的馆藏文物档案，按照行政隶属关系报设区的市、自治州级人民政府文物行政主管部门或者省、自治区、直辖市人民政府文物行政主管部门备案；设区的市、自治州级人民政府文物行政主管部门应当将本行政区域内的馆藏文物档案，报省、自治区、直辖市人民政府文物行政主管部门备案；省、自治区、直辖市人民政府文物行政主管部门应当将本行政区域内的一级文物藏品档案，报国务院文物行政主管部门备案。

第三十条 文物收藏单位之间借用馆藏文物，借用人应当对借用的馆藏文物采取必要的保护措施，确保文物的安全。

借用的馆藏文物的灭失、损坏风险，除当事人另有约定外，由借用该馆藏文物的文物收藏单位承担。

第三十一条 国有文物收藏单位未依照文物保护法第三十六条的规定建立馆藏文物档案并将馆藏文物档案报主管的文物行政主管部门备案的，不得交换、借用馆藏文物。

第三十二条 修复、复制、拓印馆藏二级文物和馆藏三级文物的，应当报省、自治区、直辖市人民政府文物行政主管部门批准；修复、复制、拓印馆藏一级文物的，应当经省、自治区、直辖市人民政府文物行政主管部门审核后报国务院文物行政主管部门批准。

第三十三条 从事馆藏文物修复、复制、拓印的单位，应当具备下列条件：

（一）有取得中级以上文物博物专业技术职务的人员；

（二）有从事馆藏文物修复、复制、拓印所需的场所和技术设备；

（三）法律、行政法规规定的其他条件。

第三十四条 从事馆藏文物修复、复制、拓印，应当向省、自治区、直辖市人民政府文物行政主管部门提出申请。省、自治区、直辖市人民政府文物行政主管部门应当自收到申请之日起 30 个工作日内作出批准或者不批准的决定。决定批准的，发给相应等级的资质证书；决定不批准的，应当书面通知当事人并说明理由。

第三十五条　为制作出版物、音像制品等拍摄馆藏二级文物和馆藏三级文物的，应当报省、自治区、直辖市人民政府文物行政主管部门批准；拍摄馆藏一级文物的，应当经省、自治区、直辖市人民政府文物行政主管部门审核后报国务院文物行政主管部门批准。

第三十六条　馆藏文物被盗、被抢或者丢失的，文物收藏单位应当立即向公安机关报案，并同时向主管的文物行政主管部门报告；主管的文物行政主管部门应当在接到文物收藏单位的报告后 24 小时内，将有关情况报告国务院文物行政主管部门。

第三十七条　国家机关和国有的企业、事业组织等收藏、保管国有文物的，应当履行下列义务：

（一）建立文物藏品档案制度，并将文物藏品档案报所在地省、自治区、直辖市人民政府文物行政主管部门备案；

（二）建立、健全文物藏品的保养、修复等管理制度，确保文物安全；

（三）文物藏品被盗、被抢或者丢失的，应当立即向公安机关报案，并同时向所在地省、自治区、直辖市人民政府文物行政主管部门报告。

第五章　民间收藏文物

第三十八条　文物收藏单位以外的公民、法人和其他组织，可以依法收藏文物，其依法收藏的文物的所有权受法律保护。

公民、法人和其他组织依法收藏文物的，可以要求文物行政主管部门对其收藏的文物提供鉴定、修复、保管等方面的咨询。

第三十九条　设立文物商店，应当具备下列条件：

（一）有 200 万元人民币以上的注册资本；

（二）有 5 名以上取得中级以上文物博物专业技术职务的人员；

（三）有保管文物的场所、设施和技术条件；

（四）法律、行政法规规定的其他条件。

第四十条　设立文物商店，应当依照国务院文物行政主管部门的规定向省、自治区、直辖市以上人民政府文物行政主管部门提出申请。省、自治区、直辖市以上人民政府文物行政主管部门应当自收到申请之日起 30 个工作日内作出批准或者不批准的决定。决定批准的，发给批准文件；决定不批准的，应当书面通知当事人并说明理由。

第四十一条　依法设立的拍卖企业，从事文物拍卖经营活动的，应当有 5 名以上取得高级文物博物专业技术职务的文物拍卖专业人员，并取得国务院文物行政主管部门发给的文物拍卖许可证。

第四十二条 依法设立的拍卖企业申领文物拍卖许可证，应当向国务院文物行政主管部门提出申请。国务院文物行政主管部门应当自收到申请之日起30个工作日内作出批准或者不批准的决定。决定批准的，发给文物拍卖许可证；决定不批准的，应当书面通知当事人并说明理由。

第四十三条 文物商店购买、销售文物，经营文物拍卖的拍卖企业拍卖文物，应当记录文物的名称、图录、来源、文物的出卖人、委托人和买受人的姓名或者名称、住所、有效身份证件号码或者有效证照号码以及成交价格，并报核准其销售、拍卖文物的文物行政主管部门备案。接受备案的文物行政主管部门应当依法为其保密，并将该记录保存75年。

文物行政主管部门应当加强对文物商店和经营文物拍卖的拍卖企业的监督检查。

第六章　文物出境进境

第四十四条 国务院文物行政主管部门指定的文物进出境审核机构，应当有5名以上专职文物进出境责任鉴定员。专职文物进出境责任鉴定员应当取得中级以上文物博物专业技术职务并经国务院文物行政主管部门考核合格。

第四十五条 运送、邮寄、携带文物出境，应当在文物出境前依法报文物进出境审核机构审核。文物进出境审核机构应当自收到申请之日起15个工作日内作出是否允许出境的决定。

文物进出境审核机构审核文物，应当有3名以上文物博物专业技术人员参加；其中，应当有2名以上文物进出境责任鉴定员。

文物出境审核意见，由文物进出境责任鉴定员共同签署；对经审核，文物进出境责任鉴定员一致同意允许出境的文物，文物进出境审核机构方可作出允许出境的决定。

文物出境审核标准，由国务院文物行政主管部门制定。

第四十六条 文物进出境审核机构应当对所审核进出境文物的名称、质地、尺寸、级别，当事人的姓名或者名称、住所、有效身份证件号码或者有效证照号码，以及进出境口岸、文物去向和审核日期等内容进行登记。

第四十七条 经审核允许出境的文物，由国务院文物行政主管部门发给文物出境许可证，并由文物进出境审核机构标明文物出境标识。经审核允许出境的文物，应当从国务院文物行政主管部门指定的口岸出境。海关查验文物出境标识后，凭文物出境许可证放行。

经审核不允许出境的文物，由文物进出境审核机构发还当事人。

第四十八条 文物出境展览的承办单位，应当在举办展览前6个月向国务院文物行政主管部门提出申请。国务院文物行政主管部门应当自收到申请之日起30个工作日内作出批准或者不批准的决定。决定批准的，发给批准文件；决定不批准的，应当书面通知当事人并说明理由。

一级文物展品超过 120 件（套）的，或者一级文物展品超过展品总数的 20% 的，应当报国务院批准。

第四十九条 一级文物中的孤品和易损品，禁止出境展览。禁止出境展览文物的目录，由国务院文物行政主管部门定期公布。

未曾在国内正式展出的文物，不得出境展览。

第五十条 文物出境展览的期限不得超过 1 年。因特殊需要，经原审批机关批准可以延期；但是，延期最长不得超过 1 年。

第五十一条 文物出境展览期间，出现可能危及展览文物安全情形的，原审批机关可以决定中止或者撤销展览。

第五十二条 临时进境的文物，经海关将文物加封后，交由当事人报文物进出境审核机构审核、登记。文物进出境审核机构查验海关封志完好无损后，对每件临时进境文物标明文物临时进境标识，并登记拍照。

临时进境文物复出境时，应当由原审核、登记的文物进出境审核机构核对入境登记拍照记录，查验文物临时进境标识无误后标明文物出境标识，并由国务院文物行政主管部门发给文物出境许可证。

未履行本条第一款规定的手续临时进境的文物复出境的，依照本章关于文物出境的规定办理。

第五十三条 任何单位或者个人不得擅自剥除、更换、挪用或者损毁文物出境标识、文物临时进境标识。

第七章 法律责任

第五十四条 公安机关、工商行政管理、文物、海关、城乡规划、建设等有关部门及其工作人员，违反本条例规定，滥用审批权限、不履行职责或者发现违法行为不予查处的，对负有责任的主管人员和其他直接责任人员依法给予行政处分；构成犯罪的，依法追究刑事责任。

第五十五条 违反本条例规定，未取得相应等级的文物保护工程资质证书，擅自承担文物保护单位的修缮、迁移、重建工程的，由文物行政主管部门责令限期改正；逾期不改正，或者造成严重后果的，处 5 万元以上 50 万元以下的罚款；构成犯罪的，依法追究刑事责任。

违反本条例规定，未取得建设行政主管部门发给的相应等级的资质证书，擅自承担含有建筑活动的文物保护单位的修缮、迁移、重建工程的，由建设行政主管部门依照有关法律、行政法规的规定予以处罚。

第五十六条 违反本条例规定，未取得资质证书，擅自从事馆藏文物的修复、复制、拓印活动的，由文物行政主管部门责令停止违法活动；没收违法所得和从事违法活动的专用工具、设备；造成严重后果的，并处 1 万元以上 10 万元以下的罚款；构成犯罪的，依法追究刑事责任。

第五十七条　文物保护法第六十六条第二款规定的罚款，数额为200元以下。

第五十八条　违反本条例规定，未经批准擅自修复、复制、拓印、拍摄馆藏珍贵文物的，由文物行政主管部门给予警告；造成严重后果的，处2000元以上2万元以下的罚款；对负有责任的主管人员和其他直接责任人员依法给予行政处分。

第五十九条　考古发掘单位违反本条例规定，未在规定期限内提交结项报告或者考古发掘报告的，由省、自治区、直辖市人民政府文物行政主管部门或者国务院文物行政主管部门责令限期改正；逾期不改正的，对负有责任的主管人员和其他直接责任人员依法给予行政处分。

第六十条　考古发掘单位违反本条例规定，未在规定期限内移交文物的，由省、自治区、直辖市人民政府文物行政主管部门或者国务院文物行政主管部门责令限期改正；逾期不改正，或者造成严重后果的，对负有责任的主管人员和其他直接责任人员依法给予行政处分。

第六十一条　违反本条例规定，文物出境展览超过展览期限的，由国务院文物行政主管部门责令限期改正；对负有责任的主管人员和其他直接责任人员依法给予行政处分。

第六十二条　依照文物保护法第六十六条、第七十三条的规定，单位被处以吊销许可证行政处罚的，应当依法到工商行政管理部门办理变更登记或者注销登记；逾期未办理的，由工商行政管理部门吊销营业执照。

第六十三条　违反本条例规定，改变国有的博物馆、纪念馆、文物保护单位等的事业性收入的用途的，对负有责任的主管人员和其他直接责任人员依法给予行政处分；构成犯罪的，依法追究刑事责任。

第八章　附　则

第六十四条　本条例自2003年7月1日起施行。

中华人民共和国文物保护法实施条例

（2017 年修正本）

（2003 年 5 月 18 日中华人民共和国国务院令第 377 号公布　根据 2013 年 12 月 7 日中华人民共和国国务院令第 645 号公布的《国务院关于修改部分行政法规的决定》第一次修正　根据 2016 年 2 月 6 日国务院令第 666 号公布的《国务院关于修改部分行政法规的决定》第二次修正　根据 2017 年 10 月 7 日中华人民共和国国务院令第 687 号公布的《国务院关于修改部分行政法规的决定》）

第一章　总　则

第一条　根据《中华人民共和国文物保护法》（以下简称文物保护法），制定本实施条例。

第二条　国家重点文物保护专项补助经费和地方文物保护专项经费，由县级以上人民政府文物行政主管部门、投资主管部门、财政部门按照国家有关规定共同实施管理。任何单位或者个人不得侵占、挪用。

第三条　国有的博物馆、纪念馆、文物保护单位等的事业性收入，应当用于下列用途：（一）文物的保管、陈列、修复、征集；（二）国有的博物馆、纪念馆、文物保护单位的修缮和建设；（三）文物的安全防范；（四）考古调查、勘探、发掘；（五）文物保护的科学研究、宣传教育。

第四条　文物行政主管部门和教育、科技、新闻出版、广播电视行政主管部门，应当做好文物保护的宣传教育工作。

第五条　国务院文物行政主管部门和省、自治区、直辖市人民政府文物行政主管部门，应当制定文物保护的科学技术研究规划，采取有效措施，促进文物保护科技成果的推广和应用，提高文物保护的科学技术水平。

第六条　有文物保护法第十二条所列事迹之一的单位或者个人，由人民政府及其文物行政主管部门、有关部门给予精神鼓励或者物质奖励。

第二章　不可移动文物

第七条　历史文化名城，由国务院建设行政主管部门会同国务院文物行政主管部门报国务院核定公布。

历史文化街区、村镇，由省、自治区、直辖市人民政府城乡规划行政主管部门会同文物行政主管部门报本级人民政府核定公布。

县级以上地方人民政府组织编制的历史文化名城和历史文化街区、村镇的保护规划，应当符合文物保护的要求。

第八条　全国重点文物保护单位和省级文物保护单位自核定公布之日起 1 年内，由省、自治区、直辖市人民政府划定必要的保护范围，做出标志说明，建立记录档案，设置专门机构或者指定专人负责管理。

设区的市、自治州级和县级文物保护单位自核定公布之日起 1 年内，由核定公布该文物保护单位的人民政府划定保护范围，作出标志说明，建立记录档案，设置专门机构或者指定专人负责管理。

第九条　文物保护单位的保护范围，是指对文物保护单位本体及周围一定范围实施重点保护的区域。

文物保护单位的保护范围，应当根据文物保护单位的类别、规模、内容以及周围环境的历史和现实情况合理划定，并在文物保护单位本体之外保持一定的安全距离，确保文物保护单位的真实性和完整性。

第十条　文物保护单位的标志说明，应当包括文物保护单位的级别、名称、公布机关、公布日期、立标机关、立标日期等内容。民族自治地区的文物保护单位的标志说明，应当同时用规范汉字和当地通用的少数民族文字书写。

第十一条　文物保护单位的记录档案，应当包括文物保护单位本体记录等科学技术资料和有关文献记载、行政管理等内容。

文物保护单位的记录档案，应当充分利用文字、音像制品、图画、拓片、摹本、电子文本等形式，有效表现其所载内容。

第十二条　古文化遗址、古墓葬、石窟寺和属于国家所有的纪念建筑物、古建筑，被核定公布为文物保护单位的，由县级以上地方人民政府设置专门机构或者指定机构负责管理。其他文物保护单位，由县级以上地方人民政府设置专门机构或者指定机构、专人负责管理；指定专人负责管理的，可以采取聘请文物保护员的形式。

文物保护单位有使用单位的，使用单位应当设立群众性文物保护组织；没有使用单位的，文物保护单位所在地的村民委员会或者居民委员会可以设立群众性文物保护组织。文物行政主管部门应当对群众性文物保护组织的活动给予指导和支持。负责管理文物保护单位的机构，应当建立健全规章制度，采取安全防范措施；其安全保卫人员，可以依法配备防卫器械。

第十三条　文物保护单位的建设控制地带，是指在文物保护单位的保护范围外，为保护文物保护单位的安全、环境、历史风貌对建设项目加以限制的区域。

文物保护单位的建设控制地带，应当根据文物保护单位的类别、规模、内容以及周围环境的历史和现实情况合理划定。

第十四条　全国重点文物保护单位的建设控制地带，经省、自治区、直辖市人民政府批准，由省、自治区、直辖市人民政府的文物行政主管部门会同城乡规划行政主管部门划定并公布。

省级、设区的市、自治州级和县级文物保护单位的建设控制地带，经省、自治区、直辖市人民政府批准，由核定公布该文物保护单位的人民政府的文物行政主管部门会同城乡规划行政主管部门划定并公布。

第十五条　承担文物保护单位的修缮、迁移、重建工程的单位，应当同时取得文物行政主管部门发给的相应等级的文物保护工程资质证书和建设行政主管部门发给的相应等级的资质证书。其中，不涉及建筑活动的文物保护单位的修缮、迁移、重建，应当由取得文物行政主管部门发给的相应等级的文物保护工程资质证书的单位承担。

第十六条　申领文物保护工程资质证书，应当具备下列条件：

（一）有取得文物博物专业技术职务的人员；

（二）有从事文物保护工程所需的技术设备；

（三）法律、行政法规规定的其他条件。

第十七条　申领文物保护工程资质证书，应当向省、自治区、直辖市人民政府文物行政主管部门或者国务院文物行政主管部门提出申请。省、自治区、直辖市人民政府文物行政主管部门或者国务院文物行政主管部门应当自收到申请之日起 30 个工作日内作出批准或者不批准的决定。决定批准的，发给相应等级的文物保护工程资质证书；决定不批准的，应当书面通知当事人并说明理由。文物保护工程资质等级的分级标准和审批办法，由国务院文物行政主管部门制定。

第十八条　文物行政主管部门在审批文物保护单位的修缮计划和工程设计方案前，应当征求上一级人民政府文物行政主管部门的意见。

第十九条　危害全国重点文物保护单位安全或者破坏其历史风貌的建筑物、构筑物，由省、自治区、直辖市人民政府负责调查处理。

危害省级、设区的市、自治州级、县级文物保护单位安全或者破坏其历史风貌的建筑物、构筑物，由核定公布该文物保护单位的人民政府负责调查处理。

危害尚未核定公布为文物保护单位的不可移动文物安全的建筑物、构筑物，由县级人民政府负责调查处理。

第三章　考古发掘

第二十条　申请从事考古发掘的单位，取得考古发掘资质证书，应当具备下列条件：

（一）有 4 名以上接受过考古专业训练且主持过考古发掘项目的人员；

（二）有取得文物博物专业技术职务的人员；

（三）有从事文物安全保卫的专业人员；

（四）有从事考古发掘所需的技术设备；

（五）有保障文物安全的设施和场所；

（六）法律、行政法规规定的其他条件。

第二十一条　申领考古发掘资质证书，应当向国务院文物行政主管部门提出申请。国务院文物行政主管部门应当自收到申请之日起 30 个工作日内作出批准或者不批准的决定。决定批准的，发给考古发掘资质证书；决定不批准的，应当书面通知当事人并说明理由。

第二十二条　考古发掘项目实行项目负责人负责制度。

第二十三条　配合建设工程进行的考古调查、勘探、发掘，由省、自治区、直辖市人民政府文物行政主管部门组织实施。跨省、自治区、直辖市的建设工程范围内的考古调查、勘探、发掘，由建设工程所在地的有关省、自治区、直辖市人民政府文物行政主管部门联合组织实施；其中，特别重要的建设工程范围内的考古调查、勘探、发掘，由国务院文物行政主管部门组织实施。

建设单位对配合建设工程进行的考古调查、勘探、发掘，应当予以协助，不得妨碍考古调查、勘探、发掘。

第二十四条　国务院文物行政主管部门应当自收到文物保护法第三十条第一款规定的发掘计划之日起 30 个工作日内作出批准或者不批准决定。决定批准的，发给批准文件；决定不批准的，应当书面通知当事人并说明理由。

文物保护法第三十条第二款规定的抢救性发掘，省、自治区、直辖市人民政府文物行政主管部门应当自开工之日起 10 个工作日内向国务院文物行政主管部门补办审批手续。

第二十五条　考古调查、勘探、发掘所需经费的范围和标准，按照国家有关规定执行。

第二十六条　从事考古发掘的单位应当在考古发掘完成之日起 30 个工作日内向省、自治区、直辖市人民政府文物行政主管部门和国务院文物行政主管部门提交结项报告，并于提交结项报告之日起 3 年内向省、自治区、直辖市人民政府文物行政主管部门和国务院文物行政主管部门提交考古发掘报告。

第二十七条　从事考古发掘的单位提交考古发掘报告后，经省、自治区、直辖市人民政府文物行政主管部门批准，可以保留少量出土文物作为科研标本，并应当于提交发掘报告之日起 6 个月内将其他出土文物移交给由省、自治区、直辖市人民政府文物行政主管部门指定的国有的博物馆、图书馆或者其他国有文物收藏单位收藏。

第四章　馆藏文物

第二十八条　文物收藏单位应当建立馆藏文物的接收、鉴定、登记、编目和档案制度，库房管理制度，出入库、注销和统计制度，保养、修复和复制制度。

第二十九条　县级人民政府文物行政主管部门应当将本行政区域内的馆藏文物档案，按照行政隶属关系报设区的市、自治州级人民政府文物行政主管部门或者省、自治区、直辖市人民政府文物行政主管部门备案；设区的市、自治州级人民政府文物行政主管部门应当将本行政区域内的馆藏文物档案，报省、自治区、直辖市人民政府文物行政主管部门备案；省、自治区、直辖市人民政府文物行政主管部门应当将本行政区域内的一级文物藏品档案，报国务院文物行政主管部门备案。

第三十条　文物收藏单位之间借用馆藏文物，借用人应当对借用的馆藏文物采取必要的保护措施，确保文物的安全。

借用的馆藏文物的灭失、损坏风险，除当事人另有约定外，由借用该馆藏文物的文物收藏单位承担。

第三十一条　国有文物收藏单位未依照文物保护法第三十六条的规定建立馆藏文物档案并将馆藏文物档案报主管的文物行政主管部门备案的，不得交换、借用馆藏文物。

第三十二条　修复、复制、拓印馆藏二级文物和馆藏三级文物的，应当报省、自治区、直辖市人民政府文物行政主管部门批准；修复、复制、拓印馆藏一级文物的，应当经省、自治区、直辖市人民政府文物行政主管部门审核后报国务院文物行政主管部门批准。

第三十三条　从事馆藏文物修复、复制、拓印的单位，应当具备下列条件：

（一）有取得中级以上文物博物专业技术职务的人员；

（二）有从事馆藏文物修复、复制、拓印所需的场所和技术设备；

（三）法律、行政法规规定的其他条件。

第三十四条　从事馆藏文物修复、复制、拓印，应当向省、自治区、直辖市人民政府文物行政主管部门提出申请。省、自治区、直辖市人民政府文物行政主管部门应当自收到申请之日起30个工作日内作出批准或者不批准的决定。决定批准的，发给相应等级的资质证书；决定不批准的，应当书面通知当事人并说明理由。

第三十五条　为制作出版物、音像制品等拍摄馆藏文物的，应当征得文物收藏单位同意，并签署拍摄协议，明确文物保护措施和责任。文物收藏单位应当自拍摄工作完成后10个工作日内，将拍摄情况向文物行政主管部门报告。

第三十六条 馆藏文物被盗、被抢或者丢失的，文物收藏单位应当立即向公安机关报案，并同时向主管的文物行政主管部门报告；主管的文物行政主管部门应当在接到文物收藏单位的报告后 24 小时内，将有关情况报告国务院文物行政主管部门。

第三十七条 国家机关和国有的企业、事业组织等收藏、保管国有文物的，应当履行下列义务：

（一）建立文物藏品档案制度，并将文物藏品档案报所在地省、自治区、直辖市人民政府文物行政主管部门备案；

（二）建立、健全文物藏品的保养、修复等管理制度，确保文物安全；

（三）文物藏品被盗、被抢或者丢失的，应当立即向公安机关报案，并同时向所在地省、自治区、直辖市人民政府文物行政主管部门报告。

第五章　民间收藏文物

第三十八条 文物收藏单位以外的公民、法人和其他组织，可以依法收藏文物，其依法收藏的文物的所有权受法律保护。

公民、法人和其他组织依法收藏文物的，可以要求文物行政主管部门对其收藏的文物提供鉴定、修复、保管等方面的咨询。

第三十九条 设立文物商店，应当具备下列条件：

（一）有 200 万元人民币以上的注册资本；

（二）有 5 名以上取得中级以上文物博物专业技术职务的人员；

（三）有保管文物的场所、设施和技术条件；

（四）法律、行政法规规定的其他条件。

第四十条 设立文物商店，应当向省、自治区、直辖市人民政府文物行政主管部门提出申请。省、自治区、直辖市人民政府文物行政主管部门应当自收到申请之日起 30 个工作日内作出批准或者不批准的决定。决定批准的，发给批准文件；决定不批准的，应当书面通知当事人并说明理由。

第四十一条 依法设立的拍卖企业，从事文物拍卖经营活动的，应当有 5 名以上取得高级文物博物专业技术职务的文物拍卖专业人员，并取得省、自治区、直辖市人民政府文物行政主管部门发给的文物拍卖许可证。

第四十二条 依法设立的拍卖企业申领文物拍卖许可证，应当向省、自治区、直辖市人民政府文物行政主管部门提出申请。省、自治区、直辖市人民政府文物行政主管部门应当自收到申请之日起 30 个工作日内作出批准或者不批准的决定。决定批准的，发给文物拍卖许可证；决定不批准的，应当书面通知当事人并说明理由。

第四十三条 文物商店购买、销售文物，经营文物拍卖的拍卖企业拍卖文物，应当记录文物的名称、图录、来源、文物的出卖人、委托人和买受人的姓名或者名称、住所、有效身份证件号码或者有效证照号码以及成交价格，并报省、自治区、直辖市人民政府文物行政主管部门备案。接受备案的文物行政主管部门应当依法为其保密，并将该记录保存 75 年。

文物行政主管部门应当加强对文物商店和经营文物拍卖的拍卖企业的监督检查。

第六章　文物出境进境

第四十四条　国务院文物行政主管部门指定的文物进出境审核机构，应当有 5 名以上取得中级以上文物博物专业技术职务的文物进出境责任鉴定人员。

第四十五条　运送、邮寄、携带文物出境，应当在文物出境前依法报文物进出境审核机构审核。文物进出境审核机构应当自收到申请之日起 15 个工作日内作出是否允许出境的决定。

文物进出境审核机构审核文物，应当有 3 名以上文物博物专业技术人员参加；其中，应当有 2 名以上文物进出境责任鉴定人员。

文物出境审核意见，由文物进出境责任鉴定人员共同签署；对经审核，文物进出境责任鉴定人员一致同意允许出境的文物，文物进出境审核机构方可作出允许出境的决定。

文物出境审核标准，由国务院文物行政主管部门制定。

第四十六条　文物进出境审核机构应当对所审核进出境文物的名称、质地、尺寸、级别，当事人的姓名或者名称、住所、有效身份证件号码或者有效证照号码，以及进出境口岸、文物去向和审核日期等内容进行登记。

第四十七条　经审核允许出境的文物，由国务院文物行政主管部门发给文物出境许可证，并由文物进出境审核机构标明文物出境标识。经审核允许出境的文物，应当从国务院文物行政主管部门指定的口岸出境。海关查验文物出境标识后，凭文物出境许可证放行。

经审核不允许出境的文物，由文物进出境审核机构发还当事人。

第四十八条　文物出境展览的承办单位，应当在举办展览前 6 个月向国务院文物行政主管部门提出申请。国务院文物行政主管部门应当自收到申请之日起 30 个工作日内作出批准或者不批准的决定。决定批准的，发给批准文件；决定不批准的，应当书面通知当事人并说明理由。一级文物展品超过 120 件（套）的，或者一级文物展品超过展品总数的 20% 的，应当报国务院批准。

第四十九条　一级文物中的孤品和易损品，禁止出境展览。禁止出境展览文物的目录，由国务院文物行政主管部门定期公布。

未曾在国内正式展出的文物，不得出境展览。

第五十条　文物出境展览的期限不得超过 1 年。因特殊需要，经原审批机关批准可以延期；但是，延期最长不得超过 1 年。

第五十一条　文物出境展览期间，出现可能危及展览文物安全情形的，原审批机关可以决定中止或者撤销展览。

第五十二条 临时进境的文物，经海关将文物加封后，交由当事人报文物进出境审核机构审核、登记。文物进出境审核机构查验海关封志完好无损后，对每件临时进境文物标明文物临时进境标识，并登记拍照。临时进境文物复出境时，应当由原审核、登记的文物进出境审核机构核对入境登记拍照记录，查验文物临时进境标识无误后标明文物出境标识，并由国务院文物行政主管部门发给文物出境许可证。

未履行本条第一款规定的手续临时进境的文物复出境的，依照本章关于文物出境的规定办理。

第五十三条 任何单位或者个人不得擅自剥除、更换、挪用或者损毁文物出境标识、文物临时进境标识。

第七章　法律责任

第五十四条 公安机关、工商行政管理、文物、海关、城乡规划、建设等有关部门及其工作人员，违反本条例规定，滥用审批权限、不履行职责或者发现违法行为不予查处的，对负有责任的主管人员和其他直接责任人员依法给予行政处分；构成犯罪的，依法追究刑事责任。

第五十五条 违反本条例规定，未取得相应等级的文物保护工程资质证书，擅自承担文物保护单位的修缮、迁移、重建工程的，由文物行政主管部门责令限期改正；逾期不改正，或者造成严重后果的，处5万元以上50万元以下的罚款；构成犯罪的，依法追究刑事责任。

违反本条例规定，未取得建设行政主管部门发给的相应等级的资质证书，擅自承担含有建筑活动的文物保护单位的修缮、迁移、重建工程的，由建设行政主管部门依照有关法律、行政法规的规定予以处罚。

第五十六条 违反本条例规定，未取得资质证书，擅自从事馆藏文物的修复、复制、拓印活动的，由文物行政主管部门责令停止违法活动；没收违法所得和从事违法活动的专用工具、设备；造成严重后果的，并处1万元以上10万元以下的罚款；构成犯罪的，依法追究刑事责任。

第五十七条 文物保护法第六十六条第二款规定的罚款，数额为200元以下。

第五十八条 违反本条例规定，未经批准擅自修复、复制、拓印馆藏珍贵文物的，由文物行政主管部门给予警告；造成严重后果的，处2000元以上2万元以下的罚款；对负有责任的主管人员和其他直接责任人员依法给予行政处分。

文物收藏单位违反本条例规定，未在规定期限内将文物拍摄情况向文物行政主管部门报告的，由文物行政主管部门责令限期改正；逾期不改正的，对负有责任的主管人员和其他直接责任人员依法给予行政处分。

第五十九条 考古发掘单位违反本条例规定，未在规定期限内提交结项报告或者考古发掘报告的，由省、自治区、直辖市人民政府文物行政主管部门或者国务院文物行政主管部门责令限期改正；逾期不改正的，对负有责任的主管人员和其他直接责任人员依法给予行政处分。

第六十条 考古发掘单位违反本条例规定，未在规定期限内移交文物的，由省、自治区、直辖市人民政府文物行政主管部门或者国务院文物行政主管部门责令限期改正；逾期不改正，或者造成严重后果的，对负有责任的主管人员和其他直接责任人员依法给予行政处分。

第六十一条 违反本条例规定，文物出境展览超过展览期限的，由国务院文物行政主管部门责令限期改正；对负有责任的主管人员和其他直接责任人员依法给予行政处分。

第六十二条 依照文物保护法第六十六条、第七十三条的规定，单位被处以吊销许可证行政处罚的，应当依法到工商行政管理部门办理变更登记或者注销登记；逾期未办理的，由工商行政管理部门吊销营业执照。

第六十三条 违反本条例规定，改变国有的博物馆、纪念馆、文物保护单位等的事业性收入的用途的，对负有责任的主管人员和其他直接责任人员依法给予行政处分；构成犯罪的，依法追究刑事责任。

第八章 附 则

第六十四条 本条例自 2003 年 7 月 1 日起施行。

长城保护条例

中华人民共和国国务院令

第 476 号

《长城保护条例》已经 2006 年 9 月 20 日国务院第 150 次常务会议通过，现予公布，自 2006 年 12 月 1 日起施行。

总理　温家宝

二〇〇六年十月十一日

第一条　为了加强对长城的保护，规范长城的利用行为，根据《中华人民共和国文物保护法》（以下简称文物保护法），制定本条例。

第二条　本条例所称长城，包括长城的墙体、城堡、关隘、烽火台、敌楼等。

受本条例保护的长城段落，由国务院文物主管部门认定并公布。

第三条　长城保护应当贯彻文物工作方针，坚持科学规划、原状保护的原则。

第四条　国家对长城实行整体保护、分段管理。

国务院文物主管部门负责长城整体保护工作，协调、解决长城保护中的重大问题，监督、检查长城所在地各地方的长城保护工作。

长城所在地县级以上地方人民政府及其文物主管部门依照文物保护法、本条例和其他有关行政法规的规定，负责本行政区域内的长城保护工作。

第五条　长城所在地县级以上地方人民政府应当将长城保护经费纳入本级财政预算。

国家鼓励公民、法人和其他组织通过捐赠等方式设立长城保护基金，专门用于长城保护。长城保护基金的募集、使用和管理，依照国家有关法律、行政法规的规定执行。

第六条　国家对长城保护实行专家咨询制度。制定长城保护总体规划、审批与长城有关的建设工程、决定与长城保护有关的其他重大事项，应当听取专家意见。

第七条　公民、法人和其他组织都有依法保护长城的义务。

国家鼓励公民、法人和其他组织参与长城保护。

第八条　国务院文物主管部门、长城所在地县级以上地方人民政府及其文物主管部门应当对在长城保护中做出突出贡献的组织或者个人给予奖励。

第九条 长城所在地省、自治区、直辖市人民政府应当对本行政区域内的长城进行调查；对认为属于长城的段落，应当报国务院文物主管部门认定，并自认定之日起1年内依法核定公布为省级文物保护单位。

本条例施行前已经认定为长城但尚未核定公布为全国重点文物保护单位或者省级文物保护单位的段落，应当自本条例施行之日起1年内依法核定公布为全国重点文物保护单位或者省级文物保护单位。

第十条 国家实行长城保护总体规划制度。

国务院文物主管部门会同国务院有关部门，根据文物保护法的规定和长城保护的实际需要，制定长城保护总体规划，报国务院批准后组织实施。长城保护总体规划应当明确长城的保护标准和保护重点，分类确定保护措施，并确定禁止在保护范围内进行工程建设的长城段落。

长城所在地县级以上地方人民政府制定本行政区域的国民经济和社会发展计划、土地利用总体规划和城乡规划，应当落实长城保护总体规划规定的保护措施。

第十一条 长城所在地省、自治区、直辖市人民政府应当按照长城保护总体规划的要求，划定本行政区域内长城的保护范围和建设控制地带，并予以公布。

省、自治区、直辖市人民政府文物主管部门应当将公布的保护范围和建设控制地带报国务院文物主管部门备案。

第十二条 任何单位或者个人不得在长城保护总体规划禁止工程建设的保护范围内进行工程建设。在建设控制地带或者长城保护总体规划未禁止工程建设的保护范围内进行工程建设，应当遵守文物保护法第十七条、第十八条的规定。

进行工程建设应当绕过长城。无法绕过的，应当采取挖掘地下通道的方式通过长城；无法挖掘地下通道的，应当采取架设桥梁的方式通过长城。任何单位或者个人进行工程建设，不得拆除、穿越、迁移长城。

第十三条 长城所在地省、自治区、直辖市人民政府应当在长城沿线的交通路口和其他需要提示公众的地段设立长城保护标志。设立长城保护标志不得对长城造成损坏。

长城保护标志应当载明长城段落的名称、修筑年代、保护范围、建设控制地带和保护机构。

第十四条 长城所在地省、自治区、直辖市人民政府应当建立本行政区域内的长城档案，其文物主管部门应当将长城档案报国务院文物主管部门备案。

国务院文物主管部门应当建立全国的长城档案。

第十五条 长城所在地省、自治区、直辖市人民政府应当为本行政区域内的长城段落确定保护机构；长城段落有利用单位的，该利用单位可以确定为保护机构。

保护机构应当对其所负责保护的长城段落进行日常维护和监测，并建立日志；发现安全隐患，应当立即采取控制措施，并及时向县级人民政府文物主管部门报告。

第十六条　地处偏远、没有利用单位的长城段落，所在地县级人民政府或者其文物主管部门可以聘请长城保护员对长城进行巡查、看护，并对长城保护员给予适当补助。

第十七条　长城段落为行政区域边界的，其毗邻的县级以上地方人民政府应当定期召开由相关部门参加的联席会议，研究解决长城保护中的重大问题。

第十八条　禁止在长城上从事下列活动：

（一）取土、取砖（石）或者种植作物；

（二）刻划、涂污；

（三）架设、安装与长城保护无关的设施、设备；

（四）驾驶交通工具，或者利用交通工具等跨越长城；

（五）展示可能损坏长城的器具；

（六）有组织地在未辟为参观游览区的长城段落举行活动；

（七）文物保护法禁止的其他活动。

第十九条　将长城段落辟为参观游览区，应当坚持科学规划、原状保护的原则，并应当具备下列条件：

（一）该长城段落的安全状况适宜公众参观游览；

（二）该长城段落有明确的保护机构，已依法划定保护范围、建设控制地带，并已建立保护标志、档案；

（三）符合长城保护总体规划的要求。

第二十条　将长城段落辟为参观游览区，应当自辟为参观游览区之日起5日内向所在地省、自治区、直辖市人民政府文物主管部门备案；长城段落属于全国重点文物保护单位的，应当自辟为参观游览区之日起5日内向国务院文物主管部门备案。备案材料应当包括参观游览区的旅游容量指标。

所在地省、自治区、直辖市人民政府文物主管部门和国务院文物主管部门，应当自收到备案材料之日起20日内按照职权划分核定参观游览区的旅游容量指标。

第二十一条　在参观游览区内举行活动，其人数不得超过核定的旅游容量指标。

在参观游览区内设置服务项目，应当符合长城保护总体规划的要求。

第二十二条　任何单位或者个人发现长城遭受损坏向保护机构或者所在地县级人民政府文物主管部门报告的，接到报告的保护机构或者县级人民政府文物主管部门应当立即采取控制措施，并向县级人民政府和上一级人民政府文物主管部门报告。

第二十三条　对长城进行修缮，应当依照文物保护法的规定办理审批手续，由依法取得文物保护工程资质证书的单位承担。长城的修缮，应当遵守不改变原状的原则。

长城段落已经损毁的，应当实施遗址保护，不得在原址重建。

长城段落因人为原因造成损坏的，其修缮费用由造成损坏的单位或者个人承担。

第二十四条 违反本条例规定，造成长城损毁，构成犯罪的，依法追究刑事责任；尚不构成犯罪，违反有关治安管理的法律规定的，由公安机关依法给予治安处罚。

第二十五条 违反本条例规定，有下列情形之一的，依照文物保护法第六十六条的规定责令改正，造成严重后果的，处5万元以上50万元以下的罚款；情节严重的，由原发证机关吊销资质证书：

（一）在禁止工程建设的长城段落的保护范围内进行工程建设的；

（二）在长城的保护范围或者建设控制地带内进行工程建设，未依法报批的；

（三）未采取本条例规定的方式进行工程建设，或者因工程建设拆除、穿越、迁移长城的。

第二十六条 将不符合本条例规定条件的长城段落辟为参观游览区的，由省级以上人民政府文物主管部门按照职权划分依法取缔，没收违法所得；造成长城损坏的，处5万元以上50万元以下的罚款。

将长城段落辟为参观游览区未按照本条例规定备案的，由省级以上人民政府文物主管部门按照职权划分责令限期改正，逾期不改正的，依照前款规定处罚。

在参观游览区内设置的服务项目不符合长城保护总体规划要求的，由县级人民政府文物主管部门责令改正，没收违法所得。

第二十七条 违反本条例规定，有下列情形之一的，由县级人民政府文物主管部门责令改正，造成严重后果的，对个人处1万元以上5万元以下的罚款，对单位处5万元以上50万元以下的罚款：

（一）在长城上架设、安装与长城保护无关的设施、设备的；

（二）在长城上驾驶交通工具，或者利用交通工具等跨越长城的；

（三）在长城上展示可能损坏长城的器具的；

（四）在参观游览区接待游客超过旅游容量指标的。

第二十八条 违反本条例规定，有下列情形之一的，由县级人民政府文物主管部门责令改正，给予警告；情节严重的，对个人并处1000元以上5000元以下的罚款，对单位并处1万元以上5万元以下的罚款：

（一）在长城上取土、取砖（石）或者种植作物的；

（二）有组织地在未辟为参观游览区的长城段落举行活动的。

第二十九条 行政机关有下列情形之一的，由上级行政机关责令改正，通报批评；对负有责任的主管人员和其他直接责任人员，依照文物保护法第七十六条的规定给予行政处分；情节严重的，依法开除公职：

（一）未依照本条例的规定，确定保护机构、划定保护范围或者建设控制地带、设立保护标志或者建立档案的；

（二）发现不符合条件的长城段落辟为参观游览区未依法查处的；

（三）有其他滥用职权、玩忽职守行为，造成长城损坏的。

第三十条　保护机构有下列情形之一的，由长城所在地省、自治区、直辖市人民政府文物主管部门责令改正，对负有责任的主管人员和其他直接责任人员依法给予行政处分；情节严重的，依法开除公职：

（一）未对长城进行日常维护、监测或者未建立日志的；

（二）发现长城存在安全隐患，未采取控制措施或者未及时报告的。

第三十一条　本条例自 2006 年 12 月 1 日起施行。

历史文化名城名镇名村保护条例

中华人民共和国国务院令

第 524 号

《历史文化名城名镇名村保护条例》已经 2008 年 4 月 2 日国务院第 3 次常务会议通过，现予公布，自 2008 年 7 月 1 日起施行。

总理　温家宝

二○○八年四月二十二日

第一章　总　则

第一条　为了加强历史文化名城、名镇、名村的保护与管理，继承中华民族优秀历史文化遗产，制定本条例。

第二条　历史文化名城、名镇、名村的申报、批准、规划、保护，适用本条例。

第三条　历史文化名城、名镇、名村的保护应当遵循科学规划、严格保护的原则，保持和延续其传统格局和历史风貌，维护历史文化遗产的真实性和完整性，继承和弘扬中华民族优秀传统文化，正确处理经济社会发展和历史文化遗产保护的关系。

第四条　国家对历史文化名城、名镇、名村的保护给予必要的资金支持。

历史文化名城、名镇、名村所在地的县级以上地方人民政府，根据本地实际情况安排保护资金，列入本级财政预算。

国家鼓励企业、事业单位、社会团体和个人参与历史文化名城、名镇、名村的保护。

第五条　国务院建设主管部门会同国务院文物主管部门负责全国历史文化名城、名镇、名村的保护和监督管理工作。

地方各级人民政府负责本行政区域历史文化名城、名镇、名村的保护和监督管理工作。

第六条　县级以上人民政府及其有关部门对在历史文化名城、名镇、名村保护工作中做出突出贡献的单位和个人，按照国家有关规定给予表彰和奖励。

第二章　申报与批准

第七条　具备下列条件的城市、镇、村庄，可以申报历史文化名城、名镇、名村：

（一）保存文物特别丰富；

（二）历史建筑集中成片；

（三）保留着传统格局和历史风貌；

（四）历史上曾经作为政治、经济、文化、交通中心或者军事要地，或者发生过重要历史事件，或者其传统产业、历史上建设的重大工程对本地区的发展产生过重要影响，或者能够集中反映本地区建筑的文化特色、民族特色。

申报历史文化名城的，在所申报的历史文化名城保护范围内还应当有2个以上的历史文化街区。

第八条　申报历史文化名城、名镇、名村，应当提交所申报的历史文化名城、名镇、名村的下列材料：

（一）历史沿革、地方特色和历史文化价值的说明；

（二）传统格局和历史风貌的现状；

（三）保护范围；

（四）不可移动文物、历史建筑、历史文化街区的清单；

（五）保护工作情况、保护目标和保护要求。

第九条　申报历史文化名城，由省、自治区、直辖市人民政府提出申请，经国务院建设主管部门会同国务院文物主管部门组织有关部门、专家进行论证，提出审查意见，报国务院批准公布。

申报历史文化名镇、名村，由所在地县级人民政府提出申请，经省、自治区、直辖市人民政府确定的保护主管部门会同同级文物主管部门组织有关部门、专家进行论证，提出审查意见，报省、自治区、直辖市人民政府批准公布。

第十条　对符合本条例第七条规定的条件而没有申报历史文化名城的城市，国务院建设主管部门会同国务院文物主管部门可以向该城市所在地的省、自治区人民政府提出申报建议；仍不申报的，可以直接向国务院提出确定该城市为历史文化名城的建议。

对符合本条例第七条规定的条件而没有申报历史文化名镇、名村的镇、村庄，省、自治区、直辖市人民政府确定的保护主管部门会同同级文物主管部门可以向该镇、村庄所在地的县级人民政府提出申报建议；仍不申报的，可以直接向省、自治区、直辖市人民政府提出确定该镇、村庄为历史文化名镇、名村的建议。

第十一条　国务院建设主管部门会同国务院文物主管部门可以在已批准公布的历史文化名镇、名村中，严格按照国家有关评价标准，选择具有重大历史、艺术、科学价值的历史文化名镇、名村，经专家论证，确定为中国历史文化名镇、名村。

第十二条 已批准公布的历史文化名城、名镇、名村，因保护不力使其历史文化价值受到严重影响的，批准机关应当将其列入濒危名单，予以公布，并责成所在地城市、县人民政府限期采取补救措施，防止情况继续恶化，并完善保护制度，加强保护工作。

第三章 保护规划

第十三条 历史文化名城批准公布后，历史文化名城人民政府应当组织编制历史文化名城保护规划。

历史文化名镇、名村批准公布后，所在地县级人民政府应当组织编制历史文化名镇、名村保护规划。

保护规划应当自历史文化名城、名镇、名村批准公布之日起1年内编制完成。

第十四条 保护规划应当包括下列内容：

（一）保护原则、保护内容和保护范围；

（二）保护措施、开发强度和建设控制要求；

（三）传统格局和历史风貌保护要求；

（四）历史文化街区、名镇、名村的核心保护范围和建设控制地带；

（五）保护规划分期实施方案。

第十五条 历史文化名城、名镇保护规划的规划期限应当与城市、镇总体规划的规划期限相一致；历史文化名村保护规划的规划期限应当与村庄规划的规划期限相一致。

第十六条 保护规划报送审批前，保护规划的组织编制机关应当广泛征求有关部门、专家和公众的意见；必要时，可以举行听证。

保护规划报送审批文件中应当附具意见采纳情况及理由；经听证的，还应当附具听证笔录。

第十七条 保护规划由省、自治区、直辖市人民政府审批。

保护规划的组织编制机关应当将经依法批准的历史文化名城保护规划和中国历史文化名镇、名村保护规划，报国务院建设主管部门和国务院文物主管部门备案。

第十八条 保护规划的组织编制机关应当及时公布经依法批准的保护规划。

第十九条 经依法批准的保护规划，不得擅自修改；确需修改的，保护规划的组织编制机关应当向原审批机关提出专题报告，经同意后，方可编制修改方案。修改后的保护规划，应当按照原审批程序报送审批。

第二十条 国务院建设主管部门会同国务院文物主管部门应当加强对保护规划实施情况的监督检查。

县级以上地方人民政府应当加强对本行政区域保护规划实施情况的监督检查，并对历史文化名城、名镇、名村保护状况进行评估；对发现的问题，应当及时纠正、处理。

第四章　保护措施

第二十一条　历史文化名城、名镇、名村应当整体保护，保持传统格局、历史风貌和空间尺度，不得改变与其相互依存的自然景观和环境。

第二十二条　历史文化名城、名镇、名村所在地县级以上地方人民政府应当根据当地经济社会发展水平，按照保护规划，控制历史文化名城、名镇、名村的人口数量，改善历史文化名城、名镇、名村的基础设施、公共服务设施和居住环境。

第二十三条　在历史文化名城、名镇、名村保护范围内从事建设活动，应当符合保护规划的要求，不得损害历史文化遗产的真实性和完整性，不得对其传统格局和历史风貌构成破坏性影响。

第二十四条　在历史文化名城、名镇、名村保护范围内禁止进行下列活动：

（一）开山、采石、开矿等破坏传统格局和历史风貌的活动；

（二）占用保护规划确定保留的园林绿地、河湖水系、道路等；

（三）修建生产、储存爆炸性、易燃性、放射性、毒害性、腐蚀性物品的工厂、仓库等；

（四）在历史建筑上刻划、涂污。

第二十五条　在历史文化名城、名镇、名村保护范围内进行下列活动，应当保护其传统格局、历史风貌和历史建筑；制订保护方案，经城市、县人民政府城乡规划主管部门会同同级文物主管部门批准，并依照有关法律、法规的规定办理相关手续：

（一）改变园林绿地、河湖水系等自然状态的活动；

（二）在核心保护范围内进行影视摄制、举办大型群众性活动；

（三）其他影响传统格局、历史风貌或者历史建筑的活动。

第二十六条　历史文化街区、名镇、名村建设控制地带内的新建建筑物、构筑物，应当符合保护规划确定的建设控制要求。

第二十七条　对历史文化街区、名镇、名村核心保护范围内的建筑物、构筑物，应当区分不同情况，采取相应措施，实行分类保护。

历史文化街区、名镇、名村核心保护范围内的历史建筑，应当保持原有的高度、体量、外观形象及色彩等。

第二十八条　在历史文化街区、名镇、名村核心保护范围内，不得进行新建、扩建活动。但是，新建、扩建必要的基础设施和公共服务设施除外。

在历史文化街区、名镇、名村核心保护范围内，新建、扩建必要的基础设施和公共服务设施的，城市、县人民政府城乡规划主管部门核发建设工程规划许可证、乡村建设规划许可证前，应当征求同级文物主管部门的意见。

在历史文化街区、名镇、名村核心保护范围内，拆除历史建筑以外的建筑物、构筑物或者其他设施的，应当经城市、县人民政府城乡规划主管部门会同同级文物主管部门批准。

第二十九条　审批本条例第二十八条规定的建设活动，审批机关应当组织专家论证，并将审批事项予以公示，征求公众意见，告知利害关系人有要求举行听证的权利。公示时间不得少于 20 日。

利害关系人要求听证的，应当在公示期间提出，审批机关应当在公示期满后及时举行听证。

第三十条　城市、县人民政府应当在历史文化街区、名镇、名村核心保护范围的主要出入口设置标志牌。

任何单位和个人不得擅自设置、移动、涂改或者损毁标志牌。

第三十一条　历史文化街区、名镇、名村核心保护范围内的消防设施、消防通道，应当按照有关的消防技术标准和规范设置。确因历史文化街区、名镇、名村的保护需要，无法按照标准和规范设置的，由城市、县人民政府公安机关消防机构会同同级城乡规划主管部门制定相应的防火安全保障方案。

第三十二条　城市、县人民政府应当对历史建筑设置保护标志，建立历史建筑档案。

历史建筑档案应当包括下列内容：

（一）建筑艺术特征、历史特征、建设年代及稀有程度；

（二）建筑的有关技术资料；

（三）建筑的使用现状和权属变化情况；

（四）建筑的修缮、装饰装修过程中形成的文字、图纸、图片、影像等资料；

（五）建筑的测绘信息记录和相关资料。

第三十三条　历史建筑的所有权人应当按照保护规划的要求，负责历史建筑的维护和修缮。

县级以上地方人民政府可以从保护资金中对历史建筑的维护和修缮给予补助。

历史建筑有损毁危险，所有权人不具备维护和修缮能力的，当地人民政府应当采取措施进行保护。

任何单位或者个人不得损坏或者擅自迁移、拆除历史建筑。

第三十四条　建设工程选址，应当尽可能避开历史建筑；因特殊情况不能避开的，应当尽可能实施原址保护。

对历史建筑实施原址保护的，建设单位应当事先确定保护措施，报城市、县人民政府城乡规划主管部门会同同级文物主管部门批准。

因公共利益需要进行建设活动，对历史建筑无法实施原址保护、必须迁移异地保护或者拆除的，应当由城市、县人民政府城乡规划主管部门会同同级文物主管部门，报省、自治区、直辖市人民政府确定的保护主管部门会同同级文物主管部门批准。

本条规定的历史建筑原址保护、迁移、拆除所需费用，由建设单位列入建设工程预算。

第三十五条　对历史建筑进行外部修缮装饰、添加设施以及改变历史建筑的结构或者使用性质的，应当经城市、县人民政府城乡规划主管部门会同同级文物主管部门批准，并依照有关法律、法规的规定办理相关手续。

第三十六条 在历史文化名城、名镇、名村保护范围内涉及文物保护的，应当执行文物保护法律、法规的规定。

第五章 法律责任

第三十七条 违反本条例规定，国务院建设主管部门、国务院文物主管部门和县级以上地方人民政府及其有关主管部门的工作人员，不履行监督管理职责，发现违法行为不予查处或者有其他滥用职权、玩忽职守、徇私舞弊行为，构成犯罪的，依法追究刑事责任；尚不构成犯罪的，依法给予处分。

第三十八条 违反本条例规定，地方人民政府有下列行为之一的，由上级人民政府责令改正，对直接负责的主管人员和其他直接责任人员，依法给予处分：

（一）未组织编制保护规划的；

（二）未按照法定程序组织编制保护规划的；

（三）擅自修改保护规划的；

（四）未将批准的保护规划予以公布的。

第三十九条 违反本条例规定，省、自治区、直辖市人民政府确定的保护主管部门或者城市、县人民政府城乡规划主管部门，未按照保护规划的要求或者未按照法定程序履行本条例第二十五条、第二十八条、第三十四条、第三十五条规定的审批职责的，由本级人民政府或者上级人民政府有关部门责令改正，通报批评；对直接负责的主管人员和其他直接责任人员，依法给予处分。

第四十条 违反本条例规定，城市、县人民政府因保护不力，导致已批准公布的历史文化名城、名镇、名村被列入濒危名单的，由上级人民政府通报批评；对直接负责的主管人员和其他直接责任人员，依法给予处分。

第四十一条 违反本条例规定，在历史文化名城、名镇、名村保护范围内有下列行为之一的，由城市、县人民政府城乡规划主管部门责令停止违法行为、限期恢复原状或者采取其他补救措施；有违法所得的，没收违法所得；逾期不恢复原状或者不采取其他补救措施的，城乡规划主管部门可以指定有能力的单位代为恢复原状或者采取其他补救措施，所需费用由违法者承担；造成严重后果的，对单位并处 50 万元以上 100 万元以下的罚款，对个人并处 5 万元以上 10 万元以下的罚款；造成损失的，依法承担赔偿责任：

（一）开山、采石、开矿等破坏传统格局和历史风貌的；

（二）占用保护规划确定保留的园林绿地、河湖水系、道路等的；

（三）修建生产、储存爆炸性、易燃性、放射性、毒害性、腐蚀性物品的工厂、仓库等的。

第四十二条 违反本条例规定，在历史建筑上刻划、涂污的，由城市、县人民政府城乡规划主管部门责令恢复原状或者采取其他补救措施，处 50 元的罚款。

第四十三条 违反本条例规定，未经城乡规划主管部门会同同级文物主管部门批准，有下列行为之一的，由城市、县人民政府城乡规划主管部门责令停止违法行为、限期恢复原状或者采取其他补救措施；有违法所得的，没收违法所得；逾期不恢复原状或者不采取其他补救措施的，城乡规划主管部门可以指定有能力的单位代为恢复原状或者采取其他补救措施，所需费用由违法者承担；造成严重后果的，对单位并处 5 万元以上 10 万元以下的罚款，对个人并处 1 万元以上 5 万元以下的罚款；造成损失的，依法承担赔偿责任：

（一）改变园林绿地、河湖水系等自然状态的；

（二）进行影视摄制、举办大型群众性活动的；

（三）拆除历史建筑以外的建筑物、构筑物或者其他设施的；

（四）对历史建筑进行外部修缮装饰、添加设施以及改变历史建筑的结构或者使用性质的；

（五）其他影响传统格局、历史风貌或者历史建筑的。

有关单位或者个人经批准进行上述活动，但是在活动过程中对传统格局、历史风貌或者历史建筑构成破坏性影响的，依照本条第一款规定予以处罚。

第四十四条 违反本条例规定，损坏或者擅自迁移、拆除历史建筑的，由城市、县人民政府城乡规划主管部门责令停止违法行为、限期恢复原状或者采取其他补救措施；有违法所得的，没收违法所得；逾期不恢复原状或者不采取其他补救措施的，城乡规划主管部门可以指定有能力的单位代为恢复原状或者采取其他补救措施，所需费用由违法者承担；造成严重后果的，对单位并处 20 万元以上 50 万元以下的罚款，对个人并处 10 万元以上 20 万元以下的罚款；造成损失的，依法承担赔偿责任。

第四十五条 违反本条例规定，擅自设置、移动、涂改或者损毁历史文化街区、名镇、名村标志牌的，由城市、县人民政府城乡规划主管部门责令限期改正；逾期不改正的，对单位处 1 万元以上 5 万元以下的罚款，对个人处 1000 元以上 1 万元以下的罚款。

第四十六条 违反本条例规定，对历史文化名城、名镇、名村中的文物造成损毁的，依照文物保护法律、法规的规定给予处罚；构成犯罪的，依法追究刑事责任。

第六章　附　则

第四十七条 本条例下列用语的含义：

（一）历史建筑，是指经城市、县人民政府确定公布的具有一定保护价值，能够反映历史风貌和地方特色，未公布为文物保护单位，也未登记为不可移动文物的建筑物、构筑物。

（二）历史文化街区，是指经省、自治区、直辖市人民政府核定公布的保存文物特别丰富、历史建筑集中成片、能够较完整和真实地体现传统格局和历史风貌，并具有一定规模的区域。

历史文化街区保护的具体实施办法，由国务院建设主管部门会同国务院文物主管部门制定。

第四十八条 本条例自 2008 年 7 月 1 日起施行。

古生物化石保护条例

中华人民共和国国务院令

第 580 号

《古生物化石保护条例》已经 2010 年 8 月 25 日国务院第 123 次常务会议通过，现予公布，自 2011 年 1 月 1 日起施行。

总理　温家宝

二〇一〇年九月五日

第一章　总　则

第一条　为了加强对古生物化石的保护，促进古生物化石的科学研究和合理利用，制定本条例。

第二条　在中华人民共和国领域和中华人民共和国管辖的其他海域从事古生物化石发掘、收藏等活动以及古生物化石进出境，应当遵守本条例。

本条例所称古生物化石，是指地质历史时期形成并赋存于地层中的动物和植物的实体化石及其遗迹化石。

古猿、古人类化石以及与人类活动有关的第四纪古脊椎动物化石的保护依照国家文物保护的有关规定执行。

第三条　中华人民共和国领域和中华人民共和国管辖的其他海域遗存的古生物化石属于国家所有。

国有的博物馆、科学研究单位、高等院校和其他收藏单位收藏的古生物化石，以及单位和个人捐赠给国家的古生物化石属于国家所有，不因其收藏单位的终止或者变更而改变其所有权。

第四条　国家对古生物化石实行分类管理、重点保护、科研优先、合理利用的原则。

第五条　国务院国土资源主管部门主管全国古生物化石保护工作。县级以上地方人民政府国土资源主管部门主管本行政区域古生物化石保护工作。

县级以上人民政府公安、工商行政管理等部门按照各自的职责负责古生物化石保护的有关工作。

　　第六条　国务院国土资源主管部门负责组织成立国家古生物化石专家委员会。国家古生物化石专家委员会由国务院有关部门和中国古生物学会推荐的专家组成，承担重点保护古生物化石名录的拟定、国家级古生物化石自然保护区建立的咨询、古生物化石发掘申请的评审、重点保护古生物化石进出境的鉴定等工作，具体办法由国务院国土资源主管部门制定。

　　第七条　按照在生物进化以及生物分类上的重要程度，将古生物化石划分为重点保护古生物化石和一般保护古生物化石。

　　具有重要科学研究价值或者数量稀少的下列古生物化石，应当列为重点保护古生物化石：

　　（一）已经命名的古生物化石种属的模式标本；

　　（二）保存完整或者较完整的古脊椎动物实体化石；

　　（三）大型的或者集中分布的高等植物化石、无脊椎动物化石和古脊椎动物的足迹等遗迹化石；

　　（四）国务院国土资源主管部门确定的其他需要重点保护的古生物化石。

　　重点保护古生物化石名录由国家古生物化石专家委员会拟定，由国务院国土资源主管部门批准并公布。

　　第八条　重点保护古生物化石集中的区域，应当建立国家级古生物化石自然保护区；一般保护古生物化石集中的区域，同时该区域已经发现重点保护古生物化石的，应当建立地方级古生物化石自然保护区。建立古生物化石自然保护区的程序，依照《中华人民共和国自然保护区条例》的规定执行。

　　建立国家级古生物化石自然保护区，应当征求国家古生物化石专家委员会的意见。

　　第九条　县级以上人民政府应当加强对古生物化石保护工作的领导，将古生物化石保护工作所需经费列入本级财政预算。

　　县级以上人民政府应当组织有关部门开展古生物化石保护知识的宣传教育，增强公众保护古生物化石的意识，并按照国家有关规定对在古生物化石保护工作中做出突出成绩的单位和个人给予奖励。

第二章　古生物化石发掘

　　第十条　因科学研究、教学、科学普及或者对古生物化石进行抢救性保护等需要，方可发掘古生物化石。发掘古生物化石的，应当符合本条例第十一条第二款规定的条件，并依照本条例的规定取得批准。

　　本条例所称发掘，是指有一定工作面，使用机械或者其他动力工具挖掘古生物化石的活动。

　　第十一条　在国家级古生物化石自然保护区内发掘古生物化石，或者在其他区域发掘重点保护古生物化石的，应当向国务院国土资源主管部门提出申请并取得批准；在国家级古生物化石自然保护区外发掘一般保护古生物化石的，应当向古生物化石所在地省、自治区、直辖市人民政府国土资源主管部门提出申请并取得批准。

申请发掘古生物化石的单位应当符合下列条件，并在提出申请时提交其符合下列条件的证明材料以及发掘项目概况、发掘方案、发掘标本保存方案和发掘区自然生态条件恢复方案：

（一）有 3 名以上拥有古生物专业或者相关专业技术职称，并有 3 年以上古生物化石发掘经历的技术人员（其中至少有 1 名技术人员具有古生物专业高级职称并作为发掘活动的领队）；

（二）有符合古生物化石发掘需要的设施、设备；

（三）有与古生物化石保护相适应的处理技术和工艺；

（四）有符合古生物化石保管需要的设施、设备和场所。

第十二条 国务院国土资源主管部门应当自受理申请之日起 3 个工作日内将申请材料送国家古生物化石专家委员会。国家古生物化石专家委员会应当自收到申请材料之日起 10 个工作日内出具书面评审意见。评审意见应当作为是否批准古生物化石发掘的重要依据。

国务院国土资源主管部门应当自受理申请之日起 30 个工作日内完成审查，对申请单位符合本条例第十一条第二款规定条件，同时古生物化石发掘方案、发掘标本保存方案和发掘区自然生态条件恢复方案切实可行的，予以批准；对不符合条件的，书面通知申请单位并说明理由。

国务院国土资源主管部门批准古生物化石发掘申请前，应当征求古生物化石所在地省、自治区、直辖市人民政府国土资源主管部门的意见；批准发掘申请后，应当将批准发掘古生物化石的情况通报古生物化石所在地省、自治区、直辖市人民政府国土资源主管部门。

第十三条 省、自治区、直辖市人民政府国土资源主管部门受理古生物化石发掘申请的，应当依照本条例第十二条第二款规定的期限和要求进行审查、批准，并听取古生物专家的意见。

第十四条 发掘古生物化石的单位，应当按照批准的发掘方案进行发掘；确需改变发掘方案的，应当报原批准发掘的国土资源主管部门批准。

第十五条 发掘古生物化石的单位，应当自发掘或者科学研究、教学等活动结束之日起 30 日内，对发掘的古生物化石登记造册，作出相应的描述与标注，并移交给批准发掘的国土资源主管部门指定的符合条件的收藏单位收藏。

第十六条 进行区域地质调查或者科学研究机构、高等院校等因科学研究、教学需要零星采集古生物化石标本的，不需要申请批准，但是，应当在采集活动开始前将采集时间、采集地点、采集数量等情况书面告知古生物化石所在地的省、自治区、直辖市人民政府国土资源主管部门。采集的古生物化石的收藏应当遵守本条例的规定。

本条例所称零星采集，是指使用手持非机械工具在地表挖掘极少量古生物化石，同时不对地表和其他资源造成影响的活动。

第十七条 外国人、外国组织因中外合作进行科学研究需要，方可在中华人民共和国领域和中华人民共和国管辖的其他海域发掘古生物化石。发掘古生物化石的，应当经国务院国土资源主管部门批准，采取与符合本条例第十一条第二款规定条件的中方单位合作的方式进行，并遵守本条例有关古生物化石发掘、收藏、进出境的规定。

第十八条　单位和个人在生产、建设等活动中发现古生物化石的，应当保护好现场，并立即报告所在地县级以上地方人民政府国土资源主管部门。

县级以上地方人民政府国土资源主管部门接到报告后，应当在 24 小时内赶赴现场，并在 7 日内提出处理意见。确有必要的，可以报请当地人民政府通知公安机关协助保护现场。发现重点保护古生物化石的，应当逐级上报至国务院国土资源主管部门，由国务院国土资源主管部门提出处理意见。

生产、建设等活动中发现的古生物化石需要进行抢救性发掘的，由提出处理意见的国土资源主管部门组织符合本条例第十一条第二款规定条件的单位发掘。

第十九条　县级以上人民政府国土资源主管部门应当加强对古生物化石发掘活动的监督检查，发现未经依法批准擅自发掘古生物化石，或者不按照批准的发掘方案发掘古生物化石的，应当依法予以处理。

第三章　古生物化石收藏

第二十条　古生物化石的收藏单位，应当符合下列条件：

（一）有固定的馆址、专用展室、相应面积的藏品保管场所；

（二）有相应数量的拥有相关研究成果的古生物专业或者相关专业的技术人员；

（三）有防止古生物化石自然损毁的技术、工艺和设备；

（四）有完备的防火、防盗等设施、设备和完善的安全保卫等管理制度；

（五）有维持正常运转所需的经费。

县级以上人民政府国土资源主管部门应当加强对古生物化石收藏单位的管理和监督检查。

第二十一条　国务院国土资源主管部门负责建立全国的重点保护古生物化石档案和数据库。县级以上地方人民政府国土资源主管部门负责建立本行政区域的重点保护古生物化石档案和数据库。

收藏单位应当建立本单位收藏的古生物化石档案，并如实对收藏的古生物化石作出描述与标注。

第二十二条　国家鼓励单位和个人将其收藏的重点保护古生物化石捐赠给符合条件的收藏单位收藏。

任何单位和个人不得擅自买卖重点保护古生物化石。买卖一般保护古生物化石的，应当在县级以上地方人民政府指定的场所进行。具体办法由省、自治区、直辖市人民政府制定。

第二十三条　国有收藏单位不得将其收藏的重点保护古生物化石转让、交换、赠与给非国有收藏单位或者个人。

任何单位和个人不得将其收藏的重点保护古生物化石转让、交换、赠与、质押给外国人或者外国组织。

第二十四条　收藏单位之间转让、交换、赠与其收藏的重点保护古生物化石的，应当经国务院国土资源主管部门批准。

第二十五条　公安、工商行政管理、海关等部门应当对依法没收的古生物化石登记造册、妥善保管，并在结案后 30 个工作日内移交给同级国土资源主管部门。接受移交的国土资源主管部门应当出具接收凭证，并将接收的古生物化石交符合条件的收藏单位收藏。

国有收藏单位不再收藏的一般保护古生物化石，应当按照国务院国土资源主管部门的规定处理。

第四章　古生物化石进出境

第二十六条　未命名的古生物化石不得出境。

重点保护古生物化石符合下列条件之一，经国务院国土资源主管部门批准，方可出境：

（一）因科学研究需要与国外有关研究机构进行合作的；

（二）因科学、文化交流需要在境外进行展览的。

一般保护古生物化石经所在地省、自治区、直辖市人民政府国土资源主管部门批准，方可出境。

第二十七条　申请古生物化石出境的，应当向国务院国土资源主管部门或者省、自治区、直辖市人民政府国土资源主管部门提出出境申请，并提交出境古生物化石的清单和照片。出境申请应当包括申请人的基本情况和古生物化石的出境地点、出境目的、出境时间等内容。

申请重点保护古生物化石出境的，申请人还应当提供外方合作单位的基本情况和合作科学研究合同或者展览合同，以及古生物化石的应急保护预案、保护措施、保险证明等材料。

第二十八条　申请重点保护古生物化石出境的，国务院国土资源主管部门应当自受理申请之日起 3 个工作日内将申请材料送国家古生物化石专家委员会。国家古生物化石专家委员会应当自收到申请材料之日起 10 个工作日内对申请出境的重点保护古生物化石进行鉴定，确认古生物化石的种属、数量和完好程度，并出具书面鉴定意见。鉴定意见应当作为是否批准重点保护古生物化石出境的重要依据。

国务院国土资源主管部门应当自受理申请之日起 20 个工作日内完成审查，符合规定条件的，作出批准出境的决定；不符合规定条件的，书面通知申请人并说明理由。

第二十九条　申请一般保护古生物化石出境的，省、自治区、直辖市人民政府国土资源主管部门应当自受理申请之日起 20 个工作日内完成审查，同意出境的，作出批准出境的决定；不同意出境的，书面通知申请人并说明理由。

第三十条 古生物化石出境批准文件的有效期为 90 日；超过有效期出境的，应当重新提出出境申请。

重点古生物化石在境外停留的期限一般不超过 6 个月；因特殊情况确需延长境外停留时间的，应当在境外停留期限届满 60 日前向国务院国土资源主管部门申请延期。延长期限最长不超过 6 个月。

第三十一条 经批准出境的重点保护古生物化石出境后进境的，申请人应当自办结进境海关手续之日起 5 日内向国务院国土资源主管部门申请进境核查。

国务院国土资源主管部门应当自受理申请之日起 3 个工作日内将申请材料送国家古生物化石专家委员会。国家古生物化石专家委员会应当自收到申请材料之日起 5 个工作日内对出境后进境的重点保护古生物化石进行鉴定，并出具书面鉴定意见。鉴定意见应当作为重点保护古生物化石进境核查结论的重要依据。

国务院国土资源主管部门应当自受理申请之日起 15 个工作日内完成核查，作出核查结论；对确认为非原出境重点保护古生物化石的，责令申请人追回原出境重点保护古生物化石。

第三十二条 境外古生物化石临时进境的，应当交由海关加封，由境内有关单位或者个人自办结进境海关手续之日起 5 日内向国务院国土资源主管部门申请核查、登记。国务院国土资源主管部门核查海关封志完好无损的，逐件进行拍照、登记。

临时进境的古生物化石进境后出境的，由境内有关单位或者个人向国务院国土资源主管部门申请核查。国务院国土资源主管部门应当依照本条例第三十一条第二款规定的程序，自受理申请之日起 15 个工作日内完成核查，对确认为原临时进境的古生物化石的，批准出境。

境内单位或者个人从境外取得的古生物化石进境的，应当向海关申报，按照海关管理的有关规定办理进境手续。

第三十三条 运送、邮寄、携带古生物化石出境的，应当如实向海关申报，并向海关提交国务院国土资源主管部门或者省、自治区、直辖市人民政府国土资源主管部门的出境批准文件。

对有理由怀疑属于古生物化石的物品出境的，海关可以要求有关单位或者个人向国务院国土资源主管部门或者出境口岸所在地的省、自治区、直辖市人民政府国土资源主管部门申请办理是否属于古生物化石的证明文件。

第三十四条 国家对违法出境的古生物化石有权进行追索。

国务院国土资源主管部门代表国家具体负责追索工作。国务院外交、公安、海关等部门应当配合国务院国土资源主管部门做好违法出境古生物化石的追索工作。

第五章　法律责任

第三十五条　县级以上人民政府国土资源主管部门及其工作人员有下列行为之一的，对直接负责的主管人员和其他直接责任人员依法给予处分；直接负责的主管人员和其他直接责任人员构成犯罪的，依法追究刑事责任：

（一）未依照本条例规定批准古生物化石发掘的；

（二）未依照本条例规定批准古生物化石出境的；

（三）发现违反本条例规定的行为不予查处，或者接到举报不依法处理的；

（四）其他不依法履行监督管理职责的行为。

第三十六条　单位或者个人有下列行为之一的，由县级以上人民政府国土资源主管部门责令停止发掘，限期改正，没收发掘的古生物化石，并处 20 万元以上 50 万元以下的罚款；构成违反治安管理行为的，由公安机关依法给予治安管理处罚；构成犯罪的，依法追究刑事责任：

（一）未经批准发掘古生物化石的；

（二）未按照批准的发掘方案发掘古生物化石的。

有前款第（二）项行为，情节严重的，由批准古生物化石发掘的国土资源主管部门撤销批准发掘的决定。

第三十七条　古生物化石发掘单位未按照规定移交发掘的古生物化石的，由批准古生物化石发掘的国土资源主管部门责令限期改正；逾期不改正，或者造成古生物化石损毁的，处 10 万元以上 50 万元以下的罚款；直接负责的主管人员和其他直接责任人员构成犯罪的，依法追究刑事责任。

第三十八条　古生物化石收藏单位不符合收藏条件收藏古生物化石的，由县级以上人民政府国土资源主管部门责令限期改正；逾期不改正的，处 5 万元以上 10 万元以下的罚款；已严重影响其收藏的重点保护古生物化石安全的，由国务院国土资源主管部门指定符合条件的收藏单位代为收藏，代为收藏的费用由原收藏单位承担。

第三十九条　古生物化石收藏单位未按照规定建立本单位收藏的古生物化石档案的，由县级以上人民政府国土资源主管部门责令限期改正；逾期不改正的，没收有关古生物化石，并处 2 万元的罚款。

第四十条　单位或者个人违反规定买卖重点保护古生物化石的，由工商行政管理部门责令限期改正，没收违法所得，并处 5 万元以上 20 万元以下的罚款；构成违反治安管理行为的，由公安机关依法给予治安管理处罚；构成犯罪的，依法追究刑事责任。

第四十一条　古生物化石收藏单位之间未经批准转让、交换、赠与其收藏的重点保护古生物化石的，由县级以上人民政府国土资源主管部门责令限期改正；有违法所得的，没收违法所得；逾期不改正的，对有关收藏单位处 5 万元以上 20 万元以下的罚款。国有收藏单位将其收藏的重点保护古生物化石违法转让、交换、赠与给非国有收藏单位或者个人的，对国有收藏单位处20万元以上50万元以下的罚款，对直接负责的主管人员和其他直接责任人员依法给予处分；构成犯罪的，依法追究刑事责任。

第四十二条 单位或者个人将其收藏的重点保护古生物化石转让、交换、赠与、质押给外国人或者外国组织的，由县级以上人民政府国土资源主管部门责令限期追回，对个人处2万元以上10万元以下的罚款，对单位处10万元以上50万元以下的罚款；有违法所得的，没收违法所得；构成犯罪的，依法追究刑事责任。

第四十三条 单位或者个人未取得批准运送、邮寄、携带古生物化石出境的，由海关依照有关法律、行政法规的规定予以处理；构成犯罪的，依法追究刑事责任。

第四十四条 县级以上人民政府国土资源主管部门、其他有关部门的工作人员，或者国有的博物馆、科学研究单位、高等院校、其他收藏单位以及发掘单位的工作人员，利用职务上的便利，将国有古生物化石非法占为己有的，依法给予处分，由县级以上人民政府国土资源主管部门追回非法占有的古生物化石；有违法所得的，没收违法所得；构成犯罪的，依法追究刑事责任。

第六章 附 则

第四十五条 本条例自2011年1月1日起施行。

博物馆条例

中华人民共和国国务院令

第 659 号

《博物馆条例》已经 2015 年 1 月 14 日国务院第 78 次常务会议通过，现予公布，自 2015 年 3 月 20 日起施行。

总理　李克强

二〇一五年二月九日

第一章　总　则

第一条　为了促进博物馆事业发展，发挥博物馆功能，满足公民精神文化需求，提高公民思想道德和科学文化素质，制定本条例。

第二条　本条例所称博物馆，是指以教育、研究和欣赏为目的，收藏、保护并向公众展示人类活动和自然环境的见证物，经登记管理机关依法登记的非营利组织。

博物馆包括国有博物馆和非国有博物馆。利用或者主要利用国有资产设立的博物馆为国有博物馆；利用或者主要利用非国有资产设立的博物馆为非国有博物馆。

国家在博物馆的设立条件、提供社会服务、规范管理、专业技术职称评定、财税扶持政策等方面，公平对待国有和非国有博物馆。

第三条　博物馆开展社会服务应当坚持为人民服务、为社会主义服务的方向和贴近实际、贴近生活、贴近群众的原则，丰富人民群众精神文化生活。

第四条　国家制定博物馆事业发展规划，完善博物馆体系。

国家鼓励企业、事业单位、社会团体和公民等社会力量依法设立博物馆。

第五条　国有博物馆的正常运行经费列入本级财政预算；非国有博物馆的举办者应当保障博物馆的正常运行经费。

国家鼓励设立公益性基金为博物馆提供经费，鼓励博物馆多渠道筹措资金促进自身发展。

第六条　博物馆依法享受税收优惠。

依法设立博物馆或者向博物馆提供捐赠的，按照国家有关规定享受税收优惠。

第七条　国家文物主管部门负责全国博物馆监督管理工作。国务院其他有关部门在各自职责范围内负责有关的博物馆管理工作。

县级以上地方人民政府文物主管部门负责本行政区域的博物馆监督管理工作。县级以上地方人民政府其他有关部门在各自职责范围内负责本行政区域内有关的博物馆管理工作。

第八条　博物馆行业组织应当依法制定行业自律规范，维护会员的合法权益，指导、监督会员的业务活动，促进博物馆事业健康发展。

第九条　对为博物馆事业做出突出贡献的组织或者个人，按照国家有关规定给予表彰、奖励。

第二章　博物馆的设立、变更与终止

第十条　设立博物馆，应当具备下列条件：

（一）固定的馆址以及符合国家规定的展室、藏品保管场所；

（二）相应数量的藏品以及必要的研究资料，并能够形成陈列展览体系；

（三）与其规模和功能相适应的专业技术人员；

（四）必要的办馆资金和稳定的运行经费来源；

（五）确保观众人身安全的设施、制度及应急预案。

博物馆馆舍建设应当坚持新建馆舍和改造现有建筑相结合，鼓励利用名人故居、工业遗产等作为博物馆馆舍。新建、改建馆舍应当提高藏品展陈和保管面积占总面积的比重。

第十一条　设立博物馆，应当制定章程。博物馆章程应当包括下列事项：

（一）博物馆名称、馆址；

（二）办馆宗旨及业务范围；

（三）组织管理制度，包括理事会或者其他形式决策机构的产生办法、人员构成、任期、议事规则等；

（四）藏品展示、保护、管理、处置的规则；

（五）资产管理和使用规则；

（六）章程修改程序；

（七）终止程序和终止后资产的处理；

（八）其他需要由章程规定的事项。

第十二条　国有博物馆的设立、变更、终止依照有关事业单位登记管理法律、行政法规的规定办理，并应当向馆址所在地省、自治区、直辖市人民政府文物主管部门备案。

第十三条　藏品属于古生物化石的博物馆，其设立、变更、终止应当遵守有关古生物化石保护法律、行政法规的规定，并向馆址所在地省、自治区、直辖市人民政府文物主管部门备案。

第十四条　设立藏品不属于古生物化石的非国有博物馆的，应当向馆址所在地省、自治区、直辖市人民政府文物主管部门备案，并提交下列材料：

（一）博物馆章程草案；

（二）馆舍所有权或者使用权证明，展室和藏品保管场所的环境条件符合藏品展示、保护、管理需要的论证材料；

（三）藏品目录、藏品概述及藏品合法来源说明；

（四）出资证明或者验资报告；

（五）专业技术人员和管理人员的基本情况；

（六）陈列展览方案。

第十五条　设立藏品不属于古生物化石的非国有博物馆的，应当到有关登记管理机关依法办理法人登记手续。

前款规定的非国有博物馆变更、终止的，应当到有关登记管理机关依法办理变更登记、注销登记，并向馆址所在地省、自治区、直辖市人民政府文物主管部门备案。

第十六条　省、自治区、直辖市人民政府文物主管部门应当及时公布本行政区域内已备案的博物馆名称、地址、联系方式、主要藏品等信息。

第三章　博物馆管理

第十七条　博物馆应当完善法人治理结构，建立健全有关组织管理制度。

第十八条　博物馆专业技术人员按照国家有关规定评定专业技术职称。

第十九条　博物馆依法管理和使用的资产，任何组织或者个人不得侵占。

博物馆不得从事文物等藏品的商业经营活动。博物馆从事其他商业经营活动，不得违反办馆宗旨，不得损害观众利益。博物馆从事其他商业经营活动的具体办法由国家文物主管部门制定。

第二十条　博物馆接受捐赠的，应当遵守有关法律、行政法规的规定。

博物馆可以依法以举办者或者捐赠者的姓名、名称命名博物馆的馆舍或者其他设施；非国有博物馆还可以依法以举办者或者捐赠者的姓名、名称作为博物馆馆名。

第二十一条　博物馆可以通过购买、接受捐赠、依法交换等法律、行政法规规定的方式取得藏品，不得取得来源不明或者来源不合法的藏品。

第二十二条　博物馆应当建立藏品账目及档案。藏品属于文物的，应当区分文物等级，单独设置文物档案，建立严格的管理制度，并报文物主管部门备案。

未依照前款规定建账、建档的藏品，不得交换或者出借。

第二十三条　博物馆法定代表人对藏品安全负责。

博物馆法定代表人、藏品管理人员离任前，应当办结藏品移交手续。

第二十四条 博物馆应当加强对藏品的安全管理，定期对保障藏品安全的设备、设施进行检查、维护，保证其正常运行。对珍贵藏品和易损藏品应当设立专库或者专用设备保存，并由专人负责保管。

第二十五条 博物馆藏品属于国有文物、非国有文物中的珍贵文物和国家规定禁止出境的其他文物的，不得出境，不得转让、出租、质押给外国人。

国有博物馆藏品属于文物的，不得赠与、出租或者出售给其他单位和个人。

第二十六条 博物馆终止的，应当依照有关非营利组织法律、行政法规的规定处理藏品；藏品属于国家禁止买卖的文物的，应当依照有关文物保护法律、行政法规的规定处理。

第二十七条 博物馆藏品属于文物或者古生物化石的，其取得、保护、管理、展示、处置、进出境等还应当分别遵守有关文物保护、古生物化石保护的法律、行政法规的规定。

第四章　博物馆社会服务

第二十八条 博物馆应当自取得登记证书之日起6个月内向公众开放。

第二十九条 博物馆应当向公众公告具体开放时间。在国家法定节假日和学校寒暑假期间，博物馆应当开放。

第三十条 博物馆举办陈列展览，应当遵守下列规定：

（一）主题和内容应当符合宪法所确定的基本原则和维护国家安全与民族团结、弘扬爱国主义、倡导科学精神、普及科学知识、传播优秀文化、培养良好风尚、促进社会和谐、推动社会文明进步的要求；

（二）与办馆宗旨相适应，突出藏品特色；

（三）运用适当的技术、材料、工艺和表现手法，达到形式与内容的和谐统一；

（四）展品以原件为主，使用复制品、仿制品应当明示；

（五）采用多种形式提供科学、准确、生动的文字说明和讲解服务；

（六）法律、行政法规的其他有关规定。

陈列展览的主题和内容不适宜未成年人的，博物馆不得接纳未成年人。

第三十一条 博物馆举办陈列展览的，应当在陈列展览开始之日10个工作日前，将陈列展览主题、展品说明、讲解词等向陈列展览举办地的文物主管部门或者其他有关部门备案。

各级人民政府文物主管部门和博物馆行业组织应当加强对博物馆陈列展览的指导和监督。

第三十二条 博物馆应当配备适当的专业人员，根据不同年龄段的未成年人接受能力进行讲解；学校寒暑假期间，具备条件的博物馆应当增设适合学生特点的陈列展览项目。

第三十三条 国家鼓励博物馆向公众免费开放。县级以上人民政府应当对向公众免费开放的博物馆给予必要的经费支持。

博物馆未实行免费开放的，其门票、收费的项目和标准按照国家有关规定执行，并在收费地点的醒目位置予以公布。

博物馆未实行免费开放的，应当对未成年人、成年学生、教师、老年人、残疾人和军人等实行免费或者其他优惠。博物馆实行优惠的项目和标准应当向公众公告。

第三十四条 博物馆应当根据自身特点、条件，运用现代信息技术，开展形式多样、生动活泼的社会教育和服务活动，参与社区文化建设和对外文化交流与合作。

国家鼓励博物馆挖掘藏品内涵，与文化创意、旅游等产业相结合，开发衍生产品，增强博物馆发展能力。

第三十五条 国务院教育行政部门应当会同国家文物主管部门，制定利用博物馆资源开展教育教学、社会实践活动的政策措施。

地方各级人民政府教育行政部门应当鼓励学校结合课程设置和教学计划，组织学生到博物馆开展学习实践活动。

博物馆应当对学校开展各类相关教育教学活动提供支持和帮助。

第三十六条 博物馆应当发挥藏品优势，开展相关专业领域的理论及应用研究，提高业务水平，促进专业人才的成长。

博物馆应当为高等学校、科研机构和专家学者等开展科学研究工作提供支持和帮助。

第三十七条 公众应当爱护博物馆展品、设施及环境，不得损坏博物馆的展品、设施。

第三十八条 博物馆行业组织可以根据博物馆的教育、服务及藏品保护、研究和展示水平，对博物馆进行评估。具体办法由国家文物主管部门会同其他有关部门制定。

第五章　法律责任

第三十九条 博物馆取得来源不明或者来源不合法的藏品，或者陈列展览的主题、内容造成恶劣影响的，由省、自治区、直辖市人民政府文物主管部门或者有关登记管理机关按照职责分工，责令改正，有违法所得的，没收违法所得，并处违法所得 2 倍以上 5 倍以下罚款；没有违法所得的，处 5000 元以上 2 万元以下罚款；情节严重的，由登记管理机关撤销登记。

第四十条 博物馆从事文物藏品的商业经营活动的，由工商行政管理部门依照有关文物保护法律、行政法规的规定处罚。

博物馆从事非文物藏品的商业经营活动，或者从事其他商业经营活动违反办馆宗旨、损害观众利益的，由省、自治区、直辖市人民政府文物主管部门或者有关登记管理机关按照职责分工，责令改正，有违法所得的，没收违法所得，并处违法所得 2 倍以上 5 倍以下罚款；没有违法所得的，处 5000 元以上 2 万元以下罚款；情节严重的，由登记管理机关撤销登记。

第四十一条 博物馆自取得登记证书之日起 6 个月内未向公众开放，或者未依照本条例的规定实行免费或者其他优惠的，由省、自治区、直辖市人民政府文物主管部门责令改正；拒不改正的，由登记管理机关撤销登记。

第四十二条 博物馆违反有关价格法律、行政法规规定的，由馆址所在地县级以上地方人民政府价格主管部门依法给予处罚。

第四十三条 县级以上人民政府文物主管部门或者其他有关部门及其工作人员玩忽职守、滥用职权、徇私舞弊或者利用职务上的便利索取或者收受他人财物的，由本级人民政府或者上级机关责令改正，通报批评；对直接负责的主管人员和其他直接责任人员依法给予处分。

第四十四条 违反本条例规定，构成犯罪的，依法追究刑事责任。

第六章 附 则

第四十五条 本条例所称博物馆不包括以普及科学技术为目的的科普场馆。

第四十六条 中国人民解放军所属博物馆依照军队有关规定进行管理。

第四十七条 本条例自 2015 年 3 月 20 日起施行。

地方性法规（选录）

北 京

北京市实施《中华人民共和国文物保护法》办法

（2004 年 9 月 10 日北京市第十二届人民代表大会常务委员会
第十四次会议通过　2004 年 10 月 1 日起施行）

第一条　为了加强对文物的保护，根据《中华人民共和国文物保护法》等有关法律、法规，结合本市实际情况，制定本办法。

第二条　本市行政区域内的文物保护工作适用本办法。

第三条　市和区、县人民政府负责本行政区域内的文物保护工作。

市和区、县人民政府文物行政部门对本行政区域内的文物保护实施监督管理。

规划、建设、园林、国土资源、工商、公安、发展改革、旅游、宗教等有关行政管理部门应当在各自的职责范围内依法做好文物保护工作。

第四条　市和区、县人民政府应当将文物保护事业纳入本级国民经济和社会发展规划，所需经费列入本级财政预算。本市用于文物保护的财政拨款随着财政收入增长而增加。

市和区、县人民政府应当根据本行政区域内文物保护工作的实际需要，设立文物保护专项经费，用于文物保护。

本市鼓励自然人、法人和其他组织对文物保护事业进行捐赠。市文物保护基金会、文物保护单位及其他受赠人接受的捐赠，专门用于文物保护，任何单位和个人不得侵占、挪用。

第五条　本市鼓励和支持文物保护的科学技术研究。

市文物行政部门应当制定文物保护的科学技术研究规划，促进文物保护科技成果的推广和应用，提高文物保护的科学技术水平。

市和区、县文物行政部门负责组织文物和博物馆专业人才的培训工作。

第六条　本市建立文物普查制度。市人民政府定期组织开展文物普查工作，区、县人民政府负责定期对本行政区域内的不可移动文物进行普查登记，并向市文物行政部门备案。

第七条　区、县人民政府应当对本行政区域内未核定为文物保护单位的不可移动文物建立档案；定期对其历史、艺术、科学价值进行鉴定，根据鉴定结果，对核定为区、县级文物保护单位的，每三年公布一次。

第八条　市文物行政部门负责组织制定市级以上文物保护单位的具体保护措施，并公告施行。

区、县文物行政部门负责组织制定区、县级文物保护单位和未核定为文物保护单位的不可移动文物的具体保护措施，并公告施行。

保护措施包括不可移动文物的修缮、安全、利用、环境整治等内容。

第九条　不可移动文物的管理人、使用人，应当制定文物的保养、修缮计划以及自然灾害和突发事件的预防、处置方案；并根据不可移动文物的级别，市级以上文物保护单位的，报市文物行政部门备案，区、县级文物保护单位和未核定为文物保护单位的不可移动文物的，报区、县文物行政部门备案。未制定保护计划、方案或者未将保护计划、方案备案的，由文物行政部门责令改正。

第十条　文物保护单位核定公布后，应当依法划定保护范围和建设控制地带。地处两个以上行政区域的区、县级文物保护单位，其保护范围和建设控制地带的划定工作，由相关的区、县人民政府共同负责；对保护范围和建设控制地带的划定有争议的，由市人民政府指定的区、县人民政府负责。

第十一条　两个以上文物保护单位的保护范围、建设控制地带相互重合的，规划行政部门审批该区域内的建设工程项目时，应当按照其中较为严格的建设控制标准执行。

第十二条　建设工程选址，应当尽可能避开不可移动文物。因特殊情况不能避开的，对文物保护单位应当尽可能实施原址保护；无法实施原址保护，必须迁移异地保护或者拆除的，建设单位应当报市文物行政部门，由市人民政府批准；迁移全国重点文物保护单位的，由市人民政府报国务院批准。

未核定为文物保护单位的不可移动文物迁移、拆除的，建设单位应当报区、县文物行政部门，由区、县人民政府批准。区、县人民政府批准前应当征得市文物行政部门同意。

第十三条　修缮不可移动文物，应当按照批准的修缮方案施工。修缮方案变更的，不可移动文物的管理人、使用人应当报原批准的文物行政部门重新批准。

对文物建筑进行装修，应当符合文物建筑装修标准，不得对文物建筑造成破坏。文物建筑装修标准由市文物行政部门制定。

第十四条　文物建筑的管理人、使用人应当按照规定加强火源、电源的管理，配备必要的灭火设备。在重点要害部位根据实际需要，安装自动报警、灭火、避雷等设施。安装、使用设施不得对文物建筑造成破坏。

遇有危及文物安全的重大险情，文物建筑的管理人、使用人应当及时采取措施，并向建筑物所在地的区、县文物行政部门报告。

第十五条　核定为文物保护单位的国有纪念建筑物、古建筑向社会开放的，其管理人、使用人应当保证建筑物的正常开放。市或者区、县文物行政部门发现管理人、使用人的行为造成建筑物有碍开放的，可以责令管理人、使用人进行整治。

第十六条　本市严格控制利用文物保护单位拍摄电影、电视以及举办展销和其他大型活动。确需利用文物保护单位拍摄电影、电视或者举办大型活动的，拍摄单位或者举办者应当征得文物管理人、使用人同意，并提出拍摄或者活动计划。拍摄电影、电视，利用全国重点文物保护单位的，报国务院文物行政部门审批；利用市级或者区、县级文物保护单位的，报市文物行政部门审批。举办展销和其他大型活动，利用全国重点文物保护单位或者市级文物保护单位的，报市文物行政部门审批；利用区、县级文物保护单位的，报区、县文物行政部门审批。更改拍摄或者活动计划的，应当报原批准的文物行政部门重新批准。

拍摄单位和举办者应当制定文物保护预案，落实保护措施。文物行政部门应当对拍摄单位和举办者的活动进行监督。

利用文物保护单位拍摄电影、电视以及举办展销和其他大型活动，文物保护单位所得收益应当用于文物保护。

第十七条　核定为文物保护单位的国有纪念建筑物或者古建筑，除建立博物馆、保管所或者辟为参观游览场所以外，如果必须作其他用途的，应当依法经过审批；并且不得改变文物原状、不得危害文物安全。

第十八条　市文物行政部门应当会同市规划行政部门，根据史料、普查资料等对本市行政区域内有可能集中埋藏文物的地区划定地下文物埋藏区，报市人民政府核定并公布。

第十九条　在地下文物埋藏区进行建设工程的，建设单位应当在施工前报请市文物行政部门组织考古调查、勘探。

在旧城区进行建设用地一万平方米以上建设工程的，建设单位应当在施工前报请市文物行政部门组织在工程范围内有可能埋藏文物的地方进行考古调查、勘探。

市文物行政部门应当自收到申请之日起五日内组织考古调查、勘探。考古调查、勘探中发现文物的，由市文物行政部门根据文物保护的要求会同建设单位共同商定保护措施。在发现重要文物的区域，市文物行政部门可以会同市规划行政部门划定临时禁止建设区。

第二十条　博物馆、图书馆和其他文物收藏单位对收藏的文物，应当按照国家有关规定区分等级，设置藏品档案。藏品档案应当报与批准其设立的行政部门级别相应的文物行政部门备案。馆藏文物等级区分不准确、文物藏品档案不完整的，文物行政部门责令其改正。

第二十一条　博物馆、图书馆和其他文物收藏单位应当对馆藏文物科学分类，妥善保管。馆藏文物应当设立专库保管，馆藏一级文物应当单独设立专库或者专柜保管。无条件设立专库或者专柜保管国有馆藏珍贵文物的，市文物行政部门指定有保管条件的单位代为保管。

第二十二条　博物馆、图书馆和其他文物收藏单位应当建立馆藏文物核查制度，对馆藏文物定期进行检查。

第二十三条　已经建立完整藏品档案的国有博物馆、图书馆和其他文物收藏单位，申请交换馆藏二级以下文物的，交换双方应当向市文物行政部门提出书面申请，申请内容包括交换馆藏文物的名称、价值，交换的原因、用途、补偿方式，交换单位的背景资料，协议书副本。经市文物行政部门批准后方可交换。

馆藏文物交换双方应当对文物交换情况予以记录，对藏品档案做相应变更。

第二十四条　交换馆藏文物不得破坏原有馆藏文物正常序列，不得破坏已经形成的展览体系。

第二十五条　非国有文物收藏单位和其他单位举办展览借用国有馆藏二级以下文物的，出借方应当向市或者区、县文物行政部门提出书面申请，申请内容包括出借馆藏文物的名称、价值，借用的原因、用途，借用单位的背景资料，协议书副本。经文物行政部门批准后方可出借。

第二十六条　修复、复制、拓印以及为制作出版物、音像制品等拍摄馆藏珍贵文物的，文物收藏单位应当报市文物行政部门依法审核或者批准。

第二十七条　文物商店不得剥除、更换、挪用、损毁或者伪造市文物行政部门粘贴在允许销售的文物上的标识。

第二十八条　文物商店应当对购买、销售的文物做出记录，并于购买、销售之日起三个月内向市文物行政部门备案。

文物拍卖企业应当对拍卖的文物做出记录，并将由市文物行政部门核准拍卖的文物记录于拍卖结束之日起三个月内向市文物行政部门备案。

第二十九条　有下列行为之一的，由市或者区、县文物行政部门责令改正，造成严重后果的，处五万元以上五十万元以下的罚款：

（一）违反本办法第十三条第一款规定，擅自变更修缮方案修缮不可移动文物，明显改变文物原状的；

（二）违反本办法第十三条第二款规定，对文物建筑进行装修，不符合文物建筑装修标准，对文物建筑造成破坏的；

（三）违反本办法第十四条第一款规定，安装、使用自动报警、灭火、避雷等设施对文物建筑造成破坏的；

（四）违反本办法第十四条第二款规定，遇有危及文物安全的重大险情，未及时采取措施或者未向文物行政部门报告的。

第三十条　违反本办法第十六条的规定，拍摄单位擅自拍摄或者更改拍摄计划，由市文物行政部门责令改正，收缴非法录制品，并处五万元以上十万元以下的罚款。

举办者擅自举办活动或者更改活动计划，由原批准的文物行政部门责令改正，没收违法所得，并处十万元以上二十万元以下的罚款。

第三十一条　违反本办法第二十七条的规定，文物商店剥除、更换、挪用、损毁或者伪造市文物行政部门粘贴在允许销售的文物上的标识，由市文物行政部门责令改正，并处五千元以上五万元以下的罚款。

第三十二条 本办法自 2004 年 10 月 1 日起施行。

1987 年 6 月 23 日市第八届人民代表大会常务委员会第三十七次会议通过、1997 年 10 月 16 日市第十届人民代表大会常务委员会第四十次会议修改的《北京市文物保护管理条例》以及 1993 年 5 月 4 日市人民政府批准、1993 年 10 月 23 日市文物事业管理局发布、1997 年 12 月 31 日市政府第十二号令修改的《北京市馆藏文物管理规定》同时废止。

北京历史文化名城保护条例

（2005 年 3 月 25 日北京市第十二届人民代表大会常务委员会
第十九次会议通过　自 2005 年 5 月 1 日起施行）

第一章　总　则

第一条　为了加强对北京历史文化名城的保护，根据国家城乡规划、文物保护等有关法律、法规，结合本市实际情况，制定本条例。

第二条　北京历史文化名城的保护，适用本条例。其中文物、古树名木的保护，法律、法规已有规定的，依照有关法律、法规的规定执行。

第三条　北京历史文化名城保护工作，应当坚持统筹规划、统一管理、保护为主、合理利用的原则。

第四条　市人民政府统一领导北京历史文化名城的保护工作。

区、县人民政府负责本辖区内有关北京历史文化名城保护的具体工作。

市规划行政主管部门负责北京历史文化名城保护的规划管理工作。

市文物行政主管部门应当按照本条例规定的职责，负责具有保护价值的建筑的保护工作，参与北京历史文化名城保护规划的编制、保护措施的制定、历史文化街区的认定等工作。

发展改革、财政、建设、国土资源、水务、市政管理、园林、旅游、宗教事务和区县文物等行政主管部门，应当按照各自职责，负责北京历史文化名城保护的相关工作。

第五条　本市应当统筹协调国民经济和社会发展与北京历史文化名城保护工作，将北京历史文化名城保护纳入国民经济和社会发展规划和年度计划。

第六条　市和区、县人民政府应当在本级财政预算中安排北京历史文化名城保护资金，并将其纳入政府投资管理程序执行。

第七条　本市鼓励单位和个人以捐赠、资助、提供技术服务或者提出建议等方式参与北京历史文化名城的保护工作。

本市支持与北京历史文化名城保护相关的科学研究、技术创新和专业人才的培养。

第八条　任何单位和个人都有保护北京历史文化名城的义务，并有权对保护规划的制定和实施提出建议，对破坏北京历史文化名城的行为进行劝阻、检举和控告。

第九条 对保护北京历史文化名城做出突出贡献的单位和个人，市和区、县人民政府或者有关行政主管部门应当予以表彰和奖励。

第二章 保护内容

第十条 北京历史文化名城的保护内容包括：旧城的整体保护、历史文化街区的保护、文物保护单位的保护、具有保护价值的建筑的保护。

第十一条 旧城，是指明清时期北京城护城河及其遗址以内（含护城河及其遗址）的区域。

旧城的保护内容包括：历史河湖水系、传统中轴线、皇城、旧城"凸"字形城郭、传统街巷胡同格局、建筑高度、城市景观线、街道对景、建筑色彩、古树名木等。

旧城保护应当坚持整体保护的原则，针对不同区域采取不同的方式进行保护。

第十二条 皇城保护应当完整、真实地保持以紫禁城为核心，以皇家宫殿、衙署、坛庙建筑群、皇家园林为主体，以四合院为衬托的历史风貌、规划布局和建筑风格。

第十三条 对具有特定历史时期传统风貌或者民族地方特色的街区、建筑群、村镇等，应当认定为历史文化街区。

历史文化街区的范围应当包括核心保护区和建设控制区。建设控制区的划定应当符合核心保护区的风貌保护和视觉景观的要求。

第十四条 对尚未列为不可移动文物、反映一定时代特征、具有保护价值、承载真实和相对完整历史信息的四合院和其他建筑，应当认定为具有保护价值的建筑。具体认定标准和程序，由市人民政府制定并公布。

第十五条 历史文化街区的名单及其核心保护区和建设控制区的范围，由市规划行政主管部门会同市文物行政主管部门提出，报市人民政府批准并公布。

具有保护价值的建筑、城市景观线、对景建筑的名单，由市文物行政主管部门会同市规划行政主管部门提出，报市人民政府批准并公布。

历史河湖水系的名单，由市水行政主管部门会同市文物行政主管部门提出，报市人民政府批准并公布。

第三章 保护规划

第十六条 市人民政府应当根据北京历史文化名城保护工作的要求，组织编制北京历史文化名城保护规划，并将其纳入北京城市总体规划。

市规划行政主管部门应当根据北京历史文化名城保护规划及市人民政府公布的名单和保护范围，组织编制城市地理环境、城市中轴线、旧城、皇城、历史文化街区等专项保护规划和旧城、历史文化街区修建性详细规划，报市人民政府批准并公布。

编制北京历史文化名城保护规划、专项保护规划、修建性详细规划（以下统称保护规划），应当广泛征求社会公众意见，并组织专家论证。

保护规划应当按照统一的标准和要求编制。

本市其他各类城市专项规划和详细规划应当符合保护规划。

第十七条 北京历史文化名城保护规划的内容应当包括：保护的总体目标、保护内容、保护范围、保护标准、保护规划的实施保障措施等。

专项保护规划和修建性详细规划的内容应当包括：保护范围，保护原则，需要保护的建筑物、构筑物和其他设施，保持传统风貌的建筑高度、体量、色彩等控制指标，土地使用功能，人口密度，市政基础设施的改善，不同建筑的分类保护和整治措施，保证保护规划实施的具体措施以及其他应当纳入专项保护规划和修建性详细规划的内容。

第十八条 保护规划经依法批准公布后，不得违法调整；确因公共利益需要调整的，应当广泛征求社会公众意见，并组织专家论证后，报原批准机关批准并公布。

第四章　保护措施

第十九条 建设单位在保护规划范围内进行建设，应当符合修建性详细规划的要求，依法取得市规划行政主管部门的批准。设计单位应当按照保护规划中规定的设计要求进行设计。

第二十条 在保护规划范围内不得有下列行为：

（一）违反保护规划进行拆除或者建设；

（二）改变保护规划确定的土地使用功能；

（三）突破建筑高度、容积率等控制指标，违反建筑体量、色彩等要求；

（四）破坏历史文化街区内保护规划确定的院落布局和胡同肌理；

（五）其他不符合保护规划的行为。

第二十一条 市和有关区人民政府应当根据保护规划的要求，制定调整旧城城市功能和疏解旧城居住人口的政策和措施，降低旧城人口密度，逐步改善旧城居民的居住条件。

第二十二条 市人民政府应当按照保护规划的要求，调整旧城路网规划，统筹兼顾交通出行、市政设施、城市景观和生态环境等各项功能的需要。

第二十三条 本市鼓励采用新材料、新技术，按照保护要求和技术规范，统筹改善旧城和历史文化街区内的道路交通、消防设施和市政基础设施条件。

第二十四条 市规划行政主管部门对旧城内的建设项目进行审批时，应当就建设项目用地范围内现存建筑是否具有保护价值，征求市文物行政主管部门和专家的意见。

第二十五条 市规划行政主管部门对历史文化街区内的建设项目、历史文化街区外具有保护价值的建筑的保护范围内的建设项目和旧城内历史文化街区外重点道路及其两侧的建设项目进行规划审批时，应当对建设项目进行有关北京历史文化名城风貌影响的评估。未经评估，或者未通过评估的，市规划行政主管部门不得批准。

重点道路的具体范围由市人民政府划定并公布。

第二十六条 对历史文化街区内的建筑，应当按照下列规定进行分类保护和整治：

（一）不可移动文物依照文物保护法律、法规的规定进行保护；

（二）具有保护价值的建筑按照本条例的有关规定进行保护；

（三）其他建筑应当按照历史文化街区保护规划的要求进行整治。

历史文化街区内建筑的具体分类标准、保护和整治的具体要求由市人民政府制定并公布。

第二十七条 市规划行政主管部门应当将历史文化街区内各类建筑和历史文化街区外具有保护价值的建筑的基本情况向社会公布。

第二十八条 区、县人民政府应当对历史文化街区和具有保护价值的建筑，自市人民政府公布之日起30日内设置保护标志。保护标志的设置标准由市人民政府统一确定。

任何单位和个人不得损毁或者非法移动、拆除保护标志。

第二十九条 历史文化街区内的消防设施、通道应当按照有关的消防技术标准和规范设置。因保护的需要无法达到规定的标准和规范的，公安消防机构和市规划行政主管部门应当协商制定相应的防火安全措施。

第三十条 在城市景观线和街道对景保护规划范围内进行建设，应当符合视觉景观的要求，禁止建设对景观保护有影响的建筑。

对景建筑周围建筑的高度、体量、造型和色彩，应当与对景建筑相协调。

第三十一条 具有保护价值的建筑不得违法拆除、改建、扩建。

建设工程选址，应当避开具有保护价值的建筑；确因公共利益需要不能避开的，应当对具有保护价值的建筑采取迁移异地保护等保护措施。

迁移异地保护的，建设单位应当提供迁移的可行性论证报告、迁移新址的资料以及其他资料，市规划行政主管部门会同市文物行政主管部门进行审查后，报市人民政府批准。

第三十二条 城市建设中发现具有保护价值而尚未确定为具有保护价值的建筑的，任何单位和个人都可以向市文物行政主管部门或者市规划行政主管部门提出保护建议。市文物行政主管部门会同市规划行政主管部门应当按照本条例第十四条规定的标准和程序进行初步确认，经初步确认具有保护价值的，应当采取临时保护措施，并按照本条例第十五条的规定向市人民政府报告。

第三十三条 具有保护价值的建筑的所有人、管理人、使用人，应当按照有关保护规划的要求和保护修缮标准履行管理、维护、修缮的义务。保护修缮标准由市规划行政主管部门会同市建设、市文物行政主管部门制定。

所有人和管理人、使用人对维护、修缮义务有约定的，从其约定。

对于所有人和管理人、使用人确不具备管理、维护、修缮能力的具有保护价值的建筑，市人民政府应当采取措施进行保护。

第三十四条 任何单位和个人不得违法更改具有保护价值的建筑、传统街巷胡同、区域等的历史名称。确因特殊情况需要更名的，地名行政主管部门在审批时应当征求市文物行政主管部门的意见。

第五章 法律责任

第三十五条 依法负有保护北京历史文化名城职责的国家机关及其工作人员，违反本条例规定，有下列情形之一的，由其上级行政机关或者监察机关依法追究直接负责的主管人员和其他直接责任人员的行政责任；构成犯罪的，依法追究刑事责任：

（一）违法调整保护规划的；

（二）违法调整历史文化街区范围的；

（三）违反本条例第二十条、第三十条的规定进行审批的；

（四）不按照本条例的规定和保护规划的要求履行审批和其他保护职责的；

（五）其他滥用职权、徇私枉法、玩忽职守的。

第三十六条 对违反本条例第十九条规定，未经规划行政主管部门批准进行建设的，由城市管理综合执法组织依法处理；未按照规划批准的要求进行建设的，由市规划行政主管部门依法处理。

第三十七条 对违反本条例第二十八条第二款规定，损毁或者非法移动、拆除保护标志的，由城市管理综合执法组织责令改正，可以并处 200 元以上 500 元以下的罚款。

第三十八条 对违反本条例第三十一条第一款的规定，违法拆除、改建、扩建具有保护价值的建筑的，由市规划行政主管部门责令恢复原状，并处 10 万元以上 20 万元以下的罚款。

第三十九条 对违反本条例第三十三条规定，未按照有关保护规划的要求和风貌修缮标准履行管理、维护、修缮义务的，由市规划行政主管部门责令改正，可以并处 10 万元以上 20 万元以下的罚款。

第四十条 对违反本条例的行为，法律、法规已经规定法律责任的，依照其规定追究法律责任。

第六章 附 则

第四十一条 本条例自 2005 年 5 月 1 日起施行。

天津市文物市场管理条例

（1997 年 1 月 8 日天津市第十二届人民代表大会常务委员会
第二十九次会议通过　自 1997 年 1 月 8 日起施行）

第一章　总　则

第一条　为加强本市文物市场管理，保障文物经营活动健康发展，保护国家珍贵文物，根据《中华人民共和国文物保护法》和其他有关法律、法规，结合本市实际情况，制定本条例。

第二条　在本市行政区域内从事文物经营活动应当遵守本条例。

第三条　市文物行政管理部门负责本市文物市场管理工作。

公安、海关和工商行政管理部门按照各自职责，做好文物市场管理工作。

第四条　文物经营实行许可证制度。

未取得许可证的，不得从事文物经营活动。

第五条　从事文物经营活动，必须遵守有关法律、法规，不得损害国家和社会公共利益。

第二章　文物商品经营

第六条　本条例所称文物商品，是指国家规定可以在市场流通的下列物品：

（一）1911 年以前中国和外国制作、生产、出版的陶瓷器、金银器、铜器和其他金属器、玉石器、漆器、玻璃器皿、各种质料的雕刻品以及雕塑品、家具、书画、碑帖、拓片、图书、文献资料、织绣、文化用品、邮票、货币、器具、工艺美术品等。

（二）1911 年至 1949 年间中国和外国制作、生产、出版的前项所列物品项目中具有重要历史、科学、艺术价值的。具体品类的确定，按照国家有关规定执行。

（三）国家文物行政管理部门确定的 1949 年后已故著名书画家和工艺美术家的作品。

第七条　文物商品按照销售范围分为内销文物商品、外销文物商品和持证出境文物商品。

第八条　文物商品由国家或者市文物行政管理部门依法批准的单位在其经营范围内专营，其他单位和个人不得经营。

第九条　申请经营内销文物商品，须经市文物行政管理部门批准并报国家文物行政管理部门备案，领取内销文物商品经营许可证，并到公安机关申领特种行业许可证，再到工商行政管理部门登记、领取营业执照。

第十条 申请经营外销文物商品，必须具备内销文物商品经营资格，经市文物行政管理部门同意并报国家文物行政管理部门批准，领取外销文物商品经营许可证，并到工商行政管理部门办理变更登记。

第十一条 申请经营特许出境文物商品，必须具备外销文物商品经营资格，经市文物行政管理部门同意并报国家文物行政管理部门批准，领取特许出境文物商品经营许可证，并到工商行政管理部门办理变更登记。

第十二条 文物商品经营许可证的有效期为两年。文物商品专营单位应当在期满后三十日内向市文物行政管理部门提出复审申请。市文物行政管理部门经复审同意后，重新核发文物商品经营许可证。

第十三条 文物商品在销售前必须进行鉴定。

内销文物商品的鉴定，由市文物行政管理部门指定的鉴定机构负责；外销文物商品和特许出境文物商品的鉴定，由国家文物行政管理部门指定的鉴定机构负责。

第十四条 经鉴定不准在市场流通的文物，由文物商品专营单位负责登记并妥善保管，其中属于国家珍贵文物的，须依法向市或者国家文物行政管理部门备案。

第十五条 文物商品专营单位从事经营活动，应当遵守下列规定：

（一）优先向国家文物收藏单位输送藏品；

（二）发现依法应当收缴或者移交的文物，及时报告市文物行政管理部门处理；

（三）对公安机关通报查控的文物，不得收购、拍卖，并及时报告有关情况；

（四）收购文物商品有两人以上在场，并记录文物商品的名称、来源和提供者姓名、住址、身份证号码；

（五）文物商品保管必须做到一物一号，进行科学管理，并采取相应措施保护其安全；

（六）内销文物商品、外销文物商品和特许出境文物商品分柜销售；

（七）外销文物商品专营单位悬挂国家文物行政管理部门制发的定点经营标志，使用国家规定的文物古籍外销统一发票。

第三章　文物监管物品经营

第十六条 本条例所称文物监管物品，是指国家规定可以在市场流通的1911年至1949年间中国和外国制作、生产、出版的陶瓷器、金银器、铜器和其他金属器、玉石器、漆器、玻璃器皿、各种质料的雕刻品以及雕塑品、家具、书画、碑帖、拓片、图书、文献资料、织绣、文化用品、邮票、货币、器具、工艺美术品等；但属于本条例第六条第（二）项规定的除外。

第十七条 申请经营文物监管物品的单位和个人必须具备下列条件：

（一）有熟悉文物法律、法规的管理人员；

（二）有熟悉文物专业知识的业务人员；

（三）有固定的营业场所和必要的经营设施；

（四）有一定的注册资金；

（五）国家和本市规定的其他应当具备的条件。

第十八条 申请经营文物监管物品，应当向市文物行政管理部门提出申请，经批准取得文物监管物品经营许可证，并到公安机关申领特种行业许可证，再到工商行政管理部门登记、领取营业执照。

第十九条 文物监管物品经营许可证的有效期为两年。经营文物监管物品的单位和个人应当在期满前三十日内向市文物行政管理部门提出复审申请。市文物行政管理部门经复审同意后，重新核发文物监管物品经营许可证。

第二十条 经营文物监管物品的单位和个人，必须严格按照核准的经营范围、经营方式进行经营。

第二十一条 文物监管物品市场应当设立管理机构，负责日常管理工作。管理机构可以由文物监管物品市场所在地的工商、公安、文化等行政管理部门组成。

第二十二条 文物监督物品市场的管理机构，应当在市场明显处设置中英文公告牌，明确告知购买者如将所购文物监管物品携运出境，须另行办理鉴定出境许可手续。

第二十三条 经营单位和个人所经营的文物监管物品，须经市文物行政管理部门指定的鉴定机构进行鉴定，粘贴统一标识后，方可销售。

经鉴定如发现珍贵文物或者文物商品，应当填写清单一式三份，由市文物、公安、工商行政管理部门存查。其中珍贵文物由市文物行政管理部门征购，文物商品由市文物行政管理部门指定的文物商品专营单位收购或者代售。

第四章 文物拍卖

第二十四条 文物拍卖是指以公开竞价的形式，将国家允许流通的文物转让给最高应价者的文物买卖方式。

第二十五条 文物拍卖标的只限于本条例第六条规定的文物商品和第十六条规定的文物监管物品。

文物商品和文物监管物品在拍卖前须经有关鉴定机构依法鉴定。

第二十六条 下列文物不得拍卖：

（一）依照法律、法规规定应当上缴国家或者移交文物行政管理部门的；

（二）国家文物收藏单位收藏的；

（三）相当于国家馆藏文物一级品和二级品的；

（四）所有权有争议的；

（五）其他依照法律、法规不得在市场流通的。

第二十七条 申请经营文物拍卖，必须经市文物行政管理部门同意、报国家文物行政管理部门批准，领取文物拍卖经营许可证，并依照拍卖法的规定取得拍卖企业资格。

第二十八条 文物拍卖经营单位在每次征集文物或者举办拍卖活动前，应当向市文物行政管理部门提出申请并经其审查同意。

第二十九条 文物拍卖经营单位应当按照国家有关规定进行拍卖活动，并接受市文物行政管理部门的监督。

第五章 奖励与处罚

第三十条 有下列情形之一的单位和个人，由各级人民政府或者市文物行政管理部门和其他有关部门给予精神鼓励或者物质奖励：

（一）向国家文物收藏单位捐献或者出售重要文物的；

（二）发现国家需要收藏的重要文物，及时采取措施使文物得到保护的；

（三）发现出售出土文物以及走私、倒卖文物线索及时报告的；

（四）在文物市场管理工作中，保护国家珍贵文物成绩显著的。

第三十一条 未按照本条例规定取得文物经营资格违法经营的，由工商行政管理部门或者由工商行政管理部门根据市文物行政管理部门的意见，没收其非法所得和非法经营的文物商品、文物监管物品，可以并处二万元以下罚款。

第三十二条 按照本条例规定取得文物经营资格的单位和个人，超出经营范围违法经营的，经工商行政管理部门会同市文物行政管理部门检查认定，由工商行政管理部门没收其非法所得，可以并处二万元以下罚款或者没收其非法经营的文物商品、文物监管物品。

第三十三条 未按照本条例规定履行必要的鉴定、审批手续，擅自出售、拍卖文物商品、文物监管物品的，由市文物行政管理部门给予警告；情节严重的，由工商行政管理部门根据市文物行政管理部门的意见没收其非法经营的文物商品、文物监管物品，可以并处二万元以下罚款。

第三十四条 文物监管物品市场的管理机构未按照规定设置中英文公告牌的，由市文物行政管理部门责令限期改正。逾期不改的，由工商行政管理部门处以一千元以下罚款。

伪造、挪用、涂改文物监管标识的，由市文物行政管理部门责令限期改正，可以并处以一千元以上一万元以下罚款。

第三十五条 将私人收藏的文物私自卖给外国人的，由工商行政管理部门处以二万元以下罚款，并可以没收其文物和非法所得。

第三十六条 走私国家禁止出口的文物或者进行文物倒卖活动情节严重的，依法追究刑事责任。

第三十七条 公安、海关和工商行政管理部门在查处违法犯罪活动中依法没收、追缴的文物，应当在结案后按照国家和本市规定移交文物行政管理部门。

第三十八条 拒绝、阻碍文物市场管理工作人员依法执行公务的，依照《中华人民共和国治安管理处罚条例》进行处罚；构成犯罪的，依法追究刑事责任。

第三十九条 当事人对行政处罚决定不服的，可以在接到处罚决定书之日起十五日内，向作出处罚决定机关的上一级机关申请复议，也可以在接到处罚决定书之日起十五日内直接向人民法院起诉。

复议机关应当在接到复议申请书之日起二个月内作出复议决定。当事人对复议决定不服的，可以在接到复议决定书之日起十五日内向人民法院起诉。

当事人逾期不申请复议、也不向人民法院起诉、又不履行处罚决定的，由作出处罚决定的机关申请人民法院强制执行。

第六章　附　　则

第四十条 本条例自公布之日起施行。

天津市历史风貌建筑保护条例

（2005年7月20日天津市第十四届人民代表大会常务委员会
第二十一次会议通过 自2005年9月1日起施行）

第一章 总 则

第一条 为了加强对本市历史风貌建筑的保护，规范历史风貌建筑管理，促进城市建设与社会文化的协调发展，根据国家有关法律、行政法规，结合本市实际情况，制定本条例。

第二条 本条例适用于本市行政区域内的历史风貌建筑和历史风貌建筑区的确定、保护、利用和管理。

第三条 本条例所称历史风貌建筑是指建成五十年以上，具有历史、文化、科学、艺术、人文价值，反映时代特色和地域特色的建筑。

本条例所称历史风貌建筑区是指历史风貌建筑集中成片，街区景观较为完整、协调的区域。

第四条 历史风貌建筑的保护工作，应当遵循统一规划、分类管理、有效保护、合理利用的原则。

第五条 市和区、县人民政府应当加强对本行政区域内历史风貌建筑保护工作的领导，提供必要的经费支持。

第六条 市人民政府组织规划、房地产等行政主管部门编制本市历史风貌建筑和历史风貌建筑区保护规划。

第七条 市房地产行政管理部门主管本市历史风貌建筑和历史风貌建筑区的保护工作。

区、县房地产行政管理部门负责本辖区内历史风貌建筑和历史风貌建筑区的日常保护管理工作。

市规划行政管理部门负责本市历史风貌建筑和历史风貌建筑区的规划管理工作。

建设、市容环境卫生、工商、公安、旅游等有关行政主管部门按照各自职责，协助做好历史风貌建筑的保护管理工作。

第八条 本市设立历史风貌建筑保护专家咨询委员会（以下简称专家咨询委员会），负责历史风貌建筑保护的有关评审工作。

专家咨询委员会由规划、建筑、文物、历史、社会、经济、文化、法律和房地产等方面的专家组成。

第九条 历史风貌建筑的保护利用、腾迁、整理等工作，由市人民政府授权的历史风貌建筑整理机构组织实施。

第十条 历史风貌建筑的所有权人、经营管理人和使用人应当对历史风貌建筑承担保护责任。

任何单位和个人有权对历史风貌建筑的保护和管理工作提出意见和建议，有权对危害历史风貌建筑的行为向房地产行政管理部门举报。

第十一条 对在历史风貌建筑保护中做出显著成绩的单位和个人，由市或者区、县人民政府给予表彰和奖励。

第二章　确　定

第十二条 建成五十年以上的建筑，有下列情形之一的，可以确定为历史风貌建筑：

（一）建筑样式、结构、材料、施工工艺和工程技术具有建筑艺术特色和科学价值；

（二）反映本市历史文化和民俗传统，具有时代特色和地域特色；

（三）具有异国建筑风格特点；

（四）著名建筑师的代表作品；

（五）在革命发展史上具有特殊纪念意义；

（六）在产业发展史上具有代表性的作坊、商铺、厂房和仓库等；

（七）名人故居；

（八）其他具有特殊历史意义的建筑。

符合前款规定但已经灭失的建筑，按原貌恢复重建的，也可以确定为历史风貌建筑。

第十三条 历史风貌建筑划分为特殊保护、重点保护和一般保护三个保护等级。

第十四条 建筑的所有人、经营管理人和使用人，以及其他单位和个人，可以向市房地产行政管理部门推荐历史风貌建筑。

市房地产行政管理部门根据有关单位、个人的推荐和历史资料，提出历史风貌建筑的建议名单和保护等级，并向社会公开征求意见，经专家咨询委员会评审后，报市人民政府确定公布。

第十五条 历史风貌建筑区的建议名单，由市房地产行政管理部门会同市规划行政管理部门提出，并向社会公开征求意见，经专家咨询委员会评审后，报市人民政府确定公布。

第十六条 历史风貌建筑和历史风貌建筑区，由市人民政府统一设立保护标志。

任何单位和个人不得擅自设置、移动或者涂抹、改动、损毁历史风貌建筑和历史风貌建筑区的保护标志。

第十七条 城市建设中发现有保护价值建筑尚未确定为历史风貌建筑的，在按照本条例第十四条的规定确定为历史风貌建筑前，房地产行政管理部门和建设单位应当采取保护措施。

第三章　保护和利用

第十八条　历史风貌建筑的所有权人、经营管理人和使用人应当保证历史风貌建筑的结构安全，合理使用，保持整洁美观和原有风貌。

第十九条　特殊保护的历史风貌建筑，不得改变建筑的外部造型、饰面材料和色彩，不得改变内部的主体结构、平面布局和重要装饰。

重点保护的历史风貌建筑，不得改变建筑的外部造型、饰面材料和色彩，不得改变内部的重要结构和重要装饰。

一般保护的历史风貌建筑，不得改变建筑的外部造型、色彩和重要饰面材料。

第二十条　历史风貌建筑区的保护，应当遵守下列规定：

（一）新建建筑时，应当在高度、造型、材料、色调等方面与该地区的历史风貌相协调；

（二）原有建筑与该地区的历史风貌不协调的，或者影响、破坏历史风貌建筑区景观的，应当按照保护规划逐步拆除；

（三）不得新建妨碍历史风貌建筑区保护的生产型企业，现有妨碍历史风貌建筑区保护的生产型企业，应当按照历史风貌建筑和历史风貌建筑区保护规划逐步迁移。

从事本条第（一）项、第（二）项活动的，应当报规划行政管理部门依法审批。

第二十一条　历史风貌建筑和历史风貌建筑区的消防设施、通道，应当按照有关技术规范予以完善、疏通；确实无法达到现行消防技术规范的，应当由市房地产行政管理部门会同市公安消防机构制定相应的防火安全措施。

第二十二条　在历史风貌建筑和历史风貌建筑区的周边建设控制范围内，新建、扩建、改建建筑物或者构筑物的，应当符合保护规划的要求，建筑群和单体建筑的高度、体量、用途、色调、建筑风格应当与历史风貌建筑和历史风貌建筑区相协调，与原有空间景观相和谐。

第二十三条　在历史风貌建筑上设置牌匾、霓虹灯、泛光照明等外部设施的，应当符合该建筑的保护要求，并与该建筑外部造型相协调。

市房地产行政管理部门应当制定在历史风貌建筑上设置牌匾、霓虹灯、泛光照明等外部设施的规范标准。市容和环境卫生行政管理部门根据规范标准，依法审批在历史风貌建筑上设置牌匾、霓虹灯，对泛光照明等外部设施进行管理。

第二十四条　历史风貌建筑和历史风貌建筑区内禁止下列行为：

（一）在屋顶、露台、挑檐或者利用房屋外墙悬空搭建建筑物、构筑物；

（二）擅自拆改院墙、开设门脸、改变建筑内部和外部的结构、造型和风格；

（三）损坏承重结构、危害建筑安全；

（四）占地违章搭建建筑物、构筑物；

（五）违章圈占道路、胡同；

（六）在建筑内堆放易燃、易爆和腐蚀性的物品；

（七）在庭院、走廊、阳台、屋顶乱挂或者堆放杂物；

（八）沿街或者占用绿地、广场、公园等公共场所堆放杂物，从事摆卖、生产、加工、修配、机动车清洗和餐饮等经营活动；

（九）其他影响历史风貌建筑和历史风貌建筑区保护的行为。

第二十五条 修缮和装饰装修历史风貌建筑应当符合有关技术规范、质量标准和保护图则要求，修旧如旧。

第二十六条 历史风貌建筑的所有权人、经营管理人应当按照历史风貌建筑的保护要求，对历史风貌建筑进行修缮、保养。

房地产行政管理部门应当对历史风貌建筑的修缮、保养予以督促和指导。

使用人对历史风貌建筑的修缮、保养，应当予以配合。

所有权人、经营管理人承担修缮费用确有困难的，可以向市或者区、县人民政府申请给予适当补贴。

第二十七条 对历史风貌建筑进行修缮、装饰装修，历史风貌建筑的所有权人、经营管理人应当委托专业设计、施工单位实施。

历史风貌建筑修缮、装饰装修的设计、施工方案，所有权人、经营管理人应当报送市房地产行政管理部门审定；未经审定的不得施工。

第二十八条 历史风貌建筑发生损毁危险的，该建筑的所有权人、经营管理人和使用人应当立即采取保护措施，并向区、县房地产行政管理部门报告。区、县房地产行政管理部门应当及时派人进行现场指导。

第二十九条 因城市基础设施建设和保护管理等特殊需要，涉及必须迁移、拆除或者异地重建历史风貌建筑的，由市规划行政管理部门会同市房地产行政管理部门提出方案，经专家咨询委员会评审，报市人民政府批准。

迁移、拆除历史风貌建筑，建设单位应当做好建筑的详细测绘、信息记录和档案资料保存，并及时报送市房地产行政管理部门。

第三十条 历史风貌建筑的使用用途不得擅自改变。

确需改变历史风貌建筑使用用途的，所有权人、经营管理人和使用人或者其委托的申请人应当向市房地产行政管理部门提出申请。经审查符合历史风貌建筑保护条件的，市房地产行政管理部门应当在法定期限内予以核准；对不符合条件的，应当书面说明理由。

第三十一条 市房地产行政管理部门应当根据历史风貌建筑和历史风貌建筑区保护规划，编制年度综合整修和保护利用计划，并组织实施。

历史风貌建筑的所有权人、经营管理人应当按照年度综合整修和保护利用计划的要求，做好相关工作。

第三十二条　执行政府规定租金标准的公有历史风貌建筑，按照年度综合整修和保护利用计划，需要历史风貌建筑承租人腾迁的，历史风貌建筑整理机构应当向市房地产行政管理部门申请腾迁许可，并对承租人实行货币安置或者异地房屋安置。承租人可以选择货币安置或者异地房屋安置。实行货币安置的，安置补偿费应当高于被腾迁房屋市场评估的价格。实行异地房屋安置的，安置标准应当高于承租人原居住水平。

市房地产行政管理部门对符合综合整修和保护利用计划、腾迁安置方案已经落实的，核发腾迁许可证，并将许可证载明的事项通知当事人。

当事人对腾迁安置达不成协议的，可以向市房地产行政管理部门申请裁决。当事人对裁决不服的，可以依法申请行政复议或者向人民法院起诉。

历史风貌建筑整理机构已经获得腾迁许可，并按照规定标准向承租人提供货币安置或者房屋安置，承租人在裁决规定的腾迁期限内拒不腾迁、不申请复议又不起诉的，市房地产行政管理部门可以申请人民法院强制执行。

第三十三条　执行市场租金标准的历史风貌建筑，按照年度综合整修和保护利用计划需要历史风貌建筑使用人腾迁并解除租赁关系的，按照租赁合同的约定处理。租赁合同无约定的，出租人应当提前三个月书面告知承租人解除租赁合同，并依法承担相应的民事责任。

第三十四条　行政、事业单位使用历史风貌建筑办公的，按照历史风貌建筑和历史风貌建筑区保护规划需要腾迁的，应当逐步进行腾迁。

国有企业事业单位所有的历史风貌建筑，单位无力对历史风貌建筑进行保护的，历史风貌建筑整理机构可以收购。

出售政府给予修缮补贴的历史风貌建筑，在同等条件下，历史风貌建筑整理机构可以优先收购。

第四章　管　理

第三十五条　市和区、县应当设立历史风貌建筑保护专项资金，主要来源是：

（一）市和区、县财政预算资金；

（二）单位和个人的捐赠；

（三）直管公有历史风貌建筑产权转移的部分收益；

（四）其他依法筹集的资金。

历史风貌建筑保护专项资金由市和区、县房地产行政管理部门分别设立专门账户，统一用于保护历史风貌建筑的修缮补贴和奖励，专款专用，并接受财政、审计部门的监督。

第三十六条　市房地产行政管理部门应当对历史风貌建筑分别编制保护图则，明确历史风貌建筑保护、修缮和利用的具体要求，并告知历史风貌建筑的所有权人、经营管理人和使用人。历史风貌建筑转让、出租的，双方当事人应当在合同中明确约定保护义务。出让人、出租人应当将有关保护要求告知受让人、承租人。

第三十七条　市房地产行政管理部门应当定期组织区、县房地产行政管理部门对历史风貌建筑的使用和保护状况进行普查。

历史风貌建筑的所有权人、经营管理人和使用人应当配合普查工作。

第三十八条　市房地产行政管理部门应当建立历史风貌建筑档案。历史风貌建筑档案包括下列内容：

（一）历史风貌建筑的技术资料；

（二）历史风貌建筑现状使用情况；

（三）历史风貌建筑权属变化情况；

（四）修缮、装饰装修形成的文字、图纸、图片、影像等资料；

（五）迁移、拆除或者异地重建的测绘、信息记录和相关资料；

（六）有关历史沿革、历史事件、地名典故、名人逸事等资料。

第三十九条　鼓励、支持境内外单位和个人以各种形式投资，对本市历史风貌建筑进行保护利用和恢复重建，发展与保护历史风貌建筑相适应的旅游业和相关产业。

鼓励历史风貌建筑的所有权人、经营管理人和使用人，利用历史风貌建筑开办展馆，对外开放。

有重要历史意义的历史风貌建筑，应当创造条件开辟展室，定时对外开放。

第五章　法律责任

第四十条　违反本条例第十六条第二款规定，擅自设置、移动或者涂抹、改动、损毁历史风貌建筑和历史风貌建筑区保护标志的，由房地产行政管理部门责令限期改正、恢复原状；并可处以二百元以下罚款。

第四十一条　违反本条例第二十条第（一）项、第（二）项规定的，由规划行政管理部门责令限期拆除或者改正，并可处以五万元以上二十万元以下罚款。

违反本条例第二十条第（三）项规定的，由市或者区、县房地产行政管理部门责令限期迁移，并可处以五万元以上二十万元以下罚款。

第四十二条　违反本条例第二十四条第（一）项、第（二）项、第（三）项、第（六）项规定的，由市或者区、县房地产行政主管部门责令停止违法行为，限期改正、恢复原状；情节严重的，处以一万元以上十万元以下罚款。

违反本条例第二十四条第（四）项、第（五）项规定的，按照城市规划管理的有关规定予以处罚。

违反本条例第二十四条第（七）项、第（八）项规定的，按照市容和环境卫生管理的有关规定予以处理。

第四十三条 违反本条例第二十五条规定，历史风貌建筑的修缮、装饰装修不符合技术规范、质量标准和保护图则要求的，由市房地产行政管理部门责令限期改正、恢复原状；情节严重的，处以一万元以上十万元以下罚款。

第四十四条 违反本条例第二十六条规定，历史风貌建筑的所有权人、经营管理人未及时修缮、保养，致使建筑发生损毁危险的，由房地产行政管理部门督促限期抢救修缮；拒不抢救修缮的，由房地产行政管理部门委托专业单位代为抢救修缮，所需合理费用由建筑的所有权人、经营管理人承担。

第四十五条 违反本条例第二十七条第二款规定，历史风貌建筑修缮、装饰装修的设计、施工方案未报送市房地产行政管理部门审定擅自施工的，由市房地产行政管理部门责令停止施工、限期改正；造成严重后果的，处以一万元以上十万元以下罚款。

第四十六条 违反本条例第二十九条规定，擅自迁移、拆除历史风貌建筑的，由房地产行政管理部门责令限期改正、恢复原状，并可处以五万元以上五十万元以下罚款。

第四十七条 违反本条例第三十条规定，擅自改变历史风貌建筑使用用途的，由市房地产行政管理部门责令限期改正；造成严重后果的，处以一万元以上十万元以下罚款。

第四十八条 妨碍历史风貌建筑修缮施工的，所有权人、经营管理人可以向人民法院提起诉讼，排除妨碍。

第四十九条 房地产、规划、市容环境卫生、公安、工商、文物等有关行政主管部门及其工作人员违反本条例，滥用审批权限、不履行职责或者发现违法行为不予查处的，由所在单位或者上级主管机关对负有责任的主管人员和其他直接责任人员依法给予行政处分；给行政管理相对人造成损失的，按照国家有关规定赔偿；构成犯罪的，依法追究刑事责任。

第五十条 当事人对行政处罚决定不服的，可以依法申请行政复议或者提起行政诉讼。当事人逾期不申请复议、不起诉、又不履行行政处罚决定的，由作出行政处罚决定的行政主管部门申请人民法院强制执行。

第六章 附 则

第五十一条 本条例自 2005 年 9 月 1 日起施行。

天津市文物保护条例

（2007年11月15日天津市第十四届人民代表大会常务委员会
第四十次会议通过　自2008年3月1日起施行）

第一条　为了加强对文物的保护，根据《中华人民共和国文物保护法》《中华人民共和国文物保护法实施条例》等法律、法规规定，结合本市实际情况，制定本条例。

第二条　本市行政区域内文物的保护、利用和管理，适用本条例。

文物保护的范围按照《中华人民共和国文物保护法》第二条规定执行。

第三条　本市各级人民政府负责本行政区域内的文物保护工作。

市文物行政管理部门对全市行政区域内的文物保护实施监督管理。市文物行政管理部门可以根据工作需要，在其法定权限范围内，委托其直属的文物管理中心履行行政执法职责。

区、县文物行政管理部门对所辖行政区域内的文物保护实施监督管理。

市发展改革、建设、规划、国土房管、公安、工商、水利、园林、宗教、旅游等行政管理部门应当依法认真履行所承担的保护文物的职责，维护文物管理秩序。

第四条　市和区、县人民政府应当将文物保护事业纳入本级国民经济和社会发展规划，所需经费列入本级财政预算。本市用于文物保护的财政拨款随着财政收入增长而增加。

市和区、县人民政府根据实际工作需要，设立文物保护专项经费，用于文物保护。

第五条　市文物行政管理部门应当根据文物保护的实际需要，制定本市文物保护规划。

文物保护规划纳入城市总体规划。土地利用规划、城乡建设规划、生态建设规划应当与文物保护规划相衔接。

第六条　各级人民政府及其文物、教育等部门以及报刊、广播、电视、网络等媒体，应当加强文物保护法律、法规和优秀历史文化遗产保护的宣传教育工作，增强全社会的文物保护意识。

第七条　鼓励自然人、法人和其他组织通过捐赠等方式支持文物保护事业，设立文物保护社会基金，专门用于文物保护。

第八条　市和区、县人民政府应当建立文物普查制度，定期对不可移动文物开展普查工作。

区、县人民政府负责定期对所辖行政区域内的不可移动文物进行普查登记。普查登记结果向市文物行政管理部门备案。

第九条 市文物行政管理部门设立由专家组成的文物鉴定委员会，负责文物和文物级别的鉴定、评估。鉴定、评估结论作为对不可移动文物、馆藏文物和其他国有文物保护管理的依据。

文物鉴定委员会可以依法接受司法机关的委托，对涉案文物进行鉴定。

文物鉴定委员会的专家由市文物行政管理部门在具有相关专业知识的专家学者中聘请。

文物鉴定委员会鉴定文物应当客观、公正，尊重历史。

第十条 市文物行政管理部门应当在区、县级文物保护单位中，选择具有重大历史、艺术、科学价值的确定为市级文物保护单位，或者直接选择不可移动文物确定为市级文物保护单位，报市人民政府核定公布，并报国务院备案。

区、县文物行政管理部门应当选择所辖行政区域内具有历史、艺术、科学价值的不可移动文物，确定为区、县级文物保护单位，报本级人民政府核定公布，并报市人民政府备案。

第十一条 文物保护单位核定公布后，应当依法划定保护范围。

市文物行政管理部门会同市规划行政管理部门和文物所在区、县人民政府，根据文物保护的实际需要，提出文物保护单位的建设控制地带划定方案，经市人民政府批准后公布实施。

第十二条 在文物保护单位的保护范围内实施下列文物保护工程，应当制定文物保护工程方案，并履行报批手续：

（一）新建、改建、扩建文物保护设施；

（二）实施修缮、保养文物工程；

（三）铺设通讯、供电、供水、供气、排水等管线；

（四）设置防火、防雷、防盗设施和修建防洪工程；

（五）其他文物保护的建设工程。

全国重点文物保护单位的保护工程方案，经市文物行政管理部门审核后，报国务院文物行政管理部门审批；市级文物保护单位的保护工程方案，由市级文物行政管理部门征求国务院文物行政管理部门的意见后予以审批；区、县级文物保护单位的保护工程方案，由区、县文物行政管理部门征求市文物行政管理部门的意见后予以审批。

保护工程方案变更的，不可移动文物的管理人、使用人应当报原批准的文物行政管理部门重新批准。

第十三条 在文物保护单位的建设控制地带内进行建设工程，不得破坏文物保护单位的历史风貌，并应当与文物保护单位的建筑风格相协调。工程设计方案应当根据文物保护单位的级别，经相应的文物行政管理部门同意后，报规划行政管理部门批准。

第十四条 文物保护单位非经法定程序不得撤销。因自然或者意外原因损毁的，应当实行遗址保护。确需原址重建或者撤销的，应当由市文物行政管理部门组织专家论证后，依法按原审批程序报批。

第十五条 建设工程选址，应当尽可能避开不可移动文物。因特殊情况不能避开的，对文物保护单位应当尽可能实施原址保护；无法实施原址保护，必须迁移异地保护或者拆除的，建设单位应当报市文物行政管理部门，由市文物行政管理部门提出意见后，报市人民政府批准；迁移或者拆除市级文物保护单位的，批准前须征得国务院文物行政管理部门同意。迁移全国重点文物保护单位的，由市人民政府报国务院批准。

未核定为文物保护单位的不可移动文物迁移、拆除的，建设单位应当报区、县文物行政管理部门，由区、县人民政府批准。区、县人民政府批准前应当征得市文物行政管理部门同意。

第十六条 国有不可移动文物管理权、使用权的变更，应当报市文物行政管理部门备案，其中全国重点文物保护单位管理权、使用权的变更，按照国家有关规定执行。

第十七条 市文物行政管理部门应当根据不同文物的保护需要，制定具体的保护措施，并公告施行。

市文物行政管理部门应当向本市的全国重点文物保护单位、市级文物保护单位的所有者或者使用者发出通知书，明确保护义务。区、县文物行政管理部门应当向区、县级文物保护单位的所有者或者使用者发出通知书，明确保护义务。

对尚未核定公布为文物保护单位的不可移动文物，由所在地的区、县文物行政管理部门将其名称、类别、年代、位置、范围等事项予以登记和公布，并设立保护标志，向所有者或者使用者发出保护通知书，明确保护义务。

第十八条 不可移动文物的管理人、使用人应当按照规定加强火源、电源的管理，配备必要的灭火设备。在重点要害部位根据实际需要，安装自动报警、灭火、避雷等设施。安装、使用设施不得对文物建筑造成破坏。

遇有危及文物安全的重大险情，不可移动文物的管理人、使用人应当及时采取措施，并向文物所在地的区、县文物行政管理部门报告。

第十九条 不可移动文物的使用人、管理人应当保持文物原有的整体性，对其附属物不得随意进行彩绘、添建、改建、迁建、拆毁，不得改变文物的结构和原状。

修缮、保养、迁移、重建不可移动文物，应当遵守不改变文物原状的原则。

第二十条 核定为文物保护单位的国有纪念建筑物、古建筑向社会开放的，其管理人、使用人应当保证建筑物的正常开放。市或者区、县文物行政管理部门发现管理人、使用人的行为造成建筑物有碍开放的，可以责令管理人、使用人进行整治。

核定为文物保护单位的国有纪念建筑物、古建筑作其他用途的，应当经核定公布该文物保护单位的人民政府批准。国有未核定为文物保护单位的不可移动文物作其他用途的，应当报所在地的区、县人民政府批准。

第二十一条 市文物行政管理部门应当会同市城市规划行政管理部门，根据历史资料、考古资料等对本市行政区域内有可能集中埋藏文物的地区，划定地下文物埋藏区，报市人民政府核定并公布。

在地下文物埋藏区进行建设工程的，建设单位应当在取得建设项目选址意见书三十日内，向市文物行政管理部门申请考古调查、勘探。如需发掘的，市文物行政管理部门应当组织考古发掘单位进行发掘。未经考古调查、勘探或者发掘，不得进行建设工程。

第二十二条 博物馆、图书馆和其他文物收藏单位的文物藏品的级别，由文物鉴定委员会按照国家规定进行评定。

第二十三条 博物馆、图书馆和其他文物收藏单位应当充分发挥馆藏文物的作用，通过举办展览、科学研究等活动，加强对中华民族优秀的历史文化和革命传统的宣传教育。

第二十四条 市和区、县文物行政管理部门可以对博物馆、图书馆和其他文物收藏单位收藏的文物进行核查。

博物馆、图书馆和其他文物收藏单位，应当对馆藏文物定期进行检查。

第二十五条 不具备收藏珍贵文物条件的国有文物收藏单位，其收藏的珍贵文物，市文物行政管理部门可以指定具备收藏条件的其他国有文物收藏单位代为保管。文物收藏单位和代为保管单位的权利和义务由双方协商确定。

国有文物收藏单位与非国有文物收藏单位之间不得交换文物。

第二十六条 非国有文物收藏单位终止时，以其名义接受捐赠或者购买的珍贵文物，不得转让给文物收藏单位以外的公民、法人或者其他组织。

第二十七条 复制、拍摄、拓印馆藏文物，必须确保文物安全。

文物的复制品应当有明确的标识。

第二十八条 本市严格控制利用文物保护单位拍摄电影、电视以及举办展销和其他大型活动。确需利用文物保护单位拍摄电影、电视或者举办大型活动的，拍摄单位或者举办者应当征得文物管理人、使用人同意，并提出拍摄方案、活动计划和保护措施。拍摄电影、电视，利用全国重点文物保护单位的，报国务院文物行政管理部门审批；利用市级或者区、县级文物保护单位的，报市文物行政管理部门审批。举办展销和其他大型活动，利用全国重点文物保护单位或者市级文物保护单位的，报市文物行政管理部门审批；利用区、县级文物保护单位的，报区、县文物行政管理部门审批。更改拍摄方案或者活动计划的，应当报原批准的文物行政管理部门重新批准。

利用文物保护单位拍摄电影、电视以及举办展销和其他大型活动，文物保护单位所得收益应当用于文物保护。

第二十九条 文物市场的举办者或者管理者应当加强对市场内文物经营行为的管理、监督，设立管理机构，制定管理制度，聘用文物鉴定人员。

文物市场举办者或者管理者应当在明显处设置公告牌，明确告知运送、邮寄、携带文物出境时，应当依法办理文物出境许可手续。

第三十条 外省市文物商店或者文物拍卖企业到本市行政区域内销售、拍卖文物的，应当在销售、拍卖前持所在地文物行政管理部门批准其经营、拍卖文物的许可文件，到市文物行政管理部门备案。

第三十一条 违反本条例第十二条规定，文物保护工程方案未经批准或者擅自变更文物保护工程方案，明显改变文物原状尚不构成犯罪的，由市或者区、县文物行政管理部门责令改正，造成严重后果的，处五万元以上五十万元以下的罚款。

第三十二条 违反本条例第十四条规定，非经法定程序擅自撤销文物保护单位的，由市或者区、县文物行政管理部门责令改正，并对直接责任人给予行政处分。

第三十三条 违反本条例规定，有下列行为之一，尚不构成犯罪的，由市或者区、县文物行政管理部门责令改正，可以并处二万元以下罚款：

（一）违反本条例第十八条第一款规定，安装、使用自动报警、灭火、避雷等设施对文物建筑造成破坏的；

（二）违反本条例第十八条第二款规定，遇有危及文物安全的重大险情未及时采取措施或者未向文物行政管理部门报告的。

第三十四条 违反本条例第二十一条第二款的规定，未经考古调查、勘探或者发掘，建设单位擅自开工建设的，由市文物行政管理部门责令改正，情节严重的，处五万元以上五十万元以下罚款。

第三十五条 违反本条例第二十五条第二款规定，国有文物收藏单位与非国有文物收藏单位之间交换文物的，由市或者区、县文物行政管理部门责令改正，没收非法交换的文物，并处一万元以上五万元以下罚款。

第三十六条 违反本条例第二十七条第二款规定，文物的复制品没有明确标识的，由市或者区、县文物行政管理部门责令改正，并处一万元以上五万元以下罚款。

第三十七条 违反本条例第二十八条第一款规定，拍摄单位擅自拍摄或者更改拍摄计划，由市文物行政管理部门责令改正，收缴非法录制品，并处一万元以上五万元以下罚款。

违反本条例第二十八条第一款规定，举办者擅自举办活动或者更改活动计划，由原批准的文物行政管理部门责令改正，没收违法所得，并处一万元以上五万元以下罚款。

第三十八条 违反本条例第二十九条规定，文物市场的举办者或者管理者未设立管理机构、未制定管理制度、未聘用文物鉴定人员或者未在明显处设置公告牌的，由市或者区、县文物行政管理部门责令改正；情节严重的，处二千元以上二万元以下罚款。

第三十九条 市和区、县文物行政管理部门或者其他有关部门不履行文物保护职责的，由市或区、县人民政府责令改正；对直接负责的主管人员和其他直接责任人员，依法给予行政处分。

　　文物行政管理部门或者其他有关部门的工作人员玩忽职守、滥用职权、徇私舞弊的，由其所在单位或者上级主管机关给予处分；构成犯罪的，依法追究刑事责任。

　　第四十条　核定为文物保护单位的历史风貌建筑，其保护和修缮工作，应当遵守国家文物保护法律、法规和本市有关法规规定。

　　第四十一条　本条例自 2008 年 3 月 1 日起施行。

河 北

承德避暑山庄及周围寺庙保护管理条例

（2003年7月18日河北省第十届人民代表大会常务委员会
第四次会议通过　自2003年8月20日起施行）

第一章　总　则

第一条　为了加强对承德避暑山庄及周围寺庙的保护和管理，根据《中华人民共和国文物保护法》及有关法律法规，结合承德避暑山庄及周围寺庙实际，制定本条例。

第二条　凡在承德避暑山庄及周围寺庙保护范围和建设控制地带内从事保护管理、生产经营、开发建设、旅游、考察、宗教、文化等活动的组织和个人，应当遵守本条例。

第三条　承德避暑山庄及周围寺庙的保护和管理，应当与保护历史文化名城相结合，坚持保护为主、抢救第一、合理利用、加强管理的方针，正确处理文物保护与经济建设、社会发展的关系，确保文物安全。

承德市的城市建设和旅游开发应当遵循文物保护工作的方针，其活动不得对承德避暑山庄及周围寺庙造成损害，不得破坏承德避暑山庄及周围寺庙整体的历史风貌和自然环境。

第四条　承德避暑山庄及周围寺庙属于国家所有，不得转让、抵押，不得作为企业资产经营或者从事其他不利于文物保护的活动。确需改变用途的，应当由省人民政府报国务院批准。

第五条　承德市人民政府负责承德避暑山庄及周围寺庙的保护工作，组织编制承德避暑山庄及周围寺庙保护规划，并纳入城市总体规划。

承德市人民政府文物行政部门对承德避暑山庄及周围寺庙的保护实施监督管理。经国务院批准由宗教行政部门管理的寺庙，应当加强文物保护工作，并接受文物行政部门的业务指导和监督。

承德市人民政府文物行政部门可以委托承德避暑山庄及周围寺庙的保护管理机构，在其管理范围内对违反文物保护法律法规的行为实施行政处罚。

规划、建设、旅游、宗教、财政、文化、公安、国土资源、水务、林业、环保等部门，在各自的职责范围内，做好承德避暑山庄及周围寺庙的保护和管理工作。

第六条　承德市人民政府应当将承德避暑山庄及周围寺庙保护和管理工作所需经费列入本级财政预算，并随着财政收入的增长而增加。

承德避暑山庄及周围寺庙的门票收入，应当主要用于文物保护。

自然人、法人和其他组织捐赠、赞助的财物，应当纳入相关文物保护基金，专门用于文物保护。

第七条　承德市人民政府应当将承德避暑山庄及周围寺庙的保护和管理情况定期向市人民代表大会常务委员会和省人民政府报告。

第八条　省、市人民政府及其文物行政部门、有关部门对在承德避暑山庄及周围寺庙保护工作中做出突出贡献的单位或者个人，给予表彰或者奖励。

第二章　保护对象与保护范围

第九条　承德避暑山庄及周围寺庙的保护对象包括：

（一）承德避暑山庄及周围寺庙保护范围内的古建筑物、构筑物、附属建筑物及其遗址；

（二）承德避暑山庄及周围寺庙保护管理机构收藏、保管、登记注册的馆藏文物和重要资料；

（三）承德避暑山庄及周围寺庙保护范围内的地下文物；

（四）构成承德避暑山庄及周围寺庙整体的历史风貌和自然环境；

（五）其他依法应当保护的人文遗迹。

第十条　承德避暑山庄及周围寺庙保护范围由省人民政府划定。保护范围分为重点保护区和一般保护区。

在保护范围外，根据文物保护的需要划定建设控制地带。建设控制地带由省文物行政部门会同省建设行政部门划定，经省人民政府批准后予以公布。

省人民政府可以根据对历史文化名城和世界文化遗产保护的需要，对保护范围和建设控制地带进行调整。

第十一条　承德避暑山庄及周围寺庙应当设置保护标志和保护范围界桩，任何单位和个人不得擅自移动和破坏。

第三章　保护和管理

第十二条　承德市人民政府文物行政部门应当制定避暑山庄及周围寺庙文物保护的科学技术研究规划，采取有效措施，促进文物保护科学技术成果的应用，提高文物保护的质量和科学技术水平。

第十三条　承德避暑山庄及周围寺庙保护管理机构应当建立健全安全保卫和消防管理责任制，并按照国家有关规定配备防火、防盗、防雷击、防自然损坏的器材和设施，制定火灾、水灾、地震等灾害发生时的应急措施。

第十四条　承德避暑山庄及周围寺庙重点保护区内，除古建筑物、附属建筑物保养维护、抢险加固、修缮、保护性设施建设、迁移等保护工程和复原工程外，不得进行任何工程建设。现存的非文物建筑应当按照规划逐步拆除。

第十五条 承德避暑山庄及周围寺庙一般保护区内，因特殊需要进行工程建设或者爆破、钻探、挖掘等作业的，应当征得国家文物行政部门的同意并经省人民政府批准。

第十六条 建设控制地带内新建、改建、扩建建筑物或者构筑物，其形式、高度、体量、色调、建筑风格等应当与承德避暑山庄及周围寺庙的环境、历史风貌相协调。设计方案应当经省人民政府文物行政部门同意后，报省人民政府规划行政部门批准。

承德市人民政府应当对原有建筑物进行清理排查，对影响承德避暑山庄及周围寺庙历史风貌和自然环境的，应当限期拆除、迁移或者改建。

第十七条 在承德避暑山庄及周围寺庙的保护范围和建设控制地带内，不得建设污染环境的生产设施；建设其他设施，其污染物排放不得超过规定排放标准。已经建成的设施，其污染物排放超过规定排放标准的，限期治理。

第十八条 承德避暑山庄及周围寺庙的保护工程应当遵守下列规定：

（一）文物保护工程必须遵守不改变文物原状的原则；

（二）承担文物保护工程的勘察、设计、施工、监理的单位，应当同时取得文物行政部门和建设行政部门发给的相应等级的资质证书；

（三）文物保护工程的勘察设计方案，应当报国家文物行政部门批准；

（四）文物保护工程应当按工序分阶段验收。重大工程告一段落时，由项目审批部门组织或者委托有关单位进行阶段验收；工程竣工后，经原申报部门初验合格后报项目审批部门验收。

第十九条 承德避暑山庄及周围寺庙文物保护管理机构应当严格执行保障馆藏文物安全的规章制度，对馆藏文物实行统一管理，防止文物流失。

馆藏文物的调拨、交换、借用应当根据文物的等级，逐级报文物行政部门批准。修复、复制、拓印、拍摄馆藏文物，应当依法履行报批手续，并在文物保护管理机构人员的监督下进行。

修复馆藏文物，不得改变其形状、色彩、纹饰、铭文等。

第二十条 承德避暑山庄及周围寺庙内的动物、植物，应当依法保护。

对古树名木应当建立专门档案，加强养护管理。

属于国家重点保护的野生动物对古建筑、树木及人员安全构成威胁需猎捕的，应当依法报相应的野生动物保护行政部门批准。

第二十一条 承德避暑山庄及周围寺庙设立必要的服务机构和设施，由文物行政部门统一规划，其设置与布局应当确保文物安全和历史风貌不受损害。

第二十二条 使用承德避暑山庄及周围寺庙古建筑的单位应当负责保护古建筑物、附属建筑物的安全，并履行保养和修缮义务。

第二十三条 承德避暑山庄及周围寺庙保护范围内禁止下列活动：

（一）开山取石、打井修渠、挖砂取土、建坟立碑、堆放垃圾及其他杂物；

（二）生产、储存、销售和使用易燃、易爆、剧毒、放射性、腐蚀性物品；

（三）出于商业目的的飞行器低空飞行；

（四）法律法规禁止的其他活动。

第二十四条 进入承德避暑山庄及周围寺庙的人员，禁止下列行为：

（一）在重点保护区内燃放烟花爆竹和野外用火；

（二）在设有禁止吸烟标志区域内吸烟；

（三）在防火戒严期内进入防火戒严区；

（四）挪用、损毁避雷、安全防范器材和设施；

（五）翻越、损坏围墙；

（六）攀折花木、践踏草坪、樵采、猎捕；

（七）撞靠、击打古建筑物、附属建筑物和树木；

（八）在文物、景物上涂污、刻划；

（九）在设有禁止拍摄标志区域内拍摄；

（十）法律法规禁止的其他行为。

第二十五条 在承德避暑山庄及周围寺庙举办或者从事下列活动，应当经市文物行政部门同意后，报相关部门批准，并在规定的时间、地点、范围内进行：

（一）展览；

（二）集会、文艺演出、体育比赛、培训或者其他有组织的群众性活动；

（三）设置通讯、供电、供水、供气、排污等管线及设施；

（四）勘察、测量或者设置监测、测量标志及设施。

第四章 法律责任

第二十六条 在承德避暑山庄及周围寺庙保护和管理工作中有下列行为之一的，由其所在单位或者上级主管部门对负有责任的主管人员和其他直接责任人员依法给予行政处分；构成犯罪的，依法追究刑事责任：

（一）违反有关规定，借用或者非法侵占国有文物的；

（二）利用职务或者工作上的便利，侵吞、盗窃国有文物的；

（三）以权谋私，贪污、挪用文物保护经费的；

（四）不依法履行职责或者发现违法行为不予查处，造成文物及重要资料损坏或者流失的；

（五）滥用审批权限，造成景观破坏、文物损毁等严重后果的。

违反前款规定受到开除公职处分的人员，自被开除公职之日起十年内不得从事文物保护和管理工作。

第二十七条 有下列行为之一，尚不构成犯罪的，由市文物行政部门责令改正；造成严重后果的，处五万元以上五十万元以下罚款；情节严重的，由原发证机关吊销资质证书：

（一）擅自在保护范围内进行工程建设或者爆破、钻探、挖掘等作业的；

（二）在建设控制地带内进行工程建设，其设计方案未经文物行政部门同意并报规划行政部门批准，对承德避暑山庄及周围寺庙历史风貌造成破坏的；

（三）擅自迁移、拆除不可移动文物的；

（四）擅自修缮不可移动文物，明显改变文物原状的；

（五）未取得文物保护工程资质证书，擅自从事文物修缮、迁移、重建的。

第二十八条 有下列行为之一的，由文物行政部门依法给予处罚：

（一）违反本条例第十九条第三款规定的，给予警告；造成严重后果的，处二千元以上二万元以下罚款；

（二）违反本条例第二十二条规定的，责令其履行保养、修缮义务或者限期迁出；拒不履行义务或者未按期迁出的，处一千元以上五千元以下罚款；

（三）违反本条例第二十三条第（一）项规定的，责令其停止违法活动，限期恢复原状。不予恢复或者不能恢复原状的，处三百元以上三千元以下罚款；

（四）违反本条例第二十三条第（三）项规定的，责令其停止飞行，并处一千元以上五千元以下罚款；

（五）违反本条例第二十五条规定的，责令其停止违法活动，可以并处五百元以上五千元以下罚款；

（六）损毁文物保护标志或者界桩的，处三百元以上三千元以下罚款。

第二十九条 违反本条例第十六条规定的，由规划行政部门依法给予处罚。

第三十条 违反本条例第十七条规定的，由环境保护行政部门依法给予处罚。

第三十一条 有下列列行为之一，由公安部门依法给予处罚；构成犯罪的，依法追究刑事责任：

（一）违反本条例第二十三条第（二）项规定的；

（二）使用枪击、爆炸、电击、投毒等危险方式猎捕及其他违反治安管理规定的；

（三）违反消防管理规定的；

（四）拒绝、阻碍文物行政部门依法执行公务的。

第三十二条 本条例第二十四条规定的，由承德避暑山庄及周围寺庙保护管理机构责令其停止违法活动，可以并处五十元以上二百元以下罚款。

第三十三条 相对人对行政处罚决定不服的，可以依法申请行政复议或者提起行政诉讼。逾期不申请行政复议或者提起行政诉讼，又不履行处罚决定的，由作出处罚决定的行政机关申请人民法院强制执行。

第三十四条　本条例规定，造成承德避暑山庄及周围寺庙文物灭失、损坏的，依法承担民事责任。

第五章　附　则

第三十五条　本条例所称承德避暑山庄周围寺庙，是指环列在避暑山庄周围的清代寺庙群，包括溥仁寺、溥善寺（遗址）、普乐寺、安远庙、普宁寺、普佑寺、广缘寺、须弥福寿之庙、普陀宗乘之庙、广安寺（遗址）、罗汉堂（遗址）和殊像寺。

第三十六条　本条例自 2003 年 8 月 20 日起施行。

河北省实施《中华人民共和国文物保护法》办法

（2007 年 7 月 19 日河北省第十届人民代表大会常务委员会第二十九次会议通过　自 2007 年 10 月 1 日起施行　根据 2014 年 5 月 30 日河北省第十二届人民代表大会常务委员会第八次会议《河北省人民代表大会常务委员会关于修改部分法规的决定》修正）

第一章　总　则

第一条　为加强对文物的保护，根据《中华人民共和国文物保护法》和《中华人民共和国文物保护法实施条例》等有关法律、法规，结合本省实际，制定本办法。

第二条　本省行政区域内文物的保护、利用和管理，适用本办法。

具有科学价值的古脊椎动物化石、古人类化石同文物一样受国家保护。

第三条　县级以上人民政府应当将文物保护事业纳入本级国民经济和社会发展规划，所需经费列入本级财政预算，并随着财政收入增加而增加。

县级以上人民政府应当加强文物保护管理机构和专业队伍建设，支持文物保护科学技术的研究、推广和应用，提高文物保护的现代化管理水平。

县级以上人民政府及其文物行政主管部门和其他有关行政部门应当建立文物保护责任制；对不依法履行文物保护职责的应当追究法律责任；对在文物保护工作中有突出贡献的应当予以表彰、奖励。

第四条　各级人民政府负责本行政区域内的文物保护工作。

县级以上人民政府承担文物保护工作的部门（以下简称文物行政主管部门）对本行政区域内的文物保护实施监督管理。县级以上人民政府发展和改革、规划、建设、国土资源、公安、工商行政管理、财政、旅游、民族宗教等部门在各自的职责范围内，负责有关的文物保护工作。

第五条　县级以上人民政府文物行政主管部门可以在法定权限内，委托其所属的符合《中华人民共和国行政处罚法》第十九条规定条件的事业组织实施行政处罚；对受委托的组织应当加强管理，对其实施行政处罚的行为负责监督，并对该行为的后果承担法律责任。

受委托组织在委托范围内，以文物行政主管部门的名义实施行政处罚，不得再委托其他任何组织或个人实施行政处罚。

第六条　公民、法人和其他组织都有依法保护文物的义务，并有权检举、控告和制止盗窃、走私、破坏文物的行为。

各级人民政府应当对文物保护志愿者开展文物保护的活动给予支持；文物行政主管部门应当对文物保护志愿者进行培训、指导。

第七条　各级人民政府应当正确处理经济建设、社会发展与文物保护的关系，依法保护和合理利用本辖区内的文物资源。

基本建设、旅游开发、宗教活动等应当坚持文物保护工作的原则，不得对文物造成损害。

县级以上人民政府文物行政主管部门应当向社会提供必要的信息和服务，对文物的利用进行指导和监督。

第八条　报刊、文播、电视、网络等新闻媒体应当经常进行文物保护宣传教育，适时发布文物保护公益广告，增强公民的文物保护意识。

各类学校应当采取多种形式加强对在校学生的文物保护教育。

第九条　鼓励公民、法人和其他组织通过捐赠等方式支持文物保护事业。捐赠的款物专门用于文物保护，任何单位或者个人不得侵占、挪用。

第十条　向社会开放的文物保护单位、博物馆和纪念馆，对未成年、老年人、残疾人和现役军人，应当实行收费减免。

第二章　不可移动文物

第十一条　省人民政府文物行政主管部门可以在市级、县级文物保护单位中，选择具有重要历史、艺术、科学价值的确定为省级文物保护单位，由省人民政府核定公布，报国务院文物行政主管部门备案。

设区的市人民政府文物行政主管部门可以在县级文物保护单位中，选择具有重要历史、艺术、科学价值的确定为市级文物保护单位，由设区的市人民政府核定公布，报省人民政府文物行政主管部门备案。

第十二条　具有历史、艺术、科学价值的尚未核定公布为文物保护单位的不可移动文物，由所在地县级人民政府文物行政主管部门予以登记，建立档案，向社会公布，并向省、设区的市人民政府文物行政主管部门备案。

第十三条　省人民政府文物行政主管部门负责组织编制本辖区内的全国重点文物保护单位和省级文物保护单位的保护规划。全国重点保护单位的保护规划，经省人民政府同意后，报国务院文物行政主管部门批准；省级文物保护单位的保护规划，报省人民政府批准。

设区的市人民政府文物行政主管部门可以根据文物保护工作的需要，组织编制市级文物保护单位的保护规划，报设区的市人民政府批准。

县级人民政府文物行政主管部门负责组织制定县级文物保护单位和尚未核定公布为文物保护

单位的不可移动文物的具体保护措施。

  第十四条 依法核定公布的历史文化名城和历史文化街区、村镇，由县级以上人民政府负责组织编制保护规划。历史文化名城和历史文化街区、村镇的保护规划应当符合文物保护的要求。

  在历史文化名城和历史文化街区、村镇内进行工程建设，应当符合历史文化名城和历史文化街区、村镇的保护规划，与历史文化名城和历史文化街区、村镇的历史风貌和自然环境相协调。

  第十五条 在文物保护单位的建设控制地带内进行建设工程，工程设计方案应当根据文物保护单位的级别，经相应的文物行政主管部门同意后，报建设规划部门批准。

  涉及文物保护事项的基本建设项目，项目审批主管部门应当在项目审批前书面征求人民政府文物行政主管部门的意见。

  第十六条 需要在文物保护单位的保护范围和建设控制地带内建设建筑物、构筑物和其他设施的，应当履行审批程序，不得污染文物保护单位及其环境，不得进行不可能影响文物保护单位安全及其环境的活动，所建设的建筑物、构筑物和其他设施的形式、高度、体量、色调等应当与文物保护单位的历史风貌、周边环境相协调。

  第十七条 县级以上人民政府对危害文物保护单位安全、破坏文物保护单位历史风貌的建筑物、构筑物和其他设施，应当及时调查处理，必要时对该建筑物、构筑物和其他设施予以拆迁。需要拆迁的，拆迁费用由文物保护单位所在地县级以上人民政府协调解决。属于违法建设的，应当责令拆除，所需拆除费用和因拆除造成的经济损失由违法行为人承担。

  第十八条 国有不可移动文物和非国有不可移动文物分别由管理人或者使用人、所有人负责修缮、保养，并承担相关费用。

  国有濒危重要文物由管理人或者使用人负责抢救修缮。非国有濒危重要文物由所有人负责抢救修缮，所有人不具备抢救修缮能力的，县级以上人民政府应当予以资助。所有人有能力承担修缮义务而拒不承担的，所有地县级以上人民政府应当组织抢救修缮，所需费用由所有人负担。

  第十九条 文物行政主管部门与使用国有文物保护单位的组织或者个人应当签订文物保护责任书，明确使用国有文物保护单位的组织或者个人对文物保护单位的保护和管理责任。

  第二十条 县级以上人民政府根据文物保护的需要，经与非国有不可移动文物所有人协商一致，可以置换或者购买该不可移动文物。

  第二十一条 不可移动文物的保养维护、抢险加固、修缮、保护性设施建设和迁移等工程，应当遵守不改变文物原状的原则，依法实行招标投标的工程监理。

  文物保护工程应当按照文物行政主管部门批准的修缮计划和工程设计方案进行，不得擅自变更。需要变更的，应当报原审批部门批准。

  第二十二条 核定公布为文物保护单位的纪念建筑物、古建筑或者代表性建筑，可以作为博物馆、纪念馆或者参观游览场所向社会开放的，其所有人或者管理人、使用人应当制定具体保护措施，并接受人民政府文物行政主管部门的指导和监督。

第二十三条　县级以上人民政府应当将具有重要纪念意义、教育意义和历史价值的革命遗址，依法核定公布为文物保护单位，并做好相关文物的征集、整理和展览工作。县级以上人民政府应当利用革命遗址开展革命传统和爱国主义教育活动。

第二十四条　古建筑、石窟寺及其附属物具有文物标本价值或者主体结构存在安全隐患、可能危及人身和文物安全的，应当设置警示标志，禁止游人参观。

第二十五条　禁止在文物保护单位的古建筑的主要殿屋进行生产、生活用火。在古建筑的厢房、走廊、庭院等处需要设置生产用火的，应当有防火安全措施，文物行政主管部门和公安机关应当加强监督检查。

禁止在文物保护单位的古建筑、纪念建筑、代表性建筑的保护范围内举办灯会、焰火晚会或者燃放烟花爆竹。

第二十六条　文物保护单位的所有人或者管理人、使用人应当加强火源、电源的管理，配备必要的灭火设备，在重点场所设置"禁止烟火"的警示标志。

根据文物保护的需要，在文物保护单位的重点部位应当安装自动报警、灭火、避雷等设施。安装使用自动报警、灭火、避雷等设施不得对文物建筑造成破坏。

第二十七条　遇有危及文物保护单位安全的重大险情时，文物保护单位的所有人或者管理人、使用人应当及时采取保护措施，立即向所在地人民政府文物行政主管部门报告。

第二十八条　对田野不可移动文物，所有地县级人民政府文物行政主管部门可以聘请文物安全保护员，并对其支付适当报酬。

文物安全保护员协助做好田野不可移动文物安全保护工作。县级人民政府文物行政主管部门和乡、镇人民政府应当加强对文物安全保护员的培训和指导。

第三章　考古发掘

第二十九条　在建设工程施工或者生产活动中发现地下文物，建设单位或者生产单位应当立即停止施工、生产活动，保护现场，并向所在地人民政府文物行政主管部门报告。

文物行政主管部门接到报告后，应当按照法律规定的时限赶赴现场，提出处理意见；必要时可以报请当地人民政府通知公安机关协助保护现场，建设单位和其他有关单位应当予以配合。

文物行政主管部门提出考古发掘意见的，在考古发掘工作结束前，施工单位或者生产单位不得擅自在考古发掘区域内进行建设工程施工或者生产活动。

第三十条　地下文物面临破坏危险，需要进行抢救性发掘的，由省人民政府文物行政主管部门组织发掘民，所在地人民政府有关部门应当予以配合，做好发掘保障工作。

第三十一条　因进行基本建设和生产建设需要进行考古调查、勘探、发掘的，所需费用由建设单位列入建设工程预算。

对在基本建设和生产建设过程中发现的地下文物进行保护所需费用，建设单位可以请求当地人民政府协调解决。

第三十二条　考古发掘出土的文物按照国家有关规定移交给由国务院文物行政主管部门或者省人民政府文物行政主管部门指定的国有文物收藏单位收藏，任何单位不得隐匿、侵占或者扣留。

第四章　博物馆和馆藏文物

第三十三条　县级以上人民政府应当根据本地区国民经济和社会发展水平、文物等资源条件和公众精神文化需求，设立收藏、保护、研究、展示人类活动和自然环境的见证物的博物馆。

鼓励公民、法人和其他组织投资设立博物馆。公民、法人和其他组织依照国家有关规定，可以向省人民政府文物行政主管部门申请设立博物馆。

公民、法人和其他组织设立博物馆的，应当接受人民政府文物行政主管部门的监督和业务指导。

第三十四条　国有博物馆、文物保管所及收藏文物的图书馆、档案馆等文物收藏单位应当依照国家有关规定，配备专门的库房、专职技术人员，并安装安全和消防设施。

第三十五条　省人民政府文物行政主管部门应当组织依法设立的文物鉴定机构对文物收藏单位收藏的文物进行鉴定。参与鉴定的专家应当具备相应资质，并不得少于三人。

第三十六条　文物收藏单位应当依照国家有关规定，建立健全文物保护管理制度，对收藏的文物登记造册，区分等级，建立藏品档案，并报所在地人民政府文物行政主管部门备案。

人民政府文物行政主管部门应当对文物收藏单位的文物保管状况进行定期检查、核实。馆藏文物等级区分不准确、文物藏品档案不完整的，文物行政主管部门应当责令其改正。

第三十七条　省人民政府文物行政主管部门应当建立全省珍贵文物藏品档案和省属文物收藏单位的馆藏文物档案。设区的市、县级人民政府文物行政主管部门应当建立本行政区域内的馆藏文物档案。

第三十八条　文物收藏单位应当具备文物安全保管条件。对不具备文物安全保管条件的文物收藏单位所收藏的珍贵文物，由上级文物行政主管部门指定具备文物安全保管条件的单位代为保管。对不具备文物安全保管条件的文物收藏单位所收藏的其他文物，应当存放在安全场所妥善保管，并采取必要的保护措施。

第三十九条　文物收藏单位应当通过开展展览、研究等活动，充分发挥文物的社会教育作用、历史借鉴作用和科学研究作用。

第四十条　国有文物收藏单位之间因开展展览、科学研究等活动需要借用国有馆藏一级文物的，应当经省人民政府文物行政主管部门审核后，报国务院文物行政主管部门批准；需要借用国有馆藏二级、三级文物的，应当报省人民政府文物行政主管部门备案；需要借用其他国有馆藏文物的，应当报主管的文物行政部门备案。

非国有文物收藏单位有其他单位因开展展览、科学研究等活动，需要借用国有馆藏一级文物的，应当经省人民政府文物行政主管部门审核后，报国务院文物行政主管部门批准；需要借用国有馆藏二级、三级文物的，应当报省人民政府文物行政主管部门批准；需要借用其他国有馆藏文物的，应当报主管的文物行政部门批准。

馆藏文物的借出单位和借用单位应当依法签订借用协议，明确文物现状、借用期限、用途以及双方的权利、义务等事项。

第五章　民间收藏文物与流通

第四十一条　文物收藏单位以外的公民、法人和其他组织可以收藏通过依法继承、赠与、购买、交换、转让以及其他合法方式取得的文物；可以要求文物行政主管部门对其收藏的文物提供鉴定、修复、保管等方面的咨询。

省和有条件的设区的市可以依法设立文物鉴定中介组织，为文物收藏单位以外的公民、法人和其他组织合法收藏的文物提供鉴定服务。

文物收藏单位以外的公民、法人和其他组织依法收藏的文物可以依法流通。

第四十二条　县级以上人民政府应当加强文物征集工作，对文物收藏单位以外的公民、法人和其他组织将其收藏的文物捐赠给国有文物收藏单位的，应当予以表彰、奖励。

鼓励文物收藏单位以外的公民、法人和其他组织将其收藏的文物出借给文物收藏单位展览、研究。文物收藏单位对借用的文物应当妥善保管，造成损失的，应当予以赔偿。

第四十三条　县级以上人民政府文物行政主管部门和工商行政管理部门应当加强对文物流通活动的监督管理。

文物的销售由依法批准设立的文物商店经营；文物的拍卖由依法取得文物拍卖许可证的拍卖企业经营。其他单位或者个人不得从事文物的销售和拍卖活动。

经营古玩、艺术品的店铺业主应当向工商行政管理部门办理注册登记，领取营业执照后方可从事经常活动。但不得经营法律法规禁止买卖的文物。

第四十四条　文物商店销售的文物，在销售前应当经省人民政府文物行政主管部门审核。省人民政府文物行政主管部门应当自收到文物商店申请之日起十日内完成审核工作，并以书面形式答复申请人。

拍卖企业拍卖的文物，在拍卖前应当经省人民政府文物行政主管部门审核，并报国务院文物行政主管部门备案。

文物商店购买、销售文物和拍卖企业拍卖文物，应当依照国家有关规定作出记录，并在三个月内将记录报原审核的文物行政主管部门备案。

第四十五条 任何单位或者个人不得涂改、伪造、变造或者转让文物销售专用标识。

第六章 法律责任

第四十六条 县级以上人民政府文物行政主管部门和其他有关行政部门不依法履行文物保护和监督管理职责，造成国家保护的珍贵文物损毁或者流失的，对负有责任的主管人员和其他直接责任人员依法给予行政处分；构成犯罪的，依法追究刑事责任。

第四十七条 文物行政主管部门的工作人员有以下列行为之一的，对负有责任的主管人员和其他直接责任人员依法给予行政处分；构成犯罪的，依法追究刑事责任：

（一）违法实施行政许可或者行政处罚的；

（二）发现违法行为不予查处的；

（三）接到危及文物安全险情的报告不及时采取措施，造成后果的；

（四）非法借用、窃取、侵占文物的；

（五）其他滥用职权、玩忽职守、徇私舞弊行为的。

第四十八条 违反本办法第十九条的规定，使用国有文物保护单位的组织或者个人不依法履行对文物保护单位的保护管理责任的，由县级以上人民政府文物行政主管部门限期改正；逾期不改正的，处以五万元以上十万元以下的罚款；造成不可移动文物损毁的，处以十万元以上五十万元以下的罚款。

第四十九条 违反本办法第二十一条第二款的规定，文物保护工程施工单位不按照文物行政主管部门批准的修缮计划和工程方案进行施工或者擅自变更修缮计划和工程设计方案的，由县级以上人民政府文物行政主管部门责令限期改正；逾期不改正的，处以五万元以上二十万元以下的罚款；造成明显改变文物原状的，处以二十万元以上五十万元以下的罚款。

第五十条 违反本办法第二十七条的规定，文物保护单位的所有人或者管理人、使用人遇有危及文物保护单位安全的重大险情，未及时向文物行政主管部门报告的，由县级以上人民政府通报批评；未及时采取保护措施，造成文物保护单位损失的，处以五万元以上十五万元以下的罚款；造成严重后果的，处以十五万元以上五十万元以下的罚款。

第五十一条 违反本办法第二十九条第三款的规定，在考古发掘工作结束前，施工单位或者生产单位擅自在考古发掘区域内进行工程施工或者生产活动的，由县级以下人民政府文物行政主管部门责令停止施工或者生产活动；拒不停止施工或者生产活动的，处以五万元以上二十万元以下的罚款；造成严重后果的，处以二十万元以上五十万元以下的罚款。

第五十二条 违反本办法第四十五条的规定，涂改、伪造、变造或者转让文物销售专用标识的，由县级以上人民政府文物行政主管部门责令改正，没收违法所得，并处以五千元以下五万元以下的罚款。

第七章　附　则

第五十三条　本办法自 2007 年 10 月 1 日起施行。《河北省文物保护管理条例》同时废止。

山 西

山西省平遥古城保护条例

（1998 年 11 月 30 日山西省第九届人民代表大会常务委员会第六次会议通过）

第一章　总　则

第一条　为全面保存、保护、恢复和展示列入《世界遗产目录》的平遥古城，根据国家有关法律、法规的规定，结合本省实际，制定本条例。

第二条　本条例所称平遥古城是指平遥古城墙及其以内的文物古迹、传统建筑、街巷风貌、古树名木，以及古城墙以外的按照规划确定的保护范围和建设控制地带，包括镇国寺、双林寺在内。

前款所称传统建筑是指尚未列入文物保护单位的，具有历史文化价值的民宅、商号、寺庙、祠堂等建筑物、构筑物。

传统建筑由平遥县人民政府会同省有关部门根据国家和省的有关规定予以鉴定确认，并设置明显保护标志。

第三条　平遥古城内的任何组织和个人及进入该区域内的任何组织和个人均须遵守本条例。

第四条　省人民政府应加强对平遥古城保护工作的领导，将其纳入国民经济和社会发展计划。

第五条　平遥县人民政府全面负责平遥古城的保护和管理工作。

省建设、文物行政部门按照各自的职责负责对平遥古城的保护、监督工作。

第六条　平遥古城保护应遵循"永久保存、永续利用"的原则，实行统筹规划，分级管理。

平遥古城保护应注重对具有地方特色的传统文化的保护、挖掘与发展。

第七条　平遥古城保护、维修、管理经费分别列入山西省、晋中地区行署、平遥县财政预算，并吸纳符合国家规定的拨款和资助。

第八条　任何组织和个人都有保护平遥古城的义务，并有权对损坏平遥古城的行为进行检举和控告。

第九条　省人民政府、平遥县人民政府应对保护、维修、研究、开发、利用平遥古城做出突出贡献的组织和个人给予表彰、奖励。

第二章　保护

第十条　平遥县人民政府负责组织编制《平遥古城保护规划》（以下简称《保护规划》），经省人民政府批准后予以公布实施。

第十一条　平遥古城保护按照全面保护、突出重点的方针，实行分区、分级保护。保护范围划分为绝对保护区，一、二、三级保护区，一、二级建设控制地带和一、二、三级保护街巷。

第十二条　分区、分级保护应遵循下列标准：

（一）绝对保护区内严格按照文物保护法的规定保持传统建筑的原状。

（二）一级保护区内不得改变传统建筑的群体布局、形体、空间风貌、材料和色彩。

（三）二级保护区内保护现存传统建筑的布局和风貌，新建建筑物应与古城风貌相协调。

（四）三级保护区内保护传统建筑的布局和风貌，拆除或改造不协调的建筑物和构筑物。

（五）一级建设控制地带保留现有农田和北城居民新村，逐步拆除该地带内的其他建筑物和构筑物。

（六）二级建设控制地带建筑密度控制在 20％以下，绿化覆盖率应达到 40％，建筑物高度形成梯度变化，即建筑物高度不超过建筑物距古城墙马面外散水边缘距离的 0.06 倍。

（七）一级保护街巷内保持沿街建筑外观，不得改变其立面形式、色彩和建筑材料，对已经改动的要逐步恢复传统特征。

（八）二级保护街巷内对不协调建筑物、构筑物逐步进行拆迁和改造，恢复传统建筑形式。

（九）三级保护街巷内保留传统建筑，新建、改建建筑物应同古城风貌和周围建筑物相协调。

第十三条　平遥古城内传统建筑中的民宅实施分类保护，对其中的典型民宅应建档、挂牌，并制定保护修复计划，保持其建筑外观。院内不得擅自拆除、改造和新建。

鼓励对传统建筑进行保护维修和开发利用。

第十四条　平遥古城内现有空地和拆迁后腾出的空地应逐步绿化，任何组织和个人不得擅自新建建筑物和构筑物。

平遥古城内的古树名木严禁采伐。

第十五条　平遥县人民政府各有关部门应按照各自职责对平遥古城的防火、防盗、防震、防汛等采取有效措施，保障平遥古城安全。

第三章　管理

第十六条　平遥古城城门入口处和镇国寺、双林寺设世界遗产保护标志，国家、省、县级重点文物保护单位设重点文物保护标志。任何单位和个人不得损毁保护标志。

第十七条　平遥古城内的县级以上重点文物保护单位按照文物保护法和有关法律、法规的规定实行分级管理。

第十八条　平遥古城内现有建筑物、构筑物的改造、拆除及一切新建项目实行分级审批制度。未经批准，不得改造、拆除和新建。

第十九条　经批准的建设项目，应先进行文物调查或勘探。勘探费用列入建设单位工程预算。

第二十条　平遥县人民政府对平遥古城内单位和个人拥有的传统建筑，享有优先购买权。

对使用国家所有的传统建筑的单位和个人，不按要求采取保护措施的，平遥县人民政府可以责令搬迁。

第二十一条　平遥古城内禁止建设新的工业企业。现有工业企业应按要求进行逐步改造或搬迁。

第二十二条　平遥古城内的单位和个人应积极保护环境，推广应用低污染燃烧技术。户外饮食业经营者应采用型煤、液化石油气、煤气、电等清洁能源，禁止直接燃烧原煤。

第二十三条　平遥古城内应加强垃圾网点的标准化建设，推行生活垃圾袋装化。禁止在街道上堆放粪肥。

第二十四条　平遥古城内禁止焚烧沥青、油毡、橡胶、塑料、皮革等产生有毒有害烟尘和恶臭气体的物质。

第二十五条　平遥古城内沿街广告应与古城风貌相协调，设立沿街广告应经县建设行政部门审批。禁止在沿街建筑物、构筑物、设施以及树木上涂写刻画或者未经批准张挂、张贴宣传品。

第二十六条　任何单位和个人不得擅自占用道路摆设摊点、堆物作业和进行其他妨碍交通的活动。

第二十七条　平遥古城内现有的地上通讯、输电杆线应逐步转为地下管线。

第二十八条　平遥县人民政府应逐步改善平遥古城内道路交通状况。有关部门应对进入车辆实行交通限制。

第四章　利用

第二十九条　平遥古城的保护与利用遵循开发新区、保护古城、合理利用、发展经济的原则，鼓励国内外投资者投资开发新区、保护利用古城资源、发展旅游业及相关产业。

第三十条　开发新区、疏散古城内的产业和人口。平遥县人民政府应有计划地引导古城内的单位和人口向新城区分流，使古城人口密度达到合理水平。

第三十一条　平遥县人民政府应鼓励下列经营项目和活动：

（一）博物馆、旅行社团；

（二）传统手工作坊、民间工艺及旅游产品制作；

（三）民俗客栈、旅馆、饭店及非机动车运输；

（四）传统娱乐业及民间艺术表演活动；

（五）民间工艺品收藏、交易、展示活动。

第三十二条　平遥县人民政府应对具备开放条件的传统建筑中的民宅，在征得居民同意后，设立游览标志，开放游览。

第三十三条　平遥县人民政府应建立平遥古城保护档案，开展对平遥古城历史、文化及保护、开发、利用的研究。

第五章　法律责任

第三十四条　违反本条例第十六条规定，损毁保护标志的，由平遥县公安部门依照治安管理处罚条例的有关规定予以处罚。

第三十五条　违反本条例规定，未经批准擅自改造、拆除传统建筑的，由平遥县建设行政部门责令其停止违法行为，恢复传统建筑原状，并可处以 5000 元以上 20000 元以下的罚款；擅自新建建筑物、构筑物的，由平遥县建设行政部门依照城市规划法的有关规定予以处罚。

第三十六条　违反本条例第二十二条规定，户外饮食业经营者直接燃烧原煤的，由平遥县环境保护行政部门责令其限期改进，并可处以 300 元以下的罚款。

第三十七条　违反本条例第二十三规定，在街道上堆放粪肥影响市容的，由平遥县建设行政部门责令其清理街道，并可处以 100 元以上 300 元以下的罚款。

第三十八条　违反本条例第二十四条规定的，由平遥县环境保护行政部门处以 300 元以上 3000 元以下的罚款。

第三十九条　违反本条例第二十五条规定的，由平遥县建设行政部门责令其停止违法行为，采取补救措施，恢复原状，并处以 200 元以上 2000 元以下的罚款。

第四十条　违反本条例第二十六条规定的，由平遥县公安部门责令其停止违法行为，清理道路，并处以 50 元以下的罚款。

第六章　附　则

第四十一条　本条例自 1999 年 4 月 1 日起施行。

山西省实施《中华人民共和国文物保护法》办法

（2005年9月29日山西省第十届人民代表大会常务委员会
第六十次会议通过　自2006年1月1日起施行）

第一章　总　则

第一条　根据《中华人民共和国文物保护法》和《中华人民共和国文物保护法实施条例》，结合本省实际，制定本办法。

第二条　本办法适用于本省行政区域内的文物以及具有科学价值的古脊椎动物化石、古人类化石的保护、利用和管理。

第三条　各级人民政府负责本行政区域内的文物保护工作，应当及时组织协调有关部门解决文物保护、利用、管理方面的重大问题，确保文物安全。

县级以上人民政府应当将文物保护事业纳入本级国民经济和社会发展规划。文物保护事业所需经费应当列入本级财政预算。根据文物保护事业发展的需要，县级以上人民政府用于文物保护的财政拨款应当随财政收入的增长而增加。

第四条　县级以上人民政府应当采取措施，保障依法设置的文物保护单位的专门管理机构或者依法指定的专人开展文物保护工作。

第五条　县级以上人民政府承担文物保护工作的部门（以下简称文物行政部门），负责本行政区域内文物保护的监督管理和文物资源合理利用的指导、监督，并向社会提供文物信息服务。

公安、工商行政管理、海关等部门应当在各自的职责范围内做好文物保护工作。

宗教、园林、教育、卫生、房产管理等部门，应当督促其主管的文物保护单位的使用人做好该文物保护单位的保护工作。

第六条　文物、教育、广播电视、新闻出版等部门，应当组织开展文物保护宣传教育活动，增强公民的文物保护意识。

大众传媒负有开展文物保护宣传的义务。

第七条　文物保护事业可以吸纳社会资金投入。具体办法由省人民政府规定。

社会组织或者个人向文物保护事业捐赠的，依照法律、行政法规的规定享受优惠。

第八条 向社会开放的国有的文物保护单位、博物馆、纪念馆等，应当对未成年人、老年人、残疾人和军人实行优惠或者免费开放。

第二章　不可移动文物

第九条 发现具有特别重要价值的地下文物遗存和古文化遗址后，该遗存或者遗址所在地县级以上人民政府应当实行就地保护，制定和落实相应的保护措施。

第十条 历史文化名城、名镇、名村和街区，根据具体情况，由所在地县级以上人民政府确定有关机构或者指定（聘请）专人负责管理。

禁止在历史文化名城、名镇、名村和街区保护范围内擅自进行拆建。

第十一条 未核定为文物保护单位的不可移动文物，由所在地县级人民政府文物行政部门登记公布，建立档案，制定并落实保护措施。

第十二条 不可移动文物因不可抗力、地下采掘引起地面塌陷等特殊原因必须迁移异地保护或者拆除的，所在地县级或者设区的市人民政府应当报省人民政府批准。必须迁移或者拆除省级文物保护单位的，批准前应当征得国务院文物行政部门同意。必须迁移全国重点文物保护单位的，由省人民政府报国务院批准。

第十三条 文物保护单位保护范围核定公布前已有的非文物建筑物和构筑物，危害文物保护单位安全的，应当拆迁；破坏或者影响文物保护单位历史风貌的，应当结合城市改造和旅游开发逐步拆迁或者改造。拆迁、改造费用由文物保护单位所在地县级以上人民政府解决，但非文物建筑物和构筑物属于违法建筑的，拆除费用由违法行为人承担。

第十四条 因保护文物的需要，县级以上人民政府与非国有不可移动文物的所有人经过协商并达成一致的，可以置换或者购买该不可移动文物；置换或者购买不可移动文物，应当办理相关法律手续。

第十五条 使用国有不可移动文物的单位，不能依法履行修缮、保养义务的，应当搬迁。搬迁费用由该不可移动文物的使用人承担。

第十六条 禁止在文物保护单位内擅自设立宗教活动场所。确需设立的，按照《中华人民共和国文物保护法》第二十三条和国家《宗教事务条例》的有关规定办理。

第十七条 文物保护工程中的修缮工程、保护性设施建设工程和迁移工程，应当依法实行招标投标和工程监理。

文物保护工程施工，应当按照相应的人民政府文物行政部门批准的工程设计方案和施工方案进行，不得随意变更。确需变更的，应当报原审批机关批准。

文物保护工程竣工后，工程设计方案的审批机关应当组织验收。

第十八条 文物保护单位内的塑像等附属文物局部残损的，不得擅自修复；塑像全部毁坏的，不得擅自重塑。确需修复、重塑的，按照国家有关规定办理。

第十九条 禁止开采文物保护单位保护范围和建设控制地带内的地下矿藏。

第三章 考古发掘

第二十条 县级人民政府应当组织文物、规划等有关部门，根据史料、普查资料等，将本行政区域内可能埋藏文物的地区划定并公布为地下文物保护区。

第二十一条 在地下文物保护区内进行工程建设，建设单位在取得项目选址意见书后，应当报请省人民政府文物行政部门组织进行文物考古调查、勘探。在地下文物保护区外进行占地1万平方米以上的大型工程建设的，建设单位在取得项目选址意见书后，应当报请省人民政府文物行政部门组织进行文物考古调查、勘探。

文物考古调查、勘探单位应当及时组织调查、勘探，并在调查、勘探工作完成之日起1个月内，向建设单位提供文物环境评估报告；规划、建设行政部门应当根据文物环境评估报告依法办理建设工程的相关手续。

第二十二条 在对城镇房屋进行拆迁、改造时发现文物的，施工单位应当立即停止施工，保护现场，并报告当地县级以上人民政府文物行政部门；文物行政部门接到报告后，除遇有不可抗力的情况外，应当在24小时内赶赴现场，并在7个工作日内提出处理意见。

第二十三条 地下文物面临破坏危险，确需进行抢救性发掘的，文物所在地县级以上人民政府应当做好该地下文物的安全和抢救性发掘的必要的保障工作，并配合省人民政府文物行政部门落实抢救性发掘经费。

第二十四条 文物勘探单位不得擅自向外公布获取的地下文物埋藏信息。

第四章 博物馆和馆藏文物

第二十五条 县级以上人民政府应当优先发展体现区域、行业特点的专题性博物馆。

鼓励公民、法人和其他组织以独资、合资、合作等形式设立博物馆。公民、法人或者其他组织设立博物馆的，文物行政部门应当给予指导并进行监督。

第二十六条 申请设立国有博物馆或者民办博物馆的，按照国家有关规定办理。

第二十七条 设区的市以上人民政府文物行政部门，对不具备收藏珍贵文物条件的国有文物收藏单位收藏的珍贵文物，应当指定具备条件的国有文物收藏单位代为保管。保管人与寄存人之间应当订立保管合同。

第二十八条 民办博物馆应当将文物收藏清单报所在地县级人民政府文物行政部门备案。民办博物馆内的珍贵文物发生变动的，应当自变动之日起1个月内将变动情况向原备案的文物行政部门报告，并向省人民政府文物行政部门备案。

第二十九条　博物馆应当建立、健全馆藏文物收藏、保护、研究、展示等方面的规章制度，并将规章制度报相应的人民政府文物行政部门备案。馆藏一级文物应当设有专柜，并由专人负责保管。

第五章　文物安全

第三十条　文物保护单位和文物收藏单位，应当制定和落实安全制度，制定处置突发事件的应急预案，实行安全岗位目标责任制，建立安全档案，强化内部安全管理。

第三十一条　博物馆及其他文物收藏单位的安全设施不符合国家有关规定的，不得展示文物。文物保护单位不具备国家规定的安全条件的，不得向社会开放。

第三十二条　禁止在文物保护单位的主要建筑物内用火、用电。文物保护单位的主要建筑物内确需用电，或者确需在文物保护单位的厢房、走廊、庭院等处设置生活用电的，应当采取安全措施，并报请与文物保护单位相应的人民政府文物行政部门和当地公安消防机构批准。

禁止在文物保护单位保护范围内举办灯会、焰火晚会和燃放烟花爆竹。

第三十三条　禁止在文物保护单位保护范围内设立高压输变电设施。

高压输变电线路不得擅自跨越文物保护单位。确需跨越的，建设单位应当征得与该文物保护单位相应的人民政府文物行政部门同意，并与该文物行政部门商定保护措施，保证文物保护单位的安全。

第三十四条　古建筑、石窟寺及其附属物具有文物标本价值或者存在严重安全隐患的，应当控制或者禁止游人参观。

第三十五条　尚未核定公布为文物保护单位的古文化遗址、古墓葬、石窟寺、石刻、古建筑及其附属物，近现代重要史迹、实物、代表性建筑，以及地下文物保护区的文物被盗、被损害、被破坏的，案件的处理机关应当委托专门的文物鉴定机构作出鉴定结论，依法追究行为人的法律责任。

第六章　文物流通与利用

第三十六条　县级以上人民政府文物行政部门应当加强文物市场的监督管理。工商行政管理部门应当会同文物、公安等部门，依法取缔经营文物的非法活动。

第三十七条　文物商店销售文物和拍卖企业拍卖文物前，应当向省人民政府文物行政部门提出申请，并提交有关资料。省人民政府文物行政部门应当自收到申请之日起 20 个工作日内审核完毕，并作出答复。

文物商店不得剥除、更换、挪用、损毁或者伪造省人民政府文物行政部门对允许销售的文物所作的标识。

第三十八条 文物商店购买、销售文物和拍卖企业拍卖文物，应当按照国家有关规定作出记录，并在 6 个月内将记录报省人民政府文物行政部门备案。

第三十九条 禁止在文物保护单位内擅自进行商业性影视拍摄或者举办展销、文体等活动。确需拍摄或者举办活动的，应当向相应的人民政府文物行政部门提出申请。文物行政部门应当自收到申请之日起 10 个工作日内作出批准或者不批准的决定。决定批准的，发给批准文件；决定不批准的，应当书面通知申请人并说明理由。属于全国重点文物保护单位的，省人民政府文物行政部门应当自收到申请之日起 10 个工作日内审核并报国务院文物行政部门审批。

在文物保护单位内进行商业性影视拍摄和举办展销、文体等活动的，拍摄单位和举办方应当制定文物保护预案，落实文物保护措施，并按规定向文物保护单位支付费用。

第四十条 大众传媒对考古发掘现场进行拍摄并作新闻报道的，应当征得省人民政府文物行政部门同意。

对考古发掘现场进行专题类拍摄或者电视直播的，应当向省人民政府文物行政部门提出申请。省人民政府文物行政部门应当自收到申请之日起 10 个工作日内审核并报国务院文物行政部门审批。

第七章　法律责任

第四十一条 违反本办法规定，设区的市、县（市、区）人民政府及其有关部门不履行文物保护和管理职责的，由上级或者本级人民政府责令改正，并对直接负责的主管人员和其他直接责任人员依法给予行政处分。

第四十二条 违反本办法规定，施工单位擅自变更经文物行政部门批准的文物保护工程设计方案或者施工方案进行施工的，由县级以上人民政府文物行政部门责令改正；情节严重的，处 5 万元以上 30 万元以下的罚款，并由原发证机关吊销资质证书。

第四十三条 违反本办法规定，擅自剥除、更换、挪用、损毁或者伪造省人民政府文物行政部门对允许销售的文物所作的标识的，由县级以上人民政府文物行政部门责令改正，并处 5000 元以上 5 万元以下的罚款。

第四十四条 违反本办法规定，有下列行为之一的，由县级以上人民政府文物行政部门或者有关部门责令改正；造成严重后果的，依法处罚，并对直接负责的主管人员和其他直接责任人员依法给予处分：

（一）在文物保护单位保护范围和建设控制地带内开采地下矿藏的；

（二）在文物保护单位保护范围内设立高压输变电设施的。

第四十五条 违反本办法第三十二条规定的，按照《山西省消防管理条例》的有关规定处罚。

第四十六条 违反本办法规定，有下列行为之一的，由县级以上人民政府文物行政部门责令改正；情节严重的，对直接负责的主管人员和其他直接责任人员依法给予处分：

（一）对文物修缮工程、保护性设施建设工程或者迁移工程未实行招标投标或者工程监理的；

（二）对文物保护单位内局部残损的附属文物擅自进行修复，或者对文物保护单位内全部毁坏的塑像擅自进行重塑的；

（三）民办博物馆未在馆内珍贵文物变动之日起1个月内向原备案的文物行政部门报告变动情况的；

（四）文物商店或者拍卖企业未在规定时间内将购买、销售文物的记录或者拍卖文物的记录报省人民政府文物行政部门备案的；

（五）未经与文物保护单位相应的人民政府文物行政部门批准，在该文物保护单位内进行商业性影视拍摄或者举办展销、文体等活动的。

第四十七条　违反本办法规定，县级以上人民政府文物行政部门的工作人员在文物保护工作中滥用职权、玩忽职守、徇私舞弊的，依法给予行政处分；构成犯罪的，依法追究刑事责任。

第八章　附　则

第四十八条　本办法自 2006 年 1 月 1 日起施行。1987 年 1 月 11 日山西省第六届人民代表大会常务委员会第二十二次会议通过、1993 年 11 月 23 日山西省第八届人民代表大会常务委员会第六次会议修正的《山西省实施〈中华人民共和国文物保护法〉办法》同时废止。

内蒙古

内蒙古自治区文物保护条例

（1990 年 4 月 14 日内蒙古自治区第七届人民代表大会常务委员会第十三次会议通过，根据 1993 年 3 月 4 日内蒙古自治区第七届人民代表大会常务委员会第三十一次会议《关于修改〈内蒙古自治区文物保护条例〉的决定》修正，2005 年 12 月 1 日内蒙古自治区第十届人民代表大会常务委员会第十九次会议修订 自 2006 年 1 月 1 日起施行）

第一章 总 则

第一条 为了加强对文物的保护和管理，根据《中华人民共和国文物保护法》和国家有关法律法规，结合自治区实际，制定本条例。

第二条 在自治区行政区域内，下列文物受本条例保护：

（一）具有历史、艺术、科学价值的古文化遗址、古墓葬、古建筑、古长城、界壕、石窟寺、石刻、壁画、岩画等；

（二）与重大历史事件、革命运动或者著名人物有关的以及具有重要纪念意义、教育意义或者史料价值的近代现代重要史迹、实物、代表性建筑、遗址、纪念物；

（三）历史上各时代珍贵的艺术品、工艺美术品；

（四）历史上各时代重要的文献资料以及具有历史、艺术、科学价值的手稿、图书、影像资料以及古旧宗教经典、用品；

（五）反映历史上各时代、各民族社会制度、社会生产、社会生活的代表性实物、建筑和场所；

（六）具有考古学、人种学、民族学等价值的其他文物。

具有科学价值的古猿、古人类化石、与人类活动有关的第四纪古脊椎动物化石以及具有文物价值的名木占树，同文物一样受国家保护。

第三条 自治区行政区域内地下和水域中的一切文物属于国家所有。

国家机关、部队、国有企业、事业单位收藏的文物，属于国家所有。

第四条 属于集体所有和私人所有的古建筑、纪念建筑物、石刻和祖传文物以及依法取得的其他文物，其所有权受法律保护。文物的所有者应当遵守国家和自治区有关保护文物的规定。

第五条 各级人民政府负责保护本行政区域内的文物，加强对文物保护工作的领导，加强文物保护和文物知识的宣传教育，制止和惩处一切破坏文物的行为。

一切机关、组织和个人都有保护文物的义务。

第六条　旗县级以上人民政府应当成立文物保护委员会，负责协调解决本行政区域内文物保护工作中的重大问题。

旗县级以上人民政府文物行政部门对本行政区域内的文物保护实施监督管理。

人民法院、人民检察院和公安、工商、建设、交通、环保、海关等有关部门在各自的职责范围内，负责有关的文物保护工作。

第七条　文物特别丰富或者有重要文物遗存的苏木、乡镇，应当设置基层文物保护组织或者专、兼职文物保护管理人员。

第八条　旗县级以上人民政府应当将文物保护事业纳入国民经济和社会发展规划，所需经费列入财政预算，并随着财政收入的增长而逐年增加，特别是要增加民族文物征集和保护的经费。

文物保护事业经费应当专款专用，专户管理。

第九条　文化、宗教、园林等单位利用文物进行经营性活动，应当从每年的收入中提取适当经费，专门用于该文物保护单位或者文物古迹的保护和维修。

自治区鼓励一切单位和个人为文物保护事业给予物资和技术支持。

第十条　各级人民政府文物行政部门应当制定文物保护科学技术研究规划，提高文物保护的科学技术水平。

各级人民政府文物行政部门应当指导或者组织各种文物保护、收藏、科研单位，培养和培训当地文博专业技术人员，并提供经费保障。

第十一条　对于文物保护事业有贡献的单位和个人，各级人民政府应当给予精神鼓励或者物质奖励。

第二章　不可移动文物

第十二条　革命遗址、纪念建筑物、古文化遗址、古墓葬、古建筑、石窟寺、石刻、古长城、界壕、壁画、岩画等不可移动文物，应当根据它们的历史、艺术、科学价值，分别确定为国家级、自治区级、盟市级、旗县级文物保护单位。文物保护单位的核定公布、备案程序，按照有关法律法规的规定办理。

尚未核定公布为文物保护单位而确有保护价值的文物，当地人民政府应当采取保护措施，由旗县级以上人民政府文物行政部门予以登记并公布。

第十三条　各级文物保护单位，由同级人民政府划定保护范围，作出标志说明，建立记录档案，并区别情况设置专门机构或者专人负责管理，报上一级人民政府文物行政部门备案。

各级人民政府制定城乡建设规划时，事先应当由城乡建设规划部门会同文物行政部门商定对本行政区域内各级文物保护单位的保护措施，并纳入规划。

自治区人民政府文物行政部门应当负责组织制定自治区行政区域内国家级和自治区级文物保护单位的保护规划，报自治区人民政府公布实施。

第十四条　根据保护文物的实际需要，经自治区人民政府批准，可以在文物保护单位的周围划出一定的建设控制地带。在建设控制地带兴建建筑物，其设计方案，应当根据文物保护单位的级别，经相应的文物行政部门同意后，报城乡建设规划部门批准。

第十五条　在文物保护单位的保护范围和建设控制地带内，不得进行下列活动：

（一）存放爆炸性、易燃性、放射性、毒害性、腐蚀性等危害文物保护单位安全的物品；

（二）从事爆破、射击、开山、掘土、移土、采砂（沙）、采石、挖塘、烧砖等活动；

（三）占用或者破坏划定保留的绿地、河流水系、道路；

（四）擅自摆摊设点；

（五）排放污染物，随意倾倒废弃物；

（六）埋葬尸体，修建墓地；

（七）砍伐名木古树，种植危害文物保护单位的植物；

（八）其他对文物保护单位构成破坏的活动。

因特殊情况，需要在文物保护单位的保护范围和建设控制地带内，从事前款第（二）项所列活动的，应当按照有关法律法规的规定办理。

第十六条　任何单位和个人不得损毁、改建、添建、拆除和侵占各级文物保护单位。

《中华人民共和国文物保护法》颁布前被占用的文物保护单位，占用单位或者个人应当在当地人民政府文物行政部门的监督指导下保护文物；需要迁出的，由文物行政部门报请核定公布的人民政府决定，限期迁出。

对已核定为文物保护单位的建筑物，应当按照有关法律法规的规定，采取措施，做好防火、防震、防盗等安全防范工作。

第十七条　在自治区级以上文物保护单位的保护范围和建设控制地带内，拍摄电影、电视节目或者广告，应当向自治区人民政府文物行政部门提出申请，并提交剧本或者情节介绍的文字材料。

符合下列条件的，自治区人民政府文物行政部门应当予以批准：

（一）拍摄内容和形式，没有歪曲或者破坏文物保护单位的性质、功能、价值或者声誉的；

（二）拍摄活动不会危害文物保护单位安全的；

（三）拍摄活动不会损害文物本体的。

第十八条　文物保护单位由宗教、园林等部门管理的，当地人民政府文物行政部门应当对其文物保护进行监督指导。

第十九条　历史文化名城的保护和建设规划，应当由本级人民政府组织编制或者修订；经自治区人民政府审查同意后，报国务院批准实施。

历史文化街区、村镇（浩特）的保护和建设规划，应当由当地旗县级以上人民政府组织编制或者修订；经自治区人民政府文物行政部门会同建设行政部门组织有关专家进行科学论证后，报自治区人民政府批准实施。

第三章　考古发掘

第二十条　各级人民政府文物行政部门应当对本行政区域内的文物进行考古调查，并将调查结果通知有关部门。

第二十一条　地下埋藏的文物，任何单位和个人不得非法挖掘和私自占有。

在自治区行政区域内进行考古发掘工作，必须由文物考古和科研单位向自治区人民政府文物行政部门提出申请，经自治区人民政府文物行政部门审查同意，报国务院文物行政部门批准后，方可发掘。

第二十二条　考古发掘单位应当向自治区人民政府文物行政部门提交发掘情况的报告，并组织编写考古学术报告。

第二十三条　考古发掘的文物，任何单位或者个人不得侵占。考古发掘单位应当按照有关法律法规的规定，按时将出土文物移交由自治区人民政府文物行政部门指定的国有文物收藏单位收藏。

第二十四条　进行大型基本建设项目和建设工程选址，建设单位应当按照《中华人民共和国文物保护法》等有关法律法规的规定办理，严格执行申报批准制度。

第二十五条　在进行基本建设和生产建设时，任何单位和个人发现文物，应当负责保护好现场，并立即报告当地人民政府文物行政部门。当地人民政府文物行政部门应当及时将情况报告上一级人民政府文物行政部门直至自治区人民政府文物行政部门。

第二十六条　需要配合建设工程进行的考古发掘工作，由自治区人民政府文物行政部门组织具有国家认定资质的文物考古单位在调查、勘探工作的基础上提出发掘计划，报国务院文物行政部门批准。

确因建设工程紧迫或者有自然破坏的危险，对古文化遗址、古墓葬等急需进行抢救的，由自治区人民政府文物行政部门组织力量进行清理发掘，并同时补办批准手续。清理发掘的范围，以坍塌、暴露或者短期内有破坏危险的部分为限。超过范围的，按照本条例第二十一条的规定办理。

第二十七条　凡因进行基本建设和生产建设需要文物考古调查、勘探、发掘，所需经费由建设单位列入建设工程预算。

第二十八条　外国团体或者个人来我区进行考古调查、勘探、发掘，按照有关法律法规的规定办理；拍摄考古发掘现场，应当经自治区人民政府文物行政部门同意，报国务院文物行政部门批准。

第四章　民族文物

第二十九条　在自治区行政区域内，下列民族文物应当予以重点保护：

（一）具有民族特点、历史特点和研究价值的反映少数民族的社会制度、生产方式、生活方式、文化艺术、宗教信仰、节日活动等有代表性的实物或者场所；

（二）与少数民族的重大历史事件、革命运动和重要历史人物有关的建筑物和纪念物；

（三）具有重要价值的少数民族文献资料。

第三十条　对近代现代史上从事狩猎经济、游牧经济活动的各少数民族有代表性的实物，国有文物收藏单位应当加强收集、整理和保护。

第三十一条　对于历史悠久，具有建筑特点、民俗特色的典型民族村、浩特、苏木、乡镇，可根据其文物保护价值，由自治区文物行政部门会同同级城乡建设规划部门报自治区人民政府核定，公布为民族历史文化保护区。

第五章　馆藏文物

第三十二条　各级国有文物收藏单位，应当做好征集文物、丰富藏品的工作，应当加强民族文物的征集和收藏工作。

第三十三条　文物收藏单位对所收藏的文物，按文物等级分级管理，建立文物藏品管理制度，并报自治区人民政府文物行政部门登记备案。

第三十四条　对不具备保管条件的文物收藏单位所收藏的文物，当地人民政府文物行政部门应当指定具备文物保管条件的单位代为保管；原收藏单位具备文物保管条件后，经当地人民政府文物行政部门检查验收合格后，将文物交还原收藏单位。

第三十五条　文物收藏单位应当设置藏品档案，建立馆藏文物的接收、鉴定、登记、编目和档案制度，库房管理制度，出入库、注销和统计制度，保养、修复和复制制度，并报自治区人民政府文物行政部门备案。

第三十六条　国有文物收藏单位收藏文物的电子数据和其他应当保密的文物资料应当符合国务院文物行政部门的要求，达到真实、准确、全面、科学、便捷的标准。

前款规定的电子数据和其他应当保密的文物资料，非经自治区人民政府文物行政部门批准，不得任意公布。

第三十七条　各级图书馆、档案馆收藏的具有文物价值的图书、档案资料，参照本条例馆藏文物的有关规定保护管理。

第三十八条　自治区鼓励各种形式的博物馆建设。

设立国有博物馆，应当向盟行政公署或者设区的市人民政府文物行政部门提出申请，经审核后，报自治区人民政府文物行政部门备案。

各级人民政府文物行政部门应当为非国有博物馆建设提供技术支持和专业指导。

第三十九条 文物的鉴定，应当由自治区人民政府文物行政部门组织有关专家进行。

第六章 民间收藏文物

第四十条 文物收藏单位以外的公民、法人和其他组织可以收藏通过下列方式取得的文物：

（一）依法继承或者接受赠与；

（二）从文物商店购买；

（三）从经营文物拍卖的拍卖企业购买；

（四）公民个人合法所有的文物相互交换或者依法转让；

（五）国家规定的其他合法方式。

文物收藏单位以外的公民、法人和其他组织收藏的前款文物可以依法流通。

第四十一条 公民、法人和其他组织不得买卖下列文物：

（一）国有文物，但是国家允许的除外；

（二）非国有馆藏珍贵文物、民族珍贵文物；

（三）国有不可移动文物中的壁画、雕塑、建筑构件等，但是依法拆除的国有不可移动文物中的壁画、雕塑、建筑构件等不属于《中华人民共和国文物保护法》第二十条第四款规定的应由文物收藏单位收藏的除外；

（四）来源不符合本条例第四十条规定的文物。

第四十二条 文物市场由当地人民政府文物行政部门会同工商行政部门和公安机关统一管理。

第四十三条 银行、冶炼厂、造纸厂以及废旧物资回收单位或者个体工商户收进的文物，除依法供银行研究所必需的历史货币可以由人民银行留用外，其余移交当地人民政府文物行政部门，移交文物应当给予合理补偿。

第七章 法律责任

第四十四条 违反本条例第十五条第一款第（二）项规定的，按照《中华人民共和国文物保护法》第六十六条的规定给予处罚。

违反本条例第十五条第一款其他各项规定的，由旗县级以上人民政府文物行政部门会同其他有关行政部门，按照各自的职责，责令停止或者改正；对文物保护单位造成损失的，予以赔偿。

第四十五条 擅自在自治区级以上文物保护单位的保护范围和建设控制地带内，拍摄电影、电视节目或者广告的，由旗县级以上人民政府文物行政部门责令停止；对文物保护单位造成损失的，予以赔偿。

第四十六条 擅自公布国有文物收藏单位收藏文物的电子数据和其他应当保密的文物资料的，由旗县级以上人民政府文物行政部门责令停止；对负有责任的主管人员和其他直接责任人员的国家工作人员，依法给予行政处分。

第四十七条 未经审核和备案设立国有博物馆的，由盟行政公署或者设区的市人民政府文物行政部门责令限期补办手续。

第四十八条 买卖有关法律法规禁止买卖的文物，尚不构成犯罪的，由旗县级以上人民政府文物行政部门责令改正，没收违法所得；违法经营额 1 万元以上的，并处违法经营额三倍以上五倍以下的罚款；违法经营额不足 1 万元的，并处 5000 元以上 1 万元以下的罚款。

第四十九条 有下列行为之一的，对当地人民政府及其相关部门负有责任的主管人员和其他直接责任人员依法给予行政处分；构成犯罪的，依法追究刑事责任：

（一）对盗掘古墓、古遗址和走私文物等犯罪活动，隐瞒不报，不及时立案，使国有文物造成损失的；

（二）因建设工程而破坏文物保护单位或者造成珍贵文物损毁的；

（三）对国有文物保管不善，不及时移交，或者因为非自然原因致使被缴文物造成损失的；

（四）对明知文物存在自然损毁的危险而不采取措施缓解危险或者予以治理的。

第五十条 文物行政部门、考古发掘单位、国有文物收藏单位的工作人员有下列行为之一的，依法给予行政处分；构成犯罪的，依法追究刑事责任：

（一）借用或者非法侵占国有文物的；

（二）因不负责任造成文物保护单位、珍贵文物损毁或者流失的；

（三）贪污、挪用文物保护经费的。

第五十一条 人民法院、人民检察院和公安、工商、海关等有关部门依法没收的文物，应当登记造册，妥善保管，结案后及时依法无偿移交人民政府文物行政部门，由人民政府文物行政部门指定国有文物收藏单位保管。

第八章　附　则

第五十二条 本条例自 2006 年 1 月 1 日起施行。

内蒙古自治区元上都遗址保护条例

（2016 年 5 月 30 日内蒙古自治区第十二届人民代表大会常务委员会
第二十二次会议通过　自 2016 年 7 月 1 日起施行）

第一章　总　则

第一条　为了加强对世界文化遗产元上都遗址的保护，传承人类文明，根据《中华人民共和国文物保护法》等国家有关法律、法规，结合元上都遗址保护实际，制定本条例。

第二条　元上都遗址是指位于内蒙古自治区锡林郭勒盟正蓝旗和多伦县境内的以元上都都城遗址为核心的文物遗存，包括城址、祭祀遗址、墓葬区以及行宫遗址。

第三条　本条例适用于元上都遗址及其周边生态、人文环境的保护、管理和利用。

第四条　元上都遗址保护管理工作贯彻保护为主、抢救第一、合理利用、加强管理的方针，确保遗址的真实性和完整性。

第五条　元上都遗址的保护、管理和利用工作，应当纳入自治区、锡林郭勒盟及遗址所在地旗县的国民经济和社会发展规划、土地利用总体规划和城乡规划。

第六条　自治区人民政府、锡林郭勒盟行政公署及元上都遗址所在地旗县人民政府应当将元上都遗址保护经费纳入财政预算。

鼓励通过社会捐赠和国际援助等形式，多渠道筹集元上都遗址保护管理经费。

第七条　锡林郭勒盟行政公署负责元上都遗址的保护、管理和利用工作；元上都文化遗产管理机构承担元上都遗址保护、管理和利用的具体工作；元上都遗址所在地旗县人民政府配合做好相关工作。

自治区人民政府文物行政部门对元上都遗址的保护、管理和利用工作进行指导和监督。

元上都遗址所在地旗县级以上人民政府发展和改革、民族宗教、公安、国土资源、住房和城乡建设、环境保护、交通运输、水利、农牧业、林业和旅游等部门在各自职责范围内，做好元上都遗址保护、管理和利用的相关工作。

第八条　《元上都遗址保护总体规划》是元上都遗址保护管理工作的重要依据，由自治区人民政府公布并组织实施，不得擅自变更；确需变更的，应当经原批准机关批准。

第九条　元上都文化遗产管理机构的主要职责：

（一）具体组织实施《元上都遗址保护总体规划》和《元上都遗址保护管理规划》；

（二）组织编制各类专项规划；

（三）对涉及元上都遗址的规划建设项目提出意见；

（四）建立健全保护元上都遗址档案和各项规章制度；

（五）配合文物考古单位对元上都遗址进行文物考古调查、勘探、发掘等工作；

（六）负责元上都遗址出土文物的收藏、整理、保护和宣传展示工作，开展有关学术研究和交流工作；

（七）负责对元上都遗址各类遗产要素的日常监测、定期维护，并建立日志；

（八）建立元上都遗址安全保护的应急预案；

（九）依法查处破坏元上都遗址及保护设施的违法行为；

（十）其他与元上都遗址保护、管理和利用有关的工作。

第十条　任何单位和个人都有保护元上都遗址的义务，并有权对破坏元上都遗址及保护设施的违法行为进行检举和控告。

元上都遗址所在地旗县级以上人民政府应当对元上都遗址保护、管理以及科学研究做出贡献的单位和个人，给予精神鼓励或者物质奖励。

第二章　保　护

第十一条　元上都遗址的保护对象包括物质文化遗产、非物质文化遗产、自然环境：

（一）物质文化遗产包括宫城、皇城、外城、关厢、铁幡竿渠、东凉亭及羊群庙祭祀遗址、卧牛石墓地、砧子山墓地、一棵树墓地等；

（二）非物质文化遗产包括与元上都遗址相关的祭敖包、民歌、传说、蒙古语标准音等；

（三）自然环境包括上都河水系、龙岗山和金莲川草原以及区域内湿地、沙地、森林、草原、湖泊等。

第十二条　元上都遗址保护范围和建设控制地带由自治区人民政府划定并公布。

第十三条　自治区人民政府应当为元上都遗址作出标志说明，标志说明包括元上都遗址的名称、保护范围、建设控制地带和管理机构等内容，并包括联合国教科文组织公布的世界遗产标志图案。

第十四条　元上都遗址保护、管理和利用等各类专项规划，应当符合《元上都遗址保护总体规划》《元上都遗址保护管理规划》。

元上都遗址的专项规划及界线和功能区域不得随意变更；确须变更的，应当经元上都文化遗产管理机构同意并报原审批机关批准。

第十五条　元上都遗址所在地的城市控制性详细规划、乡村规划，凡涉及元上都遗址保护范围和建设控制地带的，应当符合《元上都遗址保护总体规划》《元上都遗址保护管理规划》。

第十六条 元上都遗址保护工作的重大事项实行专家咨询论证制度。

第十七条 元上都遗址的文物保护工程应当遵循不改变文物原状的原则。

元上都遗址的抢险加固工程、修缮工程、保护性设施工程、安全技术防范工程和监测工程等重大保护工程，应当编制专项技术方案并经过专家论证后，由元上都文化遗产管理机构向上级文物行政部门申请，依照国家有关规定审核批准。

第十八条 元上都遗址的文物保护工程应当依法进行招标，由具有相关资质的勘察、设计、施工、监理单位承担。各项工程应当依法实行施工许可、竣工验收和备案制度。

第十九条 元上都遗址保护范围和建设控制地带内的建设项目应当符合《元上都遗址保护总体规划》和《元上都遗址保护管理规划》规定的要求，并在体量、规模、色调、造型、风格等方面与遗址的景观相协调。

在建设控制地带内的建设工程项目设计方案应当经上级文物行政部门同意后，报城乡建设规划部门批准。

第二十条 在元上都遗址保护范围内进行文物考古调查、勘探和发掘以及开展相关科学研究项目，应当按照《中华人民共和国文物保护法》的相关规定履行报批手续，并向元上都文化遗产管理机构通报情况。

第二十一条 元上都遗址保护范围内已经开垦的草原，应当退耕还草。

建设控制地带内原居住单位和个人，应当严格保护、科学管理、合理利用自然资源，坚持草畜平衡，不得超载过牧。

第二十二条 在元上都遗址保护范围内不得进行除文物考古调查、勘探、发掘以及文物保护工程和必要的保护设施、游客服务设施建设之外的其他建设工程或者爆破、钻探、挖掘等作业。因特殊情况需要进行其他建设工程或者爆破、钻探、挖掘等作业的，应当依法履行报批手续。

第二十三条 在元上都遗址保护范围和建设控制地带内，禁止下列行为：

（一）擅自移动、拆除或者污损破坏标志说明、界桩等保护设施；

（二）擅自进行采矿、采土、采砂（沙）、采石等活动；

（三）从事产生工业粉尘、废气、废渣、废水、噪声等环境污染的生产活动；

（四）砍伐或者损坏树木、挖掘药材及采集动植物标本等活动；

（五）围堵填塞河道、填埋排干湿地以及其他可能损害地质地貌的行为；

（六）其他破坏、损坏文物和危害遗址的行为。

第三章　管　理

第二十四条　自治区人民政府文物行政部门应当对元上都遗址进行定期和不定期巡视、督查；元上都文化遗产管理机构应当进行定期监测和反应性监测；鼓励使用先进科学技术手段，开展多学科、多部门合作的监测。

第二十五条　元上都文化遗产管理机构应当对文物本体保护状况、保护范围和建设控制地带内的自然、人为变化、周边地区开发对文物本体的影响、游客承载量等进行日常监测，建立监测检查记录档案，并于每年第一季度将上年度的日常监测报告上报自治区人民政府文物行政部门。

第二十六条　元上都文化遗产管理机构应当建立监督举报机制，及时受理公众对破坏元上都遗址和周边环境行为的举报。

第二十七条　元上都遗址保护范围内应当配备安防、消防、急救等设备和设施。

元上都文化遗产管理机构应当按照安全保护的应急预案，定期进行演练，确保游客、文物和环境的安全。

第二十八条　在发生危及元上都遗址安全的突发事件或者发现元上都遗址存在严重安全隐患时，元上都文化遗产管理机构应当立即启动应急预案，采取紧急控制措施，并向元上都遗址所在地公安部门、锡林郭勒盟行政公署和自治区人民政府文物行政部门报告。

第四章　利　用

第二十九条　元上都遗址出土的文物，应当登记造册，妥善保管，经文物行政部门批准后，由元上都遗址博物馆收藏，除需要特殊保护的文物外，应当免费向公众展示。

第三十条　元上都文化遗产管理机构应当运用多种方式，广泛开展宣传展示工作，提升元上都遗址世界文化遗产品牌价值。

第三十一条　在元上都遗址保护范围和建设控制地带内开设服务项目，应当遵循公开、公平、公正和公共利益优先原则。

鼓励当地居民从事与元上都遗址有关的旅游服务业。

第三十二条　元上都遗址应当严格控制环境容量和游客接待规模，适度发展元上都遗址旅游，并为游客配备无障碍设施和必要的医疗服务等设施。

第三十三条　在元上都遗址保护范围内拍摄电影、电视剧、专业录像或者专业摄影，应当确保文物和环境安全；需要相关部门批准的，按照国家和自治区有关规定办理。

第五章　法律责任

第三十四条　违反本条例规定的行为，《中华人民共和国文物保护法》等有关法律、法规已经作出具体处罚规定的，从其规定。

第三十五条 违反本条例规定，擅自移动、拆除或者污损破坏标志说明、界桩等保护设施的，由元上都文化遗产管理机构处以 1000 元以上 1 万元以下的罚款。

第三十六条 元上都文化遗产管理机构或者其他有关行政部门及其工作人员违反本条例规定，有下列行为之一的，对直接负责的主管人员和其他直接责任人员依法给予行政处分；构成犯罪的，依法追究刑事责任：

（一）贪污、挪用保护经费的；

（二）因不负责任造成元上都遗址文物损毁或者流失的；

（三）随意变更元上都遗址的各项规划及界限和功能区域的；

（四）对检举、控告破坏元上都遗址及保护设施的违法行为不及时受理或者不予查处，造成严重后果的；

（五）其他滥用职权、玩忽职守、徇私舞弊的行为。

第六章　附　则

第三十七条 本条例自 2016 年 7 月 1 日起施行。

辽宁

辽宁省牛河梁遗址保护条例

（2010年3月26日辽宁省第十一届人民代表大会常务委员会
第十六次会议通过　自2010年6月1日起施行）

第一条　为了保护牛河梁遗址，根据《中华人民共和国文物保护法》等有关法律、法规，结合牛河梁遗址保护工作的实际，制定本条例。

第二条　牛河梁遗址位于辽宁省的凌源市和建平县交界处，是距今约五千多年的红山文化晚期遗存，是由大型祭坛、女神庙和积石冢组成的遗址群。

第三条　在牛河梁遗址范围内从事文物保护、生产生活、经营服务、旅游开发、参观游览等活动的公民、法人和其他组织，应当遵守本条例。

第四条　省人民政府和牛河梁遗址所在地的朝阳市和凌源市、建平县人民政府负责牛河梁遗址的保护工作。

省、朝阳市文物主管部门对牛河梁遗址的保护实施监督管理。牛河梁遗址保护管理机构负责牛河梁遗址保护的日常管理工作。凌源市、建平县文物主管部门，按照上级文物主管部门的要求做好牛河梁遗址保护的有关工作。

省、朝阳市和凌源市、建平县发展改革、公安、财政、国土资源、城乡建设、农村经济、水利、林业、环境保护、旅游等其他有关部门和牛河梁遗址所在地的镇人民政府、街道办事处，在各自职责范围内依法负责牛河梁遗址保护的相关工作。

牛河梁遗址所在地的村民委员会应当协助人民政府及其相关部门做好遗址保护工作。

第五条　牛河梁遗址保护工作应当遵循严格依法保护文物与开发利用相结合的原则、与区域环境保护和生态建设相结合的原则，并符合当地经济和社会可持续发展的需要。

第六条　省、朝阳市和凌源市、建平县人民政府应当将牛河梁遗址保护工作纳入国民经济和社会发展规划、土地利用总体规划以及城乡建设规划。

朝阳市人民政府应当将牛河梁遗址的日常管理经费列入本级财政预算，省人民政府财政部门应当给予支持和帮助。

第七条　牛河梁遗址的保护范围、建设控制地带和重点保护区由省人民政府划定并予以公布。

牛河梁遗址保护范围和重点保护区的保护标志和界桩，由朝阳市人民政府负责设置，任何单位和个人不得毁坏、拆除或者擅自移动。

第八条 在牛河梁遗址保护范围内，不得擅自实施建设工程或者爆破、钻探、挖掘等作业。

第九条 在牛河梁遗址保护范围内禁止下列行为：

（一）在遗址景观和保护设施上涂写、刻划、张贴和攀登；

（二）违反有关规定倾倒垃圾，排放污水；

（三）在设有禁止拍摄标志区域内拍摄；

（四）损坏保护设施；

（五）其他损害遗址景观的行为。

第十条 在牛河梁遗址保护范围和建设控制地带内，禁止建设产生污染环境的项目。对现存污染环境的设施，朝阳市和凌源市、建平县人民政府应当依法采取处理措施，限期治理，清除污染源。

第十一条 经依法批准的建设工程在牛河梁遗址保护范围和建设控制地带内选址的，建设单位应当在开工前报请省文物主管部门组织考古发掘单位在工程范围内可能埋藏文物的区域进行考古调查、勘探。

第十二条 在重点保护区内，除应当遵守本条例第八条、第九条规定外，还应当遵守下列规定：

（一）种植绿化植物的地点和类别应当符合保护规划；

（二）禁止在遗址点烧纸、燃放烟花爆竹，焚烧树叶、荒草、垃圾等；

（三）禁止在遗址保护管理机构指定的区域外从事商业、服务业经营活动；

（四）实施遗址抢救和维护工程应当制定详细的实施计划，经过科学论证，并严格遵守法定程序。

第十三条 文物考古研究机构应当加强对牛河梁遗址的考古发掘和科学研究工作，完整揭示其历史价值。朝阳市和凌源市、建平县人民政府应当给予支持。

第十四条 省、朝阳市人民政府应当将牛河梁遗址建设成为国家考古遗址公园，利用出土文物及其研究成果，宣传、展示牛河梁遗址的历史价值和风貌。

第十五条 朝阳市和凌源市、建平县人民政府应当根据经济社会发展情况，统筹安排，有计划地组织牛河梁遗址保护范围内的居民搬迁，并予妥善安置，减少保护范围内的居民数量。省人民政府及其有关部门应当对当地的移民工作给予支持。

第十六条 省、朝阳市和凌源市、建平县人民政府应当引导、鼓励牛河梁遗址保护范围内的居民调整农业产业结构，改善生态环境。

朝阳市人民政府应当根据牛河梁遗址生态建设需要，制定牛河梁遗址造林绿化规划并组织实施，提高牛河梁遗址的森林覆盖面积。

在省造林绿化专项资金使用范围内，省人民政府及其有关部门应当对牛河梁遗址的造林绿化给予支持。

第十七条 对在牛河梁遗址发掘、保护、管理、科学研究等工作中做出突出贡献的单位和个人，由省、朝阳市人民政府或者文物主管部门给予表彰或者奖励。

第十八条 违反本条例规定，毁坏、拆除或者擅自移动牛河梁遗址保护标志和界桩的，由公安机关给予警告，责令当事人恢复原状，可以并处五十元以上二百元以下罚款。

第十九条 违反本条例规定，擅自在牛河梁遗址保护范围内从事工程建设或者爆破、钻探、挖掘等作业的，由牛河梁遗址保护管理机构责令改正，处五千元以上五万元以下罚款；造成严重后果的，处五万元以上五十万元以下罚款；构成犯罪的，依法追究刑事责任。

第二十条 违反本条例第九条、第十二条规定，损坏文物尚不严重的，由牛河梁遗址保护管理机构给予警告，可以并处五十元以上二百元以下罚款。

第二十一条 从事牛河梁遗址保护和监督管理的工作人员有下列情形之一的，依法给予行政处分；构成犯罪的，依法追究刑事责任：

（一）未履行保护职责，造成文物被盗或者损坏的；

（二）未采取保护措施，导致环境遭受破坏或者遗址景观严重受损的；

（三）有其他玩忽职守、徇私舞弊、滥用职权行为的。

第二十二条 本条例自 2010 年 6 月 1 日起施行。

吉 林

吉林省文物保护条例

（1986 年 7 月 24 日吉林省第六届人民代表大会常务委员会第二十次会议通过，根据 2002 年
11 月 28 日吉林省第九届人民代表大会常务委员会第三十四次会议《吉林省人民代表
大会常务委员会关于修改〈吉林省文物保护管理条例〉等 14 部地方性法规的决定》修改，
2007 年 5 月 24 日吉林省第十届人民代表大会常务委员会第三十五次会议修订，根据
2017 年 3 月 24 日吉林省第十二届人民代表大会常务委员会第三十三次会议《吉林省人民
代表大会常务委员会关于修改和废止〈吉林省农业机械管理条例〉等 21 件地方性
法规的决定》修改并公布　自公布之日起施行）

第一章　总　则

第一条　为了加强对文物的保护，根据《中华人民共和国文物保护法》《中华人民共和国文物
保护法实施条例》，结合本省实际，制定本条例。

第二条　凡在本省行政区域内涉及文物的保护、考古发掘、收藏及监督管理适用本条例。

第三条　下列文物受国家保护：

（一）具有历史、艺术、科学价值的古文化遗址、古城址、古墓葬、古窑址、古建筑和石刻、
壁画；

（二）与重大历史事件、革命运动和著名人物有关的以及具有重要纪念意义、教育意义或者史
料价值的近代现代重要史迹、实物、代表性建筑；

（三）历史上各时代珍贵的艺术品、工艺美术品；

（四）历史上各时代重要的文献资料以及具有历史、艺术、科学价值的手稿、图书资料等；

（五）反映历史上各时代、各民族社会制度、社会生产、社会生活、社会文化的代表性实物；

具有科学价值的古脊椎动物化石和古人类化石同文物一样受国家保护。

第四条　县级以上人民政府文物行政部门对本行政区域内的文物保护实施监督管理。

公安、工商行政管理、建设、海关等有关部门，应当依法履行保护文物的职责。

第五条　文物保护经费由县级以上人民政府列入财政预算，并随着财政收入的增长而增加，
专款专用。城市维护费中用于文物维修的费用按照国家和省有关规定执行。

鼓励公民、法人和其他组织对文物保护事业进行捐赠。对文物保护事业进行捐赠的公民、法

人和其他组织，按照国家相关规定给予减免税的优惠待遇。

第六条 对在文物保护工作中做出突出贡献的单位或者个人，由当地人民政府及其文物行政部门或者有关部门给予奖励。

第二章 不可移动文物

第七条 省人民政府文物行政部门应当在市、县级文物保护单位中，选择具有重要历史、艺术、科学价值的建议确定为省级文物保护单位，或者直接建议确定为省级文物保护单位，报省人民政府核定公布。

市、县级文物保护单位分别由市、县级人民政府文物行政部门建议确定，报同级人民政府核定公布，并报省人民政府备案。

尚未核定公布为文物保护单位的不可移动文物，由县级人民政府文物行政部门组织调查和初步审核，并对其名称、类别、位置、范围等予以公布。

第八条 全国重点文物保护单位、省级文物保护单位的保护范围及建设控制地带由所在地市、县级人民政府文物行政部门会同规划行政部门在文物保护单位公布后一年内提出划定方案，经省人民政府文物行政部门会同规划行政部门审核后，报省人民政府审定公布。

市、县级文物保护单位的保护范围及建设控制地带由市、县级人民政府文物行政部门会同规划行政部门提出划定方案，报同级人民政府审定公布，并报上一级人民政府文物行政部门备案。

第九条 文物保护单位自核定公布起一年内，由所在地人民政府文物行政部门建立记录档案。全国重点文物保护单位和省级文物保护单位的记录档案一式五份；市级文物保护单位的记录档案一式四份；县级文物保护单位的记录档案一式三份。省级以下文物保护单位记录档案应当报该级文物保护单位的上级人民政府文物行政部门备案，全国重点文物保护单位记录档案报国务院文物行政部门备案。

各级文物保护单位自核定公布起一年内，由所在地人民政府文物行政部门设立保护标志和界桩。

第十条 任何单位和个人不得损毁或者擅自移动文物保护单位的标志说明和界桩以及其他保护设施。

第十一条 在文物保护单位的保护范围内，不得从事下列活动：

（一）存放或者排放危害文物安全的易燃易爆和腐蚀性物品；

（二）建造坟墓以及焚烧丧葬、祭祀用品；

（三）擅自从事取土、挖沙、采石和修筑沟渠等活动；

（四）危及或者可能损坏文物的其他活动。

第十二条　在地下文物较为集中的文物保护单位的保护范围内，不得种植可能危害地下文物的植物。

第十三条　尚未开放的不可移动文物，不得允许国内专业研究人员以外的人员参观、考察。

第十四条　使用不可移动文物的单位和个人，应当根据文物的保护级别与相应的文物行政部门签订使用协议，严格遵守不改变文物原状的原则，不得改建、损毁和拆除文物，并负责文物保护单位的安全和养护。

第十五条　有关地方人民政府应当加强本行政区域内的世界文化遗产的保护。按照世界文化遗产保护国际公约和国家有关规定制订保护规划和专项保护措施。

第三章　考古发掘

第十六条　省人民政府文物行政部门负责组织全省的文物考古调查、勘探、发掘工作。

从事考古发掘工作，应当取得国务院文物行政部门颁发的考古发掘资质证书。

第十七条　进行大型基本建设工程和历史文化名城、名镇的改造与开发，建设单位应当事先报请省人民政府文物行政部门组织进行考古调查、勘探。

省人民政府文物行政部门应当在接到考古调查、勘探申请之日起十五日内，组织考古调查、勘探。考古调查、勘探、发掘所需费用由建设单位列入建设工程预算。

考古调查、勘探、发掘发现文物的，按照法律、行政法规的规定处理。未发现文物的，省人民政府文物行政部门应当在考古调查、勘探结束之日起三日内，书面通知建设单位。

第十八条　任何单位或者个人发现文物，应当保护现场，并立即报告当地人民政府文物行政部门。

第十九条　考古发掘中的重大发现，须由省人民政府文物行政部门或者其确定的单位对外公布。

第四章　馆藏文物

第二十条　县级以上人民政府可以组织建立有地方特色的博物馆、纪念馆、陈列馆。优先发展门类空缺和体现地区文化、行业特点的专题性博物馆。

鼓励公民、法人和其他组织兴办博物馆、纪念馆、陈列馆。

第二十一条　有文物收藏的博物馆、纪念馆、陈列馆和其他文物收藏单位，应当接受县级以上人民政府文物行政部门的业务指导和监督管理。

第二十二条　省人民政府文物行政部门应当建立馆藏文物核查、鉴定制度。

第二十三条　国有文物收藏单位的法定代表人离任前，应当通过其主管部门或者文物行政部门的文物移交核查。

第二十四条　文物收藏单位应当建立、健全文物的收藏、保护、研究、展示等规章制度。

馆藏一级文物、二级文物，应当设专库、专柜保管，配备安全设备。不具备保管条件的，由省人民政府文物行政部门指定单位代为保管或者依法调拨。

第二十五条 内容涉及我国疆域、外交、民族关系或者天文、水文、地理等科学资料的石刻和未发表的墓志铭，禁止拓印出售或者翻刻出售。

第二十六条 任何单位和个人不得向国外提供我省尚未公开发表的文物拓片、照片、图纸、古墓壁画摹本及文字资料。

第五章 民间收藏文物

第二十七条 除法律规定不得买卖的文物外，公民、法人和其他组织依法取得的文物可以依法流通。

第二十八条 文物拍卖企业拍卖文物应当在文物拍卖公告发布三十日前，将文物拍卖资料报省人民政府文物行政部门审核。

第二十九条 外省文物拍卖企业来本省举办文物拍卖活动，应当在拍卖活动开始七日前，向省人民政府文物行政部门备案，并提供下列材料：

（一）文物拍卖许可证复印件；

（二）拍卖文物清册；

（三）拍卖企业所在省文物行政部门对本次拍卖活动的审核意见。

第三十条 设立文物商店，申请人应当依法向所在地工商行政管理部门进行注册后，向省人民政府文物行政部门提出设立申请。

省人民政府文物行政部门自收到申请之日起二十日内作出批准或不批准的决定，并书面通知申请人。

第六章 法律责任

第三十一条 违反本条例第十条，损毁或者擅自移动文物保护设施和标志的，由县级以上人民政府文物行政部门给予警告，责令恢复原状；情节严重的，可并处二百元罚款。

第三十二条 违反本条例第十一条第三项，在文物保护单位的保护范围内擅自从事取土、挖沙、采石和修筑沟渠等活动，由县级以上人民政府文物行政部门责令改正；对文物造成损坏后果严重的，处五万元以上五十万元以下罚款。

第三十三条 违反本条例第十六条第二款，没有取得国务院文物行政部门颁发的考古发掘证书，擅自进行考古发掘的，对主管人员和直接责任人员依法给予行政处分；造成文物损坏的，按照法律、法规的规定处理。

第三十四条 违反本条例第十七条第一款，进行大型基本建设和历史文化名城名镇的改造与开发，施工前未经省人民政府文物行政部门考古调查、勘探强行开工的，由县级以上人民政府文物行政部门予以制止；对主管人员和直接责任人员依法给予行政处分；造成文物损坏的，按照法律、法规的规定处理。

第三十五条 违反本条例第十七条第二款、第三款，在接到申请后十五日内未组织考古调查、勘探或者考古调查、勘探结束后未在三日内书面通知建设单位的，由有关部门对主管人员和直接责任人员予以批评教育；造成后果的，依法给予行政处分；造成损失的，由其所在单位予以赔偿，所在单位赔偿后，可以向直接责任人员追偿。

第三十六条 文物拍卖企业违反本条例第二十八条和第二十九条有关拍卖文物审核或者备案规定的，由县级以上人民政府文物行政部门责令改正。

第三十七条 文物行政部门以及有关部门和单位的工作人员在文物保护管理工作中玩忽职守、滥用职权、徇私舞弊的，依法给予行政处分；构成犯罪的，由司法机关依法追究刑事责任。

第七章　附　则

第三十八条 本条例自公布之日起施行。

吉林省高句丽王城、王陵及贵族墓葬保护管理条例

（2009 年 7 月 31 日吉林省第十一届人民代表大会常务委员会
第十三次会议通过　自 2009 年 10 月 1 日起施行）

第一条　为了加强省内被列为世界文化遗产的高句丽王城、王陵及贵族墓葬的保护和管理，保持其历史风貌和真实性、完整性，根据《中华人民共和国文物保护法》和有关法律、法规，结合本省实际，制定本条例。

第二条　在高句丽王城、王陵及贵族墓葬保护范围和控制地带内从事保护管理、生产生活、经营服务、旅游开发、参观考察等活动的单位和个人，应当遵守本条例。

第三条　高句丽王城、王陵及贵族墓葬的保护范围，是指对文物保护对象及周围一定范围实施重点保护的区域；建设控制地带，是指在保护范围外，为保护高句丽王城、王陵及贵族墓葬的安全、环境和历史风貌，对建设项目加以限制的区域。

保护范围由省人民政府划定并公布；建设控制地带经省人民政府批准，由省人民政府文物行政主管部门会同城乡规划行政主管部门划定并公布。

第四条　高句丽王城、王陵及贵族墓葬的保护和管理，坚持保护为主、抢救第一、合理利用、加强管理的方针。

第五条　省人民政府统一领导高句丽王城、王陵及贵族墓葬的保护、管理工作；组织有关部门和通化市、集安市人民政府编制保护规划，报国务院文物行政主管部门审定后公布；协调、解决保护和管理工作中的重大问题。

第六条　省人民政府文物行政主管部门依法开展对高句丽王城、王陵及贵族墓葬的保护、监督和管理工作。

第七条　通化市人民政府和集安市人民政府应当加强对高句丽王城、王陵及贵族墓葬的保护和管理，并将其纳入当地国民经济和社会发展规划。集安市人民政府具体组织实施保护规划。

第八条　集安市人民政府文物行政主管部门具体负责高句丽王城、王陵及贵族墓葬的日常保

护、管理工作。主要职责是：

（一）开展文物资源调查、监测、评价、登记；

（二）依法制定管理制度，组织落实保护措施；

（三）文物保护、管理的执法工作；

（四）加强文物保护技术的研究与应用；

（五）组织与文物相关的历史、文化、风俗等研究；

（六）加强保护范围和建设控制地带内基础设施的管理和维护工作；

（七）改善游览、展示条件；

（八）负责与日常保护、管理有关的其他事项。

第九条　省人民政府、通化市人民政府和集安市人民政府有关部门依照各自的职责，依法做好与高句丽王城、王陵及贵族墓葬保护、管理相关的工作。

第十条　高句丽王城、王陵及贵族墓葬的下列文物为保护对象：

（一）高句丽王城 2 座：丸都山城、国内城；

（二）高句丽王陵 12 座：将军坟（YM0001 号）、太王陵（YM0541 号）、千秋墓（MM1000 号）、西大墓（MM0500 号）、临江墓（YM0043 号）、YM2110 号、YM0992 号、MM0626 号、MM2100 号、MM2378 号、QM0211 号、QM0871 号；

（三）高句丽贵族墓葬 27 座：长川一号墓（CM001 号）、长川二号墓（CM002 号）、长川四号墓（CM004 号）、冉牟墓（XM001 号）、环纹墓（XM033 号）、将军坟一号陪坟（YM0002 号）、马槽墓（YM1894 号）、散莲花墓（YM1896 号）、YM2112 号、五盔坟 1 号墓（YM2101 号）、五盔坟 2 号墓（YM2102 号）、五盔坟 3 号墓（YM2103 号）、五盔坟 4 号墓（YM2104 号）、五盔坟 5 号墓（YM2105 号）、四盔坟 1 号墓（YM2106 号）、四盔坟 2 号墓（YM2107 号）、四盔坟 3 号墓（YM2108 号）、四盔坟 4 号墓（YM2109 号）、四神墓（YM2113 号）、YM3319 号、王字墓（SM0332 号）、折天井墓（SM1298 号）、兄墓（SM0635 号）、弟墓（SM0636 号）、龟甲墓（SM1204 号）、角觚墓（YM0457 号）、舞俑墓（YM0458 号）；

（四）高句丽碑碣 1 通：好太王碑；

（五）保护范围和控制地带内埋藏的与高句丽有关的和其他具有历史、艺术、科学价值的文物。

第十一条　高句丽王城、王陵及贵族墓葬属国家所有，任何单位和个人不得非法挖掘、占有，不得转让、抵押，不得作为企业资产经营。

任何单位和个人都有保护高句丽王城、王陵及贵族墓葬的义务，对损害、破坏其文物和历史风貌、环境的行为有权阻止、举报。

鼓励单位和个人将合法收藏的与高句丽王城、王陵及贵族墓葬有关的文物捐赠给国家。

第十二条 高句丽王城、王陵及贵族墓葬的管理人员实行持证上岗制度。保护、管理工作主要负责人应当取得国务院文物行政主管部门颁发的资格证书。

省人民政府文物行政主管部门应当定期组织保护、管理人员进行岗位培训。

第十三条 高句丽王城、王陵及贵族墓葬的保护、管理经费和维修、建设等项资金的来源：

（一）国家、省专项补助经费；

（二）集安市财政预算经费；

（三）门票和其他事业性收入；

（四）社会捐赠；

（五）其他合法收入。

高句丽王城、王陵及贵族墓葬的保护、管理经费和维修、建设资金，应当按照有关法律、法规的规定，严格管理，专款专用，接受财政、审计部门监督，任何单位和个人不得贪污、侵占、挪用。

第十四条 在丸都山城、王陵及贵族墓葬保护范围内禁止下列行为：

（一）在设有禁止拍摄标志的区域擅自拍摄；

（二）擅自复制、拓印珍贵文物；

（三）在文物和保护设施、展示设施、标志、界碑上张贴、涂写、污损、刻划、攀登，或者将其移动；

（四）排放污水，倾倒垃圾；

（五）吸烟、野炊，燃放烟花、爆竹，焚烧冥纸、树叶、杂草；

（六）设置户外广告；

（七）存放易燃、易爆等危险物品；

（八）挖砂取土，修建人造景点和丧葬活动；

（九）法律、法规禁止的其他行为。

第十五条 在国内城保护范围内应当遵守下列规定：

（一）本条例第十四条第（三）项禁止的行为；

（二）不得擅自搭建各种建筑物、构筑物；

（三）污水、烟尘应当实现达标排放，废渣、生活垃圾应当及时清运，不得随意堆放；

（四）法律、法规禁止的其他行为。

第十六条 在保护范围内，不得进行保护规划规定之外的建设工程或者爆破、钻探、挖掘等作业，因特殊情况需要进行下列工程或者作业的，应当征得国务院文物行政主管部门同意后，具体方案由省人民政府批准，作业施工必须保证文物的安全。

（一）新建、改建、扩建建筑物或者构筑物的；

（二）从事爆破、钻探、挖掘等作业的；

（三）设置通信、供电、供水、供气、排污管线的；

（四）实施环境绿化工程的。

文物保护工程应当依法进行环境影响评价和地震安全性评价。

第十七条 建设控制地带设置的保护标志和界碑，任何单位和个人不得擅自移动或者损坏。

第十八条 根据文物保护工作的需要，保护范围内农民集体所有的土地可以依法征收为国有土地。

第十九条 保护范围内已有的建筑物、构筑物，危害高句丽王城、王陵及贵族墓葬安全，破坏其环境和历史风貌的，由集安市人民政府责令限期治理；逾期仍达不到治理要求的，应当依法拆迁。

第二十条 集安市人民政府应当制定国内城保护范围内控制人口数量的措施，逐步降低人口密度。

第二十一条 王陵及贵族墓葬保护范围内不得种植危害文物安全的根系发达的植物，对已种植的应当限期清除。

第二十二条 对高句丽王城、王陵及贵族墓葬进行修缮或者修复时，不得改变原状，修缮或者修复方案应当报国务院文物行政主管部门审核批准。

第二十三条 在建设控制地带新建、改建、扩建建设工程，应当依法进行环境影响评价，建筑物的风格、色调应当与高句丽王城、王陵及贵族墓葬的历史风貌相协调，建筑物高度应当符合保护规划要求。建设工程设计方案应当经国务院文物行政主管部门同意后，报省建设行政主管部门批准。

第二十四条 高句丽王城、王陵及贵族墓葬应当实行原址保护，并建立文物记录档案。发掘出土的文物，由省人民政府文物行政主管部门指定具备较完善保护条件的国有文物收藏单位收藏。馆藏文物的出入库、提取使用、调拨、交换、借用和对外展出应当按照法律、法规和国家有关规定办理审批手续。

第二十五条 集安市人民政府文物行政主管部门应当按照保护规划确定的旅游环境容量，对高句丽王城、王陵及贵族墓葬保护区采取分区封闭轮休制度，控制游客数量。

第二十六条 集安市人民政府文物行政主管部门应当根据省人民政府批准公布的保护范围设置保护范围标志；对王城、王陵及贵族墓葬名称、年代、性质等作出准确的标志说明。

第二十七条 在保护范围和控制地带内设置的展示服务项目，应当符合保护规划的要求，并与高句丽王城、王陵及贵族墓葬的历史和文化属性相协调。

第二十八条 单位和个人发现与高句丽王城、王陵及贵族墓葬有关的文物，应当保护现场，并立即报告所在地的文物行政主管部门。所在地的文物行政主管部门接到报告后，应当依法采取保护措施，并及时向省人民政府文物行政主管部门报告。

新发现的高句丽不可移动文物需要划定保护范围或者建设控制地带的，由省人民政府文物行政主管部门会同建设行政主管部门划定，报国务院文物行政主管部门审定后，由省人民政府公布，并对保护规划作相应调整。

第二十九条 在查处违法犯罪案件过程中，办案机关作为证据扣押的与高句丽王城、王陵及贵族墓葬有关的文物，应当妥善保管，并在结案后及时、无偿移交省人民政府文物行政主管部门指定的国有文物收藏单位或者合法持有人收藏。

第三十条 文物行政主管部门应当组织开展对高句丽王城、王陵及贵族墓葬及与其有关的历史、文物、文化等的调查和研究工作，发掘并展示其历史和文化价值，依法保护、利用与其相关的知识产权。

第三十一条 对在保护工作中做出突出贡献的单位和个人，由省人民政府或者其文物行政主管部门予以表彰奖励。

第三十二条 转让、抵押高句丽王城、王陵及贵族墓葬或者将其作为企业资产经营的，由省人民政府文物行政主管部门责令改正，没收违法所得，违法所得一万元以上的，并处违法所得二倍以上五倍以下罚款；违法所得不足一万元的，并处五千元以上二万元以下罚款。

第三十三条 单位和个人贪污、侵占、挪用高句丽王城、王陵及贵族墓葬的保护、管理经费和维修、建设等项资金，情节轻微，尚未构成犯罪的，由其同级或者上一级人民政府有关部门责令限期改正，并依法对责任人给予行政处分。

第三十四条 违反本条例第十四条规定的，由集安市人民政府文物行政主管部门责令改正，予以警告，并按照下列规定给予处罚：

有第（一）项行为的，处二十元以上一百元以下罚款；有第（二）项行为的，处二千元以上二万元以下罚款；有第（三）项行为，处二百元以下罚款，造成损失的，依法承担赔偿责任；有第（四）项行为的，处一百元以上五百元以下罚款；有第（五）项行为的，处二百元以上五百元以下罚款；有第（六）项行为的，处一千元以上五千元以下罚款；有第（八）项行为的，处一百元以上五百元以下罚款，情节严重的，处五百元以上二千元以下罚款。

违反第十四条第（七）项行为的，由集安市人民政府公安机关按有关法律、法规的规定给予处罚。

第三十五条 违反本条例第十五条第（一）项行为的，由集安市人民政府文物行政主管部门责令改正，情节严重的，处二百元以下罚款；造成损失的，依法承担赔偿责任；

违反本条例第十五条第（二）、（三）项规定的，分别由集安市人民政府建设行政主管部门、环境保护行政主管部门按有关法律、法规的规定给予处罚。

第三十六条 违反本条例第十六条第一款规定，情节轻微，尚未构成犯罪的，由省人民政府文物行政主管部门责令改正；造成严重后果的，处五万元以上五十万元以下罚款；情节严重的，由原发证机关吊销资质证书。

第三十七条 违反本条例第十七条规定的，由集安市人民政府文物行政主管部门责令改正或者限期恢复原状，并处五十元以上二百元以下罚款；造成损失的，应当依法予以赔偿。

第三十八条 违反本条例第二十九条规定，情节轻微，尚未构成犯罪的，由集安市人民政府文物行政主管部门会同公安机关追缴文物；造成文物损毁或者流失的，负有责任的主管人员和其他直接责任人员，依法给予行政处分。

第三十九条 文物保护行政主管部门、管理人员及其他国家机关工作人员，违反本条例规定滥用职权、玩忽职守、徇私舞弊、监守自盗，造成国家保护的珍贵文物损毁或者流失的，对负有责任的主管人员和其他直接责任人员依法给予行政处分；构成犯罪的，依法追究刑事责任。

第四十条 违反本条例规定，法律、法规已有处罚规定的，从其规定。构成犯罪的，移送司法机关，依法追究刑事责任。

第四十一条 本条例自 2009 年 10 月 1 日起施行。

黑龙江

黑龙江省文物管理条例

（1986年1月21日黑龙江省第六届人民代表大会常务委员会第十九次会议通过　根据1993年5月16日黑龙江省第八届人民代表大会常务委员会第三次会议《关于修改〈黑龙江省文物管理条例〉的决定》第一次修正　根据2015年4月17日黑龙江省第十二届人民代表大会常务委员会第十九次会议《关于废止和修改〈黑龙江省文化市场管理条例〉等五十部地方性法规的决定》第二次修正　根据2016年12月16日黑龙江省十二届人大常委会第三十次会议《黑龙江省人民代表大会常务委员会关于废止和修改〈黑龙江省特种设备安全监察条例〉等44部地方性法规的决定》第三次修正）

第一章　总　则

第一条　为加强全省文物的保护和管理，根据《中华人民共和国文物保护法》和国家有关规定，结合我省具体情况，制定本条例。

第二条　本条例适用于本省境内的下列文物：

（一）具有历史、艺术、科学价值的古文化遗址、古墓葬、古建筑、石刻及其附属文物；

（二）与重大历史事件、革命运动和著名人物有关的具有纪念意义和史料价值的建筑物（包括附属建筑）、遗址、名木古树、纪念物，以及反映地方特色和传统风格的近代、现代典型建筑物（包括附属建筑）；

（三）历史上珍贵的艺术品、工艺美术品、历代货币；

（四）革命文献资料以及具有历史、艺术、科学价值的手稿、古旧图书资料等；

（五）反映历史上各时代和各民族社会制度、社会生产、社会生活及风俗习惯的代表性实物；

（六）古人类化石及其遗址，古脊椎动物化石、重要的植物化石及其产地；

（七）外国侵华罪证的典型遗迹、遗物。

第三条　一切机关、企事业单位、部队、社会团体和公民都有保护文物的义务，对违反《中华人民共和国文物保护法》和本条例的行为，有权制止、检举或控告。

第四条　各级文物管理机构或文化管理部门是文物保护管理工作的主管部门，负责组织实施和监督执行本条例。

第五条　各行政公署、市和有省级或全国重点文物保护单位的县（市）设文物管理机构。

第六条　文物保护经费，要按文物保护单位的级别，分别列入各级财政预算，不准挪用。文物事业费和文物基建支出要随文物事业的发展逐年有相应的增长。

经专家鉴定需要征集的文物所需的经费，由当地文物管理机构报同级财政部门审核拨付。

第二章　文物保护单位和历史文化名城

第七条　各级文物管理机构或文化管理部门应选择本辖区内的有历史、艺术、科学价值的文物，报该级人民政府核定公布为该级文物保护单位，并报上一级人民政府备案。

省文物管理机构应选择有重要价值的文物，报省人民政府核定公布为省级文物保护单位，并报国务院备案；选择有重大价值的文物，报国家文化管理部门，推荐为全国重点文物保护单位。

第八条　文物保护单位的保护范围，按下列要求划定特别保护区、重点保护区和一般保护区，有些文物保护单位应划出建设控制地带。

（一）纪念建筑和古建筑周围，以主体建筑物高度的二至五倍为保护范围，主体建筑物高度的四至八倍为建设控制地带；

（二）古城址城墙墙基（包括护城壕）两侧十至二十米以内为重点保护区，城内外各类遗址周围十至二十米以内为重点保护区，城内的其他区域为一般保护区，都城的皇城内为重点保护区；

（三）古遗址和古墓葬区及其周围十至二十米以内为重点保护区，古墓葬区内的地上文物（包括封土、石碑、石人、石兽等）不得动土或移动位置；

（四）全国重点文物保护单位和省级文物保护单位中的古城址城墙墙基（包括护城壕）两侧和城址内重要遗址周围三至五米以内为特别保护区，并树立界标；

（五）革命遗址的保护范围，比照古遗址、古墓葬的保护范围划定。

第九条　省级以下文物保护单位的保护范围和建筑控制地带由本级人民政府划定并公布。

省级文物保护单位的保护范围和建筑控制地带，由市、县人民政府的主管部门会同省文物管理机构划定，由市、县人民政府公布，报省人民政府备案。

全国重点文物保护单位的保护范围和建设控制地带，由省文物管理机构和市、县人民政府共同划定，报省人民政府和国家文化行政管理部门核定，由省人民政府公布，并报国务院备案。

第十条　文物保护单位保护范围内的现有土地所有权不变。

第十一条　在文物保护单位的特别保护区内禁止动土、堆放杂物。

在重点保护区内，不得挖沟、取土、筑路、打井、建房、修坟、深翻、平整土地，采伐树木，禁止开山采石、放牧狩猎，禁止存放易燃品、爆炸品、禁止进行破坏地貌、文化层及一切危及文物安全的活动。

第十二条　在文物保护单位的保护范围内不得进行改变地貌、风貌、环境等工程活动。如有特殊需要或进行其他工程活动，应经原公布的人民政府和上一级文物管理机构同意，并报省文物管理机构备案。

在全国重点文物保护单位的保护范围内进行建设工程，应经省人民政府和国家文化行政管理部门同意。

第十三条　文物保护单位的特别保护区或重点保护区内的非文物旧建筑，应限期拆除或只拆不建；禁止新建、扩建或改建。

第十四条　使用文物建筑物的单位，应保护建筑物及附属文物的安全并负责其保养和维修。对文物建筑物进行维修，使用单位应根据文物保护单位的级别，事先将施工方案报相应的文物管理机构批准，方可进行施工，施工单位应接受文物管理机构的指导和监督。

第十五条　省建设行政管理部门和省文物管理机构应选择有重要历史价值和革命意义的城市，报省人民政府核定公布为省级历史文化名城，并选择其中有重大价值的，报国家建设行政管理部门和国家文化行政管理部门，推荐为国家历史文化名城。

国家级和省级历史文化名城所在地的人民政府应将保护辖区内的文物及反映地方特色和传统风格的主要街区列入城乡建设的总体规划。在国家级和省级历史文化名城中，应由文物管理机构划定保护区，如在保护区范围内进行工程建设，各级城乡建设、土地、规划等部门应事先征求同级文物管理机构或文化行政管理部门的意见。文物管理机构或文化行政管理部门应在十日内签署意见。

第三章　考古调查、发掘

第十六条　凡在我省进行考古调查、试掘应提出计划，经省文物管理机构同意。调查或试掘事宜完毕，应报告或通报省文物管理机构。试掘面积不得超过国家规定。古墓葬不准进行试掘。

第十七条　一切考古发掘必须按《中华人民共和国文物保护法》和文物管理机构的要求履行报批手续。抢救性发掘，由发掘单位履行报批手续；抢救发掘的范围，以坍塌暴露或短期内有被破坏危险的为限，超过此范围应按考古发掘规定办理报批手续。

配合基本建设工程和生产建设工程进行的文物调查、勘探和考古发掘，所需经费和劳动力，由建设单位列入投资计划和劳动计划。

第十八条　凡在省文物管理部门划定的地上、地下文物丰富地段内，进行大中型基本建设项目，计划、土地及国土规划等部门应在立项前征求省文物管理机构的意见。

在划定的地段内进行基本建设，勘察和施工过程中，如发现文物，应在省文物管理机构采取保护措施后，方可进行施工建设。

第十九条　凡在本省进行的基本建设项目，在勘察和施工过程中，如发现文物，应立即暂停勘察和施工，保护好文物现场，报当地文物管理机构，文物管理机构应根据工程建设需要，及时组织力量清理发掘或采取其他保护措施，处理后方可继续施工。

第二十条　一切考古发掘单位应及时向国家文化行政管理部门和省文物管理机构提出发掘情况报告；出土文物应登记造册，文物标本经省文物管理机构批准方得留存。

未经发掘单位和省文物管理机构同意，任何单位和个人不得发表尚未公开发表的文物和考古资料。

第二十一条　任何单位或个人，在生产、生活中发现的一切出土文物均属国家所有，应立即报告或上交当地文物管理机构，不提擅自处理或据为己有。

第二十二条　考古发掘用地，按国家和省的有关规定办理，免收土地管理费。任何单位或个人，不得干扰考古发掘工作的进行。

第二十三条　外国团体或个人来本省进行考古调查、发掘工作，按国家有关规定办理；参观考古发掘现场，应经省文物管理机构同意。

第四章　馆藏文物

第二十四条　省文物管理机构应组织有关专家组成省文物鉴定小组，对全省境内馆藏文物进行分级鉴定。凡不具备收藏一级品条件的单位，省文物管理机构可指定具备条件的单位负责保管。

第二十五条　文物收藏单位应区别文物等级登记造册、建立档案，向上级文物管理机构和当地公安部门备案。未经批准，任何单位个人不得调用文物。

第二十六条　外宾赠送的具有重要历史、艺术、科学价值的礼品，经县以上人民政府批准可集中到当地文物管理机构或文化管理部门收藏。

第五章　流散文物

第二十七条　银行、冶炼厂、造纸厂以及废旧物资回收等部门，应与文物管理机构或文化管理部门负责拣选出掺杂在金银器和废旧物资中的文物，合理作价，移交给文物管理机构或文化管理部门处理；任何单位或个人不得藏匿、销毁或处理。

公安、海关、工商行政管理等部门依法没收的文物，应向当地文物管理机构或文化管理部门移交。

第二十八条　私人收藏的文物，其所有权受国家法律保护，严禁倒卖牟利，严禁私自卖给外国人。

第二十九条　未经省文物管理机构批准，任何单位或个人不得从事文物的购销活动。

第三十条　凡携带、托运、邮运出口文物，海关凭国家文化行政管理部门指定的文物出口鉴定组钤盖的特殊标志或开具的证明及文物商店的文物销售发货票，查验放行。

第六章　文物的复制、拓印、拍摄

第三十一条　馆藏文物的复制，按文物的级别由省文物管理机构指定的单位进行，其他单位不得复制。

第三十二条　除管理文物的单位外，其他任何单位或个人不得对古代石刻、壁画拓印、临摹。

第三十三条　开放的文物保护单位和博物馆的陈列品，禁止全面系统拍摄和将文物从展柜中提出拍摄；禁止使用危害文物安全的设备、方法拍摄。

外国人拍摄考古发掘现场或非开放地区的文物，应经省文物管理机构批准。

第三十四条　馆藏文物禁止作为实景或道具使用。

凡发表、使用文物照片，应经管理该文物的单位同意，不得作为商品转让或出卖。

第七章　奖励与惩罚

第三十五条　对有下列事迹之一的单位或个人，分别给予表彰奖励：

（一）认真执行文物政策、法规，保护文物成绩显著的；

（二）为保护文物同违法犯罪行为做坚决斗争的；

（三）将个人收藏的重要文物捐献给国家的；

（四）发现文物及时上报或者上交，使文物得到保护的；

（五）提供重要的文物线索，对发现保护文物有重要作用的；

（六）在文物面临被破坏危险时，抢救、保护文物有功的；

（七）长期从事文物工作有显著成绩的；

（八）在文物保护科学技术上，有重要发明创造或其他贡献的。

第三十六条　对有下列行为之一的单位或个人，根据情节轻重，由当地有关部门给予两万元以下罚款及其他行政处罚：

（一）在地下、水下及其他场所发现文物隐匿不报，不上交国家的，由公安部门给予警告或罚款，并追缴其非法所得的文物；

（二）未经省文物管理机构批准，从事文物购销活动的，由工商行政管理部门，或者由工商行政管理部门根据文物管理机构的意见，或者由文物管理机构，没收其非法所得和非法经营的文物，可以并处罚款；

（三）文物经营单位经营未经省文物管理机构许可经营的文物的，经工商行政管理部门会同文物管理机构检查认定，由工商行政管理部门没收其非法所得，可以并处罚款或者没收其非法经营的文物；

（四）将私人收藏的文物私自卖给外国人的，由工商行政管理部门罚款并没收其文物和非法所得；

（五）携运文物出口不向海关申报或伪报物品名称及规格的，由海关予以没收并罚款；

（六）在文物保护单位的保护范围内，擅自进行工程、建设或其他活动的，由文物管理机构或文化管理部门会同有关部门处以罚款，并责令限期治理；

（七）在文物保护范围内存放危险品、爆炸品或进行其他威胁文物安全活动的，由文物管理机构或文化管理部门予以制止，限期解决并罚款；

（八）移动、损坏文物保护标志、说明、界标的，由文物管理机构或文化管理部门令其恢复原状，并处以罚款；

（九）刻划、涂抹文物古迹的，由文物管理机构或文化管理部门处以罚款；

（十）因过失或失职造成文物破坏或丢失的，当事人所在单位给予责任人行政处分或罚款；

（十一）未履行报批手续，擅自进行考古调查、试掘、发掘的，由文物管理机构或会同有关部门收缴其所得文物标本和资料，并给予行政处分或罚款；

（十二）违反规定复制、拓印、拍摄文物的，由文物管理机构或文化管理部门没收其所得资料并处以罚款；

（十三）非法占用纪念建筑和古建筑的，应由当地人民政府令其限期迁出、赔偿损失并给以行政处分或罚款。

第三十七条 文物管理人员执行公务时，应出示合法证件，持证者有权按照规定执行处罚，任何人不得抵制和拒绝。

文物管理人员应二人以上执行罚没，并使用省财政部门印制的罚没票据，罚没财物全额上交同级财政部门。

文物管理人员应秉公执法、清正廉洁，不得徇私舞弊、以权谋私。

第三十八条 对依照本条例作出的行政处罚不服的，可在收到处罚通知书十五日内依法申请复议或向当地人民法院起诉；逾期不申请复议、不起诉又不履行的，由做出处罚决定的部门申请人民法院强制执行。

第三十九条 有下列行为之一的，由司法机关依法追究刑事责任：

（一）贪污、盗窃国家文物或盗掘古遗址、古墓葬的；

（二）盗运珍贵文物出口或进行文物投机倒把活动情节严重的；

（三）将私人收藏的珍贵文物私自卖给外国人的；

（四）破坏国家文物或名胜古迹的；

（五）国家工作人员玩忽职守，造成珍贵文物损毁、被盗或流失情节严重的；

（六）文物工作人员监守自盗文物的；

（七）对国家珍贵文物受到严重破坏负有直接责任和领导责任的；

（八）有第三十六条所列行为，情节恶劣，后果严重的。

第八章　附　则

第四十条　省内其他有关文物保护管理的规定，凡与本条例有抵触的以本条例为准。

第四十一条　本条例自 1986 年 5 月 1 日起施行。

黑龙江省唐渤海国上京龙泉府遗址保护条例

（2006 年 6 月 9 日黑龙江省第十届人民代表大会常务委员会第二十一次会议通过，根据 2015 年 4 月 17 日黑龙江省第十二届人民代表大会常务委员会第十九次会议《关于废止和修改〈黑龙江省文化市场管理条例〉等五十部地方性法规的决定》修正，根据 2016 年 12 月 16 日黑龙江省十二届人大常委会第三十次会议《黑龙江省人民代表大会常务委员会关于废止和修改〈黑龙江省特种设备安全监察条例〉等 44 部地方性法规的决定》第二次修正）

第一条 为加强唐渤海国上京龙泉府遗址的保护和利用，根据《中华人民共和国文物保护法》等有关法律、行政法规，结合本省实际，制定本条例。

第二条 本条例所称唐渤海国上京龙泉府遗址（以下简称渤海上京遗址），是指位于宁安市境内的唐渤海国上京龙泉府都城遗址和渤海镇、三灵乡涉及的三灵坟等渤海遗迹。

第三条 渤海上京遗址是全国重点文物保护单位。对渤海上京遗址的保护以及在渤海上京遗址保护区域内从事生产、建设、旅游和其他活动的单位和个人，应当遵守本条例。

第四条 渤海上京遗址的保护应当坚持保护为主、抢救第一、合理利用、加强管理的方针，确保渤海上京遗址的真实性和完整性。

第五条 省人民政府应当加强对渤海上京遗址的保护工作，并实行统一领导。

牡丹江市人民政府、宁安市人民政府和渤海镇及三灵乡人民政府应当做好与渤海上京遗址保护相关的工作。

渤海上京遗址的保护事业应当纳入省、牡丹江市、宁安市国民经济和社会发展规划。

第六条 省文化（文物）行政部门是渤海上京遗址保护工作的主管部门。

牡丹江市、宁安市文化（文物）行政部门协助省文化（文物）行政部门做好渤海上京遗址保护的业务指导和监督工作。

建设（规划）、交通、财政、发展与改革、国土资源、环境保护、水务、旅游、公安、农业、科技、林业等部门和镜泊湖风景名胜区、自然保护区管理机构在各自职责范围内，做好渤海上京遗址保护工作。

第七条 宁安市人民政府具体负责渤海上京遗址的保护、管理和利用等工作。

宁安市渤海上京遗址保护管理机构负责对渤海上京遗址的日常检查、养护、修缮、安全保卫等工作。

第八条 省文化（文物）行政部门应当组织编制渤海上京遗址保护规划，经国务院文物行政部门同意后，由省人民政府批准。

渤海上京遗址保护规划应当与土地利用总体规划、城乡建设规划和镜泊湖风景名胜区总体规划相衔接。

任何单位和个人应当遵守渤海上京遗址保护规划，不得擅自改变。

第九条 渤海上京遗址的保护经费以政府投入为主。鼓励、支持社会力量和个人捐赠。

第十条 渤海上京遗址的保护经费、专项资金、事业性收入、国内外捐赠的资金和物品以及其他款项，应当专门用于渤海上京遗址保护，不得挪作他用。

第十一条 对保护渤海上京遗址做出突出贡献的单位和个人，政府和有关部门应当给予表彰或者奖励。

第十二条 渤海上京遗址的保护区域分为保护范围和建设控制地带。保护范围分为特别保护区、重点保护区和一般保护区。

省人民政府应当依照保护区域的规定，设置保护标志、界桩或者说明。

第十三条 特别保护区：

（一）外城垣、内城垣及其内外两侧各 5 米以内；

（二）宫城、宫城垣及其外侧 10 米以内；

（三）御花园及其园墙外侧 5 米以内；

（四）外城内外渤海时期建筑台基及其周边 5 米以内；

（五）现兴隆寺围墙内全部及其围墙外侧 5 米以内；

（六）三灵坟陵园围墙内全部及其围墙外侧 5 米以内；

（七）内城中"横街""天街"及其两侧 5 米以内；

（八）内城中"点将台""水牢"外围 5 米以内；

（九）外城二处舍利函出土址及其外围 5 米以内。

第十四条 重点保护区：

（一）外城垣两侧、内城垣两侧、御花园围墙外侧距垣墙 5 至 20 米的范围；

（二）宫城外至内城内的全部区域；

（三）外城内外渤海时期建筑台基周边 5 至 10 米的范围；

（四）外城内主要道路与街坊遗址；

（五）外城内南北中轴线大街，南北长 2822 米，东西宽 110.5 米；

（六）南北中轴线大街东 200 米西 500 米以内的里坊遗址；

（七）内城"天街""横街"两侧 5 至 10 米的范围；

（八）内城"点将台""水牢"及其外城二处舍利函址外围 5 至 10 米的范围；

（九）御花园东侧 500 米以内；

（十）三灵坟陵园围墙外 5 至 10 米以及神道的范围。

第十五条　一般保护区：

（一）除特别保护区和重点保护区的都城遗址外城垣外侧 20 米以内的全部区域；

（二）三灵坟陵园围墙外围 10 至 50 米的范围。

第十六条　建设控制地带：

（一）渤海上京外城垣起，东界至 201 国道渤海路口公路建筑控制区边线、向南依 201 国道公路建筑控制区边线为界、向北直线至牡丹江河道管理范围外缘。南界从 201 国道公路建筑控制区边线向西转弯处起向西，沿外城南垣外 800 米距离平行向西至牡丹江河道管理范围外缘。西界、北界均至牡丹江河道管理范围外缘。河道管理范围外缘，有堤防的，以堤防背水面坡脚以外 30 米确定；无堤防的按历史最高洪水位或者设计洪水位确定。

（二）渤海至沙兰公路以东，现三星村建制范围。

第十七条　新发现的遗迹，需要划入保护区域的，由省人民政府批准公布，并对渤海上京遗址保护规划做出相应调整。

第十八条　在特别保护区内，禁止进行与文物保护无关的一切动土及其他影响文物安全的活动。

第十九条　在重点保护区内，禁止与文物保护无关的下列行为：

（一）挖沟、取土、筑路、打井、建房、修坟、深翻、平整土地、采伐树木、放牧等；

（二）存放易燃品、爆炸品；

（三）破坏地貌、文化层及危及文物安全的其他活动。

因特殊情况需要进行上述活动的，必须由省文化（文物）行政部门征得国务院文物行政部门同意后，报省人民政府批准。

建筑物、构筑物损毁或者灭失，按照渤海上京遗址保护规划的有关规定在保护区外异地重建。

第二十条　在一般保护区内，不得修建与渤海上京遗址保护规划相违背的建筑物和构筑物，因特殊情况需要建设的，按照本条例第十九条第二款的规定办理。

在一般保护区内，城镇和村屯以外的区域不得进行改变或者破坏地貌、风貌、环境等工程活动。

第二十一条　在建设控制地带内，禁止建设破坏渤海上京遗址历史风貌和造成环境污染的设施。

在建设控制地带内进行建设工程的，工程设计方案应当经国务院文物行政部门同意后，按照法定程序批准实施。

第二十二条 在保护范围内，不得污损、移动、拆除、破坏渤海上京遗址保护标志、界桩或者说明，不得破坏、擅自砍伐花草树木。

在保护范围内进行爆破、钻探、挖掘等作业以及其他建设工程的，应当经国务院文物行政部门同意后，由省人民政府批准。

第二十三条 保护范围内的现有土地没有划归国有文物保护用地的，应当维持现有土地使用状况；确需改变的须经省文化（文物）行政部门同意后，按照法定程序批准。

根据渤海上京遗址保护工作需要，可以依法动迁房屋，征收农民集体所有的土地。动迁房屋，征收农民集体所有的土地应当依法给予安置、补偿。

保护范围内的土地使用者应当依法承担文物保护责任。

第二十四条 在保护范围内的建筑物、构筑物，危害文物安全、破坏渤海上京遗址历史风貌的，应当限期拆除或者按照渤海上京遗址保护规划改造。

第二十五条 在保护范围和建设控制地带内，应当按照与渤海上京遗址保护规划相协调的原则依法编制村镇建设规划。

未列入村镇建设规划的建设项目，应当经省文化（文物）行政部门同意后，按照法定程序批准实施。

第二十六条 在保护范围和建设控制地带内进行的建设项目，应当依法事先进行文物调查、勘探，其文物调查、勘探、发掘费用，由建设单位列入建设工程预算。

第二十七条 在保护范围和建设控制地带内进行的考古发掘，由省文化（文物）行政部门报国务院文物行政部门审核，经国务院批准后，组织具有考古发掘资质的单位实施。

禁止任何单位或者个人私自发掘文物。

第二十八条 因制作出版物、音像制品以及其他需要，在保护范围内拍摄影像资料，应当在渤海上京遗址保护管理机构工作人员的监督下进行。

第二十九条 渤海上京遗址的利用，应当按照有利于文物保护的原则进行。任何单位和个人不得将渤海上京遗址组成部分租赁、承包、转让、出借给个人、社会团体或者企事业单位经营。

第三十条 违反本条例规定，由县级以上人民政府文化（文物）行政部门按照下列规定予以处罚：

（一）在特别保护区内擅自动土施工的，责令停止施工，处五万元以下罚款；造成严重后果的，处五万元以上五十万元以下罚款。

（二）在重点保护区内非法进行建设的，责令停止施工，拆除违法建筑，恢复原貌，处一万元以下罚款；造成严重后果的，处五万元以上二十万元以下罚款。

（三）在一般保护区和建设控制地带内，未经批准进行工程建设的，责令停止施工，拆除违法建筑，恢复原貌，处五千元以下罚款；造成严重后果的，处五万元以上十万元以下罚款。

（四）将渤海上京遗址组成部分租赁、承包、转让、出借给个人、社会团体或者企事业单位经营的，责令改正，没收违法所得，违法所得一万元以上的，处违法所得二倍以上五倍以下的罚款；违法所得不足一万元的，处五千元以上二万元以下的罚款。

第三十一条 违反本条例规定，由宁安市渤海上京遗址保护管理机构按照下列规定予以处罚：

（一）非法污损、移动、拆除、破坏渤海上京遗址保护标志、界桩或者说明，以及破坏、砍伐渤海上京遗址的花草树木的，责令改正，处二百元以下罚款；造成损失的，应当依法予以赔偿。

（二）在重点保护区除正常的农业生产外，擅自改变地貌、扩大耕种面积或者进行其他违法活动的，给予警告，处一百元以上一千元以下罚款。

第三十二条 国家工作人员滥用职权、玩忽职守、徇私舞弊等行为造成渤海上京遗址文物损毁、流失的，由其主管机关对直接负责的主管人员和其他直接责任人员依法给予行政处分。

第三十三条 本条例自 2006 年 10 月 1 日起施行。

上 海

上海市历史文化风貌区和优秀历史建筑
保护条例

（2002 年 7 月 25 日上海市第十一届人民代表大会常务委员会第四十一次会议通过　根据
2010 年 9 月 17 日上海市第十三届人民代表大会常务委员会第二十一次会议《关于修改
本市部分地方性法规的决定》第一次修正　根据 2011 年 12 月 22 日上海市第十三届人民
代表大会常务委员会第三十一次会议《关于修改本市部分地方性法规的决定》第二次修正）

第一章　总　则

第一条　为了加强对本市历史文化风貌区和优秀历史建筑的保护，促进城市建设与社会文化
的协调发展，根据有关法律、行政法规，结合本市实际情况，制定本条例。

第二条　本市行政区域内历史文化风貌区和优秀历史建筑的确定及其保护管理，适用本
条例。

优秀历史建筑被依法确定为文物的，其保护管理依照文物保护法律、法规的有关规定
执行。

第三条　市规划管理部门负责本市历史文化风貌区和优秀历史建筑保护的规划管理。区、县
规划管理部门按照本条例的有关规定，负责本辖区历史文化风貌区保护的规划管理。

市房屋行政管理部门负责本市优秀历史建筑的保护管理。区、县房屋行政管理部门按照本条
例的有关规定，负责本辖区优秀历史建筑的日常保护管理。

本市其他有关管理部门按照各自职责，协同实施本条例。

第四条　历史文化风貌区和优秀历史建筑的保护，应当遵循统一规划、分类管理、有效保护、
合理利用、利用服从保护的原则。

第五条　市和区、县人民政府对本行政区域内的历史文化风貌区和优秀历史建筑负有保护责
任，应当提供必要的政策保障和经费支持。

优秀历史建筑的所有人和使用人，应当按照本条例的规定承担保护责任。

任何单位和个人都有保护历史文化风貌区和优秀历史建筑的义务，对危害历史文化风貌区和
优秀历史建筑的行为，可以向规划管理部门或者房屋行政管理部门举报。规划管理部门或者房屋

行政管理部门对危害历史文化风貌区和优秀历史建筑的行为应当及时调查处理。

第六条 历史文化风貌区和优秀历史建筑的保护资金，应当多渠道筹集。

市和区、县设立历史文化风貌区和优秀历史建筑保护专项资金，其来源是：

（一）市和区、县财政预算安排的资金；

（二）境内外单位、个人和其他组织的捐赠；

（三）公有优秀历史建筑转让、出租的收益；

（四）其他依法筹集的资金。

历史文化风貌区和优秀历史建筑保护专项资金由市和区、县人民政府分别设立专门账户，专款专用，并接受财政、审计部门的监督。

第七条 本市设立历史文化风貌区和优秀历史建筑保护专家委员会。

历史文化风貌区和优秀历史建筑保护专家委员会（以下简称专家委员会），按照本条例的规定负责历史文化风貌区和优秀历史建筑认定、调整及撤销等有关事项的评审，为市人民政府决策提供咨询意见。专家委员会由规划、房屋土地、建筑、文物、历史、文化、社会和经济等方面的人士组成，具体组成办法和工作规则由市人民政府规定。

第二章 历史文化风貌区和优秀历史建筑的确定

第八条 历史建筑集中成片，建筑样式、空间格局和街区景观较完整地体现上海某一历史时期地域文化特点的地区，可以确定为历史文化风貌区。

第九条 建成三十年以上，并有下列情形之一的建筑，可以确定为优秀历史建筑：

（一）建筑样式、施工工艺和工程技术具有建筑艺术特色和科学研究价值；

（二）反映上海地域建筑历史文化特点；

（三）著名建筑师的代表作品；

（四）在我国产业发展史上具有代表性的作坊、商铺、厂房和仓库；

（五）其他具有历史文化意义的优秀历史建筑。

第十条 建筑的所有人和使用人，以及其他单位和个人，都可以向市规划管理部门或者市房屋行政管理部门推荐历史文化风貌区或者优秀历史建筑。

历史文化风貌区的初步名单，由市规划管理部门研究提出，并征求市房屋行政管理部门、市文物管理部门和所在区、县人民政府的意见，经专家委员会评审后报市人民政府批准确定。

优秀历史建筑的初步名单，由市规划管理部门和市房屋行政管理部门研究提出，并征求市文物管理部门、建筑所有人和所在区、县人民政府的意见，经专家委员会评审后报市人民政府批准确定。

在市人民政府批准确定前，应当将历史文化风貌区和优秀历史建筑的初步名单公示征求社会意见。

第十一条 经批准确定的历史文化风貌区由市人民政府公布，并由市规划管理部门设立标志。

经批准确定的优秀历史建筑由市人民政府公布，并由市房屋行政管理部门设立标志。

第十二条 依法确定的历史文化风貌区和优秀历史建筑不得擅自调整或者撤销。确因不可抗力或者情况发生变化需要调整或者撤销的，应当由市规划管理部门和市房屋行政管理部门提出，经专家委员会评审后报市人民政府批准。

第十三条 城市建设中发现有保护价值而尚未确定为优秀历史建筑的建筑，经市规划管理部门和市房屋行政管理部门初步确认后，可以参照本条例的有关规定采取先予保护的措施，再按照本条例第十条规定的程序报批列为优秀历史建筑。

第三章 历史文化风貌区的保护

第十四条 市规划管理部门应当根据城市总体规划组织编制历史文化风貌区保护规划，并征求市房屋行政管理部门、市文物管理部门、所在区、县人民政府和相关管理部门的意见，经专家委员会评审后报市人民政府批准。

第十五条 历史文化风貌区保护规划应当包括下列内容：

（一）该地区的历史文化风貌特色及其保护准则；

（二）该地区的核心保护范围和建设控制范围；

（三）该地区土地使用性质的规划控制和调整，以及建筑空间环境和景观的保护要求；

（四）该地区与历史文化风貌不协调的建筑的整改要求；

（五）规划管理的其他要求和措施。

第十六条 在历史文化风貌区核心保护范围内进行建设活动，应当符合历史文化风貌区保护规划和下列规定：

（一）不得擅自改变街区空间格局和建筑原有的立面、色彩；

（二）除确需建造的建筑附属设施外，不得进行新建、扩建活动，对现有建筑进行改建时，应当保持或者恢复其历史文化风貌；

（三）不得擅自新建、扩建道路，对现有道路进行改建时，应当保持或者恢复其原有的道路格局和景观特征；

（四）不得新建工业企业，现有妨碍历史文化风貌区保护的工业企业应当有计划迁移。

第十七条 在历史文化风貌区建设控制范围内进行建设活动，应当符合历史文化风貌区保护规划和下列规定：

（一）新建、扩建、改建建筑时，应当在高度、体量、色彩等方面与历史文化风貌相协调；

（二）新建、扩建、改建道路时，不得破坏历史文化风貌；

（三）不得新建对环境有污染的工业企业，现有对环境有污染的工业企业应当有计划迁移。

在历史文化风貌区建设控制范围内新建、扩建建筑，其建筑容积率受到限制的，可以按照城市规划实行异地补偿。

第十八条 历史文化风貌区的建设项目规划，由市规划管理部门审批。市规划管理部门审批时，应当征求市房屋行政管理部门的意见。

第十九条 历史文化风貌区土地的规划使用性质不得擅自改变。建筑的使用性质不符合历史文化风貌区保护规划要求的，应当予以恢复或者调整。

第二十条 经批准在历史文化风貌区内设置户外广告、招牌等设施，应当符合历史文化风貌区保护规划的要求，不得破坏建筑空间环境和景观。现有的户外广告、招牌等设施不符合历史文化风貌区保护规划要求的，应当限期拆除。

第二十一条 历史文化风貌区内的消防设施、通道应当按照有关的技术规范予以完善、疏通。因保护历史文化风貌需要无法达到规定的消防标准的，应当由市规划管理部门和市公安消防部门协商制定相应的防火安全措施。

第四章　优秀历史建筑的保护

第二十二条 市规划管理部门应当会同市房屋行政管理部门提出优秀历史建筑的保护范围和周边建设控制范围，经征求有关专家和所在区、县人民政府的意见后，报市人民政府批准。

第二十三条 在优秀历史建筑的保护范围内不得新建建筑；确需建造优秀历史建筑附属设施的，应当报市规划管理部门审批。市规划管理部门审批时，应当征求市房屋行政管理部门的意见。

第二十四条 在优秀历史建筑的周边建设控制范围内新建、扩建、改建建筑的，应当在使用性质、高度、体量、立面、材料、色彩等方面与优秀历史建筑相协调，不得改变建筑周围原有的空间景观特征，不得影响优秀历史建筑的正常使用。

在优秀历史建筑的周边建设控制范围内新建、扩建、改建建筑的，应当报市规划管理部门审批。市规划管理部门审批时，应当征求市房屋行政管理部门和所在区、县人民政府的意见。

第二十五条 优秀历史建筑的保护要求，根据建筑的历史、科学和艺术价值以及完好程度，分为以下四类：

（一）建筑的立面、结构体系、平面布局和内部装饰不得改变；

（二）建筑的立面、结构体系、基本平面布局和有特色的内部装饰不得改变，其他部分允许改变；

（三）建筑的立面和结构体系不得改变，建筑内部允许改变；

（四）建筑的主要立面不得改变，其他部分允许改变。

市房屋行政管理部门应当会同市规划管理部门提出每处优秀历史建筑的具体保护要求，经专家委员会评审后报市人民政府批准。

第二十六条 市和区、县房屋行政管理部门应当做好优秀历史建筑保护的指导和服务工作。区、县房屋行政管理部门应当将优秀历史建筑的具体保护要求书面告知建筑的所有人和有关的物业管理单位，明确其应当承担的保护义务。

优秀历史建筑转让、出租的，转让人、出租人应当将有关的保护要求书面告知受让人、承租人。受让人、承租人应当承担相应的保护义务。

第二十七条 市房屋行政管理部门应当组织区、县房屋行政管理部门定期对优秀历史建筑的使用和保护状况进行普查，并建立专门档案。普查结果应当书面告知建筑的所有人、使用人和有关的物业管理单位。

优秀历史建筑的所有人和使用人应当配合对建筑的普查。

第二十八条 严格控制在优秀历史建筑上设置户外广告、招牌等设施。经批准在优秀历史建筑上设置户外广告、招牌、空调、霓虹灯、泛光照明等外部设施，或者改建卫生、排水、电梯等内部设施的，应当符合该建筑的具体保护要求；设置的外部设施还应当与建筑立面相协调。

第二十九条 优秀历史建筑的所有人和使用人不得在建筑内堆放易燃、易爆和腐蚀性的物品，不得从事损坏建筑主体承重结构或者其他危害建筑安全的活动。

第三十条 优秀历史建筑的使用性质、内部设计使用功能不得擅自改变。

优秀历史建筑的所有人根据建筑的具体保护要求，确需改变建筑的使用性质和内部设计使用功能的，应当将方案报市房屋行政管理部门审核批准。市房屋行政管理部门在批准前应当听取专家委员会的意见；涉及改变建设工程规划许可证核准的使用性质的，应当征得市规划管理部门的同意。

第三十一条 优秀历史建筑的使用现状与建筑的使用性质、内部设计使用功能不一致，对建筑的保护产生不利影响的，建筑的所有人可以按照建筑的具体保护要求提出恢复或者调整建筑的使用性质、内部设计使用功能的方案，报市房屋行政管理部门审核批准。市房屋行政管理部门在批准前应当听取专家委员会的意见；涉及规划管理的，应当征得市规划管理部门的同意。

优秀历史建筑的使用现状与建筑的使用性质、内部设计使用功能不一致，对建筑的保护产生严重影响的，市房屋行政管理部门应当在听取专家委员会的意见后，作出恢复或者调整建筑的使用性质、内部设计使用功能的决定。

第三十二条 执行政府规定租金标准的公有优秀历史建筑，因保护需要恢复、调整或者改变建筑的使用性质、内部设计使用功能，确需承租人搬迁并解除租赁关系的，出租人应当补偿安置承租人；补偿安置应当高于本市房屋拆迁补偿安置的标准。市人民政府可以根据优秀历史建筑的类型、地段和用途等因素制定补偿安置的指导性标准。具体补偿安置的数额，由出租人和承租人根据指导性标准和合理、适当的原则协商确定。协商不成的，经当事人申请，由所在区、县人民政府裁决。当事人对裁决不服的，可以依法向人民法院提起诉讼。

执行市场租金标准的优秀历史建筑，因保护需要恢复、调整或者改变使用性质、内部设计使用功能，致使原租赁合同无法继续履行的，其租赁关系按照原租赁合同的约定处理。无约定的，出租人应当提前三个月书面告知承租人解除租赁合同，并依法承担相应的民事责任。

优秀历史建筑恢复、调整或者改变使用性质、内部设计使用功能后，仍然用于出租的，原承租人在同等条件下享有优先承租权；用于出售的，原承租人在同等条件下享有优先购买权。

第三十三条 优秀历史建筑的所有人应当按照建筑的具体保护要求或者普查提出的要求，及时对建筑进行修缮，建筑的使用人应当予以配合，区、县房屋行政管理部门应当予以督促和指导。

优秀历史建筑由所有人负责修缮、保养，并承担相应的修缮费用；所有人和使用人另有约定的，从其约定。建筑的所有人承担修缮费用确有困难的，可以向区、县人民政府申请从保护专项资金中给予适当补助。

执行政府规定租金标准的公有非居住优秀历史建筑的承租人，应当按照政府规定租金标准与房地产市场租金标准的差额比例承担部分修缮费用。

第三十四条 优秀历史建筑的所有人未按照建筑的具体保护要求及时修缮致使建筑发生损毁危险或者未定期整修建筑立面的，区、县房屋行政管理部门应当责令其限期抢救修缮或者整修。

第三十五条 优秀历史建筑的修缮应当由建筑的所有人委托具有相应资质的专业设计、施工单位实施。

优秀历史建筑的所有人应当将修缮的设计、施工方案事先报送市房屋行政管理部门；涉及建筑主体承重结构变动的，应当向市规划管理部门申请领取建设工程规划许可证。市规划管理部门在核发建设工程规划许可证之前，应当征得市房屋行政管理部门的同意。

第三十六条 优秀历史建筑的修缮应当符合国家和本市的建筑技术规范以及优秀历史建筑的修缮技术规定。建筑的修缮无法按照建筑技术规范进行的，应当由市房屋行政管理部门组织有关专家和相关管理部门协调确定相应的修缮方案。

优秀历史建筑的修缮技术规定由市房屋行政管理部门会同市规划管理部门提出，经征求有关专家和相关管理部门的意见后确定。

第三十七条 经市规划管理部门许可的建筑修缮工程形成的文字、图纸、图片等档案资料，应当由优秀历史建筑的所有人及时报送市城市建设档案馆。

第三十八条 优秀历史建筑因不可抗力或者受到其他影响发生损毁危险的，建筑的所有人应当立即组织抢险保护，采取加固措施，并向区、县房屋行政管理部门报告。区、县房屋行政管理部门应当予以督促和指导，对不符合该建筑具体保护要求的措施应当及时予以纠正。

第三十九条 依法确定的优秀历史建筑不得擅自迁移、拆除。因特殊需要必须迁移、拆除或者复建优秀历史建筑的，应当由市规划管理部门和市房屋行政管理部门共同提出，经专家委员会评审后报市人民政府批准。

迁移、拆除和复建优秀历史建筑的，应当在实施过程中做好建筑的详细测绘、信息记录和档案资料保存工作，并按本市建设工程竣工档案管理的有关规定，及时报送市城市建设档案馆。

第五章　法律责任

第四十条　违反本条例规定，擅自或者未按批准的要求，在历史文化风貌区或者优秀历史建筑的保护范围、周边建设控制范围内进行建设活动的，由市规划管理部门或者区、县规划管理部门按照《上海市城乡规划条例》和《上海市拆除违法建筑若干规定》的有关规定处理。

第四十一条　违反本条例规定，未按建筑的具体保护要求设置、改建相关设施，擅自改变优秀历史建筑的使用性质、内部设计使用功能，或者从事危害建筑安全活动的，由市房屋行政管理部门或者区、县房屋行政管理部门责令其限期改正，并可以处该优秀历史建筑重置价百分之二以上百分之二十以下的罚款。

第四十二条　违反本条例规定，擅自迁移优秀历史建筑的，由市规划管理部门责令其限期改正或者恢复原状，并可以处该优秀历史建筑重置价一到三倍的罚款。

违反本条例规定，擅自拆除优秀历史建筑的，由市房屋行政管理部门或者区、县房屋行政管理部门责令其限期改正或者恢复原状，并可以处该优秀历史建筑重置价三到五倍的罚款。

第四十三条　违反本条例规定，对优秀历史建筑的修缮不符合建筑的具体保护要求或者相关技术规范的，由市房屋行政管理部门或者区、县房屋行政管理部门责令其限期改正、恢复原状，并可以处该优秀历史建筑重置价百分之三以上百分之三十以下的罚款。

第四十四条　违反本条例规定，未及时报送优秀历史建筑修缮、迁移、拆除或者复建工程档案资料的，由市规划管理部门责令其限期报送；逾期仍不报送的，依照档案管理法律、法规的有关规定处理。

第四十五条　规划管理部门、房屋行政管理部门和其他有关管理部门及其工作人员违反本条例规定行使职权，有下列情形之一的，由所在单位或者上级主管机关依法给予行政处分；给管理相对人造成经济损失的，按照国家有关规定赔偿；构成犯罪的，依法追究刑事责任：

（一）违反法定程序，确定、调整或者撤销历史文化风貌区和优秀历史建筑的，或者违法批准迁移、拆除优秀历史建筑的；

（二）擅自批准在历史文化风貌区、优秀历史建筑的保护范围内从事违法建设活动，或者违法批准改变优秀历史建筑的使用性质、内部设计使用功能的；

（三）对有损历史文化风貌区和优秀历史建筑的违法行为不及时处理的；

（四）其他属于玩忽职守、滥用职权、徇私舞弊的。

第四十六条　当事人对行政管理部门的具体行政行为不服的，可以依照《中华人民共和国行政复议法》或者《中华人民共和国行政诉讼法》的规定，申请行政复议或者提起行政诉讼。

第六章　附　则

第四十七条　本市城市总体规划确定的历史文化名镇的保护，参照本条例有关历史文化风貌区保护的规定执行。

第四十八条　本条例自 2003 年 1 月 1 日起施行。

上海市文物保护条例

（2014 年 6 月 19 日上海市第十四届人民代表大会常务委员会第十三次会议通过 2014 年 6 月 19 日上海市人民代表大会常务委员会公告第 12 号公布 自 2014 年 10 月 1 日起施行）

第一章 总 则

第一条 为了加强对文物的保护，促进对文物的合理利用，传承优秀的历史文化遗产，根据《中华人民共和国文物保护法》《中华人民共和国文物保护法实施条例》等法律、行政法规，结合本市实际情况，制定本条例。

第二条 本市行政区域内对文物的保护、利用及其相关管理，适用本条例。

文物认定的标准和办法依照国务院批准的文物行政管理部门制定的相关规定执行。

第三条 文物工作坚持保护为主、抢救第一、合理利用、加强管理的方针。

第四条 市和区、县人民政府负责本行政区域内的文物保护工作，并组织本条例的实施。

市和区、县文物行政管理部门具体负责本行政区域内的文物保护以及相关监督管理。

发展改革、建设、交通、规划土地、房屋、经济信息化、公安消防、绿化市容、水务、工商、教育、旅游、文广影视、新闻出版、财政等相关行政管理部门，按照各自职责共同做好文物保护工作。

第五条 市和区、县文物管理委员会负责协调解决文物保护工作中的重大问题，其日常办事机构设在同级文物行政管理部门。

市文物管理委员会设立文物保护专家委员会。专家委员会由文物、历史、文化、艺术、规划、建筑、房屋管理、法律等方面的人士组成，为本市文物保护和管理工作提供决策咨询意见。

第六条 市和区、县人民政府应当将文物保护事业纳入本级国民经济和社会发展规划，所需经费列入本级财政预算，并随着财政收入增长而增加。

第七条 市文物行政管理部门应当根据本市国民经济和社会发展规划，以及文物保护工作的实际需要，会同市规划土地行政管理部门组织编制文物保护专项规划，经市人民政府批准后纳入相应的城乡规划。文物保护单位的保护范围和建设控制地带的划定和保护，应当作为总体规划和详细规划的强制性内容。

第八条 文物、教育、新闻出版、文广影视等行政管理部门，学校、社区，以及广播电台、电视台、报刊、网站等媒体应当加强文物保护的宣传教育，普及文物知识，增强全社会的文物保护意识。

第九条 鼓励公民、法人或者其他组织设立文物保护社会基金，或者通过捐赠、资金投入、举办公益性文物保护宣传教育活动等方式参与文物保护。

鼓励志愿者和志愿服务组织参与文物普查、文物知识的宣传和讲解以及辅助服务等工作。市和区、县文物行政管理部门应当对志愿者开展相关知识培训。

第十条 本市鼓励和支持文物保护的科学技术研究。

市文物行政管理部门应当制定文物保护的科学技术研究规划，通过推动与科研机构和高等院校的合作，推进文物保护科技创新，促进文物保护科学技术成果的推广和应用，提高文物保护的科学技术水平。

第二章　不可移动文物

第十一条 相关部门履行下列职责时，涉及不可移动文物的，应当征询同级文物行政管理部门的意见：

（一）市和区、县规划土地行政管理部门组织编制城乡规划、土地利用规划或者进行土地出让前；

（二）市建设行政管理部门会同相关部门和区、县人民政府确定旧城区改建范围；

（三）市房屋行政管理部门确定符合其他公共利益需要征收房屋的项目；

（四）其他行政管理部门需要征询意见的情况。

第十二条 不可移动文物根据其历史、艺术、科学价值，可以依法确定为全国重点文物保护单位、市级文物保护单位和区、县级文物保护单位。

尚未核定公布为文物保护单位的不可移动文物，由区、县人民政府文物行政管理部门予以登记，并公布为文物保护点。

第十三条 全国重点文物保护单位的核定公布，按照国家有关规定执行。

市级文物保护单位由市文物行政管理部门提出建议名录，报市人民政府核定公布，并报国务院备案。

区、县级文物保护单位由文物所在地的区、县文物行政管理部门提出建议名录，报区、县人民政府核定公布，并报市人民政府备案。

文物保护点由文物所在地的区、县文物行政管理部门予以登记和公布，并报区、县人民政府和市文物行政管理部门备案。

第十四条 本市建立对不可移动文物的定期评估制度。市文物行政管理部门应当每五年对市级文物保护单位进行评估。区、县文物行政管理部门应当每五年对本行政区域内的区、县级文物保护单位和文物保护点进行评估。

第十五条 经评估，不可移动文物保护价值发生明显改变的，可以依法予以升级、降级或者撤销。

不可移动文物的升级，由文物行政管理部门依照本条例第十三条第二款、第三款的规定核定公布和备案。

区、县级文物保护单位、文物保护点的降级或者撤销，由区、县文物行政管理部门提出并经市文物行政管理部门同意，报区、县人民政府批准。

第十六条 文物保护单位和文物保护点核定、升级、降级、撤销前和定期评估时，市和区、县文物行政管理部门应当组织专家委员会论证，征询同级规划土地、房屋等相关行政管理部门的意见，并公示征求社会意见。

第十七条 全国重点文物保护单位和市级文物保护单位自核定公布之日起一年内，由市文物行政管理部门会同市规划土地行政管理部门拟定必要的保护范围，报市人民政府划定后予以公布；全国重点文物保护单位的保护范围划定后，由市文物行政管理部门报国务院文物行政管理部门备案。区、县级文物保护单位自核定公布之日起一年内，由所在地的区、县文物行政管理部门会同区、县规划土地行政管理部门拟定必要的保护范围，报区、县人民政府划定后予以公布。

市文物行政管理部门可以根据保护文物的实际需要，会同市规划土地行政管理部门，在文物保护单位的保护范围外划出一定的建设控制地带，报市人民政府批准后予以公布。

文物保护单位的保护范围和建设控制地带报市和区、县人民政府划定、批准前，市和区、县文物行政管理部门应当组织专家论证，并听取利害关系人的意见。

第十八条 文物保护单位的保护范围内不得进行其他建设工程或者爆破、钻探、挖掘等作业。但是，因特殊情况需要在文物保护单位的保护范围内进行其他建设工程或者爆破、钻探、挖掘等作业的，必须保证文物保护单位的安全，并按照国家有关规定报批。

在文物保护单位的建设控制地带内进行建设工程，不得破坏文物保护单位的历史风貌。建设工程的形式、高度、体量、色调等应当与文物保护单位及其周边环境相协调。建设工程设计方案应当根据文物保护单位的级别，按照国家有关规定报批。

第十九条 本市依照文物保护的相关法律、法规规定制定建筑类不可移动文物的保护要求。保护要求根据建筑的历史、科学和艺术价值以及完好程度，可以分为以下三类：

（一）建筑的立面、结构体系、空间格局和内部装饰不得改变；

（二）建筑的立面、结构体系、基本空间格局和有特色的内部装饰不得改变，其他部分允许适当改变；

（三）建筑的主要立面、主要结构体系、主要空间格局和有价值的建筑构件不得改变，其他部分允许适当改变。

市文物行政管理部门应当会同市房屋、市规划土地等相关行政管理部门，严格确定每处建筑类不可移动文物的保护类别并制定具体的保护措施。保护措施应当明确不可移动文物的保护部位、安全防范、利用限制、环境整治等内容。保护类别的确定和具体保护措施的制定应当经由文物保护专家委员会论证。

第二十条 区、县文物行政管理部门应当将本行政区域内不可移动文物的保护要求书面告知不可移动文物的所有人、使用人、相关的物业管理单位，明确其保护义务以及相应的法律责任；并将不可移动文物的保护要求及分布情况，同时通报不可移动文物所在地的乡、镇人民政府、街道办事处。

第二十一条 对不可移动文物实施保养维护、抢险加固、修缮、保护性设施建设、迁移等保护工程的，应当按照国家规定的原则和要求，根据文物保护单位的级别报相应的文物行政管理部门批准，由取得文物保护工程资质证书的单位承担。

文物保护工程涉及结构加固、保温节能以及消防设施等设备更新、改造的，应当符合本条例第十九条规定的保护要求。

第二十二条 非国有不可移动文物由其所有人负责修缮、保养。所有人对不可移动文物进行修缮、保养的，可以向市或者区、县文物行政管理部门申请经费补助。

非国有不可移动文物有损毁危险，所有人不具备修缮能力的，经市或者区、县文物行政管理部门组织专家评估确需抢救性修缮的，市或者区、县文物行政管理部门应当实施抢救性修缮。所有人具备修缮能力而拒不履行修缮义务的，市或者区、县文物行政管理部门可以给予抢救性修缮，所需费用由所有人负担。

第三章　考古发掘

第二十三条 市文物行政管理部门应当组织考古发掘单位开展地下、水下文物的考古调查，并会同市规划土地、建设、水务等相关行政管理部门，对可能集中埋藏文物的区域，分别划定地下文物埋藏区或者水下文物保护区，报市人民政府批准后向社会公布。

第二十四条 在地下文物埋藏区或者水下文物保护区内进行大型基本建设工程的，建设单位应当在规划选址阶段，报请市文物行政管理部门组织考古发掘单位进行考古调查、勘探。考古调查、勘探应当与建设工程的规划选址同步完成。

考古调查、勘探中发现文物的，由市文物行政管理部门根据文物保护的要求会同建设单位共同商定保护措施；遇有重要发现的，由市文物行政管理部门及时报国务院文物行政管理部门处理。

第二十五条 水下文物保护区范围内，不得进行危及水下文物安全的捕捞、爆破、钻探、挖掘、养殖等活动。

第二十六条 在进行建设工程、农业生产或者房屋拆除活动中，任何单位或者个人发现文物或者疑似文物的，应当保护现场，不得哄抢、私分、藏匿，并立即报告所在地的文物行政管理部门。文物行政管理部门接到报告后，应当立即赶赴现场，经征询相关部门和建设单位的意见后，于七日内提出处理意见。

第四章　馆藏文物

第二十七条　文物收藏单位应当按照国家规定的定级标准，组织专家对文物藏品进行鉴定和定级，并将藏品目录报市文物行政管理部门备案。

第二十八条　文物收藏单位应当设置藏品档案，建立健全藏品管理制度。

市和区、县文物行政管理部门应当建立馆藏文物的档案数据库。

第二十九条　文物收藏单位应当按照国家有关规定，配备防火、防盗、防自然损坏的设施和相应的安全保卫人员，并达到与风险等级相符合的安全防护要求。未达到安全防护要求的，不得陈列、展出文物。

第三十条　本市鼓励公民、法人和其他组织利用其依法收藏的文物设立博物馆，开展社会教育和服务活动。

社会力量举办博物馆，应当依法办理登记手续。

第三十一条　市和区、县文物行政管理部门应当采取经费补助、人员培训、宣传推广等措施，促进社会力量举办的博物馆发展。

市文物行政管理部门应当促进民办博物馆行业组织建设，指导行业组织开展文物保护等活动。

民办博物馆行业组织应当鼓励民办博物馆在开展民间收藏文物研究、展览、交流等活动时，邀请公民、法人或者其他组织参加。

鼓励国有博物馆在藏品保护、陈列展览、科学研究等方面，对社会力量举办的博物馆进行业务指导。

第五章　文物流通和利用

第三十二条　从事文物收购、销售、拍卖活动的企业，应当按照国家有关规定履行审批手续，并在核准的范围内经营。

第三十三条　文物、工商等相关行政管理部门依法对文物经营活动实施监督检查，对未经批准开展的文物经营行为进行查处，对收购、销售、拍卖国家禁止买卖的文物的行为进行处罚。

第三十四条　从事文物收购、销售、拍卖活动的企业应当按照国家和本市有关法律、法规的规定诚信经营。

市文物行政管理部门应当建立文物经营者诚信档案，并定期向社会公布不诚信企业名单。

第三十五条　文物利用应当在确保文物安全的前提下遵循合理、适度、可持续的原则。

第三十六条　各级人民政府利用文物保护单位、文物保护点进行旅游开发的，应当延续原有人文生态及历史环境风貌，实施文物安全监测，对可能造成文物资源破坏的及时采取保护措施，确保文物安全。

对外开放的文物保护单位、文物保护点的游客承载标准，由文物行政管理部门根据保护文物等需要会同同级旅游行政管理部门确定，并向社会公布。

第三十七条 国有文物保护单位、文物保护点具备开放条件的，在保证文物安全的前提下，应当向公众开放。在每年的中国文化遗产日、上海国家历史文化名城命名日，应当免费向公众开放。

鼓励非国有文物保护单位、文物保护点向公众开放。

第三十八条 鼓励各级各类教育机构利用文物资源开展教育活动。

博物馆、纪念馆及其他文物收藏单位应当结合本单位特点，充分发挥馆藏文物的作用，开展形式多样、生动活泼的社会教育和服务活动，积极参与城市文化氛围营造和社区文化建设，并向社会公告服务项目和开放时间。

对外开放的文物保护单位、文物保护点应当为教育机构开展教育活动提供服务和便利。

第三十九条 鼓励革命史迹、工业遗产、名人故居、近现代代表性建筑等不可移动文物的所有人、使用人，利用文物资源向公众提供公共文化服务。

第六章　法律责任

第四十条 违反本条例规定的行为，《中华人民共和国文物保护法》《中华人民共和国文物保护法实施条例》及其他有关法律、行政法规已有处罚规定的，从其规定。

第四十一条 有下列行为之一的，由上级机关或者主管部门责令改正：

（一）违反本条例第十五条、第十六条规定，擅自将文物保护单位、文物保护点降级、撤销的；

（二）违反本条例第三十八条第二款规定，博物馆、纪念馆及其他文物收藏单位未按规定向社会公告服务项目和开放时间的。

第四十二条 文物等行政管理部门直接负责的主管人员或者其他直接责任人员玩忽职守、滥用职权、徇私舞弊的，由其所在单位或者上级主管部门依法给予行政处分；构成犯罪的，依法追究刑事责任。

第七章　附　则

第四十三条 既是不可移动文物又是优秀历史建筑的，由市人民政府相关行政管理部门依照文物保护的相关法律、法规和本市有关法规规定，共同做好保护工作。

第四十四条 本条例自 2014 年 10 月 1 日起施行。

江 苏

江苏省历史文化名城名镇保护条例

（2001 年 12 月 27 日江苏省第九届人民代表大会常务委员会第二十七次会议通过
根据 2010 年 9 月 29 日江苏省第十一届人民代表大会常务委员会第十七次会议
《关于修改〈江苏省历史文化名城名镇保护条例〉的决定》修正）

第一章 总 则

第一条 为加强对历史文化名城、名镇和历史文化保护区的保护，继承优秀历史文化遗产，促进社会主义物质文明与精神文明建设，根据有关法律、法规，结合本省实际，制定本条例。

第二条 本省行政区域内历史文化名城、名镇和历史文化保护区的保护，适用本条例。

本条例所称历史文化名城，是指经国务院或者省人民政府批准并公布的保存文物古迹特别丰富、具有重要历史文化价值或者革命纪念意义的城市。

本条例所称历史文化名镇，是指经省人民政府批准并公布的保存文物古迹较为丰富、具有重要历史文化价值的建制镇和集镇。

本条例所称历史文化保护区，是指经省人民政府批准并公布的文物古迹比较集中，能够比较完整地反映一定历史时期的传统风貌和地方、民族特色的街区、建筑群、村落、水系等。

第三条 历史文化名城、名镇和历史文化保护区的保护内容主要是：

（一）城镇整体空间环境，包括古城格局、整体风貌、城镇空间环境等；

（二）历史街区和地下文物埋藏区；

（三）有历史价值的古文化遗址、古墓葬、古建筑、石窟寺、石刻、近代现代重要史迹和代表性建筑，以及古树名木、水系、村落、地貌遗迹等；

（四）城镇历史演变、建制沿革以及特有的传统文艺、传统工艺、传统产业及民风民俗等口述及其他非物质文化遗产。

第四条 历史文化名城、名镇和历史文化保护区的保护应当坚持统筹规划、有效保护、合理利用、科学管理的原则，正确处理保护与利用、继承与发展以及文物保护与经济建设、社会发展的关系。

历史文化名城、名镇和历史文化保护区内的文物保护应当坚持保护为主、抢救第一的方针。

第五条 省人民政府和历史文化名城、名镇和历史文化保护区所在地人民政府，统一领导和协调本行政区域内的历史文化名城、名镇和历史文化保护区的保护工作，将保护工作纳入国民经济和社会发展规划，并安排专项保护经费。

第六条 县级以上地方人民政府城乡规划主管部门，主管本行政区域内历史文化名城、名镇和历史文化保护区的规划工作。

县级以上地方人民政府文物行政主管部门，主管本行政区域内历史文化名城、名镇和历史文化保护区的文物保护工作。

建设、文化、旅游、公安、园林、民族宗教等行政管理部门，在各自的职责范围内，做好历史文化名城、名镇和历史文化保护区的有关保护工作。

第七条 任何单位和个人都有依法保护历史文化名城、名镇和历史文化保护区的义务，并有权检举、控告和制止破坏、损害历史文化名城、名镇和历史文化保护区的行为。

第八条 对在历史文化名城、名镇和历史文化保护区保护工作中做出显著成绩的单位和个人，由人民政府或者城乡规划主管部门、文物行政主管部门给予表彰、奖励。

第二章 申报与确定

第九条 省级历史文化名城，应当同时具备下列条件：

（一）古代区域性政治、经济或者文化中心，建城历史在明代或者明代以前，目前仍保存着丰富的地上、地下历史文化遗迹或者实物遗存，口述及其他非物质文化遗产丰富，具有重要的历史、艺术、科学价值；或者近代发生过重要历史事件，对近代历史产生过重要影响。

（二）城市传统风貌与格局具有特色，并具有代表古城风貌的历史街区。历史街区应当有一定的规模，且连成一片，至少要有一条以上的古街，其两侧古建筑仍为原物。

（三）文物古迹特别丰富，在市区或者近郊区的各级文物保护单位应当有十处以上，其中应当有省级以上文物保护单位四处以上，且文物古迹的保护与合理利用对城市的性质、布局、发展具有重要影响。

第十条 省级历史文化名镇，应当同时具备下列条件：

（一）城镇建成历史在清代或者清代以前，镇区传统风貌与格局具有特色，历史街区保存较为完整并有一定规模，其两侧古建筑基本为原物，具有较高历史文化价值。

（二）文物古迹较为丰富，保存完好。历史延续较为完整，具有特色鲜明的口述及其他非物质文化遗产。镇区的各级文物保护单位应当有五处以上，其中应当有省级以上文物保护单位。

（三）现存文物古迹、历史街区主要分布在镇区或者近郊区，对该镇的性质、布局、发展具有重要影响。

第十一条 省级历史文化保护区，应当同时具备下列条件：

（一）文物古迹比较集中，具有一定规模；

（二）区域内的建筑等要素能体现一定历史时期的传统风貌，建筑群体具有一定规模，历史建筑基本为原物；

（三）具有鲜明的地方、民族特色。

第十二条 省级历史文化名城、名镇和历史文化保护区由市、县（市）人民政府向省人民政府申报，经省城乡规划主管部门、省文物行政主管部门共同组织专家审核同意后，报省人民政府核准公布。

省级历史文化名镇、历史文化保护区的申报，必要时也可以直接由省城乡规划主管部门、省文物行政主管部门联合提出，报省人民政府核准公布。

省级历史文化名城、名镇和历史文化保护区因保护不力使其历史文化价值受到严重影响的，批准机关应当将其列入濒危名单，予以公布，并责成所在地市、县（市）人民政府限期采取补救措施，防止情况继续恶化，并完善保护制度，加强保护工作。

第十三条 国家历史文化名城的申报、确定，按照国家有关规定执行。

第三章　保护规划

第十四条 历史文化名城、名镇和历史文化保护区经核准公布后，其所在地县级以上人民政府应当在一年内组织编制完成历史文化名城、名镇和历史文化保护区保护规划，作为城镇总体规划的重要组成部分。

地方各级人民政府制定历史文化名城、名镇和历史文化保护区保护规划时，应当事先由城乡规划主管部门会同文物行政主管部门商定对本行政区域内文物保护单位的保护措施，纳入保护规划。

第十五条 历史文化名城、名镇和历史文化保护区所在地人民政府，应当组织文物等行政主管部门对保护范围内的地下文物埋藏情况进行普查，划定不宜安排大中型建设项目的地下文物埋藏区，其经费由同级人民政府统筹解决。

第十六条 编制历史文化名城、名镇和历史文化保护区保护规划，应当遵循以下原则：

（一）保护和延续历史文化的风貌特点，继承发扬传统特色文化，从城镇整体风貌上确定城镇功能的改善、用地布局的调整、空间形态的保护等；

（二）根据历史文化遗存的性质、形态、分布和空间环境等特点，确定保护原则和工作重点，挖掘和研究传统文化内涵，保护和利用人文资源；

（三）从总体上采取规划措施，以利于保护和利用历史文化遗产，促进经济和社会协调发展，适应城镇居民现代生活和工作环境的需要。

第十七条 编制历史文化名城、名镇保护规划，应当根据构成历史风貌的因素及现状，划定重点保护区。

前款所称重点保护区，是指历史街区和已探明的能体现城市发展脉络、遗存保存丰富的地下文物埋藏区。

地方各级人民政府应当在历史文化名城、名镇和历史文化保护区保护规划中，确定需要保护的文物保护单位以外的具有历史、科学、艺术价值的建筑物、构筑物及其他设施。

第十八条 编制历史文化名城、名镇和历史文化保护区保护规划，应当向社会公布，广泛征求专家、学者和社会公众以及有关部门的意见，进行科学论证。必要时，可以召开听证会。

第十九条 编制城镇总体规划时，应当同步编制专门的历史文化名城、名镇保护规划；已有城镇总体规划的，应当单独编制历史文化名城、名镇保护规划。历史文化名城、名镇和历史文化保护区的保护规划，由所在地城市、县人民政府报省人民政府审批。国家级历史文化名城保护规划和历史文化名镇保护规划，按照国家规定报国务院建设主管部门和文物主管部门备案。

历史文化名城、名镇和历史文化保护区的保护规划应当报经所在地城市、县人民代表大会常务委员会审议，审议意见交由城市、县人民政府研究处理。

第二十条 经依法批准的历史文化名城、名镇和历史文化保护区保护规划不得擅自修改；确需修改的，保护规划的组织编制机关应当向原审批机关提出专题报告，经同意后，方可编制修改方案。修改后的保护规划，应当按照原审批程序报送审批。

第二十一条 历史文化名城、名镇和历史文化保护区所在地人民政府应当依据已批准的保护规划，组织编制控制性详细规划，提出保护和建设的具体实施方案。

第二十二条 历史文化名城、名镇和历史文化保护区保护规划一经批准，所在地市、县（市）人民政府应当予以公布，并组织实施。

第四章　保护措施

第二十三条 历史文化名城、名镇和历史文化保护区内的土地利用和各项建设，应当符合保护规划的规定。

第二十四条 历史文化名城、名镇和历史文化保护区范围内的建设项目，设计单位应当按照城乡规划主管部门根据保护规划提出的规划设计要求进行设计。

建设单位应当按照城乡规划主管部门核发的建设工程规划许可证的规定进行建设。

施工单位在施工过程中应当保护文物古迹及其周围的古树名木、水体、地貌，不得造成污染和破坏；发现地上、地下文物时，应当立即停止施工，保护现场，并及时向文物行政主管部门报告。

在历史文化名城、名镇的重点保护区内安排建设项目时，有关部门应当事先征得文物行政主管部门的同意。

第二十五条 旧城改造和新区建设不得影响历史文化名城、名镇和历史文化保护区的传统风貌和格局，不得破坏历史街区的完整。

第二十六条 保护规划确定保护的建筑物、构筑物及其他设施不得擅自迁移或者拆除。因建设工程特别需要而必须对历史文化街区、历史文化名镇保护范围内的文物保护单位、历史建筑进行迁移、拆除的，应当依照《中华人民共和国文物保护法》、国务院《历史文化名城名镇名村保护条例》的规定报批；确需拆除历史文化街区、历史文化名镇保护范围内文物保护单位、历史建筑以外的建筑物、构筑物及其他设施的，应当经城市、县人民政府城乡规划主管部门会同同级文物行政主管部门批准。

对保护规划确定保护的建筑物、构筑物及其他设施进行维修的，应当保持其原状风貌，不得任意改建、扩建。

第二十七条 在历史文化名城、名镇和历史文化保护区内，建设项目的性质、布局、高度、体量、建筑风格、色调等，应当服从保护规划确定的保护要求，并与周围环境、风貌相协调。

第二十八条 文物保护单位的保护范围内不得进行其他工程建设或者爆破、钻探、挖掘等作业，如有特殊需要，应当保证文物保护单位的安全并经原公布的人民政府批准，公布该文物保护单位的人民政府在批准前应当征得上一级人民政府文物行政主管部门同意。在全国重点文物保护单位的保护范围内进行工程建设或者爆破、钻探、挖掘等作业的，应当经省、自治区、直辖市人民政府批准，省、自治区、直辖市人民政府在批准前应当征得国务院文物行政主管部门同意。

在文物保护单位周围的建设控制地带内的建设工程，不得破坏文物保护单位的历史风貌，不得进行可能影响文物保护单位安全及其环境的活动。建设工程设计方案应当根据文物保护单位的级别征得相应文物行政主管部门同意后，报城乡规划主管部门批准。

历史文化名城、名镇和历史文化保护区范围内的建设工程，应当避开地下文物古迹。

第二十九条 历史文化名城、名镇和历史文化保护区内的文物古迹，应当加以保护，及时修缮。

被核定为文物保护单位的革命遗址、纪念建筑物、古墓葬、古建筑、石刻（包括建筑物的附属物）等，在进行修缮、保养和迁移时应当遵守不改变文物原状的原则，其设计施工方案应当根据文物保护单位的级别经相应的文物行政主管部门同意后实施。

第三十条 有文物保护单位的参观游览场所，应当从门票收入中提取一定比例用于文物保护。

文物保护单位的管理部门应当采取有效的保护措施，保证文物的安全。对客流量较大的文物保护单位必要时可以对游览人数予以限制。

参观游览者应当遵守文物保护法律、法规及文物保护单位的有关管理制度，爱护文物及其设施，不得刻划、涂污或者损坏。

第三十一条 历史文化名城、名镇和历史文化保护区所在地人民政府，应当采取措施支持历史街区的保护和改造，有计划、可持续地利用所保护的历史街区、建筑物等，不得超负荷使用。

有关部门应当有计划、有重点地对保护规划确定保护的建筑物、构筑物及历史地段进行维护和整治，改善设施与环境，对保护规划确定保护的濒危建筑物、构筑物及历史地段，及时组织抢修和整治。

第三十二条　历史文化名城、名镇和历史文化保护区所在地人民政府应当组织力量，整顿流散文物市场，防止珍贵文物流失。

第三十三条　历史文化名城、名镇和历史文化保护区所在地人民政府应当组织力量，加强对当地的历史沿革、风物特产、传统地名、环境风貌、民风民俗等口述及其他非物质文化遗产的搜集、整理、研究和保护利用。

历史文化名城、名镇和历史文化保护区所在地人民政府应当鼓励社会力量对流散在民间的传统文化艺术进行挖掘和整理，扶持教育研究机构培养有关专业人才以及名老艺人传徒、授艺。

文化、经贸等有关部门应当扶持具有地方特色的民间传统工艺和民间手艺的整理和研究，保护、利用和发展传统工艺。

第三十四条　历史文化名城、名镇和历史文化保护区所在地人民政府应当采取措施，有效治理废水、废气、固体废弃物的污染以及噪声、振动等公害改善环境质量。

对严重污染环境、危及文物安全、破坏环境风貌的单位，当地人民政府应当依法责令其限期治理、转产或者搬迁。

第三十五条　在历史文化名城、名镇的重点保护区范围内，禁止下列行为：

（一）修建损害传统风貌的建筑物、构筑物和其他设施；

（二）损毁保护规划确定保护的建筑物、构筑物及其他设施；

（三）进行危及文物古迹安全的建设以及改变文物古迹周围地形地貌的爆破、挖沙、取土等活动；

（四）占用或者破坏保护规划确定保护的道路街巷、园林绿地、河湖水系；

（五）对保护规划确定保护的建筑物、构筑物进行改变原风貌的维修或者装饰；

（六）设置破坏或者影响风貌的广告、标牌、招贴、小品；

（七）法律、法规禁止的其他行为。

第三十六条　历史文化名城、名镇和历史文化保护区所在地人民政府，应当鼓励社会力量捐资或者通过其他多种形式筹集资金，支持历史文化名城、名镇和历史文化保护区的保护。

第三十七条　城乡规划主管部门应当会同同级文物行政主管部门定期对历史文化名城、名镇和历史文化保护区的保护工作进行检查，及时处理违反本条例的行为，对严重违反保护规划的情况应当及时向同级人民政府和上级主管部门报告。

第五章 法律责任

第三十八条 违反本条例规定，擅自改变或者不执行历史文化名城、名镇和历史文化保护区保护规划的，对有关负责人和直接责任人员由其所在单位或者上级主管机关给予行政处分。

第三十九条 违反本条例规定批准建设项目的，其批准行为无效，由批准机关的上级机关责令原批准机关予以变更或者撤销，对有关负责人由其上级主管机关给予行政处分；对直接责任人员由其所在单位给予行政处分。

第四十条 违反本条例第二十四条第二款规定，未按照建设工程规划许可证的规定进行建设的，由城乡规划主管部门责令停止建设，并依法给予处罚。

违反本条例第二十四条第三款规定，在施工中发现地上、地下文物时仍进行施工，不保护现场的，由文物行政主管部门予以制止，责令停止破坏行为，限期采取补救措施，并可处以五千元以上五万元以下的罚款。造成文物损坏的，依照国家有关法律、法规的规定予以处罚。

第四十一条 违反本条例第二十六条第一款规定，擅自迁移、拆除文物保护单位的，由文物行政主管部门依法予以处罚；擅自迁移、拆除历史建筑的，由城乡规划主管部门依法予以处罚。

违反本条例第二十六条第一款规定，擅自拆除历史文化街区、历史文化名镇保护范围内文物保护单位、历史建筑以外的建筑物、构筑物及其他设施的，由城市、县人民政府城乡规划主管部门责令停止违法行为、限期恢复原状或者采取其他补救措施；有违法所得的，没收违法所得；逾期不恢复原状或者不采取其他补救措施的，城乡规划主管部门可以指定有能力的单位代为恢复原状或者采取其他补救措施，所需费用由违法者承担；造成严重后果的，对单位并处五万元以上十万元以下的罚款，对个人并处一万元以上五万元以下的罚款；造成损失的，依法承担赔偿责任。

第四十二条 违反本条例第三十五条规定的，由文物、规划等有关部门在各自的职责范围内依照国家有关法律、法规的规定予以处罚。

第四十三条 行政机关及其工作人员玩忽职守、滥用职权、徇私舞弊，致使历史实物遗存、传统景观风貌遭受破坏的，由其所在单位或者上级主管机关给予行政处分；构成犯罪的，依法追究刑事责任。

第六章 附 则

第四十四条 本条例自 2002 年 3 月 1 日起施行。

江苏省文物保护条例

（2003 年 10 月 25 日江苏省第十届人民代表大会常务委员会第六次会议通过　自 2004 年起施行　根据 2017 年 6 月 3 日江苏省第十二届人民代表大会常务委员会第三十次会议《关于修改〈江苏省固体废物污染环境防治条例〉等二十六件地方性法规的决定》修正）

第一章　总　则

第一条　为加强对文物的保护和管理，继承优秀历史文化遗产，根据《中华人民共和国文物保护法》等有关法律、行政法规，结合本省实际，制定本条例。

第二条　本省行政区域内文物和具有科学价值的古脊椎动物化石、古人类化石的保护、利用和管理，适用本条例。

第三条　地方各级人民政府负责本行政区域内的文物保护工作，并将其纳入经济和社会发展计划。

县级以上地方人民政府承担文物保护工作的部门（以下简称文物行政部门）对本行政区域内的文物保护实施监督管理。

其他有关部门在各自的职责范围内，共同做好文物保护的有关工作。

第四条　文物保护经费由地方各级人民政府列入同级财政预算，随着财政收入的增长而增加，并专款专用。

城市维护费中用于文物维修的费用按照国家和省有关规定执行。

鼓励公民、法人和其他组织对文物保护事业进行捐赠。对文物保护事业进行捐赠的公民、法人和其他组织，按照国家有关规定享受减税、免税的优惠待遇。

第五条　文物行政部门和教育、科技、新闻出版、广播电视行政部门，应当做好文物保护的宣传教育工作。

所有单位和个人都有依法保护文物的义务，并有权检举、控告和制止破坏文物的行为。

对文物保护事业做出突出贡献的单位和个人，由地方各级人民政府、文物行政部门和其他有关部门给予表彰和奖励。

第二章　不可移动文物

第六条　省文物行政部门在市、县级文物保护单位中选择具有重要历史、艺术、科学价值的确定为省级文物保护单位，或者直接确定为省级文物保护单位，报省人民政府核定公布，并报国务院备案。

市、县级文物保护单位，分别由市、县级文物行政部门确定，报同级人民政府核定公布，并报省人民政府备案。

尚未核定公布为文物保护单位的不可移动文物，由县级文物行政部门组织调查和初步审核后，对其名称、类别、位置、范围等事项予以登记和公布，报上一级文物行政部门备案，并在三个月内作出标志说明，一年内建立记录档案。

第七条　省规划行政部门会同省文物行政部门组织划定历史文化街区报省人民政府核定公布。

历史文化街区所在地的县级以上地方人民政府应当根据历史文化街区保护的需要，组织编制专门的保护规划，并纳入城市总体规划。规划行政部门、文物行政部门应当按照国家和省有关规定协商确定历史文化街区的保护措施。

在历史文化名城中的历史文化街区内进行工程建设，有关行政部门应当事先征得文物行政部门的同意。在其他城市中的历史文化街区内进行工程建设，有关行政部门应当事先征求文物行政部门的意见。

历史文化街区的布局、环境、历史风貌等遭到严重破坏，不符合规定条件的，由省规划行政部门、文物行政部门报省人民政府核准撤销，并予以公布。

第八条　有关地方各级人民政府应当加强对本行政区域内的世界文化遗产的保护，按照世界文化遗产保护国际公约和国家有关规定制定保护规划和专项保护管理规定，并公布施行。

第九条　全国重点文物保护单位、省级文物保护单位的保护范围由市、县级文物行政部门会同规划行政部门提出初步意见，经省文物行政部门会同规划行政部门划定后报省人民政府批准公布。其中，全国重点文物保护单位的保护范围，报国务院文物行政部门备案。

市、县级文物保护单位的保护范围由市、县级文物行政部门会同规划行政部门划定，报同级人民政府批准公布，并报上一级文物行政部门备案。

第十条　全国重点文物保护单位、省级文物保护单位的建设控制地带，经省人民政府批准，由市、县级文物行政部门会同规划行政部门提出初步意见，经省文物行政部门会同规划行政部门划定后，予以公布。

市、县级文物保护单位的建设控制地带，经省人民政府批准，由市、县级文物行政部门会同规划行政部门划定后，予以公布。

文物保护单位需要划定建设控制地带的，应当自文物保护单位核定公布之日起两年内划定公布。

第十一条　全国重点文物保护单位、省级文物保护单位应当自核定公布之日起两年内，由所在地县级以上规划行政部门会同文物行政部门商定保护措施，纳入城乡建设规划。

第十二条　在文物保护单位的建设控制地带内进行建设工程，建设工程项目应当与文物保护单位的周边环境、历史风貌相协调，不得破坏文物保护单位的历史风貌；工程设计方案应当根据文物保护单位的级别，经相应的文物行政部门同意后，报规划行政部门批准。

第十三条　在城镇房屋拆迁过程中，发现尚未登记公布的不可移动文物及其附属物，拆迁实施人必须立即停止施工，保护现场，并及时报告当地文物行政部门。文物行政部门接到报告后，应当在二十四小时内赶到现场，并在三日内提出处理意见。确有特殊情况的，应当在情况许可时立即赶到现场，并在七日内提出处理意见。

第十四条　建设工程选址，应当尽可能避开不可移动文物；对文物保护单位应当尽可能实施原址保护。

文物保护单位因特殊情况确实无法实施原址保护，需要迁移异地保护的，应当报省人民政府批准。迁移省级文物保护单位的，批准前须征得国务院文物行政部门同意。迁移全国重点文物保护单位，须由省人民政府报国务院批准。尚未核定公布为文物保护单位的不可移动文物，需要迁移异地保护的，应当事先征得文物行政部门的同意；需要拆除的，应当事先征得省文物行政部门同意。

对需要迁移异地保护的不可移动文物，建设单位应当事先制定科学的迁移保护方案，落实移建地址和经费，做好测绘、文字记录和摄像等资料工作。移建工程应当与不可移动文物迁移同步进行，并由文物行政部门组织专家进行验收。

第十五条　经与非国有不可移动文物的所有人协商一致，县级以上地方人民政府可以置换或者购买该不可移动文物。

非国有不可移动文物面临损毁危险，所有人不具备修缮能力的，当地人民政府应当给予帮助；所有人具备修缮能力而拒不履行修缮义务的，县级以上地方人民政府可以予以抢救修缮，所需费用由所有人负担。

第十六条　文物的保养维护工程、抢险加固工程、修缮工程、保护性设施建设工程、迁移工程等文物保护工程应当由具有相应资质的单位承担。

第十七条　文物保护工程中的修缮工程、保护性设施建设工程、迁移工程实行招投标和工程监理。

文物保护工程施工应当按照文物行政部门批准的修缮计划和工程设计方案进行。如需变更已批准的修缮计划和工程设计方案中的重要内容，必须经原申报机关报审批机关批准。

第十八条　文物保护工程竣工后，项目的审批机关视工程项目的实际情况成立验收小组或者委托有关单位，组织竣工验收。

第三章　地下文物

第十九条　根据本地区历史发展沿革及地下文物分布的状况，市、县级人民政府可以组织文物等行政部门经过勘查核实后划定地下文物埋藏区，并予以公布。

土地使用权出让涉及地下文物埋藏区，有关行政部门在办理相关批准手续前，应当征求同级文物行政部门的意见。

第二十条　在地下文物埋藏区内进行工程建设，建设单位在取得建设项目选址意见书后，应当向省文物行政部门或者其委托的设区的市文物行政部门申请考古调查、勘探。文物行政部门应当组织从事考古发掘的单位进行考古调查、勘探。

在地下文物埋藏区以外占地面积五万平方米以上的建设工程应当按照前款规定的程序申请考古调查、勘探。文物行政部门应当组织从事考古发掘的单位在工程范围内有可能埋藏文物的地方进行考古调查、勘探。

考古调查、勘探结束，从事考古发掘的单位应当在三十日内出具考古调查、勘探报告。

第二十一条　任何单位和个人在建设工程或者生产活动中，发现地下文物，应当立即停止施工，并及时向文物行政部门报告。文物行政部门接到报告后，如无特殊情况，应当在二十四小时内赶到现场，并在七日内提出处理意见。文物行政部门提出需要进行考古发掘意见的，在考古发掘结束前，不得擅自在考古发掘区域内继续施工或者进行生产活动。施工单位或者生产单位应当指定专人保护现场，建设单位应当予以支持配合。当地公安机关应当协助做好现场的安全保卫工作。

在地下文物发现现场，任何单位和个人不得阻挠文物行政部门和考古发掘单位的工作人员进行调查和考古发掘。

考古发掘工作结束后，组织发掘工作的文物行政部门应当立即将处理意见书面通知建设单位，可以恢复施工的应当立即通知其恢复施工。

第二十二条　因配合建设工程而进行的考古调查勘探和抢救性考古发掘，省文物行政部门可以委托有条件的设区的市文物行政部门组织相关考古发掘单位进行。

第二十三条　因进行基本建设和生产建设需要进行考古调查、勘探、发掘的，所需经费应当列入建设工程预算，并由建设单位支付。具体办法按照国家有关规定执行。

第二十四条　考古调查、勘探、发掘工作结束后，考古发掘单位应当在三十日内，将结项报告和出土文物清单，上报批准考古勘探、发掘的文物行政部门。进行考古发掘的，应当在三年内完成考古发掘报告。

考古发掘中的重要发现，未经省文物行政部门同意，不得向外公布。

第四章　馆藏文物和民间收藏文物

第二十五条　博物馆、纪念馆、陈列馆和其他文物收藏单位应当具备下列条件：

（一）有固定的场所、库房；

（二）有必要的经费来源；

（三）有一定数量的藏品；

（四）有与文物收藏主要任务相适应的专业技术人员；

（五）有符合规定的安全、消防设施，并达到风险等级安全防护标准；

（六）法律、法规规定的其他条件。

第二十六条　博物馆以及具有博物馆性质的纪念馆、陈列馆等文物收藏单位的设立、变更、终止，应当在三十日内向省文物行政部门备案。

第二十七条　一、二级文物应当由省文物行政部门组织专家评审确定，其中一级文物报国务院文物行政部门确认；三级文物应当由省文物行政部门或者其委托的设区的市文物行政部门组织专家评审确定。

第二十八条　文物收藏单位可以根据其收藏的性质和任务搜集藏品。

凡不具备收藏珍贵文物条件的国有文物收藏单位，其收藏的珍贵文物，文物行政部门可以指定具备条件的国有文物收藏单位代藏。文物收藏单位与代藏单位的权利义务由双方协商确定。

第二十九条　鼓励设立非国有文物收藏单位。依法设立的非国有文物收藏单位应当将其文物收藏清单报主管的文物行政部门备案；其中，珍贵文物收藏情况如有变动，应当及时报告原备案的文物行政部门。

第三十条　国有文物收藏单位法定代表人离任时必须办理藏品移交手续，并由主管的文物行政部门作出书面检查结论。

第三十一条　文物商店由省文物行政部门或者其委托的设区的市文物行政部门批准设立。

文物收藏单位以外的公民、法人和其他组织可以收藏通过合法方式取得的文物，其收藏的文物可以依法流通，但法律、行政法规规定禁止买卖的除外。文物行政部门应当对文物市场加强监督和管理。

第三十二条　文物商店经省文物行政部门审核允许销售的文物应当按照国家有关规定作出记录，并在销售后报省文物行政部门备案。

第五章　文物利用

第三十三条　文物利用坚持可持续利用的原则，弘扬优秀传统文化，改善城乡人居环境，推动社会经济发展。

第三十四条　地方各级人民政府应当合理利用本地区文物资源，形成地缘文化特质和区域品牌特征，并应用于商业、贸易、旅游、交通等领域，同时采取各种方式鼓励支持社会各方面参与文物的保护和利用。

文物行政部门应当向社会提供必要的信息、指导和服务，并对文物利用进行指导和监督。

第三十五条 国有文物保护单位应当尽可能向社会开放。有文物保护单位的参观游览场所，应当从门票收入中提取一定比例用于文物保护。

博物馆应当向老年人、残疾人优惠开放，向学生免费、定期免费或者优惠低收费开放。

第三十六条 复制、拓印文物按照国家有关规定办理审批手续。文物复制品应当有明确标识。

第三十七条 利用珍贵文物举办流动展览或者利用文物举办大型活动的，应当报展览地县级以上文物行政部门备案，并按照有关规定向公安机关提出申请，接受文物部门、公安机关的检查、监督、指导。

第六章　法律责任

第三十八条 违反本条例第十三条规定发现不可移动文物及其附属物后仍继续施工、不保护现场，或者违反本条例第二十一条规定擅自在考古发掘区域内继续施工或者进行生产活动的，文物行政部门应当予以制止，限期采取补救措施；造成严重后果的，处以五万元以上五十万元以下的罚款。

第三十九条 违反本条例第十七条第二款规定，擅自变更已批准的修缮计划和工程设计方案中的重要内容进行施工的，由文物行政部门责令改正，造成严重后果的，处以五万元以上五十万元以下的罚款。

第四十条 违反本条例第二十条规定，未经考古调查、勘探进行工程建设的，由文物行政部门责令改正，造成严重后果的，处以五万元以上五十万元以下的罚款。

第四十一条 违反本条例规定，造成文物灭失、损毁的，依法承担民事责任；构成违反治安管理行为的，由公安机关给予治安管理处罚；构成犯罪的，依法追究刑事责任。

第四十二条 违反本条例有关规定，依法应当由规划、建设、工商、公安等部门处罚的，由相关部门按照法律、法规的规定处罚。

第四十三条 地方各级人民政府及有关部门不履行文物保护和管理职责的，由上级人民政府责令改正，并可以通报批评；对直接负责的主管人员和其他直接责任人员依法给予行政处分。

文物行政部门和其他有关部门的工作人员玩忽职守、滥用职权、徇私舞弊的，由其所在单位或者上级主管机关给予行政处分；构成犯罪的，依法追究刑事责任。

第七章　附　则

第四十四条 本条例自 2004 年 1 月 1 日起施行。1994 年 4 月 22 日江苏省第八届人民代表大会常务委员会第七次会议通过的《江苏省实施〈中华人民共和国文物保护法〉办法》同时废止。

浙江

浙江省文物保护管理条例

（2005年11月18日浙江省第十届人民代表大会常务委员会第二十一次会议通过　自2006年
1月1日起施行　根据2009年11月27日浙江省第十一届人民代表大会常务委员会
第十四次会议《关于修改〈浙江省文物保护管理条例〉的决定》第一次修正　根据
2014年11月28日浙江省第十二届人民代表大会常务委员会第十四次会议《关于
修改〈浙江省水利工程安全管理条例〉等十件地方性法规的决定》第二次修正）

第一章　总　则

第一条　根据《中华人民共和国文物保护法》（以下简称文物保护法）、《中华人民共和国文物保护法实施条例》（以下简称文物保护法实施条例）及其他有关法律、法规，结合本省实际，制定本条例。

第二条　本省行政区域内文物的保护、利用和管理，适用本条例。

具有科学价值的古脊椎动物化石、古人类化石同文物一样受国家保护。

第三条　文物工作贯彻保护为主、抢救第一、合理利用、加强管理的方针。

经济开发建设及文物利用等活动，必须遵循文物工作的方针，不得对文物造成损害。

第四条　各级人民政府负责本行政区域内的文物保护工作。

第五条　县级以上人民政府应当将文物保护纳入国民经济和社会发展规划、土地利用总体规划、城乡建设规划和风景名胜区规划，并建立文物保护责任制。

第六条　县级以上人民政府应当将文物保护事业所需经费列入财政预算，使文物保护的财政拨款随着财政收入增长而增加。

县级以上人民政府应当根据文物抢救、修缮、征集和安全设施建设等需要，设立专项经费。

第七条　文物保护事业可以吸纳社会资金投入，具体办法由省人民政府规定。

公民、法人和其他组织对文物事业的捐赠，享受国家有关优惠待遇。

第八条　一切机关、组织和个人都有依法保护文物的义务。

鼓励公民、法人及其他组织参与文物保护工作。县（市、区）、乡镇人民政府、街道办事处应当对文物保护志愿者开展活动给予支持，县级以上人民政府文物行政部门应当对文物保护志愿者进行培训、指导。

第九条　县级以上人民政府文物、文化、教育、科技、规划、建设、新闻出版、广播电视等有关行政部门和媒体，应当加强对文物保护法律法规和历史文化遗产保护的宣传教育工作，提高全社会的文物保护意识。

第十条　对文物保护工作中有显著成绩的单位和个人，由县级以上人民政府或者文物行政部门给予表彰、奖励。

第二章　管理职责

第十一条　省人民政府文物行政部门（本条例指省文物局）主管全省文物保护工作。设区的市、县（市、区）人民政府文物行政部门依法承担本行政区域内的文物保护工作。

县级以上人民政府其他有关部门，在各自的职责范围内，做好有关文物保护工作。

第十二条　文物行政部门应当加强文物行政执法工作，并根据国家和省的规定建立或者明确文物行政执法队伍，履行下列职责：

（一）宣传贯彻文物保护法律、法规、规章，督促相关单位、个人履行文物保护义务；

（二）监督、检查不可移动文物的保护、利用和管理，并协同有关部门监督、检查历史文化名城、街区、名镇、名村的保护、利用和管理

（三）监督、检查馆藏文物的保护、利用和管理；

（四）依法受理与文物保护相关的举报、投诉；

（五）依法查处文物违法行为。

文物流通中的执法活动按照国家、省有关规定执行。

第十三条　上级文物行政部门应当加强对下级文物行政部门执法活动的指导、监督，发现下级文物行政部门查处的案件有错误的，应当责令及时纠正，必要时可以依法直接处理。

第十四条　县级以上人民政府文物行政部门建立的有关文物保护管理机构，在文物行政部门领导下具体承担文物的日常保护、收藏、展示、研究等工作。

第十五条　省文物行政部门依法成立的文物鉴定机构，按照其职责负责文物的定级鉴定、司法鉴定和其他鉴定工作。有条件的设区的市文物行政部门可以设立文物鉴定组织，受省文物鉴定机构委托，承担相关文物鉴定工作。

从事文物鉴定服务的社会中介机构的设立、审批及其鉴定工作的开展按照国家和省的规定执行。

第三章　不可移动文物

第十六条　县级以上人民政府文物行政部门应当按照文物保护法规定的职权将本行政区域内具有相当历史、艺术、科学价值的不可移动文物，在征求所有人、使用人和相关主管部门意见后，分别确定为省级、市级和县级文物保护单位，报同级人民政府核定公布，并依法报上级人民政府

备案。上级人民政府文物行政部门可以选择下级文物保护单位或者其他不可移动文物，确定为本级文物保护单位。

文物行政部门选择的不可移动文物报请人民政府核定时，应当附具说明材料和专家意见。

规模较大的文物保护单位应当制定专门的保护规划。

第十七条　尚未核定公布为文物保护单位的不可移动文物，由所在地县（市、区）人民政府文物行政部门予以登记，并作为文物保护点予以公布。

在城镇房屋拆迁、危房改造等过程中，发现尚未登记公布的不可移动文物及其附属物，应当立即停止施工，保护现场，及时报告当地文物行政部门。文物行政部门应当在二十四个小时内赶到现场，并在七日内提出处理意见。

第十八条　省级、市级和县级文物保护单位不得擅自撤销。因自然或者意外原因损毁的，应当实行遗址保护。确需原址重建或者撤销的，必须经专家论证后依法报经省人民政府批准。

第十九条　不可移动文物实行原址保护原则。未经依法批准，不得迁移、拆除。

第二十条　修缮、保养、迁移、使用不可移动文物，必须遵守不改变文物原状原则，不得损毁、改建、添建。

文物保护工程施工应当按照文物行政部门批准的工程设计方案进行。如需变更已批准的工程设计方案中的重要内容，必须经原审批机关批准。

第二十一条　新发现重要的不可移动文物，文物行政部门应当根据文物保护需要，提出修改、调整土地利用总体规划和城乡建设规划的建议，县级以上人民政府应当按照规划编制程序予以修改、调整。

历史文化名城、街区、名镇、名村专项保护规划的制定和实施，按照《浙江省历史文化名城名镇名村保护条例》的规定执行。

第二十二条　县级以上人民政府应当自核定公布文物保护单位之日起一年内划定其保护范围；根据文物保护需要，可以在文物保护单位的周围划定建设控制地带。

文物保护单位保护范围和建设控制地带的划定，必须确保文物本体安全和历史风貌的完整，划定前应当征求文物保护单位有关主管部门及相邻利害关系人的意见。

文物保护单位保护范围和建设控制地带划定的具体办法，由省文物行政部门会同省规划行政部门制定，报省人民政府批准后实施。

第二十三条　确需在文物保护单位的保护范围和建设控制地带内进行工程建设或者爆破、钻探、挖掘等作业的，必须保证文物保护单位安全，并严格按照文物保护法的规定办理审批手续；未办理上述手续的，有关部门不得办理土地使用和生产、建设许可。

对危害文物保护单位安全、污染文物保护单位及其环境、破坏文物保护单位历史风貌的已建设施、建筑物、构筑物，文物保护单位所在地县（市、区）人民政府应当责令限期治理或者依法拆迁。

第二十四条 经依法批准，迁移文物保护单位、文物保护点的，其迁移方案必须报经相应的文物行政部门批准。文物行政部门应当对移建工程实施监督并组织验收。

第二十五条 非国有不可移动文物由所有人负责修缮、保养并承担相关费用。

非国有不可移动文物有损毁危险，所有人难以承担修缮义务的，可以向县级以上人民政府申请修缮资助，县级以上人民政府应当予以资助；所有人有能力承担修缮资金而拒不履行修缮义务的，所在地人民政府应当组织抢救修缮，所需费用由所有人承担。

非国有不可移动文物所有人转让非国有不可移动文物的，所在地人民政府可以优先购买，购买条件由双方协商确定。

第二十六条 不可移动文物因所有人、使用人的使用严重影响文物保护的，根据文物保护的实际需要，经与所有人、使用人协商一致，所在地人民政府可以置换或者购买该不可移动文物。

第二十七条 设区的市、县（市、区）人民政府文物行政部门应当与本行政区域内各级文物保护单位的所有人或者使用人签订文物保护责任书，依法明确其应享有的权利和应承担的义务。

国有省级、市级和县级文物保护单位，确需改变其管理部门的，应当根据文物保护单位的级别，由县级以上文物行政部门征得上一级文物行政部门同意后，报原公布的人民政府批准。国家级文物保护单位确需改变其管理部门的，按照国家有关规定执行。

第二十八条 县级以上人民政府应当每年在城市建设维护费中安排一定的经费，专项用于历史街区和城市史迹的保护。具体比例依照省人民政府有关规定确定。

第二十九条 省文物行政部门应当组织力量，对本省行政区域内的水下文物进行调查，发现重要文物的，应当由县级以上人民政府采取相应的保护措施。

第三十条 县级以上人民政府应当按照有关文化遗产保护国际公约和法律法规规定，加强世界文化遗产的申报、保护工作。

第四章　考古发掘

第三十一条 各级文物行政部门应当加强对本行政区域内地下文物的勘查工作。县级以上人民政府可以根据勘查发现地下文物情况和有关史料记载情况，确定并公布地下文物埋藏区。

第三十二条 在地下文物埋藏区内进行工程建设的，建设单位在建设项目划定勘察设计红线前，应当报请省文物行政部门或者其委托的设区的市人民政府文物行政部门组织从事考古发掘的单位进行考古调查、勘探。

在地下文物埋藏区以外进行占地五万平方米以上的大型基本建设工程，建设单位在建设项目划定勘察设计红线前，应当报请省文物行政部门或者其委托的设区的市人民政府文物行政部门在工程范围内组织从事考古发掘的单位进行考古调查、勘探；但属于下列情形之一的区域，不需进行考古调查和勘探：

（一）1949 年以后经围垦形成的原为海洋滩涂的土地；

（二）大中型河流的河漫滩；

（三）历史上无人类活动重要痕迹的无居民海岛；

（四）土层已取尽的石矿开采区域；

（五）海拔八百米以上的山区或者海拔四百米至八百米之间、坡度达六十度以上的山区；

（六）城镇区域内已实施桩基建设且地基开挖深度达三米以上的地块；

（七）已经考古单位证实无地下古文化遗址和遗存的区域。

文物行政部门应当自接到申请之日起三十日内，组织力量在工程范围内进行考古调查、勘探，并将考古调查、勘探的处理意见告知申请人。

第三十三条　发现地下文物，确因建设工期紧迫或者有自然破坏危险，需要进行抢救发掘的，由省文物行政部门或者其委托的设区的市人民政府文物行政部门组织发掘，同时报国务院文物行政部门补办审批手续。

任何单位和个人不得阻挠考古发掘单位进行考古调查、勘探和发掘。考古发掘结束前，考古发掘区域内不得施工或者作业。

考古发掘工作结束后，省文物行政部门应当及时将处理意见书面通知建设单位。发现重要遗迹需要实施原址保护的，县级以上人民政府应当责成建设单位及时调整工程建设方案，协助做好保护工作。

第三十四条　因基本建设和生产建设需要进行考古调查、勘探、发掘的，所需经费由建设单位列入建设工程预算。具体办法按照国家有关规定执行。

第五章　博物馆与馆藏文物

第三十五条　国有博物馆以及收藏文物的图书馆、档案馆等文物收藏单位，应当按照法律、法规的规定配备专门的库房、专职技术人员和安全设施。

第三十六条　文物行政部门应当组织力量对文物收藏单位收藏的文物进行鉴定。馆藏一、二级文物由省文物行政部门组织有关专家鉴定确认，馆藏三级文物由省文物行政部门或者其委托的设区的市人民政府文物行政部门组织有关专家鉴定确认。参与鉴定的专家不得少于三名。

第三十七条　文物收藏单位应当建立严格的文物保护管理制度，对收藏的所有文物登记造册，区别等级，建立藏品档案，并报同级人民政府文物行政部门备案。未经批准，任何单位或者个人不得调取馆藏文物。

省文物行政部门应当建立全省一、二级文物藏品档案和其主管的国有文物收藏单位馆藏文物档案；设区的市、县（市、区）人民政府文物行政部门应当建立本行政区域内的馆藏文物档案。

第三十八条　国有文物收藏单位有下列情形之一的，其收藏的珍贵文物，由省文物行政部门或者文物收藏单位所在的设区的市人民政府文物行政部门指定具备条件的国有文物收藏单位代管：

（一）无专门文物库房的；

（二）安全防范能力达不到规定标准的；

（三）专业人员缺乏或者与藏品保管工作不适应的；

（四）有其他危及藏品安全的情形。

非国有文物收藏单位有上述情形之一的，可以委托具备条件的文物收藏单位代管。

第三十九条　国有文物收藏单位之间因举办展览、科学研究等需借用馆藏一级文物的，应当经省文物行政部门批准，并报国务院文物行政部门备案；借用馆藏二、三级文物的，应当将借用文物清单和藏品档案副本报省文物行政部门备案；借用其他馆藏文物的，应当报主管的文物行政部门备案。

非国有文物收藏单位和其他单位举办展览需借用国有馆藏一级文物的，应当经省文物行政部门审核后，报国务院文物行政部门批准；借用馆藏二、三级文物的，应当报省文物行政部门批准；借用其他国有馆藏文物的，应当报主管的文物行政部门批准。

文物的借出单位和借用单位应当依法签订借用协议，明确文物现状、借用期限、用途以及双方的权利、责任和义务等事项。

第四十条　因文物保护、科学研究等需要，对馆藏一级文物取样的，应当报省文物行政部门审核后，报国务院文物行政部门批准；对馆藏二级以下文物取样的，应当报省文物行政部门批准。

第四十一条　县级以上人民政府应当鼓励社会力量投资举办博物馆。

社会力量投资举办博物馆应当具备下列条件：

（一）有自己的名称、组织机构；

（二）有与其功能相适应的场馆；

（三）有一定数量具有代表性、成系统的文物和其他藏品；

（四）有与其业务活动相适应的专业人员；

（五）有与其业务活动相适应的经费或者财产；

（六）有符合国家规定的安全设施；

（七）法律、法规规定的其他条件。

第四十二条　社会力量申请举办博物馆，应当向所在地县级以上人民政府文物行政部门提交下列材料：

（一）举办博物馆申请书；

（二）藏品目录；

（三）场所所有权或者使用权证明；

（四）经费来源证明或者验资报告；

（五）拟任负责人的基本情况、身份证明；

（六）有拟聘管理人员和研究人员的证明；

（七）博物馆章程草案；

（八）法律、法规规定应当提交的其他材料。

文物行政部门应当自接到申请之日起二十日内进行审查，作出是否批准的决定；不予批准的，应当书面说明理由。经批准举办的博物馆，应当按照国家有关规定办理审批登记手续后，方可对外开放。

第四十三条 县级以上人民政府文物行政部门应当加强对社会力量举办的博物馆的业务指导和监督管理。

第六章 文物利用

第四十四条 对文物的利用实行合理、适度的原则。县级以上人民政府及其文物行政部门对文物的利用实施监督管理，并提供指导和服务。

第四十五条 国有文物保护单位在保证文物安全的前提下，可以向公众开放，其事业性收入用于文物保护事业。

对具有重要价值的国有文物保护单位实行旅游者、利用者容量控制制度。

第四十六条 属于不可移动文物的宗教活动场所应当遵守文物保护法律法规规定，确保文物安全，所在地文物行政部门应当加强对文物保护和文物利用的监督管理。

第四十七条 利用文物保护单位进行电影、电视和其他音像制品拍摄的，拍摄单位应当按照下列权限划分，提前十日向有审批权的文物行政部门提出申请，经依法批准后方可拍摄：

（一）利用全国重点文物保护单位、省级文物保护单位进行拍摄的，由省文物行政部门审批；

（二）利用市级文物保护单位进行拍摄的，由设区的市人民政府文物行政部门审批；

（三）利用县级文物保护单位进行拍摄的，由县级人民政府文物行政部门审批。

拍摄馆藏珍贵文物的，应当按照国家有关规定报经批准。

拍摄单位应当采取必要的措施确保文物安全，并按照国家有关规定支付相关费用。

第四十八条 文物收藏单位应当充分发挥馆藏文物的作用，通过举办展览、科学研究等活动，加强对优秀历史文化遗产的宣传和利用。

国有博物馆每年向公众开放的时间不得少于二百五十天，享受国家和省优惠待遇的非国有博物馆每年向公众开放的时间不得少于一百八十天。博物馆在节假日应当开放。

国有博物馆应当向教师、学生、现役军人、残疾人和六十岁以上公民免费或者优惠开放。

第七章　民间收藏文物与流通

第四十九条　公民、文物收藏单位以外的组织通过合法方式取得的文物，受法律保护，可以依法流通，但法律、法规禁止买卖的除外。

第五十条　公民和文物收藏单位以外的组织依法收藏文物，应当妥善保管，并接受文物行政部门的指导与监督；其收藏的珍贵文物，可以要求省文物行政部门或者所在地人民政府文物行政部门指定国有文物收藏单位代为保管。

第五十一条　设立文物商店，需报经省文物行政部门审查批准后，方可开业。

第五十二条　文物商店销售的文物、拍卖企业拍卖的文物，在销售、拍卖前需报经省文物行政部门审核。

省文物行政部门审核文物商店销售文物、拍卖企业拍卖文物时，对其中的珍贵文物，可以指定国有文物收藏单位优先购买，购买条件由双方协商确定。

第五十三条　运送、邮寄、携带文物出境，应当在文物出境前依法经国务院文物行政部门指定的文物进出境审核机构审核、许可，并标明文物出境标识。

第五十四条　任何单位或者个人运送、邮寄、携带文物出境，应当如实向海关申报，不得擅自剥除、更换、挪用或者损毁文物出境标识。

第八章　法律责任

第五十五条　违反本条例规定的行为，相关法律、行政法规已有处罚规定的，从其规定。

第五十六条　违反本条例第二十条第二款规定，擅自变更工程设计方案的重要内容进行施工的，由县级以上人民政府文物行政部门责令改正，造成严重后果的，处五万元以上五十万元以下的罚款。

第五十七条　违反本条例第三十二条、第三十三条规定，未经考古调查、勘探或者发掘擅自进行工程建设，或者阻挠考古发掘单位进行考古工作的，由县级以上人民政府文物行政部门责令改正，造成严重后果的，处五万元以上五十万元以下的罚款。

第五十八条　国有文物收藏单位违反本条例第三十八条规定，拒不执行珍贵文物移交代管的，由县级以上人民政府文物行政部门责令改正；造成文物损毁的，对负有责任的主管人员和其他直接责任人员依法给予行政处分。

第五十九条　国有博物馆违反本条例第四十八条第二款、第三款规定的，由县级以上人民政府文物行政部门责令改正，拒不改正的，对负有责任的主管人员和其他直接责任人员依法给予行政处分。

非国有博物馆违反本条例第四十八条第二款规定的，由县级以上人民政府文物行政部门责令改正，拒不改正的，不得享受国家和省规定的优惠待遇。

第六十条　违反本条例第五十四条规定的，分别由海关、省文物行政部门依法处理。

第六十一条　县级以上人民政府有关负责人指使、强令文物行政部门或者其他有关行政管理部门不依法履行文物保护管理职责的，依法给予行政处分。

第六十二条　文物行政部门、其他行政管理部门及有关负责文物管理协调、执法、咨询、日常保护的管理机构，有下列情形之一的，对负有责任的主管人员和其他直接责任人员依法给予行政处分：

（一）违反本条例规定实施审批的；

（二）不履行文物保护管理职责的；

（三）非法借用、侵占文物的；

（四）其他依法应当给予行政处分的情形。

第六十三条　违反本条例规定的行为，构成犯罪的，依法追究刑事责任。

第九章　附　则

第六十四条　本条例自 2006 年 1 月 1 日起施行。1988 年 11 月 28 日浙江省第七届人民代表大会常务委员会第六次会议通过的《浙江省文物保护管理条例》同时废止。

浙江省历史文化名城名镇名村保护条例

（2012年9月28日经浙江省第十一届人民代表大会常务委员会
第三十五次会议通过 自2012年12月1日起施行）

第一章 总 则

第一条 为了加强历史文化名城、街区、名镇、名村的保护与管理，继承优秀历史文化遗产，根据国务院《历史文化名城名镇名村保护条例》和其他有关法律、行政法规的规定，结合本省实际，制定本条例。

第二条 本省行政区域内历史文化名城、街区、名镇、名村的保护与管理，适用本条例。

本省行政区域内历史建筑的保护与管理，按照本条例有关规定执行。

第三条 各级人民政府负责本行政区域内历史文化名城、街区、名镇、名村的保护与监督管理工作，将历史文化名城、街区、名镇、名村的保护纳入国民经济和社会发展规划，所需资金纳入本级财政预算。

第四条 历史文化名城所在地城市、县人民政府应当成立保护委员会，历史文化街区、名镇、名村所在地城市、县级人民政府可以成立保护委员会。

保护委员会由人民政府负责人、相关部门负责人以及有关专家和公众代表组成，负责研究历史文化名城、街区、名镇、名村保护和管理中的重大问题，协调和监督保护规划的实施等工作。

第五条 县级以上人民政府城乡规划主管部门会同同级文物主管部门，负责本行政区域内历史文化名城、街区、名镇、名村的申报、保护规划的编制与实施、监督检查等具体工作。

其他有关部门应当按照各自职责，共同做好历史文化名城、街区、名镇、名村的保护与监督管理工作。

村（居）民委员会应当配合做好历史文化名城、街区、名镇、名村的保护工作。

第六条 省人民政府和历史文化名城、街区、名镇、名村所在地城市、县级人民政府设立保护专项资金，用于保护规划编制、基础设施和居住环境改善以及历史建筑保护等工作。保护专项资金的来源包括：

（一）本级财政预算安排的资金；

（二）上级财政专项补助的资金；

（三）境内外单位和个人的捐赠；

（四）其他合法筹集的资金。

第七条 各级人民政府和有关部门应当组织开展历史文化遗产保护的宣传教育活动，普及保护知识，增强全社会保护意识。

第八条 历史文化街区、名镇、名村的保护与监督管理，应当保证原住居民的参与，保障原住居民的合法权益。

各级人民政府应当采取措施，鼓励和支持单位和个人以捐赠、资助、提供技术服务等方式，参与历史文化名城、街区、名镇、名村的保护。

第二章 申报与确定

第九条 历史文化名城包括国家历史文化名城和省历史文化名城。

历史文化名镇、名村和国家历史文化名城的申报、批准和直接确定的条件与程序，依照国务院《历史文化名城名镇名村保护条例》的规定执行。

第十条 具备下列条件的城市，可以申报省历史文化名城：

（一）保存文物特别丰富；

（二）历史建筑集中成片；

（三）保留着传统格局和历史风貌；

（四）历史上曾经作为政治、经济、文化、交通中心或者军事要地，或者发生过重要历史事件，或者其传统产业、历史上建设的重大工程对本地区的发展产生过重要影响；

（五）在所申报的历史文化名城保护范围内有两个以上经省人民政府批准公布的历史文化街区。

第十一条 具备下列条件的街区，可以申报历史文化街区：

（一）保存文物特别丰富；

（二）历史建筑集中成片；

（三）较完整和真实地保留着传统格局和历史风貌；

（四）规模达到国家规定的标准。

第十二条 具备下列条件之一，未公布为文物保护单位或者文物保护点的建筑物、构筑物，可以确定为历史建筑：

（一）建筑样式、结构、材料、施工工艺或者工程技术具有历史、科学、艺术价值的；

（二）反映当地历史文化和民俗传统，具有特定时代特征和地域特色的；

（三）在当地产业发展史上具有一定代表性的作坊、商铺、厂房和仓库；

（四）与历史事件、著名人物有关的近现代建筑物、构筑物；

（五）其他具有历史价值的建筑物、构筑物。

第十三条 申报省历史文化名城或者历史文化街区，应当提交说明下列情况的材料：

（一）历史沿革、地方特色和历史文化价值；

（二）传统格局和历史风貌的现状；

（三）保护范围；

（四）文物保护单位、文物保护点、历史建筑和非物质文化遗产的清单；

（五）保护工作情况、保护目标和保护要求。

申报省历史文化名城，还应当提交历史文化街区的清单和说明材料。

第十四条 申报省历史文化名城或者历史文化街区，由所在地城市、县人民政府提出申请，经省城乡规划主管部门会同省文物主管部门组织有关部门、专家进行论证，提出审查意见，报省人民政府批准公布。

第十五条 城市、县人民政府城乡规划主管部门应当会同同级文物主管部门组织本行政区域的历史建筑普查，提出历史建筑建议名录，并征求利害关系人和专家、公众的意见后，报本级人民政府确定公布。建筑的所有权人可以向所在地城乡规划主管部门或者文物主管部门提出确定为历史建筑的建议。

第三章 保护规划

第十六条 历史文化名城、街区、名镇、名村经批准公布后，所在地城市、县级人民政府应当自批准公布之日起三十日内通过政府门户网站、现场公告牌、新闻媒体等形式，向社会公布经依法批准的保护范围。

历史文化名城、街区、名镇、名村所在地城市、县级人民政府，应当自批准公布之日起一年内组织编制完成相应的保护规划，并报送省人民政府审批。

第十七条 保护规划应当包括下列主要内容：

（一）保护原则、保护内容和保护范围；

（二）保护措施、改造利用强度和建设控制要求；

（三）传统格局、历史风貌和传统文化生态保护要求；

（四）历史文化街区、名镇、名村的核心保护范围、建设控制地带及其保护要求；

（五）文物保护单位、文物保护点名录及其保护措施；

（六）历史建筑名录及其保护要求；

（七）非物质文化遗产保护传承要求；

（八）保护规划分期实施方案。

第十八条 承担历史文化名城、街区、名镇、名村保护规划编制工作的单位，应当具有甲级城乡规划编制资质，或者同时具有乙级以上城乡规划编制资质和乙级以上文物保护规划编制资质。

第十九条 保护规划报送审批前，组织编制机关应当将保护规划草案予以公告，并通过论证会等方式征求专家和公众的意见。

公告时间不少于三十日。

保护规划草案涉及房屋征收、土地征用的，应当举行听证。

组织编制机关应当充分考虑专家和公众的意见，并在报送审批的材料中附具意见采纳情况以及理由；经听证的，还应当附具听证笔录。

第二十条 保护规划报送审批前，应当先经组织编制机关的本级人民代表大会常务委员会审议。保护规划报送审批时，应当将审议意见和根据审议意见修改规划的情况一并报送。

第二十一条 省城乡规划主管部门应当会同省文物主管部门自收到报批的保护规划之日起三个月内，组织有关部门、专家进行审查，提出审查意见，报省人民政府批准。

第二十二条 组织编制机关应当自保护规划批准之日起三十日内公布经依法批准的保护规划。

经依法批准的保护规划是保护和管理历史文化名城、街区、名镇、名村的依据。任何单位和个人应当遵守保护规划，服从规划管理。

第二十三条 经依法批准的历史文化名城、街区、名镇、名村保护规划，不得擅自修改。

有下列情形之一，确需修改保护规划的，城市、县级人民政府应当专题报经省人民政府同意后，方可编制修改方案；修改后的保护规划，应当按照本条例规定的程序重新报送审批和公布：

（一）保护规划所依据的法律、法规发生调整，影响原保护规划实施的；

（二）新发现地下遗址等重要历史文化遗存，确需修改的；

（三）因自然灾害或者重大事故等原因，致使历史文化名城、街区、名镇、名村保护范围内的历史文化遗存与环境发生重大变化的；

（四）因国家重大工程建设，确需修改的。

第二十四条 编制或者修改国民经济和社会发展规划、土地利用总体规划、城乡规划等规划，应当体现历史文化名城、街区、名镇、名村保护的要求。

经依法批准的历史文化街区、名镇、名村保护规划，应当作为建设项目规划许可的依据。历史文化街区、名镇保护范围内的区域，不再编制相应区域的城市、镇控制性详细规划。

第四章　保护措施

第二十五条 历史文化名城、街区、名镇、名村应当整体保护，保持传统格局、历史风貌和空间尺度，不得改变与其相互依存的自然景观和环境。

第二十六条 在历史文化名城、街区、名镇、名村保护范围内禁止进行下列活动：

（一）开山、采石、开矿等破坏传统格局和历史风貌的活动；

（二）占用保护规划确定保留的园林绿地、河湖水系、道路等；

（三）修建生产、储存爆炸性、易燃性、放射性、毒害性、腐蚀性物品的工厂、仓库等；

（四）法律、法规禁止的其他行为。

第二十七条 在历史文化街区、名镇、名村核心保护范围内，不得进行新建、扩建活动。但是，新建、扩建必要的基础设施和公共服务设施除外。

公路、铁路、高压电力线路、输油管线、燃气干线管道不得穿越历史文化街区、名镇、名村核心保护范围；已经建设的，应当按照保护规划逐步迁出。

第二十八条 在历史文化街区、名镇、名村保护范围内的建设活动，城乡规划主管部门依法核发选址意见书、提出规划条件或者核定规划要求前，应当征求同级文物主管部门的意见。

第二十九条 在历史文化街区、名镇、名村保护范围内的建设活动，城乡规划主管部门依法核发建设工程规划许可证或者乡村建设规划许可证前，应当将建设工程设计方案通过政府门户网站、现场公告牌等形式予以公示，征求公众意见，告知利害关系人有要求举行听证的权利。公示时间不少于二十日。必要时，可以组织专家论证。

利害关系人或者公众对建设工程设计方案提出异议的，城乡规划主管部门应当研究处理，并及时回复处理结果。利害关系人要求听证的，应当在公示期间提出，城乡规划主管部门应当在公示期满后及时举行听证。

第三十条 在历史文化街区、名镇、名村保护范围内新建、扩建基础设施以及进行绿化配置的，应当符合国家和省有关标准、规范。确因保护需要，无法按照标准、规范新建、扩建基础设施以及进行绿化配置的，由城市、县人民政府城乡规划主管部门会同相关主管部门制订相应的保障方案，明确相关布局、措施等。

在历史文化街区、名镇、名村保护范围内改建、翻建建筑物，因保持或者恢复其传统格局、历史风貌的需要，难以符合相关建设标准和规范的，在不突破原有建筑基底、建筑高度和建筑面积且不减少相邻居住建筑原有日照时间的前提下，可以办理规划许可手续。

第三十一条 城市、县级人民政府应当在历史文化街区、名镇、名村核心保护范围的主要出入口设置保护标志。保护标志应当在保护规划批准后三个月内设置完毕。

第三十二条 在历史文化街区、名镇、名村保护范围内，因实施保护规划需要依法征收房屋，以及依法批准设置的项目和设施需要停业、转产、关闭或者拆除，导致所有权人或者经营者的合法权益损害的，实施保护规划的人民政府应当依法予以补偿。

第三十三条 县级以上人民政府应当统筹安排建设用地指标，优先保障因历史文化名镇、名村保护规划实施需要进行的农村住宅建设。

第三十四条 城市、县人民政府应当对公布的历史建筑设置保护标志，依照国务院《历史文化名城名镇名村保护条例》规定的要求建立历史建筑档案，并报省城乡规划主管部门和省文物主管部门备案。

第三十五条 对历史建筑应当根据其历史、科学、艺术价值以及存续年份等不同情况，采取相应措施，实行分类保护。

第三十六条 城市、县人民政府城乡规划主管部门应当会同同级文物主管部门编制历史建筑保护图则，报本级人民政府批准后公布。

前款所称历史建筑保护图则，是指为历史建筑的保护、利用提供科学依据，包含历史建筑基本信息、保护范围、使用要求等内容的文本以及图纸。

第三十七条 城市、县人民政府城乡规划主管部门应当根据历史建筑保护图则，将历史建筑的保护和使用要求书面告知所有权人、使用人和物业管理单位。

第三十八条 历史建筑应当按照历史建筑保护图则的要求进行维护和修缮。国有历史建筑由使用人负责维护和修缮；非国有历史建筑由所有权人负责维护和修缮。非国有历史建筑所有权人

维护和修缮历史建筑的，城市、县人民政府应当按照规定的标准给予补助。

城市、县人民政府可以与国有历史建筑使用人、非国有历史建筑所有权人签订历史建筑保护协议，对历史建筑的保护义务和享受补助等事项作出约定。

非国有历史建筑有损毁危险，所有权人应当及时予以维护和修缮。所有权人不具备维护和修缮能力的，城市、县人民政府应当采取措施进行保护。

城市、县人民政府应当根据本地实际，自本条例施行之日起一个月内确定负责历史建筑维护和修缮具体工作的部门或者机构，并报省城乡规划主管部门和省文物主管部门备案。

第三十九条 历史建筑可以结合其自身特点进行保护性利用。鼓励利用历史建筑开设博物馆、陈列馆、纪念馆和传统作坊、传统商铺等，对历史文化遗产进行展示。

历史建筑的保护性利用应当与其历史价值、内部结构相适应，不得擅自改变历史建筑主体结构和外观，不得危害历史建筑及其附属设施的安全。

第四十条 禁止任何单位或者个人进行下列活动：

（一）在历史建筑上刻划、涂污；

（二）在历史建筑内堆放易燃、易爆和腐蚀性的物品；

（三）拆卸、转让历史建筑的构件；

（四）擅自对历史建筑进行外部修缮装饰、添加设施以及改变历史建筑的结构或者使用性质；

（五）擅自迁移、拆除历史建筑；

（六）其他损害历史建筑的活动。

第四十一条 在历史文化名城、街区、名镇、名村保护范围内涉及文物和非物质文化遗产保护的，应当执行文物和非物质文化遗产保护相关法律、法规的规定。

第五章　监督检查

第四十二条　县级以上人民政府应当定期组织有关部门和专家对本行政区域内历史文化名城、街区、名镇、名村的保护情况进行检查与评估，检查与评估情况应当向本级人民代表大会常务委员会报告。

第四十三条　历史文化名城、街区、名镇、名村经批准公布后，省城乡规划主管部门应当会同省文物主管部门对保护状况和保护规划编制及实施情况进行定期检查和跟踪监测。

在定期检查和跟踪监测中，发现存在未及时组织编制保护规划、违反保护规划开发建设、对传统格局及历史建筑保护不力等问题的，省城乡规划主管部门应当会同省文物主管部门及时向所在地城市、县级人民政府提出整改意见。

定期检查和跟踪监测信息应当通过政府门户网站、新闻媒体等向社会公布，接受社会监督。

第四十四条　已批准公布的历史文化街区、名镇、名村和省历史文化名城，因保护不力导致历史文化价值受到严重影响的，由省城乡规划主管部门会同省文物主管部门组织专家进行评估论证后，提请省人民政府将其列入濒危名单并公布，并由省人民政府责成所在地城市、县级人民政府限期整改，采取补救措施。

整改期限届满后，由省城乡规划主管部门会同省文物主管部门组织专家进行审核。审核通过的，由省城乡规划主管部门会同省文物主管部门提请省人民政府不再列入濒危名单；审核未通过的，提请省人民政府撤销其称号。

第六章　法律责任

第四十五条　违反本条例规定的行为，法律、行政法规已有法律责任规定的，从其规定。

第四十六条　违反本条例规定，在历史文化名城、街区、名镇、名村保护范围内有下列行为之一的，由城市、县人民政府城乡规划主管部门责令停止违法行为、限期恢复原状或者采取其他补救措施；有违法所得的，没收违法所得；造成严重后果的，对单位并处五十万元以上一百万元以下的罚款，对个人并处五万元以上十万元以下的罚款：

（一）开山、采石、开矿等破坏传统格局和历史风貌的；

（二）占用保护规划确定保留的园林绿地、河湖水系、道路等的；

（三）修建生产、储存爆炸性、易燃性、放射性、毒害性、腐蚀性物品的工厂、仓库等的。

在历史文化街区、名镇、名村核心保护范围内实施前款所列行为，造成严重后果的，对单位并处七十万元以上一百万元以下的罚款，对个人并处七万元以上十万元以下的罚款。

第四十七条　违反本条例规定，在历史建筑内堆放易燃、易爆和腐蚀性的物品，或者拆卸、转让历史建筑的构件的，由城市、县人民政府城乡规划主管部门责令停止违法行为、限期恢复原状或者采取其他补救措施；有违法所得的，没收违法所得；造成严重后果的，对单位并处五万元以上十万元以下的罚款，对个人并处一万元以上五万元以下的罚款。

第四十八条 违反本条例规定，城市、县级人民政府有下列情形之一的，由上级人民政府责令改正；对直接负责的主管人员和其他直接责任人员，依法给予处分：

（一）未组织编制保护规划的；

（二）未按照法定程序组织编制保护规划的；

（三）未在规定期限内将保护规划报送审批的；

（四）擅自修改保护规划的；

（五）未将批准的保护规划予以公布的。

第四十九条 违反本条例规定，城市、县级人民政府因保护不力或者决策失误，导致已批准公布的历史文化名城、街区、名镇、名村被列入濒危名单或者撤销称号的，由省人民政府予以通报批评；对直接负责的主管人员和其他直接责任人员，依法给予处分。

第五十条 违反本条例规定，县级以上人民政府及其城乡规划主管部门、文物主管部门以及其他有关部门的工作人员有下列情形之一的，对直接负责的主管人员和其他直接责任人员，依法给予处分：

（一）不依法履行审批职责的；

（二）发现违法行为不依法查处的；

（三）不依法履行监督管理职责的；

（四）其他玩忽职守、徇私舞弊、滥用职权的行为。

第七章　附　则

第五十一条 本条例施行前已设立的市县级历史文化保护区，符合规定条件的，所在地城市、县级人民政府可以申报历史文化街区、名镇、名村。

第五十二条 本条例自 2012 年 12 月 1 日起施行。1999 年 7 月 25 日浙江省第九届人民代表大会常务委员会第十四次会议通过的《浙江省历史文化名城保护条例》同时废止。

安　徽

安徽省实施《中华人民共和国文物保护法》办法

（1989 年 10 月 28 日安徽省第七届人民代表大会常务委员会第十三次会议通过　1996 年
1 月 27 日安徽省第八届人民代表大会常务委员会修正　2005 年 4 月 21 日安徽省
第十届人民代表大会常务委员会修订　自 2005 年 7 月 1 日起施行）

第一章　总　则

第一条　为了实施《中华人民共和国文物保护法》（以下简称文物保护法），结合本省实际，
制定本办法。

第二条　一切机关、组织和个人都有依法保护文物的义务。

国家所有的文物，由其使用、保管单位负保护责任。

集体、个人所有的纪念建筑物、古建筑、祖传文物以及其他依法取得的文物，由其所有人、
使用人负保护责任。

第三条　地方各级人民政府负责本行政区域内的文物保护工作。

县级以上地方人民政府承担文物保护工作的部门（以下简称文物行政部门）对本行政区域内
的文物保护实施监督管理，具体工作可以委托其文物管理机构负责。

公安机关、海关和工商行政管理、城乡建设规划、发展改革、国土资源、水利、交通、宗教、
教育、旅游、环境保护等部门应当依法履行所承担的文物保护职责，维护文物管理秩序。

鼓励建立群众性文物保护组织，依法开展文物保护活动。

第四条　省、设区的市人民政府，全国重点文物保护单位、世界文化遗产和历史文化名城、
街区、村镇所在地的县级人民政府，行政区域内有较多省级文物保护单位的县级人民政府，应当
成立文物保护委员会，负责协调解决文物保护工作中的重大问题。

第五条　县级以上地方人民政府应当将文物保护事业纳入国民经济和社会发展规划，所需经
费列入本级政府财政预算，并随着财政收入的增长而增加。

政府的财政拨款应当保障依法由政府承担的国有文物保护单位的修缮、保养，考古发掘，国
有文物的安全保护，以及国有博物馆、纪念馆收藏和展示文物的基本经费需求。

第六条　鼓励社会组织和个人对文物保护事业进行捐赠。社会组织或者个人对文物保护事业
进行捐赠的，依法享受国家规定的税收优惠。

第七条 国有博物馆、纪念馆、文物保护单位的事业性收入以及社会组织和个人的捐赠款，应当专门用于文物保护任何单位和个人不得侵占、挪用。

第二章　不可移动文物

第八条 文物保护单位和历史文化名城、街区、村镇所在地的县级以上地方人民政府，应当组织城乡建设规划和文物行政部门编制保护规划，并纳入城乡建设总体规划。

第九条 世界文化遗产和历史文化名城、街区、村镇所在地的县级以上地方人民政府，应当根据世界文化遗产和历史文化名城、街区、村镇的规模、内容以及周围环境的历史和现实情况，合理划出一定的建设控制地带，经省人民政府批准后，向社会公布。

第十条 文物保护单位的保护范围和建设控制地带自依法划定公布之日起3个月内，全国重点文物保护单位由省级人民政府文物行政部门竖立界桩，其他文物保护单位由核定公布该文物保护单位的人民政府文物行政部门竖立界桩。世界文化遗产和历史文化名城、街区、村镇的建设控制地带自划定之日起3个月内，由省人民政府文物行政部门竖立界桩。

任何单位和个人不得擅自移动、损毁界桩。

第十一条 在文物保护单位、世界文化遗产和历史文化名城、街区、村镇的建设控制地带内，修建建筑物、构筑物，其风格、高度、体量、色调等应当与文物保护单位、世界文化遗产和历史文化名城、街区、村镇的历史风貌相协调。现有危害文物安全、破坏文物历史风貌的建筑物、构筑物，应当加以改造，必要时，予以拆迁。

第十二条 尚未核定公布为文物保护单位的不可移动文物，由县级人民政府文物行政部门予以登记、公布，并制定具体保护措施，公告实施。

第十三条 尚未核定公布为文物保护单位的不可移动文物的拆除或者迁移异地保护，应当经县级人民政府文物行政部门批准。批准前须征得上一级人民政府文物行政部门同意。

拆除、迁移文物保护单位或者尚未核定公布为文物保护单位的不可移动文物前，相应的文物行政部门应当组织对其进行测绘、登记、拍摄，并制作测绘、登记、拍摄资料档案。

第十四条 在文物保护单位的保护范围内，严禁存放易燃、易爆、易腐蚀物品。

在文物保护单位的保护范围内不得取土、开山、毁林开荒、开挖渠道。因特殊情况需要取土、开山、毁林开荒、开挖渠道的，应当遵守文物保护法第十七条的规定，履行报批手续。

第十五条 国有不可移动文物不得转让、抵押。国有文物保护单位不得作为企业资产经营。

改变国有文物保护单位的管理体制，应当由核定公布该文物保护单位的人民政府文物行政部门征得上一级文物行政部门同意后，报核定公布该文物保护单位的人民政府批准。

第十六条 文物保护单位被辟为参观游览场所的，由核定公布该文物保护单位的人民政府文物行政部门会同旅游等行政部门制定相应的文物保护方案；文物保护方案由文物保护单位的管理者具体负责实施；文物行政部门负责对文物保护方案的实施情况进行监督检查。

被辟为参观游览场所的文物保护单位的门票收入应当有不低于 20% 的比例专门用于文物保护单位的修缮、保养和安全管理，其经费专户存储，使用应接受上级文物行政部门的监督检查。

第十七条 文物保护单位经依法批准为宗教活动场所的，由管理使用该宗教活动场所的宗教组织负责对其进行修缮、保养和安全管理。宗教组织对其进行修缮、保养，应当遵守文物保护法律法规的有关规定，并接受文物行政部门的监督检查。

未经批准为宗教活动场所的文物保护单位内，不得进行宗教活动。

第三章　考古发掘

第十八条 在本省进行考古发掘，须依法履行报批手续。未经批准，任何单位或者个人不得以任何理由私自发掘。

境外的组织或者个人在本省进行考古调查、勘探、发掘，需经国务院文物行政部门报国务院特别许可。

第十九条 考古发掘的文物由国务院文物行政部门、省人民政府文物行政部门指定的国有文物收藏单位收藏，任何单位和个人不得侵占。

第二十条 设区的市和县级人民政府应当组织文物等行政部门，根据史料和普查资料划定本行政区域内的地下文物可能埋藏区，并予以公布。

第二十一条 在地下文物可能埋藏区进行的建设工程，以及大型、中型基本建设工程，建设单位在取得项目选址意见书后，应当报请省人民政府文物行政部门对建设工程范围内（包括取土区）可能埋藏文物的地方进行考古调查、勘探。

省人民政府文物行政部门应当自接到申请之日起 7 日内，组织有考古调查、勘探资质的单位进行考古调查、勘探；考古调查、勘探单位应当在 30 日内完成调查、勘探。

考古调查、勘探结束后，省人民政府文物行政部门应当在 5 日内作出考古调查、勘探结果处理决定书，送达建设单位。需要考古发掘的，由省人民政府文物行政部门组织发掘；需要实施原址保护的，建设工程应当避开保护范围或者另行选址。

第二十二条 在经过考古调查、勘探确认有文物埋藏的地域进行工程建设，建设单位应当在开工前与省人民政府文物行政部门或者其委托的市、县人民政府文物行政部门签订文物保护责任书，确定文物保护责任人。

第二十三条 在进行工程建设和其他生产活动中，任何单位和个人发现文物，都有义务保护现场，立即报告所在地文物行政部门；不得哄抢、私分、藏匿或者损毁文物。

配合建设工程进行的考古发掘，由省人民政府文物行政部门组织实施，建设、施工单位应当予以协助，不得妨碍发掘。

在工程建设中发现古遗址、古墓葬，需进行考古发掘的，建设单位应当根据考古发掘需要，调整工程部署或允许施工单位顺延工期。

第二十四条 凡因基本建设、生产建设需要的考古调查、勘探、发掘所需的费用，依法列入建设工程预算，由建设单位承担。预算的定额标准按国家规定执行。费用的使用情况，在考古调查、勘探、发掘完成后，由省人民政府文物行政部门告知建设单位，并依法接受审计监督。

第四章　馆藏文物和民间收藏文物

第二十五条 文物收藏单位收藏的文物必须经省人民政府文物行政部门指定的文物鉴定机构鉴定，区分等级。文物收藏单位应当对其收藏的文物进行登记，编制目录，制作档案，并报主管的文物行政部门备案。

第二十六条 文物收藏单位的文物库房和文物陈列、展示区，必须配备防火、防盗、防自然损坏的设施和相应的安全保卫人员。

凡不具备收藏一、二级文物条件的单位，其收藏的一、二级文物，由省人民政府文物行政部门指定的文物收藏单位代为保管。

第二十七条 国有文物收藏单位的法定代表人、文物库房保管员工作变动时，应当对照馆藏文物档案办理馆藏文物或者其保管文物的移交手续，并经主管的文物行政部门确认。

第二十八条 国有博物馆、纪念馆应当将其收藏的文物进行展示，向社会开放。对展示的文物，应当采取保护措施。

国有博物馆、纪念馆应当向中小学生、老年人、军人、残疾人免费开放，并逐步向社会免费开放。

第二十九条 文物商店销售的文物，拍卖企业拍卖的文物，在销售、拍卖前应当报请省人民政府文物行政部门审核，拍卖的文物应当报国务院文物行政部门备案；国家禁止买卖的文物，不得销售、拍卖。

省人民政府文物行政部门在审核拟销售、拍卖的文物时，可以指定国有文物收藏单位优先购买其中的珍贵文物，购买价格由文物收藏单位的代表与文物出售人协商确定。

第三十条 具备下列条件的单位或者个人，可以向省人民政府文物行政部门申请设立民办博物馆：

（一）有一定数量的文物和其他藏品；

（二）文物和藏品来源合法；

（三）有固定的、适宜开放的专用馆址；

（四）有自己的管理章程；

（五）法律法规规定的其他条件。

民办博物馆收藏、保管、利用文物应当遵守文物法律法规的有关管理规定，并接受文物行政部门的监督检查。民办博物馆不得收购国家禁止买卖的国有文物，不得非法出售其馆藏的文物。

民办博物馆的设立和管理具体办法，由省人民政府制定。

第三十一条 鼓励公民、法人和其他组织将收藏的文物提供给文物收藏单位展览和研究。

第三十二条 文物行政部门应当对民间收藏文物商业经营活动进行监督检查，发现违法从事文物商业经营活动的，应当对涉案文物予以先行登记保存，并立即通报工商行政管理部门、公安机关依法及时处理。

第三十三条 为制作出版物、音像制品和其他商业性活动对文物保护单位进行拍摄，应当根据文物保护单位的级别报相应的人民政府文物行政部门批准。拍摄文物，不得对文物造成损害。

第五章 法律责任

第三十四条 违反本办法第十条第二款规定，擅自移动、损毁界桩的，由公安机关或者文物行政部门责令恢复原状、赔偿损失，并给予警告。

第三十五条 违反本办法第十四条第一款规定，在文物保护单位的保护范围内存放易燃、易爆、易腐蚀物品的，由公安机关或者文物行政部门责令立即采取安全措施移出；拒不采取安全措施移出的，由公安机关依法予以处罚。

第三十六条 文物、旅游等行政部门和文物保护单位的管理者不履行本办法第十六条规定的职责，造成文物保护单位、珍贵文物损毁或者流失的，依法给予直接负责的主管人员和其他直接责任人员行政处分；情节严重的，依法开除公职或者吊销其从业资格；构成犯罪的，依法追究刑事责任。

第三十七条 违反本办法第十七条第二款规定，在未被批准为宗教活动场所的文物保护单位内进行宗教活动的，由宗教事务管理部门或者文物行政部门责令停止活动；造成损失的，依法承担民事责任。

第三十八条 违反本办法第二十一条第一款规定，未经考古调查、勘探进行工程建设的，由文物行政部门责令改正；造成文物灭失、损毁的，依法承担民事责任；构成犯罪的，依法追究刑事责任。

第三十九条 文物收藏单位未按照国家有关规定配备防火、防盗、防自然损坏的设施的，由县级以上人民政府文物主管部门责令改正，可以并处 20000 元以下的罚款。

文物收藏单位未按照国家有关规定配备相应的安全保卫人员的，由公安机关责令限期整改并处以警告；逾期不整改的，对单位处以 1000 元以上 10000 元以下罚款，对单位主要负责人处以 100 元以上 1000 元以下罚款。

第四十条　各级人民政府及有关部门不履行文物保护和管理职责的，由上级或者本级人民政府责令改正；对直接负责的主管人员和其他直接责任人员依法给予行政处分。

文物行政部门和其他有关部门的工作人员玩忽职守、滥用职权、徇私舞弊的，由其所在单位或者上级主管机关给予行政处分；构成犯罪的，依法追究刑事责任。

第六章　附　则

第四十一条　本办法自 2005 年 7 月 1 日起施行。

安徽省皖南古民居保护条例

（1997 年 9 月 21 日安徽省第八届人民代表大会常务委员会第三十三次会议通过　根据 2004 年 6 月 26 日安徽省第十届人民代表大会常务委员会修正　自 2004 年 7 月 1 日起施行）

第一章　总　则

第一条　为了加强对皖南古民居的保护，发挥其在社会主义物质文明和精神文明建设中的作用，根据《中华人民共和国文物保护法》及有关法律法规，结合本省实际，制定本条例。

第二条　本条例所称皖南古民居（以下简称古民居），是指本省境内长江以南地区 1911 年以前的具有历史、艺术、科学价值的民宅、祠堂、牌坊、书院、楼、台、亭、阁等民用建筑物。

第三条　古民居受国家法律保护。

集体和私人所有的古民居，其所有权受国家法律保护。古民居的所有者和使用者必须遵守国家有关法律法规和本条例的规定。

第四条　各级人民政府负责保护本行政区域内的古民居。

各级人民政府应按照保护为主、抢救第一、合理利用、加强管理的方针，把古民居保护纳入当地经济和社会发展规划。

一切机关、组织和个人都有保护古民居的义务。

第五条　各级人民政府文物行政管理部门依法对本行政区域内古民居的保护实施监督管理。

公安、工商行政管理、海关、城乡建设规划、旅游、林业等部门应当依法认真履行所承担的保护古民居的职责，维护古民居文物管理秩序。

古民居及其构件、附属文物的鉴定，由省人民政府文物行政管理部门负责组织。

第六条　文物行政执法检查员依法对古民居保护行使监督、检查的职权。

第二章　保护与管理

第七条　县级以上人民政府应当正确处理保护古民居与改善古民居居民居住条件的关系，制定本行政区域内的古民居保护规划，并组织实施。

第八条　各级人民政府应把古民居保护纳入城乡建设规划，由建设行政管理部门会同文物行政管理部门落实保护措施。

第九条　以古民居为主体的世界文化遗产地、历史文化名城（街区、村镇）、全国和省级重点文物保护单位应当建立古民居保护专门组织或者指定专人负责管理。

古民居较多的县（市、区）、乡（镇）人民政府应支持建立民间古民居保护组织。

古民居较多的村可依法订立保护古民居的乡规民约。

第十条　县（市、区）人民政府负责领导、组织本行政区域内古民居普查工作。县（市、区）文物行政管理部门负责建立古民居档案。

第十一条　各级人民政府应根据古民居的历史、艺术、科学价值，分别确定为不同级别的文物保护单位。

未确定为文物保护单位，但具有重要文物价值的古民居，由县（市、区）人民政府文物行政管理部门确定为文物保护对象，并设立文物保护标志。

其他具有一定文物价值的古民居，由县（市、区）人民政府文物行政管理部门告知古民居的所有者、使用者，予以妥善保护。

第十二条　各级人民政府应加强对以古民居为主体的世界文化遗产地、历史文化名城（街区、村镇）和古民居较多的村落的环境风貌的保护。

在古民居文物保护单位的建设控制地带内进行工程建设，不得破坏文物保护单位的历史风貌；工程设计方案应当根据文物保护单位的级别，经相应的文物行政管理部门同意后，报城乡建设规划部门批准。

在古民居建筑较多的村落新建、拆建、改建建筑物，须经县（市、区）人民政府文物行政管理部门同意后，方可办理审批手续。

第十三条　对无法实施原址保护的古民居，经批准可以按原状易地迁移保护。

迁移古民居，属于文物保护单位的，应当报省人民政府批准；迁移省级文物保护单位的，批准前须征得国务院文物行政管理部门同意；全国重点文物保护单位需要迁移的，须由省人民政府报国务院批准。不属于文物保护单位的，应经县（市、区）人民政府文物行政管理部门批准。

第十四条　古民居的所有者、使用者应负责古民居的消防安全，配备必要的消防设备，接受公安消防部门的检查、指导。

第十五条　严禁走私、盗窃和违法买卖古民居建筑构件、附属文物。

林业部门设置的木竹检查站在检查中发现古民居构件、附属文物，应予扣留，并及时通知当地文物行政管理部门处理。

公安、工商、海关等部门依法查获和没收的古民居构件、附属文物，应及时无偿移交当地文物行政管理部门。需要立案的，结案后应立即无偿移交。

第三章　维修与利用

第十六条　各级人民政府对本行政区域内的古民居文物保护单位的维修工作负有领导、监督责任。

第十七条　古民居的维修应遵循"不改变文物原状"的原则。

设计、施工单位应具有相应的资质条件，并经同级文物行政管理部门批准，方可从事古民居文物保护单位的设计和维修。

古民居文物保护单位或文物保护对象的维修，其维修方案应经同级人民政府文物行政管理部门审查批准。其他古民居的维修应接受县（市、区）人民政府文物行政管理部门的指导。

第十八条　古民居的所有者、使用者应负责对其使用的古民居进行保养维修。维修经费确有困难的，根据保护级别，地方人民政府可适当给予补助。

第十九条　核定为文物保护单位的属于国家所有的古民居，除可以建立博物馆、保管所或者辟为参观游览场所外，必须作其他用途的，应当经核定公布该文物保护单位的人民政府文物行政管理部门征得上一级人民政府文物行政管理部门同意后，报核定公布该文物保护单位的人民政府批准；全国重点文物保护单位作其他用途的，应当由省人民政府报国务院批准。国有未核定为文物保护单位的古民居作其他用途的，应当报告县（市、区）人民政府文物行政管理部门。

非国家所有的古民居文物保护单位或文物保护对象改变用途的，应当根据其级别报相应的人民政府文物行政管理部门备案；由当地人民政府出资帮助修缮的，应当报相应的文物行政管理部门批准。

第二十条　鼓励和支持国内外组织和个人按照国家有关规定参与古民居的保护维修和开发利用。

第二十一条　禁止一切破坏性使用古民居的行为。

县以上文物行政管理部门应加强对古民居开发利用的指导和监督检查。

第四章　经　费

第二十二条　县级以上人民政府安排的文物保护管理经费、城市维护费中依法用于文物保护的经费和依法征收的文化事业建设费，应将古民居的保护与维修列入开支项目。

乡、镇人民政府应根据本地区古民居保护维修和财力的情况，在财政支出中安排一定的经费，用于古民居保护和维修。

第二十三条　依法设立的文物保护基金，应将古民居的保护与维修列为重要开支项目。

第二十四条　纳税人通过文物行政管理部门或批准成立的非营利性的公益组织，对古民居文物保护单位捐赠的，依照法律、行政法规的规定享受税收方面的优惠。

第二十五条　开发、利用古民居所得收入，应主要用于对古民居的保养与维修。

第二十六条　古民居保护、维修经费应专款专用，不得挪作他用。财政、审计和文物行政管理部门应加强对古民居保护、维修经费的监督管理。

第五章　法律责任

第二十七条　违反本条例规定，构成违反文物保护法行为的，由有关行政管理部门依法处理；构成犯罪的，依法追究刑事责任。损坏属于文物保护对象的古民居的，由县（市、区）人民政府文物行政管理部门责令其恢复原状，赔偿损失，可以并处 2000 元以上 10000 元以下罚款。

违反本条例规定，造成古民居文物灭失、损毁的，依法承担民事责任。

违反本条例规定，构成违反治安管理行为的，由公安机关依法给予治安管理处罚。

违反本条例规定，构成走私行为，尚不构成犯罪的，由海关依照有关法律、行政法规的规定给予处罚。

第二十八条　行政管理部门及国家工作人员在古民居保护工作中滥用职权、玩忽职守、徇私舞弊构成犯罪的，依法追究刑事责任；尚不构成犯罪的，依法给予行政处分。

第六章　附　则

第二十九条　本条例所称古民居构件、附属文物，是指具有历史、艺术、科学价值的天花、藻井、隔扇、门窗、隔断、斗拱、雀替、斜撑、梁柱、门罩、匾额、家具及其它木雕件；石雕件、砖雕件、空心砖、画像砖、彩画砖，有文字、花纹图案的瓦；以及琉璃件、金属件和水管道等古代建材。

第三十条　我省其它地区古民居的保护，参照本条例的规定执行。

1949 年以前 1911 年以后的具有历史、艺术、科学价值的民居的保护，可参照本条例的规定执行。

第三十一条　本条例具体应用中的问题由省文物行政管理部门负责解释。

第三十二条　本条例自 1998 年 1 月 1 日起施行。

福建省文物保护管理条例

（1996 年 11 月 29 日福建省第八届人民代表大会常务委员会第二十七次会议通过
2009 年 8 月 2 日福建省第十一届人民代表大会常务委员会
第十次会议修订　自 2009 年 10 月 1 日起施行）

第一章　总　则

第一条　为了加强对文物的保护与管理，继承优秀的历史文化遗产，促进科学研究工作，进行爱国主义和革命传统教育，推动海峡两岸文化交流，根据《中华人民共和国文物保护法》等有关法律、法规，结合本省实际，制定本条例。

第二条　本条例所称的文物，包括：

（一）具有历史、艺术、科学价值的古文化遗址、古墓葬、古建筑、石窟寺和石刻、壁画；

（二）与重大历史事件、革命运动或者著名人物有关的以及具有重要纪念意义、教育意义或者史料价值的近代现代重要史迹、实物、代表性建筑；

（三）历史上各时代珍贵的艺术品、工艺美术品；

（四）历史上各时代重要的文献资料以及具有历史、艺术、科学价值的手稿和图书资料等；

（五）反映历史上各时代、各民族社会制度、社会生产、社会生活的代表性实物。

文物认定的标准和办法，按照国家有关规定执行。

具有科学价值的古脊椎动物化石和古人类化石同文物一样受国家保护。

第三条　地方各级人民政府负责本行政区域内的文物保护工作。文物行政主管部门对本行政区域内的文物保护实施监督管理。

省、设区的市和文物较多的县级人民政府设立文物管理委员会，协调管理本行政区域内的文物保护工作，下设办事机构负责处理日常事务。

县级以上地方人民政府有关行政部门在各自的职责范围内，负责有关的文物保护工作。

第四条　县级以上地方人民政府应当加强对文物保护工作的领导，将文物保护纳入国民经济和社会发展规划、土地利用总体规划、城乡建设规划和风景名胜区规划，协调解决文物保护工作中的重大问题，正确处理经济建设、社会发展与文物保护的关系，确保文物安全。

第五条　地方各级人民政府应当合理利用文物资源，弘扬优秀传统文化，发挥文物作用，推动社会经济文化发展。

利用文物资源进行经营活动的，其经营活动不得违背文物保护法律、法规的规定，不得对文物及其周围环境造成破坏。

文物行政主管部门应当对文物利用进行指导和监督，并向社会提供文物信息服务。

第六条　县级以上地方人民政府依法将文物保护管理经费列入本级财政预算，并根据文物保护工作的实际需要，设立专项经费，用于文物保护。用于文物保护的财政拨款随着财政收入增长而增加。

鼓励公民、法人或者其他组织对文物保护事业进行捐赠，或者投资建设文物保护设施。

第七条　建立文物普查制度。省人民政府定期组织开展文物普查工作，设区的市、县级人民政府定期对本行政区域内的不可移动文物和馆藏文物进行普查登记，并向省人民政府文物行政主管部门备案。

省人民政府文物行政主管部门根据文物保护的实际情况，加快文物信息数据库建设。

第八条　县级以上地方人民政府及其有关部门应当加强文物保护的宣传教育，增强全民文物保护意识，重视文物保护的研究和人才培养，提高文物保护的科学技术和管理水平。

第九条　任何单位和个人都有依法保护文物的义务。

对在文物保护、管理、利用和捐赠中做出突出贡献的单位或者个人，县级以上地方人民政府及其文物行政主管部门应当依法给予表彰和奖励。

第二章　不可移动文物

第十条　省级文物保护单位，由省人民政府文物行政主管部门在市、县级文物保护单位中选择或者直接确定后报省人民政府核定公布，并报国务院备案。

市级和县级文物保护单位，分别由设区的市和县级人民政府核定公布，并报省人民政府备案。

鼓励和支持符合文物保护法律、法规规定的城市优秀近现代建筑依法申报文物保护单位。

尚未核定公布为文物保护单位的不可移动文物，由县级人民政府文物行政主管部门组织调查和审核后，对其名称、类别、位置、范围等事项予以登记并公布，报省和设区的市人民政府文物行政主管部门备案，并在一年内设立标志说明，建立记录档案。

第十一条　省级文物保护单位未经省人民政府批准，不得撤销。

市、县级文物保护单位未经原核定公布的人民政府和省人民政府文物行政主管部门批准，不得撤销。

第十二条　国有文物保护单位的使用人，应当与所在地县级以上地方人民政府文物行政主管部门签订《文物保护单位保护使用责任书》，负责做好文物的保养、修缮与安全防范等工作，不得有损毁、改建、添建、拆除、彩绘等改变文物结构和原状的行为，并接受县级以上地方人民政府文物行政主管部门的指导和监督。

非国有文物保护单位的所有人或者使用人，应当遵守国家有关文物保护的法律、法规，接受县级以上地方人民政府文物行政主管部门的指导和监督。

第十三条　经批准作为宗教活动场所的不可移动文物，有关宗教组织或者人员应当制定专项保护规章制度，并接受所在地县级以上地方人民政府文物行政主管部门的指导和监督。

第十四条　文物保护单位保护范围内的土地，任何单位和个人不得非法占用。因建设项目特殊需要必须征收（用）时，建设用地单位应当按文物保护单位的级别履行报批手续。全国重点文物保护单位保护范围内的土地的征收（用），应当事先征得省人民政府的同意。省级和市、县级文物保护单位保护范围内的土地的征收（用），应事先向同级人民政府文物行政主管部门提出申请，并征得原核定公布的人民政府和省人民政府文物行政主管部门同意。

第十五条　在拆迁和工程建设过程中，任何单位和个人发现文物或者文物遗址的，应立即报告所在地县级以上地方人民政府文物行政主管部门；负责建设、施工的单位和个人必须立即停止施工并保护现场。

县级以上地方人民政府文物行政主管部门接到报告后，除遇有特殊情况外，应当在三日内赶到现场，并在七日内提出处理意见。

第十六条　因建设需要，对不可移动文物必须进行迁移异地保护的，建设单位应当在报批前落实迁建地址和经费，并依照国家有关规定制定迁建保护方案，做好测绘、文字记录、登记、照相和摄像等工作。迁建工程应当与不可移动文物的落架拆卸同步进行，并由县级以上地方人民政府文物行政主管部门依法组织验收。

第十七条　在文物保护单位的保护范围内，禁止进行有损文物安全的活动，禁止存放易燃、易爆、易腐蚀物品。

在文物保护单位的建筑物内禁止用火、禁止与文物保护无关的用电。确需用火或者安装电器设备、设施的，应当制定防火安全措施，报所在地公安机关批准，公安机关在批准前应当征求同级人民政府文物行政主管部门意见。

在文物保护单位的周围地带，应当重视保护生态环境，营造自然协调的景观。

第十八条　设区的市、县级人民政府文物行政主管部门可以在本行政区域范围内勘查、划定地下文物埋藏区，报同级人民政府核定公布。设区的市、县级人民政府文物行政主管部门应当将已核定公布的地下文物埋藏区的情况通报同级人民政府有关行政管理部门。

在地下文物埋藏区内进行工程建设的，建设单位在取得项目选址意见书后，应当经设区的市、县级人民政府文物行政主管部门报请省人民政府文物行政主管部门组织考古调查、勘探，以及抢救性考古发掘。省人民政府文物行政主管部门应当自接到申请之日起七日内，组织有考古调查、勘探资质的单位进行考古调查、勘探；考古、勘探单位应当在三十日内完成调查、勘探。

考古调查、勘探结束后，省人民政府文物行政主管部门应当在五日内作出考古调查、勘探结果处理决定书，送达建设单位。需要考古发掘的，由省人民政府文物行政主管部门组织发掘；需要实施原址保护的，建设工程应当避开保护范围或者另行选址。

第十九条　列入世界文化遗产名录或者中国世界文化遗产预备名单的文化遗产所在地的设区的市、县级人民政府，应当制定保护规划和专项保护管理规定。保护规划依法报经批准后，由省人民政府公布。

保护规划经批准公布后，必须严格执行，不得擅自修改；确需修改的，应当报经原批准机关批准。

第三章　水下文物的保护

第二十条　县级以上地方人民政府应当依法做好水下文物的保护工作。

本省行政区域、毗邻海域内水下文物存在损坏或者灭失危险的，所在地县级人民政府文物行政主管部门应当立即采取必要措施做好保护工作，并向省人民政府文物行政主管部门报告。

第二十一条　省人民政府文物行政主管部门应当组织开展水下文物遗址的调查工作。

对水下有价值的文物遗址，县级以上地方人民政府应当依法核定公布为文物保护单位，并采取相应的保护管理措施；水下文物分布范围较大，需要整体保护的，应当依法核定公布为水下文物保护区。

第二十二条　任何单位和个人在水域作业、生产活动中，发现水下文物或者水下文物遗址，应当立即停止可能危及水下文物安全的作业、生产活动，保护现场，并报告所在地县级以上地方人民政府文物行政主管部门。

县级以上地方人民政府文物行政主管部门接到报告后，除遇有特殊情况外，应当在三日内赶到现场，并在七日内提出处理意见。

有关乡（镇）人民政府和村（居）民委员会应当协助做好水下文物保护工作，及时报告水下文物保护情况。

第二十三条　在水下文物保护单位内，不得进行任何工程建设以及爆破、钻探、挖掘、捕捞、养殖、潜水等活动。

在水下文物保护区内，禁止进行危及水下文物安全的工程建设以及爆破、钻探、挖掘、潜水等活动。因工程建设施工、渔业生产需要进行爆破、钻探、挖掘、潜水等作业的，应当在作业十日前，向所在地县级人民政府文物行政主管部门书面备案。备案材料包括作业目的、时间、范围、方案等内容。所在地县级人民政府文物行政主管部门收到备案材料后，对作业方案等内容有异议的，应当在七日内提出修改作业方案的要求。

第二十四条　任何单位或者个人不得破坏水下文物保护单位或者水下文物遗址。严禁非法打捞、哄抢水下文物等违法行为。

单位或者个人发现前款违法行为的，应当向所在地县级以上地方人民政府文物行政主管部门或者公安机关举报。有关部门接到举报后，应当立即处理；对举报内容属实的，可以给予奖励。

第二十五条　公安机关负责对本省行政区域毗邻海域开展巡查，防范和查处涉及海域内的水下文物的违法犯罪行为。

公安机关发现涉及海域内的水下文物违法犯罪行为的，除依法采取必要措施外，应当及时通报所在地县级人民政府文物行政主管部门，所在地县级人民政府文物行政主管部门应当采取措施实施保护，并报告上一级人民政府文物行政主管部门。

第四章　涉台文物的保护

第二十六条　反映大陆和台湾之间政治、经济、文化等方面交流交往，体现两岸同胞同宗同源关系，并具有历史、艺术、科学价值的实物和重要史迹，应当列为涉台文物予以保护。

第二十七条　涉台文物保护应当贯彻保护为主、合理利用、分级负责、加强管理的原则，发挥涉台文物在联络海峡两岸同胞民族感情、加强海峡两岸文化交流、促进海峡两岸关系和平发展中的作用。

第二十八条　县级以上地方人民政府应当加强对涉台文物保护工作的领导，开展涉台文物调查、征集和保护工作，发掘、展示和宣传涉台文物丰富的历史文化内涵，促进海峡两岸文化交流和合作。

开展闽台文物交流活动，主办单位或者承办单位应当向县级以上地方人民政府文物行政主管部门提出申请，由县级以上地方人民政府文物行政主管部门商同级人民政府台湾事务办事机构后，按照国家规定办理相关审批手续并备案。

第二十九条　鼓励有条件的市、县设立涉台专题博物馆、纪念馆或者在博物馆、纪念馆内设立涉台文物展区，提升博物馆、纪念馆两岸文化交流功能。

鼓励台湾同胞对涉台文物保护事业进行捐赠，或者投资涉台专题博物馆、纪念馆等涉台文物保护设施建设。

第三十条　省人民政府文物行政主管部门负责组织编制全省涉台文物保护总体规划，报省人民政府批准后组织实施。总体规划中应当明确涉台文物的保护标准和保护重点，分类、分区确定保护措施。涉台文物所在地设区的市、县级人民政府应当保障保护措施的落实。

第三十一条　县级以上地方人民政府文物行政主管部门应当依法采取相应的措施，保护涉台文物。对具有重要涉台文化价值的文物，应当及时评估，依法核定公布为文物保护单位。

第三十二条　涉台文物相对集中、体现海峡两岸历史关系的村镇、街区，可以依法申报历史文化名镇、名村和历史文化街区。

前款规定的历史文化名镇、名村和历史文化街区内的建设项目，应当符合保护规划的要求。新建、改建、扩建的建筑物、构筑物和修缮具有代表性的传统建筑，应当体现涉台特色，反映两岸历史关系。

第五章　中央苏区革命文物的保护

第三十三条　第二次国内革命战争时期中央苏区县内，具有重要纪念意义、教育意义或者史料价值的重要革命史迹、代表性建筑和文献、实物等，列为中央苏区革命文物予以保护。

第三十四条　县级以上地方人民政府应当增加经费投入，做好中央苏区革命文物保护工作，开展中央苏区革命文物保护配套设施建设和环境整治，加强对中央苏区革命文物的修缮，并确保其真实性和历史原貌。对于濒危的重要中央苏区革命文物，应当保障修缮维护经费，落实保护措施。

第三十五条　县级以上地方人民政府文物行政主管部门应当开展中央苏区革命文物史料和实物的调查征集、保护收藏、陈列展示、建档、研究等工作，建立中央苏区革命文物信息数据库。

第三十六条　教育、文化等行政主管部门以及新闻媒体、学校应当采取多种形式，做好中央苏区革命文物的宣传教育工作，充分发挥中央苏区革命文物的社会教育作用。

县级以上地方人民政府教育行政主管部门应当将中央苏区革命文物知识列入教育内容，建立爱国主义教育基地和德育基地。

将中央苏区革命文物开放参观游览的，应当保持和展示革命文物的历史原貌。

第三十七条　非中央苏区的革命文物保护，参照本章的有关规定执行。

第六章　博物馆与馆藏文物

第三十八条　县级以上地方人民政府应当利用当地文物资源，设立体现区域、行业特点的专题博物馆。

鼓励公民、法人或者其他组织以独资、合资、合作等形式设立博物馆。公民、法人或者其他组织设立博物馆的，县级以上地方人民政府文物行政主管部门应当给予指导监督。

第三十九条　政府投资的博物馆、纪念馆应当向社会免费开放。县级以上地方人民政府应当将博物馆、纪念馆免费开放相关经费纳入同级财政预算，切实予以保障。

鼓励其他博物馆向社会免费或者优惠开放。

第四十条　国有文物收藏单位的文物库房和保护设施应当符合国家规范标准；未达到国家规范标准的，本级人民政府应当采取措施，限期达到规范标准。

文物收藏单位的安全防护和消防基础设施不符合国家有关规定的，应当及时整改，并不得陈列、展示文物。

对馆藏一级文物和其他易损毁的珍贵文物，应当设立专库或者专柜并由专人负责保管。

第四十一条 对不具备收藏珍贵文物条件的国有文物收藏单位收藏的珍贵文物，省人民政府文物行政主管部门可以指定具备条件的国有文物收藏单位代为保管。原收藏单位与保管单位的权利义务由双方协商确定。

对不具备收藏珍贵文物条件的非国有文物收藏单位或者个人收藏的珍贵文物，可以由具备条件的文物收藏单位代为保管。保管人与寄存人之间应当订立书面保管合同。

国有文物收藏单位不得与非国有文物收藏单位交换馆藏文物。

第四十二条 确因文物保护、科学研究需要，对馆藏文物取样的，应当按照国家规定报省人民政府文物行政主管部门批准。

第四十三条 人民法院、人民检察院以及公安机关、工商行政管理部门和海关等执法部门依法没收、扣押、追缴的文物，应当自没收、扣押、追缴之日起五日内移交省人民政府文物行政主管部门指定的国有文物收藏单位暂存。

负责暂存的国有文物收藏单位应当做好暂存文物的保护管理工作，并为相关部门取证提供方便。

案件结案后，人民法院、人民检察院以及公安机关、工商行政管理部门和海关等执法部门应当对暂存文物依法分别处理。

第七章　文物利用和市场监管

第四十四条 省人民政府文物行政主管部门应当依法开展文物商店销售文物、拍卖企业拍卖文物的审核、备案等工作。经审核允许文物商店销售的文物、拍卖企业拍卖的文物，应按照国家有关规定作出记录，并在销售、拍卖后三十日内报省人民政府文物行政主管部门备案。

第四十五条 拓印涉及下列事项的古代石刻等文物的，应当报省人民政府文物行政主管部门批准：

（一）涉及我国疆域、外交、民族关系的古代石刻；

（二）涉及天文、水文、地理等科学资料的石刻和未发表过的墓志铭石刻；

（三）涉及我国书法艺术史上的名碑，以及宋和宋代以前的石刻；

（四）涉及内容为图像的石刻、石雕和经幢等；

（五）涉及全国重点文物保护单位的。

拓印活动不得对各类名碑、石刻、石雕和经幢等造成损坏。

第四十六条 利用文物保护单位或者馆藏珍贵文物进行营利性、资料性电影电视拍摄的，拍摄单位应当向省人民政府文物行政主管部门提出申请，省人民政府文物行政主管部门应当自受理申请之日起十日内作出决定；涉及宗教活动场所的，拍摄单位应当事先征得该宗教活动场所和所在地县级以上地方人民政府宗教事务部门同意。

制作考古发掘现场专题类、直播类节目的，制作单位应当报省人民政府文物行政主管部门批准。

对国有文物收藏单位陈列展示的文物，不得进行系统拍摄和提离陈列位置拍摄。

未经省人民政府文物行政主管部门批准，任何单位和个人不得向境外提供未公开发表的文物照片和有关文物资料。

第四十七条 县级以上地方人民政府文物、工商、公安等行政部门应当依法加强文物市场监督管理，查处文物非法经营行为。

第八章　法律责任

第四十八条 违反本条例规定，有下列行为之一的，由县级以上地方人民政府文物行政主管部门责令改正，造成严重后果的，处以一万元以上五万元以下的罚款：

（一）发现文物或者文物遗址，未立即报告或者未采取有效措施保护现场的；

（二）不可移动文物的易地迁建工程与落架拆卸未同步进行的；

（三）擅自对馆藏文物取样的；

（四）国有文物收藏单位与非国有文物收藏单位交换馆藏文物的。

有前款第四项情形的，同时没收非法交换的文物，对负有责任的主管人员和其他直接责任人员依法给予处分。

第四十九条 违反本条例第十七条第一款、第二款规定的，由所在地公安机关责令限期改正，逾期不改正的，处以五千元以上三万元以下的罚款。对负有责任的主管人员和其他直接责任人员依法给予处分。

第五十条 违反本条例第十八条规定，未经考古调查、勘探以及抢救性考古发掘，建设单位擅自开工建设的，由县级以上地方人民政府文物行政主管部门责令立即停止施工，并处以五万元以上二十万元以下的罚款；造成严重后果的，处以二十万元以上五十万元以下的罚款，并由原发证机关吊销资质证书。

第五十一条 违反本条例第二十三条第一款规定的，由县级以上地方人民政府文物行政主管部门责令立即停止作业，并处以五万元以上二十万元以下的罚款；造成严重后果的，处以二十万元以上五十万元以下的罚款，并由原发证机关吊销资质证书。

违反本条例第二十三条第二款规定，逾期不备案或者不按照要求修改作业方案的，由所在地县级人民政府文物行政主管部门责令限期改正。未经备案擅自作业或者不按照备案方案作业的，由所在地县级人民政府文物行政主管部门责令立即停止作业，封存违法作业工具，并处以五万元以上二十万元以下的罚款；造成严重后果的，处以二十万元以上五十万元以下的罚款，并由原发证机关吊销资质证书。

第五十二条 违反本条例第二十四条第一款规定，破坏水下文物保护单位或者水下文物遗址，非法打捞、哄抢水下文物的，由公安机关追缴文物，没收违法所得、违法作业工具，并处以五万元以上二十万元以下的罚款；造成严重后果的，处以二十万元以上五十万元以下的罚款；构成犯罪的，依法追究刑事责任。

第五十三条　违反本条例第四十三条第一款规定，未按规定移交文物的，由其上级主管部门或者监察机关责令改正，对负有责任的主管人员和其他直接责任人员依法给予处分；造成文物损毁、丢失的，依法承担民事责任；构成犯罪的，依法追究刑事责任。

第五十四条　违反本条例第四十五条规定的，由县级以上地方人民政府文物行政主管部门处以一万元以上五万元以下的罚款；造成严重后果的，处以五万元以上二十万元以下的罚款；对负有责任的主管人员和其他直接责任人员依法给予处分。

第五十五条　违反本条例第四十六条规定的，由县级以上地方人民政府文物行政主管部门给予警告；造成严重后果的，处以五千元以上五万元以下的罚款。

第五十六条　公安机关、文物、工商行政管理、海关、城乡规划、建设等有关部门及其工作人员，违反本条例规定，滥用审批权限、不履行职责、徇私舞弊、玩忽职守，造成珍贵文物损毁或者流失的，对负有责任的主管人员和其他直接责任人员依法给予处分；构成犯罪的，依法追究刑事责任。

第九章　附　则

第五十七条　本条例自 2009 年 10 月 1 日起施行。

福建省民族民间文化保护条例

（2004年9月24日福建省第十届人民代表大会常务委员会第十一次会议通过
自2005年1月1日起施行）

第一章 总 则

第一条 为了保护民族民间文化，继承优秀文化传统，弘扬中华民族精神，促进社会主义精神文明建设，根据有关法律法规，结合本省实际，制定本条例。

第二条 在本省行政区域内，下列具有历史、科学和艺术价值的民族民间文化受本条例保护：

（一）民间文学、戏剧、曲艺、音乐、舞蹈、美术、杂技等；

（二）传统工艺和制作技艺；

（三）传统的礼仪、节日、庆典等民俗活动和传统体育活动；

（四）古语言文字和少数民族语言文字；

（五）与上述各项相关的代表性原始资料、实物、建筑物和场所；

（六）其他需要保护的项目。

以上民族民间文化项目的认定标准由省人民政府文化行政部门会同有关部门制定，报省人民政府批准。

第三条 民族民间文化保护工作以保护为主、抢救第一、合理利用、继承发展为指导方针，实行政府主导、社会参与，统筹规划、分步实施，明确职责、形成合力的原则。

第四条 县级以上地方人民政府应当将民族民间文化保护工作纳入本行政区域国民经济和社会发展计划、城乡建设规划；将民族民间文化保护经费纳入本级财政预算，予以保障。

第五条 县级以上地方人民政府文化行政部门主管本行政区域内民族民间文化的保护工作。

县级以上地方人民政府发展和改革、财政、民族与宗教、经贸、建设、规划、教育、旅游、体育等行政部门按照各自职责，做好民族民间文化保护工作。

第六条 县级以上地方人民政府对在民族民间文化保护工作中做出贡献的组织和个人予以表彰和奖励。

第二章　保护与管理

第七条　省人民政府文化行政部门会同有关部门编制全省民族民间文化保护规划，报省人民政府批准后组织实施。

设区的市、县（市、区）人民政府文化行政部门根据省民族民间文化保护规划，结合当地实际情况，会同有关部门编制本行政区域民族民间文化保护规划，报同级人民政府批准后组织实施。

第八条　县级以上地方人民政府文化行政部门应当对本行政区域内的民族民间文化进行普查、确认、登记、立档，加强挖掘、整理、研究工作，弘扬优秀的民族民间文化。

第九条　民族民间文化实行分级保护制度。

省、设区的市、县（市、区）人民政府文化行政部门会同有关部门编列本级民族民间文化保护名录，报同级人民政府批准公布，并报上一级人民政府文化行政部门备案。

第十条　省、设区的市、县（市、区）人民政府对列入本级民族民间文化保护名录的项目，可以命名传承人和传承单位。

第十一条　符合下列条件之一的公民，可以申请或者被推荐为民族民间文化传承人：

（一）在本行政区域或者一定地域范围内被公认为通晓某一民族民间文化形态；

（二）熟练掌握某一民族民间文化传统工艺或者制作技艺，在当地有较大影响；

（三）保存某一民族民间文化的原始资料、实物，并且有一定研究成果。

第十二条　符合下列条件的组织和团体，可以申请或者被推荐为民族民间文化传承单位：

（一）以保护民族民间文化为宗旨，经常开展以民族民间文化为内容的活动；

（二）掌握某一民族民间文化表现形态、传统工艺或者制作技艺；

（三）保存某一民族民间文化的原始资料、实物，并且有一定研究成果。

第十三条　传承人和传承单位由所在地县级以上地方人民政府文化行政部门会同有关部门确认，并予以公告。单位和个人对传承人和传承单位的确认有异议的，应当自公告之日起六十日内向发布公告的地方人民政府文化行政部门提出。

对没有异议或者经审核异议不成立的，报同级人民政府批准、命名、颁牌，并报上一级人民政府文化行政部门备案。

第十四条　传承人和传承单位享有以下权利：

（一）开展传艺、讲学以及艺术创作、学术研究等活动并取得报酬；

（二）可以向他人有偿提供其掌握的知识和技艺以及有关的原始资料、实物、建筑物、场所；

（三）经济困难的传承人和传承单位，可以获得县级以上地方人民政府的资助。

前款第三项规定的经济困难的资助办法由命名传承人和传承单位的地方人民政府制定。

第十五条　传承人和传承单位应当履行以下义务：

（一）完整地保存所掌握的知识和技艺以及有关的原始资料、实物、建筑物、场所；

（二）按照师承形式或者其他方式选择、培养新的传人；

（三）依照法律法规规定开展传播、展示等经常性活动。

第十六条 民族民间文化形态保存较完整、并具有特殊价值、特色鲜明的民族聚居村落和特定区域，可以命名为福建省文化生态保护区。

具有历史悠久、地方特色的民族民间文化表现形态、传统工艺和制作技艺，并有广泛群众基础的区域，可以命名为福建省民间文化艺术之乡。

命名福建省文化生态保护区、福建省民间文化艺术之乡，由所在地县级人民政府申报，经设区的市人民政府审核后，报省人民政府批准。

福建省文化生态保护区、福建省民间文化艺术之乡管理办法，由省人民政府文化行政部门会同有关部门制定，报省人民政府批准后实施。

第十七条 对具有重大保护价值的优秀民族民间文化，县级以上地方人民政府应当创造条件，申报国家级民族民间文化保护名录、国家级文化生态保护区、国家级民间传统文化艺术之乡以及联合国人类非物质文化遗产代表作名录等项目。

第十八条 传承人、传承单位、福建省文化生态保护区、福建省民间文化艺术之乡丧失命名条件的，由批准的人民政府撤销其命名。

第十九条 对列入民族民间文化保护名录的建筑物、场所等，所有者可以依法向公众有偿开放；县级以上地方人民政府应当建立专门档案，在城乡规划和建设中采取相关措施予以保护。

第二十条 对濒危的有重要价值的民族民间文化，县级以上地方人民政府文化行政部门会同有关部门及时进行抢救性保护。抢救性保护应当科学、有效，保持原生态民族民间文化的内涵和风貌。

第二十一条 地方各级人民政府设立的收藏、研究以及其他文化机构应当对本行政区域内具有代表性的民族民间文化资料和实物进行征集、收购。征集、收购时应当遵循自愿原则，合理作价，并向所有者颁发证书。

鼓励单位和个人将其所有的民族民间文化资料和实物捐赠给政府设立的收藏、研究以及其他文化机构，或者兴办专题博物馆、开设专门展室，展示有代表性的民族民间文化。对捐赠者，应当给予奖励，并颁发捐赠证书。

对于征集、收购或者受赠的民族民间文化资料和实物，有关单位应当妥善保管，并进行整理、归档、研究、展示或者出版。重要的民族民间文化资料、实物，应当采用先进技术长期保存。

第二十二条 地方各级人民政府设立的收藏、研究以及其他文化机构征集、收购和受赠的民族民间文化珍贵资料、实物属国家所有，任何组织和个人不得侵占。

公民、法人和其他组织合法拥有的民族民间文化珍贵资料、实物、建筑物、场所，其所有权受法律保护。

民族民间文化具有的知识产权受有关法律法规保护。

第二十三条 列入民族民间文化保护名录的传统工艺、制作技艺和艺术表现方法以及其他技艺，需要保密的，由公布名录的地方人民政府的文化行政部门与保密等有关职能部门共同确定密级。

纳入保密范围的传统工艺、制作技艺和艺术表现方法以及其他技艺，必须依照法律法规规定的方式、途径进行传播、传授和转让。

第二十四条 开展民族民间文化考察、采访和其他活动，应当尊重少数民族风俗习惯，保护少数民族群众利益，维护民族团结。

第三章 保障措施

第二十五条 县级以上地方人民政府设立民族民间文化保护专项资金。专项资金来源于政府拨款和境内外捐赠，并用于：

（一）民族民间文化项目的保护和研究；

（二）民族民间文化珍贵资料和实物的征集和收购；

（三）抢救濒危的民族民间文化；

（四）对民族民间文化传承人的培养和补助；

（五）对民族民间文化传承单位、文化生态保护区和民族民间文化艺术之乡的资助；

（六）民族民间文化保护的其他事项。

专项资金应当加强管理，专款专用，不得挪作他用。

第二十六条 鼓励和支持公民、法人和其他组织依法开展民族民间文化的保护、传承、传播活动；鼓励和支持社会资金参与民族民间文化保护。

第二十七条 鼓励、支持与境内外的组织和个人依法开展民族民间文化合作和交流活动。

第二十八条 鼓励和支持教育机构开展普及优秀民族民间文化的活动。

有条件的中小学校应当把优秀的民族民间文化列入教育教学的内容。

鼓励和支持学校开展民族民间文化保护的研究和专业人才培养。

第二十九条 县级以上地方人民政府应当支持民族民间文化的研究、创新工作，合理开发利用民族民间文化资源，保护民族民间文化所需的天然原材料和珍稀矿产，大力发展民族民间文化产业。

开发民族民间文化产品、开展民族民间文化旅游服务，以及其他发展民族民间文化产业，按照国家有关规定，享受相关优惠政策。

发展民族民间文化产业应当保护文化资源和文化风貌。

第三十条　图书报刊、广播电视、互联网络、音像制品等公共传媒应当介绍、宣传优秀的民族民间文化，提高全社会自觉保护民族民间文化的意识。

第四章　法律责任

第三十一条　违反本条例第二十一条第三款规定，对国家所有的民族民间文化珍贵资料和实物保护管理不力的，由县级以上地方人民政府文化行政部门责令改正；造成严重损坏、被窃或者遗失的，对单位处以五千元以上五万元以下的罚款，对直接负责的主管人员和其他直接责任人员，由其所在单位或者上级主管部门依法给予行政处分；构成犯罪的，依法追究刑事责任。

第三十二条　违反本条例第二十二条第一款规定，侵占国家所有的民族民间文化珍贵资料和实物，由县级以上地方人民政府文化行政部门责令改正，没收违法所得；情节严重的，处五千元以上二万元以下的罚款；构成犯罪的，依法追究刑事责任。

第三十三条　违反本条例第二十三条第二款、第二十五条第二款规定的，依照有关法律法规规定处理。

第三十四条　文化及其他有关行政部门工作人员违反本条例规定，玩忽职守、滥用职权、徇私舞弊的，由其所在单位或者上级主管部门依法给予行政处分；构成犯罪的，依法追究刑事责任。

第五章　附　则

第三十五条　本条例所称的民族民间文化资料、实物、建筑物和场所，已被确定为文物或者文物保护单位的，适用文物保护法律法规。

第三十六条　本条例自 2005 年 1 月 1 日起施行。

江 西

江西省文物保护条例

（2006年9月22日江西省第十届人民代表大会常务委员会第二十三次会议通过　2007年
1月1日起施行　2011年12月1日江西省第十一届人民代表大会常务委员会
第二十八次会次第一次修正　2016年4月1日江西省第十二届人民代表大会
常务委员会第二十四次会议第二次修正）

第一章　总　则

第一条　为了加强对文物的保护，继承中华民族优秀的历史文化遗产，根据《中华人民共和国文物保护法》《中华人民共和国文物保护法实施条例》等有关法律、行政法规的规定，结合本省实际，制定本条例。

第二条　本省行政区域内文物的保护、利用和管理，适用本条例。

具有科学价值的古脊椎动物化石和古人类化石同文物一样受国家保护。

第三条　文物工作贯彻保护为主、抢救第一、合理利用、加强管理的方针。

基本建设、旅游发展和文物利用等活动必须遵守文物保护工作的方针，不得对文物造成损害。

第四条　各级人民政府负责本行政区域内的文物保护工作。

县级以上人民政府设立的文物保护管理委员会，负责协调、解决本行政区域内文物保护工作中的重大问题。

第五条　县级以上人民政府文物行政部门对本行政区域内的文物保护实施监督管理。

公安、工商行政管理、城乡建设规划、海关等相关部门在各自职责范围内，负责有关的文物保护工作。

第六条　县级以上人民政府应当将文物保护事业纳入国民经济和社会发展规划，所需经费列入本级财政预算，用于文物保护的财政拨款随着财政收入增长而增加。

县级以上人民政府应当根据文物调查、抢救、修缮、征集和安全设施建设等需要，设立专项经费。

第七条　对遗存在本行政区域内的与重大历史事件、革命运动有关的近现代重要史迹、陶瓷古窑遗址等重要文物保护单位，有关人民政府应当予以重点抢救、保护和管理。

民间收藏的近现代文物、古陶瓷、古青铜器等珍贵文物，国有文物收藏单位应当加强征集和收藏工作。

第八条 县级以上人民政府文物、教育、科技等部门以及报刊、广播、电视、网络等媒体，应当加强文物保护法律法规和优秀历史文化遗产保护的宣传教育工作，增强全社会的文物保护意识。

县级以上人民政府应当注重对文物、博物专业技术人才的培养。

第九条 所有单位和个人都有依法保护文物的义务，并有权检举、控告和制止破坏文物的行为。

第二章　不可移动文物

第十条 省人民政府文物行政部门在市级、县级文物保护单位中，选择具有重要历史、艺术、科学价值的确定为省级文物保护单位，或者直接确定省级文物保护单位，报省人民政府核定公布，并报国务院备案。

市级、县级文物保护单位，分别由设区市、县级人民政府文物行政部门确定，报市级、县级人民政府核定公布，并报省人民政府备案。

尚未核定为文物保护单位的不可移动文物，由所在地县级人民政府文物行政部门登记公布，建立档案，并报省、设区市人民政府文物行政部门备案。

第十一条 对保存文物丰富并且具有重要历史价值或者革命纪念意义和反映民族、民俗文化及地方特色的城市、街道、村镇，由所在地县级以上人民政府提出申请，经省人民政府城乡建设规划部门会同文物行政部门组织评审后，报省人民政府核定公布为省级历史文化名城或者历史文化街区、村镇，并报国务院备案。

国家历史文化名城、村镇的申报和确定，依照国家有关规定执行。

第十二条 世界文化遗产和文物保护单位所在地的县级以上人民政府应当组织编制保护规划。世界文化遗产、全国重点文物保护单位保护规划，由省人民政府公布实施；省级、市级、县级文物保护单位保护规划，分别由省、设区市、县级人民政府公布实施。

历史文化名城和历史文化街区、村镇所在地县级以上人民政府应当组织编制专门的历史文化名城和历史文化街区、村镇保护规划，并纳入城市总体规划。

第十三条 世界文化遗产、全国重点文物保护单位和省级文物保护单位由省人民政府文物行政部门组织制定具体保护措施，并公告施行。市级、县级文物保护单位和尚未核定为文物保护单位的不可移动文物，分别由设区市、县级人民政府文物行政部门组织制定具体保护措施，并公告施行。

保护措施应当符合保护规划的要求，内容包括不可移动文物的修缮保养、安全防范、合理利用和环境治理等。

第十四条　全国重点文物保护单位和省级文物保护单位，由省人民政府划定必要的保护范围，作出标志说明，建立记录档案；市级、县级文物保护单位分别由设区市、县级人民政府划定必要的保护范围，作出标志说明，建立记录档案。

全国重点文物保护单位和省级文物保护单位的建设控制地带，经省人民政府批准，由省级文物行政部门会同城乡规划行政主管部门划定并公布；市级、县级文物保护单位的建设控制地带，经省人民政府批准，由市级、县级文物行政部门会同城乡规划行政主管部门划定并公布。

第十五条　在文物保护单位的保护范围和建设控制地带内已有的非文物建筑物和构筑物，危害文物保护单位安全或者破坏文物保护单位历史风貌的，由县级以上人民政府依法调查处理，必要时，对该建筑物、构筑物依法予以拆迁。

在文物保护单位的建设控制地带内进行建设工程，不得破坏文物保护单位的历史风貌，其形式、高度、体量、色调应当与文物保护单位相协调；工程设计方案应当根据文物保护单位的级别，经相应的文物行政部门同意后，报城乡建设规划部门批准。

第十六条　在文物保护单位的建设控制地带内，禁止从事下列活动：

（一）建设污染文物保护单位及其环境的设施；

（二）存放易燃、易爆、易腐蚀等危及文物安全的物品；

（三）殡葬活动；

（四）其他可能影响文物保护单位安全及其环境的活动。

第十七条　在文物保护单位的保护范围内，除禁止从事前条所列活动外，还禁止从事下列活动：

（一）刻划、涂污、损坏文物；

（二）刻划、涂污、损毁或者擅自移动文物保护单位标志；

（三）损坏文物保护设施；

（四）毁林开荒、开挖沟渠、采石、取土；

（五）法律、法规禁止的其他活动。

第十八条　不可移动文物实行原址保护原则。因特殊情况无法实施原址保护的，经依法批准后，可以迁移或者拆除，所需费用由建设单位列入建设工程预算。

被批准迁移或者拆除的不可移动文物，建设单位应当事先做好测绘、摄像和文字记录等资料工作。不可移动文物迁移工程应当与异地保护工程同步进行，并且按照国务院文物行政部门的有关规定，由相应的文物行政部门组织验收。

第十九条　设区市、县级人民政府文物行政部门应当与不可移动文物的所有人、使用人或者管理人签订文物保护责任书，依法明确其享有的权利和承担的义务；不可移动文物的所有人、使用人或者管理人发生改变的，应当重新签订。

第二十条　文物保护单位被辟为参观游览场所的，其管理或者使用机构应当按照文物保护法律法规的有关规定，负责修缮、保养和安全管理，并接受文物行政部门的监督检查。

第二十一条　公布为文物保护单位的宗教活动场所，管理、使用该宗教活动场所的宗教组织应当按照文物保护法律法规的有关规定，负责修缮、保养和安全管理，并接受文物行政部门的监督检查。宗教组织不具备修缮能力的，当地人民政府应当给予帮助。

第三章　考古发掘

第二十二条　在本省行政区域内进行考古发掘，必须依法履行报批手续。未经依法批准，所有单位或者个人不得私自发掘地下和水下文物。

第二十三条　县级以上人民政府文物行政部门应当加强对本行政区域内地下和水下文物的勘查工作。

县级以上人民政府文物行政部门应当会同城乡建设规划部门，根据本地区历史发展沿革及勘查发现地下文物的情况，划定地下文物埋藏区，报本级人民政府核定并公布。

第二十四条　大型基本建设工程选址，应当尽可能避开地下文物埋藏区；确实无法避开的，建设单位应当事先报请省人民政府文物行政部门组织考古发掘单位在工程范围内有可能埋藏文物的地方进行考古调查、勘探。

省人民政府文物行政部门应当自收到申请之日起20个工作日内，组织从事考古发掘的单位进行考古调查、勘探；从事考古发掘的单位应当自考古调查、勘探结束之日起15个工作日内完成考古调查、勘探报告。

省人民政府文物行政部门应当自收到考古调查、勘探报告之日起10个工作日内，将考古调查、勘探处理意见书告知建设单位。需要考古发掘的，由省人民政府文物行政部门组织发掘。

第二十五条　因进行基本建设和生产建设需要的考古调查、勘探、发掘，所需经费由建设单位列入建设工程预算。

考古调查、勘探、发掘所需经费的范围和标准，按照国家有关规定执行。

第二十六条　在进行建设工程或者在农业生产中，所有单位或者个人发现文物，应当保护现场，并及时报告当地文物行政部门。

文物行政部门接到报告后，应当在24小时内赶赴现场，并在7个工作日内提出处理意见。文物行政部门可以报请当地人民政府通知公安机关协助保护现场。

第二十七条　考古发掘单位依法进行考古调查、勘探和发掘活动，所有单位和个人不得阻挠。在考古发掘结束前，所有单位和个人不得擅自在考古发掘区域内进行施工或者生产活动。

第二十八条　考古发掘的文物及其相关资料，所有单位和个人不得私自占有。未经省人民政府文物行政部门同意，发掘单位不得将考古发掘中的重要发现对外公布。

第二十九条　国内新闻单位因新闻采访需要拍摄正在进行考古发掘的现场，应当经主持发掘单位的同意。但制作专题类、直播类节目应当报请国务院文物行政部门审批。境外机构和团体需要拍摄正在进行考古发掘的现场，应当征求主持发掘单位的意见，经省人民政府文物行政部门同意，报国务院文物行政部门批准后方可进行。

第四章　馆藏文物和民间收藏文物

第三十条　博物馆、图书馆和其他文物收藏单位可以根据其收藏的性质和职责征集藏品。对收藏的文物，文物收藏单位应当按照国家有关规定区分等级，编制目录，设置藏品档案，并报主管的文物行政部门备案。

鼓励单位和个人将收藏的文物捐赠、转让给国有文物收藏单位或者提供给文物收藏单位展览和研究。

第三十一条　文物收藏单位应当按照国家有关规定，在文物库房和文物陈列展览区配备防火、防盗、防自然损坏的安全设施和相应的安全保卫人员，并达到风险等级安全防护标准。公安机关应当将文物收藏单位列为治安保卫重点单位。

第三十二条　对不具备收藏珍贵文物条件的国有文物收藏单位收藏的珍贵文物，省人民政府文物行政部门可以指定具备条件的国有文物收藏单位代为收藏。非国有文物收藏单位不具备收藏珍贵文物条件的，可以委托具备条件的文物收藏单位代为收藏。

文物收藏单位与代为收藏单位的权利义务由双方协商确定。

第三十三条　文物收藏单位可以通过购买、接受捐赠、依法交换或者法律、行政法规规定的其他方式取得文物。

国有文物收藏单位还可以通过接受文物行政部门指定保管或者调拨方式取得文物。

文物收藏单位不得利用馆藏文物从事文物销售、拍卖经营活动。禁止国有文物收藏单位将馆藏文物赠与、出租或者出售给其他单位、个人。

第三十四条　文物行政部门和工商行政管理部门应当加强对文物商业经营活动的监督管理。

文物的购销经营活动，由依法设立的文物商店进行；文物的拍卖经营活动，由依法取得文物拍卖许可证的拍卖企业进行。其他单位和个人不得从事文物的购销、拍卖等商业经营活动。

第三十五条　文物商店销售的文物，在销售前应当经省人民政府文物行政部门核准同意，并加贴文物销售专用标识。

所有单位和个人不得买卖、出租、出借和以其他形式转让文物销售专用标识，不得涂改、伪造、变造文物销售专用标识。

文物拍卖企业拍卖的文物，在拍卖前应当经省人民政府文物行政部门核准同意，并报国务院文物行政部门备案。省人民政府文物行政部门不能确定是否可以拍卖的，应当自收到申请之日起

20 个工作日内报国务院文物行政部门核准。

第三十六条 文物商店、文物拍卖企业应当分别自购买或者销售文物之日、文物拍卖活动结束之日起 30 个工作日内，按照《中华人民共和国文物保护法实施条例》第四十三条第一款规定的内容，将所购买或者销售、拍卖文物的记录报核准其销售、拍卖文物的文物行政部门备案。

第三十七条 人民法院、人民检察院、公安机关、海关和工商行政管理部门依法扣押或者没收的文物应当登记造册，妥善保管，结案后 30 个工作日内无偿移交文物行政部门，由文物行政部门指定的国有文物收藏单位收藏。

第五章　文物利用

第三十八条 文物利用坚持合理、适度的原则。

禁止对文物进行破坏性利用。禁止将国有不可移动文物转让、抵押。禁止将国有文物保护单位作为或者变相作为企业资产经营。

文物行政部门对文物的利用实施监督管理，并提供指导和服务。

第三十九条 文物收藏单位应当充分发挥馆藏文物的作用，通过举办展览、科学研究等形式，加强对优秀历史文化遗产的宣传和利用。

鼓励文物收藏单位研发相关文化产品，传播科学文化知识，开展社会教育服务活动，参与当地文化建设。

第四十条 文物收藏单位应当采取多种形式，向公众陈列、展览所收藏的文物；陈列、展览中使用复制品、仿制品和辅助品的，应当予以明示。

第四十一条 国有文物保护单位和文物收藏单位应当在确保文物安全的前提下，尽可能向公众开放，其事业性收入用于文物保护事业。

国有文物保护单位和文物收藏单位对未成年人实行免费参观制度，对老年人、残疾人、现役军人和学校组织的学生实行减免费制度。

对具有重要价值的国有文物保护单位实行旅游者、参观者容量控制制度。

第四十二条 修复、复制、拓印馆藏珍贵文物的，应当经省人民政府文物行政部门批准；其中馆藏一级文物，应当经省人民政府文物行政部门审核后，报国务院文物行政部门批准；复制、拓印馆藏一级文物，应当经省人民政府文物行政部门审核后，报国务院行政部门批准。

省人民政府文物行政部门应当自收到申请之日起 30 个工作日内作出批准或者不予批准的决定，或者提出审核意见。

第四十三条 为制作出版物、音像制品等拍摄文物保护单位、馆藏珍贵文物的，应当经省人民政府文物行政部门批准；其中全国重点文物保护单位、馆藏一级文物，应当经省人民政府文物行政部门审核后，报国务院文物行政部门批准。

境外机构和团体拍摄文物的，应当经省人民政府文物行政部门审核后报国务院文物行政部门批准。

省人民政府文物行政部门应当自收到申请之日起 20 个工作日内作出批准或者不予批准的决定，或者提出审核意见。

拍摄单位和个人应当严格遵守有关文物保护的规定，确保文物安全，并服从文物行政部门的监督管理。

第四十四条 利用文物举办流动展览，或者利用文物保护单位举办大型活动的，举办单位应当制定文物保护预案，落实具体保护措施，并报所在地文物行政部门备案；应当取得公安、工商行政管理等相关部门批准的，举办单位应当向相关部门提出申请。

第四十五条 参观游览场所内有文物保护单位的，场所的管理或者使用机构应当从门票收入中安排一定的比例用于文物保护。

国有文物保护单位利用文物进行拍摄以及举办大型活动，其所得收入应当用于文物保护。

第六章　法律责任

第四十六条 文物行政部门、其他有关行政部门、国有文物保护单位管理机构、国有文物收藏单位违反本条例规定，不履行文物保护和管理职责，或者玩忽职守、滥用职权、徇私舞弊的，对负有责任的主管人员和其他直接责任人员依法给予行政处分；构成犯罪的，依法追究刑事责任。

第四十七条 违反本条例规定，在文物保护单位的保护范围内，有下列行为之一，造成损害尚不严重的，由公安机关或者文物所在单位给予警告，可以并处 200 元以下的罚款：

（一）刻划、涂污、损坏文物的；

（二）刻划、涂污、损毁、擅自移动文物保护单位标志的；

（三）损坏文物保护设施的；

（四）毁林开荒、开挖沟渠、采石、取土的。

第四十八条 违反本条例规定，被批准迁移、拆除的不可移动文物，建设单位事先未进行测绘、摄像和文字记录等资料工作而迁移、拆除的，或者不可移动文物迁移工程未与异地保护工程同步进行的，由文物行政部门责令改正，并处 1 万元以上 10 万元以下的罚款。

第四十九条 违反本条例规定，有下列行为之一的，由文物行政部门责令改正；造成严重后果的，处 1 万元以上 10 万元以下的罚款：

（一）阻挠考古发掘单位进行考古工作的；

（二）擅自在考古发掘区域内进行施工或者生产活动的。

第五十条 违反本条例规定，擅自将考古发掘中的重要发现对外公布，造成严重后果的，对负有责任的主管人员和其他直接责任人员依法给予行政处分。

第五十一条　违反本条例规定，有下列行为之一的，由文物行政部门责令改正；逾期不改正或者造成严重后果的，对负有责任的主管人员和其他直接责任人员依法给予行政处分：

（一）国有文物收藏单位拒不执行指定代为收藏珍贵文物的；

（二）利用文物举办流动展览，或者利用文物保护单位举办大型活动，举办单位未制定文物保护预案、未报所在地文物行政部门备案的。

第五十二条　违反本条例规定，买卖、出租、出借和以其他形式转让文物销售专用标识，或者涂改、伪造、变造文物销售专用标识的，由文物行政部门责令改正，没收违法所得并处 5000 元以上 5 万元以下的罚款。

第五十三条　违反本条例规定，未经批准擅自为制作出版物、音像制品等拍摄文物保护单位或者制作考古发掘现场专题类、直播类节目的，由文物行政部门给予警告，收缴非法录制品；造成严重后果的，处 2000 元以上 2 万元以下的罚款；对负有责任的主管人员和其他直接责任人员依法给予行政处分。

第五十四条　违反本条例规定，境外机构和团体擅自拍摄文物或者考古发掘现场的，由文物行政部门给予警告，收缴非法录制品，并处 2000 元以上 2 万元以下的罚款；情节严重的，依法移送公安、司法机关处理。

第七章　附　则

第五十五条　本条例自 2007 年 1 月 1 日起施行。1995 年 6 月 30 日江西省第八届人民代表大会常务委员会第十六次会议通过、1997 年 6 月 20 日江西省第八届人民代表大会常务委员会第二十八次会议修正的《江西省文物保护管理办法》同时废止。

山东省历史文化名城保护条例

（1997 年 12 月 13 日山东省八届人民代表大会常务委员会
第 31 次会议通过）

第一章 总 则

第一条 为加强历史文化名城的保护，继承优秀历史文化遗产，促进社会主义精神文明建设，根据国家有关法律、法规，结合本省实际，制定本条例。

第二条 本条例适用于本省行政区域内的历史文化名城。

本条例所称历史文化名城，是指经国务院或者省人民政府批准的，保存文物特别丰富、具有重大历史价值的城市。历史文化名城分为国家级和省级。

第三条 历史文化名城保护应当坚持保护与利用、继承与发展相结合的原则。

第四条 省城市规划行政主管部门主管全省历史文化名城的保护工作。历史文化名城城市规划行政主管部门主管本行政区域内的历史文化名城保护工作。

历史文化名城的文物保护工作由文物行政管理部门负责。

历史文化名城城市人民政府的建设、计划、土地、园林、旅游、环保等部门，应当按照各自的职责，密切配合，共同做好历史文化名城的保护工作。

第五条 历史文化名城城市人民政府及其有关部门应当利用历史文化名城中的历史遗存和革命遗迹进行爱国主义和革命传统教育，增强公民爱护历史文化名城和保护人文与自然资源的意识，提高城市的文明程度。

第六条 任何单位和个人都有保护历史文化名城的义务，并有权对破坏历史文化名城保护规划和文物的行为进行制止、检举和控告。

对在历史文化名城保护工作中做出突出贡献的单位和个人，由历史文化名城城市人民政府或者有关部门予以表彰和奖励。

第二章 规 划

第七条 历史文化名城经批准后，该城市人民政府应当组织规划、建设、文物、计划、土地、园林、旅游、环保等有关部门编制历史文化名城保护规划，并纳入城市总体规划。

城市园林绿化、道路交通、环境卫生、风景名胜等各项专业规划，必须与历史文化名城保护规划相协调。

第八条 历史文化名城城市人民政府编制历史文化名城保护规划，应当从城市整体风貌上确定古城功能的改善、用地布局的调整、空间形态或者视廊的保护等措施。

第九条 编制历史文化名城保护规划应当划定文物保护单位的保护范围和建设控制地带。

对具有传统风貌的商业、手工业、居住等街区以及文物古迹、革命纪念建筑集中连片的地区，或者在城市发展史上有重要历史、科学、艺术价值的建筑群等，应当划定为历史文化保护区，树立标志，予以保护。

第十条 编制历史文化名城保护规划，应当广泛征求社会公众、专家学者和有关部门的意见，并进行技术性论证。

第十一条 国家级历史文化名城保护规划，按国家规定审批；省级历史文化名城保护规划，由省人民政府审批。

历史文化名城保护规划在报请审批前，须经同级人民代表大会或者其常务委员会审查同意。

历史文化名城保护规划一经批准，城市人民政府应当予以公布，并组织实施。任何单位和个人都必须遵守，不得擅自变更。

第十二条 历史文化名城城市人民政府应当依据经批准的历史文化名城保护规划，组织编制历史文化名城重点保护区域的详细规划，提出保护和建设的具体实施方案。

第十三条 历史文化名城城市人民政府可以根据城市社会经济发展和历史文化名城保护的需要，对保护规划进行局部调整，并报同级人民代表大会常务委员会和原批准机关备案；但对保护规划确定的保护范围、建设控制地带或者历史文化保护区的界限和内容进行调整的，必须经同级人民代表大会或者其常务委员会审查同意后报原批准机关审批。

第三章 建 设

第十四条 历史文化名城城市规划区内的土地利用和各项建设必须符合历史文化名城保护规划。

第十五条 在保护规划确定的建设控制地带内进行建设的，建设项目设计方案在报城市规划行政主管部门批准前，应当先经文物行政管理部门审查同意。

建设控制地带和历史文化保护区内的建设项目的布局、性质、高度、容积率、建筑密度、造型和色彩等，必须与周围景观风貌相协调。

第十六条 在历史文化名城城市规划区内建设各类大型项目或者进行较大规模的旧城改造，城市人民政府应当事先组织有关专家进行论证，并广泛征求社会各方面的意见。

第十七条　历史文化名城城市规划区内建设项目的可行性研究报告报请批准时，必须附具城市规划行政主管部门核发的建设项目选址意见书；未附具建设项目选址意见书的，计划部门不得审批。

建设项目选址意见书由批准建设项目的计划部门的同级城市规划行政主管部门核发。但属于国家审批的大中型和限额以上的建设项目，由省城市规划行政主管部门核发；国家有关部门审批的小型和限额以下的建设项目，由项目所在地城市规划行政主管部门核发。

第十八条　在历史文化名城城市规划区内进行建设需要使用土地的，必须办理建设用地规划许可证。

建设用地规划许可证经批准用地人民政府的城市规划行政主管部门审查同意后，由当地城市规划行政主管部门核发。

第十九条　在历史文化名城城市规划区内新建、扩建和改建建筑物、构筑物、道路、管线和其他工程设施，必须办理建设工程规划许可证。

建设工程规划许可证按规定实行分级审查。经审查同意的建设工程规划许可证由当地城市规划行政主管部门核发。

第二十条　设计单位必须按照城市规划行政主管部门提出的规划设计要求进行设计。

第二十一条　建设单位或者个人在取得建设工程规划许可证和其他有关批准文件后，应当按规定办理开工手续；经城市规划行政主管部门现场验线后，方可正式施工。

第二十二条　施工单位必须按照建设工程规划许可证的规定进行施工，切实保护文物古迹及其周围的林木、植被、水体、地貌，不得造成污染和破坏。

第二十三条　建设工程竣工后，建设单位或者个人必须按规定报城市规划行政主管部门进行规划验收。

建设单位或者个人必须在建设工程竣工验收后六个月内，向城市规划行政主管部门报送有关竣工资料，办理存档手续。

第四章　管　理

第二十四条　历史文化名城城市人民政府应当采取措施，切实加强对历史文化名城的管理。

第二十五条　在历史文化名城城市规划区内从事挖取砂石、土方，围填水面，设置生产、生活废弃物堆放场所等改变地形、地貌的活动，必须经城市规划行政主管部门和有关部门批准。

第二十六条　建设工程投入使用后，未经城市规划行政主管部门批准，任何单位和个人均不得擅自变更其使用性质；涉及土地使用性质变更的，还应当报经土地管理部门批准。

第二十七条　历史文化名城中的文物古迹和重要人文景观，必须按照文物保护法律、法规的规定严加保护，及时修缮。

被核定为文物保护单位的革命遗址、纪念建筑物、古墓葬、古建筑、石刻等，在进行修缮、保养、迁移的时候，必须遵守不改变文物原状的原则，其修缮计划和施工方案须按规定经文物行政管理部门批准。

第二十八条 在历史文化名城中经批准使用文物保护单位的，应当与文物行政管理部门签订使用保护协议书，负责建筑物及其附属物的安全、保养和维修，接受文物行政管理部门的指导和监督。

第二十九条 对社会开放的文物保护单位和有文物保护单位的参观游览场所，其管理部门应当采取有效的保护措施，保证文物的安全，严禁破坏性使用。

参观游览者应当自觉遵守文物保护法律、法规及文物保护单位的各项管理制度，爱护文物及其设施，不得毁坏、刻划或者涂抹。

第三十条 文物保护单位应当加强消防安全措施。任何单位和个人都不得在保护范围内存放易燃、易爆、有毒、有腐蚀性等危害文物安全的物品。

第三十一条 历史文化名城中的古树名木，应当按国家规定登记造册，建立档案，设置保护标志，制定特别保护措施。

第三十二条 历史文化名城城市人民政府必须采取措施，集中处理生活污水、垃圾，不断改善环境卫生；不得新建污染环境的项目，严格限制新建影响城市风貌的项目；对现有污染严重且对文物古迹和风景名胜有严重影响的工矿企业，必须依法限期治理或者搬迁。

第三十三条 在历史文化名城城市规划区范围内，不得从事下列活动：

（一）损坏或者拆除保护规划确定保护的传统建筑物、构筑物、街区等；

（二）占用或者破坏保护规划确定保护的道路、园林绿地、河湖泉水系等；

（三）法律、法规禁止的其他活动。

第三十四条 历史文化名城各有关部门应当对历史文化名城的历史沿革、文物资源、范围界限、环境状况等进行收集整理和研究，形成完整的资料，妥善保存并合理利用。

第三十五条 省和历史文化名城城市人民政府应当视财力情况，每年安排一定的专项保护经费，用于历史文化名城的保护。

第五章 法律责任

第三十六条 违反本条例的规定，擅自改变历史文化名城规划，造成重大损失或者严重后果的，对直接负责的主管人员应当依法给予行政处分；构成犯罪的，依法追究刑事责任。

城市规划行政主管部门违反本条例规定，未经审查而擅自核发建设用地规划许可证或者建设工程规划许可证的，其核发的证件无效，由上级城市规划行政主管部门责令其停止建设、限期改正，对直接负责的主管人员和其他直接责任人员，依法给予行政处分；造成损失的，应当予以赔偿；构成犯罪的，依法追究刑事责任。

第三十七条 在历史文化名城城市规划区内，未取得建设用地规划许可证或者违反建设用地规划许可证的规定而取得用地批准文件、占用土地的，批准文件无效，占用的土地由县级以上人民政府责令退回；构成犯罪的，依法追究刑事责任。

第三十八条 在历史文化名城城市规划区内，建设单位未取得建设工程规划许可证或者违反建设工程规划许可证的规定进行建设，严重影响历史文化名城保护规划的，由城市规划行政主管部门责令其停止建设、限期拆除或者没收违法建筑物、构筑物及其他设施；非法占用土地的，由县级以上人民政府依法收回土地使用权；影响历史文化名城保护规划，尚可采取改正措施的，由城市规划行政主管部门责令其停止建设、限期改正，并处以建设工程总造价百分之三至百分之十的罚款。

当事人自接到停工通知之日起，必须停止有关建设活动；对拒不停止违法行为继续施工的，作出处罚决定的机关可依法查封其施工设施和建筑材料，并拆除其续建部分，拆除费用由当事人承担。

第三十九条 设计单位违反本条例第二十条规定，未按规划设计要求进行设计的，由城市规划行政主管部门责令其限期改正，没收违法所得，并可处以违法所得一倍以上二倍以下的罚款。

第四十条 施工单位违反本条例规定，未按建设工程规划许可证的规定进行建设的，由城市规划行政主管部门责令其停止施工，并可处以一万元以上十万元以下的罚款。

第四十一条 违反本条例第二十六条规定，擅自变更建设工程使用性质的，由城市规划行政主管部门责令其限期改正，并可处以二千元以上一万元以下的罚款。

第四十二条 违反本条例第二十九条第一款规定，破坏性使用文物保护单位文物的，由文物行政管理部门责令其停止使用，赔偿损失，并可处以二万元以下的罚款。

第四十三条 违反本条例第三十三条第一项和第二项规定的，由城市规划行政主管部门责令其停止违法活动，限期采取补救措施或者恢复原状，并可处以一万元以上十万元以下的罚款。造成损失的，应当予以赔偿。

第四十四条 依照本条例规定实施罚款处罚时，必须使用省财政部门统一制发的罚没票据。罚没款项全部缴国库。

第四十五条 当事人对行政处罚决定不服的，可以依法申请复议或者向人民法院起诉。当事人逾期不申请复议也不起诉，又不履行处罚决定的，由作出处罚决定的机关申请人民法院强制执行。

第四十六条 从事历史文化名城保护工作的国家工作人员玩忽职守、滥用职权、徇私舞弊的，由其所在单位或者上级主管机关给予行政处分；构成犯罪的，依法追究刑事责任。

第六章 附 则

第四十七条 本条例自公布之日起施行。

泰山风景名胜区保护管理条例

（2000 年 10 月 26 日山东省第九届人民代表大会常务委员会第十七次会议通过　根据 2016 年 3 月 30 日山东省第十二届人民代表大会常务委员会第二十次会议《关于修改〈山东省海洋环境保护条例〉等九件地方性法规的决定》第一次修正，根据 2018 年 9 月 21 日山东省第十三届人民代表大会常务委员会第五次会议《关于修改〈山东省民用建筑节能条例〉等十件地方性法规的决定》第二次修正）

第一章　总　则

第一条　泰山是国家重点风景名胜区、世界自然和历史文化遗产。为加强泰山风景名胜区管理，有效保护和合理开发利用风景名胜资源，根据国家有关法律、法规，结合泰山风景名胜区实际，制定本条例。

第二条　本条例所称泰山风景名胜区包括登天、天烛峰、桃花峪、樱桃园、玉泉寺、灵岩寺六个景区及外围保护地带，其面积和界线按国务院批准的总体规划确定。

第三条　凡在泰山风景名胜区范围内居住及从事生产经营、开发建设、旅游、宗教、文化等各项活动的单位和个人，必须遵守本条例。

第四条　泰山风景名胜区的保护和建设，必须符合国务院批准的《泰山风景名胜区总体规划》，遵循严格保护、科学规划、统一管理、永续利用的原则。

第五条　省人民政府建设行政主管部门主管泰山风景名胜区的规划、建设工作，并对泰山风景名胜区的保护、管理等实施监督、检查；其他有关部门应当按照各自的职责，密切协作，共同做好风景名胜区管理工作。

泰安市、济南市人民政府应当按照省人民政府规定的职责分工，负责本行政区域内景区的保护、规划、建设、管理的具体工作。

第二章　保　护

第六条　省人民政府和泰安市、济南市人民政府应当采取措施切实保护泰山风景名胜区原有的地形地貌和自然人文景观。

第七条　泰山风景名胜资源属国家所有。未经省级以上人民政府批准，任何单位和个人不得出让或者变相出让风景名胜资源及景区土地。

第八条 风景名胜区所在地市人民政府必须把风景名胜资源的保护工作列为重要任务，建立健全规章制度，制定保护措施，落实保护责任。

第九条 泰山风景名胜区按其景观价值和保护需要，以各游览景区为核心，实行四级保护：

（一）一级保护区包括登天景区内从泰安门、通天街、遥参亭、岱庙、岱宗坊直至岱顶玉皇庙封禅祭祀活动的序列空间环境以及蒿里山、佛爷寺和规划开辟的中华文化游览线；

（二）二级保护区包括一级保护区以外的登天景区、天烛峰景区、桃花峪景区、樱桃园景区、玉泉寺景区、灵岩寺景区；

（三）三级保护区包括一、二级保护区以外，外围保护地带以内的其他区域；

（四）四级保护区为外围保护地带。

第十条 对泰山风景名胜资源应当采取下列保护措施：

（一）对古建筑、碑碣石刻、登山盘道以及其他历史遗址、遗迹等文物古迹，建立档案、划定保护范围、设立标志，实行专人保护，并落实避雷、防火、防洪、防震、防蛀、防腐、防盗等措施；

（二）保护植被，加强绿化，维护生态平衡，落实环境保护、护林防火和病虫害防治措施，必要时可对重要景区、景点实施定期封闭轮休；

（三）对古树名木登记造册，落实保护复壮措施；

（四）划定自然保护区，保护野生动植物及其栖息生长环境；

（五）加强对地表水和地下水的管理，防止水体污染。

第十一条 未经批准，在泰山风景名胜区范围内，不得从事下列活动：

（一）刻字立碑；

（二）捶拓碑碣石刻；

（三）以营利为目的摄制电影、电视片；

（四）采伐树木、挖掘树桩（根）、放牧、采集药材和动植物标本；

（五）占用林地、土地或者改变地形地貌；

（六）筑路、围堰筑坝、截流取水。

前款第一项，由省人民政府审批；第二项至第六项，由泰安市、济南市人民政府审批。法律、法规另有规定的，从其规定。

第十二条 严禁在泰山风景名胜区从事下列活动：

（一）在岱顶零点六平方公里范围内新建、扩建工程项目；

（二）开山、采石、挖土、取沙、殡葬；

（三）攀爬、踩踏、刻画、涂抹文物古迹；

（四）砍伐或者损毁古树名木；

（五）捕猎野生动物和采集珍贵野生植物；

（六）在主要景点设置商业广告；

（七）在非指定地点倾倒垃圾、污物；

（八）在禁火区内吸烟、生火、烧香点烛、燃放烟花爆竹。

第十三条 泰山风景名胜资源实行有偿使用，具体办法由省人民政府制定。

第十四条 省人民政府和泰安市、济南市人民政府应当采取措施，多渠道筹集泰山风景名胜区保护资金。

国家专项拨款、地方财政拨款、国内外捐助以及风景名胜资源有偿使用收益，必须专项用于泰山风景名胜区的保护和管理。

第三章　规划建设

第十五条 泰山风景名胜区总体规划是风景名胜区保护、开发、建设和管理等各项活动的依据，必须严格执行，任何单位和个人不得擅自改变。

总体规划如需调整和修改，由泰安市、济南市人民政府提出，经省人民政府审核同意后，报国务院批准。

第十六条 泰安市、济南市人民政府应当根据泰山风景名胜区总体规划，分别编制辖区范围内的景区、景点详细规划，经省建设行政主管部门批准后实施。国家另有规定的，从其规定。

详细规划如需调整和修改，按原审批程序报批。

第十七条 在泰山风景名胜区内禁止建设工矿企业和储存易燃易爆、有毒物品，不得建设开发区、度假区、生活区以及大型工程设施；在泰山风景名胜区四级保护区内，禁止建设污染环境和破坏生态、景观的企业和设施。

泰安市、济南市人民政府应当对原有建筑物进行清理排查，对不符合规划、污染环境、有碍观瞻的，应当限期拆除或者外迁。

第十八条 在泰山风景名胜区内进行各项建设，建设单位或者个人必须申办风景名胜区建设项目审批书，经审查同意后，按照下列规定办理；国家另有规定的，从其规定：

（一）一级保护区内的所有建设项目由省人民政府审批；

（二）二级保护区内的所有建设项目和三级保护区内的重大建设项目，由省建设行政主管部门审批，报省人民政府备案；

（三）三级保护区内的其他建设项目和四级保护区内的建设项目，由泰安市、济南市人民政府审批，报省建设行政主管部门备案。

前款规定的重大建设项目包括：

（一）索道、缆车、水库；

（二）总建筑面积超过三千平方米或者占地面积超过二千平方米的文化、体育、游乐设施、旅馆、商店等各类建设项目；

（三）设置风景名胜区徽志等标志性建筑；

（四）法律、法规规定的其他建设项目。

第十九条　建设单位和个人取得风景名胜区建设项目审批书后，方可按照国家规定到计划、规划、国土资源、环保等部门办理其他有关手续。

第二十条　泰山风景名胜区建设项目的设计，必须由具备相应资质的设计单位承担。

建设项目的设计方案，必须经批准该项目的建设行政主管部门审查同意。

第二十一条　泰山风景名胜区及其外围保护地带的建设项目，其布局、高度、体量、造型和色彩等必须注重保持泰山特色，与周围景观和环境相协调。

第二十二条　泰山风景名胜区建设项目的施工，必须由具备相应资质的施工单位承担。

山东省刘公岛甲午战争纪念地保护管理规定

（2000 年 10 月 26 日经山东省第九届人民代表大会常务委员会第 17 次会议通过
2000 年 10 月 26 日山东省人民代表大会常务委员会公告第 35 号发布
自公布之日起施行）

第一条 刘公岛甲午战争纪念地（以下称纪念地）是全国重点文物保护单位。为了加强对纪念地的保护，发挥纪念地爱国主义教育作用，促进社会主义物质文明和精神文明建设，根据有关法律、法规，结合纪念地实际情况，制定本规定。

第二条 本规定所称纪念地的保护内容，是指位于刘公岛以及威海湾南北两岸的北洋海军和甲午战争纪念建筑物及遗址。

纪念地的保护范围，由省人民政府组织有关部门划定，作出标志说明。

纪念地周围的建设控制地带，由省人民政府负责文物行政管理的部门（以下称省文物行政管理部门）会同城建规划部门和威海市人民政府划定，报省人民政府批准。

第三条 省人民政府和威海市（以下称市）人民政府应当加强对纪念地的保护。

省文物行政管理部门负责对纪念地保护管理的工作监督和业务指导。

市人民政府负责文物行政管理的部门（以下称市文物行政管理部门）是纪念地保护与管理的主管部门。

公安、工商行政管理、城建规划、环境保护、林业、旅游管理、国土资源管理等部门，应当依照文物保护法的规定，做好纪念地的保护工作。

第四条 军事禁区、军事管理区的管理单位，应当依照有关法律、法规的规定，保护纪念地的纪念建筑物、遗址。

第五条 市文物行政管理部门及其文物保护管理机构应当举办多种形式的教育、展览活动，发挥纪念地爱国主义教育基地作用。

第六条 省、市人民政府对在纪念地保护、管理工作中做出突出成绩的单位和个人，给予表彰、奖励。

第七条 在纪念地保护范围内，不得进行其他工程建设。如有特殊需要，进行其他工程建设或者对纪念地的纪念建筑物、遗址进行迁移、拆除的，必须依照文物保护法及其实施细则的规定履行报批手续。

第八条 在建设控制地带内，不得建设危及文物安全的设施；新建建筑物、构筑物的形式、高度、体量、色调、风格都不得破坏纪念地的环境风貌。

第九条 禁止破坏性使用纪念地的纪念建筑物、遗址。

使用纪念地的纪念建筑物的单位，应当与市文物行政管理部门签订保护责任书，承担保养、维修义务；无力保养、维修的，应当将纪念建筑物无偿移交市文物行政管理部门，或者缴纳维护费，由市文物行政管理部门进行保养、维修。

第十条 使用单位不得将纪念地的纪念建筑物出租。因特殊需要将纪念建筑物的附属物出租或者辟为经营场所的，必须经市文物行政管理部门批准。

纪念建筑物的附属物出租方，必须根据不改变文物原状的原则，承担保养、维修义务；拒绝保养、维修的，由市文物行政管理部门组织保养、维修，所需费用由出租方承担。

承租方在租赁期间，未经市文物行政管理部门同意，对承租的附属物不得进行添建、改建、装修，不得在内外墙壁书写商品信息和店堂告示。

第十一条 在纪念地保护范围内，禁止设置经营摊位和建设商业网点。在纪念地建设控制地带内设置经营摊位和建设商业网点，应当由城建部门会同文物、工商行政管理部门共同规划，合理设置。

第十二条 在纪念地保护范围内，有关部门应当加强对环境风貌和植被的保护，防止水土流失，禁止盗伐、滥伐林木、开山采石、挖沙取土。

第十三条 在纪念地及其保护范围内，禁止下列行为：

（一）悬挂、张贴设置商业广告；

（二）从事占卜算卦等封建迷信活动；

（三）举办不健康的展览和表演；

（四）生产、制造、销售有损纪念地形象的商品；

（五）法律法规禁止的其他有损纪念地保护的行为。

第十四条 市文物行政管理部门及其保护管理机构应当依法履行职责，加强纪念地文物安全保护工作，合理利用文物资源，促进旅游事业发展，提高社会效益和经济效益。

第十五条 纪念地的文物保护管理经费和门票、接受的捐赠等收入，应当全部用于纪念地的保护和管理，实行严格核算、专款专用，不得挪作他用。

第十六条 违反本规定，有下列行为之一的，由市文物行政管理部门依照下列规定予以处理：

（一）改变纪念地的纪念建筑物及其附属物原状的，责令赔偿损失或者恢复原状，并处以一千元以上一万元以下的罚款；

（二）破坏性使用纪念地的纪念建筑物、遗址的，责令停止使用、赔偿损失或者恢复原状，并处以二千元以上二万元以下的罚款；

（三）出租纪念地的纪念建筑物或者未经批准将纪念建筑物的附属物出租、辟为经营场所的，责令停止违法行为，没收违法所得，并处以二千元以上二万元以下的罚款。

第十七条　违反本规定第十三条第（三）、（四）项的，分别由市文物、工商行政管理、公安等部门依法予以取缔，没收违法所得及商品，并处以二千元以上一万元以下的罚款。

第十八条　单位有第十六条、第十七条所列行为之一的，依照第十六条、第十七条的规定处罚，并对其直接负责的主管人员和其他直接责任人员处以罚款。

第十九条　文物行政管理及其他行政管理部门的国家工作人员在纪念地保护、管理工作中有下列行为之一的，依法给予行政处分：

（一）挪用文物事业费、文物修缮、维护费和其他文物保护管理经费的；

（二）对纪念建筑物的附属物不应当批准出租、辟为经营场所而予以批准的；

（三）违反文物保护要求，擅自决定或者批准对纪念建筑物及其附属物进行改建、添建、装修和在内外墙壁书写商品信息、店堂告示的；

（四）违反本规定，使纪念建筑物、遗址受到其他损失或者破坏的。

第二十条　故意损毁纪念地的纪念建筑物、遗址，或者过失损毁纪念地的纪念建筑物、遗址，造成严重后果以及违反本规定的其他行为构成犯罪的，由司法机关依法追究刑事责任。

第二十一条　与纪念地相关的文物保护、环境保护、旅游管理、森林管理、城建规划、国土资源管理、交通管理、公安、工商行政管理、风景名胜区管理等，国家法律、法规已有规定的，从其规定。

第二十二条　本规定自公布之日起施行。

山东省文物保护条例

（2010 年 9 月 29 日山东省第十一届人民代表大会常务委员会第十九次会议通过　自 2010 年 12 月 1 日施行　根据 2016 年 3 月 30 日山东省第十二届人民代表大会常务委员会第二十次会议关于修改《山东省海洋环境保护条例》等九件地方性法规的决定第一次修正根据 2017 年 9 月 30 日山东省第十二届人民代表大会常务委员会第三十二次会议关于修改《山东省节约能源条例》等八件地方性法规的决定第二次修正）

第一章　总　则

第一条　为了加强对文物的保护，传承优秀历史文化遗产，根据《中华人民共和国文物保护法》等法律、行政法规，结合本省实际，制定本条例。

第二条　本省行政区域内文物保护及其相关活动，适用本条例。

第三条　各级人民政府负责本行政区域内的文物保护工作。

县级以上人民政府应当加强文物管理机构和队伍建设，其文物保护委员会负责协调、解决涉及文物保护的重大事项。

县级以上人民政府应当建立文物保护专家咨询机制。

第四条　县级以上人民政府文物行政部门对本行政区域内的文物保护实施监督管理，制定重大文物安全事故防范预案，督促检查文物保护单位、文物收藏单位落实文物保护安全措施，加强对民间收藏文物流通的监管；其他有关部门在各自职责范围内负责有关的文物保护工作。

第五条　县级以上人民政府应当将文物保护事业纳入国民经济和社会发展规划以及城乡规划，所需经费列入本级财政预算。

县级以上人民政府用于文物保护的财政拨款随着财政收入增长而增加。

国有文物保护单位门票收入和其他事业性收入，专门用于文物保护。

第六条　县级以上人民政府文物行政部门可以在法定权限内，委托文物管理机构等具备法定条件的事业组织实施行政处罚。

第七条　县级以上人民政府或者有关部门应当对保护文物做出突出贡献的组织和个人给予表彰、奖励。

第二章　不可移动文物

第八条　对具有历史、艺术、科学价值的不可移动文物，应当依照《中华人民共和国文物保护法》第十三条的规定，核定公布为文物保护单位。尚未核定公布为文物保护单位的不可移动文物，由县（市、区）人民政府文物行政部门予以登记公布，参照县级文物保护单位进行管理。

县级以上人民政府文物行政部门应当将本行政区域内埋藏文物丰富的地区划定为地下文物保护区，报本级人民政府核定公布，纳入土地利用总体规划和城乡规划，参照相应级别的文物保护单位进行管理。

第九条　县（市、区）人民政府文物行政部门对新发现的不可移动文物应当及时登记并于每年末向社会公布；其中，属于重要文物或者遇有紧急情况可能受到危害的文物，应当即时向社会公布。

县（市、区）人民政府文物行政部门应当至少每五年将已登记公布的不可移动文物报本级人民政府核定公布为文物保护单位。省和设区的市人民政府文物行政部门应当至少每五年从下级文物保护单位或者新发现的文物中，选择具有重大价值的不可移动文物，报本级人民政府核定公布为文物保护单位。

设区的市和县（市、区）人民政府应当将核定公布的文物保护单位逐级报省人民政府备案，并自公布之日起一年内，划定并公布保护范围和建设控制地带，作出标志说明，建立记录档案，设置专门机构或者指定专人负责管理。

第十条　没有专门机构管理的文物保护单位，由县（市、区）人民政府聘请一至三名文物保护员专门负责管理，并支付合理报酬，费用在文物保护经费中列支。

第十一条　变更文物保护单位行政隶属关系的，应当经核定公布该文物保护单位的人民政府批准，并报上一级人民政府备案。

第十二条　文物行政部门以外的机关、团体、企业事业单位、宗教活动场所以及其他组织和个人管理使用不可移动文物的，应当与其所在地县（市、区）人民政府文物行政部门签订责任书，负责文物及其附属物的安全、保养和修缮，并接受文物行政部门的指导和监督。

前款规定的组织和个人难以继续承担不可移动文物保护责任，该文物属于国有的，应当将管理使用权与相关资料移交文物行政部门；属于非国有的，可以将管理使用权与相关资料移交文物行政部门。

第十三条　行政区划调整的，原人民政府文物行政部门应当在一年内，将不可移动文物及其有关工作档案和资料移交调整后的人民政府文物行政部门管理。

第十四条　对社会开放的文物保护单位和有不可移动文物的参观游览场所，其管理、使用单位必须采取有效保护措施保证文物安全，禁止破坏自然环境和历史风貌。

不可移动文物的管理、使用单位应当履行消防安全职责。被列为全国重点文物保护单位的建筑群，距离公安消防队较远的，其管理、使用单位应当就近设立专职消防队。

第十五条 在文物保护单位的保护范围内，禁止下列行为：

（一）擅自设置户外广告设施；

（二）修建人造景点；

（三）存放易燃、易爆、有毒、有腐蚀性等危害文物安全的物品；

（四）擅自进行爆破、钻探、挖掘等作业或者栽植、移植大型乔木和修建构筑物；

（五）建窑、取土、采石、开矿、毁林、排污、深翻土地；

（六）进行与文物保护无关的其他建设工程。

第十六条 文物保护单位保护范围划定前已有的非文物建筑物和构筑物，危害文物保护单位安全的，应当拆迁；破坏或者影响文物保护单位自然环境和历史风貌的，应当结合城乡规划和文物保护规划逐步拆迁或者改造，拆迁、改造费用由文物保护单位所在地县级以上人民政府承担；属于违法建筑的，拆迁、改造费用由违法行为人承担。

第十七条 迁移、拆除不可移动文物，或者在文物保护单位保护范围、建设控制地带内和已登记公布的不可移动文物占地范围内进行建设活动、作业的，必须依法报请审批。审批机关在作出决定前，应当征求文物保护专家的意见。

第十八条 县级以上人民政府应当加强大遗址保护工作，因大遗址保护造成的周边土地用途改变、移民、产业调整等应当纳入当地国民经济和社会发展中长期规划；在组织编制涉及大遗址保护的城乡规划时，应当征求省人民政府文物行政部门的意见。

第十九条 文物保护单位辟为参观游览场所，应当符合国家和省有关规定，并由县级以上人民政府文物行政部门对其文物保护情况进行监督检查。

第二十条 对文物保护单位进行修缮、迁移、重建，应当履行法定审批程序，并严格执行修缮计划和工程设计、施工方案；确需变更的，应当经原审批机关批准。

文物保护工程应当接受审批机关的监督和指导，工程竣工后，由审批机关组织验收。

第二十一条 文物保护工程实行项目审批制度。凡不符合国家文物保护工程管理规定或者经专家论证否决的项目，县级以上人民政府文物行政部门不予批准，财政部门不予拨款。

第二十二条 非国有不可移动文物有损毁危险，所有人不具备修缮能力的，可以向当地人民政府申请帮助修缮。符合帮助修缮条件的，当地人民政府应当给予帮助。接受帮助修缮的非国有不可移动文物转让、抵押或者改变用途的，应当根据其级别报经相应的文物行政部门备案，并退还修缮费用。

第二十三条 利用不可移动文物举办展览、展销、演出等活动，举办者应当编制文物和环境保护方案，根据文物的级别，经相应的文物行政部门审核，报上一级人民政府文物行政部门批准；

涉及省级以上文物保护单位的，报省人民政府文物行政部门或者国务院文物行政部门批准。

文物所在地县级以上人民政府文物行政部门负责对前款规定的活动进行监督。

第二十四条 因被盗、失火或者其他原因造成不可移动文物损毁的，有关组织和个人应当立即向文物所在地县（市、区）人民政府文物行政部门和公安机关报告。文物行政部门和公安机关接到报告后，应当立即启动相应的应急预案，同时报告上级人民政府文物行政部门和公安机关。

第三章 考古发掘

第二十五条 考古发掘工作必须依法履行报批手续。任何组织或者个人不得私自发掘地下和水域中的文物。

第二十六条 省人民政府文物行政部门负责对本行政区域内的考古勘探、发掘工作进行管理和监督。

考古调查、勘探由省人民政府文物行政部门批准。

考古发掘单位在进行考古调查、勘探、发掘前，应当向县（市、区）人民政府文物行政部门交验国务院和省人民政府文物行政部门的批准文件。

第二十七条 考古发掘工地所在地县级以上人民政府文物行政部门应当支持考古发掘工作，并依法对其进行监督。

考古发掘结束后，考古发掘单位应当向省人民政府文物行政部门申请验收，在验收后十五个工作日内向县级以上人民政府文物行政部门提交考古发掘工作总结和出土文物清单，并自考古发掘工作结束之日起三年内提交考古发掘报告。

第二十八条 考古发掘单位负责保管考古调查、勘探、发掘的文字记录、图纸和影像等资料，并向当地县级以上人民政府文物行政部门提供相应的文物保护资料。

考古发掘单位自提交考古发掘报告之日起六个月内，应当将出土文物移交给省人民政府文物行政部门指定的国有博物馆、图书馆或者其他国有文物收藏单位收藏。经省人民政府文物行政部门批准，考古发掘单位可以保留少量出土文物作为科研标本。

任何组织或者个人不得侵占和擅自处理出土文物。

第二十九条 考古发掘单位保管的文物标本、暂存的出土文物，按照国有博物馆收藏文物的规定进行保护管理。尚未定级的文物发生事故的，按照《文物藏品定级标准》评定文物等级后进行处理。

第三十条 基本建设工程应当避开地上、地下文物丰富的地段。工程项目在立项、选址前，建设单位应当征求该项目立项审批主管部门的同级文物行政部门的意见；凡涉及不可移动文物的，建设单位应当事先确定保护措施，作为建设项目重要内容列入可行性研究报告或者设计任务书，并根据文物级别，报上一级人民政府文物行政部门批准，未经批准，有关主管部门不予立项和批准施工。

第三十一条 进行占地二万平方米以上的大型基本建设工程或者在地下文物保护区、历史文化名城范围内进行工程建设，建设单位应当事先报请省人民政府文物行政部门组织考古调查、勘探，发现文物的，由省人民政府文物行政部门会同建设单位共同商定保护措施。

对前款规定的考古调查、勘探的期限，由考古发掘单位与建设单位根据工程规模共同商定，建设和施工单位应当予以配合。

第三十二条 基本建设和生产建设需要进行考古调查、勘探、发掘的，所需费用由建设单位列入建设工程预算。建设单位应当按照国家规定的范围和标准与文物行政部门签订文物保护协议，并及时向文物行政部门支付所需费用。

第三十三条 在工程建设和生产活动中发现文物的，应当立即停止施工、生产，保护现场，同时报告县（市、区）人民政府文物行政部门和公安机关，并向文物行政部门上交出土文物。县（市、区）人民政府文物行政部门和公安机关接到报告后，应当立即到达现场，并结合工程建设计划和文物保护需要，及时依法采取保护措施。

第三十四条 在基本建设工程中发现重要文物需要实施原址保护的，县级以上人民政府与建设单位协商后，可以另行安排用地或者收回土地使用权、退还已交纳的土地出让金；造成建设单位经济损失的，依法给予补偿。

第四章 馆藏文物

第三十五条 博物馆、图书馆和其他文物收藏单位应当加强对文物藏品的保护管理，建立健全库房管理和安全检查制度。藏品库房、陈列展览室、技术修复室等场所，必须按照国家有关规定配备防火、防盗、防自然损坏设施，安全设施不符合国家有关规定不得对外开放。不具备文物安全保管条件的国有文物收藏单位所收藏的文物，由省人民政府文物行政部门指定具备文物安全保管条件的单位代为保管。

第三十六条 文物收藏单位应当建立藏品总账、分类账和藏品单项档案，按照行政隶属关系或者文物等级分别报县级以上人民政府文物行政部门备案。

文物收藏单位应当逐步建设文物藏品数字化信息库。

第三十七条 国有文物收藏单位之间因举办展览、科学研究等需借用馆藏文物的，应当报省人民政府文物行政部门备案；借用馆藏一级文物，应当经省人民政府文物行政部门批准。

非国有文物收藏单位和其他单位举办展览需借用国有馆藏文物的，应当报省人民政府文物行政部门批准；借用国有馆藏一级文物，应当依法经国务院文物行政部门批准。

第三十八条 调拨国有馆藏文物，应当报省人民政府文物行政部门批准。

国有文物收藏单位不得与非国有文物收藏单位交换馆藏文物。

第三十九条　文物收藏单位发生馆藏文物损毁事件，应当立即报告主管的文物行政部门；馆藏文物被盗、被抢或者丢失的，文物收藏单位应当立即向公安机关报案，并同时向主管的文物行政部门报告。文物行政部门应当自接到报告二十四小时内，按照处理权限，报告国务院文物行政部门或者省人民政府文物行政部门。

第四十条　除国家和省另有规定外，文物征集活动必须经省人民政府文物行政部门批准，并自征集活动结束之日起三个月内，将文物征集情况向省人民政府文物行政部门报告备案。

第四十一条　文物收藏单位征集文物，应当与文物所有人或者持有人签订合同，明确征集文物的名称、数量和权属等内容，并附加征集文物的照片以及相关资料。

第四十二条　国有文物收藏单位、考古发掘单位向社会提供文物咨询、鉴定等服务，可以收取一定的费用。具体收费标准由省人民政府价格主管部门会同有关部门制定。

第四十三条　严格控制古代石刻等文物的拓印，除文物保管单位作为必需的资料保存外，其他任何组织和个人未经省人民政府文物行政部门批准不得拓印；内容涉及国家疆域、外交、民族关系、科学资料和未发表资料的石刻，不得传拓出售或者翻刻。

第四十四条　生产文物复制品必须经县级以上人民政府文物行政部门批准。复制一级文物，报国务院文物行政部门批准；复制二级、三级文物，报省人民政府文物行政部门批准。

文物的复制、仿制和临摹，必须采取安全保护措施，保证文物安全。

第五章　民间收藏文物

第四十五条　除依法批准设立的文物商店、经营文物拍卖的拍卖企业外，其他组织或者个人不得从事文物商业经营活动。

文物商店、文物拍卖企业应当严格按照有关规定进行经营活动。

任何组织和个人不得买卖涉案、出土等国家禁止买卖的文物。

第四十六条　拍卖文物或者联合拍卖文物的拍卖企业，应当取得省人民政府文物行政部门颁发的文物拍卖许可证。

禁止出租、出借、转让文物拍卖许可证。

第四十七条　文物商店或者文物拍卖企业，在销售或者拍卖前应当经省人民政府文物行政部门对文物进行审核，对允许销售或者拍卖的，由省人民政府文物行政部门作出标识或者颁发批准文件。

禁止伪造、涂改文物销售标识和文物拍卖批准文件。

第四十八条　典当行、拍卖公司、文化市场、旧货市场、艺术品市场等单位或者场所经营尚未被认定为文物的监管物品，应当向县（市、区）人民政府文物行政部门提出申请，报省人民政府文物行政部门批准。

经批准经营前款规定的监管物品，由设区的市或者县（市、区）人民政府文物行政部门对其进行审核，允许销售的，应当作出标识。

第四十九条 县级以上人民政府文物行政部门、工商行政管理部门和公安机关应当加强对文物经营活动的管理，对典当行、拍卖公司、文化市场、旧货市场、艺术品市场等单位和场所内可能涉及非法文物交易的活动进行监督检查。

县级以上人民政府文物行政部门应当建立对前款规定单位和场所的巡查制度；必要时，可以派员进驻市场，对涉嫌文物购销经营活动进行现场监管。

第五十条 国有文物商店购买的符合收藏标准的文物，应当提供给国有文物收藏单位收藏。集体或者私人收藏的文物，可以采取捐赠、出售等方式转让给国有文物收藏单位，也可以由文物行政部门指定的文物商店购买。

任何组织和个人不得将国家禁止出境的文物转让、出租、质押给境外组织和个人。

第六章　法律责任

第五十一条 违反本条例规定，有下列行为之一的，由县级以上人民政府文物行政部门责令改正，并处五万元以上二十万元以下的罚款；造成文物损毁等严重后果的，处二十万元以上一百万元以下的罚款：

（一）未征求文物行政部门的意见，在地上、地下文物丰富的地段进行基本建设工程的；

（二）未经考古调查、勘探，擅自进行占地二万平方米以上的大型基本建设工程或者在地下文物保护区、历史文化名城范围内进行工程建设的。

第五十二条 违反本条例规定，有下列行为之一的，由县级以上人民政府文物行政部门责令限期改正；逾期不改正或者造成严重后果的，处五万元以上五十万元以下的罚款：

（一）对社会开放的文物保护单位和有不可移动文物的参观游览场所的管理、使用单位，拒不采取有效措施保证文物安全，或者破坏文物的自然环境和历史风貌的；

（二）在文物保护单位的保护范围内，擅自设置户外广告设施或者栽植、移植大型乔木和修建构筑物的；

（三）在文物保护单位的保护范围内，修建人造景点或者存放易燃、易爆、有毒、有腐蚀性等危害文物安全的物品的；

（四）在工程建设和生产活动中发现文物，不立即停止施工、生产，造成文物损毁的；

（五）建设和施工单位拒不配合或者妨碍考古调查、勘探、发掘工作的；

（六）建设单位拒不支付考古调查、勘探、发掘费用的；

（七）建设单位进行基本建设工程涉及不可移动文物，未事先确定文物保护措施，或者未将事先确定的保护措施报请批准的；

（八）擅自利用不可移动文物举办展览、展销、演出的。

前款规定的违法行为人是国家工作人员的，对负有责任的主管人员和其他直接责任人员依法给予处分。

第五十三条 违反本条例规定，擅自变更已批准的修缮计划和工程设计、施工方案，对文物保护单位进行修缮、迁移、重建的，由县级以上人民政府文物行政部门责令改正；造成严重后果的，处五万元以上五十万元以下的罚款；情节严重的，由原发证机关吊销资质证书。

第五十四条 违反本条例规定，文物拍卖企业出租、出借或者转让文物拍卖许可证的，由省人民政府文物行政部门没收违法所得，并处二万元以上二十万元以下的罚款。

第五十五条 违反本条例规定，未经批准经营未被认定为文物的监管物品的，由县级以上人民政府文物行政部门责令改正，没收违法所得，并处一万元以上十万元以下的罚款。

第五十六条 违反本条例规定，未经批准擅自进行考古勘探的，由省人民政府文物行政部门责令停止勘探，并处一万元以上五万元以下的罚款。

第五十七条 违反本条例规定，有下列行为之一的，由县级以上人民政府文物行政部门责令改正；情节严重的，处五千元以上五万元以下的罚款：

（一）无正当理由，拒不与文物所在地县（市、区）人民政府文物行政部门签订责任书或者不履行责任书规定义务的；

（二）考古发掘单位因管理不善造成出土文物损毁、丢失的；

（三）擅自处理出土文物以及科研标本的。

第五十八条 违反本条例规定，未经批准进行文物征集活动的，由省人民政府文物行政部门责令改正，没收非法征集的文物，并处五千元以上五万元以下的罚款。

第五十九条 违反本条例规定，伪造、涂改文物销售标识和文物拍卖批准文件的，由省人民政府文物行政部门处五千元以上五万元以下的罚款。

第六十条 违反本条例规定，发展改革、国土资源、住房城乡建设、规划等有关部门及其工作人员未征求相应的文物行政部门意见，或者未经文物行政部门同意擅自审批建设项目的，由主管机关或者监察机关责令改正，对负有责任的主管人员和其他直接责任人员依法给予处分。

第六十一条 违反本条例规定，擅自改变文物保护单位行政隶属关系的，由上级人民政府责令改正，对负有责任的主管人员和其他直接责任人员依法给予处分。

第六十二条 人民法院、人民检察院、公安机关、海关和工商行政管理等部门对追缴的涉案文物，应当登记造册，妥善保管，并在结案后三十日内无偿交还失主或者移交给同级文物行政部门；拒不按时交还或者移交的，由主管机关或者监察机关对负有责任的主管人员和其他直接责任人员依法给予处分。

第六十三条 文物行政部门及其工作人员违反本条例规定，滥用职权、玩忽职守、徇私舞弊的，对负有责任的主管人员和其他直接责任人员依法给予处分；构成犯罪的，依法追究刑事责任。

第六十四条 对违反本条例的行为，法律、行政法规已有行政处理规定的，适用其规定；造成文物灭失、损毁、流失的，依法承担民事责任；构成犯罪的，依法追究刑事责任。

第七章 附 则

第六十五条 本条例所称大遗址，包括反映中国古代历史各个发展阶段涉及政治、文化、宗教、艺术、军事、科技、工业、农业、建筑、交通、水利等方面历史文化信息，具有规模宏大、价值重大、影响深远特点的大型聚落、城址、宫室、陵寝墓葬等遗址、遗址群以及文化景观。

第六十六条 涉案文物的鉴定，由省人民政府文物行政部门或者其指定的设区的市人民政府文物行政部门组织实施。

第六十七条 本条例自 2010 年 12 月 1 日起施行。1990 年 10 月 30 日山东省第七届人民代表大会常务委员会第十八次会议通过、1994 年 8 月 9 日山东省第八届人民代表大会常务委员会第九次会议第一次修正、2002 年 7 月 27 日山东省第九届人民代表大会常务委员会第三十次会议第二次修正的《山东省文物保护管理条例》同时废止。

山东省台儿庄古城保护管理条例

（2013 年 11 月 29 日经山东省第十二届人民代表大会常务委员会
第五次会议通过　自 2014 年 1 月 1 日起施行）

第一章　总　则

第一条　为了加强台儿庄古城保护管理，传承地方文化，弘扬民族精神，根据有关法律、行政法规，结合台儿庄古城实际，制定本条例。

第二条　在台儿庄古城以及相关区域从事建设、保护、管理、经营、游览、文化等活动，适用本条例。

第三条　本条例所称台儿庄古城，是指枣庄市台儿庄区兰祺河以东、东城墙以西、北圩沟以南、古运河以北和康宁路以东、古运河以南、运河北大堤以北共三平方公里的区域。

第四条　台儿庄古城的保护管理，应当遵循科学规划、有效保护、合理利用、严格管理的原则。

第五条　省人民政府有关部门应当加强对台儿庄古城保护管理工作的监督。

枣庄市人民政府以及台儿庄区人民政府应当加强台儿庄古城的保护管理，并将其纳入国民经济和社会发展规划。

第六条　台儿庄古城保护管理机构是枣庄市人民政府的派出机构，具体负责台儿庄古城保护管理工作，主要履行下列职责：

（一）宣传、执行有关法律、法规、规章；

（二）具体实施台儿庄古城的各项规划和保护措施；

（三）组织研究、整理台儿庄古城抗战文化、运河文化、鲁南文化；

（四）依法行使相对集中行政处罚权；

（五）与台儿庄古城保护管理有关的其他工作。

第二章　规划建设

第七条　枣庄市人民政府应当组织编制台儿庄古城保护规划，与文物保护等专项规划相协调，并纳入枣庄市城市总体规划。

台儿庄古城保护管理机构应当会同枣庄市人民政府城乡规划、住房和城乡建设、文物、旅游等部门和台儿庄区人民政府，根据台儿庄古城保护规划编制台儿庄古城详细规划。

第八条 编制台儿庄古城保护规划以及详细规划，应当征求有关部门、专家和公众的意见，委托具有法定资质的城乡规划编制单位进行编制，依法报经批准后公布实施。

第九条 台儿庄古城保护规划以及详细规划未经法定程序不得修改；确需修改的，应当按照原批准程序报经批准。

第十条 台儿庄古城的建筑物或者构筑物、道路、水系和其他设施，确需维修、改造的，由有关单位和个人遵循原材料、原工艺、原地工匠的原则，提出实施方案，经台儿庄古城保护管理机构同意，按照有关规定报经批准后，由具有法定资质的施工单位施工。

第三章　保　护

第十一条 枣庄市人民政府设立台儿庄古城专项保护经费，专项用于台儿庄古城的保护，不得挪作他用。

专项保护经费的使用管理办法，由枣庄市人民政府制定。

第十二条 台儿庄古城划分为古城核心区、功能配套区。

台儿庄古城核心区由兰祺河以东、东城墙以西、北圩沟以南、古运河以北区域组成；台儿庄古城功能配套区由康宁路以东、古运河以南、运河北大堤以北区域组成。

第十三条 台儿庄古城核心区现有街巷、水系、建筑的空间尺度和布局以及建筑现状不得擅自改变。

台儿庄古城功能配套区建筑的体量、高度、色彩以及形式应当与台儿庄古城核心区风貌相一致，禁止建设与台儿庄古城功能、性质无直接关系的设施。

第十四条 台儿庄城区规划区范围内应当严格控制建筑高度，设定重点控制区、过渡控制区和一般控制区：

（一）重点控制区为台儿庄古城城墙向西延伸一百五十米，向北至金光路，向东至东顺路的区域，该区域内建筑物檐口高度由内向外梯级控制为九至十二米；

（二）过渡控制区为重点控制区外延西至运河大道、北至长安路、东至鸿运路的区域，该区域内建筑物檐口高度由内向外梯级控制为十八至二十四米；

（三）一般控制区为过渡控制区外延西至广进路、北至中心路，该区域内建筑物檐口高度限高为三十六米。

第十五条 台儿庄古城的非物质文化遗产和民间手工艺产业属于台儿庄古城历史文化遗产的组成部分，枣庄市人民政府和台儿庄区人民政府应当对其加强保护。

第十六条 台儿庄古城保护管理机构以及其他有关单位和个人，应当遵守下列文物保护规定：

（一）对台儿庄古城内的各级文物保护单位，依法划定保护范围和建设控制地带，尚未核定公布为文物保护单位的不可移动文物，参照县级文物保护单位进行保护；

（二）对台儿庄古城内的古码头、古驳岸、古水涵和台儿庄抗战遗址等进行加固、修缮等文物保护工程，依法报经文物行政部门批准；

（三）在台儿庄古城内进行其他工程建设，遵循先行文物调查和勘探的原则，尽可能避开不可移动文物。

第四章 管 理

第十七条 台儿庄古城保护管理机构应当对经营场所和经营活动进行合理布局、总量控制，防止过度商业化和娱乐化。

在台儿庄古城从事经营的单位和个人，应当按照台儿庄古城产业结构和布局规划，在指定地点和范围内从事经营活动。

第十八条 在台儿庄古城从事经营的单位和个人，其店铺招牌、门面装修、店内设施、照明灯具和光色应当符合台儿庄古城店铺装修管理要求，与台儿庄古城风貌、氛围相协调，并经台儿庄古城保护管理机构验收。

第十九条 在台儿庄古城进行房屋装修装饰的单位和个人不得改变主体结构，不得损毁房屋外立面以及砖雕、石雕、木雕。

第二十条 处置台儿庄古城国有资产应当按照有关规定，经台儿庄区人民政府批准，并报枣庄市人民政府备案。

第二十一条 禁止下列影响台儿庄古城环境卫生的行为：

（一）在水体内洗涤物品，污染水质；

（二）放养家禽、家畜；

（三）乱扔果皮、纸屑、烟蒂、饮料罐、口香糖残渣；

（四）在建筑物、树木上涂写、刻画，未经批准在建筑物、公共设施、树木上悬挂、张贴宣传品；

（五）运输液体、散装货物未作密封、包扎、覆盖；

（六）临街工地不设置护栏或者不作遮挡，停工场地不及时整理，竣工后不及时清理和平整场地，乱堆乱倒建筑垃圾；

（七）焚烧沥青、油毡、橡胶、塑料、皮革等产生有毒有害烟尘和恶臭气体的物质；

（八）向古运河和其他水体排放污水，乱倒垃圾、工业废渣和其他废弃物品；

（九）影响环境卫生的其他行为。

第二十二条 台儿庄古城保护管理机构应当加强台儿庄古城室外噪声管理，防治噪声污染。

在室外开展公益性活动、群众性民族文化活动、社区活动，应当征得台儿庄古城保护管理机构同意。

第二十三条 台儿庄古城内的单位和个人应当采用清洁燃料、能源，对排烟装置采取消烟除尘措施，不得直接燃烧煤炭。

第二十四条 台儿庄古城保护管理机构应当对台儿庄古城的古树名木建立档案，设置标识。

禁止损毁花草、树木以及园林绿化设施，禁止占用公共绿化用地。

第二十五条 在台儿庄古城内接入电力、通信、广播电视、供水、排水等设施的，应当经台儿庄古城保护管理机构以及有关部门同意后，按照要求组织施工。

第二十六条 台儿庄古城保护管理机构应当在安全管理的重要部位设置安全设施和警示牌，定期对水上、游览设施进行检查和维护，确保游客安全。

第二十七条 台儿庄古城保护管理机构应当建立专职消防队，完善公共消防设施。

台儿庄古城内居住、从事经营的单位和个人应当按照消防规定设计和建设消防安全系统，并配备相应的消防器材，发现火灾隐患及时整改。

禁止在台儿庄古城经营或者储存易燃易爆、有毒有害物品。

第二十八条 台儿庄古城及其周边区域禁止释放孔明灯、焚烧垃圾和落叶。

台儿庄古城及其周边区域一百米内不得燃放烟花爆竹；节庆活动确需燃放烟花爆竹的，应当在台儿庄古城保护管理机构指定的时间和地点燃放。

任何个人不得在台儿庄古城指定地点以外区域吸烟。

第二十九条 除环卫、公安、消防、救护等特种车辆外，其他施工、载货机动车辆进入台儿庄古城应当经台儿庄古城保护管理机构同意。禁止载客机动车辆进入台儿庄古城。

第五章 法律责任

第三十条 对违反本条例规定的行为，法律、法规已规定法律责任的，依照其规定执行；法律、法规未规定法律责任的，依照本条例规定执行。

第三十一条 违反本条例规定，擅自处置台儿庄古城国有资产的，由有关部门依法处理。

第三十二条 违反本条例规定，有下列行为之一的，由台儿庄古城保护管理机构处五十元以上三百元以下罚款：

（一）在水体内洗涤物品，污染水质的；

（二）放养家禽、家畜的；

（三）乱扔果皮、纸屑、烟蒂、饮料罐、口香糖残渣的。

第三十三条 违反本条例规定，有下列行为之一的，由台儿庄古城保护管理机构责令改正，处五万元以上三十万元以下罚款：

（一）擅自维修、改造台儿庄古城的建筑物或者构筑物、道路、水系和其他设施的；

（二）擅自改变台儿庄古城核心区内现有街巷、水系、建筑的空间尺度和布局以及建筑现状的；

（三）对台儿庄古城的房屋进行装修装饰改变其主体结构，或者损毁其房屋外立面以及砖雕、石雕、木雕的。

第三十四条　违反本条例规定，在台儿庄古城功能配套区内建设与台儿庄古城功能、性质无直接关系的设施，或者建筑的体量、高度、色彩以及形式与台儿庄古城核心区风貌不一致的，由台儿庄古城保护管理机构责令改正，处一万元以上五万元以下罚款。

第三十五条　行政机关和国家工作人员在台儿庄古城保护管理工作中玩忽职守、滥用职权、徇私舞弊的，对直接负责的主管人员和其他直接责任人员依法给予处分；构成犯罪的，依法追究刑事责任。

第六章　附　则

第三十六条　本条例自 2014 年 1 月 1 日起施行。

河南省历史文化名城保护条例

（2005年7月30日河南省第十届人民代表大会常务委员会第十八次会议通过
自2005年10月1日起施行）

第一条 为了加强历史文化名城的保护，根据《中华人民共和国文物保护法》《中华人民共和国城市规划法》等有关法律、法规，结合本省实际，制定本条例。

第二条 本条例适用于本省行政区域内历史文化名城的保护、规划、建设、管理。

第三条 本条例所称历史文化名城，是指由国务院核定公布的保存文物特别丰富并且具有重大历史价值或者革命纪念意义的城市。

第四条 各级人民政府负责保护本行政区域内的历史文化名城，并把保护工作纳入国民经济和社会发展计划，将保护经费列入财政预算。

鼓励和支持社会各界以捐赠、资助等方式参与历史文化名城的保护工作。

第五条 历史文化名城的保护应当坚持科学规划、突出重点、有效保护、合理利用、加强管理的原则，正确处理保护与建设的关系。

第六条 历史文化名城所在地的人民政府及其有关部门应当利用历史遗存和革命遗迹进行爱国主义和革命传统教育，增强公民爱护历史文化名城、保护人文与自然资源的意识，提高城市的文明程度。

第七条 历史文化名城所在地的城市规划行政主管部门和文物行政主管部门依据各自职责，负责历史文化名城的规划、保护、管理和监督工作。

发展和改革、财政、旅游、交通、环保、公安、消防等有关部门应当依据各自的职责，共同做好历史文化名城的保护工作。

第八条 任何单位和个人都有保护历史文化名城的义务，有权劝阻、制止、检举破坏历史文化名城的行为。

各级人民政府和有关部门对在历史文化名城保护工作中做出突出贡献的单位和个人给予表彰或者奖励。

第九条 历史文化名城所在地的人民政府应当及时组织编制历史文化名城保护规划，经同级人民代表大会或者其常务委员会审查同意后，按照批准程序报批。

第十条　历史文化名城保护规划应当包括：保护的总体目标、保护内容、保护范围、保护标准、保护规划的实施保障措施等。

第十一条　编制历史文化名城保护规划应当符合以下要求：

（一）保持和延续历史文化名城的格局、风貌特征，保护文物古迹，继承传统文化；

（二）根据历史文化遗存的性质、形态、分布和空间环境等特点，确定保护原则和工作重点，保护和利用人文资源；

（三）对于具有传统风貌的商业区、手工业区、民居以及其他古迹区整体规划保护；

（四）保护重要革命遗址，弘扬革命传统；

（五）历史文化名城保护与经济、社会发展和人文、生态环境相协调。

第十二条　编制历史文化名城保护规划，应当进行科学论证，并广泛征求有关部门、专家学者和社会公众的意见。

第十三条　对历史文化名城保护规划中确定的重点保护区、传统风貌协调区、重点保护建筑物，应当由城市规划行政主管部门会同文物行政主管部门编制出详细规划，合理确定规划的主要控制指标，并由城市规划行政主管部门设立标志，标明保护范围。

历史文化名城重点保护区和传统风貌协调区的详细规划，由省城市规划行政主管部门征得省文物行政主管部门同意后审批。

第十四条　历史文化名城所在地的人民政府可以根据当地实际情况，对保护规划进行适当调整，并按原批准程序报批。属重大调整的，报批前须经同级人民代表大会或者其常务委员会审查同意。

第十五条　经批准的历史文化名城保护规划、重点保护区和传统风貌协调区的详细规划，所在地的人民政府应当及时予以公布。

第十六条　历史文化名城城市规划区内的土地利用和各项建设必须符合历史文化名城保护规划。

第十七条　未经省城市规划行政主管部门和省文物行政主管部门依法审查同意，历史文化名城所在地不得擅自拓宽保护规划范围内的道路或者进行旧城改造，不得在重点保护区和传统风貌协调区内安排建设项目。

第十八条　历史文化名城的新区建设和旧城改造，应当符合保护规划要求，不得破坏历史文化名城的传统风貌和格局。

第十九条　历史文化名城保护规划确定保护的建筑物、构筑物，确需整修的，应当原样整修，文物行政主管部门应当加强指导和监督。在传统风貌协调区内进行的建设项目，其布局、性质、高度、体量、造型、色彩和建筑密度等，必须与名城景观、风貌相协调。其规划或者设计方案应当报省城市规划行政主管部门和省文物行政主管部门依法审查同意。

第二十条 任何单位和个人不得有下列损害历史文化名城的行为：

（一）损坏或者拆毁保护规划确定保护的建筑物、构筑物及其他设施；

（二）进行危及文物古迹、革命遗址安全的建设或者爆破、挖砂、取土等活动；

（三）改变地形地貌，对历史文化名城保护构成危害；

（四）擅自占用或者破坏保护规划确定保留的绿地、河流水系、道路等；

（五）在历史文化名城重点保护区内违章搭建各种建筑物、构筑物；

（六）其他对历史文化名城保护构成破坏的活动。

第二十一条 历史文化名城所在地的城市规划行政主管部门和文物行政主管部门应当依法建立健全档案制度，收集、整理、保管有关城市变迁、历史沿革等资料。

第二十二条 对历史文化名城的环境造成严重污染、危及文物安全或者破坏历史文化名城风貌和景观的单位，当地人民政府应当依法责令其限期治理、关闭或者搬迁。

第二十三条 历史文化名城所在地的城市规划行政主管部门应当会同文物行政主管部门对历史文化名城保护工作进行监督检查，及时纠正和处理违反本条例的行为；对严重违反保护规划的情况，应当向同级人民政府和上级主管部门报告。

第二十四条 历史文化名城所在地的人民政府应当定期将历史文化名城保护工作情况向同级人民代表大会常务委员会报告并接受监督。

第二十五条 违反本条例规定，城市规划、文物保护及其他有关法律、法规有行政处罚规定的，从其规定。

第二十六条 违反本条例规定，历史文化名城所在地的人民政府或者其有关部门擅自改变或者不执行历史文化名城保护规划，造成重大损失或者严重后果的，对主管人员和直接责任人员依法给予行政处分；构成犯罪的，依法追究刑事责任。

第二十七条 有本条例第二十条第（一）项规定行为、不涉及文物的，由城市规划行政主管部门责令其停止损害，限期改正，并可处一万元以上五万元以下的罚款。造成损失的，应当赔偿损失。

有本条例第二十条第（二）项规定行为的，由文物行政主管部门责令其停止违法行为，限期采取补救措施，并依法处罚。

有本条例第二十条第（三）项规定行为的，由城市规划行政主管部门责令其停止违法行为，限期采取补救措施，并可处五千元以上二万元以下的罚款。

有本条例第二十条第（四）、（五）、（六）项规定行为的，由城市规划行政主管部门或者有关行政主管部门责令其停止违法行为，限期改正，并依法处罚。

第二十八条 城市规划、文物行政主管部门及其他有关部门的工作人员在历史文化名城的保护工作中有下列行为之一的，由其所在单位或上级主管部门责令改正或者给予行政处分；构成犯罪的，依法追究刑事责任：

（一）不按规定进行保护规划的编制、申报、审查的；

（二）不按保护规划组织实施保护，致使历史实物遗存、传统风貌遭受破坏的；

（三）有其他滥用职权、玩忽职守和徇私舞弊行为的。

第二十九条　本条例施行前省人民政府批准公布的省级历史文化名城的保护工作，参照本条例执行。

第三十条　本条例自 2005 年 10 月 1 日起施行。

河南省新乡潞简王墓保护管理条例

（2007 年 9 月 27 日河南省第十届人民代表大会常务委员会第三十三次会议通过
自 2008 年 1 月 1 日起施行）

第一条 为了加强潞简王墓的保护和管理，根据《中华人民共和国文物保护法》及有关法律、法规，制定本条例。

第二条 潞简王墓是全国重点文物保护单位，省人民政府应当加强对潞简王墓保护和管理工作的领导。

省人民政府有关部门应当加强对潞简王墓保护和管理工作的指导。

第三条 新乡市人民政府应当依法加强对潞简王墓的保护和管理，将其纳入国民经济和社会发展规划，并编制潞简王墓保护规划，纳入新乡市土地利用和城市建设总体规划。

第四条 新乡市文物行政管理部门主管潞简王墓的保护管理工作。潞简王墓保护管理机构具体负责潞简王墓的保护管理工作。

第五条 在潞简王墓保护区域内参观、浏览、考察或进行其他活动的单位和个人应当遵守本条例。

任何公民、法人或者其他组织都有保护潞简王墓的义务，并有权对破坏潞简王墓的行为进行检举和控告。

第六条 潞简王墓的保护和维修应当遵循不改变文物原状的原则，科学保护，合理利用。

第七条 新乡市人民政府及其文物行政管理部门负责实施国家批准的潞简王墓保护规划。

城市建设、土地利用规划应当与潞简王墓保护规划相协调，任何单位和个人不得擅自修改已经制定的潞简王墓保护规划。

第八条 潞简王墓保护区域分为保护范围和建设控制地带，其具体范围由省人民政府划定。

第九条 潞简王墓保护区域由新乡市人民政府设置保护标志和界桩，任何单位和个人不得擅自移动和破坏。

第十条 在潞简王墓保护范围内，不得建造与潞简王墓保护无关的建筑物、构筑物。对已经存在的危害潞简王墓安全、破坏历史风貌的建筑物、构筑物，由新乡市人民政府责令限期拆迁，并依法给予安置或者补偿。

第十一条 在潞简王墓建设控制地带内不得建设风格、高度、体量、色调等与潞简王墓环境风貌不相协调的建筑物、构筑物。修建新的建筑物、构筑物，其设计方案应当符合保护规划，并依照有关法律、法规的规定上报批准。

第十二条 在潞简王墓建设控制地带内禁止安排大、中型建设项目。潞简王墓保护范围和建设控制地带内经批准的建设项目，应当先进行文物勘探和考古发掘，经依法确认无文物埋藏后，方可施工。

第十三条 在潞简王墓保护范围和建设控制地带内进行文物调查、勘探和考古发掘工作，应当向新乡市文物行政管理部门提出申请，并逐级履行报批手续。

第十四条 新乡市有关部门和单位应当做好潞简王墓保护区域内的绿化，加强生态环境保护和污染防治工作。

第十五条 在潞简王墓保护区域内拍摄电影、电视剧（片）、专业录像或专业摄影涉及文物的，应依法取得批准文件，并在文物管理人员的监督下进行。

第十六条 潞简王墓保护、维修经费和资金的来源：

（一）国家、省文物行政管理部门或者其他有关部门的专项拨款；

（二）市、区级财政预算；

（三）业务收入；

（四）捐赠及其他合法收入。

潞简王墓保护、维修经费和资金应当严格管理，专款专用，并接受财政、审计部门监督。

第十七条 有下列事迹之一的，新乡市人民政府及其文物行政管理部门应当给予表彰或奖励：

（一）在潞简王墓保护科学技术方面有重要发明创造或者其他重要贡献的；

（二）在潞简王墓保护、管理、安全保卫等工作中取得突出成绩的；

（三）在潞简王墓环境治理工作中成绩显著的；

（四）长期从事潞简王墓保护和管理工作，成绩显著的。

第十八条 在潞简王墓保护区域内，禁止下列行为：

（一）在设有禁止吸烟、禁火标志区域内吸烟、燃火；

（二）在文物、景物和保护设施上涂写、刻划、张贴和攀爬；

（三）未经许可，在设有禁止拍摄标志区域内进行拍摄活动；

（四）损坏保护设施；

（五）违规倾倒、堆放垃圾和排放粉尘、污水及有害气体；

（六）开山、采石及其他改变地形地貌的活动；

（七）其他损害文物、景物的行为

第十九条 违反本条例规定，在潞简王墓保护区域内进行违法建设的，由相关行政管理部门依据有关法律、法规予以处罚。

第二十条 擅自移动或者破坏潞简王墓保护标志或界桩的，由公安机关或者文物行政管理部门责令限期恢复原状或者赔偿损失，可以并处五十元以上二百元以下罚款。

第二十一条 违反本条例第十八条规定的，由新乡市文物行政管理部门按照下列规定处罚：

（一）违反第（一）、（二）、（三）项规定的，责令改正，可以并处五十元以下罚款；

（二）违反第（四）项规定的，责令赔偿损失，可以并处二百元以上二千元以下罚款；

（三）违反第（六）项规定的，责令停止违法行为，可以并处一万元以上十万元以下罚款。

第二十二条 从事潞简王墓保护和管理的工作人员玩忽职守、滥用职权、徇私舞弊的，由上级主管部门或行政监察机关给予行政处分；构成犯罪的，依法追究刑事责任。

第二十三条 本条例自 2008 年 1 月 1 日施行。

洛阳市偃师二里头遗址和尸乡沟商城遗址保护条例

（2009年6月30日洛阳市第十三届人民代表大会常务委员会第三次会议通过
2009年7月31日河南省第十一届人民代表大会常务委员会第十次会议批准）

第一条　为了加强对偃师二里头遗址、尸乡沟商城遗址的保护，根据《中华人民共和国文物保护法》等法律、法规，结合遗址现状，制定本条例。

第二条　本条例所称偃师二里头遗址、尸乡沟商城遗址，分别是指夏、商朝代在偃师市行政区域内的都城遗址。

第三条　在二里头遗址、尸乡沟商城遗址保护区域内进行规划建设、考古发掘、旅游开发、生产生活或者其他活动的单位和个人，应当遵守本条例。

第四条　洛阳市人民政府应当加强对二里头遗址、尸乡沟商城遗址保护工作的领导。

洛阳市人民政府相关部门应当加强对二里头遗址、尸乡沟商城遗址保护工作的指导。

第五条　偃师市人民政府应当依法加强对二里头遗址、尸乡沟商城遗址的保护工作。

偃师市文物管理部门具体负责二里头遗址、尸乡沟商城遗址的保护工作。

偃师市其他相关部门以及遗址所在地的镇人民政府，应当依法在各自的职责范围内，共同做好二里头遗址、尸乡沟商城遗址的保护工作。

第六条　二里头遗址、尸乡沟商城遗址保护工作，实行国家保护与社会保护相结合的原则，贯彻"保护为主、抢救第一、合理利用、加强管理"的方针，确保二里头遗址、尸乡沟商城遗址及其历史风貌和自然环境的真实性、完整性。

第七条　任何单位和个人都有依法保护二里头遗址、尸乡沟商城遗址的义务，并有权对违反本条例的行为进行制止、举报和控告。

第八条　二里头遗址保护范围：二里头村南土冢向东850米，向西1600米，向北至洛河大堤，向南至排水渠，东南以自然台地为限。

二里头遗址建设控制地带：自保护范围周边向四周各扩100米。

二里头遗址保护范围内已发现并确认的重要遗址为：

（一）宫殿区：位于遗址东南部，东至坞垱头村委会西墙南北一线长约378米、南至四角楼村一组至五组村间大路东西一线长约295米、西至二里头村至四角楼村间大道以西100米南北一线长约 359 米、北至二里头村南东西向生产路东西一线长约 292 米。

（二）铸铜作坊区：位于遗址南部偏东、宫殿区之南 200 米，东至新庄村南北大路一线长约 255 米、南至四角楼村小学门前东西大道向南 200 米东西一线长约 200 米、西至四角楼村小学东围墙南北一线长约 255 米、北至四角楼村小学门前东西大道向北 50 米一线长约 200 米。

（三）祭祀区：位于遗址中部，东至二里头考古工作站东墙南北一线长约 110 米、南至东西向生产大路东西一线长约 203 米、西至二里头至四角楼村大路以西 200 米南北一线长约 110 米、北至大冢广场北东西一线长约 203 米。

（四）手工业（绿松石）作坊区：位于宫殿区南部一线，面积约 2025 平方米。

（五）贵族墓葬区：位于宫殿区，东至圪垱头村南北大道东 150 米南北一线长约 300 米、南至圪垱头村小学南墙东西一线长约 390 米、西至翟东高压线以西 50 米南北一线长约 300 米、北至岳佃路以南 200 米东西一线长约 390 米。

第九条 尸乡沟商城遗址保护范围：自商城城墙向东、西、北各扩 250 米，向南至洛河堤。

尸乡沟商城遗址建设控制地带：自保护范围周边向外各扩 50 米。

尸乡沟商城遗址保护范围内已发现并确认的重要遗址为：

（一）宫城：位于塔庄村正北，以围墙为界，东墙长 180 米、南墙长 190 米、西墙长 185 米、北墙长 200 米。面积约 40000 平方米。

（二）西南府库：位于塔庄村西南角，长宽各 200 米。面积约 40000 平方米。

（三）东北府库：位于塔庄村东北，东至 310 国道以东 200 米，西至 310 国道，南至华夏路以南 150 米，北至华夏路以北 80 米。遗址范围东西、南北各约 140 米，面积约 19600 平方米。

（四）城墙：西城墙全长 1710 米。北城墙全长 1240 米。东城墙全长 1640 米。小城北城墙全长 740 米。以各城墙中心为准向两侧各顺延 80 米。

第十条 根据二里头遗址、尸乡沟商城遗址考古发现或者研究成果，应当及时依法增补重要遗址及其范围并适用本例。

第十一条 偃师市人民政府应当将二里头遗址、尸乡沟商城遗址的保护纳入偃师市国民经济和社会发展规划，编制二里头遗址、尸乡沟商城遗址保护规划并将其纳入偃师市土地利用规划和城乡建设总体规划。

第十二条 偃师市文物管理部门应当在二里头遗址、尸乡沟商城遗址的保护范围、建设控制地带和重要遗址设立保护标志、界桩等保护设施。

任何单位和个人不得擅自移动、损毁保护设施。

第十三条 在二里头遗址、尸乡沟商城遗址的重要遗址上不得建设与遗址保护无关的工程，并禁止下列行为：

（一）对设有禁止拍摄标志的区域或者文物进行拍摄；

（二）在文物建筑物、构筑物上涂污、刻画、攀爬、张贴；

（三）倾倒、堆放、焚烧垃圾和野炊、排污、排水；

（四）建墓、立碑；

（五）建房、建窑、打井、挖塘、挖洞、挖渠、取土、垦荒；

（六）存放易燃、易爆、腐蚀性等危害遗址安全的物品；

（七）擅自采集地面遗存文物；

（八）其他危害遗址安全的行为。

第十四条 在二里头遗址、尸乡沟商城遗址保护范围内，不得进行与遗址保护无关的工程建设或者爆破、钻探、挖掘等作业。确需进行工程建设的，应当符合二里头遗址、尸乡沟商城遗址保护规划，在选址时应当提前征求偃师市文物管理部门的意见，并依法办理报批手续。

第十五条 在二里头遗址、尸乡沟商城遗址建设控制地带内进行工程建设时，应当符合二里头遗址、尸乡沟商城遗址保护规划，不得破坏其历史风貌和自然环境。工程设计方案在依法报有关部门批准前，应当征求偃师市文物管理部门的意见。

第十六条 对危害二里头遗址、尸乡沟商城遗址本体，破坏遗址历史风貌和自然环境、与遗址保护展示不相协调的现有建筑物、构筑物，当地人民政府应当及时调查处理，必要时，对该建筑物、构筑物予以拆迁，并依法予以补偿。

第十七条 在二里头遗址、尸乡沟商城遗址从事考古调查、勘探和发掘等活动的组织或者个人，应当按照《中华人民共和国文物保护法》的有关规定履行报批手续，并报偃师市文物管理部门备案。

考古调查、勘探和发掘结束后，应当及时向偃师市文物管理部门提供勘探、发掘情况、出土文物清单和保护意见。发掘出土的文物应当按照《中华人民共和国文物保护法》及有关法律法规的规定及时移交有关国有文物收藏单位收藏；需留作标本的，应当报经国家或者省文物行政管理部门同意，其他任何单位或者个人不得侵占。

第十八条 利用二里头遗址、尸乡沟商城遗址拍摄电影、电视等影像资料以及举办大型活动的，拍摄方或者举办方应当依法履行报批手续，制订文物保护预案，落实保护措施，并接受偃师市文物管理部门的监督。文物保护单位所得收益应当用于遗址保护。

第十九条 偃师市人民政府应当将二里头遗址、尸乡沟商城遗址保护经费列入偃师市财政年度预算，并随着财政收入的增长而增加。

鼓励国内外社会团体和个人通过自愿捐资、捐赠等方式发展二里头遗址、尸乡沟商城遗址文物保护事业。

二里头遗址、尸乡沟商城遗址的保护经费及社会捐资应当专款专用，不得截留挪用，并接受上级部门和偃师市财政、审计等部门的监督。

第二十条　对于在二里头遗址、尸乡沟商城遗址保护工作中有显著成绩的单位或者个人，由偃师市人民政府或者偃师市文物管理部门给予表彰、奖励。

第二十一条　违反本例，有下列行为之一，尚不构成犯罪的，由偃师市文物管理部门责令改正，情节严重的，按下列规定予以处罚：

（一）违反第十二条规定，擅自移动、损毁二里头遗址、尸乡沟商城遗址保护标志、界桩等保护设施的，处 200 元以下罚款；

（二）违反第十三条第（一）、（二）项规定的，处 200 元以下罚款；违反第十三第（三）、（四）项规定的，处 500 元以上 2000 元以下罚款；违反第十三第（五）、（六）项规定的，处 2000 元以上 10000 元以下罚款；违反第十三第（七）项规定的，处 2000 元以上 2 万元以下罚款；违反第十三条第（八）项规定的，依照有关法律和本例的规定予以处罚。

（三）违反第十四条规定，在二里头遗址、尸乡沟商城遗址保护范围内进行与遗址保护无关的工程建设或者爆破、钻探、挖掘等作业，危害遗址安全，对遗址本体和历史风貌造成破坏的，处 5 万元以上 50 万元以下罚款；

（四）违反第十五条规定，在二里头遗址、尸乡沟商城遗址建设控制地带内进行工程建设，工程设计方案未履行报批手续，破坏遗址历史风貌的，处 5 万元以上 30 万元以下罚款。

第二十二条　违反本条例的规定，对二里头遗址、尸乡沟商城遗址及其保护设施造成损坏的，应当赔偿损失。因工程建设施工对遗址本体和历史风貌造成破坏的，责令拆除违法建筑或者构筑物，恢复遗址原状，对相关的责任人依法给予行政处分；构成犯罪的，依法追究刑事责任。

第二十三条　偃师市人民政府及其相关部门和遗址所在地镇人民政府，由于工作失职造成遗址严重破坏的，由上级主管部门或者监察机关对责任人给予行政处分；构成犯罪的，依法追究刑事责任。

从事二里头遗址、尸乡沟商城遗址保护和管理的工作人员滥用职权、玩忽职守、徇私舞弊的，由上级主管部门或者监察机关对责任人给予行政处分；构成犯罪的，依法追究刑事责任。

第二十四条　本条例自 2009 年 10 月 1 日起施行。

河南省开封城墙保护条例

（2010年5月28日河南省第十一届人民代表大会常务委员会
第十五次会议审议通过 自2010年10月1日起施行）

第一条 开封城墙是全国重点文物保护单位。为加强开封城墙的保护管理，根据《中华人民共和国文物保护法》等有关法律、法规，制定本条例。

第二条 本条例所称开封城墙，是指开封市现存的明清城墙，包括墙体、城门、附属建筑及其地下遗址等。

第三条 本条例适用于开封城墙及其保护范围、建设控制地带的保护管理。

第四条 开封城墙的保护范围是指对城墙本体及周围一定范围内实施重点保护的区域。

开封城墙的建设控制地带是指在保护范围外为保护城墙安全、环境、历史风貌对建设项目加以限制的区域。

开封城墙的保护范围和建设控制地带按照省人民政府批准的范围执行。

第五条 省人民政府应当加强对开封城墙保护管理工作的领导。

省人民政府有关部门应当加强对开封城墙保护管理工作的指导。

第六条 开封市人民政府应当将开封城墙的保护管理纳入国民经济和社会发展计划、城市总体规划和开封历史文化名城保护规划，并将保护经费列入财政预算。

第七条 鼓励公民、法人和其他组织通过捐赠等方式设立开封城墙保护基金，专门用于开封城墙保护。开封城墙保护基金的募集、使用和管理，依照国家有关法律、法规的规定执行。

第八条 开封市文物行政部门主管开封城墙的保护管理工作。开封城墙保护管理机构具体负责开封城墙的日常保护管理。

开封城墙所在地的各区人民政府和开封市公安、城乡建设规划、国土资源、城市管理、环境保护、工商、旅游、人民防空等有关部门，在各自职责范围内做好开封城墙的保护管理工作。

第九条 开封城墙保护实行专家咨询制度。

开封市人民政府应当设立专家咨询库，在制定开封城墙保护规划、审批与开封城墙有关的建设工程、决定与开封城墙保护有关的其他重大事项时，应当听取专家意见。

第十条 公民、法人和其他组织都有依法保护开封城墙的义务，并有权举报和制止破坏损毁开封城墙的行为。

负有保护开封城墙职责的部门和单位，接到举报后，应当依法及时查处。

第十一条 开封市人民政府应当在开封城墙保护范围的显著位置和其他需要提示公众的地段设立开封城墙保护标志。

开封城墙保护标志应当载明开封城墙的名称、修筑年代、保护级别、保护范围、建设控制地带。

第十二条 开封城墙墙体及其附属设施的加固、修缮和复原工程，应当由开封市文物行政部门组织制定方案，并依照有关规定办理相关手续后实施。

第十三条 开封城墙保护管理机构应当对开封城墙进行日常维护和监测，并建立日志；发现安全隐患，应当立即采取控制措施，并及时向开封市文物行政部门报告。

第十四条 开封城墙保护范围内禁止下列行为：

（一）擅自在城墙墙体及附属建筑物上悬挂、张贴、书写广告或者标语；

（二）擅自在城墙墙体上取砖、取土、打桩、凿孔、刻划；

（三）损毁和擅自移动城墙保护标志；

（四）堆放垃圾、排放污水；

（五）架设、安装与保护城墙无关的设施、设备；

（六）存放易燃易爆物品；

（七）其他损毁城墙或者破坏城墙周边历史风貌的行为。

第十五条 在城墙保护范围内不得进行与城墙保护无关的建设工程或者爆破、钻探、挖掘等作业；因特殊情况需要在城墙保护范围内进行其他工程建设或者爆破、钻探、挖掘等作业的，必须保证开封城墙的安全，并经省人民政府批准，在批准前应当征得国务院文物行政部门同意。

第十六条 开封城墙保护范围内现有的与城墙保护无关的建筑物、构筑物，按照下列规定处理：

（一）未经批准违法建设的，应当依照法律、法规的规定拆除；

（二）经批准建设的，不得翻建、改建和扩建；危害开封城墙安全、破坏城墙历史风貌的，由开封市人民政府依照相关法律、法规的规定，确定拆迁并依法给予补偿。

第十七条 在开封城墙建设控制地带内进行的建设工程，应当符合开封城墙保护规划，不得破坏开封城墙的历史风貌，其工程设计方案报开封市城乡建设规划主管部门批准前，应当征得国务院文物行政部门同意。

第十八条 对散存的开封城墙的墙砖、碑刻等文物，开封市文物行政部门应当及时回收，公民、法人和其他组织应当配合。

拆除有城墙墙砖的建筑物、构筑物时，施工单位及其工作人员应当保护城墙墙砖，不得损坏，并及时通知开封市文物行政部门回收，用于开封城墙的维修。

第十九条　开封城墙及其保护范围内已有的人民防空设施、地下设施、城墙上的建筑物及其他与城墙有关设施的利用，由开封市人民政府统筹规划，并遵循以下原则：

（一）符合城墙保护规划，不得搭建、扩建与保护城墙无关的设施；

（二）保证城墙安全，不得从事造成潮湿、高温、放射、震动等危害城墙安全的经营活动；

（三）城墙的利用应当有利于展示、提升城墙的价值和文化内涵。

城墙内的人民防空设施、城墙保护范围内的地下设施、城墙上的建筑物及其他与城墙有关的设施由使用单位负责加固修缮，禁止翻建、改建、扩建。加固修缮工程方案应经开封市文物行政部门同意，依照有关规定办理相关手续后实施。

第二十条　需要利用开封城墙进行营利性、资料性电影电视拍摄的，摄制单位应当具备国家规定的条件，依照法律、法规的规定经开封市文物行政部门办理报批手续。摄制单位应当服从开封市文物行政部门的监督管理，不得危害开封城墙的安全。

第二十一条　开封城墙的维修和保护经费包括：

（一）国家、省文物行政部门或其他部门划拨的专项资金；

（二）开封市人民政府安排的专项经费；

（三）事业性、经营性收入；

（四）社会捐赠等其他合法收入。

开封城墙维修和保护经费，专项用于城墙的维修和保护，并接受开封市监察、财政、审计等部门的监督。

第二十二条　鼓励公民、法人和其他组织参与开封城墙保护，有下列行为之一的，由开封市人民政府或者开封市文物行政部门给予奖励：

（一）积极收集上缴开封城墙墙砖、碑刻等文物，有突出贡献的；

（二）在修复、保养和维护开封城墙的科学技术研究中有重要贡献的；

（三）为保护开封城墙与违法犯罪行为做斗争，事迹突出的；

（四）其他为修复、保护开封城墙做出显著成绩的。

第二十三条　文物、公安、城乡建设规划、国土资源、城市管理、环境保护、工商、旅游、人民防空等行政管理部门违反本条例规定，滥用审批权限、不履行职责或者发现违法行为不予查处，由上级行政机关责令改正，通报批评，并对负有责任的主管人员和其他直接责任人员，依照有关法律、法规的规定给予行政处分。

第二十四条　有本条例第十四条第（一）、（三）项行为的，由开封市文物行政部门责令改正，可以处二百元以下罚款，造成损失的赔偿损失；有第（二）、（四）项行为的，由开封市有关主管部门责令改正，并依照有关法律、法规给予行政处罚；有第（五）项行为的，由开封市文物行政部门责令限期拆除，逾期不拆除的，依法强制拆除，拆除费用由违法单位承担，可以处三千元以上五千元以下罚款；有第（六）项行为的，由开封市文物行政部门责令限期移出，逾期不移出的，由公安机关强制移出，费用由存放者承担。

第二十五条　违反本条例第十五条、第十七条规定，由开封市文物行政部门责令改正，造成严重后果的，处以五万元以上五十万元以下罚款。

第二十六条　违反本条例第二十条规定的，责令停止拍摄活动，对开封城墙造成损坏的，责令赔偿损失，并处以一万元以上五万元以下罚款。

第二十七条　违反本条例规定，阻挠文物等部门执法人员依法执行公务的，由公安机关依照《中华人民共和国治安管理处罚法》的规定给予处罚；构成犯罪的，依法追究刑事责任。

第二十八条　本条例自 2010 年 10 月 1 日起施行。

河南省实施《中华人民共和国文物保护法》办法

（2010年5月28日河南省第十一届人民代表大会常务委员会第十五次会议通过 自2010年10月1日起施行 根据2016年3月29日河南省第十二届人民代表大会常务委员会第二十次会议《关于修改〈河南省煤炭条例〉等十部地方性法规的决定》修正）

第一章 总 则

第一条 为了加强文物保护，继承优秀历史文化遗产，根据《中华人民共和国文物保护法》、《中华人民共和国文物保护法实施条例》等有关法律、法规，结合本省实际，制定本办法。

第二条 在本省行政区域内，下列文物受国家保护：

（一）具有历史、艺术、科学价值的古文化遗址、古墓葬、古建筑、石窟寺和石刻、壁画；

（二）与重大历史事件、革命运动或者著名人物有关的以及具有重要纪念意义、教育意义或者史料价值的近代现代重要史迹、实物、代表性建筑；

（三）历史上各时代珍贵的艺术品、工艺美术品；

（四）历史上各时代重要的文献资料以及具有历史、艺术、科学价值的手稿和图书资料等；

（五）反映历史上各时代、各民族社会制度、社会生产、社会生活的代表性实物。

具有科学价值的古脊椎动物化石和古人类化石同文物一样受国家保护。

第三条 本省行政区域内文物的保护、利用和管理及其相关活动适用本办法。

第四条 文物工作贯彻保护为主、抢救第一、合理利用、加强管理的方针。

基本建设、旅游开发和文物利用等活动应当遵守文物保护工作的方针，不得对文物造成损害。

第五条 各级人民政府负责本行政区域内的文物保护工作。县级以上人民政府文物保护管理委员会负责协调、解决本行政区域内文物保护工作的重大问题。

县级以上文物行政部门对本行政区域内的文物保护实施监督管理。

发展和改革、城乡建设规划、公安、工商、海关、国土资源、文化、民政、旅游、宗教、环境保护、林业等有关行政部门在各自的职责范围内，负责有关的文物保护工作。

第六条 县级以上人民政府应当将文物保护事业纳入国民经济和社会发展规划，所需经费列入财政预算，并根据文物抢救、修缮、征集、收购、陈列展览和安全设施建设等特殊需要核拨专项经费。

第七条　报刊、广播、电视、网络等新闻媒体应当加强对文物保护法律、法规和优秀历史文化遗产的宣传，适时发布文物保护公益广告，增强全社会的文物保护意识。

各类学校应当采取多种形式对在校学生进行文物保护教育。

第八条　公民、法人和其他组织有依法保护文物的义务，有权检举、控告和制止盗掘、盗窃、走私、倒卖、破坏文物等违法行为。

第九条　鼓励公民、法人和其他组织通过捐赠等方式支持文物保护事业。

捐赠的款物应当专门用于文物保护，任何单位或者个人不得侵占、挪用。

鼓励志愿者参与文物保护工作。

第十条　对文物保护事业做出突出贡献的单位和个人，由县级以上人民政府或者文物行政部门给予表彰或者奖励。

第二章　不可移动文物

第十一条　省文物行政部门根据不可移动文物的历史、艺术、科学价值选择确定省级文物保护单位，报省人民政府核定公布，并报国务院备案。

市级和县级文物保护单位分别由省辖市、县级文物行政部门确定，报同级人民政府核定公布，并报省人民政府备案。

对尚未核定公布为文物保护单位的不可移动文物，由所在地县级文物行政部门将其名称、类别、年代、位置、范围等事项予以登记和公布，制定保护措施，设立保护标志，并向所有人或者使用人制发保护通知书，明确其权利和义务。

第十二条　县级以上人民政府负责组织编制本行政区域内文物保护单位的保护规划。全国重点文物保护单位的保护规划经国务院文物行政部门同意后由省人民政府批准公布；省级文物保护单位的保护规划经省文物行政部门同意后由所在地省辖市人民政府批准公布；市级、县级文物保护单位的保护规划分别由所在地省辖市和县级人民政府批准公布，并报省文物行政部门备案。

第十三条　依法核定公布的历史文化名城和历史文化街区、名镇、名村的保护规划由所在地县级以上人民政府负责组织编制，报省人民政府审批。

在历史文化名城和历史文化街区、名镇、名村内进行工程建设应当符合保护规划的要求，并与历史文化名城和历史文化街区、名镇、名村的历史风貌和自然环境相协调。

第十四条　全国重点文物保护单位和省级文物保护单位自核定公布之日起一年内由省人民政府划定必要的保护范围，作出标志说明，建立记录档案；市级、县级文物保护单位分别由省辖市、县级人民政府自核定公布之日起一年内划定必要的保护范围，作出标志说明，建立记录档案。

全国重点文物保护单位和省级文物保护单位的建设控制地带由省文物行政部门会同省城乡建设规划部门划定，经省人民政府批准后公布，市级、县级文物保护单位的建设控制地带由省辖市、县级文物行政部门会同同级城乡建设规划部门划定，经省人民政府批准后公布。

第十五条 文物保护单位保护范围核定公布前已有的非文物建筑物和构筑物，危害文物保护单位安全的，应当拆迁；破坏或者影响文物保护单位历史风貌的，应当逐步拆迁或者改造。拆迁、改造费用由文物保护单位所在地县级以上人民政府解决，但非文物建筑物和构筑物属于违法建筑的，拆迁费用由违法建筑的责任人承担。

第十六条 在文物保护单位的建设控制地带内进行工程建设，其工程的形式、高度、体量、色调应当与文物保护单位的历史风貌和周边环境相协调。工程设计方案应当根据文物保护单位的级别，经相应的文物行政部门同意后，报城乡建设规划部门批准。

第十七条 在文物保护单位的保护范围内禁止下列行为：

（一）刻划、涂污、损坏文物；

（二）损毁或者擅自移动文物保护单位标志；

（三）损坏文物保护设施；

（四）毁林开荒、擅自开挖沟渠、采石、取土；

（五）生产、存放和使用易燃易爆、放射性、腐蚀性物品；

（六）建设污染文物保护单位及其环境的设施；

（七）其他可能影响文物保护单位安全及其环境的行为。

第十八条 文物行政部门应当与国有不可移动文物的使用人签订文物保护责任书，明确其对文物保护单位的保护和管理责任。使用人不能依法履行修缮、保养义务的，应当迁出。

第十九条 使用、管理不可移动文物的所有人、管理人或者使用人必须保持文物原有的整体性，对其附属文物不得擅自进行彩绘、添建、改建、迁建、损毁，不得改变文物的结构和原状。

第二十条 各级人民政府应当加强对田野不可移动文物的保护和管理。

县级人民政府或者其文物行政部门根据实际情况，配备专职人员负责田野不可移动文物保护工作，或者聘请文物保护员协助做好田野不可移动文物的安全保护工作，并向其支付适当报酬。

第二十一条 地下遗存的文物属于国家所有，任何单位和个人不得擅自挖掘。人民法院、人民检察院和公安机关应当按照各自职责，依法及时查处盗掘古文化遗址、古墓葬等违法犯罪行为。

第二十二条 非国有不可移动文物转让的，所在地人民政府在同等条件下有权优先受让。

第二十三条 文物保护工程施工应当按照文物行政部门批准的文物保护方案进行，不得擅自变更；确需变更的，应当报原审批机关批准。

第二十四条 文物保护单位内不得擅自设立宗教活动场所；确需设立的，应当按照《中华人民共和国文物保护法》和国务院《宗教事务条例》的有关规定办理。

第二十五条 文物保护单位的所有人、管理人或者使用人应当加强火源、电源管理，配备必要的消防和避雷设施，在重点场所设置警示标志。安装、使用消防和避雷设施不得对文物造成损坏。

第二十六条 文物保护单位发生或者可能发生重大险情时，文物保护单位的所有人、管理人或者使用人应当及时采取保护措施，并立即向所在地文物行政部门报告。

第三章　考古发掘

第二十七条 进行大型基本建设工程，以及在历史文化名城、名镇、名村保护规划范围内进行工程建设，建设单位应当事先报请当地文物行政部门组织从事考古发掘的单位在工程项目范围内及其取土区进行考古调查、勘探。

规划成片开发的土地，县级以上人民政府应当先行组织进行考古调查、勘探。

第二十八条 文物行政部门应当在接到考古调查、勘探申请之日起七日内，组织考古发掘单位进行考古调查、勘探。考古发掘单位应当在三十日内完成考古调查、勘探。因工程规模巨大确需延长的，应当报请省文物行政部门批准。考古发掘单位应当在考古调查、勘探结束七日内出具考古调查、勘探报告，并对报告的真实性负责。

文物行政部门应当在接到考古调查、勘探报告后七日内作出考古调查、勘探结果处理书。对没有文物埋藏的，应当及时通知建设单位施工；有文物埋藏的，应当提出具体处理意见，送达建设单位。

第二十九条 在工程建设和生产活动中，任何单位和个人发现文物，应当保护现场，立即报告当地文物行政部门，不得哄抢、私分、藏匿或者损毁文物。文物行政部门接到报告后，应当在二十四小时内赶到现场，并在七日内提出处理意见。接到哄抢、私分或者损毁文物报告的文物行政部门或者公安机关应当立即赶到现场进行处理。

在依法批准的工程建设中有重大考古发现，需要实施原址保护的，县级以上人民政府经与建设单位协商后，可以另行置换土地或者收回土地使用权、退还出让金；给建设单位造成损失的，依法给予补偿。

第三十条 地下文物面临破坏危险，确需进行抢救性发掘的，由省文物行政部门组织发掘，文物所在地人民政府及有关部门应当予以配合，做好地下文物的安全和抢救性发掘的保障工作。

第三十一条 文物行政部门依法组织进行的考古调查、勘探和发掘活动，任何单位和个人不得阻挠。在考古调查、勘探和发掘结束前，任何单位和个人不得擅自在考古发掘区域内进行施工。

考古发掘单位在公共场所从事考古调查、勘探、发掘活动，应当提前公告，采取必要措施减少对附近居民生产生活的影响。

第三十二条 在本省行政区域内进行的考古发掘项目，经国务院文物行政部门审核或者批准前，应当征得省人民政府同意。考古发掘单位完成考古发掘后，应当及时向省文物行政部门报送出土文物清单，确保文物安全，并在法定期限内提交结项报告和考古发掘报告。经省文物行政部门批准，考古发掘单位可以保留少量出土文物作为科研标本，其他出土文物由省文物行政部门根据有利于发挥文物作用，适当照顾文物出土地的原则，指定国有文物收藏单位收藏。

考古发掘单位获取的地下文物埋藏信息和重要的考古发现，未经省文物行政部门同意，不得对外公布。

第三十三条　基本建设和生产建设需要进行考古调查、勘探、发掘的，所需费用列入建设工程预算，由建设单位支付。具体标准和办法由省人民政府制定。

第四章　馆藏文物和民间收藏文物

第三十四条　县级以上人民政府可以根据本地实际设立综合性或者专题性博物馆。

鼓励和支持公民、法人和其他组织设立博物馆。

公民、法人和其他组织可以通过合法途径收藏文物。

第三十五条　文物收藏单位收藏、陈列、展出文物应当具备下列条件：

（一）有固定的场所和相应的展室、库房；

（二）有相应的文物保存设施，珍贵文物和价值贵重的藏品应当设有专柜；

（三）配备相应的专业技术人员和安全保卫人员；

（四）有符合标准的安全防范设施和防止文物遭受自然损害的条件和设施；

（五）法律、法规规定的其他条件。

第三十六条　文物收藏单位应当按照国家有关规定确认风险等级，并达到安全防护级别要求；没有达到安全防护要求的，不得陈列、展出文物。

国有文物收藏单位没有达到安全防护要求的，其收藏的珍贵文物由省文物行政部门指定具备条件的国有文物收藏单位代为保管。

第三十七条　文物收藏单位应当按照国家有关规定，建立健全文物保护管理制度，对收藏的文物登记造册，区分等级，建立藏品档案，并报主管的文物行政部门备案，珍贵文物藏品档案同时报省文物行政部门备案。

文物行政部门应当对文物收藏单位收藏文物的保存状况进行检查。文物收藏单位应当对馆藏文物定期进行核查。

第三十八条　已经建立馆藏文物档案的国有文物收藏单位，经省文物行政部门批准，并报国务院文物行政部门备案，其馆藏文物可以在国有文物收藏单位之间交换。

国有文物收藏单位不得与非国有文物收藏单位交换馆藏文物。

第三十九条　国有文物收藏单位之间因举办展览、科学研究等需要借用国有馆藏一级文物的，应当经省文物行政部门批准，并报国务院文物行政部门备案；需要借用国有其他馆藏文物的，应当报省文物行政部门备案。

非国有文物收藏单位和其他单位因举办展览、科学研究等需要借用国有馆藏一级文物的，应当经省文物行政部门审核后报国务院文物行政部门批准；需要借用国有馆藏其他文物的，应当报省文物行政部门批准。

第四十条 非国有文物收藏单位的珍贵文物收藏情况发生变动的，应当自变动之日起三十日内将变动情况向原备案的文物行政部门报告。

第四十一条 设立文物商店应当经省文物行政部门批准；拍卖企业从事文物拍卖活动的，应当取得省文物行政部门核发的文物拍卖许可证。未经批准，任何单位和个人不得从事文物经营活动。

第四十二条 文物商店销售的文物在销售前应当经省文物行政部门审核；对允许销售的，省文物行政部门应当作出标识。

拍卖企业拍卖的文物在拍卖前应当经省文物行政部门审核，并报国务院文物行政部门备案。

文物商店应当自购买、销售文物之日起六个月内，文物拍卖企业应当自文物拍卖成交之日起三十日内将购买、销售、拍卖的文物的相关资料报省文物行政部门备案。

第四十三条 任何单位和个人不得涂改、伪造或者转让文物销售专用标识。

第五章 文物利用

第四十四条 各级人民政府应当合理利用本行政区域内文物资源，积极发展文化事业、文化产业、文化旅游业，促进经济社会协调发展。

第四十五条 鼓励支持公民、法人和其他组织参与文物的保护和合理利用，研究开发相关文化产品。文物行政部门应当提供必要的信息和服务，对文物利用进行指导。

县级以上人民政府有关行政部门应当加强对文物仿制品和文物工艺品行业的规范和指导，促进行业健康发展。

第四十六条 文物收藏单位应当充分发挥馆藏文物的作用，通过举办展览、科学研究等活动，加强对优秀历史文化遗产的宣传和利用，传播科学文化知识。

第四十七条 从事馆藏文物修复、复制、拓印的单位应当取得相应等级的资质证书。文物收藏单位在修复、复制、拓印文物时，应当依法办理审批手续。

按照文物的名称、形制、比例、色彩、纹饰、质地等制作的文物复制品，应当标明复制时间、比例和"复制"字样。

第四十八条 利用文物保护单位拍摄电影、电视和其他音像制品以及举办大型活动的，拍摄单位或者举办者应当制定文物保护方案，按照审批权限报相应的文物行政部门批准。

第四十九条 国内新闻单位对考古发掘现场进行专题类拍摄或者电视直播的，应当经省文物行政部门批准。

境外机构和团体对考古发掘现场进行专题类拍摄或者电视直播的，应当经省文物行政部门同意后报国务院文物行政部门批准。

第五十条　国有博物馆、纪念馆应当依照国家规定免费向社会开放；鼓励非国有博物馆、纪念馆免费向社会或者向中、小学生开放。

文物保护单位有门票收入的，应当将门票收入的百分之二十以上专门用于文物的修缮和保养。

第五十一条　国有不可移动文物不得转让、抵押。建立博物馆、保管所或者辟为参观游览场所的国有文物保护单位，不得作为企业资产经营。

第六章　监督管理

第五十二条　县级以上人民政府应当建立文物安全责任制，检查落实重大文物安全事故防范措施，调查处理重大文物安全事故。

县级以上文物行政部门应当制定重大文物安全事故防范预案，并对文物保护机构、文物收藏单位的文物安全措施落实情况进行监督检查。

财政、审计部门应当加强对文物保护经费使用情况的监督检查。

第五十三条　国有文物保护单位的管理关系和用途不得擅自改变；确需改变的，应当报该文物保护单位的上一级文物行政部门同意，并报原核定公布该文物保护单位的人民政府批准。改变全国重点文物保护单位的管理关系和用途，由省人民政府报国务院批准。

第五十四条　县级以上人民政府及其文物行政部门应当加强文物执法队伍建设，及时处理文物行政违法案件。

县级以上文物行政部门可以依法委托所属的文物管理机构对文物违法行为实施行政处罚。

第五十五条　县级以上文物行政部门应当依法履行文物监督管理职责，建立健全规章制度，规范办事程序，提高工作效率，并向社会提供信息和服务。

第五十六条　人民法院、人民检察院以及公安机关、海关和工商行政管理等部门依法没收、扣押、追缴的文物，应当登记造册，妥善保管，并自没收、扣押、追缴之日起五日内移交同级文物行政部门指定的国有文物收藏单位暂存保管。结案后三十日内，人民法院、人民检察院以及公安机关、海关和工商行政管理等部门应当将依法没收的文物无偿移交同级文物行政部门，由文物行政部门指定的国有文物收藏单位收藏；属于公民、法人和其他组织所有的文物，应当无偿返还。

第五十七条　省文物行政部门设立的由专家组成的文物鉴定委员会，负责文物鉴定工作，其鉴定结论作为文物保护管理的依据。

省文物鉴定委员会依法接受司法机关的委托，对涉案文物进行鉴定。

第七章　法律责任

第五十八条　文物行政部门及其工作人员有下列行为之一的，对负有责任的主管人员和其他直接责任人员依法给予行政处分；构成犯罪的，依法追究刑事责任：

（一）违法实施行政许可或者行政处罚的；

（二）发现文物违法行为不予查处的；

（三）接到危及文物安全险情的报告不按规定时限赶到现场或者不及时采取措施，造成损失的；

（四）非法借用、侵占国有文物的；

（五）贪污、挪用文物保护经费的；

（六）其他滥用职权、玩忽职守、徇私舞弊的。

第五十九条　公安机关、工商行政管理、城乡建设规划等行政部门和有关国家机关不依法履行文物保护和监督管理职责，造成珍贵文物损毁或者流失的，对负有责任的主管人员和其他直接责任人员依法给予行政处分；构成犯罪的，依法追究刑事责任。

第六十条　违反本办法第十七条规定的，按照下列规定处罚：

（一）违反第（一）、（二）项规定，未造成严重后果的，由公安机关或者文物管理单位给予警告，可以并处一百元以上二百元以下罚款；

（二）违反第（三）项规定的，依法承担赔偿责任，文物行政部门可以处二百元以上二千元以下罚款；

（三）违反第（四）、（五）、（六）项规定的，由有关行政部门责令改正，拒不改正的，依法给予处罚。

第六十一条　违反本办法第十九条规定，不可移动文物的所有人、管理人或者使用人对附属文物擅自进行彩绘、添建、改建、迁建、损毁，改变文物的结构和原状的，由文物行政部门责令限期改正；造成严重后果的，处五万元以上五十万元以下罚款。

第六十二条　违反本办法第二十三条规定，不按照文物行政部门批准的文物保护方案进行施工的，由文物行政部门责令限期改正；逾期不改正的，处五万元以上二十万元以下罚款；造成严重后果的，处二十万元以上五十万元以下罚款。

第六十三条　文物保护单位的所有人或者管理人、使用人未履行本办法第二十六条规定的义务，对危及文物保护单位安全的重大险情不及时向文物行政部门报告的，由县级以上人民政府通报批评；造成文物损坏的，文物行政部门可以处五万元以上二十万元以下罚款；造成文物灭失的，可以处二十万元以上五十万元以下罚款。

第六十四条　违反本办法第二十七条规定，未经考古调查、勘探，擅自进行工程建设的，由文物行政部门责令改正；造成严重后果的，处五万元以上五十万元以下罚款。

第六十五条　违反本办法第二十八条规定，文物行政部门不按规定时限组织考古发掘单位进行考古调查、勘探或者作出考古调查、勘探结果处理书的，对负有责任的主管人员和其他直接责任人员依法给予行政处分。考古发掘单位不按规定时限完成考古调查、勘探或者考古调查、勘探报告弄虚作假的，由文物行政部门责令限期改正；拒不改正的，对负有责任的主管人员和其他直接责任人员依法给予行政处分；造成损失的，依法承担赔偿责任。

第六十六条　违反本办法第四十三条规定，涂改、伪造或者转让文物销售专用标识的，由文物行政部门处五千元以上五万元以下罚款。

第六十七条　违反本办法第四十八条规定，未经文物行政部门批准擅自拍摄或者举办大型活动的，由文物行政部门责令改正，可以处一万元以上五万元以下罚款。

第六十八条　违反本办法第四十九条规定，未经文物行政部门批准擅自对考古发掘现场进行专题类拍摄或者电视直播的，由文物行政部门责令改正，可以处二千元以上二万元以下罚款。

第六十九条　违反本办法第五十六条规定，不按规定时限将没收、扣押、追缴的文物移交文物行政部门指定的国有文物收藏单位暂存保管的，或者不按规定时限将没收的文物无偿移交文物行政部门的，或者不按规定时限无偿返还公民、法人和其他组织的，对负有责任的主管人员和其他直接责任人员依法给予行政处分；构成犯罪的，依法追究刑事责任。

第八章　附　则

第七十条　本办法自 2010 年 10 月 1 日起施行。1983 年 11 月 21 日河南省第六届人民代表大会常务委员会第四次会议通过的《河南省〈文物保护法〉实施办法（试行）》、1988 年 12 月 22 日河南省第七届人民代表大会常务委员会第七次会议通过的关于修改《河南省〈文物保护法〉实施办法（试行）》的决定同时废止。

湖　北

湖北省实施《中华人民共和国文物保护法》办法

（2005 年 11 月 26 日湖北省第十届人民代表大会常务委员会第十八次会议通过　根据 2015 年
9 月 23 日湖北省第十二届人民代表大会常务委员会第十七次会议《关于集中修改、废止部分
省本级地方性法规的决定》第一次修正　根据 2016 年 12 月 1 日湖北省第十二届人民代表
大会常务委员会第二十五次会议《关于集中修改、废止部分省本级地方性法规的决定》
第二次修正　根据 2017 年 11 月 29 日湖北省第十二届人民代表大会常务委员会
第三十一次会议《关于集中修改、废止部分省本级地方性法规的决定》第三次修正）

　　第一条　为了加强对文物的保护、利用和管理，促进我省经济社会协调发展，根据《中华人民共和国文物保护法》和有关法律、法规，结合本省实际，制定本办法。

　　第二条　本省行政区域内属于《中华人民共和国文物保护法》第二条规定的文物和具有科学价值的古脊椎动物化石和古人类化石的保护、利用和管理适用本办法。

　　第三条　各级人民政府负责本行政区域内的文物保护工作，并将其纳入国民经济和社会发展规划，制定文物保护及文物事业发展的任务、目标和措施。

　　县级以上人民政府文物行政部门对本行政区域内的文物保护实施监督管理，并对相关部门的文物保护工作予以指导。

　　公安、工商行政、海关、国土资源、建设规划、交通、旅游、宗教等行政管理部门，应当在各自的职责范围内依法做好文物保护工作。县级以上各级人民政府根据需要，建立协调工作机制，加强对文物保护工作的领导。

　　第四条　县级以上人民政府应当将文物保护经费列入本级财政预算，并随着财政收入增长而增长。

　　第五条　各级人民政府及其有关部门应当加强文物保护的宣传教育，增强全民文物保护意识。

　　鼓励公民、法人和其他组织依法以捐赠、展览、珍藏等形式，支持和参与文物保护事业。对文物保护事业做出突出贡献的单位和个人，由当地人民政府或者文物行政部门和其他有关部门给予表彰或者奖励。

　　第六条　市、县级文物保护单位由本级人民政府核定公布，并报省人民政府备案；省级文物保护单位，由省人民政府核定公布，并报国务院备案；全国重点文物保护单位的核定公布，按照

国家有关规定执行。

尚未核定公布为文物保护单位的不可移动文物，由县级文物行政部门组织调查和审核，予以登记并公布。

文物保护单位核定公布后，应当依法划定保护范围和建设控制地带，作出标志说明，建立记录档案，并区别情况设置专门机构或者指定专人负责管理。

文物保护单位保护范围、建设控制地带的划定和保护，应当列为本行政区域城乡建设总体规划和详细规划的内容。

第七条　文物保护单位保护范围和建设控制地带内的下列要素应当予以保护：

（一）组成文物保护单位的各单体建筑物、构筑物、附属建筑、古建筑构件、碑刻、墓葬、遗址、古树名木；

（二）附着于文物保护单位与其同期或者后期添加的、确有保存意义的雕塑、装饰、题记、加固或者改建物；

（三）建设控制地带以内与文物保护单位相关的历史建筑物、纪念建筑物、街区及其他人文和自然环境风貌等。

第八条　国务院核定公布的历史文化名城、省人民政府核定公布的历史文化街区、村镇，其所在地人民政府应当全面规划，采取有效措施，加强管理和保护。

世界文化遗产所在地的县级以上人民政府应当加强对本行政区域内的世界文化遗产的保护，按照世界文化遗产保护国际公约和国家有关规定制定保护规划和保护措施，并公布实施。

第九条　在文物保护单位的保护范围内，除因特殊情况需要按照法定程序报经批准外，不得进行与文物保护无关的建设工程，不得进行爆破、钻探、挖掘等作业。

在文物保护单位的建设控制地带内，不得建设危及文物安全的设施，不得修建与文物保护单位的历史风貌和环境风貌不相协调的建筑物或者构筑物；工程设计方案应当根据文物保护单位的保护级别，经相应的文物行政部门同意后，报建设规划行政部门批准。

对文物保护单位保护范围和建设控制地带内已有的危及文物保护单位安全、污染文物保护单位及其周边环境、影响文物保护单位历史风貌及景观的设施，所在地人民政府应当采取措施限期治理。

第十条　建设工程选址，应当避开文物保护单位；因重大特殊情况不能避开的，应当实施原址保护；无法实施原址保护、必须进行迁移或者拆除的，应当依照有关法律、法规的规定进行。

尚未核定公布为文物保护单位的不可移动文物，需要迁移异地保护或者确需拆除的，应当报省文物行政部门批准。

需要迁移异地保护的不可移动文物的搬迁与复建，应当做好资料记录，制订保护方案，落实复建地址和经费。搬迁与复建工作应当同步进行，并由省文物行政部门组织验收。

第十一条 非国有不可移动文物有损毁危险的，所有人应当采取积极保护措施，不具备修缮能力的，当地人民政府应当给予帮助；所有人具备修缮能力而拒不依法履行修缮义务的，县级以上人民政府可以给予抢救修缮，所需费用由所有人负担。

县级以上人民政府根据文物保护的需要，并与非国有不可移动文物的所有人协商，可以置换或者征购其所有的不可移动文物。

第十二条 文物保护单位的修缮、抢险加固，应当根据文物保护单位的级别报相应的文物行政部门批准；变更修缮、抢险加固方案的，必须经原审批机关批准。

文物保护单位的修缮、迁移、重建，应当由取得文物保护资质证书的单位承担勘察设计、施工、监理。

第十三条 国有不可移动文物不得转让、抵押。建立博物馆、保管所或者辟为参观游览场所的国有文物保护单位，不得作为企业资产经营；其门票收入，应当用于文物保护。

使用不可移动文物，必须遵守不改变文物原状的原则，并依法接受文物行政部门的管理、监督。

第十四条 一切考古发掘，必须经过省文物行政部门报国务院文物行政部门或者国务院批准后方可进行。

除国务院文物行政部门按规定调用重要出土文物外，本省境内考古发掘的出土文物统一由省文物行政部门指定国有文物收藏单位收藏。

第十五条 进行大型基本建设工程，建设单位应当事先报请省文物行政部门组织从事文物考古发掘的单位在工程范围内有可能埋藏文物的地方进行考古调查、勘探。

在工程建设、生产活动以及房屋拆迁过程中发现文物或者可能属于文物的，施工、生产单位和个人必须及时停止施工、生产，保护现场，并立即报告当地文物行政部门。文物行政部门接到报告后，如无特殊情况，应当在24小时内赶到现场，并在7日内提出处理意见；发现重要文物的，应当立即上报国务院文物行政部门。当地公安机关应当协助做好现场安全保卫工作。

需要考古发掘的，文物行政部门应当依照法定程序迅速组织考古发掘，考古发掘结束后应当立即通知恢复施工、生产。

任何单位和个人不得阻扰文物行政部门和考古发掘单位及其工作人员依法进行调查、勘探和考古发掘工作。

第十六条 因基本建设和生产建设需要而进行的考古调查、勘探、发掘，所需费用列入建设工程预算，由建设单位支付。具体支付标准和办法由省财政、价格主管部门会同文物行政部门制定。

第十七条 古墓葬、古文化遗址保护范围内原已建成的工程设施和建设项目，不得再行增加建设项目和扩大生产规模。因生产活动可能造成对重要文物破坏的，所在地县级以上人民政府及其文物行政部门应当督促该生产单位及其上级主管部门采取措施，确保文物安全。

古墓葬、古文化遗址保护范围内已经开辟有耕地的，在生产、生活活动中应当接受文物行政部门的指导、管理，保护好自然植被，防止水土流失。对文物埋藏较浅的耕地，地方人民政府应当采取措施，实行退耕保护。

第十八条 设立博物馆以及具有博物馆性质的纪念馆、陈列馆等文物收藏单位，应当以收藏、展示文物和进行相关科学研究为主要目的，并具备以下条件：

（一）有固定的场所、库房；

（二）有必要的经费来源；

（三）有一定数量的藏品；

（四）有与文物收藏任务相适应的专业技术人员；

（五）有符合规定的安全、消防设施并达到风险等级防护标准；

（六）法律、法规规定的其他条件。

设立文物收藏单位，应当报省文物行政部门备案。

第十九条 博物馆、纪念馆、陈列馆和其他文物收藏单位对收藏的文物，应当按照国家有关规定区分等级，设置藏品档案，并报主管的文物行政部门备案。馆藏文物等级区分不准确、文物藏品档案不完整的，文物行政部门应当责令其改正。

凡不具备收藏珍贵文物条件的国有文物收藏单位，其收藏的珍贵文物，文物行政部门可以指定具备条件的国有文物收藏单位代为收藏。文物收藏单位与代为收藏单位的权利和义务由双方协商确定。

文物收藏单位可以根据其收藏的性质和任务征集藏品。

第二十条 文物收藏单位的法定代表人对馆藏文物的安全负责。国有文物收藏单位应当定期对馆藏文物进行清查盘点。国有文物收藏单位的法定代表人离任时，必须按照馆藏文物档案办理馆藏文物移交手续，并由主管的文物行政部门作出书面检查结论。

未经国务院文物行政部门或者省文物行政部门批准，任何单位或者个人不得调取国有文物收藏单位馆藏文物。

国有文物收藏单位经批准进行文物调拨、交换、出借所得的补偿费用，必须用于改善文物的收藏条件和征集文物，任何单位或者个人不得侵占、挪用。

第二十一条 复制、拓印、修复馆藏一级文物的，应当报国务院文物行政部门批准；复制、拓印、修复馆藏二级文物、三级文物的，应当报省文物行政部门批准。

从事文物复制、拓印、修复的，应当报省文物行政部门批准，取得相应等级的资质证书，并由文物行政部门统一管理。文物复制品应当作出复制的标识、说明；不得以文物复制品冒充文物或者以文物仿制品冒充文物复制品，进行销售和宣传。

第二十二条　文物保护单位在条件具备、保障文物安全的前提下，应当辟为参观游览场所，向公众开放。开放内容和接待容量应当根据其总体保护规划确定。

文物收藏单位应当采取多种形式，陈列、展示所收藏的文物。国有文物收藏单位应当对学生、现役军人、老年人、残疾人等特殊社会群体实行门票减免。

文物行政部门应当向社会提供必要的文物资源信息，并对文物利用进行指导和监督。

第二十三条　设立文物商店，应当依照法律、行政法规的规定，办理工商营业执照，报省文物行政部门批准。

依法设立的拍卖企业经营文物拍卖的，应当取得省文物行政部门颁发的文物拍卖许可证。

文物商店应当对购买、销售的文物做出记录，并于购买、销售之日起 3 个月内向原审核的文物行政部门备案；文物拍卖企业应当对拍卖的文物做出记录，并将拍卖的文物记录于拍卖结束之日起 3 个月内向原审核的文物行政部门备案。

第二十四条　文物收藏单位以外的公民、法人和其他组织可以通过依法继承或者接受赠与、从文物商店购买、文物拍卖企业拍卖、相互交换或者依法转让等合法方式取得文物，其收藏的文物可以依法流通，但法律、法规禁止流通的文物除外。

第二十五条　县级以上人民政府应当将保证文物安全纳入领导责任制，古墓葬、古文化遗址保护任务较重的地方应当建立县、乡、村三级文物保护责任制。文物保护单位和文物收藏单位应当建立健全安全保卫及消防安全责任制。

重要的文物保护单位和文物收藏单位应当设置安全保卫组织或者配备专门人员，负责文物的安全保卫工作，并接受公安机关的业务指导和监督。

古墓葬、古文化遗址保护任务较重地方的县级人民政府，应当聘请适当数量的看护古墓葬、古文化遗址的人员，并给予经费补助。

县级以上文物行政部门应当设立并向社会公布文物保护举报电话，及时受理文物保护、文物管理、文物安全等方面的投诉。

第二十六条　文物保护单位和文物收藏单位的安全消防设施应当达到相应的风险等级防护标准，并做好设备器材的更新和定期维护工作。

文物古建筑内禁止存放易燃、易爆物品。

在属于文物保护单位的宗教活动场所内焚香、化纸、燃烛、燃灯的，应当在指定地点进行，并设专人管理。

第二十七条　文物出境、入境应当按照法律、法规规定的程序办理。

海关、公安、工商行政部门和其他机关依法收缴的文物，应当在结案后 3 个月内无偿移交文物行政部门依法处理。

第二十八条　为制作出版物、音像制品，或者因新闻宣传、科学研究等需要拍摄馆藏文物和文物建筑的，拍摄单位应当服从文物行政部门监督管理，确保文物安全。

第二十九条 违反本办法，造成文物灭失、损毁的，依法承担赔偿、修复等民事责任；依照有关法律、法规，应当由文物、建设规划、工商行政、公安等行政部门予以处罚的，从其规定；破坏、盗窃、盗掘、走私、非法侵占和出售文物等构成犯罪的，由司法机关依法追究刑事责任。

第三十条 违反本办法第十五条，在工程建设、生产活动以及房屋拆迁过程中发现文物或者可能属于文物，在文物行政部门通知停工后仍强行施工、生产，或者在考古发掘结束前擅自恢复施工、生产的，由文物行政部门予以制止，责令采取补救措施；尚未造成严重后果的，由县级以上文物行政部门处以5千元以上5万元以下罚款；造成严重后果的，处以5万元以上50万元以下罚款。

海关、公安、工商行政部门依法没收的文物，逾期不按规定移交的，由同级人民政府责令其限期移交，并可对负有责任的主管人员和其他直接责任人员给予行政处分。

文物行政部门以及公安、工商行政、海关、建设规划等部门，违反本办法玩忽职守、滥用职权、徇私舞弊，造成珍贵文物损毁或者流失的，对负有责任的主管人员和其他直接责任人员给予行政处分；构成犯罪的，依法追究刑事责任。

第三十一条 本办法自2006年2月1日起施行。湖北省第六届人民代表大会常务委员会第十八次会议通过、1993年9月20日湖北省第八届人民代表大会常务委员会第三次会议修正的《湖北省文物保护管理实施办法》同时废止。

湖　南

湖南省文物保护条例

（2005 年 9 月 29 日经湖南省第十届人民代表大会常务委员会第十七次会议通过
自 2005 年 11 月 1 日起施行）

第一章　总　则

第一条　根据《中华人民共和国文物保护法》和《中华人民共和国文物保护法实施条例》，结合本省实际，制定本条例。

第二条　本省行政区域内属于《中华人民共和国文物保护法》第二条规定的文物的保护，适用本条例。

第三条　各级人民政府负责本行政区域内的文物保护工作。

县级以上人民政府文物行政部门对本行政区域内的文物保护实施监督管理；园林、宗教、旅游、房产管理、教育等单位，在文物行政部门的监督和指导下，对其所管理的文物保护单位进行保护和管理；其他有关部门在各自的职责范围内，负责做好文物保护工作。

第四条　县级以上人民政府应当将文物保护事业纳入国民经济和社会发展计划，所需文物保护经费列入本级财政预算，并随着财政经常性收入增长而增加。

鼓励通过捐赠等方式依法设立文物保护社会基金，专门用于文物保护。

第五条　各级人民政府应当重视文物保护，贯彻保护为主、抢救第一、合理利用、加强管理的方针，正确处理经济建设、社会发展与文物保护的关系，确保文物安全。

第六条　县级以上人民政府文物行政部门和教育、科技、新闻出版、广播电视等行政部门应当做好文物保护的宣传教育工作，提高全社会的文物保护意识。

任何单位和个人都有依法保护文物的义务，并有权检举、控告和制止破坏文物的行为。

第七条　在文物保护工作中作出显著成绩的单位或者个人，由人民政府或者有关行政部门给予奖励。

第二章　不可移动文物

第八条　县级以上人民政府应当依法对各级文物保护单位划定必要的保护范围，作出标志说明，建立记录档案，并区别情况设置专门机构或者安排专人负责管理。

县级以上人民政府文物行政部门应当根据不同文物的保护需要，制定文物保护单位和尚未核定公布为文物保护单位的不可移动文物的具体保护措施，并公告施行。

对各级文物保护单位和尚未核定公布为文物保护单位的不可移动文物，任何单位和个人不得损毁、侵占。

第九条 全国重点文物保护单位和省级文物保护单位的保护范围，由当地县级人民政府文物行政部门会同规划行政部门提出意见，经省文物行政部门会同规划行政部门划定后，报省人民政府批准公布。其中，全国重点文物保护单位的保护范围，应当报国务院文物行政部门备案。

市级和县级文物保护单位的保护范围分别由设区的市、自治州和县级人民政府文物行政部门会同规划行政部门划定，报同级人民政府批准公布，并报上一级人民政府文物行政部门备案。

第十条 根据文物保护的实际需要，经省人民政府批准，可以在文物保护单位的周围划出一定的建设控制地带。

全国重点文物保护单位和省级文物保护单位的建设控制地带，由当地县级人民政府文物行政部门会同规划行政部门提出意见，经省文物行政部门会同规划行政部门划定后，予以公布；市级和县级文物保护单位的建设控制地带，分别由当地设区的市、自治州和县级人民政府文物行政部门会同规划行政部门划定后，予以公布。

第十一条 在文物保护单位的保护范围内不得有下列行为：

（一）进行其他工程建设或者爆破、钻探、挖掘等作业；

（二）射击、毁林开荒、葬坟等；

（三）存放易燃、易爆、放射性、腐蚀性物品；

（四）污染文物保护单位及其环境；

（五）其他危害文物保护单位安全及其环境的行为。

因特殊情况需要在文物保护单位的保护范围内进行其他工程建设或者爆破、钻探、挖掘等作业的，必须保证文物保护单位的安全，并经核定公布该文物保护单位的人民政府批准，在批准前应当征得上一级人民政府文物行政部门同意；在全国重点文物保护单位的保护范围内进行其他工程建设或者爆破、钻探、挖掘等作业的，必须经省人民政府批准，在批准前应当征得国务院文物行政部门同意。

第十二条 在文物保护单位建设控制地带内进行工程建设，不得破坏文物保护单位的历史风貌，其工程设计方案应当按文物保护单位的级别，事先征得相应的文物行政部门同意，并报规划行政部门批准。

在文物保护单位的保护范围和建设控制地带内，对已有的危害文物保护单位安全或者污染文物保护单位及其环境的设施，当地人民政府应当责令限期治理；对已有的影响文物保护单位历史风貌的建筑物或者构筑物，由当地人民政府组织改建或者搬迁。

第十三条 建设工程选址，应当尽可能避开不可移动文物；因特殊情况不能避开的，对文物保护单位应当尽可能实施原址保护。

尚未核定公布为文物保护单位的不可移动文物，因建设工程特殊需要必须迁移异地保护或者拆除的，经设区的市、自治州人民政府文物行政部门同意后，报县级人民政府批准。

第十四条 不可移动文物的修缮、保养、迁移，必须遵守不改变文物原状的原则。

文物保护单位修缮工程设计方案应当按文物保护单位的级别，报相应的文物行政部门批准；未核定为文物保护单位的不可移动文物修缮工程设计方案，应当报登记的县级人民政府文物行政部门批准。文物保护工程施工应当按照文物行政部门批准的修缮工程设计方案进行；如需变更已批准的修缮工程设计方案中的重要内容，必须经原审批机关批准。

文物保护单位的修缮、迁移、重建，由取得文物保护工程资质证书的单位承担。

第十五条 改变国有文物保护单位的管理体制，应当根据文物保护单位的级别征得上一级人民政府文物行政部门同意，报原核定公布该文物保护单位的人民政府批准。改变全国重点文物保护单位的管理体制，由省人民政府报国务院批准。

第十六条 国有不可移动文物不得转让、抵押。建立博物馆、保管所或者辟为参观游览场所的国有文物保护单位，不得作为企业资产经营。

第十七条 不可移动文物的使用单位，必须遵守不改变文物原状的原则，不得损毁、改建、添建或者拆除不可移动文物，并按照国家有关规定，设置安全消防设施，采取安全措施，负责保护建筑物及其附属文物的安全。

第十八条 县级以上人民政府应当组织规划、建设、文物、国土等部门编制历史文化名城和历史文化街区、村镇的保护规划。

在历史文化街区、村镇进行工程建设，不得破坏其布局、环境和历史风貌。

历史文化街区、村镇的布局、环境、历史风貌等遭到严重破坏，不再符合规定条件的，由省规划行政部门会同省文物行政部门报省人民政府核准撤销，并予以公布。

第三章 考古发掘

第十九条 从事考古发掘工作的单位必须取得国务院文物行政部门批准的资质证书。

考古发掘必须按规定报国务院文物行政部门批准。因建设工程紧迫或者文物面临破坏进行的抢救性发掘，经省文物行政部门同意后可先行发掘，并及时补办发掘批准手续。

配合建设工程进行的考古调查、勘探、发掘，由省文物行政部门组织实施；遇有重要发现的，由省文物行政部门指定发掘单位。

第二十条 考古发掘出土的文物，按照国家规定由省文物行政部门或者国务院文物行政部门指定的国有文物收藏单位收藏，任何单位或者个人不得隐匿、侵占、扣留。经省文物行政部门或者国务院文物行政部门批准，从事考古发掘的单位可以保留少量出土文物作为科研标本。

第二十一条　县级以上人民政府应当组织文物等行政部门对本行政区域内的地下文物进行勘查，划定地下文物埋藏区，并予以公布。

第二十二条　在文物埋藏区内进行工程建设，建设单位取得建设项目选址意见书后，应当向省文物行政部门或者其委托的设区的市、自治州人民政府文物行政部门申请考古调查、勘探。

在文物埋藏区以外进行大型工程建设，建设单位应当按照前款规定的程序申请考古调查、勘探。

考古调查、勘探中发现文物的，由当地人民政府文物行政部门会同建设单位共同商定保护措施；遇有重要发现的，由省文物行政部门及时报国务院文物行政部门处理。

第二十三条　任何单位和个人在工程建设或者生产活动中，发现地下文物，应当立即停止施工或者生产，保护现场，并及时报告当地人民政府文物行政部门。

文物行政部门接到报告后，应当在二十四小时内赶到现场，并在三日内提出处理意见。

第二十四条　任何单位和个人不得阻挠文物行政部门和考古发掘单位的工作人员进行考古调查、勘探、发掘。在考古发掘结束前，任何单位和个人不得擅自在考古发掘区域内继续施工或者进行生产活动。

考古发掘结束后，组织发掘工作的文物行政部门应当立即将处理意见书面通知建设单位。

第二十五条　配合建设工程进行的考古调查、勘探、发掘所需费用，列入建设单位工程预算，由建设单位支付。具体办法按照国家有关规定执行。

第四章　馆藏文物和民间收藏文物

第二十六条　博物馆、纪念馆和其他文物收藏单位的文物库房和文物陈列展览区，应当按照国家有关规定，配备安全消防设施，并达到风险等级安全防护标准。公安机关应当将文物收藏单位列为重点安全防范单位。

对不具备收藏珍贵文物条件的国有文物收藏单位收藏的珍贵文物，省文物行政部门可以指定具备条件的文物收藏单位代为收藏。

第二十七条　文物收藏单位应当建立严格的管理制度，对收藏的文物进行鉴定，区分等级，逐件登记，设置藏品档案并报主管的文物行政部门备案。具体办法由省文物行政部门制定。

设区的市、自治州和县级人民政府文物行政部门应当建立本行政区域内的馆藏文物档案；省文物行政部门应当建立全省馆藏三级以上文物档案，并将一级文物藏品档案报国务院文物行政部门备案。

第二十八条　文物收藏单位的法定代表人对馆藏文物的安全负责。国有文物收藏单位的法定代表人离任时，应当办理馆藏文物移交手续，并接受文物行政部门的指导和监督。

第二十九条 省文物行政部门可以调拨本行政区域内国有文物收藏单位馆藏文物。

国有文物收藏单位文物藏品的交换，应当按照国家规定，严格履行报批手续。交换馆藏二、三级文物，应当报省文物行政部门批准；交换馆藏一级文物，由省文物行政部门报国务院文物行政部门批准。

第三十条 文物收藏单位以外的公民、法人和其他组织，可以收藏通过合法方式取得的文物，其收藏的文物除国家禁止流通的以外，可以依法采取捐赠、交换、转让或者通过文物拍卖企业拍卖等方式进行流通。国家机关、部队、国有企业事业单位收藏、保管的文物属于国家所有，非经国家允许，不得进行买卖。

鼓励文物收藏单位以外的公民、法人和其他组织将其收藏的文物捐赠给国有文物收藏单位或者出借给文物收藏单位展览和研究。

第三十一条 文物行政部门和工商行政管理部门应当加强对文物经营活动的监督管理。

文物的购销，由国务院文物行政部门或者省文物行政部门依法批准设立的文物商店经营；文物的拍卖，由取得国务院文物行政部门颁发的文物拍卖许可证的拍卖企业经营。其他单位或者个人不得从事文物的购销、拍卖等商业经营活动。

第三十二条 人民法院、人民检察院、公安机关、海关和工商行政管理部门依法没收的文物，应当登记造册，妥善保管，结案后及时、无偿移交文物行政部门，由文物行政部门指定的国有文物收藏单位收藏。

第五章 文物利用

第三十三条 各级人民政府应当重视文物保护，正确处理文物保护和利用的关系。

旅游发展，应当遵守文物保护工作的方针，禁止对文物进行破坏性利用。

第三十四条 利用国有文物的参观游览场所，应当从所获得的门票收入中提取一定比例用于文物保护；国有博物馆、纪念馆、文物保护单位等的事业性收入，全部用于文物保护。具体办法由省财政行政部门会同省文物行政等有关部门制定。

第三十五条 文物收藏单位应当充分发挥馆藏文物的作用，通过举办展览、科学研究等活动，加强对中华民族优秀的历史文化和革命传统的宣传教育。

第三十六条 核定公布为文物保护单位的纪念建筑物、古建筑或者代表性建筑，可以在文物行政部门指导下，建立博物馆、纪念馆或者辟为参观游览场所。

第三十七条 博物馆、纪念馆的文物陈列品禁止拍摄的，应当有标志说明。

对文物保护单位进行电影电视拍摄，拍摄单位应当提前十五日向文物所在地文物行政部门提出申请。拍摄时，不得用文物作道具。申请拍摄文物的单位应当采取必要措施确保文物安全，并按照有关规定支付费用。

新闻单位因采访需要拍摄考古发掘现场的，应当经省文物行政部门批准，专题类、直播类拍摄活动应当由省文物行政部门报国务院文物行政部门批准。

第六章　法律责任

第三十八条　违反本条例第十四条第二款规定，未经批准擅自对文物保护单位进行修缮或者擅自变更已批准的文物保护单位修缮工程设计方案中的重要内容进行施工的，由文物行政部门责令改正；明显改变文物原状的，处五万元以上五十万元以下罚款。

第三十九条　违反本条例第二十二条第一款、第二款规定，未经考古调查、勘探进行工程建设的，由文物行政部门责令改正。

第四十条　违反本条例第二十三条第一款、第二十四条第一款规定的，由文物行政部门责令停止施工或者生产活动；必要时，文物行政部门可以报请当地人民政府通知公安机关协助保护现场。

第四十一条　人民法院、人民检察院、公安机关、海关和工商行政管理部门违反本条例第三十二条规定，对依法没收的文物结案后不及时移交或者未按规定无偿移交文物行政部门的，对直接负责的主管人员和其他直接责任人员依法给予行政处分。

第四十二条　国家行政机关工作人员违反本条例规定，滥用职权、玩忽职守、徇私舞弊的，依法给予行政处分。

第四十三条　违反本条例规定，造成文物损毁、灭失的，依法承担民事责任；构成犯罪的，依法追究刑事责任。

第四十四条　违反本条例其他规定，《中华人民共和国文物保护法》和其他有关法律法规规定了法律责任的，依照有关法律法规给予处罚。

第七章　附　则

第四十五条　本条例自 2005 年 11 月 1 日起施行。1986 年 9 月 27 日湖南省第六届人民代表大会常务委员会第二十一次会议通过的《湖南省文物保护条例》同时废止。

广 东

广东省实施《中华人民共和国文物保护法》办法

（2008 年 11 月 28 日广东省第十一届人民代表大会常务委员会第七次会议通过　自 2009 年
3 月 1 日起施行　根据 2014 年 9 月 25 日广东省第十二届人民代表大会常务委员会
第十一次会议《关于修改〈广东省商品房预售管理条例〉等二十七项地方性法规的决定》修正）

第一条　为实施《中华人民共和国文物保护法》，结合本省实际，制定本办法。

第二条　本办法适用于本省行政区域内文物的保护、利用和管理。

第三条　文物工作贯彻保护为主、抢救第一、合理利用、加强管理的方针。

第四条　属于国家所有的文物，其所有权受法律保护，不容侵犯。

属于集体所有和私人所有的纪念建筑物、古建筑和祖传文物以及依法取得的其他文物，其所
有权受法律保护。文物的所有者必须遵守国家有关文物保护的法律、法规的规定。

第五条　各级人民政府负责本行政区域内的文物保护工作。

县级以上人民政府文物行政主管部门对本行政区域内的文物保护实施监督管理。

县级以上人民政府有关行政部门在各自职责范围内，负责有关的文物保护工作。

第六条　各级人民政府应当重视文物保护，正确处理经济建设、社会发展与文物保护的关系，
确保文物安全。

基本建设、旅游发展必须遵守文物保护工作的方针，其活动不得对文物造成损害。

第七条　各级文物管理委员会在本级人民政府的领导下负责协调、研究和审议文物保护管理
工作中的重要事项。

乡镇文化站、文物保护管理所、村民委员会、居民委员会等应当在文物行政主管部门指导下
开展相应的文物保护工作。

第八条　县级以上人民政府应当将文物保护事业纳入本级国民经济和社会发展规划，所需经
费列入本级财政预算。用于文物保护的财政拨款应当随着财政收入增长而增加。

文物保护事业可以接受社会捐赠和吸纳社会资金投入。具体办法由省人民政府在本办法施行
之日起一年内制定。

第九条　利用国有文物保护单位开辟参观旅游场所，其门票收入应当在财政部门的监管下，
全部用于文物保护，其中用于文物保护单位的修缮、保养的比例不得低于百分之五十。

第十条　县级以上文物行政主管部门和教育、科技、新闻出版、广播电视行政主管部门以及报刊、广播、电视、互联网等媒体，应当加强文物保护的宣传教育工作，增强全社会的文物保护意识。

第十一条　公民、法人和其他组织都有依法保护文物的义务，并享有劝止、检举和控告违反文物保护法律法规行为的权利。

第十二条　文物分为不可移动文物和可移动文物。

古文化遗址、古墓葬、古建筑、石窟寺、石刻、壁画、近代现代重要史迹和代表性建筑等不可移动文物，根据它们的历史、艺术、科学价值，可以分别确定为全国重点文物保护单位，省级文物保护单位，市、县级文物保护单位。

历史上各时代重要实物、艺术品、文献、手稿、图书资料、代表性实物等可移动文物，分为珍贵文物和一般文物；珍贵文物分为一级文物、二级文物、三级文物。

第十三条　全国重点文物保护单位的申报和核定公布，依照有关法律法规的规定执行。

省级文物保护单位，由其所在地文物行政主管部门向上一级文物行政主管部门申报，经省文物行政主管部门组织专家评审通过后，报省人民政府核定公布，并报国务院备案。新发现的具有重要价值的不可移动文物，所在地文物行政主管部门在申报省级文物保护单位前，应当先征得本级人民政府同意。

市、县级文物保护单位，分别由市、县级文物行政主管部门确定，报本级人民政府核定公布，并报省人民政府备案。

尚未核定公布为文物保护单位的不可移动文物，由县级文物行政主管部门对其名称、类别、年代、位置、范围等予以登记并公布，作出标志说明，建立记录档案。

第十四条　申报省级文物保护单位的，应当具备下列条件：

（一）已拟定保护范围和建设控制地带的划定方案；

（二）已作出标志说明；

（三）已建立记录档案；

（四）已设置专门机构或者指定专人负责管理。

第十五条　县级以上文物行政主管部门应当根据不同文物的保护需要，自文物保护单位核定公布和尚未核定公布为文物保护单位的不可移动文物登记公布之日起一年内制定具体保护措施，并公告施行。

第十六条　县级以上人民政府应当组织编制本辖区内文物保护单位的保护规划。文物保护单位的保护规划可根据文物保护单位的规模和复杂程度分为总体规划和专项规划。

全国重点文物保护单位的保护规划，应当经省文物行政主管部门会同建设等部门组织评审并征得国务院文物行政主管部门同意后，报省人民政府批准公布。

省级和市、县级文物保护单位的保护规划，经同级文物行政主管部门会同规划等行政主管部门组织评审后，由本级人民政府批准公布。

第十七条　在文物保护单位建设控制地带内修建的建筑物或者构筑物，其形式、高度、体量、色调等必须与文物保护单位的历史风貌相协调；其工程设计方案应当根据文物保护单位的级别，经相应的文物行政主管部门同意后，报规划行政主管部门批准。

第十八条　公民、法人和其他组织使用、管理不可移动文物的，当地文物行政主管部门应当组织专家论证，与使用者或者管理者签订保护协议，并报上一级文物行政主管部门备案。

公民、法人和其他组织使用、管理不可移动文物，必须接受文物行政主管部门的指导和监督，遵守不改变文物原状的原则，保持文物的完整性和真实性，未经文物行政主管部门同意，不得擅自进行装饰、装修。

第十九条　利用纪念建筑物、古建筑、近代现代代表性建筑物等不可移动文物的，不得从事可能危及文物安全及破坏文物历史风貌的活动。

第二十条　严格控制利用文物保护单位拍摄电影、电视以及举办大型文化活动。确需利用文物保护单位拍摄电影、电视或者举办大型文化活动的，拍摄单位或者举办者应当征得文物管理人同意，提出拍摄方案或者活动计划，制定文物保护预案，落实保护措施，并按相关规定报文物行政主管部门审批。

利用文物保护单位拍摄电影、电视以及举办大型文化活动，管理人应当将所得收益用于文物保护。

第二十一条　鼓励和支持非国有文物所有人将文物的所有权、使用权移交所在地人民政府。所有权、使用权移交所在地人民政府的文物，其修缮、修复、保养和管理由所在地人民政府负责。

第二十二条　在文物保护单位的保护范围内，禁止从事下列活动：

（一）存放危害文物安全的易燃、易爆、放射性、腐蚀性危险物品；

（二）擅自从事采石、采矿、取土；

（三）违法排放污水、废气和其他污染物；

（四）其他可能影响文物保护单位安全及其环境的活动。

第二十三条　文物保护单位的原址保护、迁移、拆除，按照有关法律法规的规定执行。

尚未核定公布为文物保护单位的不可移动文物，无法实施原址保护，必须迁移异地保护或者拆除的，建设单位应当做好资料记录并报原登记的县级文物行政主管部门批准。县级文物行政主管部门在批准前应当征得上一级文物行政主管部门同意。

尚未核定公布为文物保护单位的不可移动文物迁移异地保护的，建设单位应当在迁移前制定保护方案，落实复建期限、地址和经费，报原登记的文物行政主管部门核准。工程竣工后，由原登记的文物行政主管部门组织验收。

第二十四条 需要变更国有文物保护单位的管理体制或者隶属关系的，应当根据文物保护单位的级别，由所在地文物行政主管部门征得上一级文物行政主管部门同意后，报原核定公布的人民政府批准；全国重点文物保护单位变更管理体制或者隶属关系的，应当经省人民政府同意并报国务院批准。国有尚未核定公布为文物保护单位的不可移动文物变更管理体制或者隶属关系的，应当报告县级文物行政主管部门。

第二十五条 不可移动文物严重损毁、灭失，丧失保护价值的，应当予以撤销。

省级文物保护单位的撤销，由省人民政府核定公布；市、县级文物保护单位的撤销，经征得上一级文物行政主管部门同意后，由本级人民政府核定公布。

尚未核定公布为文物保护单位的不可移动文物，经征得上一级文物行政主管部门同意后，由原登记的文物行政主管部门撤销。

撤销文物保护单位和尚未核定公布为文物保护单位的不可移动文物，应当由同级文物行政主管部门组织专家论证。

第二十六条 对具有重要历史、艺术、科学价值的水下文物遗存，由省人民政府确定为水下文物保护区，并予以公布。

在水下文物保护区内不得从事危及文物安全的捕捞、爆破等活动。

第二十七条 任何单位和个人发现水下文物或者疑似水下文物时，应当维持现场完整，并立即报告所在地文物行政主管部门，文物行政主管部门接到报告后，应当在七日内提出处理意见。

第二十八条 各级文物行政主管部门应当加强对本行政区域内地下文物勘查工作的管理。

市、县级文物行政主管部门应当根据本地区历史沿革及地下文物分布状况，经组织勘查核实后，将地下文物埋藏比较丰富的地区划定为地下文物埋藏区，报省、市级人民政府核定公布。

土地使用权出让或者划拨涉及地下文物埋藏区的，有关行政部门在办理相关批准手续前，应当征求同级文物行政主管部门的意见。

第二十九条 在地下文物埋藏区进行建设工程的，建设单位应当在施工前报告省文物行政主管部门，省文物行政主管部门应当及时组织从事考古发掘的单位进行考古调查、勘探。发现文物的，由省文物行政主管部门根据文物保护的要求会同建设单位共同商定保护措施。遇有重要发现的，由省文物行政主管部门及时报国务院文物行政主管部门处理。

第三十条 国有文物收藏单位征集文物或者受赠文物必须经过鉴定确认。

征集或者受赠的文物拟确定为珍贵文物的，由省文物行政主管部门组织专家鉴定确认；拟确定为一般文物的，由文物收藏单位组织专家鉴定确认。

第三十一条 借用国有馆藏文物应当具备相应的安全技术防范条件，依法签订文物藏品借用协议，并按规定报文物行政主管部门备案或者批准。

文物藏品借用协议应当包括借用馆藏文物藏品的名称、等级、借用期限、无偿或者有偿方式、保护责任等内容。

第三十二条　文物行政主管部门和工商行政管理部门应当加强对文物商业经营活动的监督管理，依法查处文物违法经营行为。

第三十三条　人民法院、人民检察院、公安机关、海关和工商行政管理等部门依法没收、追缴的文物及古人类化石、古生物化石，应在结案后及时无偿移交省文物行政主管部门，由省文物行政主管部门指定具备条件的国有博物馆收藏保管。

第三十四条　各级人民政府应当建立文物安全责任制，并督促有关部门落实文物安全事故防范措施。

各级文物行政主管部门应当制定本辖区内的重大文物安全事故的防范预案并组织落实，建立定期检查和定期报告制度，及时消除文物安全事故隐患。

重大文物安全事故包括：

（一）全国重点文物保护单位发生被盗、人为破坏、火灾、倒塌的；

（二）省级和市、县级文物保护单位发生严重被盗、大范围人为破坏、重大火灾、大面积倒塌的；

（三）文物收藏单位或者考古工地发生一级文物或者两件以上二级文物或者五件以上三级文物或者十五件以上一般文物损坏或者被盗的；

（四）未经国家或者省文物行政主管部门批准，违法进行考古勘探、发掘，或者虽经批准但不按规定程序发掘，对古墓葬、古文化遗址造成重大破坏或者大量文物流失的；

（五）工程建设前未按规定进行考古勘探，或者在施工中发现文物后不报告当地文物行政主管部门，致使文物遭到严重破坏或者文物被哄抢、私分、藏匿，造成不可弥补损失的；

（六）擅自迁移、拆除不可移动文物，造成文物严重毁损的；

（七）擅自修缮、装饰、装修不可移动文物，明显改变文物原状，后果严重的；

（八）法律法规规定的其他重大文物安全事故。

第三十五条　重大文物安全事故发生后，发生事故的单位应当立即采取措施，保护事故现场，避免事态的扩大和发展，并立即向当地文物行政主管部门报告。文物行政主管部门应当及时赶赴现场进行调查，提出处理意见，同时向本级人民政府和上一级文物行政主管部门报告。接到报告的人民政府应当迅速组织有关部门开展抢救工作。

第三十六条　违反本办法第十八条，擅自对不可移动文物进行装饰、装修，明显改变文物原状的，由县级以上文物行政主管部门责令改正；造成严重后果的，处五万元以上五十万元以下的罚款。

第三十七条　违反本办法第二十二条、第二十六条第二款规定的，由有关行政主管部门依照各自职责分工，依法给予行政处罚；构成犯罪的，依法追究刑事责任。

第三十八条 违反本办法第二十九条，未进行考古调查、勘探而擅自施工的，由县级以上文物行政主管部门责令停止施工；造成严重后果的，处五万元以上五十万元以下罚款。

第三十九条 违反本办法第三十四条、第三十五条规定，发生重大文物安全事故的，根据情节轻重，对负有责任的主管人员和直接责任人员给予行政处分；构成犯罪的，依法追究刑事责任。

第四十条 本办法自 2009 年 3 月 1 日起施行。

广 西

广西壮族自治区民族民间传统文化保护条例

（2005 年 4 月 1 日广西壮族自治区第十届人民代表大会常务委员会
第十三次会议通过　自 2006 年 1 月 1 日起施行）

第一章　总　则

第一条　为了保护、继承和弘扬民族民间优秀传统文化，推动经济和社会发展，促进社会主义物质文明和精神文明建设，根据有关法律、法规，结合本自治区实际，制定本条例。

第二条　在自治区行政区域内，下列具有历史、文学、艺术、科学、社会价值的民族民间传统文化受本条例保护：

（一）濒危的民族古文字和语言；

（二）记录民族民间传统文化的文献资料；

（三）具有代表性的文学、戏剧、曲艺、音乐、舞蹈等民族民间口头和非物质文化；

（四）具有特色的传统民俗文化活动和体育活动；

（五）民族民间传统生产、制作工艺和其他技艺；

（六）集中反映民族民间传统文化的代表性建筑、设施、标识、服饰、器物、工艺制品；

（七）集中反映民族民间传统文化并保存比较完整的自然场所；

（八）其他需要保护的民族民间传统文化形式。

前款所列需要保护的民族民间传统文化具体项目，由自治区人民政府和设区的市人民政府公布民族民间传统文化保护名录予以确认。

第三条　民族民间传统文化保护工作，实行保护为主、抢救第一，合理利用、继承发展的方针，确保民族民间优秀传统文化在得到及时抢救和有效保护的前提下，通过合理的开发利用得到继承和持续发展。

第四条　县级以上人民政府领导本行政区域内的民族民间传统文化保护工作，将民族民间传统文化保护工作纳入本级国民经济和社会发展计划，纳入城乡规划。

第五条　县级以上人民政府应当根据本地实际，对保护民族民间传统文化所需的经费给予保证。

民族民间传统文化保护经费主要用于：

（一）民族民间传统文化重大项目的保护和研究；

（二）征集民族民间传统文化的珍贵资料和实物；

（三）抢救濒危的民族民间传统文化；

（四）民族民间传统文化传承人的培养和资助；

（五）民族民间文化艺术之乡和民族文化生态保护区建设；

（六）出版民族民间传统文化资料和民族民间传统文化研究成果；

（七）表彰、奖励为保护民族民间传统文化做出突出贡献的组织和公民；

（八）民族民间传统文化的其他保护工作。

任何单位和个人不得截留、挪用民族民间传统文化保护经费，审计机关应当对民族民间传统文化保护经费的使用依法进行审计监督。

第六条　鼓励通过社会组织和个人捐赠等方式依法建立民族民间传统文化保护基金，用于保护民族民间传统文化。捐赠者依照《中华人民共和国公益事业捐赠法》的规定，享受税收减免或者其他优惠。

第七条　县级以上人民政府文化行政部门负责组织和管理本行政区域内民族民间传统文化的保护工作。

县级以上人民政府其他行政部门在各自的职责范围内，做好民族民间传统文化保护工作。

第八条　加强民族民间传统文化研究与管理人才的培养，鼓励社会组织和个人从事民族民间传统文化保护工作，促进国内外民族民间传统文化的交流与合作。

第九条　县级以上人民政府鼓励和支持开展健康有益的民族民间传统文化活动。

开展民族民间传统文化活动，必须遵守法律、法规的规定，维护民族团结，不得扰乱公共秩序、侵犯公民合法权益和损害公民身心健康。

第十条　宣传、传承和振兴民族民间优秀传统文化，弘扬民族精神，促进民族团结。

报刊、出版社、电台、电视台、网站等公共传媒采取各种形式介绍、宣传民族民间优秀传统文化。

各级各类学校根据实际，开展民族民间优秀传统文化教育活动。

第二章　抢救与保护

第十一条　县级以上人民政府文化行政部门应当组织本行政区域内民族民间传统文化的普查、搜集、整理和研究工作，建立民族民间传统文化保护档案。

第十二条　民族民间传统文化实行分级保护制度，建立民族民间传统文化保护名录。

建立民族民间传统文化保护名录应当遵守下列规定：

（一）设区的市级民族民间传统文化保护名录，经设区的市人民政府文化行政部门组织专家评审后，由本级人民政府核定公布，并报自治区人民政府文化行政部门备案；

（二）自治区级民族民间传统文化保护名录，由自治区人民政府文化行政部门组织专家评审后提出，报自治区人民政府核定公布。

第十三条 县级以上人民政府应当及时组织抢救濒危、有重要价值的民族民间传统文化。

县级以上人民政府文化行政部门应当对重要的民族民间传统文化资料进行系统整理，根据需要选编出版，并采用先进技术长期保存重要的民族民间传统文化资料、实物。

抢救、整理、出版民族民间传统文化资料，应当尊重民族风俗习惯，保持其原有内涵和风貌。

第十四条 列入自治区级民族民间传统文化保护名录，并经自治区人民政府文化行政部门报自治区人民政府认定为限制经营、出境的民族民间传统文化，其原始资料和实物未经批准不得经营、出境。因特殊情况需要经营、出境的，应当向自治区人民政府文化行政部门提出申请，由自治区人民政府文化行政部门报自治区人民政府批准。

第十五条 列入民族民间传统文化保护名录的项目，需要保密的，由自治区人民政府文化行政部门报请有关部门确定密级后，依法实施保密管理。

第三章　传承与命名

第十六条 对符合下列条件之一的公民，可以命名为民族民间传统文化传承人：

（一）通晓本民族或者本区域某种民族民间传统文化形式、内涵、活动程序；

（二）熟练掌握某种民族民间传统技艺，在本区域内有较大影响；

（三）掌握和保存重要的民族民间传统文化原始文献和其他资料、实物，并对其有一定研究。

第十七条 对符合下列条件的单位，可以命名为民族民间传统文化传承单位：

（一）以弘扬民族民间传统文化为宗旨，经常开展民族民间传统文化活动；

（二）掌握某种民族民间传统文化形式，并在研究、传播方面取得显著成绩；

（三）有效保存该民族民间传统文化形式的资料或者实物。

第十八条 命名民族民间传统文化传承人、传承单位，由符合条件的公民、单位向其所在地县级人民政府提出申请，经设区的市人民政府组织专家评审后，自治区人民政府文化行政部门对评审结果进行确认并予以公告，公告期为六十日。公告期内无异议或者经审核异议不成立的，由自治区人民政府文化行政部门报自治区人民政府核定公布。

第十九条 符合下列条件的县（市）、乡（镇），可以命名为民族民间文化艺术之乡：

（一）具有悠久历史、民族或者地方特色鲜明、世代传承的传统文化艺术表现形式；

（二）该文化艺术在当地具有广泛的群众基础；

（三）当地民族民间传统文化保护工作取得显著成绩。

第二十条 具有代表性的、集中反映原生态民族民间传统文化的民族聚居区域，符合下列条件的，可以设立民族文化生态保护区：

（一）居住相对集中，居民语言相通；

（二）建筑风格独特，并具有一定的规模，或者自然环境独特；

（三）生产、生活习俗特点突出，保持较好，有研究价值和传承意义。

第二十一条 命名民族民间文化艺术之乡、设立民族文化生态保护区，由所在地县级人民政府申报，经设区的市人民政府组织专家评审后，由自治区人民政府文化行政部门报自治区人民政府核定公布。

命名民族民间文化艺术之乡、设立民族文化生态保护区，应当尊重当地各民族的意愿，正确处理民族民间传统文化保护与经济发展、提高居民生活质量的关系，倡导健康、文明、进步的生活方式。

第二十二条 民族文化生态保护区经核定公布后，由自治区人民政府划定必要的保护范围，作出标志说明，建立记录档案。在民族文化生态保护区内建设其他工程项目的，应当有利于保护该保护区的文化生态与自然生态；建设单位在进行选址和工程设计时，应当根据自治区人民政府文化行政部门的意见制定保护方案，并将保护方案列入可行性研究报告或者设计任务书。

第二十三条 传承人、传承单位和民族民间文化艺术之乡丧失命名条件的，其命名由自治区人民政府予以取消。

民族文化生态保护区丧失设立条件的，由自治区人民政府予以取消。

第四章　管理与利用

第二十四条 县级以上人民政府应当组织有关部门依法做好民族民间传统文化的管理与利用工作，鼓励和支持企业事业单位、其他组织和个人结合本地实际，在依法保护的前提下发掘和利用民族民间传统文化资源，发展民族文化产业，促进本地区经济发展和社会进步。

第二十五条 自治区人民政府文化行政部门应当会同民族、城乡规划、旅游、国土资源、环境保护、林业、水利、交通等有关部门编制自治区民族民间传统文化保护利用的总体规划，报自治区人民政府批准后组织实施。

设区的市、县人民政府文化行政部门根据自治区民族民间传统文化保护利用的总体规划，编制本行政区域的保护利用规划，经本级人民政府批准后组织实施并报上一级人民政府备案。

第二十六条 编制民族民间传统文化保护利用规划应当遵循下列原则：

（一）贯彻执行国家有关抢救和保护、开发和利用民族民间传统文化的法律、法规，正确处理保护与开发、近期与远期、局部与整体的关系；

（二）民族文化生态保护区的规划应当与当地国民经济与社会发展规划、城市总体规划、土地利用总体规划、村镇规划等相衔接；

（三）必须保持自然景观和人文景观的原有风貌，突出当地民族民间传统文化特色；

第二十七条　县级以上人民政府应当结合当地的民族民间传统文化资源，鼓励开发具有民族特色和经济价值的民族民间传统文化产品，拓展民族民间文化旅游服务，促进民族民间文化产业的发展。

第二十八条　县级以上人民政府文化行政部门应当有计划地组织开展民族民间优秀传统文化的展演和其他展示活动；挖掘、开发健康、有本地特色的民俗活动表演项目，增强其艺术性和观赏性。

第二十九条　县级以上人民政府应当在保持原有风貌特色的前提下，对列入民族民间传统文化保护名录的建筑、设施、标识、场所等进行维护、修缮。

第三十条　公开使用民族民间传统文化形式时，涉及对民族民间传统文化知识产权保护的，依照相关法律法规执行。

第三十一条　公民、法人和其他组织合法收藏的民族民间传统文化资料、实物，其所有权受法律保护。公民、法人和其他组织将其收藏的资料、实物捐赠给国家收藏、研究机构的，受赠单位应当发给证书；捐赠有重要价值的资料、实物，受赠单位应当根据具体情况给予奖励。

第三十二条　县级以上人民政府文化行政部门征集公民、法人和其他组织收藏的民族民间传统文化资料和实物时，应当以自愿为原则，合理作价，并发给证书。

第三十三条　外国团体或者个人到本自治区进行民族民间传统文化学术性考察活动，应当遵守中华人民共和国的有关法律、行政法规和本条例的规定，并接受考察活动所在地人民政府文化行政部门的管理。

第五章　法律责任

第三十四条　违反本条例第五条第三款规定，截留、挪用民族民间传统文化保护经费的，由上级主管机关责令限期归还，有非法所得的，没收非法所得；对直接负责的主管人员和其他直接责任人员，还应当由有关主管机关或者其所在单位依法给予行政处分；构成犯罪的，依法追究刑事责任。

第三十五条　有违反本条例第十四条规定行为的，按下列规定进行处罚：

（一）未经批准经营自治区人民政府限制经营的民族民间传统文化的原始资料和实物的，由县级以上工商行政管理部门没收该资料、实物及其违法所得，可以并处非法经营额 3 倍以下的罚款；非法经营额难以计算的，可以处 1 万元以上 10 万元以下的罚款。

（二）未经批准将自治区人民政府限制出境的民族民间传统文化的原始资料和实物邮寄、运输或者携带出境的，由海关没收该资料和实物。

工商行政管理部门、海关按前款规定没收的资料和实物，应当移交自治区人民政府文化行政部门。

第三十六条 违反本条例第二十二条第二款规定，在民族文化生态保护区范围内进行工程建设，建设单位在进行选址和工程设计时未根据自治区人民政府文化行政部门的意见制定保护方案的，由县级以上人民政府建设行政主管部门责令停止施工、采取补救措施；对民族文化生态保护区已经造成损害的，由建设单位承担赔偿责任。

第三十七条 在进行民族民间传统文化考察、搜集、采访、整理或者研究过程中，不尊重民族风俗习惯，造成不良影响的，由县级以上人民政府文化行政部门责令停止侵害、消除影响；属于国家机关工作人员的，还应当依法给予行政处分。

第三十八条 国家机关工作人员玩忽职守、滥用职权、营私舞弊，致使民族民间传统文化原始资料和实物遭受损坏或者遗失的，由有关主管机关或者其所在单位依法给予行政处分。

第六章　附　则

第三十九条 已被确定为文物或者文物保护单位的民族民间传统文化的原始资料和实物、民族民间传统文化作品，以及依法被授予专利权或者依法被核准为注册商标的民族民间传统文化形式，依照有关法律法规的规定进行保护。

第四十条 本条例自 2006 年 1 月 1 日起施行。

广西壮族自治区文物保护条例

（2013 年 11 月 28 日广西壮族自治区第十二届人民代表大会常务委员会第七次会议通过
自 2014 年 1 月 1 日起施行　根据 2016 年 3 月 31 日广西壮族自治区第十二届人民代表
大会常务委员会第二十二次会议通过的《关于修改〈广西壮族自治区烟草专卖
管理条例〉等三件地方性法规的决定》第一次修正）

第一章　总　则

第一条　为了加强对文物的保护，继承中华民族优秀的历史文化遗产，根据《中华人民共和国文物保护法》以及有关法律、行政法规，结合本自治区实际，制定本条例。

第二条　在本自治区行政区域内，下列文物受保护：

（一）《中华人民共和国文物保护法》规定的受保护的文物；

（二）具有历史、艺术、科学价值的少数民族史迹、陵园墓地、建筑物、纪念物以及民俗用品、民族传统文化典籍资料、岩画等。

文物由县级以上人民政府文物行政部门组织认定。

具有科学价值的古脊椎动物化石和古人类化石同文物一样受保护。

第三条　各级人民政府负责本行政区域内的文物保护工作。

县级以上人民政府文物行政部门对本行政区域内的文物保护实施监督管理，各有关部门在各自职责范围内做好文物保护工作。

第四条　县级以上人民政府应当将文物保护事业纳入国民经济和社会发展规划以及城乡建设规划，所需经费列入本级财政预算，并随着财政收入的增长而增加；城市中的国有不可移动文物，其保护、保养、维修所需经费应当列入城市维护费开支项目。

鼓励公民、法人和其他组织通过捐赠等方式支持文物保护事业。

第五条　各级人民政府以及有关部门应当加强文物保护的宣传教育，提高全民文物保护的意识。

任何单位和个人有依法保护文物的义务，有制止和检举破坏文物行为的权利。

第二章　不可移动文物

第六条　对具有历史、艺术、科学价值的不可移动文物，应当依照《中华人民共和国文物保护法》的规定，核定公布为文物保护单位。文物保护单位分为全国重点文物保护单位、自治区级文物保护单位和市、县级文物保护单位。

尚未核定公布为文物保护单位的不可移动文物，由县级人民政府文物行政部门予以登记公布，参照县级文物保护单位进行管理；不可移动文物所在地未设立县级人民政府文物行政部门的，由设区的市人民政府文物行政部门予以登记公布，参照市级文物保护单位进行管理。

第七条　设区的市或者县级人民政府文物行政部门对具有一定价值的新发现不可移动文物，应当报本级人民政府核定公布为市、县级文物保护单位，具有较大价值的申报为自治区级文物保护单位。

自治区人民政府文物行政部门应当从不可移动文物中，选择具有较大价值的报自治区人民政府核定公布为自治区级文物保护单位，选择具有重大价值的推荐申报为全国重点文物保护单位。

第八条　自治区人民政府和设区的市、县级人民政府分别划定各级文物保护单位必要的保护范围，经自治区人民政府批准，有关部门可以在文物保护单位的周围划出一定的建设控制地带，并予以公布。

第九条　文物保护单位的保护范围内不得进行其他建设工程或者爆破、钻探、挖掘等作业。因特殊情况需要在文物保护单位的保护范围内进行其他建设工程或者爆破、钻探、挖掘等作业的，应当依法履行审批手续。

第十条　在文物保护单位的建设控制地带内进行建设工程，工程设计方案在报城乡建设规划部门批准前，应当征得核定公布该文物保护单位人民政府的文物行政部门同意。

在文物保护单位的建设控制地带内进行建设工程，应当与文物保护单位周围的环境风貌相协调，不得危及文物安全，不得破坏文物保护单位的历史风貌，不得影响文物保护单位环境。

第十一条　经批准在文物保护单位的保护范围内进行建设工程或者爆破、钻探、挖掘等作业以及在建设控制地带内进行建设工程的，建设单位应当在项目动工前制定文物保护措施，并根据文物保护单位的级别征求相应人民政府文物行政部门的意见，人民政府文物行政部门应当给予指导。

进行建设工程或者爆破、钻探、挖掘等作业涉及已登记公布但未核定为文物保护单位的不可移动文物，建设单位应当参照前款规定制定文物保护措施。

第十二条　因特殊需要迁移异地保护或者拆除自治区、市、县级文物保护单位的，应当报自治区人民政府批准。迁移或者拆除自治区级文物保护单位的，批准前，须征得国务院文物行政部门同意。全国重点文物保护单位不得拆除，需要迁移的由自治区人民政府报国务院批准。

经批准迁移异地保护或者拆除的，建设单位应当会同人民政府文物行政部门做好文物保护单位的测绘、记录、照相等资料收集工作，对具有收藏价值的壁画、雕塑、建筑构件等，由人民政府文物行政部门指定的文物收藏单位收藏。对迁移的建筑物，按原状、原材料在新址修复。

迁移异地保护或者拆除所需经费，由建设单位列入建设工程预算。

第十三条 变更文物保护单位行政隶属关系的，由核定公布该文物保护单位的人民政府批准，批准前应当征求上一级人民政府文物行政部门的意见。

已经公布为文物保护单位的不得撤销。文物保护单位因自然灾害等不可抗力灭失的，核定公布该文物保护单位的人民政府可以将其注销，在注销前应当组织专家论证，并征得上一级人民政府文物行政部门同意。

第十四条 公民、法人和其他组织使用不可移动文物的，应当与不可移动文物所在地设区的市或者县级人民政府文物行政部门签订使用文物安全责任书，约定使用文物及其附属物的安全、保养和修缮责任。

第三章　考古发掘

第十五条 自治区行政区域内洞穴、地下、水域埋藏的文物，任何单位和个人不得擅自挖掘和占有。

需要进行考古发掘的，应当按照国家规定履行报批手续。

第十六条 因建设工程工期紧迫或者有自然破坏的危险，急需进行抢救性发掘的古文化遗址、古墓葬等文物，由自治区人民政府文物行政部门组织考古发掘单位进行发掘，同时补办批准手续。

第十七条 考古发掘工作，应当严格执行有关工作规程，保证发掘质量。

任何单位和个人不得阻挠、妨碍考古发掘单位依法进行考古调查、勘探和发掘活动。在考古发掘结束前，任何单位和个人不得在考古发掘区域内进行施工、生产或者其他妨碍考古发掘的活动。

考古调查、勘探、发掘出土的文物由自治区人民政府文物行政部门指定的国有文物收藏单位收藏。

新闻媒体对考古发掘现场制作专题类、直播类节目，应当经自治区人民政府文物行政部门批准。

第十八条 进行大型基本建设工程，建设单位应当事先报请自治区人民政府文物行政部门组织从事考古发掘的单位在工程范围内有可能埋藏文物的区域进行考古调查、勘探；自治区人民政府文物行政部门认为有必要进行考古调查、勘探的中、小型建设项目，可以进行考古调查、勘探。

第十九条 在工程建设和生产活动中发现文物的，建设、生产单位和个人应当立即局部或者全部停工，保护现场，同时报告所在地设区的市或者县级人民政府文物行政部门。设区的市或者县级人民政府文物行政部门接到报告后，应当依法采取保护措施，并可以报请当地人民政府通知公安机关协助保护现场。

在工程建设和生产活动中出土的文物，应当及时移交自治区人民政府文物行政部门指定的文物收藏单位收藏，任何单位和个人不得哄抢、私分、藏匿、变卖、侵占或者损坏。

第四章　馆藏文物和民间收藏文物

第二十条　博物馆、图书馆以及其他文物收藏单位应当按照规定建立藏品保护管理制度和藏品档案，对所收藏的文物要逐件登记，分级造册，账、物分别指定专人保管。

文物收藏单位应当将一、二、三级文物藏品目录报所在地公安机关备案。

第二十一条　文物的等级由自治区人民政府文物行政部门组织鉴定。

第二十二条　县级以上人民政府可以根据本地实际建立博物馆。鼓励和支持公民、法人和其他组织建立博物馆。

县级以上人民政府应当对本级国有文物收藏单位文物库房和设施的建设以及安全保护设备的配置给予保障。

第二十三条　公民、法人和其他组织可以通过合法方式收藏文物，国家禁止流通的文物除外。

鼓励公民、法人和其他组织将其收藏的文物捐赠给文物收藏单位或者出借给文物收藏单位展览和研究。

第二十四条　除经批准的文物商店、经营文物拍卖的拍卖企业外，其他单位或者个人不得从事文物的商业经营活动。

文物商店由自治区人民政府文物行政部门批准设立。文物销售应当使用统一的文物销售专用标识。文物销售专用标识不得买卖、出租、出借、转让，不得伪造、变造。

依法设立的拍卖企业经营文物拍卖的，应当取得自治区文物行政部门颁发的文物拍卖许可证。

第二十五条　文物征集由依法设立的文物收藏单位进行。文物收藏单位的征集人员在征集文物时应当出示文物行政部门制发的证件。文物收藏单位应当自征集活动结束之日起三个月内，将文物征集情况报自治区人民政府文物行政部门。

文物收藏单位征集文物，应当与文物所有人或者持有人签订合同，明确征集文物的名称、数量和权属等内容，并附加征集文物的照片以及相关资料。

第二十六条　依法没收、追缴的文物，有关机关应当在结案后三十日内连同有关资料无偿移交同级人民政府文物行政部门指定的文物收藏单位收藏。

第五章　文物的保护和利用

第二十七条　县级以上人民政府应当组织编制文物保护单位的保护规划。全国重点文物保护单位和自治区级文物保护单位的保护规划由自治区人民政府组织编制，市、县级文物保护单位的保护规划由设区的市、县级人民政府组织编制。自治区、市、县级文物保护单位的保护规划经相应的人民政府批准后向社会公布。

第二十八条 县级以上人民政府应当组织制定本行政区域内文物安全突发事件专项应急预案；文物行政部门应当制定文物安全突发事件部门应急预案。文物保护单位、文物收藏单位应当制定文物安全突发事件应急预案。

第二十九条 县级以上人民政府文物行政部门以及公安、工商行政、海关、旅游、城乡建设规划等部门应当加强对文物利用和经营活动的监督管理，及时查处盗窃、盗掘、走私、非法经营、破坏文物等违法行为。

第三十条 文物收藏单位应当按照国家有关规定确认风险等级，并按照风险等级进行安全防护管理。

辟为博物馆、纪念馆的文物保护单位和其他文物收藏单位应当建立保卫机构或者配备保卫人员，配置文物保护设备和设施。

第三十一条 国有博物馆、图书馆以及其他文物收藏单位、文物保护单位的文物库房和其他存放文物的场所不具备文物安全技术防范条件的，禁止存放文物，其保管的文物由自治区人民政府文物行政部门指定的文物收藏单位保管。文物安全技术防范不达标的展厅，不得陈列国有一、二、三级文物。

文物安全技术防范设备的种类、数量、性能和安装的部位，电缆的走向、信号的使用以及值班人员的工作规律等，应当建立档案，不得泄露。

第三十二条 禁止刻划、涂污、损坏文物以及损坏文物保护设施。

在文物保护单位的保护范围内禁止下列行为：

（一）损毁文物保护单位标志；

（二）在崖壁上新刻今人、古人的作品；

（三）设置户外广告设施；

（四）燃放烟花爆竹；

（五）葬坟、建窑、取土、采石、捞沙、开矿、毁林；

（六）排放污染物、堆放垃圾；

（七）其他影响文物保护单位安全或者环境的行为。

第三十三条 在文物保护单位的保护范围内和博物馆等文物收藏单位的文物库房附近，禁止存放易燃、易爆、有毒、有腐蚀性等危害文物安全的物品。

第三十四条 文物利用坚持合理、适度的原则。

禁止对文物进行破坏性利用。禁止将国有不可移动文物转让、抵押。禁止将国有文物保护单位作为或者变相作为企业资产经营。

县级以上人民政府文物行政部门对文物的利用实施监督管理，并提供指导和服务。

第三十五条 任何单位和个人未经自治区人民政府文物行政部门批准，不得搭架临摹古代岩画、石窟造像、墓葬壁画和测绘古遗址、古建筑、纪念建筑等。

第三十六条 制作出版物、音像制品等需要拍摄馆藏一级文物和馆藏二级文物的，应当报自治区人民政府文物行政部门批准；拍摄馆藏三级文物的，应当报设区的市人民政府文物行政部门批准。

制作电影、电视、录像、广告以及其他音像制品需要拍摄全国重点文物保护单位、自治区级文物保护单位，或者使用其进行演出的，应当报自治区人民政府文物行政部门批准；需要拍摄市、县级文物保护单位或者使用其进行演出的，应当报设区的市、县级人民政府文物行政部门批准。

经批准进行拍摄或者演出的单位和个人，应当与文物管理者签订协议，约定文物保护措施。

第三十七条 各级人民政府、企业事业单位、社会组织、个人可以利用不可移动文物建立博物馆、纪念馆、教育基地、旅游景点，可以利用馆藏文物举办展览、进行科学研究。

国有博物馆、纪念馆应当按照国家规定免费向社会开放。

第三十八条 利用国有不可移动文物进行经营的，经营者应当从经营收入中提取一定比例上缴文物所在地设区的市或者县级人民政府文物行政部门用于文物保护，具体上缴数额由经营者与设区的市或者县级人民政府文物行政部门在签订使用文物安全责任书中约定。

第六章 法律责任

第三十九条 违反本条例规定的行为，法律、行政法规已有处罚规定的，从其规定。

第四十条 单位或者个人违反本条例规定，有下列行为之一的，由文物所在地人民政府文物行政部门按照下列规定给予处罚，对文物造成损坏的，责令赔偿损失；构成犯罪的，依法追究刑事责任：

（一）违反第十九条第一款规定，建设工程和生产活动中发现文物不停工、不保护现场的，责令限期改正；逾期不改正的，处五万元以上十万元以下罚款；

（二）违反第二十四条第二款规定，买卖、出租、出借、转让、伪造、变造文物销售专用标识的，责令停止违法行为，处一万元以上五万元以下罚款；

（三）违反第二十五条第一款规定，违法进行文物征集的，没收违法征集的文物，违法经营额一万元以上的，处违法经营额二倍以上五倍以下罚款；违法经营额不足一万元的，处五千元以上二万元以下罚款；

（四）违反第三十二条第一款规定，损坏文物保护设施的，责令赔偿损失，处二百元以下罚款；

（五）违反第三十二条第二款第二项规定，在文物保护单位的保护范围内的崖壁上新刻今人、古人作品的，处一万元以上五万元以下罚款；

（六）违反第三十二条第二款第五项规定，在文物保护单位的保护范围内葬坟、建窑、取土、采石、捞沙、开矿、毁林的，责令改正，依法限期拆除、恢复原貌，可以处一万元以上五万元以下罚款；

（七）违反第三十五条规定，擅自搭架进行文物临摹或者测绘的，给予警告，并处五百元以上一千元以下罚款；有文物临摹、测绘图纸的，依法予以没收。

违反本条例第三十二条第一款以及第二款第一项规定，刻划、涂污、损坏文物尚不严重的，或者损毁文物保护单位标志的，由公安机关或者文物行政部门责令赔偿损失，处二百元以下罚款。

第四十一条　违反本条例第三十六条第二款规定，未经批准拍摄文物保护单位或者使用其进行演出的，由文物保护单位所在地人民政府文物行政部门处二万元以上二十万元以下罚款，造成文物以及文物场景损坏的，依法责令限期修复或者依法予以赔偿。

第四十二条　国家机关工作人员违反本条例规定，有下列行为之一的，对负有责任的主管人员和其他直接责任人员依法给予行政处分；构成犯罪的，依法追究刑事责任：

（一）违反第九条规定批准在文物保护单位的保护范围内进行建设工程或者进行爆破、钻探、挖掘等作业的；

（二）不履行监督管理职责，造成文物丢失、损坏、损毁的；

（三）违反第二十六条规定，不移交依法没收、追缴的文物，私自占有的。

第七章　附　则

第四十三条　本条例自 2014 年 1 月 1 日起施行。1993 年 12 月 11 日公布的《广西壮族自治区文物保护管理条例》同时废止。

广西壮族自治区梧州骑楼文化街区保护条例

（2014年3月27日广西壮族自治区第十二届人民代表大会常务委员会
第九次会议通过　自2014年6月1日起施行）

第一条　为了加强梧州骑楼文化街区（以下简称骑楼街区）的保护、管理与利用，传承骑楼建筑风格和促进骑楼文化的发展，根据有关法律、行政法规的规定，制定本条例。

第二条　骑楼街区及其骑楼建筑的保护、管理与利用适用本条例。

骑楼街区东起石鼓路、大东下路、阜民路、南环路，北往大中路、北环路、桂北路至龙母庙，西、南至四坊路、九坊路、五坊路、小南路、南堤路、大南路、西江一路、西江二路所围合的区域，具体保护范围详见梧州骑楼文化街区保护范围图。

骑楼街区分为重点保护区、一般保护区。

第三条　骑楼街区的保护，应当遵循科学规划、保护优先、合理开发利用的原则。

第四条　梧州市人民政府负责骑楼街区的保护和管理，应当将骑楼街区的保护纳入国民经济和社会发展规划，建立骑楼街区保护协调机构，协调、指导、监督骑楼街区保护工作。

梧州市人民政府住房和城乡建设、市政、发展和改革、财政、公安、消防、国土资源、环境保护、商务、工商、文物、旅游等行政主管部门以及骑楼街区所在城区人民政府，应当按照各自职责做好骑楼街区的保护、管理和开发利用工作。

第五条　自治区在政策、项目、资金、技术等方面支持骑楼街区的保护和建设。

第六条　梧州市人民政府应当加强骑楼街区保护资金的筹措工作，确保和推进骑楼街区保护可持续开展。保护资金来源包括：

（一）各级人民政府安排的资金；

（二）社会各界捐赠的资金；

（三）骑楼街区保护和综合整治项目业主单位通过骑楼街区内合理的商业运作方式获得的部分收益；

（四）其他依法筹集的资金。

第七条　梧州市人民政府在开展保护骑楼街区工作中，可以依法相对集中实施行政许可和行政处罚。

第八条 鼓励企业事业单位、社会团体和个人参与骑楼街区的保护。

任何单位和个人有权对骑楼街区的保护和管理工作提出意见和建议，有权制止、举报损害骑楼街区的行为。

第九条 骑楼街区保护总体规划由梧州市人民政府组织编制，报自治区人民政府审批。详细规划由梧州市人民政府住房和城乡建设主管部门组织编制，报梧州市人民政府审批，并向社会公布。

经批准的骑楼街区的总体规划和详细规划，任何单位和个人不得擅自修改。确需修改的，应当依照原审批程序办理。

第十条 在骑楼街区保护范围内从事建设活动，应当符合保护规划的要求，不得损坏或者擅自拆除骑楼建筑，不得对骑楼传统格局和风貌造成破坏性影响。

第十一条 经批准的骑楼街区重点保护区内建筑物重建，应当按照保护规划要求进行，保持骑楼建筑风格。

经批准的骑楼街区一般保护区的建筑物重建，应当与周边骑楼建筑风格相协调。

第十二条 骑楼街区重点保护区骑楼建筑修缮和外立面装饰装修，应当符合有关技术规范、质量标准和保护图则要求，不得改变骑楼建筑风格。

第十三条 骑楼街区重点保护区建筑物所有权人、使用权人应当按照骑楼建筑风格的保护要求，对骑楼建筑物进行修缮和保养。

第十四条 骑楼街区建筑物所有权人确不具备维护和修缮能力的，梧州市人民政府应当给予适当补助；愿意迁出骑楼街区外居住的，政府可以采取收购、置换产权等方式予以保护利用。

出售由政府给予维护和修缮补助的骑楼建筑，在同等条件下，政府可以优先收购。

鼓励和支持单位和个人以各种形式投资或者购买骑楼建筑物，对骑楼建筑物进行保护利用。

第十五条 骑楼街区的广告牌匾、霓虹灯、泛光照明等外部设施应当按照统一规范标准设置。

广告牌匾、霓虹灯、泛光照明等外部设施设置的规范标准，由梧州市人民政府市政主管部门会同住房和城乡建设主管部门制定。

第十六条 梧州市人民政府应当在骑楼街区重点保护范围设置保护标志。

任何单位和个人不得擅自设置、移动、涂改或者损毁保护标志。

第十七条 梧州市人民政府应当挖掘、整理骑楼文化、民俗文化，举办骑楼传统文化活动，展示骑楼文化产品和民间工艺。

传承和保护老商号、传统特色商品以及其他骑楼文化元素。

第十八条 鼓励和支持社会力量在骑楼街区内兴办文化商店、茶楼、粤剧社等与骑楼文化相适应的文化产业、旅游产业以及其他相关产业。

第十九条 在骑楼街区内，禁止下列行为：

（一）擅自对骑楼建筑进行外部修缮装饰、添加设施以及改变骑楼建筑的结构；

（二）占用、堵塞、封闭疏散通道、安全出口、消防车通道；

（三）未经批准在主要街道占道经营；

（四）擅自在街道堆放沙石、杂物；

（五）法律、法规规定的其他行为。

第二十条 违反本条例第九条规定，擅自修改骑楼街区保护总体规划或者详细规划的，对直接负责的主管人员和其他直接责任人员由其所在单位或者相关主管部门依法给予行政处分；构成犯罪的，依法追究刑事责任。

第二十一条 违反本条例第十条规定，在骑楼街区内违反保护规划从事建设活动，损坏或者擅自迁移、拆除骑楼建筑，对骑楼传统格局和风貌造成破坏性影响的，由梧州市人民政府住房和城乡建设主管部门责令其限期恢复原状或者采取其他补救措施；对单位可处以三十万元以下的罚款，对个人可处以五万元以下的罚款；造成严重后果的，对单位处三十万元以上一百万元以下的罚款，对个人处以五万元以上十万元以下的罚款；造成损失的，依法承担赔偿责任。

第二十二条 违反本条例第十五条、第十九条第三项和第四项规定，在骑楼街区内未按照标准设置广告牌匾、霓虹灯、泛光照明等外部设施，在主要街道占道经营，在街道堆放沙石、杂物的，由梧州市人民政府市政主管部门或者其委托的单位依照《城市市容和环境卫生管理条例》有关规定处罚。

第二十三条 违反本条例第十六条第二款规定，擅自设置、移动、涂改或者损毁保护标志的，由梧州市人民政府住房和城乡建设主管部门责令限期改正；逾期不改正的，对单位处一万元以上五万元以下的罚款，对个人处五百元以上五千元以下的罚款。

第二十四条 违反本条例第十九条第一项规定，擅自对骑楼建筑进行外部修缮装饰、添加设施以及改变骑楼建筑结构的，由梧州市人民政府住房和城乡建设主管部门责令停止违法行为，限期恢复原状或者采取其他补救措施；造成严重后果的，对单位处五万元以上十万元以下的罚款，对个人处一万元以上三万元以下的罚款；造成损失的，依法承担赔偿责任。

违反本条例第十九条第二项规定，占用、堵塞、封闭疏散通道、安全出口、消防车通道的，由公安机关消防机构依照《中华人民共和国消防法》有关规定处罚。

第二十五条 本条例自 2014 年 6 月 1 日起施行。

海　南

海南省文物保护管理办法

（1993 年 11 月 26 日海南省人民政府第 23 次常务会议通过　1994 年 2 月 25 日海南省人民政府令第 41 号发布　自发布之日起施行　1997 年海南省人民政府第 147 次、第 153 次、第 167 次常务会议审议通过《海南省人民政府关于修改〈海南省文物保护管理办法〉的决定》　1997 年 12 月 31 日海南省人民政府令第 41 号发布）

第一章　总　则

第一条　为加强文物保护管理，根据《中华人民共和国文物保护法》（以下简称文物保护法）、《中华人民共和国文物保护法实施细则》（以下简称文物保护法实施细则），结合本省实际，制定本办法。

第二条　下列具有历史、艺术、科学价值的文物，受国家保护：

（一）古文化遗址、古建筑、古墓葬、古窖藏、古窑址、古沉船、水下古代村落遗址、石窟造像、摩崖题记、石雕刻、砖刻、木刻；

（二）与重大历史事件、革命运动和著名人物相关的，具有重要纪念意义、教育意义和史料价值的建筑物、遗址、名木古树、纪念物；

（三）历史上各时代有价值的艺术品、工艺美术品；

（四）重要的革命文献资料以及具有收藏价值的手稿、古旧图书资料等；

（五）具有地方特点、民族特点和研究价值的，反映少数民族社会制度、社会生产、社会生活的代表性实物以及典型的民族村寨；

（六）反映帝国主义列强侵华罪证的典型遗存；

（七）与著名爱国华侨相关的建筑物、纪念物和文献资料；

（八）古人类化石、古脊椎动物化石及其他具有科学价值的动植物化石。

第三条　地下、内水和海域遗存的一切文物属于国家所有。国家机关、部队、国有企业、事业组织收藏的文物，属于国家所有。

古文化遗址、古墓葬、石窟寺属于国家所有；国家指定保护的建筑物、古建筑、石刻等，除国家另有规定以外，属于国家所有。

第四条　属于集体所有和私人所有的纪念建筑物、古建筑和传世文物，其所有权受国家法律保护。文物的所有者和使用者必须遵守文物保护法和本办法规定。

第二章　文物保护管理机构与经费

第五条　各级人民政府负责保护本行政区域内的文物，各级文化行政主管部门主管文物工作。

乡（镇）的文物保护管理工作由乡（镇）人民政府负责。

省文化行政主管部门成立由有关专家组成的省文物鉴定机构，负责文物鉴定工作。

第六条　各级财政主管部门应将文物事业费（包括文物保护管理经费和文物、博物馆等事业单位的各项经费和文物、博物馆馆舍基建支出等）列入当地的财政预算和基本建设计划，由同级文化行政主管部门统一管理、专款专用。

本地区有保留价值的近代建筑物的保护维修应列入城市维护费开支项目，具体数额由当地人民政府确定。

各级文化行政主管部门所属文物企业、事业单位的收入，列入当地财政预算，专款专用。

第七条　省设立文物保护基金，用于奖励在文物保护工作中成绩突出的集体和个人，具体办法由省文化行政主管部门制定，报省人民政府批准。

第三章　文物保护单位

第八条　不可移动文物，依照文物保护法第七条规定，确定为国家级、省级、市级、县级重点文物保护单位。并划定保护范围及建设控制地带，树立保护标志，建立资料档案和健全保护机构。所有的保护内容，未经批准，任何单位和个人不得移动、损毁。

文物保护法第七条第一款所列的文物中尚未公布为文物保护单位的，由省、市、县人民政府予以登记，并加以保护。

第九条　保护文物特别丰富，具有重大历史价值和革命意义的城市，除按文物保护法第八条规定由国务院公布为国家历史文化名城外，可以由省文化行政主管部门会同建设、环保行政主管部门报省人民政府核定公布为省历史文化名城或历史文化区（镇）。

历史文化名城或历史文化区（镇）的建设规划要以保护文物为重点。各项建设要同保护历史文化名城或历史文化区（镇）的文物和风貌结合进行。

第十条　各级文物保护单位的保护范围应当依照文物保护法第九条的规定划定，并作出标志说明。

第十一条　各级城乡规划行政主管部门会同文化行政主管部门商定本地区各级文物保护单位、历史文化名城和历史文化区（镇）的保护措施，并纳入各级人民政府制定的城乡建设规划。

第十二条　核定为文物保护单位，属于国家所有的纪念建筑物或古建筑，可建立专项博物馆、文物研究所或保护管理机构，也可供参观游览，如必须作其他用途，应当根据文物保护单位的级别，经同级文化行政主管部门同意，报原公布的人民政府批准。

第十三条 在经批准进行宗教活动的文物保护单位内烧香焚帛等活动应在指定地点进行，并有专人看管；非宗教部门管理的文物保护单位不得进行宗教活动，严禁一切迷信活动。

第十四条 在文物保护单位保护范围内，严禁存放易燃、易爆、放射性物质以及有毒、有腐蚀性等危害文物安全的物品；不得排放超过环境标准的废水、废气、废渣等物质；严禁取土、开山、毁林开荒、开挖渠道、葬坟、铺设电缆等危害文物安全和损害古文化地层的活动。

第十五条 在文物保护单位保护范围内，不得进行其他建设工程。如有特殊需要，必须按法定程序报经原公布的人民政府和上一级文化行政主管部门同意。

在全国重点文物保护范围内进行其他建设工程，必须报请省人民政府和国家文物行政管理部门同意。

第十六条 根据保护文物的实际需要，依照文物保护法实施细则第十二条的规定，可以在文物保护单位的周围划定并公布建设控制地带。

在建设控制地带内，不得修建有污染的工厂，不得建设危及文物安全的设施；不得修建形式、高度、体量、色调等与文物保护单位和环境风貌不相协调的建筑物或构筑物。

第十七条 在建设控制地带内新建建筑物、构筑物，其设计方案应当根据文物保护单位的级别，经同级文物行政管理部门同意后，报同级城乡规划部门批准。

对建设控制地带已有的与文物保护单位和环境风貌不相协调的建筑物或构筑物，要区别情况，由人民政府限期治理、改造、搬迁或拆除，所需经费由上述建筑物或构筑物归属单位及其上级领导机关解决。

第十八条 对存在文物的旅游区的建设投资，应包括文物保护维修费。其维修方案保护措施应与省文化行政主管部门商定。

第十九条 属于文物的纪念建筑、古建筑、石窟寺等建筑物或构筑物的维修和保养，要坚持不改变原状的原则，修复要有科学根据。早已全部毁坏的古建筑、古园林等原则上不予以重新修建。

文物保护单位的修缮保护计划和设计施工方案按照文物保护法实施细则第十五条的规定报批。维修设计及施工方案一经确定，施工中不允许随意改动。确需改动的，须报原审批部门批准。文物修缮保护工程的勘察设计单位、施工单位应当执行国家有关规定，保证工程质量。

第二十条 按文物保护法第十三条的规定，经批准拆除或迁建的文物保护单位，应当事先做好测绘、记录、摄影等资料收集工作；拆除的文物需要经当地文化行政主管部门审查同意后方可处理。

第二十一条 经国家批准为宗教活动场所的文物保护单位的保护与维修，在宗教事务部门的领导和文化行政主管部门的指导下，由宗教组织负责实施。

第四章　考古发掘

第二十二条　凡在本省境内进行考古发掘，必须按文物保护法第十七条和第十九条的规定报批。

考古发掘单位在申请发掘时，应当提出保证出土文物和重要遗迹安全的保护措施，并在发掘工作中严格执行。

考古发掘单位和发掘人员，必须严格按《田野考古工作规程》作业。

第二十三条　考古发掘单位和考古发掘项目领队人员资格，考古勘探单位、考古勘探领队人员资格，分别由国家文物局和省文化行政主管部门审查认定。

第二十四条　境外组织、国际组织及其人员要求在本省境内进行考古调查、勘探、发掘的，按《中华人民共和国考古涉外工作管理办法》办理。

第二十五条　发掘出土的文物由省文化行政主管部门指定的文物收藏单位妥善保管，任何单位和个人不得侵占。

第二十六条　各级文化行政主管部门向同级土地、建设、交通、水利等有关部门提供已知的尚未列入文物保护单位的古遗存资料。上述部门在审批古遗存范围内的土地征用和建设项目时，必须征得文化行政主管部门同意，并且采取相应的保护措施。

第二十七条　在可能埋藏文物的地方进行大、中型基本建设项目之前，建设单位应当会同当地文化行政主管部门进行调查或勘探，确认无文物埋藏或按规定发掘清理后，有关部门方可批准施工。

第二十八条　需要配合建设工程进行考古发掘工作的，按本办法第二十二条的规定报批。确因建设工程紧迫或有自然破坏的危险，对古文化遗址、古墓葬急需进行抢救的，由省文化行政主管部门组织力量发掘，同时补办手续。

第二十九条　凡因进行基本建设和生产建设需要文物勘探、考古发掘的，所需费用由建设单位列入投资计划。

第三十条　在生产、施工中发现古遗址、古窖藏、古墓葬或水下文物时，应立即向当地文化行政主管部门报告。建设单位或生产单位应根据考古发掘清理需要，调整工程部署或允许施工单位顺延工期。如发现特别重要的文物，经省文化行政主管部门认定需要原地保护的，建设单位应当另行选址。

第五章　流散文物与文物出境

第三十一条　非经工商行政机关核发营业执照，任何单位和个人不得在本省范围内收购、销售文物。

文物经营单位收购符合收藏标准的文物，应优先提供给博物馆收藏。

第三十二条 所有销售的文物，在销售前必须经国家文化行政主管部门指定的文物组织鉴定。经鉴定可销售的文物，出售时须具备火漆印章及专用发票。

第三十三条 鼓励公民将私人收藏的文物向文化行政主管部门登记。

鼓励公民将私人收藏的文物卖给国家文物局或者省文化行政主管部门指定的国有文物收藏单位和文物收购单位。

鼓励公民将私人收藏的文物捐赠给国有文物收藏单位。

第三十四条 公安、海关、工商行政管理部门依法没收的文物，均须登记造册，无偿移交给文物行政主管部门指定的国有文物收藏单位。

银行、废旧物品回收等部门收进的文物，按文物保护法第二十六条规定办理。

第三十五条 文物出境，按文化部发布的《文物出境鉴定管理办法》办理。

第六章　馆藏文物

第三十六条 国有文物收藏单位收藏的文物，须经省文物鉴定组织鉴定后分级登记，建立藏品档案，并报当地文化行政主管部门备案。文物藏品属珍贵文物，可分为一、二、三级。县、自治县、市人民政府文化行政主管部门应将登记的珍贵文物报省文化行政主管部门备案。一级文物藏品档案报国家文物行政主管部门备案。

第三十七条 国有文物收藏单位，应当具备确保文物安全的设施和必要的技术手段。

第三十八条 文物藏品的调拨、交换按文物保护法实施细则第二十九条的规定办理。

第七章　文物拓印、复制和拍摄

第三十九条 省内重要的古代石刻和金属文物制品上的文字、图画、纹饰等的拓印，只能由文物保护管理部门进行，并按文物的级别履行报批手续。

未经文化行政主管部门批准，任何单位和个人不得出售上述文物拓印品。

凡内容涉及我国疆域、外交、民族关系、科学技术资料和未发表的墓志铭石刻等，一律禁止拓印出售或将拓印品转往境外。

第四十条 因藏品保管、陈列和研究需要复制文物的，必须经收藏单位同意。其中，一级文物藏品的复制必须经国家文物行政管理部门批准，二、三级文物藏品的复制必须经省文化行政主管部门批准。

任何单位和个人不得擅自从事文物复制品的生产。

第四十一条 未公开发表的文物照片、拓片和有关资料，未经国家或省文化行政主管部门批准，不得提供给境外的组织或个人。

境外人员拍摄考古发掘现场的文物，必须由省文化行政主管部门报国家文物行政管理部门批准。

第四十二条 开放的文物保护单位或博物馆内的一般陈列品，可以允许国内外观众拍摄。但不得系统拍摄或将文物从陈列柜中取出拍摄。重要的文物应设立标志禁止拍摄。

第四十三条 利用本省文物、古迹拍摄电影、电视、图片以及演出的，须按文物保护级别，报同级文化行政主管部门审批。拍摄和演出时，不得用文物作道具，不准在文物上添加附着物，不准拆除古建筑构件以及进行震动性较大的活动。损坏文物的，由原审批部门责令责任单位维修或赔偿。

第八章　奖励与惩罚

第四十四条 有下列事迹之一的单位和个人，由人民政府、文化行政主管部门或者有关部门给予奖励：

（一）认真执行文物政策法令，保护文物成绩显著的；

（二）在查缉走私，打击非法经营文物工作中有显著成绩的；

（三）将个人收藏的重要文物捐献给国家的；

（四）发现珍贵文物及时上报或上交，使文物得到保护的；

（五）在学术研究、考古调查、发掘技术理论和文物保护科学技术上有重要发现、发明或重大成果的；

（六）为保护文物与违法犯罪行为作坚决斗争的；

（七）长期从事文物考古工作，有显著成绩的；

（八）在文物普查、征集、拣选工作中有显著成绩的。

第四十五条 有下列行为之一的，由文物行政主管部门或者会同其他部门按照《中华人民共和国文物保护法》及其实施细则的规定，给予行政处罚；构成犯罪的，依法追究刑事责任：

（一）发现文物隐匿不报，不上交国家的；

（二）未经工商行政机关登记注册、私自经营文物购销活动的；

（三）污损、刻划文物或者擅自移动、损毁文物保护标志、文物单位保护范围界桩的；

（四）私自复制、拓印文物并出售复制、拓印品的；

（五）在文物保护范围和建筑控制地带内排放超标准的废气、废水、废渣、放射性物质或者堆放易燃、易爆和腐蚀性物品、危及文物安全的；

（六）在考古发掘现场寻衅滋事、阻挠发掘工作正常进行的；

（七）未经批准，在文物保护单位的保护范围和建设控制地带内兴建工程的；

（八）私自拆除古建筑或者出售其构件的；

（九）在生产建设或者基本建设中，违反《中华人民共和国文物保护法》有关勘探、调查规定，造成文物损坏的；

（十）未经批准，擅自利用文物拍摄电影、电视、图片及演出，造成文物损坏的；

（十一）在文物保护单位保护范围内进行扰乱古文化堆积、开山采石、毁林开荒、爆破等危及文物安全活动的。

第四十六条　有下列行为之一的，由有管辖权的单位或机关对主管人员和直接责任者给予行政处分；情节严重，构成犯罪的，依法追究刑事责任：

（一）国有博物馆、图书馆等单位将文物藏品出售或者私自赠送的，以及文物工作人员擅自将国家所有的文物藏品借出的；

（二）文物工作人员因渎职，造成文物损失，情节较重的；

（三）擅自改变古建筑原貌，不根据古建筑测绘图、维修设计图等有关技术资料进行施工的；

（四）文物保护单位的使用者，不履行保养维修责任，进行破坏性使用的。

第四十七条　被处罚者对处罚决定不服的，可按行政复议条例或行政诉讼法的有关规定申请复议或提起行政诉讼。

当事人在法定期限内对具体行政行为不申请复议或者不提起诉讼，又不履行的，作出具体行政行为的行政机关可以申请人民法院强制执行。

第九章　附则

第四十八条　本办法由省文化行政主管部门负责解释。

第四十九条　本办法自发布之日起施行。

重庆红岩遗址保护区管理办法

（2004 年 2 月 24 日重庆市人民政府第 23 次常务会议审议通过　2004 年 4 月 5 日重庆市人民政府令第 166 号公布　自 2004 年 10 月 15 日起施行）

第一章　总　则

第一条　为了加强对红岩遗址保护区的保护和管理，根据《中华人民共和国文物保护法》和有关法律、法规，结合本市实际，制定本办法。

第二条　本办法所称的红岩遗址，是特指中共中央南方局暨八路军驻重庆办事处旧址和"中美合作所"集中营旧址两个由国务院公布的全国重点文物保护单位。

红岩遗址保护区，是指根据《中华人民共和国文物保护法》的规定，为加强对红岩遗址保护而设定的区域。红岩遗址保护区由保护范围和控制范围组成，并实行区别管理。

红岩遗址保护区的保护范围和控制范围，由市规划行政主管部门会同市文物行政主管部门和渝中区、沙坪坝区人民政府按照有效保护、合理利用的原则提出方案，报市人民政府批准后公布实施。

红岩遗址保护区的管理机构（以下简称保护区管理机构），具体负责红岩遗址的保护和管理。

第三条　在红岩遗址保护区内的任何单位和个人，必须遵守本办法。

第四条　市级有关部门、渝中区和沙坪坝区人民政府共同组建红岩遗址保护区管理委员会（以下简称管委会），负责统筹、协调、指导、监督红岩遗址保护区的管理工作。保护区管理机构，依照有关法律法规及本办法的规定，并就有关市政环卫、食品卫生、环境保护、无照经营等领域的行政处罚事宜接受有关部门的委托对红岩遗址保护区保护范围实施相对集中管理；对红岩遗址保护区控制范围实施控制性监督。具体委托范围与委托事宜由管委会审定并依法完善手续。

规划、建设、市政、环保、国土、园林、林业、文物、公安、交通、卫生、旅游和工商行政等有关部门应当按照各自职责，协同做好红岩遗址保护区的管理工作。

第五条保护区管理机构应当充分利用红岩遗址资源，发挥红岩遗址的爱国主义和革命传统教育作用。

第二章 规划和建设

第六条 红岩遗址保护区的保护、建设、利用，必须制定总体规划和详细规划。

红岩遗址保护区总体规划由市人民政府组织规划、建设、文物、管委会等有关部门及遗址所在地人民政府编制。

红岩遗址保护区的详细规划由市规划行政主管部门会同管委会及有关单位，根据红岩遗址保护区总体规划组织编制，报市人民政府批准。

第七条 编制红岩遗址保护区规划必须遵循以下原则：

（一）符合保护和利用文物资源法律、法规的规定；

（二）符合市城市总体规划和土地利用总体规划；

（三）保持自然景观和人文景观的原有风貌，保护红岩遗址保护区生态环境，各项建设设施应当与红岩遗址保护区环境相协调。

第八条 红岩遗址保护区规划经批准后，任何单位和个人都必须严格执行，不得擅自改变。因特殊情况确需调整、变更红岩遗址保护区总体规划或者详细规划时，必须按照原编制程序重新调整、变更或按照原审批程序报批。

第九条 红岩遗址保护区已有的建筑物和构筑物，凡是危害安全、污染环境、破坏景观、妨碍参观游览的，在红岩遗址保护区保护范围内的，应当限期迁出；在红岩遗址保护区控制范围内的，应当限期治理。

第三章 保护和管理

第十条 红岩遗址保护区内的纪念性建筑、文物古迹、历史遗址等人文景物和林木植被、地形地貌、山体岩石等自然景物，均属红岩遗址资源，应当加以保护。

任何单位和个人都有保护红岩遗址资源、红岩遗址保护区环境的义务，并有权检举和制止破坏红岩遗址资源、污染红岩遗址保护区环境的行为。

第十一条 红岩遗址保护区保护范围内，除进行保护性维修、完善基础设施或者恢复原有纪念性建筑外，不得新建、改建、添建建筑物和构筑物。因特殊情况需要的，应经市文物行政主管部门审核后，报经市人民政府批准。

第十二条 红岩遗址保护区控制范围内，确需新建、改建、扩建、添建建筑物和构筑物的，必须符合红岩遗址保护区规划，并征得市文物行政主管部门同意后，按照有关规定办理审批手续。

第十三条 在红岩遗址保护区保护范围内施工的单位和个人，必须采取措施保护环境和文物资源，维护景物完好，保证参观游览者安全。

第十四条 红岩遗址保护区保护范围内红岩遗址资源形成的收入应当专项用于红岩遗址保护

区的保护、建设和管理。

第十五条 利用红岩遗址资源拍摄电影、电视的（拍摄电视新闻报道除外），应经国家文物行政主管部门批准，并向保护区管理机构缴纳文物遗址资源使用保证金和支付有关费用。

第十六条 红岩遗址保护区保护范围内禁止下列行为：

（一）攀折、刻划树木和采摘花卉、损毁公用设施；

（二）在文物、景物、林木、建筑物和其他设施上涂写、刻划、张贴；

（三）从事封建迷信活动、赌博、酗酒滋事；

（四）擅自摆摊设点，兜售物品；

（五）燃烧树叶、荒草、垃圾，在禁火区内吸烟、动用明火；

（六）乱堆乱放建筑材料、易燃易爆等物品；

（七）毁林、开荒、放牧、狩猎、建坟（墓）和倾倒垃圾、废渣、废土，排放不符合国家规定的排放标准的废水、废气、噪声；

（八）擅自架（铺）设过境线路管网；

（九）开办歌厅、舞厅等娱乐项目；

（十）法律、法规、规章禁止的其他行为。

第十七条 红岩遗址保护区内的树木，任何单位或者个人不得擅自砍伐。

禁止砍伐红岩遗址保护区内的古树名木。

红岩遗址保护区内确需砍伐、更新树木的，应按照有关规定程序审批。

第十八条 在红岩遗址保护区保护范围内采集物种标本的，应当经保护区管理机构同意，在指定地点限量采集。

第十九条 红岩遗址保护区保护范围内的交通道路实行限制式管理，机动车辆在办理通行手续后方可进入，并须服从保护区管理机构的管理，按指定路线行驶，在指定地点停放。车辆通行不得收取通行费。

第二十条 红岩遗址保护区保护范围内禁止设置户外广告。非经保护区管理机构同意，不得设置标牌、标语。

第二十一条 在红岩遗址保护区保护范围内占用、挖掘道路的，应当经保护区管理机构同意，并办理有关手续。

第二十二条 保护区管理机构应当对红岩遗址保护区重要的纪念性建筑、文物古迹、古树名木和重要的景物进行登记建档，制定相应的保护措施。

第二十三条 保护区管理机构应当采取措施，管理好红岩遗址保护区保护范围内的环境卫生和饮食服务卫生。

第二十四条 保护区管理机构应当加强红岩遗址保护区保护范围内的安全工作，确保良好的公共秩序。应当制定并实施参观游览高峰期间安全疏导人员、车辆的应急预案，保证参观游览者的安全。

保护区管理机构应当履行消防安全职责，完善消防设施，防止火灾发生。

第四章　法律责任

第二十五条　对违反本办法的行为，按以下规定处理：

（一）在红岩遗址的保护区内刻划、涂污或者损坏文物尚不严重的，由保护区管理机构责令改正，造成经济损失的，责令赔偿损失，可依法处 200 元以下罚款；

（二）违反本办法的其他行为，法律、法规和规章规定由其他部门处罚的，应依照法律、法规和规章给予处罚，或委托保护区管理机构给予处罚；

（三）违反本办法触犯治安管理处罚条例的，由公安机关依法处理；涉嫌犯罪的，移送司法机关依法追究刑事责任。

第二十六条　当事人对行政处罚决定不服的，可以依法申请复议或者提起诉讼。

第二十七条　管委会、文物行政主管部门、有关行政管理部门和保护区管理机构及其工作人员玩忽职守、滥用职权、索贿受贿、徇私舞弊的，由所在单位、上级机关或监察部门依法给予行政处分；涉嫌犯罪的，移送司法机关依法追究刑事责任。

第五章　附　则

第二十八条　本市各级政府及其所属部门的原有规定与本办法不一致的，以本办法为准。

第二十九条　本办法自 2004 年 10 月 15 日起施行。

重庆市实施《中华人民共和国文物保护法》办法

（2005 年 9 月 29 日重庆市第二届人民代表大会常务委员会第十九次会议通过
自 2005 年 11 月 1 日起施行）

第一条 为加强文物的保护和管理，根据《中华人民共和国文物保护法》和《中华人民共和国文物保护法实施条例》，结合本市实际，制定本办法。

第二条 本市行政区域内的文物保护工作适用本办法。

第三条 市和区县（自治县、市）人民政府负责本行政区域内的文物保护工作。

市和区县（自治县、市）人民政府文物行政部门具体负责本行政区域内文物保护的监督管理工作。

规划、建设、园林、国土、工商、公安、发展改革、旅游、宗教等有关行政部门应当在各自的职责范围内依法做好文物保护工作。

第四条 市和区县（自治县、市）人民政府应当将文物保护事业纳入本级国民经济和社会发展规划，所需经费列入本级财政预算。用于文物保护的财政拨款随着财政收入增长而增加。

市和区县（自治县、市）人民政府应当根据本行政区域内文物保护工作的实际需要，设立文物保护专项经费用于文物保护。

鼓励公民、法人和其他组织通过捐赠等方式支持文物保护事业，设立文物保护社会基金，专门用于文物保护。

国有博物馆、纪念馆、文物保护单位的事业性收入，专门用于文物保护和事业发展，任何单位和个人不得侵占、挪用。

第五条 任何单位和个人都有依法保护文物的义务，并有权检举、制止破坏文物的行为。

鼓励单位和个人向国家捐赠文物。

对文物保护事业做出突出贡献的单位和个人，由市和区县（自治县、市）人民政府、文物行政部门和其他有关部门给予表彰和奖励。

第六条 市和区县（自治县、市）人民政府应当建立文物普查制度，定期组织开展文物普查工作。

第七条 市文物行政部门在县级文物保护单位中选择具有重要历史、艺术、科学价值的确定为市级文物保护单位，或者直接确定为市级文物保护单位，报市人民政府核定公布，并报国务院备案。

第八条　区县（自治县、市）人民政府应当对本行政区域内的不可移动文物进行登记，并向市文物行政部门备案。

第九条　三峡工程重庆库区搬迁后的不可移动文物，需重新确定文物保护单位级别的，应根据其原保护单位级别由市或区县（自治县、市）文物行政部门报同级人民政府核定公布；原为全国重点文物保护单位的，由市文物行政部门报国务院文物行政部门批准。

第十条　尚未核定公布为文物保护单位的不可移动文物，由区县（自治县、市）文物行政部门组织调查，对其名称、类别、位置、范围等事项予以登记和公布，设立保护标志，向所有者或使用者发出保护通知书，明确法定义务，并报市文物行政部门备案。

抗日战争时期、重庆开埠时期及其他具有历史价值的近现代建筑物、构筑物及其遗存，区县（自治县、市）文物行政部门组织调查后，由市文物行政部门会同市规划、建设行政部门组织核查、设立保护标志，并向所有者或使用者发出保护通知书，明确保护义务。

第十一条　不可移动文物的管理者或所有者、使用者，应当制定文物的保养、修缮计划以及自然灾害和突发事件的预防、处置方案，并按以下规定备案：

（一）全国重点文物保护单位和市级文物保护单位，报市文物行政部门备案；

（二）县级文物保护单位、尚未核定公布为文物保护单位的不可移动文物，报区县（自治县、市）文物行政部门备案。

第十二条　对具有历史价值、反映民族、民俗文化和地方特色的乡镇、街区，由所在地区县（自治县、市）人民政府提出申请，并经市规划行政部门会同市建设行政部门、市文物行政部门组织初审后，报市人民政府核定公布为历史文化名镇或传统街区。

历史文化名镇、传统街区所在地区县（自治县、市）人民政府应当会同市规划、建设、文物行政部门共同编制专门的保护规划，并按法定程序报市人民政府批准后实施。

在历史文化名镇、传统街区内进行工程建设应当符合保护规划。

第十三条　市人民政府应当加强对大足石刻等世界文化遗产的保护和管理，按照世界文化遗产保护国际公约和国家有关规定制定保护规划和专项保护管理规定，并公布施行。

通过国家投入、社会捐赠、国际援助等渠道筹集的世界文化遗产保护经费，应当用于该世界文化遗产的保护，不得侵占、挪用。

第十四条　在建设拆迁过程中，发现尚未登记公布的不可移动文物及其附属物，拆迁实施单位必须立即停止实施，保护现场，并及时报告所在地区县（自治县、市）人民政府。区县（自治县、市）人民政府应当组织文物等有关行政部门及时赶到现场，必要时通知公安机关到现场维护秩序。文物行政部门应当在三个工作日内提出处理意见。

第十五条　文物保护工程中的修缮工程、保护性设施建设工程、迁移工程按国家规定实行项目法人责任制、招投标制、工程监理制和代理制等。

文物保护工程施工应当按照文物行政部门批准的修缮计划和工程设计方案进行。如需变更修缮计划和工程设计方案中的重要内容，应由原申报单位报原审批机关批准。

文物保护工程竣工后，应当按照国家有关规定组织验收。

第十六条　非国有文物保护单位的所有者或使用者，应按照文物行政部门制定的文物保护制度，履行文物保护职责，确保文物安全，接受市和区县（自治县、市）文物行政部门对文物保护的指导和监督。

第十七条　市文物行政部门应当根据全市地下文物分布状况，结合城市总体规划、历史文化名城保护规划和城镇体系规划，会同市规划行政部门划定地下文物保护控制地带，报市人民政府批准公布。

在地下文物保护控制地带内进行的建设工程，建设单位应当在办理用地手续时报请市文物行政部门依法组织考古调查、勘探。

在地下文物保护控制地带以外进行大型基本建设工程，建设单位应当在办理用地手续时报请市文物行政部门依法组织从事考古发掘的单位在工程范围内有可能埋藏文物的地方进行考古调查、勘探。

本条第二、三款所列建设工程未经考古调查、勘探不得进行施工。

第十八条　考古调查、勘探中发现文物的，由市文物行政部门根据文物保护的要求会同建设单位共同商定保护措施。在发现重要文物的区域，市文物行政部门可以会同市规划行政部门划定禁建区。

第十九条　凡因进行基本建设和生产建设需要的考古调查、勘探、发掘，所需费用列入建设工程预算。

因延期进行考古调查、勘探、发掘，或需要实施原址保护，给建设单位造成损失的，应当给予补偿。具体补偿范围和标准由市财政局会同市文物行政部门制定，报市人民政府批准后执行。

第二十条　任何单位和个人在建设和生产活动中，发现地下文物应当保护现场、并报告文物行政部门。市或区县（自治县、市）文物行政部门对保护现场、立即报告的单位和个人按照国家的有关规定给予奖励。

第二十一条　考古调查发掘的出土文物、标本及原始记录，考古调查发掘单位应当登记造册、建立档案，妥善保管，任何单位或个人不得侵占、扣押。

考古调查发掘单位应当将出土文物集中保管在具有安全保护条件的场所，进行文物修复、资料整理及考古调查发掘报告编写工作。完成考古调查发掘报告后，应依法向市文物行政部门办理出土文物移交手续。

出土文物，由市文物行政部门指定具备收藏条件的国有文物收藏单位收藏。经市文物行政部门或者国务院文物行政部门批准，从事考古调查发掘的单位可以保留少量出土文物作为科研标本。

任何单位和个人不得侵占、隐匿和扣押出土文物，阻挠文物移交。

第二十二条 文物行政部门应当加强对文物鉴定和定级工作的管理。一级文物按国家规定确定，二、三级文物和一般文物由市文物行政部门组织专家评审确定。

第二十三条 博物馆、图书馆和其他文物收藏单位应当对馆藏文物进行科学分类，妥善保管，建立藏品档案。

馆藏文物应当设立专库保管，馆藏一级文物应当单独设立专库或者专柜保管。

藏品档案应当按国家规定报文物行政部门备案。

第二十四条 国有文物收藏单位不具备收藏珍贵文物条件的，文物行政部门可以指定具备条件的国有文物收藏单位代藏。文物收藏单位与代藏单位的权利义务由双方协商确定。

第二十五条 复制、拓印文物按照国家有关规定办理审批手续。经营文物复制品应当有明确标识。

第二十六条 利用文物保护单位拍摄电影、电视以及举办其他活动必须保证文物安全。拍摄单位和举办者应当制定文物保护措施，并按以下规定履行审批手续：

（一）拍摄电影、电视，利用全国重点文物保护单位的，报国务院文物行政部门审批；利用市级或者县级文物保护单位的，报市文物行政部门审批；

（二）举办其他活动，利用全国重点文物保护单位或者市级文物保护单位的，报市文物行政部门审批；利用县级文物保护单位的，报区县（自治县、市）文物行政部门审批。

第二十七条 违反本办法第十条的规定，所有者或使用者未按保护通知书履行法定义务的，由市或区县（自治县、市）文物行政部门责令限期改正；逾期不改的，处一千元至一万元的罚款。

第二十八条 有下列行为之一的，由市或区县（自治县、市）文物行政部门责令改正，可处五万元至十万元的罚款；造成严重后果的，处十万元至五十万元罚款；构成犯罪的，依法追究刑事责任：

（一）违反本办法第十四条、第十八条和第二十条规定，发现不可移动文物及其附属物或地下文物后仍继续施工、不保护现场的，或在禁建区内继续施工的；

（二）违反本办法第十五条第二款规定，未经批准擅自进行文物保护工程施工或擅自变更修缮计划和工程设计方案中的重要内容进行施工的；

（三）违反本办法第十七条规定，建设单位施工前未经考古调查、勘探进行工程建设的；

（四）违反本办法第二十六条的规定，拍摄单位擅自拍摄电影、电视的，举办者擅自举办其他活动的。

第二十九条 地方各级人民政府及有关部门不履行文物保护和管理职责的，由上级或同级人民政府责令改正，并可以通报批评；对直接负责的主管人员和其他直接责任人员依法给予行政处分。

文物行政部门及其他有关部门的工作人员玩忽职守、滥用职权、徇私舞弊的，由其所在单位或者上级主管机关给予行政处分；构成犯罪的，依法追究刑事责任。

第三十条 法律、行政法规和本办法规定由文物行政部门实施的行政处罚，文物行政部门可以委托具备法定条件的组织实施。

第三十一条 本办法自 2005 年 11 月 1 日起施行。

重庆市大足石刻保护条例

（2017年3月29日重庆市第四届人民代表大会常务委员会第三十五次会议通过
自2017年6月1日起施行）

第一章 总 则

第一条 为了加强大足石刻保护，促进大足石刻科学研究工作，继承和弘扬中华民族优秀历史文化，根据《中华人民共和国文物保护法》等法律、行政法规，结合本市实际，制定本条例。

第二条 大足石刻的保护、利用、研究和管理等活动，适用本条例。

本条例所称大足石刻是指列入《世界遗产名录》和全国重点文物保护单位的北山摩崖造像、宝顶山摩崖造像、南山摩崖造像、石篆山摩崖造像和石门山摩崖造像及其附属的其他造像、古建筑、古遗址和附属文物等。

第三条 大足石刻保护工作，坚持统筹规划、科学保护、深化研究、注重传承的原则，正确处理文物保护与合理利用、经济社会发展与文化传承的关系，确保大足石刻的安全、真实和完整。

第四条 市人民政府应当加强对大足石刻保护工作的领导。市文物行政部门负责大足石刻文物保护工作的监督管理，市人民政府有关部门在各自职责范围内负责大足石刻保护相关工作。

大足区人民政府负责大足石刻的保护、利用及其相关管理工作，加强保护机构和人才队伍建设，并将所需经费纳入财政预算。

大足区人民政府设置的大足石刻研究院是大足石刻保护管理机构（以下称大足石刻保护管理机构），具体负责大足石刻的保护、管理、研究和合理利用工作。

大足区人民政府有关部门在各自职责范围内负责大足石刻保护相关工作。

第五条 鼓励自然人、法人或者其他社会组织通过设立大足石刻保护社会基金、提供志愿服务、举办公益性宣传教育活动等方式参与大足石刻的保护。

第六条 对在大足石刻保护工作中做出突出贡献的单位和个人，由市、大足区人民政府按照有关规定给予表彰奖励。

第二章　保护管理

第七条　市人民政府组织大足区人民政府和市文物、发展改革、国土房管、规划等有关部门编制大足石刻保护规划，按照规定程序批准后公布并组织实施。

大足石刻保护规划的要求，应当纳入本市和大足区国民经济和社会发展规划、土地利用总体规划、城乡规划和风景名胜区规划。

第八条　大足石刻保护管理机构应当依据大足石刻保护规划，制定大足石刻年度保养、修缮计划以及自然灾害和突发事件的预防、处置方案，并报市文物行政部门备案。

有关部门在各自职责范围内开展大足石刻保护相关工作，应当符合大足石刻保护规划的要求。

第九条　市人民政府应当根据世界文化遗产和全国重点文物保护单位的保护要求划定并公布大足石刻保护范围和建设控制地带，设置世界文化遗产和全国重点文物保护单位保护标志、保护范围和建设控制地带界碑界桩。

任何单位和个人不得擅自移动、拆除、损毁大足石刻保护标志和界碑界桩。

第十条　大足石刻保护范围内不得进行与保护无关的建设工程或者爆破、钻探、挖掘等作业。

大足石刻建设控制地带内进行建设工程，不得破坏大足石刻的安全、环境、历史风貌。建筑物、构筑物的选址、布局、规模、高度、体量、造型、色调等应当与大足石刻历史风貌及其周边环境相协调，符合大足石刻保护规划。

大足石刻保护管理机构应当加强对保护范围和建设控制地带范围内建设活动的日常巡查，发现违法建设活动的，应当立即制止，并及时向大足区人民政府和市文物行政部门报告。

第十一条　大足石刻保护范围和建设控制地带内，不符合保护规划、危害文物安全、破坏文物历史风貌、污染环境的建筑物、构筑物，由大足区人民政府责令相关单位和个人限期治理；逾期未治理或者经治理仍不能满足文物保护需要的，由大足区人民政府责令相关单位和个人依法搬迁或者拆除。

第十二条　大足石刻保护管理机构应当对大足石刻保护范围内的林木植被、山形水系等生态系统信息进行记录，并采取有效措施保持良好生态系统。

大足石刻保护范围和建设控制地带内的林木，除保护需要外不得采伐。因其他特殊情况确需采伐的，应当经有关部门批准；有关部门在批准采伐前，应当征求大足石刻保护管理机构的意见。

第十三条　大足石刻保护范围和建设控制地带内，禁止建设排放二氧化硫、氮氧化物、粉尘、烟尘等大气污染物的设施，禁止使用国家和本市确定的高污染燃料，推广使用电、气、太阳能、风能等清洁能源。

第十四条　大足石刻保护管理机构实施大足石刻修缮、抢险加固、保护性设施建设等文物保护工程，应当制定文物保护工程方案，按照国家有关规定批准后，由具备相应文物保护工程资质的单位实施。

第十五条　大足石刻保护管理机构应当加强对大足石刻的除尘、龛檐维护、生物病害清除等日常保养维护，实施日常保养维护工程，应当编制保养方案，报市文物行政部门备案。

第十六条　大足石刻保护管理机构应当建立大足石刻监测制度，配备监测专业人员和设施设备，对影响大足石刻保护的各种因素进行监测，并建立监测日志。发现安全隐患的，大足石刻保护管理机构应当采取控制措施，并及时向大足区人民政府和市文物行政部门报告。

大足石刻保护管理机构应当对监测结果进行分析，对保护效果进行评估，根据评估结果改进和完善保护措施。

第十七条　大足石刻保护管理机构应当建立健全安全防护和消防管理制度，配备防火、防盗、防雷的器材和设施，并对相关人员进行培训。

第十八条　大足石刻建设控制地带内，禁止下列行为：

（一）开山、采石、采矿、取土；

（二）排放污染物或者破坏土壤、水系；

（三）损坏旅游基础设施、安全设施或者文物保护设施；

（四）生产爆炸性、易燃性、放射性、毒害性、腐蚀性物品；

（五）法律法规禁止的其他行为。

第十九条　大足石刻保护范围内，除本条例第十八条规定的禁止行为外，还禁止下列行为：

（一）刻划、涂污、张贴、攀爬，或者以其他形式损坏文物及其保护设施；

（二）经营、运输或者储存爆炸性、易燃性、放射性、毒害性、腐蚀性物品；

（三）在非规定时间和非指定地点燃放烟花爆竹，在非指定地点燃烧香蜡纸烛；

（四）修坟、立碑、打井、修渠；

（五）在无吸烟标志区域内吸烟；

（六）在禁止闪光标志区域内闪光拍摄。

提倡和引导使用电子烟花爆竹和电子香烛。

第三章　合理利用

第二十条　大足石刻保护管理机构应当加强大足石刻历史、艺术、科学、社会、文化等价值的研究和传播，支持与大足石刻相关的非物质文化遗产的传承。

大足石刻保护管理机构应当丰富石刻展示手段，提高文物藏品展陈水平。

第二十一条　大足石刻保护管理机构应当加强同有关科研单位和组织的交流与合作，开展石刻风化、渗水、裂隙治理和病虫害防治等项目的科学研究和应用。

大足石刻保护管理机构对大足石刻文物和科学保护技术的研究成果，以及由其提供资料制作的出版物、音像制品等，享有法律法规规定的知识产权。

第二十二条　大足石刻馆藏文物和单体文物的修复、复制、拓印，应当由具有相应资质的单位，按照国家有关规定经批准后，在大足石刻保护管理机构的监督下进行。

第二十三条 制作出版物、音像制品、电影、电视剧（节目）需要拍摄大足石刻文物的，应当保证文物安全。制作或者拍摄单位应当制定文物安全保护措施，与大足石刻保护管理机构签订文物安全协议，在大足石刻保护管理机构的监督下进行拍摄。

第二十四条 在大足石刻保护范围内不得举办大型群众性活动。因特殊情况确需举办的，举办者应当制定活动方案，落实安全工作措施，按照国家有关规定经批准后开展。

群众自发开展的大型群众性活动，公安、交通、旅游、宗教等部门应当按照各自职责采取安全保障、交通疏散等措施，确保大足石刻文物安全和活动安全。

第二十五条 利用大足石刻开展文化旅游活动应当符合大足石刻的历史和文化属性。

大足石刻保护管理机构应当合理确定各个景点的环境容量和游览路线，制定突发事件的应急预案和旅游旺季疏导游客的具体方案。

进入大足石刻保护范围内开展讲解活动的讲解员、导游、旅游志愿者应当接受大足石刻保护管理机构提供的免费培训，为游客提供符合大足石刻历史文化内涵的讲解服务。

第二十六条 大足石刻保护管理机构应当对在大足石刻保护范围和建设控制地带内的商业业态、经营服务网点统一规划，使店铺招牌、门面装修等与大足石刻整体风貌相协调。

在大足石刻保护范围和建设控制地带内从事生产经营活动的，应当依法办理有关手续，并在大足石刻保护管理机构的统一管理下，做到依法经营，文明待客，诚信服务。

第二十七条 禁止机动车辆驶入大足石刻保护范围内；因特殊情况确需驶入的，应当征得大足石刻保护管理机构的同意。

在大足石刻保护范围和建设控制地带内，机动车辆应当按照指示的线路行驶，在划定的停车区域停放。

第四章 法律责任

第二十八条 违反本条例规定，擅自移动、拆除、损毁大足石刻保护标志或者界碑界桩的，责令改正，处二百元以下罚款。

第二十九条 违反本条例规定，在大足石刻保护范围或者建设控制地带内，排放大气污染物或者使用高污染燃料的，责令改正，由环境保护主管部门依法予以处罚。

第三十条 违反本条例规定，在大足石刻保护范围或者建设控制地带内有下列行为之一的，责令改正，处二千元以上一万元以下的罚款：

（一）开山、采石、采矿、取土；

（二）排放污染物或者破坏土壤、水系；

（三）损坏旅游基础设施、安全设施或者文物保护设施；

（四）生产爆炸性、易燃性、放射性、毒害性、腐蚀性物品。

第三十一条 违反本条例规定，在大足石刻保护范围内有下列行为的，按照下列规定予以处罚：

（一）刻划、涂污、张贴、攀爬，或者以其他形式损坏文物或者文物保护设施的，责令改正；情节严重的，处二千元以上一万元以下罚款；

（二）经营、运输或者储存爆炸性、易燃性、放射性、毒害性、腐蚀性物品的，责令改正，处二千元以上一万元以下罚款；属于经营性活动的，并处责令停产停业；

（三）在非规定时间和非指定地点燃放烟花爆竹，在非指定地点燃烧香蜡纸烛的，责令改正；情节严重的，处二百元以上一千元以下罚款；

（四）修坟、立碑、打井、修渠的，责令改正，处二千元以上一万元以下罚款；属于经营性活动的，并处责令停产停业；

（五）在无吸烟标志区域内吸烟或者在禁止闪光标志区域内闪光拍摄的，责令改正；情节严重的，处一百元以上五百元以下罚款。

第三十二条 违反本条例第二十六条规定，在大足石刻保护范围和建设控制地带内从事生产经营活动，未遵守大足石刻保护管理机构统一管理的，责令改正；拒不改正的，处五千元以上二万元以下罚款；情节严重的，责令停产停业。

第三十三条 违反本条例规定，机动车辆擅自驶入大足石刻保护范围，或者在大足石刻保护范围内未按照指示的线路行驶、未在划定的停车区域停放的，责令改正；拒不改正的，处二百元以上二千元以下罚款。

第三十四条 违反本条例规定，大足石刻保护管理机构工作人员和有关国家工作人员滥用职权、玩忽职守、徇私舞弊的，对负有责任的主管人员和其他直接责任人员依法给予处分。

第三十五条 违反本条例规定，造成大足石刻破坏、损毁、灭失的，依法承担民事责任；构成违反治安管理行为的，由公安机关依法给予治安管理处罚；构成犯罪的，依法追究刑事责任。

第三十六条 大足石刻保护范围和建设控制地带内，与文物、旅游、林业、市政、园林绿化和除大气污染外的环境保护管理活动有关的行政处罚，由大足石刻世界文化遗产旅游开发区管理委员会实施。

第五章　附　则

第三十七条 本条例自 2017 年 6 月 1 日起施行。

四川

四川省都江堰水利工程管理条例

（1997年6月16日四川省第八届人民代表大会常务委员会第二十七次会议通过　根据2003年11月28日四川省第十届人民代表大会常务委员会第六次会议《关于修改〈四川省都江堰水利工程管理条例〉的决定》修正）

第一章　总　则

第一条　为了加强都江堰水利工程和都江堰灌区水源的管理，保护世界遗产，适应都江堰灌区国民经济和社会发展需要，根据《中华人民共和国水法》《中华人民共和国防洪法》《中华人民共和国河道管理条例》等有关法律法规的规定，结合都江堰灌区的实际，制定本条例。

第二条　本条例所称都江堰水利工程，是指渠首枢纽（含岷江关口至青城桥河段，下同）以及各级引水、输水、蓄水、提水等工程和各类配套设施；所称都江堰灌区，是指由省水利行政主管部门编制并由省人民政府、国务院水利行政主管部门审查批准的都江堰灌区总体规划划定的范围；所称都江堰灌区水源，是指都江堰渠首以上的岷江径流、灌区边缘溪流径流、区间径流及地下水。

第三条　在都江堰灌区（以下简称灌区）范围内从事水利工程建设、管理、保护、供水用水以及涉及水利工程得各项活动，均应遵守本条例。

第四条　都江堰水利工程的建设和维护，实行谁受益谁负担、国家国家给予补助的原则。

第五条　都江堰水利工程实行统一管理和分级管理、专业管理和群众管理相结合的管理体制。

省水行政主管部门是都江堰水利工程主管机关。其设立的都江堰管理局负责都江堰水利工程的统一管理和渠首枢纽的具体管理，灌区各管理处负责职责范围内的干渠、分干渠及各支渠分水枢纽等水利工程的管理。其中府河干渠的洞子口钢架桥至学生大桥，二江寺至黄龙溪段委托成都市政府管理。

设区的市水行政主管部门是负责本行政区域内有关都江堰水利工程的水事管理和跨县支渠的管理，并负责指导协调辖区内支渠分水枢纽以下水利工程的管理。

县（市、区，下同）水行政主管部门负责本行政区域内有关都江堰水利工程的水事管理和支渠分水枢纽以下水利工程的管理，负责组织、指导群众性的用水管理工作。

第六条　灌区内地方各级人民政府应加强对都江堰水利工程和保护工作的领导。

省水行政主管部门和都江堰管理局应建立健全管理制度、坚持灌区事务民主协商，充分发挥灌区代表委员会、支渠管理委员会、用水户协会的作用，定期召开由有关市、县人民政府及其水行政主管部门、水利工程管理单位和用水户代表参加的会议，通报情况，商议有关重大问题。

第七条　灌区内各级人民政府负责本行政区域内的防汛抗洪工作。县级以上水行政主管部门在本级人民政府的领导下，负责本行政区域灌区内防汛抗洪及抗旱的组织、协调、监督、指导工作。各水利工程管理单位和其他有关的部门按照各自的职责负责有关的防汛抗洪及抗旱工作。

第八条　厉行节约用水，大力推行节约用水措施，推广节约用水新技术、新工艺、建设节水型灌区。灌区内单位和各人都有节约用水的义务。

第九条　都江堰水利工程管理单位应当因地制宜地开展科学试验、技术革新，搞好渠系绿化，充分发挥现有工程和设备的潜力，科学调度，计划用水，节约用水，保障城乡居民生活用水，提供工农业生产用水和生态环境用水。

第十条　在都江堰水利工程建设、管理和保护工作中作出显著成绩的单位和个人，可由县级以上人民政府或省水行政主管部门给予表彰和奖励。

第二章　工程建设

第十一条　都江堰灌区总体规划由省水行政主管部门组织，报省人民政府、国务院水行政主管部门审查批准，由省水行政主管部门负责组织实施。

都江堰灌区总体规划的调整修改，必须报原审机关批准。

第十二条　都江堰水利工程的改建、扩建、配套设施建设及其他水利工程建设，必须符合都江堰灌区总体规划。

第十三条　都江堰水利工程新灌区的建设，由当地人民政府依据都江堰灌区总体规划提出申请和方案，经省水行政主管部门和省级有关部门审核，报省人民政府或国务院水行政主管部门批准后，由省水行政主管部门组织实施。

第十四条　都江堰水利工程必须坚持岁修制度。灌区内地方各级人民政府应加强对岁修工作的领导。

支渠分水枢纽及其以上水利工程的岁修方案由都江堰管理局制定并组织实施。支渠分水枢纽以下的水利工程岁修方案，由市、县水行政主管部门制定、实施，并报都江堰管理局备案。各市、县开展岁修时，应与都江堰管理局协商确定渠道的断流、输水时间。

第十五条　渠道工程的岁修由都江堰管理局组织完成。

干渠（含分干渠、支渠分水枢纽）的岁修，在农业水费收费标准未达到成本之前，由受益市、县人民政府和水利工程管理单位共同筹集资金组织完成。

支渠分水枢纽以下的各级渠道的岁修，由受益市、县人民政府筹集资金组织完成。

第十六条 都江堰水利工程的较大规模的工程整治和特大水毁工程的修复，支渠分水枢纽及其以上的，由都江堰管理局制定方案，报省水行政主管部门和省级有关部门批准后实施；支渠分水枢纽以下的，由市、县水行政主管部门制定方案，按规定的程序报批并组织实施。

第三章 工程管理与保护

第十七条 灌区内地方各级人民政府加强对都江堰水利工程设施和有效灌面的保护，任何单位或个人不得侵占。因建设需要确需占用的，必须经过批准，并按规定进行补偿，补偿费必须用于都江堰水利工程的建设。

第十八条 都江堰水利工程的用地范围，应依照有关法律法规地规定划定。都江堰管理局具体负责管理的水利部门的用地，由省人民政府发给土地使用权证书；县水行政主管部门负责管理的水利工程的用地，由同级人民政府发给土地使用权证书。

都江堰水利工程经批准占用的土地以及拥有的水面、水体属国家所有，由水利工程管理单位使用，任何单位或个人不得侵占。

第十九条 灌区内城镇规划应与都江堰灌区总体规划相协调，在编制城镇规划时，凡涉及都江堰水利工程管理和保护范围的，应当征求水利工程管理单位和水行政主管部门的意见。

城镇建设不得擅自占用都江堰水利工程渠（河）道或者影响水利工程的安全和运行。确需占用的，应当征得水利工程管理单位的同意，经有管辖权的水利行政主管部门批准；占用并影响水利工程运行的，建设单位和个人应当承担相应的复建、补偿责任，或者采取相应的补救措施。

第二十条 根据都江堰水利工程管理保护的需要，应依照国家和省的有关规定，划定水利工程管理保护范围。

第二十一条 在都江堰水利工程管理范围内修建跨渠、穿渠、临渠的桥梁、码头、道路、渡口、管道、暗涵、缆线等建筑物及设施，以及在渠道上修建水电站，建设单位必须按国家有关规定将工程建设方案报经水利工程管理单位审查同意，经有审批权的水行政主管部门批准由，方可按照基本建设程序办理报批手续。

已获批准的上述建设项目因性质、规模、地点等重大事项变动时，应重新办理审批手续。

第二十二条 在水利工程保护范围内，未经批准，不得修建建筑物；不得进行影响水利工程运行和危害水利工程安全的爆破、打井、筑坟、采石、取土等活动。

禁止损毁水利工程的建筑物及附属设施。

第二十三条 在都江堰水利工程渠（河）道管理范围内开采砂石，必须先经水利工程管理单位同意，并依法取得采砂许可证。

采砂户必须在规定的采砂范围和时间采砂，并服从工程整治规划，不得危及工程安全。

第二十四条　任何单位和个人不得干扰和阻碍水利工程管理单位正常工作。禁止非水利工程管理单位人员擅自操作水利工程设备。

第四章　用水管理

第二十五条　岷江上游及灌区边沿溪河径流的水资源开发利用，应当服从都江堰灌区供水、防汛要求。

省水行政主管部门应当制定岷江上游及灌区边沿溪河径流的年度水量分配方案和调度计划，加强水资源的统一管理、调度，并对岷江上游及灌区边沿溪河的水利、水电工程运行调度进行监督，保障灌区生活、农业、工业、生态环境等用水需要。

第二十六条　灌区内各级人民政府在编制水资源综合规划和专业规划时，凡涉及灌区水源、用水管理或都江堰水利工程的，应当服从都江堰灌区总体规划。

第二十七条　都江堰水利工程供水实行水权集中、统一调度、分级管理的原则。水量的分配和调度，应当保障城乡居民生活用水，提供农业用水和工业用水，兼顾生态环境用水。水电站、水动力站、航运、旅游等用水，必须服从防洪调度和生活用水、农业用水、工业用水的需要。

农业用水的调度，平原灌区主要按灌溉面积比例配水；丘陵灌区以夏、秋季引水囤蓄为主，其他时段由都江堰管理局根据来水情况进行调度。

第二十八条　生活用水、农业用水、工业用水、自来水厂用水和生态环境用水等用水户，应当按规定时间向都江堰管理局报送年度用水计划。

第二十九条　都江堰管理局应根据用水户所报的用水计划编制年度供水计划，经有关市、县人民政府及其水行政主管部门、水利工程管理单位和用水户代表参加的会议商议后，报经省水行政主管部门批准后实施。都江堰管理局应严格按照批准的计划，对用水实行统一调度。

第三十条　用水户必须按批准的用水计划用水，确需超计划用水的，必须向都江堰管理局提出超计划用水申请，经都江堰管理局同意后，方能用水。

第三十一条　新增生活用水、工业用水、自来水厂用水和生态环境用水等用水户，以及用水户改变取水地点、取水方式或者取水量的，必须经都江堰管理局批准后方能用水。

新增农业用水，由市、县水行政主管部门提出申请，经都江堰管理局或者省水行政主管部门批准后方能用水。

第三十二条　都江堰水利工程管理单位和用水户，应按规定设置水文测流断面或量水设施，并按照规范进行观测和资料整编。

第三十三条　用水户必须服从统一的供水调度。任何单位和个人不得拦截和抢占水源，不得擅自放水，不得扰乱供水秩序。

第三十四条　禁止在都江堰水利工程饮用水水源的供水渠（河）道和水库设置排污口。

在前款规定以外的都江堰水利工程供水渠（河）道和水库新建、改建或扩大排污口，必须符合环境保护法律、法规规定，达到国家污水排放标准，并征得水利工程管理单位同意，经有管辖权的水行政主管部门批准。

禁止向都江堰水利工程供水渠（河）道和水库内倾倒垃圾、丢弃废物。

第三十五条　任何单位和个人利用水库、渠道水域开展旅游、水产养殖等经营活动都应实行有偿使用，并提交水环境影响评价报告，经水利工程管理单位同意，报同级水行政主管部门审查批准后，方可按规定申请办理有关手续。

第五章　经营管理

第三十六条　都江堰水利工程实行计量用水、计量收费、超定额累进加价的制度，积极推进合同制用水。所有用水户必须按规定缴纳水费。任何单位和个人不得截留、平调、挪用和减免水费。

第三十七条　都江堰水利工程供水价格的核定以成本为依据，分类计价。

水价由省物价主管部门会同省水利行政主管部门制定，市、县（市、区）价格主管部门可以提出水价调整方案报省价格主管部门批准。水费使用管理办法，由省水行政主管部门会同省财政主管部门制定。其中，农业水费的分配比例，由省水行政主管部门制定方案，报省人民政府批准后实施。

第三十八条　生活用水、农业用水、工业用水、自来水厂用水和生态环境用水实行计量收费，用水户应在取水点设置计量装置，供水单位按用水户实际用水量收费；未设置计量装置的，按用水户的设备取水能力计量收费，超计划用水，应当按规定交纳加价水费。

生活用水、农业用水、工业用水、自来水厂用水等用水户必须在次月上旬向都江堰管理局或其委托的单位足额支付上月水费。

第三十九条　农业水费实行按亩计收或以基本水费加计量水费计收的方法。

农业水费由灌区各县或者用水户协会等负责收取，按规定向供水单位缴纳。

第四十条　都江堰水利工程管理单位应当充分利用水土资源和技术优势，发展水利经济。财政、税务、工商、金融等部门按国家规定给予支持。

第四十一条　都江堰水利工程收取的水费应当用于工程运行、管理、维护和发展水利经济。水利工程管理单位应当加强财务管理、建立健全财务制度，实行账务公开，并接受省水行政主管部门和财政、审计部门的监督检查。

省水行政主管部门应当对灌区工程运行、维护等活动进行统筹、协调。

第六章　法律责任

第四十二条　违反本条例第十九条第二十一条规定，未经批准擅自在水利工程管理和保护范围内进行城镇建设、修建建筑物（构筑物）的，依照《中华人民共和国水法》第六十五条的规定处罚。

第四十三条　违反本条例第二十二条规定的，责令停止违法行为，赔偿损失，采取补救措施，并可处 1 万元以上 5 万元以下罚款。

第四十四条　违反本条例第二十二条规定的，责令停止违法行为，赔偿损失，采取补救措施，并可处 1 万元以上 5 万元以下罚款。

第四十五条　违反本条例第二十四条规定，擅自操作水利工程设备造成损失的应予以赔偿，并可处 1000 元以上 5 万元以下罚款。

第四十六条　违反本条例第三十一条规定，未经批准新增生活用水、工业用水、自来水厂用水和生态环境用水等用水户的，责令停止取水活动或者限期补办有关手续，并可对实施违法行为的单位处 1 万元以上 5 万元以下罚款，对实施违法行为的个人处 1000 元以上 2 万元以下罚款。

未经批准擅自改变取水地点、取水方式或取水量的，责令停止违法行为或者限期补办有关手续，并可对实施违法行为的单位处 5000 元以上 3 万元以下罚款、对实施违法行为的个人处 100 元以上 5000 元以下罚款。

第四十七条　违反本条例第三十三条规定的，责令限期改正，并可对实施违法行为的单位处 3000 元以上 5 万元以下罚款，对实施违法行为的个人处 100 元以上 5000 元以下罚款。

第四十八条　违反本条例第二十二条规定的，责令停止违法行为，赔偿损失，采取补救措施，并可处 1 万元以上 5 万元以下罚款。

第四十九条　违反本条例的规定不按期交纳水费的，责令限期交纳，并每日加收应交水费 2‰的滞纳金；逾期不交纳的，供水单位可以限制供水直至停止供水。

违反本条例第三十六条规定，截留、平调、挪用水费的，责令限期交纳，并每日加收应交水费 2‰的滞纳金；逾期不交纳的，对主要负责人和直接负责人依法给予行政处分。

第五十条　本条例规定的罚款，上交同级财政，并使用财政部门统一印制的罚没收据。

第五十一条　违反本条例规定的其他行为，法律、法规已有处罚规定的，从其规定。

第五十二条　违反本条例的规定，情节严重，构成犯罪的，由司法机关依法追究刑事责任。

第五十三条　本条例规定的行政处罚，出县级以上水行政主管部门决定。其中在都江堰管理局直接管理的工程范围内发生的违反本条例的行为，可由都江堰管理局作出行政处罚决定。

第五十四条　本条例规定的行政执法单位及其工作人员必须秉公办案，依法行使职权。工作人员玩忽职守，滥用职权、徇私舞弊的，由其所在单位或上级主管机关给予行政处罚；构成犯罪的，依法追究刑事责任。

第五十五条　当事人对行政处罚决定不服的，可以依法申请行政复议或提起行政诉讼。逾期不申请复议或不向人民法院起诉又不履行处罚决定的，作出处罚决定的机关可以申请人民法院强行执行。

第七章　附　则

第五十六条　本条例自公布之日起执行。

四川省《中华人民共和国文物保护法》实施办法

（2006 年 5 月 26 日四川省第十届人民代表大会常务委员会第二十一次会议通过　自 2006 年 7 月 1 日起施行　根据 2014 年 7 月 30 日四川省第十二届人民代表大会常务委员会第十次会议《关于修改〈四川省《中华人民共和国文物保护法》实施办法〉的决定》修正）

第一条　根据《中华人民共和国文物保护法》《中华人民共和国文物保护法实施条例》等有关法律、法规，结合四川省实际，制定本实施办法。

第二条　省文物行政主管部门主管全省文物保护工作。

地方各级人民政府负责本行政区域内的文物保护工作。各级文物行政主管部门对本行政区域内的文物保护实施监督管理。

县级以上地方人民政府发展改革、公安、国土资源、建设、交通、水利、工商、旅游、宗教、规划等部门和海关，在各自的职责范围内，依法做好文物保护工作。

各级文物行政主管部门和教育、科技、新闻出版、广播电视等部门应当做好文物保护的宣传教育工作，增强公民的文物保护意识。

第三条　县级以上地方人民政府应当将文物保护事业经费列入财政预算，并随着财政收入的增长而增加。

任何单位和个人不得侵占、截留、挪用文物保护经费。

第四条　国家所有的文物，由保管或者使用该文物的单位承担保护责任。

不得将国有博物馆、纪念馆和文物收藏单位作为企业资产经营。不得擅自改变文物保护单位的管理体制和用途。

集体、个人所有的纪念建筑物、古建筑、祖传文物以及其他依法取得的文物，由所有人、使用人承担保护责任。

第五条　地方各级人民政府扶持和发展博物馆事业，鼓励公民、法人和其他组织依法设立博物馆。

省文物行政主管部门负责本省行政区域内博物馆设立的审核工作。

第六条　地方各级人民政府应当组织制定和实施重大文物安全事故的防范和应急预案，建立定期检查、定期报告制度和文物安全责任制度，及时消除文物安全隐患，避免重大文物安全事故的发生。

各级文物行政主管部门应当根据辖区内国有文物收藏单位馆藏文物的级别，负责制定并落实相应的安全措施，防止人为和自然破坏，确保文物安全。

文物展出，展出单位应当根据展出文物的级别制定并落实安全措施。

第七条 下列情形属于重大文物安全事故：

（一）全国重点文物保护单位和省级文物保护单位发生文物被盗、火灾，或者因人为破坏致使文物损坏的；

（二）文物收藏单位发生珍贵文物或者多件一般文物被盗、损毁、流失的；

（三）考古工地发生文物被盗、损毁、流失的；

（四）建设工程施工单位在施工中发现文物后，不及时报告当地文物行政主管部门，致使文物遭到严重破坏，或者文物被哄抢、私分、藏匿，造成文物损失的；

（五）擅自进行考古勘探、发掘，或者虽经批准却不按规定进行考古勘探、发掘，对古遗址、古墓葬造成破坏或者文物流失的。

第八条 重大文物安全事故发生后，当地人民政府应当按照重大文物安全事故防范和应急预案，组织有关部门立即实施抢救工作，并按照规定的时限和程序上报，不得隐瞒不报、谎报或者延迟报告。

第九条 省文物行政主管部门在市级、县级文物保护单位中，选择具有重要历史、艺术、科学价值的不可移动文物确定为省级文物保护单位，或者直接将具有重要历史、艺术、科学价值的不可移动文物确定为省级文物保护单位，报省人民政府核定公布，并报国务院备案。

第十条 文物保护单位的保护规划应当纳入当地的国民经济和社会发展计划、城乡建设发展规划，并与相关的环境治理、土地利用等专业规划相衔接。

第十一条 全国重点文物保护单位的保护规划，在省文物行政主管部门指导下，由所在地的县级以上地方人民政府组织编制，由省文物行政主管部门会同省建设行政主管部门组织评审，经征得国务院文物行政主管部门同意后，由省人民政府批准公布。

省级文物保护单位的保护规划，在省或者市、州人民政府文物行政主管部门的指导下，由所在地的县级以上地方人民政府组织编制，由省文物行政主管部门会同省建设行政主管部门组织评审后，报省人民政府批准公布。

市级、县级文物保护单位的保护措施，由核定公布该文物保护单位的人民政府组织制定。

对文物保护单位保护规划进行调整或者修改的，按照本条第一款、第二款的规定办理。

第十二条 历史文化名城、街区、村镇命名后，所在地的县级以上地方人民政府应当在2年内组织编制保护规划。历史文化名城、街区、村镇的保护规划应当纳入城乡建设规划和土地利用规划。

在历史文化名城、街区、村镇的保护规划区域内修建建筑物、构筑物，其形式、风格、高度、体量、色调等应当与历史文化名城、街区、村镇的历史风貌相协调。

第十三条　历史文化街区、村镇，未按规划保护，其布局、环境、历史风貌遭到严重破坏，丧失原评定条件的，由省建设行政主管部门会同省文物行政主管部门审核，报省人民政府核准，撤销其历史文化街区、村镇的称号，并予以公告。撤销历史文化名城称号的，按国务院的有关规定执行。

第十四条　省级、市级、县级文物保护单位的保护范围，由核定公布该文物保护单位的人民政府划定，作出标志说明，建立记录档案，设置专门机构或者指定专人负责管理。市级、县级文物保护单位的保护范围和记录档案，报省文物行政主管部门备案。

省级、市级、县级文物保护单位的建设控制地带，经省人民政府批准后，分别由省、市、县人民政府的文物行政主管部门会同建设、规划行政主管部门划定并公布。

第十五条　文物保护单位的保护范围和建设控制地带自依法公布之日起1年内，由当地人民政府文物行政主管部门设置标识。

任何单位和个人不得擅自移动、损毁标识。

第十六条　在文物保护单位的保护范围内，严禁存放易燃、易爆、易腐蚀物品。

第十七条　经批准在文物保护单位的建设控制地带内修建的建筑物、构筑物，其形式、风格、高度、体量、色调等应当与文物保护单位的历史风貌相协调。已有的危害文物保护单位安全、破坏文物保护单位历史风貌的建筑物、构筑物，应予以改造或者拆除。

文物保护单位不具备国家规定的安全标准的，不得向社会开放。

第十八条　文物保护单位的抢险加固工程、修缮工程、保护性设施建设工程、迁移工程，应当由具有相应资质的单位承担，并依法实行招投标和工程监理。

文物保护工程施工应当按照文物行政主管部门批准的文物保护工程设计方案进行。如需变更已批准的文物保护工程设计方案，应当征得原设计单位同意，报原审批单位批准。

文物保护工程竣工后，由工程设计方案的审批单位组织验收。

第十九条　尚未核定为文物保护单位的不可移动文物，需迁移、拆除的，应当报县级人民政府文物行政主管部门批准；批准前应当征得上一级人民政府文物行政主管部门同意；当地文物行政主管部门应当组织对其进行测绘、登记、拍摄，制作档案。

第二十条　宗教活动场所内的文物保护单位，由管理使用该场所的宗教组织负责依法对其进行修缮、保养和安全管理，并接受文物行政主管部门的监督检查。

第二十一条　在四川省行政区域内进行考古发掘工作，必须由考古发掘单位提出书面申请，经省文物行政主管部门审核，报国务院文物行政主管部门批准。

第二十二条　在下列区域内进行的建设工程，建设单位取得项目选址意见书后，应当报省文物行政主管部门组织进行考古调查、勘探：

（一）历史文化名城的保护规划范围内；

（二）已核定公布为文物保护单位的古遗址、古墓葬、古建筑、石刻、纪念建筑等历史文化遗迹；

（三）省文物行政主管部门核定的可能埋藏文物的区域。

在成都市行政区域内进行的建设工程的考古调查、勘探，按照四川省人民代表大会常务委员会批准的《成都市文物保护管理条例》的规定执行。

第二十三条 省文物行政主管部门自受理考古调查、勘探申请之日起 40 个工作日内，应当组织完成考古调查、勘探，做出考古调查、勘探结果意见书，并送达建设单位。经考古调查、勘探确认有文物埋藏，需要进行考古发掘的，由省文物行政主管部门组织发掘。

在工程建设中发现古遗址、古墓葬，需要进行考古发掘的，建设单位应当允许施工单位顺延工期。经考古调查、勘探、发掘，需要进行原址保护的，建设单位应当避开原址或者另行选址。

第二十四条 因进行基本建设和生产建设需要的考古调查、勘探、发掘所需费用按照《中华人民共和国文物保护法》第三十一条规定由建设单位列入建设工程预算。预算的定额标准按国家规定执行。

第二十五条 涉案文物、国有文物收藏单位收藏的文物和考古发掘出土的文物，由省文物行政主管部门组织鉴定。

拍卖的文物拍卖前由省文物行政主管部门依法审核。

第二十六条 国有文物收藏单位应当建立严格的文物库房管理制度，馆藏文物必须由 2 名以上保管人员共同保管。

国有文物收藏单位的法定代表人离任、文物库房保管人员工作变动时，应当按照馆藏文物档案办理馆藏文物移交手续，并经主管的文物行政主管部门确认。

国有文物收藏单位应当每年对收藏的文物组织清点，并将清点情况逐级报省文物行政主管部门备案。

第二十七条 有文物保护单位的风景名胜区、公园、旅游景区等的管理单位，对文物保护单位的修缮、保养所必需的经费应予保障。

第二十八条 为制作音像制品等出版物，拍摄县级文物保护单位的，应当报县级人民政府文物行政主管部门批准；拍摄市级文物保护单位和馆藏三级文物的，应当报设区的市级人民政府文物行政主管部门批准；拍摄省级以上文物保护单位和馆藏一级文物、馆藏二级文物的，应当报省人民政府文物行政主管部门批准。拍摄文物时，应当采取必要措施保证文物安全。

第二十九条 违反本实施办法第四条第二款规定的，或者行政机关不履行文物保护和管理职责的，由当地人民政府或者上级人民政府责令改正。

第三十条 文物行政主管部门和其他有关部门的工作人员玩忽职守、滥用职权、徇私舞弊的，依法给予行政处分；构成犯罪的，依法追究刑事责任。

第三十一条 发生本实施办法第七条所列重大文物安全事故的，以及违反本实施办法第八条规定的，对直接负责的主管人员和其他直接责任人员依法给予行政处分；构成犯罪的，依法追究刑事责任。

第三十二条 违反本实施办法第十五条第二款规定，擅自移动、损毁标识的，由文物所在单位要求其恢复原状、赔偿损失；公安机关给予警告，可以并处 200 元以下罚款。

第三十三条 违反本实施办法第十六条规定的，由公安机关责令改正；造成安全事故的，对直接负责的主管人员和其他直接责任人员依法给予处罚；构成犯罪的，依法追究刑事责任。

第三十四条 违反本实施办法第二十八条规定，未经批准擅自拍摄文物保护单位或者馆藏文物，或者对其造成损坏的，由县级以上地方人民政府文物行政主管部门责令其赔偿损失，并处以 2000 元以上 2 万元以下的罚款；对直接负责的主管人员和其他直接责任人员依法给予行政处分。

第三十五条 本实施办法自 2006 年 7 月 1 日起施行。1982 年 12 月 23 日四川省第五届人民代表大会常务委员会第十七次会议通过的《四川省文物保护管理办法》同时废止。

巴中市红军文物保护条例

（2017年8月29日巴中市第四届人民代表大会常务委员会第五次会议通过
2017年12月1日四川省第十二届人民代表大会常务委员会
第三十七次会议批准　自2018年1月1日起施行）

第一章　总　则

第一条　为了加强对红军文物的保护、管理和合理利用，根据《中华人民共和国文物保护法》《中华人民共和国文物保护法实施条例》《四川省〈中华人民共和国文物保护法〉实施办法》等有关法律、法规，结合巴中市实际，制定本条例。

第二条　本市行政区域内红军文物的保护、管理和利用，适用本条例。

第三条本条例所称红军文物，是指在本市行政区域内，与川陕苏区和其他苏区革命斗争史相关，反映苏区革命斗争的重要历史活动、进程、思想、文化等，具有重要纪念意义、教育意义或者史料价值的下列文物：

（一）重要机构、重要会议旧址；

（二）重要人物故居、旧居、活动地；

（三）重要事件、战斗遗址；

（四）具有重要影响的烈士事迹发生地和墓地；

（五）与川陕苏区和其他苏区革命斗争史相关的各类纪念碑、纪念馆等纪念设施；

（六）具有历史、科学、艺术价值的石刻标语、墨书文献、手稿和其他文献资料；

（七）反映川陕苏区革命活动、工作制度、生产生活等代表性实物；

（八）其他应当保护的红军文物。

第四条　红军文物保护工作应当贯彻保护为主、抢救第一、合理利用、加强管理的方针，遵循统一规划、分类保护、属地管理、专业管理与群众管理相结合的原则。

第五条　市、县级人民政府负责本行政区域内的红军文物保护工作，应当将红军文物保护纳入国民经济和社会发展规划、土地利用总体规划、城乡规划，协调解决红军文物保护工作中的重大问题，加强合理利用，推动经济社会发展。

乡（镇）人民政府、街道办事处在县级人民政府文物行政主管部门的指导下，负责本行政区域内红军文物的日常巡查和新发现红军文物的现场保护等工作。村（居）民委员会协助人民政府落实红军文物保护管理工作。

红军文物保护所需经费列入本级财政预算。

第六条 市、县级人民政府文物行政主管部门负责本行政区域内红军文物保护工作的管理和监督。市、县级文物保护管理机构具体负责红军文物的修缮保养、科学研究、安全保护、陈列展示、推广宣传和红军文物资料的收集整理等工作。

市、县级人民政府发展改革、财政、住房和城乡建设、规划、国土资源、公安、工商行政管理、民政、教育、交通运输、环境保护、旅游、林业、水行政、宗教等部门在各自职责范围内，负责红军文物保护相关工作。

第七条 本市各级人民政府应当加强红军文物保护的宣传教育，增强公民的文物保护意识。

第八条 一切单位和个人都有依法保护红军文物的义务，对破坏、损毁、非法买卖红军文物的行为有权进行劝阻、举报。

鼓励企业事业单位、社会团体和个人通过捐赠、志愿服务、设立文物保护社会基金、投资建设文物保护设施等形式参与红军文物保护工作。

第二章　保护管理

第九条 市、县级人民政府应当组织编制本行政区域内的红军文物保护规划，市、县级人民政府文物行政主管部门应当会同规划等行政部门具体负责编制红军文物保护规划。省级以上红军文物保护单位的保护规划，按照有关规定报请省人民政府批准并公布；市、县级红军文物保护单位的保护规划，由市人民政府批准并公布；其他红军文物的保护规划，由县级人民政府批准并公布。

红军文物保护规划应当与风景名胜区规划、旅游产业规划等专业规划相衔接。

市、县级人民政府应当将本级文物行政主管部门纳入城乡规划协调决策机构成员单位。

市、县级人民政府文物行政主管部门应当制定相应的红军文物修缮、保养、研究和利用计划。

第十条 市、县级人民政府应当设立红军文物保护专项资金。红军文物保护专项资金用于下列支出：

（一）红军文物保护规划编制和项目申报；

（二）红军文物调查、勘探、发掘、清理；

（三）国有不可移动红军文物的修缮、保养和抢救性保护；

（四）对非国有不可移动红军文物修缮、保养的补助；

（五）红军文物的征收、征集、征用；

（六）聘请红军文物保护管理人员的补助；

（七）红军文物保护的科学技术研究；

（八）对红军文物保护做出重大贡献的单位或者个人的奖励；

（九）红军文物保护方面的其他支出。

市、县级人民政府文物行政主管部门应当会同财政部门制定红军文物保护专项资金管理办法，报本级人民政府批准后执行。

第十一条 市、县级人民政府应当建立红军文物普查制度，市人民政府定期组织开展文物普查工作，县级人民政府负责定期对本行政区域内的红军文物进行普查登记，向市人民政府文物行政主管部门备案，并予以公布。

市、县级人民政府文物行政主管部门应当建立红军文物资源目录、红军文物档案和红军文物数据库。红军文物档案应当同时交本级档案馆保存。

第十二条 对新发现的不可移动红军文物，市、县级人民政府文物行政主管部门应当组织专家进行评审。经评审认定为具有一定历史、科学、艺术价值的，分别由市、县级人民政府核定公布为市级和县级文物保护单位，并报省人民政府备案。

不可移动红军文物的认定，自市、县级人民政府文物行政主管部门公告之日起生效。

第十三条 未被核定公布为文物保护单位的不可移动红军文物，由县级人民政府文物行政主管部门组织调查审核，对其名称、类别、位置、范围、保存状况、周边环境等事项予以登记并公布，报市人民政府文物行政主管部门备案，参照县级文物保护单位管理。

第十四条 市、县级人民政府应当划定红军文物保护单位的保护范围，并作出标志说明，建立记录档案，设置专门机构或者指定专人负责管理。市、县级文物保护单位的保护范围和记录档案，报省人民政府文物行政主管部门备案。

第十五条 市、县级红军文物保护单位的建设控制地带的划定，分别由市、县级人民政府文物行政主管部门会同住房和城乡建设、规划行政主管部门拟定方案，经省人民政府批准后，分别由市、县级人民政府文物行政主管部门会同住房和城乡建设、规划行政主管部门划定并公布。

第十六条 红军文物保护单位的保护范围和建设控制地带自依法公布之日起一年内，由当地人民政府文物行政主管部门设置保护和控制标识。

第十七条 红军文物保护单位的建设控制地带内，禁止下列行为：

（一）建设污染红军文物保护单位及其环境的设施；

（二）设置户外广告；

（三）法律法规禁止的其他行为。

第十八条 在红军文物保护单位的保护范围内，除本条例第十七条禁止的行为外，还禁止下列行为：

（一）刻划、涂污、损坏红军文物；

（二）刻划、涂污、损毁或者擅自移动红军文物保护单位标识和保护界桩；

（三）存放易燃、易爆、易腐蚀等危及红军文物安全的物品；

（四）葬坟、建窑、取土、采石、捞沙、开矿、毁林；

（五）损坏红军文物保护设施；

（六）翻爬、骑坐等亵渎、损害红军文物形象；

（七）红军文物保护单位的建筑物内设立娱乐场所；

（八）法律、法规禁止的其他行为。

第十九条　红军文物保护单位的保护范围内不得进行除文物保护工程外的其他建设工程或者爆破、钻探、挖掘等作业。因特殊情况需要在红军文物保护单位的保护范围内进行其他建设工程或者爆破、钻探、挖掘等作业的，必须保证红军文物保护单位的安全，并经核定公布该文物保护单位的人民政府批准，在批准前应当征得上一级人民政府文物行政主管部门同意；在全国重点红军文物保护单位的保护范围内进行其他建设工程或者爆破、钻探、挖掘等作业的，必须经省人民政府批准，在批准前应当征得国务院文物行政主管部门同意。

第二十条　在红军文物保护单位建设控制地带内进行的建设工程，应当符合红军文物保护规划的要求，不得危及红军文物安全，不得破坏红军文物的历史风貌，建筑物、构筑物的选址、布局、规模、高度、体量、造型、色调等应当与红军文物保护单位历史风貌及周边环境相协调。建设工程设计方案应当经相应的文物行政主管部门同意后，报住房和城乡建设、规划行政主管部门批准。

已有的危害红军文物保护单位安全、破坏红军文物保护单位历史风貌的建筑物、构筑物，应当予以改造或者拆除。

第二十一条　红军文物保护单位的保护范围和建设控制地带内，已有的污染文物保护单位及其环境的设施，由市、县级人民政府依法责令相关单位或者个人限期治理。

第二十二条　市、县级人民政府文物行政主管部门应当确定红军文物保护管理责任人。

保护管理责任人按下列规定确定：

（一）国有不可移动红军文物，使用人为保护管理责任人；

（二）国有可移动红军文物，收藏单位为保护管理责任人；

（三）非国有红军文物，所有权人为保护管理责任人；

（四）没有使用人的国有不可移动红军文物或者所有权人不明确的红军文物，由市、县级人民政府文物行政主管部门指定保护管理责任人。

市、县级人民政府文物行政主管部门应当每年向红军文物保护单位的保护管理责任人发出保护通知书，督促保护管理责任人履行红军文物保护义务。

保护通知书应当具有红军文物的保护措施、安全防范和利用要求等内容。

第二十三条　红军文物保护管理责任人负责红军文物的修缮、保养及其安全管理。

红军文物保护责任人在红军文物的修缮、保养及其安全管理过程中应当遵守下列规定：

（一）不得改变红军文物原建筑立面、结构体系、色彩色调、基本平面布局和有特色的内部装饰等；

（二）不得损毁和擅自改建、添建或者拆除与红军文物相关的建筑物以及其他设施，确需进行改建、添建或者拆除的，应当依法报相关行政主管部门批准；

（三）不得擅自对红军文物进行装饰、装修，确需进行装饰、装修的，应当依法报市、县级人民政府文物行政主管部门批准；

（四）发现危害红军文物安全的险情时，立即采取有效救护措施并在二十四小时内向市、县级人民政府文物行政主管部门报告，按照文物行政主管部门的要求及时排除险情；

（五）法律法规的其他规定。

第二十四条　在红军文物保护单位的保护范围内实施文物保护工程，应当制定文物保护工程方案，并按照国家和省有关规定履行报批程序。

第二十五条　红军文物保护工程经费的承担应当遵守下列规定：

（一）国有红军文物保护单位的文物保护工程所需经费由使用人承担；经费不足的，使用人可以根据文物保护级别，向同级人民政府文物行政主管部门申请补助；

（二）非国有红军文物保护单位的文物保护工程所需经费由所有权人承担；所有权人确有困难的，可以根据文物保护级别，向同级人民政府文物行政主管部门申请补助，或者向有关社会组织、社会公益基金申请资助；

（三）非国有不可移动红军文物有损毁危险，其所有权人具备修缮能力而拒不依法履行修缮义务的，市、县级人民政府可以进行抢救性修缮，所需费用由所有权人承担；

（四）没有使用人的国有不可移动红军文物或者所有权人不明确的红军文物，由所在地县级人民政府文物行政主管部门承担文物保护工程经费。

第二十六条　不可移动红军文物已经全部毁坏的，应当实施遗址保护，不得在原址重建。因特殊情况需要在原址重建的，由省人民政府文物行政主管部门报省人民政府批准；全国重点红军文物保护单位需要在原址重建的，由省人民政府报国务院批准。

第二十七条　尚未核定为文物保护单位的不可移动红军文物需要迁移、拆除的，应当报县级人民政府文物行政主管部门批准，批准前应当征得市人民政府文物行政主管部门同意。

第二十八条　经依法批准迁移或者拆除不可移动红军文物的，所在地文物行政主管部门应当组织做好测绘、登记、摄像和文字记录等资料收集工作，制作档案。

经依法批准拆除的国有不可移动红军文物中具有收藏价值的壁画、墨书、雕塑、石刻、建筑构件等，由市、县级人民政府文物行政主管部门指定文物收藏单位收藏。

第二十九条 在进行建设工程或者在农业生产中，任何单位或者个人发现红军文物，应当立即停止建设或者生产，保护现场，立即报告当地县级人民政府文物行政主管部门。文物行政主管部门接到报告后，如无特殊情况，应当在二十四小时内赶赴现场，并在七日内提出处理意见。文物行政主管部门可以报请当地人民政府通知公安机关协助保护现场；发现重要文物的，应当立即上报国务院文物行政主管部门。

依照前款规定发现的红军文物属于国家所有，任何单位和个人不得哄抢、私分、藏匿。

第三十条 可移动红军文物的等级，由红军文物的所有人或者持有人提出申请，文物行政主管部门依法按照相关规定审核确定。

第三十一条 对自然风化严重、濒临损毁的不可移动红军文物，市、县级人民政府及其文物行政主管部门应当及时进行抢救性保护。

当发生地质灾害或者存在地质隐患危及不可移动红军文物时，市、县级人民政府国土资源行政主管部门应当及时会同文物行政主管部门或者民政部门进行勘探、治理。

第三十二条 市、县级人民政府及其文物行政主管部门应当抢救、征集和保护可移动红军文物，文物收藏单位应当进行收藏、保护、陈列和展示。

馆藏红军文物的修复、复制、拓印，以及其他可移动红军文物的修复，应当遵守法律法规的规定和相关技术规范。

第三十三条 市、县级人民政府应当建立健全红军文物安全责任制。文物行政主管部门应当制定本行政区域内红军文物安全事故防范预案，定期检查红军文物保护情况，及时发现和消除红军文物安全隐患，依法查处危害红军文物安全和损害红军文物的行为。

第三十四条 博物馆、纪念馆、陈列馆和其他收藏红军文物的单位应当妥善保管收藏的红军文物，依法区分文物等级，设置文物档案，建立管理制度，并报主管的文物行政主管部门备案，接受文物行政主管部门的指导和监督。

博物馆、纪念馆、陈列馆和其他收藏红军文物的单位应当按照国家有关规定配备防盗、防火、防腐蚀、防自然损坏等保护设施，按照文物风险等级配备专兼职保卫人员，确保馆藏文物的安全。

市、县级人民政府公安机关应当对文物收藏单位的安全保卫工作进行指导。

第三十五条 市、县级人民政府文物行政主管部门，应当将本行政区域内红军文物保护单位的名称、位置、权属性质、保护范围和建设控制地带等信息，自公布之日起六个月内告知同级发展改革、住房和城乡建设、规划、国土资源、交通运输、水务、工商行政等与红军文物保护相关的行政主管部门和所在地的乡（镇）人民政府、街道办事处。

市、县级人民政府地理测绘行政主管部门应当在地理信息公共服务平台中明确标注红军文物保护单位的位置、保护范围和建设控制地带等信息。

市、县级人民政府文物行政主管部门应当将不宜作为或者限制作为经营场所或者住所的不可移动红军文物告知工商行政主管部门。市、县级人民政府工商行政主管部门应当将利用不可移动红军文物作为经营场所或者住所的工商注册登记信息告知同级文物行政主管部门。

第三十六条　市、县级人民政府规划农贸市场、大型交易市场等公共区域时，应当避开红军文物保护单位和红军纪念设施。

市、县级人民政府国土资源、住房和城乡建设、规划行政主管部门应当加强不可移动红军文物、红军文物博物馆、红军纪念馆、陈列馆、红军烈士陵园、红军纪念设施场所保护用地、规划和建设的监管。

第三章　合理利用

第三十七条　红军文物利用应当在确保红军文物安全的前提下遵循合理、适度、可持续的原则，发挥红军文物的公共服务和社会教育作用，促进文化事业、文化产业和文化旅游业协调发展。

第三十八条　市、县级文物保护管理机构应当加强同有关科研单位和学术机构的交流与合作，发掘、展示红军文物的历史、艺术、科学价值和思想内涵，发挥红军文物在爱国主义教育、革命传统教育、民族精神教育和廉政教育等方面的作用。

第三十九条　制作出版物、电影、电视剧以及开展实景演出等活动需要拍摄、使用红军文物的，应当保障红军文物安全，不得影响红军文物形象，根据红军文物保护的级别，在市、县级人民政府文物行政主管部门的监督下进行。

第四十条　市、县级人民政府旅游行政主管部门应当挖掘整合红军文物旅游资源，发展红色文化旅游产业。鼓励旅游企业、景区景点推出具有巴中红军文物历史文化特色的旅游项目。

市、县级人民政府有关部门在批准涉及红军文物的旅游项目时，应当征求同级文物行政主管部门的意见。

利用红军文物开展文化旅游活动应当保持和展示红军文物历史原貌，符合红军文物的文化属性。

第四十一条　市、县级人民政府应当支持红军文物博物馆、纪念馆、陈列馆建立红军文物数据库共享平台以及红军文物数字化展示系统；支持文化馆、博物馆、图书馆依托红军文物资源，进行文化创意产品开发；加强红军文化的宣传普及，促进红军文化走进大众文化生活。

第四十二条　市、县级人民政府教育行政主管部门应当将红军文物知识列入中小学教育内容，鼓励各类学校组织学生到红军文物保护单位开展学习实践活动。

支持红军文物保护单位、博物馆、纪念馆、陈列馆与国家机关、企事业单位共建共享，建立爱国主义教育基地和革命传统教育基地。

红军文物保护管理机构、所在景区（公园）应当对党政机关、企事业单位、社会团体和个人到红军文物场所参观学习提供支持。

第四十三条　国有红军文物保护单位的纪念建筑物、构筑物，可以建立博物馆、陈列馆、文物保管所或者辟为参观游览场所；作其他用途的，应当依法报请批准。

第四十四条　国有文物保护单位和文物收藏单位在确保红军文物安全的前提下，应当向公众开放。尚不具备开放条件的，应当在重点区域开辟宣传展示空间，或者在合适位置设立纪念标志或者铭牌说明。

市、县级人民政府文物行政主管部门应当结合重大历史事件和重要历史人物纪念活动、重要节庆活动，组织举办红军文物专题展览和流动展览。

第四十五条　红军文物的讲解服务应当体现红军文物的历史性、科学性，展示红军文物的历史文化魅力，宣传和弘扬红军精神。

市、县级人民政府旅游行政主管部门应当会同本级人民政府文物行政主管部门以及其他相关行政部门规范景区景点、公园对红军文物的讲解、导游活动。

第四十六条　市、县级人民政府文物行政主管部门应当建立国有可移动红军文物共享机制，通过调拨、交换、借用等方式，实现红军文物资源共享，丰富博物馆、纪念馆、陈列馆的展览内容。文物的调拨、交换、借用按有关法律法规进行报批。

既属红军文物，又属档案的，档案馆可以与博物馆、图书馆、纪念馆等单位相互交换重复件、复制件或者目录，联合举办展览，共同编辑出版有关史料或者进行史料研究。

第四章　法律责任

第四十七条　违反本条例规定的行为，法律法规已有处罚规定的，从其规定。

第四十八条　违反本条例规定，在红军文物保护单位的保护范围内，有下列行为之一，造成损害尚不严重的，由文物所在单位要求其恢复原状、赔偿损失；市或者县级人民政府公安机关给予警告，可以并处二百元以下罚款。

（一）刻划、涂污、损坏红军文物的；

（二）损坏红军文物保护设施的；

（三）刻划、涂污、损毁或者擅自移动文物保护单位标识和保护界桩。

第四十九条　违反本条例规定，擅自在红军文物保护单位的保护范围内进行建设工程或者爆破、钻探、挖掘等作业的，由市或者县级人民政府文物行政主管部门责令改正，并按照下列规定处罚：

（一）对全国重点文物保护单位造成严重后果的，处三十万元以上五十万元以下的罚款；

（二）对省级文物保护单位造成严重后果的，处二十万元以上三十万元以下的罚款；

（三）对市、县级文物保护单位造成严重后果的，处五万元以上二十万元以下的罚款。

第五十条　违反本条例规定，工程设计方案未经批准在红军文物保护单位的建设控制地带内进行建设工程，破坏历史风貌的，由市或者县级人民政府文物行政主管部门责令改正，并按照下列规定处罚：

（一）对全国重点文物保护单位造成严重后果的，处三十万元以上五十万元以下的罚款；

（二）对省级文物保护单位造成严重后果的，处二十万元以上三十万元以下的罚款；

（三）对市、县级文物保护单位造成严重后果的，处五万元以上二十万元以下的罚款。

第五十一条 违反本条例规定，擅自改变不可移动红军文物原建筑立面、结构体系、色彩色调、基本平面布局和有特色的内部装饰，明显改变文物原状，造成严重后果的，由市或者县级人民政府文物行政主管部门责令改正，处五万元以上五十万元以下的罚款。

第五十二条 违反本条例规定，红军文物收藏单位未按照国家有关规定配备防火、防盗、防腐蚀、防自然损坏等保护设施，尚不构成犯罪的，由市或者县级人民政府文物行政主管部门责令改正，可以并处一万元以下的罚款；经责令改正后，仍不按照规定配备防火、防盗、防腐蚀、防自然损坏等保护设施的，处一万元以上二万元以下的罚款。

第五十三条 本市各级人民政府和有关部门违反本条例规定，有下列行为之一的，对直接负责的主管人员和其他直接责任人员依法给予处分：

（一）挪用红军文物保护管理经费的；

（二）擅自修改红军文物保护规划的；

（三）未履行监督管理责任，造成严重后果的；

（四）发现违法行为不予查处的；

（五）其他滥用职权、玩忽职守、徇私舞弊的行为。

第五章　附　则

第五十四条 本条例自 2018 年 1 月 1 日起施行。

贵 州

贵州省民族民间文化保护条例

（2002 年 7 月 30 日贵州省第九届人民代表大会常务委员会第二十九次会议通过
自 2003 年 1 月 1 日起施行）

第一章 总 则

第一条 为了加强对民族民间文化的保护，继承和弘扬民族优秀传统文化，促进经济社会发展，根据有关法律、法规的规定，结合本省实际，制定本条例。

第二条 本条例所保护的民族民间文化是指：

（一）少数民族的语言、文字；

（二）具有代表性的民族民间文学、戏剧、曲艺、诗歌、音乐、舞蹈、绘画、工艺美术等；

（三）民族民间文化传承人及其所掌握的传统工艺制作技术和技艺；

（四）集中反映各民族生产、生活习俗和历史发展的民居、服饰、器具、用具等；

（五）具有民族民间文化特色的代表性建筑物、设施、标识以及在节日和庆典活动中使用的特定自然场所；

（六）保存比较完整的民族民间文化生态区域；

（七）具有学术、史料、艺术价值的手稿、经卷、典籍、文献、契约、谱牒、碑碣、楹联等；

（八）具有民族民间代表性的传统节日、庆典活动、民族体育和民间游艺活动以及具有研究价值的民俗活动；

（九）民族民间文化的其他表现形式。

第三条 在本省行政区域内的国家机关、社会团体、企业事业单位和个人，应当遵守本条例。

第四条 民族民间文化保护工作实行保护为主、合理开发、政府主导、社会参与的原则。

第五条 县级以上人民政府应当将民族民间文化保护工作纳入国民经济和社会发展计划。

第六条 县级以上人民政府文化行政部门主管本行政区域内民族民间文化的保护工作。

民族宗教事务、公安、工商、建设、规划、教育、旅游、环保、体育等有关部门应当按照各自的职责，配合文化行政部门做好民族民间文化保护工作。

第七条 在民族民间文化保护工作中作出显著成绩的单位或者个人，各级人民政府应当给予表彰和奖励。

第二章　抢救与保护

第八条　县级以上人民政府文化行政部门应当组织对本地区的民族民间文化进行普查、搜集、整理和研究，保护研究成果，提倡资源共享，鼓励开展民族民间文化的交流与合作。

需要保密的传统工艺制作技术，有关部门应当确定密级和保密期限，依法实施保密管理。

第九条　县级以上人民政府文化行政部门对于濒危的有重要价值的民族民间文化遗产，应当会同有关部门及时组织抢救。

第十条　县级以上人民政府文化、民族宗教事务等部门对于征集、搜集的民族民间文化资料，应当进行系统的整理、归档，逐步建立信息查询系统。重要的民族民间文化资料、实物应当长期保存。

整理、出版民族民间文化资料，应当尊重民族风俗习惯，保持其原有内涵和风貌。

第十一条　公民、法人和其他组织依法收藏的民族民间文化资料、实物，其所有权受法律保护。

国家依法征集公民、法人和其他组织收藏的民族民间文化资料和实物时，应当以自愿为原则，合理作价，并且由征集部门发给证书。

鼓励单位或者个人将民族民间文化资料、实物捐赠给国家的收藏、研究机构；受赠单位应当根据具体情况给予奖励，并且发给证书。

第十二条　县级以上人民政府文化行政部门负责拟定本行政区域内限制摄影、录像、录音的民族民间文化资料和实物名录，报同级人民政府公布。

对限制摄影、录像、录音的民族民间文化资料和实物进行摄影、录像、录音的，必须报县级以上人民政府文化行政部门批准。

第十三条　国外、境外团体、个人以研究或者营利为目的，到本省进行民族民间文化考察活动的，应当报省人民政府文化行政部门批准。

第十四条　经省人民政府文化行政部门认定的具有重要历史、艺术、科学价值的民族民间文化资料和实物，除经依法批准的以外，一律不得出境。

第三章　推荐与认定

第十五条　符合下列条件之一的公民，可以申请命名为贵州省民族民间文化传承人：

（一）熟练掌握某种民间传统技艺，在当地有较大影响或者被公认为技艺精湛的；

（二）在一定区域内被群众公认为通晓本民族或者本区域民族民间文化形式和内涵的；

（三）形成了只有本人和徒弟才有的特殊技艺的；

（四）大量掌握和保存本民族民间传统文化原始文献、资料和实物，并且有一定研究成果的。

第十六条 符合下列条件的团体，可以申请命名为贵州省民族民间文化传承单位：

（一）掌握某一民族民间文化表现形式的技能或者开展相关研究；

（二）以弘扬该民族民间文化表现形式为活动宗旨；

（三）坚持经常开展以民族民间文化为内容的活动；

（四）保存关于该民族民间文化表现形式的资料或者实物的。

第十七条 民族民间文化传承人和传承单位经申请或者推荐，由县级人民政府文化行政部门会同民族宗教事务部门组织有关专家初审，经市、州人民政府和地区行署文化行政部门会同民族宗教事务部门审核，报省人民政府文化行政部门会同民族宗教事务部门批准命名。

第十八条 符合下列条件的区域或者村寨，可以建立民族文化生态博物馆或者民族文化村寨博物馆：

（一）自然生态环境整体保存较好；

（二）具有民族文化典型特征；

（三）民族传统文化保存较好；

（四）历史悠久、建筑典型、民风古朴，具有代表性的民族村寨。

第十九条 符合下列条件的县（市、区）、乡（镇），可以命名为贵州省民族民间文化之乡：

（一）具有历史悠久、民族或者地方特色鲜明、世代传承的文化艺术，并且在国内外享有盛誉；

（二）形成独一的文化艺术种类，并且有广泛群众基础和较高的旅游、经济开发价值；

（三）有代表性的民族建筑和典型的民居建筑群。

第二十条 自然生态环境整体保存完好，符合下列条件的民族聚居区域，可以划定为民族文化生态保护区：

（一）居住相对集中，民族、语言相同；

（二）传统生产、生活方式相同或者相近；

（三）传统民居建筑风格以及民俗相同或者相近；

（四）传统文化艺术以及手工工艺技术一脉相承。

第二十一条 建立民族文化生态博物馆、民族文化村寨博物馆，命名贵州省民族民间文化之乡，划定民族民间文化生态保护区，应当尊重当地民族的意愿，由所在地县级人民政府文化行政部门申报，经县级以上人民政府逐级审核后，报省人民政府批准。

第四章　开发与利用

第二十二条 各级人民政府应当支持开展健康有益的、具有代表性的民族民间文化活动，宣传和弘扬本地区本民族优秀的民族民间文化，发展民族文化产业。

民族文化生态博物馆、民族文化村寨博物馆、民族民间文化之乡开展有关文化艺术活动，当地人民政府应当提供必要的条件。

第二十三条 各级人民政府应当结合本地实际，将自然风光与民族民间文化相结合，采取有效措施，发掘、利用民族民间文化资源，开发传统民族民间文化产品，提升旅游业文化品位，拓展旅游服务项目，促进旅游经济的发展。

第二十四条 各级人民政府应当采取有效措施，有计划地建立和恢复能集中反映民族民间文化的设施，对有民族民间文化特色的民居、建筑物、标识以及特定的自然场所等，应当妥善加以维护、修缮，有重点地开放。

第二十五条 各级人民政府文化行政部门应当有计划地组织开展优秀民族民间文化的展演及其他活动，深入挖掘、整理、开发、提高有本地特色的、健康的民俗活动表演项目，增强其艺术性和观赏性。

第二十六条 鼓励以弘扬优秀民族民间文化为目的的文学艺术创作活动，有重点、有选择地做好民族民间原始文献、典籍、戏剧、音乐等的记录、翻译、校订、出版、研究和开发利用等工作。

省人民政府文化行政部门负责开设贵州省优秀民族民间文化网站和建立电子信息库，扩大宣传。

第二十七条 鼓励单位和个人按照社会主义市场经济规律，通过市场运作，发展民族民间文化产业。

第五章 保障措施

第二十八条 民族民间文化保护经费由政府拨款、社会捐助和接受国内外捐赠等多渠道筹集，主要用于：

（一）民族民间文化重大项目的保护、研究和开发；

（二）征集、搜集、整理、研究、保护和开发民族民间文化珍品、文献、典籍和实物；

（三）贫困地区民族民间优秀文化项目的保护和开发；

（四）民族文化生态博物馆和民族文化村寨博物馆的建设与管理；

（五）其他民族民间文化保护工作。

第二十九条 各级人民政府应当重视对当地民族民间文化研究人才的扶持和培养，发挥博物馆、文化馆、艺术馆、文物管理所等单位在征集、收藏、研究以及展示本地区民族民间文化中的作用。

第三十条 中小学应当将优秀的民族民间文化作为素质教育的内容。

少数民族地区的教育机构可以用少数民族语言文字进行双语教学。

有条件的高等院校可以开设民族民间文化课程，培养民族民间文化的专门人才。

第三十一条　鼓励民族民间文化传承人或者传承单位选择、培养新的传人和依法开展传艺、讲学以及艺术创作、学术研讨等活动。

第三十二条　民族文化生态保护区的建设和管理，当地人民政府应当给予扶持，文化、民族宗教事务、建设、旅游、交通、发展计划等部门应当给予支持。

第三十三条　违反本条例第十二条第二款规定的，由县级以上人民政府文化行政部门给予警告，责令改正，没收其拍照或者摄录的资料；拒不改正的，可处以1000元以上1万元以下罚款。

第三十四条　违反本条例第十三条规定的，由县级以上人民政府文化行政部门责令其停止活动；对接待单位或者个人给予警告，并责令补办手续；情节严重的，可处以1000元以上1万元以下罚款。

第三十五条　违反本条例第十四条规定的，由海关、公安、工商等部门依法没收其资料和实物，并将没收物品移交文化行政部门；尚未构成犯罪的，依法给予行政处分或者行政处罚。

第三十六条　在进行民族民间文化考察、搜集、采访、整理和研究过程中，违反民族政策、伤害民族感情和损害民族利益的，由县级以上人民政府文化行政部门会同有关部门责令其停止活动；情节严重，尚未构成犯罪的，依法给予行政处分或者行政处罚。

第三十七条　国家机关工作人员玩忽职守、滥用职权、徇私舞弊，致使珍贵的民族民间文化资料和实物遭受损坏或者遗失，尚未构成犯罪的，依法给予行政处分。

贵州省文物保护条例

（2005 年 9 月 23 日贵州省第十届人民代表大会常务委员会第十七次会议通过　自 2005 年 11 月 1 日起施行　根据 2015 年 7 月 31 日贵州省第十二届人民代表大会常务委员会第十六次会议通过的《贵州省人民代表大会常务委员会关于修改〈贵州省统计管理条例〉等五件法规个别条款的决定》修正）

第一条　为了加强对文物的保护，根据《中华人民共和国文物保护法》和有关法律、法规的规定，结合本省实际，制定本条例。

第二条　本条例适用于本省行政区域内的文物和具有科学价值的古脊椎动物化石、古人类化石的保护、利用和管理。

第三条　各级人民政府负责本行政区域内的文物保护工作。

县级以上人民政府应当将文物保护事业纳入本级国民经济和社会发展规划，所需经费列入本级财政预算；用于文物保护的财政拨款随着财政收入增长而增加。

第四条　县级以上人民政府文物行政主管部门负责对本行政区域内的文物保护实施监督管理。

其他相关部门在各自的职责范围内做好文物保护的有关工作。

第五条　县级以上人民政府文物行政主管部门应当定期开展文物普查登记工作，与其他相关部门实行文物信息资源共享，制定文物保护的科学技术研究规划，促进文物保护科技成果的推广和应用，提高文物保护的科学技术水平，组织文物和博物馆专业人才的培训工作。

第六条　县级以上人民政府文物行政主管部门应当加强对反映本省少数民族历史发展、社会生产、生活习俗、节日庆典、信仰祭祀、游艺活动和民俗仪式的文献、典籍、契约、手稿、谱牒、器具、用具、服饰等具有代表性的可移动文物的抢救、保护和利用。

第七条　鼓励和支持单位和个人建立与本省历史文物、少数民族文物等相关、具有地方特点的专题博物馆。

第八条　省级文物保护单位，由省人民政府文物行政主管部门根据本省行政区域内不可移动文物的历史、艺术、科学价值确定，报省人民政府核定公布，并报国务院备案。具有重大历史、艺术、科学价值的不可移动文物，应当向国务院文物行政主管部门推荐为全国重点文物保护单位。

市、自治州级和县级文物保护单位，分别由市、自治州和县级人民政府文物行政主管部门根据本行政区域内不可移动文物的历史、艺术、科学价值确定，报同级人民政府核定公布，并报省人民政府备案。

尚未核定公布为文物保护单位的不可移动文物，由县级人民政府文物行政主管部门组织调查后，对其名称、类别、位置、规模等事项予以登记并公布，并留存相关的图片资料，建立记录档案。

第九条 全国重点文物保护单位、省级文物保护单位自核定公布之日起1年内，其保护范围分别由所在地的市、自治州、县级人民政府文物行政主管部门会同同级建设规划行政主管部门提出初步意见，经省人民政府文物行政主管部门会同同级建设规划行政主管部门划定后，报省人民政府批准公布。全国重点文物保护单位的保护范围划定后，由省人民政府文物行政主管部门报国务院文物行政主管部门备案。

市、自治州级和县级文物保护单位自核定公布之日起1年内，其保护范围分别由原核定公布单位划定后，报同级人民政府批准公布，并报上一级人民政府文物行政主管部门备案。

第十条 省人民政府文物行政主管部门负责制定全国重点文物保护单位和省级文物保护单位的具体保护措施。市、自治州、县级人民政府文物行政主管部门分别负责制定市、自治州级和县级文物保护单位和未核定为文物保护单位的不可移动文物的具体保护措施，并公告施行。

保护措施应当包括不可移动文物的保护规划、修缮、安全、利用、保护设施、环境整治等内容。

第十一条 纳入旅游发展规划或者旅游线路的不可移动文物，应当按照不可移动文物的保护措施进行有效保护和合理利用。

第十二条 国有文物保护单位应当在妥善保护的前提下，依法向社会开放。

国有不可移动文物不得转让、抵押。建立博物馆、保管所或者辟为参观游览场所的国有文物保护单位，不得作为企业资产经营。

第十三条 任何单位和个人发现有危害文物保护单位安全或者破坏其历史风貌的，应当向县级以上人民政府文物行政主管部门举报。县级以上人民政府文物行政主管部门应当先采取相应措施，并于发现或者接到举报之日起5日内，将情况报告有处理权的县级以上人民政府。

第十四条 不可移动文物的所有人、使用人或者管理人，应当与县级人民政府文物行政主管部门签订防火、防爆、防盗、防其他责任事故的文物安全责任书；不可移动文物的所有人、使用人或者管理人发生改变的，应当重新签订。

文物安全责任书由省人民政府文物行政主管部门会同公安等有关部门统一制作。

第十五条 不可移动文物的所有人、使用人或者管理人，应当加强火源、电源的管理，配备必要的灭火、避雷设施。在重点要害部位应当安装自动报警、灭火、避雷等设施。安装、使用设施不得对不可移动文物造成损坏。

发生危害文物安全的险情时，不可移动文物的所有人、使用人或者管理人应当立即采取救护措施，并在 24 小时内向县级以上人民政府文物行政主管部门报告。

第十六条 不可移动文物应当妥善保养，受到损坏的，应当按照县级以上人民政府文物行政主管部门批准的修缮方案进行修缮；变更已经批准的修缮方案，必须报原审批的部门批准。

第十七条 省人民政府文物行政主管部门负责组织实施大型基本建设工程选址范围内的文物保护。建设单位在进行大型基本建设工程前，应当报请省人民政府文物行政主管部门组织具有相应资质的文物保护单位在工程占地范围内进行文物调查。省人民政府文物行政主管部门应当根据文物保护要求，对发现的文物应当委托具有相应资质的文物保护单位提出文物保护方案，并会同建设单位共同商定保护措施。建设单位应当将保护措施列入建设工程规划。

基本建设和生产建设中进行的文物调查、勘探、考古发掘所需的经费，由建设单位列入建设工程预算。

第十八条 建设工程因特殊情况确实不能避开不可移动文物，需要实施原址保护的，建设单位应当事先委托具有相应资质的文物保护单位进行勘察研究，并与建设规划行政主管部门协商提出原址保护的意见书。建设单位应当根据意见书确定保护措施，并根据文物保护单位的级别报相应的文物行政主管部门批准。

第十九条 国有文物收藏单位应当建立购买、征集、移交、接受捐赠、拣选文物的入藏、保管及定期核查制度，并报主管的文物行政主管部门备案。

不具备收藏珍贵文物条件的国有文物收藏单位，省人民政府文物行政主管部门可以指定具备收藏条件的国有文物收藏单位代为保管其收藏的珍贵文物。

非国有文物收藏单位收藏国有文物的，应当具备收藏国有文物的条件，并根据收藏的国有文物等级建立档案，建立健全保管制度，报县级以上人民政府文物行政主管部门备案。

第二十条 文物复制品应当有表明复制的标识。

第二十一条 文物商店销售的文物，在销售前应当经省人民政府文物行政主管部门审核同意，并加贴审核标识。

任何单位和个人不得伪造、涂改文物审核标识。

第二十二条 依法设立的拍卖企业，向省人民政府文物行政主管部门提出从事文物拍卖经营活动申请的，省人民政府文物行政主管部门应当自收到申请之日起 15 日内进行审查，并将审查意见和申请材料上报国务院文物行政主管部门审批。

第二十三条 拍卖企业拍卖文物前，应当报省人民政府文物行政主管部门审核，并提供下列材料：

（一）拟拍卖文物的名称；

（二）拟拍卖文物的图录；

（三）拟拍卖文物的来源说明；

（四）委托人姓名或者名称、住所及有效身份证件号码或者有效证照号码。

第二十四条 省人民政府文物行政主管部门审核拟拍卖的文物，应当征求有关文物鉴定专业机构或者专家的意见，并自收到申请之日起 20 日内提出审核意见。对符合国家规定的拍卖条件的，应当作出审核同意的书面决定，并在拍卖公告发布日 15 日前，将拟拍卖的文物的资料及审核意见报国务院文物行政主管部门备案；对不符合国家规定的拍卖条件的，应当作出不同意的书面决定，并说明理由。

省人民政府文物行政主管部门审核拟拍卖的文物，不能确定是否可以拍卖的，应当自收到申请之日起 20 日内报国务院文物行政主管部门审核。

第二十五条 违反本条例规定，有下列行为之一，尚不构成犯罪的，由县级以上人民政府文物行政主管部门责令改正；对个人可处以 2000 元以下罚款，对单位可处以 2000 元以上 2 万元以下罚款；并对直接负责的主管人员和其他直接责任人员，依法给予行政处分：

（一）未按照规定配备必要的灭火、避雷设施的；

（二）安装、使用自动报警、灭火、避雷等设施对不可移动文物造成损坏的；

（三）发生危害文物安全的险情，未立即采取救护措施，或者未在 24 小时内向县级以上人民政府文物行政主管部门报告的。

第二十六条 违反本条例规定，有下列行为之一，尚不构成犯罪的，由县级以上人民政府文物行政主管部门责令改正；造成严重后果的，处以 5 万元以上 50 万元以下罚款：

（一）未经批准或者擅自变更已获得批准的文物修缮方案修缮不可移动文物的；

（二）对不可移动文物实施原址保护时，建设单位未事先委托具有相应资质的文物保护单位进行勘察研究，确定文物保护措施的；

（三）建设单位在进行大型基本建设工程前，未报请省人民政府文物行政主管部门组织进行文物调查的。

第二十七条 违反本条例第二十一条的规定，伪造、涂改文物审核标识的，由省人民政府文物行政主管部门责令改正，可处以 5000 元以上 5 万元以下罚款。

第二十八条 文物行政主管部门、其他有关行政部门及其工作人员，违反本条例规定，滥用审批权限、不依法履行监督管理职责、发现违法行为不予查处，或者接到危害文物安全的险情报告不立即采取救护措施，尚不构成犯罪的，对直接负责的主管人员和其他直接责任人员依法给予行政处分。

第二十九条 违反本条例规定，有关法律、法规另有处罚规定的，从其规定。

第三十条 本条例自 2005 年 11 月 1 日起施行。1986 年 9 月 3 日贵州省第六届人民代表大会常务委员会第二十次会议通过的《贵州省文物保护管理办法》同时废止。

贵州省安顺屯堡文化遗产保护条例

（2011 年 5 月 31 日贵州省第十一届人民代表大会常务委员会第二十二次会议通过
自 2011 年 8 月 1 日起施行）

第一章　总　则

第一条　为了有效保护和合理利用安顺屯堡文化遗产，根据有关法律、法规的规定，结合本省实际，制定本条例。

第二条　本条例适用于安顺市行政区域内屯堡文化遗产的保护和管理。

第三条　本条例所称的安顺屯堡文化遗产是指主要由明代军屯、明清以来商屯、民屯移民及其后裔和当地居民在社会活动中创造，带有明代江南地域特点，流传至今的地域文化遗存。

第四条　安顺屯堡文化遗产保护内容主要为：

（一）具有安顺屯堡传统风貌、历史文化特色的村寨、街区及民居、寺庙、戏楼、手工作坊等建（构）筑物；

（二）具有历史、科学、艺术价值的古迹和遗址；

（三）体现安顺屯堡历史文化内涵的重要实物、艺术品、文献、手稿等；

（四）传统工艺制作技术和技艺；

（五）地戏、花灯、山歌及其他形式的民间文化艺术；

（六）传统服饰、节日、饮食等习俗文化；

（七）其他需要保护的安顺屯堡文化遗产。

第五条　安顺屯堡文化遗产保护工作坚持保护为主、抢救第一、合理利用、传承发展、加强管理的方针，贯彻政府主导、社会协同、公众参与的原则，注重其真实性、整体性和传承性。

第六条　安顺屯堡所在地县级以上人民政府应当加强对安顺屯堡文化遗产保护工作的领导。安顺屯堡所在地县级人民政府文化（文物）行政部门负责安顺屯堡文化遗产保护的日常管理工作。

安顺屯堡所在地县级以上人民政府其他有关部门按照各自职责，做好安顺屯堡文化遗产保护工作。

安顺屯堡所在地乡（镇）人民政府、街道办事处依照有关法律法规开展安顺屯堡文化遗产保护工作。安顺屯堡村寨村（居）民委员会在所在地人民政府指导下，组织引导屯堡村寨村（居）

民做好安顺屯堡文化遗产保护工作。

第七条 安顺市人民政府及安顺屯堡所在地县级人民政府应当将安顺屯堡文化遗产保护事业纳入本级国民经济和社会发展规划，所需经费列入本级财政预算。

省财政应当根据安顺屯堡文化遗产保护工作实际需要，给予必要的经费支持。

第八条 鼓励、支持单位和个人在安顺屯堡村寨内从事有利于安顺屯堡文化遗产保护的生态建设。

第九条 单位和个人都有保护安顺屯堡文化遗产的责任，有权制止和举报破坏安顺屯堡文化遗产的行为。对保护安顺屯堡文化遗产成绩显著的单位和个人，由安顺屯堡所在地县级以上人民政府给予表彰和奖励。

第二章　规划管理

第十条 安顺市人民政府应当根据安顺屯堡文化遗产保护管理的需要，组织编制安顺屯堡文化遗产保护规划，并依法报省人民政府批准后实施。

编制安顺屯堡文化遗产保护规划，应当广泛征求公众、当地村（居）民的意见。

保护规划经批准公布后，必须严格执行，不得擅自修改；确需修改的，应当报经原批准机关批准。

第十一条 安顺屯堡所在地县级以上人民政府文化（文物）行政部门应当对安顺屯堡文化遗产进行普查登记和评估，设置保护标志，建立档案，并报上级文化（文物）行政部门备案。

第十二条 安顺市人民政府编制安顺屯堡文化遗产保护规划，应当确定安顺屯堡文化遗产保护范围，并予以公布；保护范围划分为保护区和建设控制区。

第十三条 在安顺屯堡保护区内，禁止拆除历史建筑；不得新建与安顺屯堡文化遗产保护无关的建（构）筑物。

安顺屯堡保护区内的建（构）筑物不得擅自修缮、改造。确需修缮、改造的，应当经相关部门批准，并在其指导下进行。

安顺屯堡保护区内不得进行开矿采石、挖沙取土、滥伐林木、更改河道水渠等破坏地形地貌和生态环境的活动，不得进行易燃易爆物品和污染环境的加工经营等活动。

第十四条 在安顺屯堡建设控制区内改建、新建的建（构）筑物，应当经相关部门批准，其风格、色彩及形式应当与相邻传统建筑的风貌相一致。

第十五条 对不符合安顺屯堡文化遗产保护规划，妨害安全、污染环境或者有碍安顺屯堡文化遗产风貌的建（构）筑物，安顺屯堡所在地县级人民政府应当引导其所有者或者使用者进行有计划的修缮和改造，确保其高度、造型、材料、色彩、布局、风格、规模等与安顺屯堡文化遗产传统风貌相协调。

第十六条　在安顺屯堡文化遗产保护范围内进行工程建设或者农业生产中，任何单位和个人发现文物和古遗址，应当保护现场，并报告所在地的县级文化（文物）行政部门；文化（文物）行政部门接到报告后，应当及时依法处理。

第十七条　安顺市及安顺屯堡所在地县（区）、乡（镇）人民政府应当结合新农村建设，做好村寨规划和建设，逐步改善屯堡居民的居住生活条件。

第十八条　在安顺屯堡文化遗产保护范围内进行的道路、电力、通讯、有线电视和给排水等项目施工建设，其施工建设方案应当符合安顺屯堡文化遗产保护规划，并报安顺屯堡所在地县级人民政府批准。

第十九条　安顺屯堡文化遗产所有者和使用者应当遵守国家有关治安、消防法律法规，提高群防群救能力。

第二十条　任何单位和个人不得破坏安顺屯堡文化遗产的景观风貌，不得污染自然环境，不得危及安顺屯堡文化遗产安全。任何单位和个人不得污损、刻划安顺屯堡文化遗产及其标志、保护设施，不得擅自移动拆除标志、保护设施。

第三章　传承发展

第二十一条　公民、法人或者其他组织认为某项安顺屯堡非物质文化遗产具有保护价值的，可以向文化行政部门提出建议，经评审鉴定机构认定后，列入保护范围。

对符合市级、省级、国家级非物质文化遗产代表性项目名录申报条件的，安顺屯堡所在地县级人民政府文化行政部门应当积极组织申报。

第二十二条　安顺屯堡所在地县、市级人民政府文化行政部门对列入本级非物质文化遗产代表性项目名录的安顺屯堡非物质文化遗产项目，可以认定代表性传承人。

第二十三条　申请或者被推荐为安顺屯堡非物质文化遗产代表性项目的代表性传承人应当符合有关法律法规规定的条件。

第二十四条　安顺屯堡非物质文化遗产代表性项目的代表性传承人依法开展传艺、讲学、艺术创作、学术研究、交流等活动；承担培养传承人、开展项目传播展示活动、完整保存所掌握的知识、技艺及有关的原始资料、实物、建筑物、场所等责任。

第二十五条　安顺屯堡所在地县、市级人民政府文化行政部门应当定期对本级安顺屯堡非物质文化遗产代表性项目的代表性传承人进行评估；对丧失传承能力或者不履行传承责任的，可以重新认定该项目的代表性传承人。

第二十六条　纳入保密范围的安顺屯堡传统工艺、制作技艺和艺术表现方法以及其他技艺，应当依照法律、法规规定的方式、途径进行传播、传授和转让。

第四章 合理利用

第二十七条 安顺市人民政府应当依照安顺屯堡文化遗产保护规划，对有关的经营活动进行指导、监督和管理，适时发布鼓励或者禁止经营的项目目录，保持安顺屯堡传统文化特色。

第二十八条 鼓励和扶持有关单位和个人在有效保护的前提下合理利用安顺屯堡文化遗产资源，进行弘扬优秀传统文化的文艺创作，开发具有安顺屯堡文化特色的传统文化产品。

鼓励社会各界加大对安顺屯堡文化遗产资源的旅游开发投入。在安顺屯堡文化遗产旅游资源开发利用中，依法保护投资者合法权益。

第二十九条 鼓励社会各界投资对安顺屯堡保护区内的街、巷、民居、寺庙等进行维护、修缮，并合理利用。

第三十条 开发利用安顺屯堡文化遗产资源，应当保护当地村（居）民的合法权益。鼓励屯堡村寨村（居）民通过生产经营传统工艺品、艺术表演、民俗展示、参与开发等方式获得收益。

第三十一条 利用安顺屯堡文化遗产资源，应当尊重其真实性和文化内涵，保持原有文化形态和文化风貌，不得歪曲、贬损、滥用。

第三十二条 开发利用安顺屯堡文化遗产资源的经营者或者经营单位根据保护规划，合理安排游客流量，避免过度人为活动对安顺屯堡文化遗产造成损害。

第三十三条 鼓励、支持和引导单位和个人将安顺屯堡文化遗产及其创新成果依法申请专利、注册商标、申请地理标志保护、登记版权等。

第三十四条 利用安顺屯堡村寨内的建（构）筑物开辟参观游览场所，应当依法报安顺屯堡所在地县级人民政府有关行政管理部门批准。未经批准的，任何单位和个人不得利用安顺屯堡村寨内的建（构）筑物开辟参观游览场所或者向游人收费营利。

第三十五条 利用安顺屯堡文化遗产资源拍摄电影、电视或者举办大型活动的，应当报安顺屯堡所在地的县级以上人民政府文化（文物）行政部门批准，并接受其监督管理。

拍摄电影、电视或者举办大型活动期间，不得损坏受保护的建筑和设施、扰乱公共秩序、破坏环境卫生，其活动规模、搭设的临时设施等不得危及安顺屯堡文化遗产的安全及其周边生态环境。

第五章 保障措施

第三十六条 安顺市人民政府及安顺屯堡所在地县级人民政府依法设立安顺屯堡文化遗产保护经费。保护经费可以通过政府投入、社会捐赠等多种渠道筹集，实行专款专用，严格管理，不得挪作他用。

第三十七条 安顺市人民政府应当组织有关部门编写安顺屯堡文化遗产常识读本，并在安顺屯堡村寨、学校普及安顺屯堡文化遗产知识。报刊、广播、电视、网络等公共媒体，应当介绍、宣传安顺屯堡文化遗产及其保护工作，提高全社会对安顺屯堡文化遗产的保护意识。

第三十八条 安顺屯堡所在地县级以上人民政府应当根据需要，建立安顺屯堡文化遗产专题公共文化设施，或者在其他公共文化设施内设立专门展室，用于安顺屯堡文化遗产的传承、展示、收藏和研究。

文化馆、图书馆、博物馆、美术馆等应当有计划地展示和传播本地有代表性的安顺屯堡文化遗产，并依照国家有关规定向社会免费开放。

第三十九条 安顺屯堡所在地县级以上人民政府文化（文物）行政部门应当建立安顺屯堡文化遗产保护监测制度，对安顺屯堡文化遗产保护状况进行监测。

安顺屯堡文化遗产遭受灾害，造成重大损失时，当地人民政府及其文化（文物）行政部门应当及时采取必要的抢救、补救措施，并向上级人民政府文化（文物）行政部门报告。

第四十条 安顺屯堡村寨村（居）民可以根据有关法律法规订立村规民约，做好安顺屯堡文化遗产自我保护工作。

第六章 法律责任

第四十一条 违反本条例第十三条第一款、第二款和第十四条规定的，由安顺屯堡所在地县级以上人民政府有关行政管理部门责令改正，处1万元以上3万元以下罚款；情节严重的，处3万元以上10万元以下罚款。

第四十二条 违反本条例第二十条、第三十四条规定的，由安顺屯堡所在地县级以上人民政府有关行政管理部门责令改正，并依照有关法律法规的规定给予处罚。

第四十三条 违反本条例第三十五条第一款规定的，由安顺屯堡所在地的县级人民政府文化（文物）行政部门责令限期改正，补办有关手续；情节严重的，处2000元以上2万元以下罚款。

违反本条例第三十五条第二款规定的，处1000元以上1万元以下罚款；情节严重的，处1万元以上10万元以下罚款；造成损失的，依法予以赔偿。

第四十四条 县级以上人民政府文化（文物）行政部门及其他有关部门工作人员在安顺屯堡文化遗产保护管理工作中玩忽职守、滥用职权、徇私舞弊，尚不构成犯罪的，由其所在单位或者上级行政主管部门给予行政处分。

云 南

云南省实施《中华人民共和国文物保护法》办法

（1984 年 11 月 9 日云南省第六届人民代表大会常务委员会第十次会议通过　1993 年
1 月 7 日云南省第七届人民代表大会常务委员会第二十八次会议修正通过
1993 年 1 月 7 日公布施行）

第一章　总　则

第一条　根据《中华人民共和国文物保护法》（以下简称《文物保护法》）和《中华人民共和国文物保护法实施细则》，结合我省实际，制定本实施办法。

第二条　下列文物受国家保护：

（一）具有历史、艺术、科学价值的古文化遗址、古墓葬、古建筑、石窟寺和石刻；

（二）与重大历史事件、革命运动和著名人物有关的具有重要纪念意义、教育意义和史料价值的建筑物、遗址、纪念物；

（三）历史上各时代珍贵的艺术品、工艺美术品；

（四）重要的革命文献资料以及具有历史、艺术、科学价值的手稿、古旧图书和资料等；

（五）反映历史上各时代、各民族社会制度、社会生产、社会生活的代表性实物。

具有科学价值的古脊椎动物化石和古人类化石同文物一样受国家保护。

第三条　纪念物、艺术品、工艺美术品、革命文献资料、手稿、古旧图书和资料以及代表性实物等可移动文物，分为珍贵文物和一般文物，珍贵文物分为一级、二级、三级。文物等级的确定，根据国家规定的标准，以省文化行政管理部门鉴定组织的鉴定为准。一级文物报国家文物鉴定组织审定。

第四条　各级人民政府保护本行政区域内的文物，各级文化行政管理部门主管本行政区域内的文物保护管理工作。

省、省辖市、自治州、行政公署可以设立文物管理委员会，协调文化行政管理部门与有关部门的关系，推动社会各界贯彻执行文物保护的法律、法规。

文物管理委员会办事机构与同级文化行政管理部门的文物管理机构合署办公，负责处理文物保护管理的日常工作。

第五条　有条件的县（市、区）设立文物管理所或者博物馆，负责本辖区内文物的调查征集、保护管理、维护修缮、藏品保管、宣传陈列、科学研究等工作。

城市街道办事处和乡（镇）文化站负责本区域内的文物保护工作。

各级文物保护管理机构和文物事业单位的设置，由同级人民政府机构编制管理部门审批，报上级文化行政管理部门备案。

第六条 各级人民政府应当将文物事业的发展纳入国民经济建设和社会发展计划，各级财政部门应当将文物事业费和文物基建支出分别列入本级财政预算，由同级文化行政管理部门统一管理。文物基建支出以及文物维修、征集和考古发掘费等，应当专款专用，严格管理。各级文化行政管理部门所属文物事业单位的收入，应当用于文物事业，作为文物保护管理经费的补充，不得挪作他用。

国家直拨文物补助经费的申请，由省文化行政管理部门统一办理。

第七条 一切机关、部队、企业事业单位、群众团体和公民，都有保护国家文物的义务，有权制止、检举或者控告违反《文物保护法》的行为。

各级公安、司法、工商行政管理、城乡建设部门和海关，应当依照《文物保护法》的规定，在各自职责范围内做好文物保护工作。

第二章　文物保护单位

第八条 革命遗址、纪念建筑物、古文化遗址、古墓葬、古建筑、石窟寺、石刻等不可移动文物，分为全国重点文物保护单位，省级文物保护单位，地区、自治州、省辖市级文物保护单位和县、自治县、市、市辖区级文物保护单位。

各级文物保护单位，由同级人民政府核定公布，并报上一级人民政府备案。

第九条 各级文物保护单位，由文物所在地县（市、区）人民政府负责划定必要的保护范围和建设控制地带，作出标志说明，建立记录档案，并区别情况设置专门机构，或者派专人管理。

保护范围及建设控制地带的划定，应当以历史为依据，以原有规模为基础兼顾现状，四周留有一定安全距离为原则，由文物所在地县（市、区）人民政府组织文化行政管理部门、城乡规划管理部门和土地管理部门共同划定并公布；全国重点文物保护单位和省级文物保护单位的保护范围和建设控制地带由当地县（市、区）人民政府提出方案，经省文化行政管理部门审定后，报省人民政府批准公布。

各级人民政府根据实际情况，可以制定文物保护单位的具体保护措施，并公布施行。

第十条 属于国家所有的纪念建筑物和古建筑物核定为文物保护单位的，可以用于设立博物馆、纪念馆或者文物保护管理所等专门机构，也可以开辟为群众文化活动场所。其他部门使用的必须经同级人民政府和上一级文化行政管理部门同意，并与当地文化行政管理部门签订使用合同。使用单位对文物负有保养和维修责任，不得损毁、改建或者拆除。确定为文物保护单位的宗教活动场所，属于宗教团体管理使用的，应当接受文化行政管理部门的指导和监督。

非法占用文物保护单位的，由当地人民政府限期迁出，并保证文物的完整和安全。

文物保护范围内的土地不得侵占，需要改变所有权或者使用权的，应当按照有关规定办理权属变更手续。

第十一条　核定为文物保护单位的古文化遗址、古墓葬等地下文物，由文物所在地乡（镇）人民政府负责保护，并根据实际需要建立群众性的文物保护组织，或者指定专人保护管理。文化行政管理部门应当给予指导和帮助。

第十二条　文物保护单位的保护维修，必须遵守不改变文物原状的原则。文物建筑维修设计，应当由取得专业设计证书的设计单位承担。全国重点文物保护单位的修缮计划和设计施工方案，报国家文物行政管理部门审查批准；省级文物保护单位的修缮计划和设计施工方案由省文化行政管理部门审查批准；地、州、市、县（市、区）级文物保护单位的维修方案由同级文化行政管理部门审查批准，并报省文化行政管理部门备案。

文物修缮保护工程应当接受审批机关的监督和指导，工程竣工时，应当经审批机关及建设主管部门的验收。

第十三条　各级文物保护单位的保护范围内，禁止开山采石、砍伐树木、污染环境、新造坟墓以及其他危害文物安全的活动。

在文物保护单位建设控制地带内，需要修建、新建的建筑物，应当与文物保护单位相协调。其设计方案应当征得文化行政管理部门同意，并按审批权限经城乡建设主管部门批准。

第十四条　未公布为文物保护单位的文物点，由文物所在地县（市、区）人民政府予以登记，并划定保护范围，加以保护。在保护范围内，需要进行基本建设、生产建设的，必须征得县以上文化行政管理部门同意。

第三章　历史文化名城

第十五条　保存文物特别丰富，具有重大历史价值和革命意义的城市，分别确定为国家级或者省级历史文化名城。

省级历史文化名城，由当地人民政府提出申请，经省城乡建设规划部门、文化行政管理部门审核后，报省人民政府批准公布；国家级历史文化名城，由省人民政府提出申请，经国家城乡建设规划部门、文物行政管理部门审核后，报国务院批准公布。

第十六条　核定公布为历史文化名城的城市，当地人民政府应当制定历史文化名城的保护与建设规划，在城市建设中必须依法保护好文物，应当继承与发扬其优秀的历史文化特点和传统风貌，并根据确定的保护对象的历史意义、文化艺术和科学价值，划定保护区和一定范围的建设控制地带，制定保护规划和保护措施，作为城市总体规划的重要内容。

历史文化名城必须重视绿化建设，重视文物古迹、风景园林的环境建设，保护各种名树古木。

在名城的文物保护区内进行基本建设，应当事先征得当地文化行政管理部门同意。

第十七条 尚未公布为历史文化名城而确具有悠久历史文化的城镇，应当保持其历史文化风貌，加强境内文物古迹的保护与环境建设。

具有悠久历史文化的集镇及民族村寨，可以由当地县人民政府公布为历史文化名镇、历史文化名村。

第十八条 公布为历史文化名城的城市，根据实际情况，可以制定历史文化名城保护的具体办法。

第四章　考古发掘

第十九条 考古发掘项目，必须履行报批手续。考古发掘申请，由考古发掘单位经省文化行政管理部门向国家文物行政管理部门提出，依照《文物保护法》第十七条和第十九条的规定审查批准。配合建设工程的考古发掘，应当在发掘前三十天提出申报。确因建设工期紧迫或者文物面临自然破坏危险，急需进行抢救性发掘的，经省文化行政管理部门同意后，可先发掘，自发掘开工之日起十五日内补报发掘计划。

第二十条 考古发掘实行领队负责制。考古发掘单位应当持有国家文物行政管理部门颁发的发掘证照，主持人必须具备国家文物行政管理部门确认的领队资格方可进行发掘；考古调查、勘探单位应当持有省文物行政管理部门颁发的勘探证照，勘探工作主持人必须具备省文化行政管理部门确认的领队资格。考古发掘勘探单位及其工作人员应当严格执行《田野考古工作规程》，保证勘探发掘质量。

有关考古发掘的新闻报道，发表前应当送省文化行政管理部门审定。

第二十一条 国家批准的重点建设项目，各地计划和建设部门应当及时向文化部门通报立项情况，由文化行政管理部门组织配合基本建设的文物调查或者勘探。

跨县（市、区）的大型基本建设项目，由省文化行政管理部门组织工程范围内的文物调查或者勘探。县（市、区）范围内的文物调查或者勘探工作，由当地县以上文化行政管理部门组织实施。调查、勘探结束后，由省文化行政管理部门组织力量进行清理发掘，同时办理报批手续。

因建设工程需要进行文物调查、勘探和考古发掘的，所需经费和劳动力由建设单位列入投资计划和劳动计划。经费标准按照国家文物行政管理部门的有关规定执行。

第二十二条 在基本建设、工农业生产、私人建房中发现文物，建设与施工单位或者个人必须立即停止施工并保护现场，及时报当地文化行政管理部门处理，不得私分、哄抢出土文物。

在配合建设工程进行的考古发掘中，建设、施工单位应当协助考古发掘单位保护出土文物和文化遗迹的安全。

第二十三条　考古发掘单位在发掘工作结束后，应当及时写出考古发掘报告，编制出土文物清单。大型发掘项目的报告可适当延长时间，但不得超过三年。出土文物由国家文物行政管理部门或者省文化行政管理部门根据保管条件和实际需要，指定全民所有制文物收藏单位收藏。

第五章　少数民族文物

第二十四条　下列少数民族文物受国家保护：

（一）反映历史上各少数民族社会制度、社会生产、社会生活、文化艺术、宗教信仰的代表性实物；

（二）与少数民族重大历史事件、著名历史人物有关的建筑物和纪念物；

（三）少数民族的重要文献，典籍和手稿；

（四）其他具有历史、艺术、科学价值的少数民族文物。

第二十五条　少数民族地区的土司衙署、崖壁画、民居村落、关卡城堡、陵园墓地、碑碣石刻、宗教寺庙、古桥驿道等不可移动的文物，应当根据其历史、艺术和科学价值分别核定公布为不同级别的文物保护单位，管理办法及申报程序适用本办法第二章规定。

第二十六条　各级文化行政管理部门负责少数民族文物的保护管理，各级民族工作部门应当协助做好少数民族文物保护管理工作。各级文物管理部门应当配合民族工作部门，进行少数民族古籍的整理、研究和出版。

文物较多的自治州、自治县，应当逐步建立民族博物馆。

第二十七条　仿建国家级和省级文物保护单位的民族建筑物，应当征得省文化行政管理部门的同意，并接受指导和监督。

第六章　文物收藏

第二十八条　全民所有制文物收藏单位，对收藏的文物应当区分文物等级，设置藏品档案和固定库房，建立严格的文物保护管理制度。经鉴定属于一级、二级文物的，由省文化行政管理部门指定收藏单位或者代管单位。

国家机关、部队、全民所有制企业、事业等非文物收藏单位所收藏的文物，应当向文化行政管理部门登记或者由当地人民政府指定有条件的文物收藏单位收藏。各级文化行政管理部门应当将登记的珍贵文物档案报省文化行政管理部门备案，一级文物档案报国家文物行政管理部门备案。

文物收藏单位，应当按照国家统一规定的风险等级和安全防护级别的要求，配备安全防护设施，制定安全检查措施，确保文物安全。

第二十九条　公安、司法、工商行政管理等部门及海关在查处违法犯罪活动中依法没收、追缴的文物，应当按照《文物保护法》第二十六条第二款的规定，在结案后全部及时移交文化行政管理部门收藏。

第三十条 上级文化行政管理部门可以调拨、借用下级文化行政管理部门的文物。全民所有制文物收藏单位之间，经文化行政管理部门批准，可以交换或者借用所收藏的文物。一级文物的调拨、交换和借用应当报国家文物行政管理部门批准；二级、三级文物的调拨、交换和借用，由省文化行政管理部门批准。

第三十一条 公民私人收藏的文物受国家法律保护，可以向文化行政管理部门登记。文化行政管理部门及其工作人员应当对公民登记的文物保守秘密，并提供鉴定、保管、修复等技术方面的咨询和帮助。公民私人收藏的文物可以卖给全民所有制文物收藏单位或者文物收购单位。

鼓励公民将其私人收藏的文物捐献给全民所有制文物收藏单位。

第七章　拓印、复制、拍摄文物

第三十二条 国家级和省级文物保护单位的碑刻、石雕，保管单位可以拓印一份至三份作为资料保存。其他单位和个人因特殊需要进行拓印的，必须经省文化行政管理部门批准。内容涉及我国疆域、外交、民族关系和天文、水文、地震等科学资料以及未发表过的墓志铭，不能传拓出售。其他级别文物保护单位石刻的传拓，应当经同级文化行政管理部门批准。

文物保管机构出售翻刻付版拓片，必须报省文化行政管理部门批准。

第三十三条 文物复制、仿制品的生产，由文化行政管理部门统一管理。生产文物复制、仿制品的单位应当取得省文化行政管理部门颁发的生产许可证方可生产。文物复制、仿制品应当标明复制、仿制时间、生产单位及编号。一级文物的复制必须报国家文物行政管理部门批准；二级、三级文物的复制，必须经省文化行政管理部门批准。

第三十四条 公开开放的文物保护单位和博物馆、纪念馆的陈列品，一般允许拍摄，但不能全面系统的拍摄。不允许拍摄的文物，应当设置"请勿拍照"标志。拍摄易损的壁画、雕塑、书画、纺织品等文物不得使用强光灯。

利用文物拍摄电影、电视，必须在一个月前提出申请并提供分镜头拍摄计划，按照文物管理权限报文化行政管理部门审查批准，并按照国家文化行政管理部门有关规定进行管理和监督。

第八章　社会流散文物

第三十五条 全民所有制文物收藏单位和经营单位，应当通过文物收购、接受捐献和在废旧物资中拣选等方法收集社会流散文物。

银行、冶炼厂、造纸厂以及废旧物资回收等单位的文物拣选工作，应当接受文化行政管理部门的指导，并妥善保管拣选的文物，及时向文化行政管理部门指定的文物收藏单位或者文物经营单位移交。所移交的文物、应当按照其收购时所支付的费用加入一定比例的拣选费合理作价。

银行留作科学研究的历史货币，应当征得文化行政管理部门的同意。

第三十六条 文物购销实行归口经营，未经批准的任何单位不得经营文物，个人一律不得经营文物。

经营文物收购、销售业务的单位，报省文化行政管理部门批准，并经工商行政管理部门办理注册登记手续。经营文物对外销售业务的，报国家文物行政管理部门批准。文物经营单位收购和保存的珍贵文物，报省文化行政管理部门备案，一级文物报国家文物行政管理部门备案。

文物经营单位销售的文物，在销售前应当依照国家有关规定进行鉴定。

第三十七条 国家允许经营的1911~1949年生产的文物监管物品，经营单位和个人，应当向当地文化行政管理部门提出申请，取得省文化行政管理部门颁发的经营许可证并由当地工商行政管理部门办理营业执照方可经营。经营的文物监管品必须经省文化行政管理部门的鉴定组织进行鉴定，文物监管物品的范围，按照国家及省文化行政管理部门的规定执行。经鉴定允许上市的文物监管品，必须加盖鉴定组织的印铃，经鉴定不准上市的文物，由鉴定组织登记发还或者收购，必要时可以征购。

文物监管品市场，应当有固定的地点和摊位，其他经营珠宝玉石、工艺美术品的单位和宾馆、饭店等需要兼营文物监管品的，应当设专柜，由当地工商行政管理部门会同文化行政管理部门和税务部门按照各自的职责进行管理。

第三十八条 个人携带、托运、邮寄一般文物及文物监管品出境，必须经文化行政管理部门的出境鉴定组织鉴定，并在出境前向海关申报，海关根据文物出境许可凭证和国家有关规定查验放行。经鉴定不能出境的文物，由文化行政管理部门登记发还或者收购。不向海关申报出境文物、逃避监管的，由海关依照有关的法律、法规处理。

第九章 奖励与惩罚

第三十九条 有《文物保护法》第二十九条所列行为之一的单位或者个人，给予表彰奖励，具体办法由省人民政府制定。

第四十条 有《文物保护法》第三十条所列行为之一，给予行政处罚的，按照《文物保护法》第三十条、《文物保护法实施细则》第四十五条的规定执行。

第四十一条 有《文物保护法》第三十一条所列行为之一的，由司法机关依法追究刑事责任。

文物工作人员对所管理的文物监守自盗的，依法从重处罚。

第四十二条 当事人对依照《文物保护法》和《文物保护法实施细则》作出的行政处罚不服的，可以依照行政复议条例的规定先申请复议；对复议决定不服的，可以依照行政诉讼法的规定提起诉讼。

当事人在法定期限内对行政处罚不申请复议或者不提起诉讼、又不履行的，作出行政处罚的主管机关，可以申请人民法院强制执行，或者依法强制执行。

第十章 附 则

第四十三条 本实施办法的具体应用问题由省文化行政管理部门负责解释。

第四十四条 本实施办法自公布之日起施行。

云南省丽江古城保护条例

（云南省第十届人民代表大会常务委员会第十九次会议于 2005 年 12 月 2 日审议通过
自 2006 年 3 月 1 日起施行）

第一条 为了有效保护和合理利用丽江古城世界文化遗产，根据有关法律、法规，结合丽江实际，制定本条例。

第二条 本条例所称丽江古城，是指位于丽江市古城区、玉龙纳西族自治县行政区域内，列入联合国教科文组织《世界遗产名录》的大研古城（含黑龙潭）、白沙民居建筑群、束河民居建筑群三片区域。

第三条 在丽江古城内居住和从事保护、管理、利用及其他活动的单位和个人，应当遵守本条例。

第四条 丽江古城的保护管理，应当遵循科学规划、有效保护、合理利用、严格管理的原则。

第五条 丽江市及其所属古城区、玉龙纳西族自治县人民政府应当将丽江古城的保护管理纳入国民经济和社会发展计划。丽江市人民政府组织编制丽江古城保护规划。

第六条 丽江市人民政府设立丽江古城保护管理机构，负责丽江古城保护管理工作，其主要职责是：

（一）宣传、贯彻有关法律、法规；

（二）具体实施丽江古城保护规划；

（三）组织或者协助有关机构调查、收集、整理、研究丽江古城民族传统文化；

（四）修建和完善丽江古城基础设施和公共设施；

（五）依法征收丽江古城维护费和管理、使用丽江古城保护经费；

（六）组织开展丽江古城保护方面的宣传、教育、培训、学术研究和对外交流；

（七）依法集中行使丽江古城保护管理的部分行政处罚权。

丽江古城保护管理机构集中行使部分行政处罚权的实施方案由丽江市人民政府拟定，报省人民政府批准。

丽江市及其所属古城区、玉龙纳西族自治县人民政府有关行政主管部门按照各自职责，做好丽江古城的保护工作。

第七条 丽江古城的社区建设、社会治安、消防、食品卫生和清洁等工作，按照行政区划由属地有关部门分别负责。所需经费不足部分由丽江市人民政府给予补助。

第八条 利用丽江古城资源从事经营、旅游或者其他活动的单位和个人应当缴纳丽江古城维护费。具体征收办法和标准由省物价和财政部门规定。

丽江古城保护经费由古城维护费、政府投入、古城内国有资本收益、社会捐赠以及其他收入构成。丽江古城保护经费存入财政专户，实行收支两条线管理，专项用于丽江古城的保护，不得挪作他用。

第九条 保护原住居民的民风民俗，鼓励原住居民在丽江古城居住。对居住在丽江古城内的原住居民户由丽江古城保护管理机构按照有关规定给予补助。

第十条 丽江古城的修建活动应当按照保护规划进行，保持原有的总体布局、形式、风格、风貌。

对丽江古城实行分区保护，保护范围划分为保护区、建设控制缓冲区和环境协调区。保护区、建设控制缓冲区和环境协调区的具体范围由丽江市人民政府在编制丽江古城保护规划时确定并予以公布。

保护区内的历史建筑禁止拆除，进行房屋、设施整修和功能配置调整时，外观必须保持原状；建设控制缓冲区内不得建设风貌与古城功能、性质无直接关系的设施，确需改建、新建的建筑物，其性质、体量、高度、色彩及形式应当与相邻部位的风貌相一致；环境协调区内不得进行与古城环境不相协调的建设。

第十一条 丽江古城的民居根据其保护价值由丽江古城保护管理机构划分为重点保护民居、保护民居和一般民居，并采取相应保护措施，对其保护、修复应当按照有关规定给予所有权人补助。

第十二条 未经丽江古城保护管理机构批准，丽江古城内的建（构）筑物不得擅自修缮、改造。

丽江古城内的街、巷、门应当按照历史状况及功能原样进行维护、修缮。

对影响丽江古城市容市貌和行人安全的残墙断壁、危险建筑物，丽江古城保护管理机构应当组织鉴定并按照鉴定结果要求所有权人予以整修，所有权人整修确有困难的，按照有关规定给予补助。

禁止在丽江古城安装太阳能、遮光篷、遮雨篷等影响丽江古城风貌的设施。

第十三条 丽江古城的道路和河道因通讯、电力、有线电视、供排水、消防等公益性基础设施建设需要开挖的，应当提出开挖和修复方案，向丽江古城保护管理机构提出申请，经批准后方可实施。

第十四条　丽江古城的电力、电信、有线电视和供排水等设施，用户不得随意接入。确需接入的应当经丽江古城保护管理机构及有关部门同意并按照要求组织施工。

第十五条　加强丽江古城水源、水系和水环境的保护。禁止覆盖、改道、堵截现有水系和缩小过水断面。不得随意在河道上搭建桥梁。

第十六条　丽江古城的所有单位、居民和商业店铺应当做好消防工作，并按照消防要求配备相应的消防器材，发现问题及时整改。

禁止在大研古城销售和燃放烟花爆竹。

第十七条　丽江古城的生活垃圾实行袋装收集。禁止将废弃物倾倒入排水管道。

丽江古城内应当建设与厕所相应的化粪设施，粪便未经处理不得排入污水管道。

第十八条　任何单位和个人不得损坏和擅自拆除、占用、迁移、封闭丽江古城的公共环境卫生设施；不得依附公共环境卫生设施搭建构筑物。

第十九条　禁止下列影响丽江古城市容环境卫生的行为：

（一）在河道内捕鱼、洗涤物品，向河道内排放污水、倾倒垃圾、粪便，扔动物尸体等废弃物；

（二）随地吐痰、便溺；

（三）扔果皮、纸屑、烟蒂、饮料罐、香口胶渣等；

（四）在露天场所和垃圾收容器内焚烧树叶、垃圾或者其他废弃物；

（五）焚烧沥青、油毡、橡胶、塑料、皮革等产生有毒有害烟尘和恶臭气体的物质；

（六）放养家禽家畜和宠物；

（七）设置宣传促销摊点、商业广告，发放促销传单；

（八）占道经营和流动经营；

（九）未经批准在建筑物、公共设施、树木上涂写、刻画、悬挂；

（十）其他有损市容环境卫生的行为。

第二十条　丽江古城内应当采用清洁燃料、能源，不得直接燃烧原煤。所有排烟装置应当采取消烟除尘措施。

第二十一条　丽江古城内的施工场地应当设置安全标志和护栏，未经批准不得占地占道堆放建筑材料以及其他堆积物。

第二十二条　丽江古城保护管理机构应当对丽江古城内的树木建立档案，设置标识。

禁止损坏丽江古城的花草、树木及园林绿化设施。

第二十三条　丽江古城的室外噪音白天控制在 55 分贝以内，夜间控制在 45 分贝以内。需要在室外开展的公益性活动、群众性民族文化活动、社区活动，组织者应当向丽江古城保护管理机构报告。

禁止在丽江古城内使用高音喇叭或者高声招揽生意。

第二十四条 大研古城内，除执行公务的环卫、公安、消防、邮政、救护等特种车辆外，其他机动车辆未经批准不得进入。

大研古城内，自行车和人力三轮车等非机动车辆应当下车推行，不得随意停放。

第二十五条 使用丽江古城标识、标志的，由丽江古城保护管理机构按照有关规定和要求授权；未经授权，任何单位和个人不得使用。

第二十六条 丽江市人民政府应当对丽江古城的经营活动进行指导和监督，适时发布鼓励或者禁止经营的项目目录，保持丽江古城的传统文化特色；重点发展具有当地民族特色的无污染、无公害的产业；合理安排丽江古城内商品经营市场布局。

丽江古城保护管理机构根据项目目录和古城市场规模、市场布局，确定古城内的经营位置及与之相应的经营项目，并在当地予以公告。

第二十七条 在丽江古城经营的店铺，其招牌、门面装修、店内设施、照明灯具和光色应当与古城风貌、氛围相协调。

第二十八条 对在丽江古城保护管理工作中做出显著成绩的单位和个人，由丽江市人民政府给予表彰奖励。

对违反本条例的行为，任何人都有检举和控告的权利。

第二十九条 违反本条例，有下列行为之一的，由丽江古城保护管理机构责令停止违法行为，限期改正或者恢复原状，有违法所得的，没收违法所得，并可以处以下罚款：

（一）未经批准，对重点保护民居擅自进行修缮改造的，处1万元以上2万元以下罚款，对保护民居擅自进行修缮改造的，处5000元以上1万元以下罚款，对一般民居和其他建（构）筑物擅自进行修缮改造的，处500元以上1000元以下罚款；

（二）未经批准，擅自开挖道路和河道的，处500元以上2000元以下罚款；

（三）擅自拆除、占用、迁移、封闭公共环境卫生设施或者损毁各类公共环境卫生设施的，依附公共环境卫生设施搭建构筑物的，直接燃烧原煤或者排烟装置未采取消烟除尘措施的，处200元以上500元以下罚款；

（四）未经授权使用丽江古城标识、标志的，处1万元以上3万元以下罚款。

第三十条 违反本条例第十二条第四款、第十五条、第十七条、第十九条、第二十三条、第二十四条规定的，由丽江古城保护管理机构给予警告，责令改正或者恢复原状，并可以处100元以上500元以下罚款。

第三十一条 违反本条例第二十一条、第二十二条、第二十七条规定的，由丽江古城保护管理机构给予警告，责令改正或者恢复原状，并可以处30元以上50元以下罚款。

第三十二条 违反本条例第十六条第一款规定的，由公安消防部门按照有关法律法规予以处罚。

违反本条例第十六条第二款规定，销售烟花爆竹的，由丽江古城保护管理机构没收全部烟花爆竹和违法所得，并处 500 元以上 1000 元以下罚款；燃放烟花爆竹的，对单位处 1000 元以上 3000 元以下罚款，对个人予以警告，并可以处 100 元以上 200 元以下罚款。

第三十三条 国家机关及其工作人员违反本条例擅自改变或者不执行丽江古城保护规划的，对有关负责人和直接责任人给予行政处分。

第三十四条 国家工作人员在丽江古城保护管理工作中玩忽职守、滥用职权、徇私舞弊的，由其所在单位或者上级行政主管部门给予行政处分；构成犯罪的，依法追究刑事责任。

第三十五条 本条例自 2006 年 3 月 1 日起施行。

云南省历史文化名城名镇名村名街保护条例

（2007 年 11 月 29 日云南省第十届人民代表大会常务委员会
第三十二次会议通过　自 2008 年 1 月 1 日起施行）

第一章　总　则

第一条　为了加强对历史文化名城、名镇、名村、名街的保护和管理，继承优秀的历史文化遗产，根据《中华人民共和国文物保护法》等有关法律、法规，结合本省实际，制定本条例。

第二条　本条例所称历史文化名城、名镇、名村、名街，是指经国务院或者省人民政府批准公布的具有重大历史、科学、文化价值或者纪念意义的城市、镇、村、街区。

第三条　本省行政区域内历史文化名城、名镇、名村、名街的保护和管理，适用本条例。

第四条　历史文化名城、名镇、名村、名街的保护坚持统筹规划、科学管理、保护为主、合理利用的原则。

第五条　县级以上人民政府应当加强对历史文化名城、名镇、名村、名街保护工作的领导，将其纳入国民经济和社会发展规划，组织编制、实施历史文化名城、名镇、名村、名街保护规划和保护详细规划。

第六条　县级以上人民政府规划（建设）行政主管部门会同同级文物行政主管部门负责历史文化名城、名镇、名村、名街的申报和保护工作。

发展和改革、国土资源、环境保护、民族宗教、旅游等行政主管部门按照各自的职责，做好保护工作。

第七条　历史文化名城、名镇、名村、名街所在地的县级以上人民政府应当设立保护专项资金，纳入同级财政预算，用于历史文化名城、名镇、名村、名街的普查、规划、保护等工作。

州（市）、县（市、区）人民政府可以从历史文化名城、名镇、名村、名街的旅游景区（点）收入中提取一定比例的费用，专项用于历史文化名城、名镇、名村、名街的保护。具体项目和标准由州（市）、县（市、区）人民政府按照程序报请省级有关部门批准。

鼓励企业、事业单位、社会团体和个人通过捐助、投资等方式参与保护历史文化名城、名镇、名村、名街。

第八条　县级以上人民政府应当对在历史文化名城、名镇、名村、名街保护工作中做出突出贡献的单位和个人给予表彰和奖励。

任何单位和个人都有依法保护历史文化名城、名镇、名村、名街的义务，对违反本条例规定的行为有权劝阻、举报。

第二章　确定与撤销

第九条　具备下列条件之一的城市、镇、村、街区，可以申报历史文化名城、名镇、名村、名街：

（一）古代区域性政治、经济、文化中心或者交通、军事要地等，保存有较多的历史文化实物和遗迹，或者近现代发生过重大历史事件仍有较多数量的文化遗存；

（二）具有一定数量的保存较为完好，有较高历史、科学、艺术价值的文物古迹，保存有一定数量的民族民间壁画、雕塑或者具有学术、史料、艺术价值的碑刻、楹联等；

（三）在地方发展史上具有重要意义，民族文化传统保留较为完整，具有民族民间传统文化特色的代表性建筑、设施、标识和特定的场所，或者在历史发展中占有重要地位，具有重大影响的传统工艺等；

（四）保存有较高历史文化和艺术价值的旧城街道、巷道、民居、寺观教堂，或者体现城市、镇、村、街区内涵的纪念设施和经鉴定公布的优秀建筑群；

（五）具有鲜明地方民族特色的城市、镇、村、街区。

申报省级历史文化名城的，在所申报的历史文化名城保护范围内至少有一个历史文化街区。

第十条　县级以上人民政府规划（建设）、文物行政主管部门应当加强对所在地历史文化名城、名镇、名村、名街资源的调查评价工作，确定其资源状况、特点和价值，具备条件的，应当及时予以保护，并按照程序申报。

具备条件未申报的，上级人民政府规划（建设）、文物行政主管部门应当建议或者督促下级人民政府或者有关部门申报。

第十一条　申报历史文化名城、名镇、名村、名街，应当提交下列申报材料：

（一）申请书；

（二）历史沿革和历史文化价值的说明；

（三）反映传统格局、历史风貌的音像资料；

（四）保护范围及其说明；

（五）文物保护单位、历史建筑、历史文化街区的清单及其位置示意图；

（六）保护目标和保护要求；

（七）有关专家的论证意见。

第十二条　申报省级历史文化名城、名镇、名村、名街的，应当由所在地县级人民政府报州

（市）人民政府同意，经省建设行政主管部门会同省文物行政主管部门初审后，报省人民政府批准公布。

国家级的历史文化名城、名镇、名村按照国家有关规定申报。

第十三条 已批准公布的历史文化名城、名镇、名村、名街，因保护不力或者不可抗力原因导致其不再符合本条例第九条规定条件的，批准机关应当将其列入濒危名单予以公布，并责令所在地人民政府限期采取补救措施；确实丧失历史文化保护价值的，由原批准机关撤销其称号。

第三章　保护规划

第十四条 历史文化名城、名镇、名村、名街各自的保护范围划分为三级保护区：

（一）核心保护区：指由历史建筑物、构筑物和其所处的环境风貌组成的核心区域；

（二）建设控制区：指在保护规划控制下可以进行适当整理、修建和改造的区域；

（三）风貌协调区：指建设控制区以外的保护区域。

核心保护区、建设控制区、风貌协调区的范围应当在保护规划中确定，由县级以上人民政府按照规划具体划定并设立标志。

第十五条 历史文化名城、名镇、名村、名街公布后，其所在地的县级以上人民政府应当组织编制保护规划和保护详细规划。

保护规划和保护详细规划的编制，应当保持传统风貌和格局，维护历史文化的完整性。

保护规划和核心保护区的保护详细规划，应当自历史文化名城、名镇、名村、名街公布之日起2年内组织编制完成。

第十六条 编制历史文化名城、名镇、名村、名街保护规划和保护详细规划，应当召开听证会、专家论证会并向社会公开征求意见。

第十七条 历史文化名城、名镇、名村、名街保护规划应当包括以下内容：

（一）保护原则、重点、范围；

（二）总体目标；

（三）建设控制地带保护要求、实施措施；

（四）发展利用的控制要求；

（五）各级文物保护单位的保护范围、建设控制地带和界线；

（六）其他应当包括的内容。

电力电信、道路交通、抗震防灾、公共消防、地下空间开发利用等专业规划，应当与经批准的保护规划相协调。

第十八条 历史文化名城、名镇、名村、名街保护详细规划应当包括以下内容：

（一）文物建筑控制地带的具体范围；

（二）保护范围的具体界线；

（三）保护方法、整治实施计划和措施；

（四）建筑物、构筑物的年代、价值、性质、结构、风格、体量、外观形态、材料、色彩、建筑高度、建筑密度、建筑间距、绿地等控制指标；

（五）重要节点或者建筑立面整治规划设计；

（六）历史建筑的保护名录和保护要求；

（七）古树名木保护档案、保护标志、保护措施。

第十九条 历史文化名城、名镇、名村、名街保护规划按照下列程序报批：

（一）省级历史文化名城、名镇、名村、名街保护规划，由所在地人民政府逐级上报省人民政府审批；保护详细规划，由所在地规划（建设）行政主管部门逐级上报省建设行政主管部门审批；

（二）国家级历史文化名城、名镇、名村的保护规划按照国家有关规定报批。

历史文化名城、名镇、名村、名街保护规划和保护详细规划自批准之日起 15 日内，由组织编制规划的人民政府予以公布。

第二十条 任何单位或者个人不得擅自改变或者拒不执行经批准的历史文化名城、名镇、名村、名街保护规划和保护详细规划。确需对规划进行调整的，应当按照原审批程序报批。

第四章　保护措施

第二十一条 县级以上人民政府应当组织对历史文化名城、名镇、名村、名街中的建筑物、构筑物进行普查，确定公布历史建筑物、构筑物，设置保护标志。

第二十二条 历史文化名城、名镇、名村、名街所在地县级人民政府规划（建设）行政主管部门，应当根据保护规划，在核心保护区的主要出入口设立统一的标志牌，标明保护范围。

任何单位和个人不得擅自设置、移动、涂改或者损毁标志牌。

第二十三条 历史文化名城、名镇、名村、名街所在地县级人民政府规划（建设）、文物行政主管部门应当对保护区内的建筑物、构筑物进行全面调查，对重要的建筑物、构筑物建立档案，档案应当包括下列内容：

（一）建筑物、构筑物的有关技术资料；

（二）建筑物、构筑物的使用现状和权属变化情况；

（三）修缮、装饰装修形成的文字、图纸、图片、影像等资料；

（四）规划、测绘信息记录和相关资料。

第二十四条 对确定保护的建筑物、构筑物或者其他设施，使用人有保持原样和安全的义务，在修缮和改建时不得影响其传统格局和历史风貌，其设计方案应当征得所在地规划（建设）行政主管部门的同意，涉及文物保护单位的，还应当征得所在地文物行政主管部门的同意。

第二十五条　在国家级历史文化名城、名镇、名村保护范围内，拆除确定保护的建筑物、构筑物或者其他设施的，应当由州（市）规划（建设）行政主管部门审核后，报省建设行政主管部门审批，并报国务院建设行政主管部门备案后，依法办理相关手续。

在省级历史文化名城、名镇、名村、名街保护范围内，拆除确定保护的建筑物、构筑物或者其他设施的，应当由县级人民政府规划（建设）行政主管部门审核，报州（市）规划（建设）行政主管部门审批，并报省建设行政主管部门备案后，依法办理相关手续。

第二十六条　确定保护的建筑物、构筑物或者其他设施一般不得改变使用性质，确需改变使用性质的，产权人应当向产权所在地县级人民政府规划（建设）行政主管部门提出申请，由县级人民政府规划（建设）行政主管部门提出初审意见，经州（市）规划（建设）行政主管部门批准；进行产权转让的，应当依法办理相关手续，并自转让后15日内报所在地县级人民政府规划（建设）行政主管部门备案。

第二十七条　对确定保护的建筑物、构筑物，产权人应当进行维护、修缮。产权人有能力维护、修缮而不维护、修缮的，县级以上人民政府应当督促其维护、修缮；确实无力维护、修缮的，当地人民政府可以视情况予以资助，或者通过协商方式置换产权。

第二十八条　在历史文化名城、名镇、名村、名街保护范围内禁止下列活动：

（一）修建损害传统格局和历史风貌的建筑物、构筑物或者其他设施；

（二）损毁保护规划确定保护的建筑物、构筑物；

（三）擅自进行爆破、取土、挖沙、采石、围填水面等；

（四）侵占或者破坏保护规划确定保护的园林、绿地、水面、道路、街巷等；

（五）破坏原有建筑风格、景观、视廊、环境的整体性；

（六）设置、张贴损坏或者影响风貌的标牌、广告、招贴等。

在核心保护区内除前款禁止的活动外，禁止除修缮以外的新建、改建、扩建活动。

第二十九条　县级以上人民政府规划（建设）、文物行政主管部门应当对本行政区域内历史文化名城、名镇、名村、名街保护工作进行监督检查，并将有关情况报同级人民政府。

第五章　建设项目管理

第三十条　历史文化名城、名镇、名村、名街保护范围内的土地利用和各项建设，应当符合经批准的保护规划和保护详细规划。

第三十一条　历史文化名城保护范围内建设项目的相关审批手续，按照有关法律、法规的规定办理。

在历史文化名镇、名村、名街保护范围内进行建设，除应当依法办理相关审批手续外，还应当按照有关规定办理建设项目选址意见书、建设用地规划许可证、建设工程规划许可证。

经批准建设的项目在施工前，由项目所在地规划（建设）行政主管部门向社会公布。

第三十二条 历史文化名镇、名村、名街保护范围内建设项目的选址意见书，由建设单位或者个人持项目批准文件和申请书向县级以上人民政府规划（建设）行政主管部门申请办理。

第三十三条 在历史文化名镇、名村、名街保护范围内进行建设需要申请用地的，应当向建设项目所在地县级人民政府规划（建设）行政主管部门申请办理建设用地规划许可证后，方可向土地行政主管部门办理相关手续。

建设用地规划许可证办理程序为：

（一）建设单位或者个人持项目批准文件提出申请；

（二）规划（建设）行政主管部门依据保护规划和保护详细规划的要求，核定建设项目用地的具体位置、界限，提供规划设计条件；

（三）审核建设单位或者个人提交的规划设计总图或者初步设计方案；

（四）核发建设用地规划许可证。

建设用地规划许可证包括由规划用地界限的附图和明确具体规划要求的附件。附图和附件与建设用地规划许可证具有同等法律效力。

第三十四条 在历史文化名镇、名村、名街保护范围内进行项目建设的，应当向项目所在地县级人民政府规划（建设）行政主管部门申请办理建设工程规划许可证，其中在文物保护单位建设控制地带内的建设工程，应当先经文物行政主管部门审查同意。

建设工程规划许可证办理程序为：

（一）建设单位或者个人持建设项目有关批准文件和土地使用权属证件提出申请；

（二）规划（建设）行政主管部门依据保护规划和保护详细规划的规定，提出建设项目规划设计要求，作为工程设计的依据；

（三）审查建设项目设计方案；

（四）审查建设单位报送的施工图件，确认符合保护规划和保护详细规划的要求后，核发建设工程规划许可证。

施工单位应当按照规划（建设）行政主管部门核发的建设工程规划许可证的要求进行施工，并保护文物古迹及其周围的林木、植被、水体、地貌，不得造成污染和破坏。

第三十五条 建设工程竣工验收前，由县级人民政府规划（建设）行政主管部门对建设工程是否符合保护规划条件予以核实，符合条件的，出具规划认可文件。未取得规划认可文件的，建设单位不得组织竣工验收。

建设单位或者产权人应当在竣工验收后6个月内，向规划（建设）行政主管部门报送有关竣工验收资料，办理存档手续。

第六章　法律责任

第三十六条　违反本条例第十三条规定，因保护不力导致已公布的历史文化名城、名镇、名村、名街被列入濒危名单或者被撤销称号的，由上级人民政府通报批评；对直接负责的主管人员和其他直接责任人员，依法给予处分。

第三十七条　违反本条例第二十五条规定，未经规划（建设）行政主管部门审核同意，擅自在历史文化名城、名镇、名村、名街保护范围内拆除确定保护的建筑物、构筑物或者其他设施的，由规划（建设）行政主管部门责令停止违法行为，未造成重大影响的，处 1 万元以上 10 万元以下的罚款；造成重大影响的，处 10 万元以上 100 万元以下的罚款；构成犯罪的，依法追究刑事责任。

第三十八条　违反本条例第二十八条第一款第（一）项规定的，由规划（建设）行政主管部门责令限期改正，恢复原状；逾期不改正的，由规划（建设）行政主管部门依法拆除，并处 1 万元以上 10 万元以下的罚款。

违反本条例第二十八条第一款第（三）至（五）项规定的，由规划（建设）行政主管部门责令停止违法行为，限期修复；逾期不修复的，由规划（建设）行政主管部门组织修复，所需修复费用由行为人承担，并对行为人处 1 万元以上 10 万元以下的罚款。

违反本条例第二十八条第一款第（六）项规定的，由规划（建设）行政主管部门责令限期改正，恢复原状；逾期不改正的，对个人处 200 元以上 2000 元以下的罚款；对单位处 2000 元以上 2 万元以下的罚款。

违反本条例第二十八条第一款第（二）项、第二款规定的，由规划（建设）行政主管部门责令停止违法行为、限期改正或者采取其他补救措施；逾期不改正或者未采取其他补救措施的，处 1 万元以上 10 万元以下的罚款；情节严重的，处 10 万元以上 50 万元以下的罚款；构成犯罪的，依法追究刑事责任。

第三十九条　违反本条例第三十二条、三十三条、三十四条规定，未办理选址意见书、建设用地规划许可证、建设工程规划许可证进行建设的，由规划（建设）行政主管部门责令停止建设，未造成重大影响的，限期补办手续，并处 2000 元以上 2 万元以下的罚款；造成重大影响的，由规划（建设）行政主管部门责令停止建设，限期拆除，并处 2 万元以上 10 万元以下的罚款；逾期不拆除的，依法强制拆除，并处 10 万元以上 50 万元以下的罚款。

第四十条　违反本条例第三十四条第三款规定，施工单位未按照建设工程规划许可证规定的要求进行施工的，由规划（建设）行政主管部门责令限期改正；逾期不改正的，由规划（建设）行政主管部门处 1000 元以上 1 万元以下的罚款。

第四十一条　违反本条例第三十五条规定，未取得规划认可文件组织验收或者工程验收合格后 6 个月内，未向规划（建设）行政主管部门报送有关竣工资料，办理存档手续的，由规划（建设）行政主管部门责令限期改正；逾期不改正的，处 1 万元以上 5 万元以下的罚款。

第四十二条 违反本条例规定有下列情形之一的，由县级以上人民政府规划（建设）或者文物行政主管部门责令限期补办手续；逾期未补办的，处 2000 元以上 2 万元以下的罚款：

（一）修缮、改建设计方案未经规划（建设）或者文物行政主管部门审查同意；

（二）改变建筑物、构筑物或者其他设施的使用性质，未经规划（建设）行政主管部门批准；

（三）转让建筑物、构筑物或者其他设施的产权，未向规划（建设）行政主管部门备案。

第四十三条 国家机关工作人员在历史文化名城、名镇、名村、名街保护工作中，滥用职权、玩忽职守、徇私舞弊的，依法给予处分；构成犯罪的，依法追究刑事责任。

第七章　附　则

第四十四条 本条例自 2008 年 1 月 1 日起施行。

西　藏

西藏自治区文物保护条例

（1990 年 5 月 31 日西藏自治区第五届人民代表大会第三次会议通过　1996 年 7 月 12 日
西藏自治区第六届人民代表大会常务委员会第一次修正　2007 年 7 月 27 日西藏自治区
第八届人民代表大会常务委员会第二次修订　自 2007 年 8 月 3 日起施行）

第一章　总　则

第一条　为了加强对文物的保护和利用，根据《中华人民共和国文物保护法》及有关法律、法规，结合自治区实际，制定本条例。

第二条　自治区行政区域内下列文物受国家保护：

（一）具有历史、艺术、科学价值的古文化遗址、古建筑、古墓葬、石窟寺、石刻、壁画、岩画及其附属物；

（二）与重大历史事件、革命运动和著名人物有关的具有重要纪念意义、教育意义或者史料价值的重要史迹、实物、代表性建筑及其附属物；

（三）历史上形成和遗存的具有一定宗教和社会影响的宗教器具、崇拜物；

（四）历史上各时代各民族社会形态、社会制度、生产生活方式的代表性实物；

（五）历史上各时代重要的文献资料以及具有历史、艺术、科学价值的手稿、古籍、古旧图书、经卷等；

（六）历史上各时代珍贵的艺术品、工艺美术品。

具有科学价值的古脊椎动物化石及古人类化石，具有历史价值、纪念意义的古树名木，同文物一样受国家保护。

第三条　自治区行政区域内地下、水域中遗存的一切文物属国家所有。

古文化遗址、古墓葬、石窟寺和岩画属国家所有。国家指定保护的纪念建筑物、古建筑、石刻、壁画和近现代代表性建筑等不可移动文物，除国家另有规定的以外，属国家所有。

国有不可移动文物的所有权不因其所依附的土地所有权或使用权的改变而改变。

下列可移动文物，属于国家所有：

（一）自治区行政区域内出土的文物；

（二）自治区行政区域内国有文物收藏单位以及国家机关、部队、全民所有制企业、事业单位收藏、保管的文物；

（三）国家、自治区征集、购买的文物；

（四）公民、法人和其他组织捐赠给国家和国有文物收藏单位的文物；

（五）法律规定属于国家所有的其他文物。

可移动文物分为珍贵文物和一般文物；珍贵文物分为一级文物、二级文物、三级文物。

第四条 属于集体或个人所有的具有纪念性的建筑物、古建筑、祖传文物及通过合法途径获得的文物，其所有权受国家法律保护。文物所有者应当遵守国家有关文物保护管理规定。

第五条 文物工作贯彻保护为主、抢救第一、合理利用、加强管理的方针。

基本建设、旅游发展和宗教活动等应当遵守文物工作方针，其活动不得对文物造成损害。

第六条 各级人民政府应当重视文物保护工作，正确处理经济建设、社会发展与文物保护的关系；建立国家保护为主，全社会共同参与的文物保护体制。

县级以上人民政府应当把本行政区域内的文物保护工作纳入当地经济和社会发展规划，纳入城乡建设规划。

第七条 国家机关、社会团体、部队、企事业单位和个人都有保护文物的义务。

第八条 有下列事迹的单位和个人，由各级人民政府或文物行政部门给予表彰奖励：

（一）认真执行文物保护法律、法规和本条例，保护文物成绩显著的；

（二）为保护文物与违法犯罪行为作坚决斗争的；

（三）将个人收藏的重要文物捐献给国家的；

（四）发现文物及时上报或者上交，使文物得到保护的；

（五）在考古发掘工作中作出重大贡献的；

（六）在文物保护科学技术方面有重要发明创造或者为文物保护事业作出贡献的；

（七）在文物面临破坏危险时，抢救文物有功的；

（八）长期从事文物工作，作出显著成绩的；

（九）在文物保护单位内部安全保卫工作中作出显著成绩的。

第二章　监督管理和保障措施

第九条 自治区各地区应当健全文物保护机构。在文物相对集中或者有重要文物的县（市）应当设立文物保护机构。

在文物相对集中或者有重要文物的乡（镇），具备条件的应当设立文物保护专（兼）职人员，暂不具备条件的可以建立群众性文物保护组织。

第十条 各级人民政府负责本行政区域内的文物保护工作。

自治区、市（地）、县（市）承担文物保护工作的部门，具体负责对本行政区域内文物的保护、管理、监督和指导工作。

第十一条 公安、消防、建设、民族宗教、海关、工商、旅游等部门和其他有关国家机关，在各自职责范围内，依法做好文物保护工作，维护文物保护管理秩序。

第十二条 各级文物、教育、科技、新闻出版、广播影视等部门，应当做好文物保护的宣传教育工作。

第十三条 县级以上文物行政部门应当逐步建立健全文物行政执法机构，负责处理文物行政违法案件。

国有文物收藏单位内部应设置安全保卫组织，配备专职安全保卫人员，建立健全安全责任制度。

第十四条 自治区文物行政部门应当建立健全文物鉴定机构，负责自治区行政区域内馆藏文物、民间文物、涉案文物的鉴定工作。

第十五条 县级以上人民政府应当将文物保护经费纳入当地财政预算，并随着财政收入的增长而增加。

国家重点文物保护专项补助经费和自治区文物保护专项经费，由县级以上文物行政部门、财政部门按照国家有关规定共同实施管理，专款专用，任何单位或者个人不得侵占、挪用。

国家重点文物保护专项补助经费和自治区文物保护专项经费的使用必须接受财政、审计等部门的监督和检查。

第十六条 博物馆、纪念馆等国有文物收藏单位的事业性收入，应当用于文物事业发展，任何单位或者个人不得侵占、挪用。

第十七条 法院、检察院、公安、海关和工商部门依法没收的文物应当登记造册，妥善保管，结案后无偿移交给原文物收藏单位或返还给个人；无法确定收藏单位或失主的，由文物行政部门指定的国有文物收藏单位收藏。

第三章 不可移动文物

第十八条 自治区行政区域内的文物保护单位分为全国重点文物保护单位、自治区级和市（地）、县级文物保护单位。

全国重点文物保护单位，由自治区文物行政部门报经自治区人民政府审核同意后，向国务院文物行政部门申报。

自治区级文物保护单位，由自治区文物行政部门向自治区人民政府申报核定公布，并报国务院备案。

市（地）、县级文物保护单位，由市（地）、县级文物行政部门向同级人民政府申报，由同级人民政府核定公布，并报自治区人民政府备案。

尚未核定公布为文物保护单位的不可移动文物，由县级人民政府予以登记，并妥善保护。

第十九条　各级文物保护单位，分别由自治区人民政府和市（地）、县级人民政府划定必要的保护范围，作出标志说明，建立记录档案，并区别情况分别设置专门机构或配备专人负责管理。全国重点文物保护单位的保护范围和记录档案，由自治区文物行政部门报国务院文物行政部门备案。

县级以上文物行政部门应当根据不同文物的保护需要，制定文物保护单位和未核定为文物保护单位的不可移动文物的具体保护措施，并公告施行。

第二十条　文物保护单位的标志说明，应当同时使用规范的藏、汉两种文字书写，标志说明包括文物保护单位的级别、名称、公布机关、公布日期、立标机关、立标日期等内容。

文物保护单位的保护标志，任何单位和个人不得移动、损毁。

第二十一条　文物保护单位保护范围内不得进行其他建设工程或者爆破、钻探、挖掘等作业。因特殊情况需要在文物保护单位的保护范围内进行其他建设工程或者爆破、钻探、挖掘等作业的，应当保证文物保护单位的安全，并经核定公布该文物保护单位的人民政府批准，在批准前应当征得上一级文物行政部门同意；在全国重点文物保护单位保护范围内进行其他建设工程或者爆破、钻探、挖掘等作业的，应当经自治区人民政府批准，并在批准前征得国务院文物行政部门同意。

第二十二条　根据保护文物的实际需要，可以在文物保护单位的保护范围以外划出一定的建设控制地带并予以公布。全国重点文物保护单位和自治区级文物保护单位的建设控制地带，由自治区文物行政部门会同建设行政部门划定，报自治区人民政府审核公布；市（地）、县级文物保护单位的建设控制地带由同级文物行政部门会同建设行政部门划定，报同级人民政府审核公布。

建设控制地带一经公布，应树立界桩，依法保护和控制。在建设控制地带内修建新的建筑物和构筑物，不得破坏文物保护单位的原有风貌。设计方案应根据文物保护单位的级别，经同级文物行政部门同意后，报建设行政部门审批。未经批准不得施工，强行修建的必须无条件拆除，其经济损失由建设单位自行承担。

在文物保护单位的建设控制地带内，不得修建有污染的设施或高层建筑物、构筑物；对已经存在的应当限期治理、改造、搬迁或拆除，所需经费由建设单位及其上级部门解决。

第二十三条　文物保护单位应当安装防火、防盗安全设备和设施。

文物保护单位消防通道的出入口，应当保持畅通，仼何单位或个人不得堵塞和侵占。

第二十四条　工业、农业、水利、交通、军事、建设等部门，在进行工程规划、选址和设计时，对于建设工程范围内的文物保护单位，根据其级别事先会同自治区或市（地）、县级文物行政部门确定保护措施，列入设计任务书。未经文物行政部门同意，有关部门不得批准建设项目和征地。

第二十五条　自治区文物行政部门负责本行政区域内文物保护工程立项、勘察设计、施工、监理和验收的管理。

全国重点文物保护单位保护工程，由自治区文物行政部门报国务院文物行政部门审批。

自治区级、市（地）、县级文物保护单位及未核定为文物保护单位的不可移动文物保护工程，由所在市（地）级文物行政部门报自治区文物行政部门审批。

第二十六条 文物保护单位的保养维护、抢险加固、修缮、保护性设施建设、迁移等工程，由各级文物行政部门依据国家有关规定，按照文物保护单位级别，对文物保护工程的立项、勘察设计、施工、监理及验收实行分级管理。

第二十七条 县级以上人民政府应当制定本行政区域内各级文物保护单位的保护规划，并应与城乡总体规划、历史文化名城（街区、村镇）保护规划、环境整治规划、土地利用总体规划相衔接。

全国重点文物保护单位的保护规划，在自治区文物行政部门的指导下，由所在地县级以上人民政府组织编制。

第二十八条 保存文物特别丰富或具有显著地域特色、民族特色和重大历史价值或者革命纪念意义的街区、村镇，由自治区建设行政部门会同自治区文物行政部门报自治区人民政府核定公布为历史文化街区、村镇，并报国务院备案。

第二十九条 在历史文化名城中的历史文化街区或历史文化村镇内进行工程建设，建设单位应当事先征得同级文物行政部门和建设行政部门的同意，经上一级文物行政部门、建设行政部门审核后，报自治区人民政府批准。

历史文化街区、村镇的布局、环境、历史风貌等遭到严重破坏，不符合作为历史文化街区、村镇条件的，由自治区建设部门会同文物行政部门上报自治区人民政府核准撤销，并予以公布。

第四章　考古发掘

第三十条 自治区行政区域内一切考古发掘工作，应当按法定程序履行报批手续。未经批准，任何单位或个人不得擅自发掘。

从事考古发掘的单位，应当具备相应的考古团体领队和个人领队资质。在进行考古发掘前提出发掘计划，经自治区文物行政部门审核后，报国务院文物行政部门批准。

国内科研机构和高等院校为了科学研究、教学实习，需要在自治区行政区域内进行文物考古调查、勘探，应当事先征得自治区文物行政部门的同意。

第三十一条 考古调查、勘探、发掘的结果，应当报国务院文物行政部门和自治区文物行政部门。考古发掘单位对所有出土文物应登记造册，妥善保管，除特殊情况外，考古发掘结束后六个月之内，应当将出土文物交由自治区文物行政部门指定的收藏单位保管。

一切考古发掘资料均为国家档案，由发掘单位妥善保管。发掘者不得私自占用考古发掘资料。未经文物行政部门和原发掘单位同意，任何单位和个人不得自行发表尚未公开的文物和考古资料。

第三十二条 进行大型基本建设工程，建设单位应当事先报请自治区文物行政部门，组织具有相应资质的考古发掘单位，在工程范围内对有可能埋藏文物的地方进行考古调查、勘探。发现文物的，由自治区文物行政部门根据文物保护的要求，会同建设单位共同商定保护措施。所需费用由建设单位列入建设工程预算，由自治区文物行政部门组织实施。

第三十三条 在基本建设勘察、勘探、施工或生产建设中发现文物，建设单位或生产者应当立即停工并保护现场，及时报告当地文物行政部门处理。重要发现由当地文物行政部门及时报请上一级文物行政部门处理。

任何单位和个人不得哄抢、私分、藏匿文物。

第五章 馆藏文物

第三十四条 博物馆、图书馆、宗教活动场所和其他文物收藏单位对收藏的文物，应当建立严格的藏品保护管理制度和藏品档案。对所收藏的文物应当逐件划分等级、登记造册、建立档案。藏品档案应当报相应的文物行政部门备案，其中一级藏品档案应当报国务院文物行政部门备案。

县级以上文物行政部门应当建立本行政区域内文物收藏单位的馆藏文物档案。

馆藏文物档案应当用藏汉两种文字记录。

第三十五条 馆藏珍贵文物应当设立专库专柜，重点保管，并每年复核一次；不具备收藏一级藏品安全条件的单位，所收藏的文物藏品，自治区文物行政部门可以指定具备收藏条件的国有文物收藏单位负责保管，待原收藏单位具备收藏条件后予以返还。

第三十六条 自治区文物行政部门经自治区人民政府批准，可以调拨本行政区域内已建立馆藏文物档案的文物收藏单位馆藏文物。馆藏一级文物的调拨，应当报国务院文物行政部门备案。

第三十七条 禁止国有文物收藏单位将馆藏文物赠与、出租或者出售给其他单位。经当地文物行政部门报自治区文物行政部门批准，已经建立馆藏文物档案的国有文物收藏单位之间可以交换、借用文物藏品。一级文物藏品的交换、借用应当报国务院文物行政部门批准。

调拨、交换、借用的文物必须严格保管，不得丢失、损毁。借用期限最长不超过二年。

第三十八条 馆藏文物中既是文物又是档案（典籍）的，经自治区文物行政部门批准，国有文物收藏单位可以与档案馆、图书馆、纪念馆、科研等单位相互交换复印件或者目录，共同编辑出版有关史料或者进行史料研究。

第三十九条 博物馆、图书馆、被确定为文物保护单位的宗教活动场所和其他收藏文物的单位应当按照国家和自治区的有关规定配备防火、防盗、防虫、防尘、防震等设备和设施，严禁存放易燃、易爆、易腐蚀等危险物品，确保安全。

第四十条 文物收藏单位的法定代表人或负责人对文物安全负责。文物收藏单位的法定代表人或负责人离任时，依照馆藏文物档案清单办理文物移交手续。

第六章　民间收藏文物

第四十一条　文物收藏单位以外的公民、法人或其他组织可以收藏通过以下方式取得的文物：

（一）依法继承或者接受赠与；

（二）从文物商店购买；

（三）从经营文物拍卖企业购买；

（四）公民个人合法所有的文物相互交换或者依法转让；

（五）国家规定的其他合法方式。

文物收藏单位以外的公民、法人或其他组织合法收藏的文物应当向当地文物行政部门备案并可以依法流通。任何单位和个人不得无偿占有。

第四十二条　文物商店应当由国务院文物行政部门或自治区文物行政部门批准设立，并依法取得工商行政管理部门颁发的营业执照后，方可进行文物销售。文物商店不得从事文物拍卖经营活动，不得设立经营文物拍卖的企业。

第四十三条　依法设立的拍卖企业经营文物拍卖的，应当经自治区文物行政部门审核同意后，向国务院文物行政部门申请，并取得国务院文物行政部门颁发的文物拍卖许可证。

经营文物拍卖的拍卖企业不得从事文物购销经营活动，不得设立文物商店。

第四十四条　除经批准的文物商店、经营文物拍卖的企业外，其他单位和个人不得进行文物的销售、拍卖或文物商业经营活动。

第四十五条　在文物商店销售文物、拍卖企业拍卖文物之前，经自治区文物行政部门审核，拍卖的文物报国务院文物行政部门备案。

允许销售的文物，自治区文物行政部门应当作出标识。文物商店和文物拍卖企业不得剥除、更换、挪用、损毁或者伪造该标识。

第四十六条　流通市场内涉及文物的由文物行政部门会同公安、工商部门统一管理，发现非法从事文物商业经营活动的，应当对涉案文物予以依法没收，取缔场所；从事文物走私活动的，由文物行政部门会同公安、海关部门严厉打击。

第七章　文物拍摄、拓印、复制

第四十七条　全国重点文物保护单位内景和馆藏一级文物的拍摄，应当由国务院文物行政部门审批；自治区、市（地）、县级文物保护单位内景和馆藏二级及以下文物的拍摄由自治区文物行政部门审批。

对外宣传工作需要拍摄文物保护单位内景和馆藏文物的，经自治区文物行政部门审查后，报自治区人民政府和国务院文物行政部门审批。

文物拍摄单位在取得国务院文物行政部门或自治区文物行政部门颁发的《文物拍摄许可证》，并与文物保护单位或文物收藏单位签订《文物拍摄安全责任书》缴纳文物利用费后，方可进行文物拍摄。文物利用费的缴纳标准按照国家文物行政部门和自治区有关规定执行。

经批准收取的文物保护利用费，应当用于文物保护，任何单位或者个人不得侵占、挪用。

第四十八条 考古发掘现场不得拍摄。国内新闻单位因新闻采访需要拍摄正在进行的考古发掘现场，应当征得主持发掘单位同意后，经自治区文物行政部门批准。

制作专题片、直播类节目应报请国务院文物行政部门审批。

第四十九条 境外机构和团体需要拍摄文物，不分文物保护单位级别和馆藏文物等级，由负责接待的部门征得自治区文物行政部门同意后，报自治区人民政府和国务院文物行政部门批准。

第五十条 影视片、商业广告片的拍摄仅限于对公众开放的文物保护单位外景。确需拍摄文物保护单位内景及馆藏文物的，拍摄单位应当事先提出计划报自治区文物行政部门批准。

第五十一条 文物保护单位、文物收藏单位与国内出版单位合作发行以文物为主要内容的出版物，应当向当地文物行政部门报送有关合作意向书和图片文字内容，并经自治区文物行政部门批准。

不得擅自提供未发表的文物资料。

第五十二条 自治区行政区域内的金石铭文、壁画、岩画和石窟造像，未经自治区文物行政部门批准不得拓印、复制和临摹。经批准拓印、复制和临摹的，其数量应当严格控制，禁止翻印出售，禁止向国外提供拓片。

第五十三条 文物复制和修复由自治区文物行政部门统一管理。一级品文物的复制和修复，应当报国务院文物行政部门批准。二级品及以下文物的复制，报自治区文物行政部门批准。未经批准，任何单位和个人不得进行文物的复制和修复。

第八章 文物出境进境

第五十四条 自治区行政区域内的国有文物、非国有文物中的珍贵文物和国家禁止出境的其他文物，除经国家批准出境展览与对外文化交流和国务院文物行政部门批准外，一律禁止出境。

第五十五条 除国家指定的报运文物出境的口岸外，其他口岸一律禁止报运文物出境。

第五十六条 文物出境展览，应当经自治区文物行政部门审核，报国务院文物行政部门批准。

第五十七条 临时进境的文物，经海关将文物加封后，交由当事人报文物进出境审核机构审核、登记。文物进出境审核机构查验海关封志完好无损后，对每件临时进境文物标明文物临时进境标识，并登记拍照。

第九章　法律责任

第五十八条　有下列行为之一，尚不构成犯罪的，由县级以上文物行政部门责令改正，造成严重后果的，处 5 万元以上 20 万元以下的罚款；情节严重的，由原发证机关吊销资质证书：

（一）擅自在文物保护单位的保护范围内进行建设工程或爆破、钻探、挖掘等作业的；

（二）在文物保护单位的建设控制地带内进行建设工程，其工程设计方案未经文物行政部门同意、报建设部门批准，对文物保护单位的原有风貌造成破坏的。

第五十九条　违反本条例第四十五条第二款规定的，文物商店和文物拍卖企业剥除、更换、挪用、损毁或者伪造该标识，由文物行政部门责令改正，并处 5000 元以上 5 万元以下的罚款。

第六十条　文物行政部门、国有文物收藏单位、文物商店、经营文物拍卖的拍卖企业的工作人员，有下列行为之一的，依法给予行政处分，情节严重的，依法开除公职或者吊销其从业资格；构成犯罪的，依法追究刑事责任：

（一）文物行政部门的工作人员违反本条例规定，滥用审批权限、不履行职责或者发现违法行为不予查处，造成严重后果的；

（二）文物行政部门的工作人员借用或者以其他方式非法侵占国有文物；

（三）文物行政部门的工作人员举办或者参与文物购销经营单位或者经营文物拍卖的拍卖企业的；

（四）因不履行职责造成文物保护单位、珍贵文物损毁或者流失的；

（五）贪污、挪用文物保护经费的。

前款被开除公职或者被吊销从业资格的人员，自被开除公职或者吊销从业资格之日起 10 年内不得担任文物管理人员或者从事文物经营活动。

第六十一条　公安、工商、海关、建设部门和其他国家机关，违反本条例规定滥用职权、玩忽职守、徇私舞弊，造成国家珍贵文物损毁或者流失的，对负有责任的主管人员和其他直接责任人员依法给予行政处分；构成犯罪的，依法追究刑事责任。

第六十二条　当事人对行政处罚决定不服的，可以依法申请行政复议或者提起行政诉讼。逾期不履行行政处罚决定的，作出处罚决定的行政机关可以申请人民法院强制执行。

第十章　附　则

第六十三条　本条例自公布之日起施行。

西藏自治区布达拉宫文化遗产保护管理条例

（西藏自治区第十届人民代表大会常务委员会第十九次会议通过
自2015年11月1日起施行）

第一章 总 则

第一条 为了加强对布达拉宫文化遗产的保护管理，继承和弘扬优秀历史文化，根据《中华人民共和国文物保护法》等法律法规，结合自治区实际，制定本条例。

第二条 本条例所称布达拉宫文化遗产，是指列入世界文化遗产名录的布达拉宫及其扩展项目大昭寺和罗布林卡。

第三条 本条例适用于在布达拉宫文化遗产的保护范围和建设控制地带内进行的保护管理、基本建设、生产生活、宗教、文化活动、参观游览、科学研究、经营服务等活动。

第四条 布达拉宫文化遗产的保护管理应当坚持统筹规划、保护为主、合理利用、加强监管的原则，确保其历史风貌和自然环境的真实性和完整性。

第五条 自治区人民政府负责组织编制布达拉宫文化遗产保护规划，协调解决布达拉宫文化遗产保护管理工作中的重大问题。

拉萨市人民政府应当按照自治区人民政府组织编制的保护规划，做好布达拉宫文化遗产的相关保护管理工作。

自治区文物行政部门是布达拉宫文化遗产保护和管理的主管部门，依法承担监督管理职责。

文物保护管理机构负责布达拉宫文化遗产保护范围内的保护管理工作。

文化、财政、发展和改革、住房和城乡建设、国土资源、规划、环境保护、工商、旅游、公安、民宗、林业、地震、气象、公安消防等部门，依照各自职责履行布达拉宫文化遗产相关保护责任。

第六条 自治区人民政府和拉萨市人民政府应当将布达拉宫文化遗产保护管理工作纳入国民经济和社会发展规划，所需经费由财政予以保障。

第七条 对布达拉宫文化遗产的保护实行专家咨询制度。制定布达拉宫文化遗产保护规划、审批与布达拉宫文化遗产有关的建设工程、决定与布达拉宫文化遗产有关的其他重大事项，应当听取专家意见。

第八条 布达拉宫文化遗产的保护管理经费和维修资金来源：

（一）国家和自治区专项经费；

（二）自治区、拉萨市一般公共预算经费；

（三）事业性收入；

（四）社会捐赠；

（五）其他合法收入。

布达拉宫文化遗产的保护管理经费和维修资金，应当按照国家法律法规的有关规定，专款专用，任何单位和个人不得侵占、挪用。

第九条 任何单位和个人都有保护布达拉宫文化遗产的责任和义务。

自治区文物行政部门对在布达拉宫文化遗产保护管理工作中成绩显著的单位和个人给予表彰和奖励；对做出突出贡献的单位和个人，报自治区人民政府予以表彰。

第二章 保护管理

第十条 自治区人民政府负责组织编制布达拉宫文化遗产保护规划。保护规划经国务院文物行政部门审定后实施。

自治区文物行政部门和拉萨市人民政府负责布达拉宫文化遗产保护规划的组织实施。

拉萨市人民政府制定城乡规划时，应当与布达拉宫文化遗产保护规划相协调。

第十一条 布达拉宫文化遗产保护范围和建设控制地带的管理依据保护规划执行。保护范围内的保护管理工作，由文物保护管理机构具体负责；建设控制地带内的保护管理工作，由拉萨市人民政府组织文物、住房和城乡建设、国土资源、规划等部门共同负责。

文物保护管理机构按照已公布的保护范围和建设控制地带，设置永久性保护标志和界桩，标明四至界限、保护说明、禁止行为等。

保护标志和界桩由文物保护管理机构负责维护和管理。

第十二条 保护范围内禁止下列行为：

（一）在文物保护标志上刻划、涂画、张贴；

（二）攀登、翻越文物和保护设施；

（三）架设、安装与文物保护无关的设施、设备；

（四）倾倒、焚烧垃圾；

（五）损坏、损毁、占用文物建筑及其附属建筑物；

（六）设置通信、户外广告，修建人造景点；

（七）在设置禁止拍摄标志的区域进行拍摄活动；

（八）在地下或者空中从事危及文物建筑及其附属建筑物安全的活动；

（九）设置、存放、使用危及文物安全的易燃、易爆及其他危害文物安全的物品、设施；

（十）种植危害文化遗产安全的植物；

（十一）损坏供水、供电、消防、监测设施；

（十二）擅自进行建设工程或者爆破、钻探、挖掘等作业；

（十三）其他可能损害文化遗产安全的行为。

第十三条 保护范围和建设控制地带内新建、改建、扩建建（构）筑物以及绿化、供水、供电、供暖、取水等活动，其工程设计方案应当经文物、住房和城乡建设、水利、电力、环境保护、公安消防等部门审核同意后，依法报批。

第十四条 保护范围和建设控制地带内新建、改建、扩建建（构）筑物的，其高度、风格、体量、色调等应当符合布达拉宫文化遗产保护规划的要求。任何单位和个人不得在原建筑物上违规搭建影响布达拉宫文化遗产视线廊和历史风貌的建（构）筑物、附属设施。

文物保护管理机构应当加强对保护范围和建设控制地带范围内的建设活动的日常巡查，发现违法建设活动的，应当立即制止，并及时向文物、住房和城乡建设等相关部门报告。

第十五条 保护范围和建设控制地带内新建的建（构）筑物等，危害文物安全、破坏历史风貌和影响视线廊的，文物行政部门应当及时制止，并向住房和城乡建设、规划等部门提出整改建议，住房城乡建设、规划等部门应当依法予以处理，并将处理结果报文物行政部门。

第十六条 自治区文物行政部门对布达拉宫文化遗产进行定期监测，形成定期监测报告，经自治区人民政府审核后，报国务院文物行政部门。对布达拉宫文化遗产出现的异常情况或危险因素，应当及时进行反应性监测。

文物保护管理机构应当对布达拉宫文化遗产本体建筑采取技术监测措施，建立建筑结构安全、地质灾害、气象灾害、人流量、环境、有害生物防治等监测预警系统和数据信息库；加强对布达拉宫文化遗产的日常保护监测，建立记录档案、日志，并于每年1月份将上年度日常监测报告报自治区文物行政部门。

第十七条 文物保护管理机构应当严格执行文物安全保护管理规定，建立健全保护管理制度，制定消防、安全防范等预案，配备防火、防盗、防虫、防自然损坏等设施设备。发现安全隐患应当立即采取控制措施，并及时向自治区文物行政部门报告。

自治区文物行政部门应当组织专家对文化遗产安全隐患进行勘察论证，根据勘察论证结果提出修缮方案，经依法批准后实施。修缮涉及传统工艺的，应当聘用具备传统工艺技术的工匠施工。

第十八条 文物保护管理机构应当根据布达拉宫文化遗产保护的需要，科学核定和控制游客数量、滞留时间，确定开放区域和参观路线，制定应急预案，必要时实行闭馆休整，以确保文物安全。

前款规定的内容，应当向社会公告。

第十九条 进入布达拉宫文化遗产保护范围内的人员必须接受安全检查，不得携带易燃易爆、放射性、腐蚀性等危及文物安全和危害公共安全的物品。

第二十条 任何单位和个人不得侵占布达拉宫文化遗产保护范围内的文物、土地、古建筑、设施和财产等。

第二十一条 自治区人民政府应当组织相关部门每年对布达拉宫文化遗产进行定期巡视，并形成巡视报告，报国家文物行政部门。

对巡视中发现危及布达拉宫文化遗产安全的隐患，应及时提出整改要求，并监督相关部门和文物保护管理机构按要求进行整改；重大安全隐患报国家文物行政部门。

第三章　合理利用

第二十二条 文物保护管理机构应当建立数字化博物馆，展示和宣传布达拉宫文化遗产原状式陈列内容，减轻古建筑承载压力。

第二十三条 布达拉宫文化遗产不得作为企业资产经营，经依法批准的经营服务项目不得转让，资产不得抵押，不得与企业或者个人合作从事经营活动。

任何单位和个人不得伪造、变造、倒卖布达拉宫文化遗产门票及相关凭证。

第二十四条 文物保护管理机构应当对布达拉宫文化遗产馆藏文物实行编目和分类管理，建立档案电子数据信息库系统，实行一件（套）一档的电子数据信息档案。

第二十五条 布达拉宫文化遗产馆藏文物的保管、纸质及电子信息数据档案，分别由专人负责。经批准的文物藏品出入库，应当在备案的同时，及时录入文物相关信息。

第二十六条 未经自治区文物行政部门批准，布达拉宫文化遗产文物档案管理人员和文物保护管理机构，不得向任何单位和个人提供馆藏文物档案资料。

第二十七条 自治区文物行政部门应当加强对布达拉宫文化遗产历史、科学、艺术等方面的调查和研究，发掘并展示其历史和文化价值，依法保护、利用与其相关的知识产权。

第二十八条 自治区文物行政部门应当建立布达拉宫文化遗产研究机构，制定布达拉宫文化遗产保护、研究、管理人才中长期培训规划，组织实施专业培训。

文物保护管理机构应当加强对工作人员的法律、业务知识培训，提高保护管理和合理利用能力。

第四章　法律责任

第二十九条 负有文物保护管理职责的单位和个人，违反本条例规定、玩忽职守、失职渎职、滥用职权造成文物损失、损坏、损毁的，依法予以赔偿，并由文物行政部门提请监察或者任免机关给予行政处分；涉嫌犯罪的，移送司法机关处理。

第三十条 违反本条例第十二条第一项至第十一项规定的行为，由文物保护管理机构责令停止其违法行为，予以警告，可以处以 5000 元以上 1 万元以下罚款；情节严重的由文物行政部门处以 3 万元以上 5 万元以下罚款；造成损失、损坏、损毁的，依法予以赔偿；涉嫌犯罪的，移送司法机关处理。

第三十一条 违反本条例第十二条第十二项、第十三条、第十四条第一款规定的，依照《中华人民共和国文物保护法》的有关规定予以处罚。

第三十二条 违反本条例第二十三条第一款规定的，由自治区文物行政部门责令停止违法行为，没收违法所得，并追究文物保护管理机构相关责任人的责任；涉嫌犯罪的，移送司法机关处理。

违反本条例第二十三条第二款规定的，由公安机关依照《中华人民共和国治安管理处罚法》的有关规定予以处罚。

第三十三条 违反本条例规定的其他行为，法律法规已有处罚规定的，从其规定。

第五章　附　则

第三十四条 本条例自 2015 年 11 月 1 日起施行。

陕 西

陕西省文物保护条例

（1988年6月3日陕西省第七届人民代表大会第一次会议通过　1995年4月21日陕西省第八届人民代表大会常务委员会第十二次会议修正　2004年8月3日陕西省第十届人民代表大会常务委员会第十二次会议第二次修正　2006年8月4日陕西省第十届人民代表大会常务委员会第二十六次会议修订　自2006年10月1日起施行　2012年7月12日陕西省第十一届人民代表大会常务委员会第三十次会议修正）

第一章　总　则

第一条　为了加强文物保护，继承历史文化遗产，发挥文物资源优势，促进经济、社会、文化协调发展，根据《中华人民共和国文物保护法》《中华人民共和国文物保护法实施条例》和有关法律、行政法规，结合本省实际，制定本条例。

第二条　本条例适用于本省行政区域内的文物保护工作及其相关活动。

第三条　文物工作贯彻保护为主、抢救第一、合理利用、加强管理的方针。

第四条　县级以上人民政府应当加强对文物保护工作的领导，将文物保护事业纳入国民经济和社会发展规划，协调解决文物保护工作中的重大问题，正确处理文物保护与建设规划、旅游发展、群众生产生活的关系，确保文物安全。

第五条　县级以上人民政府文物行政主管部门对本行政区域内的文物保护实施监督管理。

省、设区的市文物行政主管部门根据需要，可以委托其直属管理的文物保护单位的管理机构履行行政执法职责。

公安、城乡建设规划、国土资源、工商行政管理、旅游、宗教、环境保护、海关等有关部门，在各自的职责范围内，做好有关的文物保护工作。

第六条　县级以上人民政府应当将文物保护事业所需经费列入本级财政预算，并可根据文物抢救、修缮、征集、购买和安全设施建设等需要设立专项经费。

国有博物馆、纪念馆、文物保护单位的门票收入和其他事业性收入，实行收支两条线管理，专门用于文物保护。

国有博物馆、纪念馆和国有不可移动文物不得转让、抵押，不得作为企业资产经营。

第七条　鼓励境内外组织和个人通过捐赠等方式依法设立文物保护社会基金，专门用于文物保护。公民、法人和其他组织对文物事业的捐赠，依法享受国家有关税收优惠。

文物保护事业可以吸纳社会资金投入，具体办法由省人民政府规定。

第八条 县级以上人民政府及其文物行政主管部门对捐赠文物、发现文物上报上交、与文物违法犯罪行为斗争、追缴文物等在文物保护中做出突出贡献的单位或者个人，应当给予表彰奖励。

第二章 不可移动文物

第一节 一般规定

第九条 县级以上文物行政主管部门应当对本行政区域内具有历史、艺术、科学价值的不可移动文物，提出确定文物保护单位等级的意见，经本级人民政府核定公布，分别确定为省级、设区的市级、县级文物保护单位，并报上一级人民政府备案。

全国重点文物保护单位由省人民政府报国务院核定公布。

新发现的具有重要价值的不可移动文物，可以先由县级人民政府公布为文物保护单位，并报设区的市和省文物行政主管部门备案。

第十条 全国重点文物保护单位和省级文物保护单位应当自核定公布之日起一年内，由省人民政府划定保护范围，并设置保护标志和界碑。

设区的市级和县级文物保护单位应当自核定公布之日起一年内，由核定公布该文物保护单位的人民政府划定保护范围，报省人民政府备案，并设置保护标志和界碑。

第十一条 全国重点文物保护单位和省级文物保护单位应当自核定公布之日起一年内，由省文物行政主管部门会同省建设行政主管部门、文物所在地市、县人民政府划定建设控制地带，报省人民政府批准后公布。

核定公布设区的市级和县级文物保护单位的人民政府，根据保护文物的实际需要，可以组织文物行政主管部门会同城乡建设规划部门划定建设控制地带，报省人民政府批准后公布。

文物保护单位的建设控制地带应当设置保护标志和界碑。

第十二条 全国重点文物保护单位和省级文物保护单位应当制定保护规划。全国重点文物保护单位的保护规划，经省人民政府同意后报国务院文物行政主管部门批准；省级文物保护单位的保护规划，由省人民政府批准公布。

设区的市和县级人民政府可以根据文物保护工作的需要，对其核定公布的文物保护单位制定保护规划，予以公布，并报省文物行政主管部门备案。

县级以上人民政府编制土地利用总体规划、城乡建设规划、环境保护规划和风景名胜区规划应当符合文物保护的要求，与文物保护规划相衔接。

第十三条 除法律、法规另有规定外，在文物保护单位保护范围内禁止下列行为：

（一）在文物和文物保护单位标志上刻画、涂画、张贴；

（二）排放污水、挖砂取土取石、修建坟墓、堆放垃圾和其他可能损害文物安全的行为；

（三）存储易燃、易爆等危险物品；

（四）设置户外广告设施，修建人造景点和其他与文物保护无关的工程。

第十四条　在文物保护单位的保护范围内实施下列文物保护工程，应当制定文物保护工程方案，并履行报批手续：

（一）新建、改建、扩建文物保护设施；

（二）实施修缮、保养文物工程；

（三）铺设通讯、供电、供水、排水等管线；

（四）设置防火、防雷、防盗设施和修建防洪工程；

（五）其他文物保护的建设工程。

全国重点文物保护单位的保护工程方案，经省文物行政主管部门审核后，报国务院文物行政主管部门审批；省级文物保护单位的保护工程方案，征求国务院文物行政主管部门的意见后，由省文物行政主管部门审批；设区的市级和县级文物保护单位的保护工程方案，征求省文物行政主管部门的意见后，分别由设区的市和县文物行政主管部门审批。

第十五条　在文物保护单位的建设控制地带内进行工程建设前，应当进行考古勘探和环境影响评价，并依法履行报批手续。建设工程的风格、色调和高度应当与文物保护单位的历史风貌和周边的自然环境相协调。

第二节　古遗址、古墓葬、古建筑、石窟寺

第十六条　公布为文物保护单位的古遗址、古墓葬、古建筑、石窟寺，县级以上人民政府应当设立管理机构或者指定机构、专人负责管理。

第十七条　县级以上人民政府应当对古都城遗址、帝王陵、古建筑和石窟寺实行重点保护，根据文物保护的需要，对文物保护单位范围内的集体土地可以依法征收为国有土地，实施征地保护。

第十八条　县级以上人民政府应当按照保护规划的要求，加强对古遗址、古墓葬、古建筑、石窟寺周边环境的治理，对不符合文物保护要求和有碍周围环境风貌的单位、村庄及其他建筑物、构筑物，应当进行改造或者拆除、搬迁，并按照国家有关规定给予补助或者安置补偿。

经依法批准，古遗址、古墓葬、古建筑、石窟寺可以建立博物馆、遗址公园或者辟为参观游览场所，展示历史和文物风貌。

第十九条　公布为文物保护单位的国有古建筑由使用人或者管理人负责修缮、保养并承担相关费用。

非国有古建筑由所有人或者使用人负责修缮、保养并承担相关费用；所有人或者使用人不具备修缮、保养能力的，县级以上人民政府应当给予指导和帮助；所有人转让非国有古建筑的，所

在地人民政府有优先购买权。

修缮、保养、迁移、重建古建筑的，应当遵守不改变文物原状的原则，根据文物保护单位的级别报文物行政主管部门批准，由依法取得相应资质证书的单位承担。

第三节 革命遗址

第二十条 县级以上人民政府应当对具有重要革命纪念意义、教育意义和历史价值的遗迹和代表性建筑组织进行普查，依法确定为文物保护单位，建立革命遗址及其文物登记档案，根据需要设置专门机构或者配备人员负责管理。

第二十一条 县级以上人民政府应当做好革命遗址的保护工作，对革命遗址的建筑物、构筑物应当拨付专款修缮、保养，需要在原址上重建或者迁移、拆除的，应当按照文物保护单位级别依法履行报批手续。

有关单位和个人占用的革命遗址，需要向公众开放或者继续使用可能危及文物安全的，由县级以上人民政府组织迁出。

第二十二条 县级以上人民政府应当将革命遗址确定为革命传统和爱国主义教育基地，结合革命遗址保护做好相关文物的征集、整理和展示工作，免费向学生或者定期免费向公众开放。

第四节 历史文化名城、街区、村镇、古民居

第二十三条 国务院公布的历史文化名城和省人民政府公布的历史文化街区、村镇，由所在地的市或者县人民政府制定保护规划并组织实施。历史文化名城的保护规划，由省人民政府审批；历史文化街区、村镇的保护规划，由设区的市人民政府审批，报省建设行政主管部门备案。

历史文化名城和历史文化街区、村镇的保护规划应当纳入城市建设总体规划和村庄总体规划。

第二十四条 历史文化名城和历史文化街区、村镇保护范围内的建设项目，应当符合保护规划的要求，新建、改建、扩建的建筑物、构筑物和修缮具有代表性的古民居、店铺等传统建筑，其体量、造型和色彩应当体现传统建筑风格和特色。

第二十五条 历史文化名城和历史文化街区、村镇所在地的县级以上人民政府进行城乡建设、城市改造，应当按照保护规划的要求，对具有代表性的传统建筑采取保护措施，保持传统格局和历史风貌。

第三章 考古发掘

第二十六条 从事考古发掘工作的单位，应当取得国务院文物行政主管部门核发的考古发掘资质证书；担任领队的人员，应当取得国务院文物行政主管部门核发的考古发掘领队资格证书。

省外考古发掘单位在本省行政区域内进行考古发掘的，应当持国务院文物行政主管部门批准的考古发掘文件和考古发掘资质、资格证书，向省文物行政主管部门备案。

第二十七条 进行建设工程，建设单位应当事先报文物行政主管部门。文物行政主管部门应

当组织从事考古发掘的单位在工程范围内进行考古调查、勘探。

省文物行政主管部门根据工程占地面积、文物分布情况以及文物保护单位级别，对省、设区的市、县级文物行政主管部门组织考古调查、勘探的具体分工做出规定。

第二十八条 规划成片开发的土地，县级以上人民政府应当组织考古调查、勘探，费用计入土地使用权出让成本。

建设工程施工过程中有重大文物发现，需要实施原址保护的，县级以上人民政府经与建设单位协商后，可以另行置换土地或者收回土地使用权、退还出让金；造成建设单位经济损失的，依法给予补偿。

第二十九条 建设工程施工和其他生产活动中发现文物的，应当立即采取相应的保护措施，并报告当地文物行政主管部门。需要进行考古发掘的，应当由省文物行政主管部门提出发掘计划，报国务院文物行政主管部门批准。确因建设工期紧迫或者有自然破坏危险急需进行抢救发掘的，由省文物行政主管部门组织发掘，并同时补办审批手续。

第三十条 考古发掘单位进行考古发掘，应当告知所在地的县级文物行政主管部门；文物行政主管部门应当核验考古发掘批准文件和考古发掘资质、资格证书以及省文物行政主管部门的相关文件。

县级文物行政主管部门应当协助和参与考古发掘工作，对出土文物登记情况进行核对，并向上级文物行政主管部门报告文物出土情况。

当地人民政府根据考古发掘工作的需要，提供安全保卫措施，协调解决考古发掘的有关事项。

第三十一条 考古发掘的出土文物，省文物行政主管部门可以指定当地有馆藏条件的国有文物收藏单位收藏；当地没有馆藏条件或者出土文物具有重要价值的，由省文物行政主管部门指定的国有文物收藏单位收藏。

未经省文物行政主管部门批准，出土文物在移交国有文物收藏单位前不得复制和对外展示。

第四章 馆藏文物

第三十二条 收藏、研究、保管和展示文物的国有博物馆、纪念馆为公益性事业单位。

县级以上人民政府应当将国有博物馆、纪念馆所需经费纳入本级财政预算。

鼓励、支持公民、法人和其他组织兴办非国有博物馆、纪念馆，发挥文物在社会教育、科学研究方面的作用。

第三十三条 设立收藏、研究、保管和展示文物的博物馆、纪念馆应当具备下列条件，并报省文物行政主管部门审核批准：

（一）有固定的馆址和相应的展室、库房；

（二）有办馆资金和经费来源；

（三）有一定数量的文物藏品；

（四）有相应的专业技术和管理人员；

（五）有符合国家规定的安全技术防范和消防设施；

（六）法律、法规规定的其他条件。

第三十四条 申请设立收藏、研究、保管和展示文物的博物馆、纪念馆，应当提交下列材料：

（一）申请书和设馆章程；

（二）文物藏品目录及陈列展览大纲；

（三）馆舍所有权或者使用权证明；

（四）经费来源证明或者验资报告；

（五）拟任法定代表人的身份证明；

（六）拟聘管理人员和研究人员的证明材料；

（七）法律、法规规定应当提交的其他材料。

省文物行政主管部门应当自接到申请之日起三十日内作出是否批准的决定；不予批准的，应当书面说明理由。

第三十五条 收藏、研究、保管和展示文物的博物馆、纪念馆，自批准设立之日起六个月内应当向公众开放，逾期未能开放的，原批准决定自行失效。

博物馆、纪念馆变更法定代表人、馆名、馆址、章程的，应当到省文物行政主管部门办理变更手续。

国有博物馆、纪念馆终止的，其文物藏品由省文物行政主管部门指定的国有文物收藏单位接收；非国有博物馆、纪念馆终止的，文物藏品由所有人依法处置。

第三十六条 国有文物收藏单位应当对未定级的馆藏文物提出鉴定申请，由文物行政主管部门组织文物鉴定委员会的专家进行鉴定，并出具鉴定结论。

非国有文物收藏单位需要对收藏的文物进行鉴定的，依照前款规定执行。

第三十七条 博物馆、纪念馆、图书馆、档案馆、文化馆等文物收藏单位，对其收藏的文物应当区分等级，登记造册，建立文物藏品档案和相应的管理制度，并将文物藏品档案副本报送主管的文物行政主管部门和省文物行政主管部门。

第三十八条 文物收藏单位修复馆藏文物应当具有文物修复资质，并建立修复记录档案。不具有文物修复资质的文物收藏单位需要修复馆藏文物的，由设区的市或者省文物行政主管部门指定的文物修复单位承担。

第三十九条 借用馆藏文物应当依法签订文物藏品借用协议。协议应当包括借用馆藏文物藏品的名称、等级、借用期限、无偿或者有偿方式、保护责任等内容，并按规定报文物行政主管部门备案或者批准。

第四十条 国有文物收藏单位之间交换馆藏文物的，应当报经省文物行政主管部门批准，报批申请书应当写明交换文物的名称、等级、交换原因及用途和补偿方式，并附交换协议书。

国有文物收藏单位不得与非国有文物收藏单位交换馆藏文物。

第四十一条 博物馆、纪念馆、图书馆、文化馆等文物收藏单位举办文物展览，应当按照国家有关规定采取安全保护措施，保证文物和参观者的安全。

需要出馆展览馆藏文物的，应当报主管的文物行政主管部门批准。一级文物出省展览的，应当经省人民政府批准。

第四十二条 从事馆藏文物复制、拓印的单位应当依法向省文物行政主管部门提出申请，并取得相应等级的资质证书。

按照文物的名称、型制、比例、色彩、纹饰、质地等制作的文物复制品，应当展现文物的原始形态，并标明复制年代、比例和"复制"字样。

第四十三条 文物收藏单位不得擅自拓印或者翻刻拓印珍贵石刻文物。需要拓印或者翻刻拓印的，应当依法办理审批手续。

第五章　民间收藏文物

第四十四条 民间收藏文物的所有权受法律保护。民间收藏文物可以依法流通，但法律、法规禁止的除外。

文物行政主管部门可以组织文物专家对民间收藏的文物，提供鉴定、修复、保管等方面的咨询服务。

第四十五条 拍卖企业从事文物拍卖活动，应当取得国务院文物行政主管部门核发的文物拍卖许可证；设立文物商店，应当经省文物行政主管部门批准。未经批准，任何组织、单位和个人不得从事文物经营活动。

第四十六条 文物商店、文物拍卖企业可以依法经营民间收藏文物，但下列文物不得作为销售、拍卖的标的：

（一）依法应当上交国家的出土文物；

（二）依法没收、追缴的涉案文物；

（三）银行、冶炼厂、造纸厂、废旧物资回收单位拣选的文物；

（四）国有文物收藏单位以及国家机关、部队、国有企业事业单位收藏、保管的文物；

（五）国有文物商店收存的珍贵文物；

（六）法律、行政法规和国务院文物行政主管部门规定的不得流通的其他文物。

第四十七条 文物拍卖企业和文物商店拍卖、销售文物，应当事先报经省文物行政主管部门审核。省文物行政主管部门对允许拍卖的文物应当出具批准文件，对允许销售和禁止出境的文物，应当分别做出标识。

禁止伪造、涂改文物拍卖批准文件或者销售标识。

第四十八条 省文物行政主管部门在审核文物商店拟销售或者拍卖企业拟拍卖的文物时，可以指定国有文物收藏单位收购其中的珍贵文物。收购价格由买卖双方协商确定。

文物商店和文物拍卖企业，应当每半年将其经营活动依法向省文物行政主管部门备案。

第六章 监督与管理

第四十九条 县级以上人民政府应当建立文物安全责任制，组织有关部门检查重大文物安全事故防范措施落实情况，调查处理重大文物安全事故。

县级以上文物行政主管部门应当制定重大文物安全事故防范预案，检查落实文物保护机构、文物收藏单位的文物保护安全措施，并根据需要组织建立群众性文物保护组织。

文物保护机构、文物收藏单位应当加强和完善文物保护安全措施，并接受文物行政主管部门的监督和管理。

第五十条 县级以上人民政府在文物保护单位设立的文物保护机构，负责文物保护单位的日常管理工作，并受本级文物行政主管部门的领导。

村民委员会、居民委员会可以成立群众性的文物保护组织或者确定文物保护员，协助文物保护机构开展文物保护工作。县级以上人民政府对聘用的文物保护员，应当给予适当报酬。

第五十一条 省文物行政主管部门应当设立由专家组成的文物鉴定委员会，负责文物的等级鉴定，省文物行政主管部门对文物等级鉴定结论确认后予以公布，作为文物保护、管理的依据。

省文物鉴定委员会可以依法受司法机关的委托，对涉案文物进行鉴定。

第五十二条 人民法院、人民检察院和公安、海关、工商行政管理等部门对追回的涉案文物，应当进行登记和妥善保管，并在结案后的三十日内无偿交还失主或者移交给同级文物行政主管部门。

文物行政主管部门对移交的文物，应当交由省文物行政主管部门指定的文物收藏单位收藏。

第五十三条 机关、部队、企业事业单位、宗教活动场所等占用和使用的文物，应当按照文物类型，分别登记造册，建立档案，并与当地文物行政主管部门签订文物管护责任书，接受文物行政主管部门对文物保护工作的指导和监督。

第五十四条 利用文物保护单位拍摄电影、电视、广告和其他音像资料或者举办大型活动的，拍摄单位或者举办者应当制定文物和环境保护方案，按照审批权限报相应的文物行政主管部门批准。文物行政主管部门应当对拍摄单位和举办者的活动进行监督。

第七章　法律责任

第五十五条　违反本条例第十三条第（一）项规定，在文物和文物保护单位标志上刻画、涂画、张贴的，由公安机关或者文物行政主管部门处五十元以上二百元以下罚款。

违反本条例第十三条第（二）项规定的，由县级以上文物行政主管部门责令限期改正或者恢复原状，可以并处二百元以上一千元以下罚款。

第五十六条　违反本条例第三十一条第二款规定，擅自复制和对外展示尚未移交的出土文物的，由县级以上文物行政主管部门责令改正，对负有责任的主管人员和其他直接责任人员依法给予行政处分。

第五十七条　违反本条例第四十条、第四十一条规定，交换、出馆展览馆藏文物的，由县级以上文物行政主管部门责令改正，没收违法所得，追回交换的文物，对负有责任的主管人员和其他直接责任人员依法给予行政处分。

第五十八条　违反本条例第四十七条第二款规定，伪造、涂改文物拍卖批准文件或者销售标识的，由县级以上文物行政主管部门处二千元以上一万元以下罚款；构成犯罪的，依法追究刑事责任。

第五十九条　违反本条例第四十九条规定，由省文物行政主管部门责令改正；造成重大文物安全事故的，对负有责任的主管人员和其他直接责任人员依法给予行政处分。

第六十条　违反本条例第五十二条规定，应当移交文物拒不移交的，由其上级主管部门对负有责任的主管人员和其他直接责任人员依法给予行政处分；造成文物损毁、丢失的，依法承担民事责任；构成犯罪的，依法追究刑事责任。

第六十一条　违反本条例第五十四条规定，擅自利用文物保护单位拍摄电影、电视、广告和其他音像资料或者举办大型活动的，由县级以上文物行政主管部门责令停止违法行为，处五千元以上五万元以下的罚款；造成文物损毁或者周边环境破坏的，依法承担民事责任；构成犯罪的，依法追究刑事责任。

第六十二条　文物行政主管部门作出对个人处三千元以上罚款、对单位处十万元以上罚款处罚决定的，应当告知当事人有要求举行听证的权利。

第六十三条　违反本条例规定的其他行为，法律、法规有处罚规定的，从其规定。

第六十四条　文物行政主管部门及其工作人员在文物管理工作中滥用职权、玩忽职守、徇私舞弊的，依法给予行政处分；构成犯罪的，依法追究刑事责任。

第八章　附　则

第六十五条　本条例自 2006 年 10 月 1 日起施行。

延安革命遗址保护条例

（2001 年 6 月 1 日陕西省第九届人民代表大会常务委员会第二十三次会议通过
2004 年 8 月 3 日陕西省第十届人民代表大会常务委员会第十二次会议修正
2004 年 8 月 3 日陕西省人民代表大会常务委员会公告第 27 号公布施行）

第一章 总 则

第一条 为了加强对延安革命遗址的保护，发挥延安革命遗址的爱国主义和革命传统教育作用，根据《中华人民共和国文物保护法》和有关法律、法规，制定本条例。

第二条 本条例所称延安革命遗址，是特指国务院公布的全国重点文物保护单位，包括凤凰山麓革命旧址、杨家岭革命旧址、枣园革命旧址、王家坪革命旧址、陕甘宁边区政府旧址、陕甘宁边区参议会会场旧址、中国共产党六届六中全会旧址、岭山寺塔（延安宝塔）。

第三条 延安革命遗址保护工作应当坚持"保护为主，抢救第一"的方针，贯彻"有效保护，合理利用，加强管理"的原则，正确处理延安革命遗址保护与城市建设的关系。

第四条 延安市人民政府应当将延安革命遗址保护和利用纳入延安市国民经济和社会发展规划。

延安市人民政府和延安革命遗址所在地的县级、乡级人民政府负责保护本行政区域内的延安革命遗址。

第五条 省文物行政管理机构对延安革命遗址保护工作依法实施监督和指导。

延安市文物行政管理机构对延安革命遗址保护工作实行统一管理。

第六条 延安市发展计划、财政、公安、工商、文化、环境保护、城市规划、国土资源、旅游等有关行政管理部门和行政管理机构，应当在各自的职责范围内，配合文物行政管理机构做好延安革命遗址保护工作。

延安革命遗址周边的机关、团体、企业事业单位、村民委员会、居民委员会应当教育本单位职工、本组织成员保护延安革命遗址。

第二章 管 理

第七条 延安市城市规划部门应当会同文物行政管理机构，商定延安革命遗址的保护措施，将其纳入城市建设规划。

第八条 延安革命遗址保护范围和建设控制地带的划定，由延安市文物行政管理机构会同城市规划部门拟订方案，征得延安市人民政府同意，经省文物行政管理机构审核后，报省人民政府批准，并报国家文物行政管理机构备案。

延安市文物行政管理机构应当设立延安革命遗址标志说明。任何单位和个人不得擅自移动、损毁、拆除延安革命遗址标志说明。

延安市文物行政管理机构应当设立延安革命遗址标志说明。任何单位和个人不得擅自移动、损毁、拆除延安革命遗址标志说明。

第九条 延安市文物行政管理机构应当依照国家有关全国重点文物保护单位记录档案的规定，建立延安革命遗址记录档案。

延安市文物行政管理机构应当根据延安革命遗址具体情况，设置专门机构或者确定专人负责管理，建立、健全管理责任制。

第十条 未经省人民政府同意并报国务院批准，任何单位和个人不得占用延安革命遗址。已经占用的，由延安市人民政府责令限期迁出，并报省人民政府备案。

第十一条 任何单位和个人不得改变延安革命遗址原状，不得在延安革命遗址保护范围内进行其他建设工程。如有特殊需要，必须经省人民政府批准，在批准前应征得国务院文物行政部门同意。

第十二条 延安市文物行政管理机构应当做好延安革命遗址的抢救工作。延安革命遗址的建筑物、构筑物严重毁坏，需要在原址上重建或者迁移、拆除的，必须经省人民政府同意，报国务院批准。

在延安革命遗址建设控制地带内新建、扩建、改建建筑物、构筑物，其设计方案报国务院文物行政部门审核同意。

第十三条 在延安革命遗址内拍摄电影、电视和宣传资料，必须经省文物行政管理机构批准；获准拍摄的，不得使用危害文物安全的设备和手段拍摄文物。

第三章 保 护

第十四条 在延安革命遗址建设控制地带内，新建、扩建、改建的建筑物、构筑物，其形式、高度、体量、色调等应当与延安革命遗址的环境风貌相协调，不得危及延安革命遗址的安全；不得建设污染环境的工业生产设施；建设其他设施的，不得排放超过规定标准的废气、废水、粉尘及其他污染物。

第十五条 在延安革命遗址的保护范围和建设控制地带内已有的建筑物、构筑物，与延安革命遗址环境风貌不协调的，延安市人民政府应当作出规划，进行改造或者拆除。

第十六条 延安革命遗址管理、使用单位应当做好安全防范工作；对延安革命遗址及其地形地貌定期观察、监测，将有关情况载入档案；发现险情，应当及时抢救。

对延安革命遗址的修缮、重建情况以及相关环境的改变，应当作出文字记录，绘出图纸，列入档案。

第十七条 延安革命遗址除可以辟为参观场所以外，必须作其他用途的，应当经省人民政府同意，并报国务院批准。使用单位负责延安革命遗址建筑物、构筑物及附属文物的安全、保养和修缮。不得损毁、改建或者拆除原有的建筑物、构筑物。

第十八条 禁止在延安革命遗址建筑物、构筑物上设置广告、标语牌，悬挂、张贴宣传品。

禁止在延安革命遗址保护范围内存放易燃、易爆物品，在文物、墙壁、碑石、橱窗上刻画、涂抹、留名、题字。

禁止在延安革命遗址保护范围内设立集贸市场。

第十九条 任何单位和个人不得在延安革命遗址保护范围内进行下列活动：

（一）爆破、开山、掘土、采砂、采石；

（二）改变地形地貌；

（三）擅自占用或者破坏划定保留的绿地、河流水系、道路；

（四）其他对延安革命遗址构成破坏的活动。

第二十条 延安革命遗址的修缮，必须遵循不改变原状的原则。

延安革命遗址的修缮计划和设计施工方案，必须经省文物行政管理机构审查同意，报国家文物行政管理机构批准后，方可实施。

延安革命遗址修缮保护工程，应当接受审批机关的监督和指导。工程竣工时，应当经审批机关验收。

第二十一条 延安革命遗址修缮保护工程的勘察设计单位、施工单位，应当执行国家有关文物修缮保护工程管理的规定，保证修缮工程质量。

第二十二条 延安革命遗址修缮保护经费来源：

（一）国家文物行政管理机构和中央有关部门划拨的专项修缮保护经费；

（二）省、市人民政府列支的延安革命遗址修缮保护专项资金；

（三）省文物行政管理机构划拨的文物修缮保护专项经费；

（四）国内外组织和个人的捐资；

（五）延安革命遗址保护基金增益部分；

（六）延安革命遗址管理、使用单位上交的保护、维修资金。

修缮保护经费，专款专用，不得挪作他用。

第四章　法律责任

第二十三条　违反本条例第八条第二款规定，擅自移动、拆除、损毁延安革命遗址保护标志说明的，由延安市文物行政管理机构责令恢复原状，处五百元以上一千元以下罚款。

第二十四条　违反本条例第十二条第二款、第十四条规定，在延安革命遗址建设控制地带内，未经批准擅自新建、扩建、改建建筑物、构筑物的，或者新建、改建的建筑物、构筑物危及延安革命遗址安全的，由延安市城市规划部门依法责令限期拆除违法建筑，恢复原状，并处以该建筑物、构筑物造价的百分之三以上百分之十以下罚款，但最高不超过五十万元。

第二十五条　违反本条例第十一条、第十七条规定，改变延安革命遗址原状，损毁、改建、拆除原有的建筑物、构筑物的，由延安市文物行政管理机构责令停止违法行为，恢复原状，处十万元以上三十万元以下罚款，对直接负责的主管人员和其他直接责任人员由其所在单位或者上级主管机关给予行政处分；构成犯罪的，依法追究刑事责任。

第二十六条　违反本条例第十八条第二款规定，在延安革命遗址保护范围内的文物。墙壁、碑石、橱窗上刻画、涂抹、留名、题字的，由延安市文物行政管理机构处五十元以上二百元以下罚款。

第二十七条　违反本条例第十九条第一款第一项、第二项规定，在延安革命遗址保护范围内开山、掘土、采砂、采石，或者改变地形地貌的，由延安市国土资源行政管理部门依法责令停止违法行为，恢复原状，没收违法所得，并按挖掘量每立方米处五十元罚款；构成犯罪的，依法追究刑事责任。

第二十八条　违反本条例规定的其他行为，法律、法规有处罚规定的，从其规定。

第二十九条　单位被处十万元以上罚款，个人被处三千元以上罚款，当事人有权要求举行听证。

第三十条　当事人对行政处罚决定不服的，可以依法申请行政复议或者向人民法院提起行政诉讼。当事人逾期不申请复议、不起诉又不履行处罚决定的，作出处罚决定的机关可以申请人民法院强制执行。

第三十一条　国家工作人员在延安革命遗址保护管理工作中滥用职权、玩忽职守、徇私舞弊的，由其所在单位或者上级主管机关给予行政处分；构成犯罪的，依法追究刑事责任。

第五章　附　则

第三十二条　国务院公布的在陕西省境内的其他革命遗址的保护管理，参照本条例规定执行。

第三十三条　本条例自公布之日起施行。

陕西省秦始皇陵保护条例

（2005 年 7 月 30 日陕西省第十届人民代表大会常务委员会第二十次会议通过
2010 年 3 月 26 日陕西省第十一届人民代表大会常务委员会第十三次会议修正
2012 年 1 月 6 日陕西省第十一届人民代表大会常务委员会
第二十七次会议第二次修正）

  第一条 为了加强秦始皇陵的保护，保持秦始皇陵的历史风貌和自然环境的真实性、完整性、协调性，根据《中华人民共和国文物保护法》和有关法律、行政法规，结合秦始皇陵保护工作实际，制定本条例。

  第二条 在秦始皇陵进行文物保护、生产生活、经营服务、旅游开发、参观游览等活动的组织和个人，应当遵守本条例。

  第三条 秦始皇陵保护坚持保护为主、抢救第一、合理利用、加强管理的方针，正确处理文物保护与当地社会经济发展、人民群众生产生活的关系。

  第四条 秦始皇陵是世界文化遗产和全国重点文物保护单位。秦始皇陵的文物属于国家所有，任何单位和个人不得非法挖掘、占有，不得转让、抵押，不得作为企业资产经营。

  任何单位和个人都有保护秦始皇陵文物的义务，对损害、破坏秦始皇陵文物和历史风貌、自然环境的行为有权阻止、举报。

  鼓励单位和个人将合法收藏的与秦始皇陵有关的文物，捐赠给国家。

  第五条 秦始皇陵的下列文物应当作为保护对象，依法予以保护。

  （一）建筑遗址，包括封土和地宫、内外城垣、寝殿遗址、便殿遗址、园吏寺舍遗址、三出阙遗址。

  （二）陪葬坑，包括兵马俑坑、石铠甲坑、车马坑、马厩坑、百戏俑坑、珍禽异兽坑、御府储藏坑等。

  （三）陪葬墓、修陵人墓地。

  （四）陵园附属设施，包括防洪堤、鱼池遗址、石料加工厂、丽邑遗址。

  （五）遗址内埋藏的文物和其他具有历史、艺术、科学价值的文物。

  第六条 秦始皇陵保护区域分为保护范围和建设控制地带。保护范围是指对秦始皇陵保护对象及周围一定范围实施重点保护的区域；建设控制地带是指在秦始皇陵的保护范围外，为保护秦始皇陵的安全、环境、历史风貌，对建设项目加以限制的区域。

保护范围和建设控制地带的四至界限，由省人民政府根据秦始皇陵保护对象的类别、规模、内容以及周围环境的历史和现实情况合理划定并公布。省文物行政部门应当会同省建设行政主管部门根据省人民政府划定的范围，设置保护标志和界碑。

第七条　省人民政府应当加强对秦始皇陵保护工作的领导，协调解决规划编制、土地征收征用、移民搬迁、文物保护经费和其他秦始皇陵保护工作中的重大问题。西安市人民政府、临潼区人民政府和有关乡（镇）人民政府应当做好与秦始皇陵保护有关的工作。

第八条　省文物行政部门主管秦始皇陵保护工作，负责保护范围和建设控制地带文物保护的监督管理。

建设控制地带的文物行政执法工作，省文物行政部门可以委托西安市临潼区文物行政部门实施。

建设（规划）、旅游、公安、国土资源、环境保护、工商行政管理、林业等行政主管部门在各自的职责范围内，做好与秦始皇陵保护有关的工作。

第九条　秦始皇陵管理机构负责秦始皇陵文物的勘探调查、考古发掘、陈列展示、科学研究、安全保护等项工作。

第十条　省人民政府应当组织西安市人民政府、临潼区人民政府和省级有关部门编制秦始皇陵保护规划，报国家文物行政部门批准后实施。编制秦始皇陵保护规划应当征求有关科学研究机构和有关专家的意见，并与土地利用总体规划、城乡建设规划和骊山风景名胜区规划相衔接。

第十一条　秦始皇陵的保护、管理经费和维修、建设资金，应当纳入省级财政预算和基本建设项目计划，专款专用，不得侵占、挪用。秦始皇陵的门票和其他事业性收入，专门用于文物保护，任何单位和个人不得侵占、挪用。秦始皇陵管理机构接受自然人、法人和其他组织捐赠的财产，应当依法管理和使用，不得挪作他用。

第十二条　保护范围内禁止下列行为。

（一）挖砂取土、修建坟墓、排放污水、丢弃固体废弃物和其他可能损害文物安全的行为。

（二）在设置禁止拍摄标志的区域进行拍摄活动。

（三）存放易燃、易爆等危险物品。

（四）在文物和保护设施、标志、界碑上张贴、涂写、刻画、攀登。

（五）新建、改建、扩建与文物保护无关的建设工程。

（六）设置户外广告，修建人造景点。

第十三条　在保护范围内进行下列建设工程或者作业，项目实施单位应当按照法定程序逐级报经省人民政府批准，并采取措施，保证地下文物遗存的安全。

（一）新建、改建、扩建文物保护建设工程的。

（二）从事爆破、钻探、挖掘等作业的。

（三）设置通信、供电、供水、供气、排污管线的。

（四）实施环境绿化工程的。

文物保护建设工程应当依法进行环境影响评价和地震安全性评价。

第十四条 根据文物保护工作的需要，保护范围内农民集体所有的土地可以依法征收为国有土地。征收、征用农民集体所有的土地，应当依法给予安置补偿。

第十五条 保护范围内已有的建筑物、构筑物，危害秦始皇陵文物安全、破坏秦始皇陵历史风貌和自然环境的，由省文物行政部门责令建筑物、构筑物所有人限期治理；逾期仍达不到治理要求的，应当依法拆迁。

第十六条 在建设控制地带新建、改建、扩建建设工程，应当事先依法进行环境影响评价，其建设工程设计方案应当经国务院文物行政部门同意后，报建设（规划）行政主管部门批准。建设控制地带的建筑物风格、色调应当与秦始皇陵的历史风貌和自然环境相协调，建筑物高度不得超过十米。

第十七条 保护范围和建设控制地带设置的保护标志和界碑，任何组织和个人不得擅自移动或者损坏。秦始皇陵管理机构或者临潼区文物行政部门应当与有关组织或者个人签订管护协议，落实管护责任。

第十八条 秦始皇陵的文物遗迹和发掘出土的文物应当实行原址保护，并建立文物记录档案。不能实行原址保护的，由秦始皇陵管理机构收藏。馆藏文物的出入库、提取使用、调拨、交换、借用和对外展出应按照法律、法规和国家有关规定办理审批手续。秦始皇陵管理机构应当加强文物保护技术的科学研究、合作与应用，建立健全管理制度，配备防火、防盗、防虫、防自然损坏等设施设备，确保文物的安全。

第十九条 秦始皇陵管理机构应当根据文物保护的需要，科学核定和控制游客容量，确保文物和参观游览者的安全。

第二十条 公民、法人和其他组织发现与秦始皇陵有关的文物及文物遗存，应当立即报告文物行政部门。文物行政部门接到报告后，应当立即采取保护措施。新发现的文物及文物遗存需要划定为保护范围或者建设控制地带的，由省人民政府批准公布，并对保护规划作相应调整。

第二十一条 司法机关或者行政执法机关在查处违法犯罪案件过程中，扣押或者作为证据的与秦始皇陵有关的文物，应当在结案后无偿移交省文物行政部门指定的文物保护单位收藏。

第二十二条 对在秦始皇陵保护工作中做出突出贡献的单位和个人，由省人民政府或者省文物行政部门予以表彰奖励。

第二十三条 违反本条例第十二条第（一）、（二）、（四）项规定的，由省文物行政部门责令改正或者限期恢复原状，予以警告，可以并处五十元以上二百元以下罚款；情节严重的，处二百元以上一千元以下罚款。造成损失的，应当依法予以赔偿。

　　违反本条例第十二条第（六）项规定，由省文物行政部门责令停止施工，恢复原状，造成严重后果的，处二万元以上十万元以下罚款；造成损失的，应当依法予以赔偿。

　　第二十四条　违反本条例第十七条第一款规定的，由省文物行政部门责令改正或者限期恢复原状，可以并处五十元以上二百元以下罚款；造成损失的，应当依法予以赔偿。

　　第二十五条　违反本条例第二十条第一款、第二十一条规定，造成文物损毁或者流失的，对直接负责的主管人员和其他直接责任人员，依法给予行政处分。

　　第二十六条　违反本条例规定，法律、法规已有处罚规定的，从其规定。

　　第二十七条　依照本条例规定，作出二万元以上罚款处罚的，当事人有权要求听证。

　　第二十八条　本条例自 2005 年 10 月 1 日起施行。

陕西省古树名木保护条例

（2010年7月29日陕西省第十一届人民代表大会常务委员会第十六次会议通过
自2010年10月1日起施行）

第一章 总 则

第一条 为了保护古树名木资源，促进生态文明建设，根据《中华人民共和国森林法》和国务院《城市绿化条例》，结合本省实际，制定本条例。

第二条 本条例适用于本省行政区域内古树名木的保护管理工作。

第三条 本条例所称古树，是指树龄在一百年以上的树木。

本条例所称名木，是指珍贵稀有树木或者具有重要历史、文化、科学研究价值和纪念意义的树木。

第四条 古树名木保护坚持以政府保护为主，专业保护与公众保护相结合、定期养护与日常养护相结合的原则。

第五条 县级以上人民政府应当将古树名木保护纳入城乡建设总体规划，并将古树名木保护所需经费列入本级财政预算。

第六条 县级以上人民政府绿化委员会组织和协调本行政区域内古树名木的保护管理工作。

县级以上人民政府林业、城市园林绿化行政主管部门为本行政区域内古树名木行政主管部门。林业行政主管部门负责城市规划区以外的古树名木保护管理工作；城市园林绿化行政主管部门负责城市规划区以内的古树名木保护管理工作。

县级以上人民政府规划、建设、财政、环境保护、文物、市政等相关部门按照各自职责，做好古树名木保护管理工作。

第七条 县级以上古树名木行政主管部门应当加强古树名木保护的科学研究，推广应用科学研究成果，普及保护知识，提高保护和管理水平。

第八条 单位和个人有保护古树名木及其管护设施的义务，对损害古树名木的行为有权制止或者举报。

古树名木行政主管部门对在古树名木保护工作中做出突出贡献的单位和个人应当予以表彰和奖励。

第二章　古树名木的管理

第九条　古树实行分级保护。树龄在一千年以上的古树，实施特级保护；树龄在五百年以上不足一千年的古树，实施一级保护；树龄在三百年以上不足五百年的古树，实施二级保护；树龄在一百年以上不足三百年的古树，实施三级保护。

名木实行一级保护。

古树名木分级保护的具体实施办法由省绿化委员会制定。

第十条　设区的市古树名木行政主管部门负责辖区内古树名木的认定，经市绿化委员会审查确认后，报市人民政府公布，并报省绿化委员会备案。

第十一条　县级人民政府对已公布的古树名木设立标志，悬挂保护牌。古树名木标志和保护牌由省绿化委员会统一制定和编号。

古树名木保护牌应当标明古树或者名木的中文名称、学名、科名、树龄、保护级别、编号、养护责任单位或者个人等内容。

单位和个人不得损毁古树名木标志、保护牌等设施。

第十二条　县级古树名木行政主管部门对本行政区域内的古树名木资源定期普查，登记造册，由设区的市古树名木行政主管部门汇总后，建立本市古树名木图文数据档案，报省绿化委员会备案。古树名木图文数据档案应当根据树木生长、存活情况及时更新。

省绿化委员会负责全省古树名木图文数据库建设，对古树名木资源进行网上动态监测管理。

全省古树名木资源每十年普查一次。

第十三条　禁止下列损毁古树名木的行为：

（一）砍伐；

（二）擅自移植；

（三）刻画钉钉、剥皮挖根、攀树折枝、缠绕悬挂物品或者将古树名木作为支撑物；

（四）在古树名木树冠垂直投影向外五米范围内进行建筑施工、硬化地面、挖坑取土、动用明火、排放烟气、倾倒污水垃圾、堆放易燃物、堆放倾倒有毒有害物品等；

（五）其他损害古树名木生长的行为。

对影响和危害古树名木生长的生产、生活设施，由古树名木行政主管部门责令有关单位或者个人限期采取措施，消除影响和危害。

第十四条　规划部门制定城乡建设控制性详细规划，应当在古树群和特级保护古树周围划出建设控制地带，保护古树群的生长环境和风貌。

建设项目影响古树名木正常生长的，应当采取避让措施。无法避让的，建设单位施工前制定古树名木保护方案，按照古树名木保护级别报相应的古树名木行政主管部门。古树名木行政主管部门收到保护方案后，对符合养护技术规范的，在十日内予以批准；对不符合养护技术规范的，不予批准，并对保护方案提出修改意见。建设单位应当按照修改意见修改保护方案后，重新报批。

第十五条 有下列情形之一的，可以采取移植古树名木的保护措施：

（一）原生长环境不适宜古树名木继续生长，可能导致古树名木死亡的；

（二）公共基础设施或者重要建设项目无法避让的；

（三）科学研究等特殊需要的。

第十六条 移植古树名木，按照下列规定向古树名木行政主管部门提出申请：

（一）移植特级、一级保护古树和名木的，向省古树名木行政主管部门提出申请，经其审查同意后，报省人民政府批准；

（二）移植二级保护古树的，向设区的市古树名木行政主管部门提出申请，经其审查并报设区的市人民政府同意后，报省古树名木行政主管部门批准；

（三）移植三级保护古树的，向设区的市古树名木行政主管部门提出申请，经其审查同意后，报本级人民政府批准。

第十七条 申请移植古树名木应当提交下列材料：

（一）移植申请书，包括树种、编号、移出地、移入地、移植理由及相关建设工程规划图等内容；

（二）移植施工方案，包括必要的移植技术和养护措施等内容。

第十八条 古树名木行政主管部门自受理古树名木移植申请之日起二十个工作日内，组织有关专家对移植申请及移植施工方案可行性论证，对符合移植条件的，按规定报批；不符合移植条件的，书面告知申请人并说明理由。

古树名木经批准移植的，省、设区的市绿化委员会应当及时更新古树名木图文数据。

第十九条 移植古树名木时，移出地与移入地的古树名木行政主管部门应当办理移植登记，变更养护责任人。

第二十条 古树名木的移植和移植后五年内的养护，由专业造林、绿化养护单位负责，所需费用由移植申请单位承担。

第二十一条 古树名木的生长状况对公众生命、财产安全可能造成危害的，按照古树名木的保护级别，由相应的古树名木行政主管部门采取防护措施。采取防护措施后仍无法消除危害的，可以采取移植、修剪或者搬迁住户等处理措施。

单位或者个人因保护古树名木财产受到损失或者需要搬迁的，由县级以上古树名木行政主管部门给予补偿，农村住户由当地政府按照宅基地置换处理，城市住户由当地政府按照不低于原住宅面积给予安置。

第二十二条 古树名木死亡的，养护责任单位或者个人应当及时报告县级古树名木行政主管部门。县级古树名木行政主管部门按照管理级别报有管辖权的古树名木行政主管部门，由其在五个工作日内组织专业技术人员进行确认，查明原因和责任后注销档案，并报本级人民政府绿化委员会备案。

具有景观、文化、历史等特殊价值的古树名木死亡，经古树名木行政主管部门确认后，由有关管理单位采取措施处理后予以保留。

单位和个人不得擅自处理未经古树名木行政主管部门确认死亡的古树名木。

第二十三条　县级以上古树名木行政主管部门应当建立举报制度，公布举报电话号码，对公众举报的损害古树名木的违法行为及时查处。

第三章　古树名木的养护

第二十四条　古树名木实行养护责任制：

（一）机关、部队、学校、团体、企业事业单位用地范围内的古树名木，由所在单位负责养护；

（二）铁路、公路两旁，河堤两岸，水库周围等地的古树名木，由铁路、公路和水利工程管理单位负责养护；

（三）城镇住宅小区、居民院落的古树名木，由所有权人负责养护，所有权人可以委托物业管理公司或者专业机构养护；

（四）城市街巷、绿地、公园以及其他公共设施用地范围内的古树名木，由城市园林绿化管理单位负责养护；

（五）林业场圃、风景名胜区、森林公园、自然保护区范围内的古树名木，由其管理机构负责养护；

（六）文物保护单位、宗教活动场所用地范围内的古树名木，由其管理单位负责养护；

（七）农村集体所有的古树名木，由村民委员会或者村民小组负责养护；

（八）承包土地上的古树名木，由承包人负责养护；

（九）个人所有的古树名木，由个人负责养护。

第二十五条　古树名木生长地土地所有权或者使用权发生变更的，自变更之日起，由新的所有权人或者使用权人承担古树名木的养护责任。

第二十六条　县级古树名木行政主管部门与养护单位或者个人（以下简称养护责任人）签订养护责任书，明确养护责任。养护责任人按照养护责任书的要求，负责古树名木的日常养护。

养护责任人未按照养护责任书的要求履行古树名木养护职责，造成古树名木损害后果的，按照养护责任书的约定承担责任。

古树名木养护责任人变更的，应当重新签订养护责任书。

第二十七条　养护责任人应当在古树名木行政主管部门的指导下，做好松土、浇水等日常养护工作，并防止对古树名木的人为损害。

第二十八条 省绿化委员会根据本省古树名木保护需要，制定养护技术标准。

古树名木行政主管部门及其所属的专业造林、绿化养护单位，应当无偿向养护责任人提供必要的养护知识培训和养护技术指导，并定期对古树名木进行施肥和防治病虫害等专业养护。

养护责任人应当按照养护技术标准进行养护，可以向古树名木行政主管部门或其所属的专业造林、绿化养护单位咨询养护知识。

第二十九条 古树名木发生病虫害或者遭受自然损害、人为损害，出现明显衰弱、濒危症状的，养护责任人应当及时报告县级古树名木行政主管部门。县级古树名木行政主管部门按照管理级别报有管辖权的古树名木行政主管部门处理。

负有管辖职责的古树名木行政主管部门接到报告后五个工作日内，应当组织专家和技术人员现场调查，查明原因和责任，采取措施救治和复壮。

第三十条 县级古树名木行政主管部门按照下列规定对古树名木定期检查：

（一）特级、一级保护的古树和名木，每半年检查一次；

（二）二级、三级保护的古树，每年检查一次。

发现古树名木生长有异常或者环境状况影响古树名木生长的，应当先行采取抢救措施，并向上一级古树名木行政主管部门报告。

第三十一条 古树名木的日常养护费用由养护责任人承担。县级以上古树名木行政主管部门对养护责任人应当给予补助。

第三十二条 鼓励单位、个人捐资保护古树名木和认养古树。捐资保护古树名木的，享有一定期限的捐资标注权；认养古树的，在古树名木行政主管部门确定的范围内选择，享有认养期限内的署名权。

第四章 法律责任

第三十三条 违反本条例第十一条第三款规定，损毁古树名木标志、保护牌等设施的，由县级以上古树名木行政主管部门责令赔偿损失，可以处一百元以上五百元以下罚款。

第三十四条 违反本条例第十三条第（一）项规定，砍伐古树名木的，由县级以上古树名木行政主管部门责令停止违法行为，没收违法砍伐的古树名木和违法所得，赔偿损失，并按下列规定处罚：

（一）砍伐特级保护古树的，每株处三十万元以上五十万元以下罚款；

（二）砍伐一级保护古树和名木的，每株处十万元以上三十万元以下罚款；

（三）砍伐二级保护古树的，每株处五万元以上十万元以下罚款；

（四）砍伐三级保护古树的，每株处三万元以上五万元以下罚款。

第三十五条　违反本条例第十三条第（二）项规定，擅自移植古树名木的，由县级以上古树名木行政主管部门责令停止违法行为，没收违法所得，并按下列规定处罚：

（一）擅自移植特级保护古树的，每株处十万元以上二十万元以下罚款；

（二）擅自移植一级保护古树和名木的，每株处五万元以上十万元以下罚款；

（三）擅自移植二级保护古树的，每株处三万元以上五万元以下罚款；

（四）擅自移植三级保护古树的，每株处一万元以上三万元以下罚款。

擅自移植古树名木，造成古树名木死亡的，依照本条例第三十四条的规定实施行政处罚。

擅自移植古树名木，造成古树名木死亡或者受到损害的，承担赔偿责任。

第三十六条　违反本条例第十三条第（三）项、第（四）项、第（五）项规定的，由县级以上古树名木行政主管部门责令改正，处五百元以上五千元以下的罚款。

违法行为造成古树名木死亡的，依照本条例第三十四条的规定实施行政处罚。

违法行为造成古树名木死亡或者受到损害的，承担赔偿责任。

第三十七条　违反本条例第二十二条第三款规定，擅自处理未经古树名木行政主管部门确认死亡的古树名木的，由县级以上古树名木行政主管部门责令停止违法行为，没收违法所得，每株处五千元以上二万元以下的罚款。

第三十八条　违反本条例规定砍伐、损毁古树名木构成犯罪的，依法追究刑事责任。

第三十九条　古树名木行政主管部门依据本条例的规定，处十万元以上罚款，应当告知当事人有要求听证的权利。

第四十条　古树名木行政主管部门因保护管理措施不力，或者工作人员滥用职权、徇私舞弊、玩忽职守致使古树名木损害或者死亡的，由其所在单位或者上级主管部门对直接负责的主管人员和其他直接责任人员依法给予行政处分；构成犯罪的，依法追究刑事责任。

第四十一条　古树名木价值评估办法，由省价格行政主管部门会同省绿化委员会制定。

第五章　附　则

第四十二条　本条例自 2010 年 10 月 1 日起施行。

陕西省石峁遗址保护条例

（2017年7月27日陕西省第十二届人民代表大会常务委员会
第三十六次会议审议通过　自2017年11月1日起施行）

第一章　总　则

第一条　为了加强石峁遗址的保护，根据《中华人民共和国文物保护法》和有关法律、行政法规，结合石峁遗址保护实际，制定本条例。

第二条　本条例所称石峁遗址是指位于神木市高家堡镇，经国务院公布为全国重点文物保护单位的新石器时代晚期至夏代早期超大型石筑城址。

第三条　本条例适用于石峁遗址保护区划内的文物保护、考古发掘、科学研究、展示利用、参观游览和生产建设等活动。

第四条　石峁遗址保护工作坚持保护为主、抢救第一、合理利用、加强管理的原则，确保遗址的真实性、完整性，保持周边环境与遗址的协调。

第五条　省人民政府、榆林市人民政府统筹、协调解决石峁遗址保护、管理及利用工作的重大问题和有关事项。

神木市人民政府负责石峁遗址保护、管理及利用工作。

石峁遗址所在地的镇人民政府协助做好与石峁遗址保护、管理及利用有关的工作。

第六条　省、榆林市、神木市人民政府文物行政主管部门对石峁遗址的保护、管理及利用工作实施监督管理；其他有关部门在各自职责范围内，做好与石峁遗址保护、管理及利用有关的工作。

第七条　榆林市人民政府设立的石峁遗址管理机构承担石峁遗址保护、管理及利用的具体工作，依法履行以下职责：

（一）实施石峁遗址保护等有关规划；

（二）对涉及石峁遗址的规划和建设项目提出意见；

（三）负责石峁遗址日常保护和管理；

（四）协助做好石峁遗址考古工作；

（五）组织实施石峁遗址本体展示；

（六）组织实施石峁遗址相关的文物和资料的征集、整理、收藏以及陈列展示；

（七）开展石峁遗址相关的学术研究和交流工作；

（八）其他与石峁遗址保护、管理及利用有关的工作。

第八条 省、榆林市、神木市人民政府应当妥善处理经济建设、社会发展与石峁遗址保护的关系；基本建设、旅游发展应当遵守石峁遗址保护的原则，其活动不得对遗址造成损害。

第九条 榆林市、神木市人民政府应当将石峁遗址保护工作纳入国民经济和社会发展规划，将石峁遗址保护经费纳入本级财政预算。

省人民政府应当对石峁遗址保护和管理给予经费支持。

第十条 任何组织和个人都有保护石峁遗址的义务，并有权对破坏石峁遗址的行为进行劝阻、举报。

第十一条 鼓励组织和个人将其收藏的与石峁遗址有关的文物和资料捐赠或者出借给石峁遗址管理机构展示和研究。

第十二条 省、榆林市、神木市人民政府对在石峁遗址保护工作中做出突出贡献的组织或者个人，可以依照有关规定给予表彰奖励。

第二章　保护与管理

第十三条 石峁遗址保护区划包括保护范围和建设控制地带。

石峁遗址保护范围由省人民政府依法划定并公布；建设控制地带经省人民政府批准，由省文物行政主管部门会同建设行政主管部门依法划定并公布。

第十四条 省人民政府应当依法设置石峁遗址保护标志和界桩。

任何组织和个人不得擅自移动或者损坏保护标志和界桩。

第十五条 神木市人民政府负责组织编制石峁遗址保护规划，报经国务院文物行政部门批准后，由省人民政府公布实施。

石峁遗址保护规划应当纳入当地城乡建设发展规划，并与土地利用总体规划等相衔接。

第十六条 省文物行政主管部门指导协调石峁遗址的考古调查、勘探、发掘和研究工作。

对石峁遗址进行考古调查、勘探和发掘，应当依法履行报批手续。任何组织和个人不得私自发掘。

第十七条 石峁遗址的保护对象包括：

（一）皇城台、内城、外城以及城址外相关遗址；

（二）城墙、道路、房址、墓葬、祭祀坑、窑址、窖穴等遗迹；

（三）陶器、骨器、石器、玉器、金属器、木器、壁画、纺织品等遗物；

（四）构成石峁遗址历史风貌所必需的自然、生态、地理环境；

（五）石峁遗址保护区划内的其他应当依法保护的文物。

第十八条　石峁遗址保护范围内禁止下列行为：

（一）未经批准擅自新建、改建、扩建建筑物、构筑物；

（二）擅自进行爆破、钻探、挖掘等作业；

（三）发现文物后藏匿不报或者拒不上交；

（四）挖砂、取土、采石、新圈建坟地、堆放垃圾；

（五）在文物及其保护设施上刻划、涂写、张贴、攀登、踩踏；

（六）运输、倾倒或者存放易燃、易爆、剧毒、腐蚀性、放射性物品；

（七）开荒、放牧、焚烧、野营、射击、狩猎、采挖、深翻土地、种植危害遗址文物安全的植物；

（八）在设有禁止拍摄标志区域内进行拍摄活动；

（九）其他可能危害遗址安全、破坏遗址历史风貌或者污染遗址自然环境的活动。

第十九条　石峁遗址建设控制地带内禁止下列行为：

（一）进行破坏遗址历史风貌的建设工程；

（二）建设污染遗址及其环境的设施；

（三）进行开山采石、取土等可能影响遗址安全及其环境的活动；

（四）建设歪曲、损害遗址真实性的各类人造景观、景点。

第二十条　在石峁遗址建设控制地带内进行建设工程前，应当进行考古勘探和环境影响评价。

建设工程的风格、色调应当与遗址的历史风貌和周边的自然环境相协调，建筑高度不得超过九米。工程设计方案应当依法经国务院文物行政部门同意后，报相应的建设行政主管部门批准。

第二十一条　神木市人民政府根据石峁遗址保护、管理及利用工作需要，依照相关法律，可以对石峁遗址保护区划内的集体土地实施征收，实行区域保护。

石峁遗址保护范围内禁止新批宅基地。神木市人民政府应当按照石峁遗址保护规划将保护范围内原有村民逐步迁出安置。

征收土地和迁出村民的，应当遵守相关法律法规关于土地征收和补偿安置的规定，维护村民合法权益。

石峁遗址所在地村民委员会应当协助做好征收土地、迁出村民等石峁遗址保护相关工作。

第二十二条　石峁遗址保护区划内已有的建筑物、构筑物，危害遗址安全、破坏遗址历史风貌和自然环境的，由神木市人民政府制定具体方案，依法予以治理；逾期仍达不到治理要求的，应当依法拆除、搬迁。

第二十三条　石峁遗址管理机构应当建立综合信息管理系统，保存遗址相关数据，并定期对遗址本体保护状况和周边环境实施监测。

石峁遗址管理机构可以设立群众性文物保护组织或者确定文物保护员，协助管理机构开展遗址保护工作，并给予经费支持。文物行政主管部门应当对群众性文物保护组织或者文物保护员的活动给予指导和支持。

第二十四条　神木市人民政府应当制定应急预案，对石峁遗址保护范围内发生自然灾害、事故灾难、公共卫生事件和社会安全事件时所应采取的应对措施作出规范；并在突发事件发生时及时启动应急预案，采取相应处置措施。

发现石峁遗址安全隐患时，石峁遗址管理机构应当及时采取应对措施。

第三章　展示与利用

第二十五条　石峁遗址的展示利用，应当坚持不改变原状的原则，保存、延续遗址的真实性和文化价值，符合石峁遗址保护规划及专项保护方案，防止对遗址历史风貌和自然环境产生破坏影响。

鼓励利用石峁遗址出土文物及其研究成果，宣传遗址独特的历史文化价值。

第二十六条　在不破坏石峁遗址本体和景观环境的前提下，石峁遗址所在地县级以上人民政府可以通过建立石峁国家考古遗址公园和石峁遗址博物馆等方式，对遗址及其所属文物进行适度的展示。

第二十七条　石峁遗址管理机构应当运用新技术、新材料、新方法提升遗址展示水平，利用博物馆资源开展教育教学、社会实践活动，发挥社会服务功能。

第二十八条　石峁遗址管理机构应当开展相关专业领域的理论及应用研究，提高业务水平，促进专业人才的成长；并为高等学校、科研机构和专家学者等开展科学研究提供支持和帮助。

第二十九条　利用石峁遗址拍摄电影、电视、广告和其他音像资料或者举办大型活动的，拍摄单位或者举办者应当制定符合石峁遗址管理机构要求的文物和环境保护方案。石峁遗址管理机构应当对拍摄单位和举办者的活动进行监督。

第三十条　神木市、石峁遗址所在地的镇人民政府应当采取措施，引导鼓励石峁遗址保护区划内的居民从事石峁遗址展示利用相关的服务业。石峁遗址管理机构应当提供必要的支持。

第四章　法律责任

第三十一条　违反本条例第十六条第二款规定，擅自移动保护标志和界桩的，由神木市文物行政主管部门责令限期改正，恢复原状；损坏保护标志和界桩的，由公安机关或者神木市文物行政主管部门给予警告，可以处二百元以下罚款，并依法赔偿损失。

第三十二条　违反本条例第十八条规定，由有关行政主管部门或者石峁遗址管理机构依法处理：

（一）违反第一项、第二项规定的，由神木市文物行政主管部门责令改正，造成严重后果的处五万元以上五十万元以下罚款；情节严重的，由原发证机关吊销资质证书；

（二）违反第三项规定的，由神木市文物行政主管部门会同公安机关追缴文物；情节严重的，处五千元以上五万元以下罚款；

（三）违反第四项规定的，由神木市文物行政主管部门责令限期改正或者恢复原状，可以并处二百元以上一千元以下罚款；

（四）违反第五项规定在文物及其保护设施上刻划、涂写、张贴的，由公安机关或者神木市文物行政主管部门责令改正，处五十元以上二百元以下罚款；攀登、踩踏文物及其保护设施的，由石峁遗址管理机构责令改正；

（五）违反第七项、第八项规定的，由石峁遗址管理机构责令改正或者恢复原状。

对前款第三项规定的行政处罚，神木市文物行政主管部门可以依法委托石峁遗址管理机构实施。

第三十三条 违反本条例第十九条第三项规定的，由神木市文物行政主管部门责令限期改正或者恢复原状，可以并处二百元以上一千元以下罚款。

违反第四项规定的，由神木市人民政府责令限期整改。

第三十四条 违反本条例第二十条第二款规定的，在石峁遗址建设控制地带内进行建设工程，其工程设计方案未经国务院文物行政部门同意、未报相应的建设行政主管批准，对文物保护单位的历史风貌造成破坏的，由神木市文物行政主管部门责令改正，造成严重后果的，处五万元以上五十万元以下罚款；情节严重的，由原发证机关吊销资质证书。

第三十五条 违反本条例规定的其他行为，法律、法规有处罚规定的，从其规定。

第三十六条 依据《中华人民共和国文物保护法》《中华人民共和国文物保护法实施条例》和本条例规定，作出吊销资质证书以及对个人作出一万元以上罚款，对单位作出三十万元以上罚款处罚决定的，应当告知当事人有要求举行听证的权利。

第三十七条 有关人民政府及其组成部门、石峁遗址管理机构直接负责的主管人员和其他直接责任人员，在石峁遗址保护工作中，违反本条例规定，有下列行为之一的，由其所在单位或者上级主管部门依法给予行政处分；构成犯罪的，依法追究刑事责任：

（一）未纠正、制止破坏或者危害石峁遗址的生产建设活动的；

（二）未依照石峁遗址保护规划实施遗址保护的；

（三）在遗址保护范围内违规批准宅基地的；

（四）未制定应急预案，或者未及时启动应急预案，给石峁遗址造成严重后果的；

（五）其他滥用职权、玩忽职守、徇私舞弊的。

第五章 附 则

第三十八条 本条例自 2017 年 11 月 1 日起施行。

甘 肃

甘肃敦煌莫高窟保护条例

（2002 年 12 月 7 日甘肃省九届人大常委会第三十一次会议通过
自 2003 年 3 月 1 日起施行）

第一章 总 则

第一条 为了加强对敦煌莫高窟的保护、管理和利用，弘扬中华民族优秀的历史文化，根据《中华人民共和国文物保护法》和有关法律、法规，制定本条例。

第二条 敦煌莫高窟是世界文化遗产和全国重点文物保护单位。对敦煌莫高窟的保护以及在敦煌莫高窟保护范围内游览、考察或者进行其他活动的机关、组织和个人，应当遵守本条例。

第三条 敦煌莫高窟的保护，应当坚持"保护为主、抢救第一、合理利用、加强管理"的方针，正确处理经济建设、社会发展与文物保护的关系，确保敦煌莫高窟及其历史风貌和自然环境的真实性、完整性。

敦煌莫高窟保护范围内的基本建设、旅游发展必须遵守文物保护工作的方针，其活动不得对文物及其环境造成损害。

第四条 省人民政府应当加强对敦煌莫高窟的保护工作，并实行统一领导。省文物行政部门是敦煌莫高窟保护工作的主管部门。

敦煌市人民政府在城乡建设、旅游发展、环境保护、灾害防治、治安保卫等方面，做好敦煌莫高窟及其环境风貌的保护工作。

其他有关的人民政府文化、文物、公安、城乡建设、工商、环境保护、旅游、海关等行政部门在各自的职责范围内，做好敦煌莫高窟的保护工作。

第五条 敦煌莫高窟保护管理机构具体负责敦煌莫高窟保护范围内的保护和管理工作，并接受省人民政府及其有关行政部门和当地人民政府的监督管理。

第六条 敦煌莫高窟的保护应当纳入全省国民经济和社会发展计划及敦煌市城乡建设总体规划。

敦煌莫高窟保护管理机构应当为经济建设和社会发展服务。

第七条 敦煌莫高窟保护和管理工作所需经费主要由国家和省财政拨款予以保障。各级人民政府鼓励、支持敦煌莫高窟保护管理机构发展文化产业和吸纳捐赠、赞助等。

用于敦煌莫高窟保护和管理的拨款、事业性收入资金以及有关基金会的基金和其他捐赠、赞助的财物，应当依法管理，专款专用，任何单位或者个人不得侵占、挪用。

第八条　各级人民政府应当鼓励社会力量参与敦煌莫高窟的保护，支持国内国际的合作与交流。

第九条　各级人民政府及其文物行政部门、敦煌莫高窟保护管理机构，应当积极采取措施收集流失的敦煌莫高窟文物；鼓励、支持国内外单位和个人，归还或者协助收集流失的敦煌莫高窟文物。

第二章　保护对象与保护范围

第十条　本条例对敦煌莫高窟保护的对象包括：

（一）敦煌莫高窟保护范围内的石窟建筑、窟前木构建筑、窟前寺院遗址、古塔；

（二）敦煌莫高窟洞窟内壁画、塑像以及构成洞窟整体的其他部分；

（三）由敦煌莫高窟保护管理机构收藏、保管、登记注册的文物藏品和重要资料；

（四）敦煌莫高窟保护范围内的地下文物；

（五）构成敦煌莫高窟整体的历史风貌和自然环境；

（六）其他依法应当保护的文物。

第十一条　敦煌莫高窟保护范围分为重点保护区和一般保护区。

重点保护区：东以大泉河东岸为界；南至成城湾起向南延伸 500 米；西以石窟崖沿起向西延伸 2000 米；北至省道 217 线 11000 米里程碑处。

一般保护区：东至三危山西麓；南至整个大泉河流域，包括大泉、条湖子、大拉牌、小拉牌、苦沟泉等水域；西至鸣沙山分水岭向西 2000 米；北至省道 217 线 1000 米里程碑处，并以公路为中心向东西两侧各延伸 3500 米。

第十二条　省人民政府应当依照本条例第十一条的规定，设置保护标志和保护范围界桩，其他单位和个人不得擅自移动和损毁。

第十三条　在敦煌莫高窟保护范围之外可以划定建设控制地带，其范围由省人民政府确定并公布。

第三章　保护管理与利用

第十四条　省文物行政部门应当组织编制敦煌莫高窟保护规划，经依法批准后实施。

第十五条　敦煌莫高窟重点保护区内不得新建永久性建筑物、构筑物；一般保护区内不得进行与文物保护无关的建设工程。在敦煌莫高窟重点保护区和一般保护区内均不得进行爆破、钻探、挖掘等作业，不得建设污染文物及其环境的设施，不得进行可能影响文物安全及其环境的活动。

因特殊需要进行的建设工程，必须事先征得国务院文物行政部门同意，由省人民政府批准。

第十六条 敦煌莫高窟重点保护区和一般保护区内禁止下列活动：

（一）在文物、建筑物、构筑物、保护设施上张贴、涂写、刻划、攀登、翻越；

（二）在设有禁止拍摄标志区域内进行拍摄活动；

（三）擅自测绘文物、建筑物、构筑物；

（四）采沙、采石、取水、开荒、放牧、焚烧、野炊；

（五）设置广告、修坟、乱倒垃圾；

（六）擅自占用或者破坏植被、河流水系和道路；

（七）射击、狩猎；

（八）运输或者存放易爆、易燃、剧毒、放射性物品；

（九）其他可能损毁或者破坏文物、建筑物、构筑物以及环境风貌的活动。

第十七条 在敦煌莫高窟保护范围和建设控制地带内已有的污染文物及其环境的设施，应当限期治理；危害文物安全及破坏其历史风貌的建筑物、构筑物，应当依法调查处理，必要时，对该建筑物、构筑物予以拆迁。

第十八条 在敦煌莫高窟保护范围和建设控制地带内进行的建设工程，事先应当依法进行考古调查、勘探。在考古调查、勘探中发现文物的，应当按照文物保护的要求制定文物保护方案；在工程建设中发现文物的，建设单位应当立即停工，保护现场和文物安全，及时通知敦煌莫高窟保护管理机构或者敦煌市人民政府文物行政部门。

因建设工程而进行的考古调查、勘探、发掘费用，由建设单位列入建设工程预算。

第十九条 在敦煌莫高窟保护范围和建设控制地带内，禁止任何单位或者个人私自发掘文物。确需进行的考古发掘，应当依法办理批准手续，由省文物行政部门组织已经取得考古发掘许可证书的单位实施。

第二十条 在敦煌莫高窟建设控制地带内不得进行影响文物安全及其环境的活动；进行建设工程，必须事先征得国务院文物行政部门同意，由省城乡建设规划部门批准，其形式、高度、体量、色调等应当与敦煌莫高窟的环境风貌相协调。

第二十一条 敦煌莫高窟保护管理机构应当科学确定莫高窟旅游环境容量，对开放洞窟采取分区轮休制度或者限制游客数量。

第二十二条 敦煌莫高窟保护管理机构应当按照国家有关规定，建立健全管理制度，配备防火、防盗、防虫、防自然损坏等设施，确保文物安全，保护其历史风貌和自然环境不受损害；采用先进的科学技术，加强对敦煌莫高窟文物和科学保护技术的研究、应用。

第二十三条 敦煌莫高窟保护管理机构应当按照不改变文物原状的原则，及时对敦煌莫高窟文物进行修缮、保养。对文物进行修缮时，应当依法办理批准手续，其设计、施工、监理等必须由取得文物保护工程资质证书的单位承担。

第二十四条 敦煌莫高窟保护管理机构应当建立文物记录档案并依法备案。文物的出入库、提取使用、调拨、交换和借用必须按照法律、法规或者有关规定办理手续。

第二十五条 敦煌莫高窟保护管理机构对敦煌莫高窟文物和科学保护技术的研究成果，以及由其提供资料制作的出版物、音像制品等，享有法律、法规规定的知识产权。

第二十六条 制作出版物、电影、电视剧（片）以及专业录像和专业摄影需拍摄敦煌莫高窟文物的单位和个人，应当经国家文物行政部门批准，按照规定缴纳费用后，在敦煌莫高窟保护管理机构工作人员的监督下进行拍摄。

第二十七条 因特殊情况需要复制敦煌莫高窟文物的，应当根据文物的级别，经国家文物行政部门或者省文物行政部门批准，并由敦煌莫高窟保护管理机构监制。

第二十八条 敦煌莫高窟文物及敦煌莫高窟保护范围内的土地不得转让、抵押或者赠与、出租、出售，不得作为企业资产经营，不得用于不利于文物保护的活动。改变敦煌莫高窟使用人或者用途的，应当由省人民政府报国务院审批。

第二十九条 申请在敦煌莫高窟保护范围内从事经营活动的单位和个人，应当事先征得敦煌莫高窟保护管理机构的同意后，由敦煌市人民政府有关部门办理相关手续。

第四章 奖励与处罚

第三十条 有下列事迹的单位和个人，由各级人民政府及其文物行政部门或者敦煌莫高窟保护管理机构给予表彰奖励：

（一）长期从事敦煌莫高窟保护管理工作成绩突出的；

（二）在敦煌莫高窟文物和科学保护技术的研究、应用中成绩突出的；

（三）与损毁、破坏、盗窃敦煌莫高窟文物等违法犯罪行为作坚决斗争的；

（四）在自然灾害和突发事件中抢救、保护敦煌莫高窟文物有功的；

（五）将敦煌莫高窟文物捐献给国家，或者在敦煌莫高窟文物归还国家的过程中成绩突出的。

第三十一条 在敦煌莫高窟保护和管理工作中有下列行为之一的，由所在单位或者上级主管部门对负有责任的人员和其他直接责任人员依法给予行政处分，情节严重的依法开除公职；构成犯罪的，依法追究刑事责任：

（一）滥用审批权限，不履行职责或者发现违法行为不予查处，造成严重后果或者谋取私利的；

（二）造成敦煌莫高窟文物及重要资料损毁或者流失的；

（三）借用或者非法侵占国有的敦煌莫高窟文物的；

（四）贪污、挪用文物保护经费的。

违反前款被开除公职的人员，自开除公职之日起10年内不得从事文物管理工作。

第三十二条　违反本条例第十二条、第十六条第（一）、（二）、（三）项规定，情节轻微的，由敦煌莫高窟保护管理机构予以警告、责令改正或者限期恢复原状、赔偿损失，并可处以50元以上500元以下的罚款；情节严重的，可以并处500元以上5000元以下的罚款。

第三十三条　违反本条例第十六条第（四）、（五）、（六）项规定的，由敦煌市人民政府有关行政部门或者由其根据敦煌莫高窟保护管理机构的意见予以警告、责令改正或者限期恢复原状、赔偿损失，并可依法予以罚款。

第三十四条　在敦煌莫高窟保护范围和建设控制地带内，有下列行为之一的，由省文物行政部门或者由敦煌市人民政府文物行政部门根据省文物行政部门的意见，依照《中华人民共和国文物保护法》的有关规定予以处罚：

（一）未经批准，进行建设工程或者爆破、钻探、挖掘等作业；

（二）进行建设工程，其工程设计方案未经依法批准，对敦煌莫高窟的历史风貌造成破坏的；

（三）擅自修缮文物，明显改变文物原状的；

（四）施工单位未取得文物保护工程资质证书，擅自从事文物修缮工程的；

（五）擅自进行文物考古发掘、调查、勘探的；

（六）发现文物未及时上报，造成文物损毁的。

第三十五条　违反本条例第十六条第（七）、（八）项规定及其他构成违反治安管理行为的，由敦煌市公安机关依法给予处罚。

第三十六条　违反本条例规定，造成敦煌莫高窟文物及其环境污染的，由敦煌市人民政府环境保护行政部门责令限期治理并依照有关法律、法规的规定给予处罚。

第三十七条　违反本条例第二十六条规定的，由敦煌莫高窟保护管理机构责令停止拍摄，没收拍摄所得全部文物资料，情节严重的，移送公安机关处理。

第三十八条　违反本条例第二十七条规定的，由省文物行政部门责令停止复制，没收复制品，并按照国务院有关规定予以处罚；情节严重的，按照国家知识产权保护的有关规定追究其法律责任。

第三十九条　其他对敦煌莫高窟文物、建筑物、构筑物及其环境风貌造成损毁、破坏或者污染的行为，有关法律、法规已有处罚规定的，从其规定。

第五章　附　则

第四十条　本条例实施中的具体应用问题，由省文物行政部门负责解释。

第四十一条　本条例自2003年3月1日起施行。

甘肃省文物保护条例

（2005 年 9 月 23 日甘肃省第十届人民代表大会常务委员会第十八次会议通过
2010 年 9 月 29 日甘肃省第十一届人民代表大会常务委员会第十七次会议修正
自 2010 年 9 月 29 日起施行）

第一条 根据《中华人民共和国文物保护法》《中华人民共和国文物保护法实施条例》和有关法律法规，结合本省实际，制定本条例。

第二条 本省行政区域内文物和具有科学价值的古脊椎动物化石、古人类化石的、保护、利用和管理，适用本条例。

第三条 各级人民政府负责本行政区域内的文物保护工作。

县级以上人民政府承担文物保护工作的行政部门（以下简称文物行政部门）对本行政区域的文物保护工作实施监督和管理。

其他有关部门在各自职责范围内依法做好文物保护工作。

第四条 县级以上人民政府应当将文物保护事业纳入本级国民经济和社会发展规划，将文物保护所需经费列入同级财政预算。

政府的财政拨款应当保障国有文物保护单位的修缮、保养，考古发掘，国有文物的安全保护，以及国有博物馆和文物收藏单位收藏、展示文物的基本经费需求。

第五条 各级人民政府应当合理利用文物资源，鼓励和支持社会各方面参与文物的保护和利用。

各级人民政府应当加强对近现代文物、少数民族文物和宗教文物的搜集、整理、研究、保护和利用工作。

各级文物行政部门应当会同教育、科技、新闻出版、广播电视等部门，做好文物保护的宣传教育工作。

第六条 各级人民政府应当对下列文物实行重点保护：

（一）长城、石窟寺、大型古文化遗址和古墓葬、古建筑。

（二）彩陶、简牍等馆藏文物。

（三）有重大纪念意义的革命历史文物。

（四）其他需要重点保护的文物。

第七条 依法核定公布的历史文化名城、街区和村镇，所在地人民政府应当按照国家和省有关规定制定保护规划和具体保护措施。

在历史文化名城、街区和村镇内进行工程建设，应当符合文物保护规划，其建设单位应当事先征求文物行政部门的意见，制定保护方案。

第八条 省文物行政部门负责组织制定省级以上文物保护单位的具体保护措施，并公告施行。

市（州）、县级文物行政部门负责组织制定本级文物保护单位的具体保护措施，并公告施行。

第九条 尚未核定公布为文物保护单位的不可移动文物，由县级文物行政部门组织调查，对其名称、类别、位置、范围等予以登记和公布，报上一级文物行政部门备案，并建立记录档案，制定保护管理措施。

第十条 文物保护单位的保护范围内不得进行其他建设工程或者爆破、钻探、挖掘等作业。但是，因特殊情况需要进行其他建设工程或者爆破、钻探、挖掘等作业的，应当保证文物保护单位的安全，并依法办理审批手续。

第十一条 使用、管理不可移动文物的公民、法人和其他组织应当保持文物原有的整体性，对其附属物不得随意进行彩绘、添建、改建、迁建、拆毁，不得改变文物的结构和原状，并与当地文物行政部门签订保护协议，接受文物部门的业务指导和监督。

第十二条 不可移动文物经批准迁移异地保护的，建设单位应当制定迁移保护方案，落实移建地址和经费，做好测绘、文字记录和摄像等档案工作。移建工程应当与不可移动文物的迁移同步进行，并由文物行政部门组织专家进行指导和验收。

第十三条 国有不可移动文物不得转让、抵押，不得作为企业资产经营。改变国有文物保护单位的管理体制，应当由核定公布该文物保护单位的人民政府征得上一级文物行政部门的意见后批准。

第十四条 在古建筑内安装电器设备和设置生产用火，应当按照文物保护单位的级别报相关的文物行政部门和所在地公安消防机构批准。

第十五条 市（州）、县级人民政府可以组织文物等行政部门对本行政区域内有可能集中埋藏文物的地区进行勘查，经核实后划定公布为地下文物埋藏区。

任何单位和个人未经文物行政部门批准，不得在划定的地下文物埋藏区域内擅自挖掘和进行工程建设。

第十六条 因自然原因发现地下文物，当地文物行政部门在接到发现人报告后应当立即保护现场，组织有关单位进行清理，并向省文物行政部门报告，必要时可以由省文物行政部门组织进行考古发掘。

第十七条 因自然或者人为原因构成文物灭失或者损毁危险的，当地人民政府应当及时组织有关部门进行抢救。

第十八条 考古发掘中的重要发现如需对外公布，考古发掘单位应当向省文物行政部门报告。

第十九条 国有博物馆和文物收藏单位收藏、陈列、展出文物应当具备下列条件：

（一）有固定的场所、库房；

（二）有必要的经费保障；

（三）有相应的文物保存柜架，一级文物和经济价值贵重的藏品，要设有专柜；

（四）有与文物收藏、陈列、展出等活动相适应的专业技术人员和安全保卫人员；

（五）有符合规定的安全、消防设施；

（六）法律、法规规定的其他条件。

第二十条 国有博物馆和文物收藏单位应当按照国家有关规定确认风险等级，并达到安全防护级别要求。没有达到安全防护要求的，不得陈列、展出文物，其收藏的珍贵文物由省文物行政部门指定具备条件的单位代为保管。

第二十一条 国有博物馆和文物收藏单位应当建立文物的总账、分类账、编目卡片等档案，并建立馆藏文物核查制度，定期进行检查。

第二十二条 馆藏文物的级别由文物行政部门组织专家鉴定。一、二级文物由省文物行政部门组织专家确认；三级文物由省文物行政部门或者受其委托的市（州）文物行政部门组织专家确认。

第二十三条 国有博物馆和文物收藏单位申请交换馆藏二级以下文物的，交换双方应当向省文物行政部门提出书面申请，经省文物行政部门审核批准后方可交换。

馆藏文物交换双方应当对文物交换情况予以记录，对文物档案做相应变更。

第二十四条 非国有文物收藏单位举办展览借用国有馆藏二级以下文物的，应当提供不低于所借文物估价的相应担保。出借方应当向主管的文物行政部门提出书面申请，获准后方可借出。

第二十五条 国有博物馆和文物收藏单位的新建、改建和扩建设计方案，应当符合城市建设规划和国家或者行业有关标准。

第二十六条 国有博物馆和文物收藏单位应当将其收藏的文物或者图片资料尽可能向社会开放，对展示的文物应当采取保护措施。

第二十七条 国有博物馆和文物收藏单位公开展出的文物，参观者可以拍照留念。不能拍摄的，应当设置明显标志。

第二十八条 国有博物馆和文物收藏单位处置不够入藏标准的文物和标本，应当经省文物行政部门审批。

第二十九条 鼓励公民、法人和其他组织设立博物馆，依法收藏文物。

依照前款规定设立的博物馆应当将其文物收藏清单报主管的文物行政部门备案；其中珍贵文

物收藏情况如有变动，应当及时报告原备案的文物行政部门。

第三十条　文物商店不得剥除、更换、挪用、损毁或者伪造省文物行政部门粘贴在允许销售的文物上的标志，不得买卖国家禁止买卖的文物或者销售未经省文物行政部门审核的文物。

第三十一条　文物商店应当对购买、销售的文物作出记录，并于购买、销售之日起 60 日内向省文物行政部门备案。

第三十二条　拍卖企业拍卖的文物，在拍卖前应当经省文物行政部门审核，对拍卖的文物作出记录，并于拍卖活动结束之日起 60 日内向省文物行政部门备案。

第三十三条　有文物保护单位的参观游览场所，应当从门票收入中提取一定的比例用于文物保护单位的修缮、保养和安全管理。其经费应当在财政部门的监管下，由该文物保护单位的管理机构使用。

第三十四条　拓印内容涉及我国疆域、外交、民族关系的古代石刻，应当报省文物行政部门批准。

第三十五条　利用文物保护单位拍摄电影、电视和其他资料以及举办大型活动的，拍摄单位或者举办者应当按照审批权限报相应的人民政府文物行政部门批准。更改拍摄计划或者活动计划的，应当报原批准的文物行政部门重新批准。

拍摄单位和举办者应当制定文物保护预案，落实保护措施。文物行政部门应当对拍摄单位和举办者的活动进行监督。

利用文物保护单位拍摄电影、电视和其他资料以及举办大型活动的，文物保护单位的管理机构所得收益应当用于文物保护。

第三十六条　违反本条例第十一条规定，使用、管理不可移动文物的公民、法人和其他组织对文物擅自进行彩绘、添建、改建、迁建、拆毁，改变文物的结构和原状的，由县级以上文物行政部门责令改正，限期恢复原状，造成严重后果的，处五万元以上五十万元以下的罚款。

第三十七条　违反本条例第十五条第二款规定，在划定的地下文物埋藏区域内擅自挖掘和进行工程建设，由县级以上文物行政部门责令其立即停止挖掘和工程施工，限期恢复原状。

第三十八条　违反本条例第三十条规定，文物商店剥除、更换、挪用、损毁或者伪造省文物行政部门粘贴在允许销售的文物上的标志，销售未经审核文物的，由省文物行政部门责令改正，并通报工商行政管理部门依法处理；买卖国家禁止买卖的文物的，由县级以上文物行政部门依照国家有关规定处理。

第三十九条　违反本条例第三十五条规定，拍摄单位擅自拍摄电影、电视和其他资料或者更改拍摄计划的，由省文物行政部门予以警告，并收缴非法摄、录制品；造成严重后果的，并处二千元以上二万元以下的罚款；对负有责任的主管人员和其他直接责任人员依法给予行政处分。举办大型活动造成文物损坏的，依法承担相应的民事责任。

第四十条 地方各级人民政府及有关部门不履行文物保护和管理职责的，由上级人民政府责令改正，并予以通报批评。对直接负责的主管人员和其他直接责任人员依法给予行政处分。

第四十一条 文物行政部门和其他有关部门的工作人员玩忽职守、滥用职权、徇私舞弊的，由其所在单位或者上级主管机关给予行政处分；构成犯罪的，依法追究刑事责任。

第四十二条 违反本条例规定，法律、法规已有处罚规定的，从其规定。

第四十三条 本条例自 2005 年 12 月 1 日起施行。

1989 年 1 月 20 日甘肃省第七届人民代表大会常务委员会第六次会议通过、1997 年 9 月 29 日甘肃省第八届人民代表大会常务委员会第二十九次会议修改的《甘肃省实施〈中华人民共和国文物保护法〉办法》同时废止。

甘肃炳灵寺石窟保护条例

（2017年6月8日甘肃省十二届人大常委会第三十三次会议通过
自2017年7月1日起施行）

第一条 为加强世界文化遗产炳灵寺石窟的保护管理，传承和弘扬中华民族优秀历史文化，根据《中华人民共和国文物保护法》等相关法律、法规，结合炳灵寺石窟实际，制定本条例。

第二条 炳灵寺石窟的保护和管理，适用本条例。

第三条 炳灵寺石窟保护管理应当遵循有效保护、科学管理、合理利用的原则，维护炳灵寺石窟及其历史风貌和自然环境的真实性、完整性。

第四条 省文物行政部门主管炳灵寺石窟文物保护工作。

炳灵寺石窟保护管理机构具体负责炳灵寺石窟日常保护管理工作。

第五条 炳灵寺石窟所在地县级以上人民政府应当将炳灵寺石窟保护事业纳入本级国民经济和社会发展规划。

炳灵寺石窟所在地县级以上人民政府有关部门在各自职责范围内做好炳灵寺石窟的保护工作。

第六条 炳灵寺石窟保护范围分为重点保护区和一般保护区。保护范围之外，根据文物保护实际需要可以划定建设控制地带。保护范围和建设控制地带由省人民政府划定并公布。

保护范围和建设控制地带应当设置保护标志和界碑，任何单位和个人不得擅自移动和损毁。

第七条 炳灵寺石窟保护的对象：

（一）构成炳灵寺石窟整体的历史风貌和自然环境；

（二）石窟建筑、窟前木构建筑、寺院建筑以及古塔、碑刻等遗址遗存；

（三）窟龛内壁画、塑像、题记以及构成窟龛整体的其他部分；

（四）文物藏品和其他重要资料；

（五）地下、水下文物；

（六）其他依法应当保护的对象。

第八条 炳灵寺石窟所在地县级以上人民政府应当制定炳灵寺石窟保护范围内预防地震、暴雨、山洪、泥石流等自然灾害的应急预案。

炳灵寺石窟所在地县级以上人民政府有关部门、炳灵寺石窟保护管理机构，应当按照各自职责做好应急预案的实施工作。

第九条 炳灵寺石窟保护管理机构应当建立文物安全、自然灾害、人员流量、环境、水体、生物危害等监测预警体系，加强文物本体监测，发现异常情况或者危险因素，应当采取应急处置措施。

第十条 炳灵寺石窟保护管理机构应当按照国家有关规定，建立健全管理制度，配备防盗、防火、防雷、防水毁、防生物危害等设施，确保文物安全。

第十一条 炳灵寺石窟属国有不可移动文物，不得转让、抵押、出租，不得作为企业资产经营。改变炳灵寺石窟用途的，应当由省人民政府报国务院批准。

第十二条 炳灵寺石窟重点保护区内禁止下列活动：

（一）开山爆破、钻探、挖掘、采沙、采石、取土以及其他可能改变地形地貌的活动；

（二）擅自占用或者破坏河流水系和道路；

（三）放牧、砍伐树木、破坏植被；

（四）携带、运输、遗弃或者存放易燃、易爆、剧毒、放射性物品；

（五）露营，攀岩，野炊，焚烧树叶、荒草、垃圾；

（六）在文物、建筑物、构筑物、保护设施及旅游基础设施上张贴、涂写、刻划、攀登、翻越；

（七）其他损害或者破坏历史风貌、自然环境和文物的活动。

第十三条 在炳灵寺石窟重点保护区内，不得进行任何建设工程；在炳灵寺石窟一般保护区内，不得建设与文物保护无关的工程。因特殊情况需要在炳灵寺石窟保护范围内进行建设工程或者爆破、钻探、挖掘等作业的，必须经省人民政府批准，在批准前应当征得国务院文物行政部门同意。

第十四条 在炳灵寺石窟的建设控制地带内进行建设工程，不得破坏其历史风貌；工程设计方案应当经相应的文物行政部门同意后报城乡建设规划部门批准。

在建设控制地带进行大型基本建设工程，建设单位应事先报省级文物行政主管部门组织从事考古发掘的单位在工程范围内有可能埋藏文物的地方进行考古调查、勘探。发现文物的，由省级文物行政部门根据文物保护的要求会同建设单位共同商定保护措施。遇有重大发现的，由省级文物行政部门及时报国务院文物行政部门处理。

第十五条 在保护范围和建设控制地带内不得建设污染炳灵寺石窟及环境的设施，不得进行可能影响安全及环境的活动，对已经造成污染的要限期治理。

第十六条 炳灵寺石窟保护管理机构应当根据保护管理需要，划定禁止拍摄区并设立标志。

复制、拓印炳灵寺石窟文物应当按照相关规定报批。

第十七条 在炳灵寺石窟重点保护区内从事经营活动的单位和个人，应当服从炳灵寺石窟保护管理机构的管理，并在指定区域内经营。

第十八条　炳灵寺石窟重点保护区内不得新设宗教活动场所，已有宗教活动场所不得扩大范围，开展宗教活动应当符合文物保护的相关规定。

第十九条　炳灵寺石窟的利用应当做到公益优先、可持续性和合理适度。炳灵寺石窟保护管理机构应当科学核定游客承载量并向社会公布。

第二十条　炳灵寺石窟保护管理机构应当加强同有关科研单位和组织的交流与合作，开展科学研究。

炳灵寺石窟保护管理机构对炳灵寺石窟文物和科学保护技术的研究成果，以及由其提供资料制作的出版物、音像制品等，依法享有知识产权。

第二十一条　违反本条例第十二条第一项规定的，由省文物行政部门责令改正；情节严重的，没收违法所得，并处五万元以上五十万元以下罚款。

违反本条例第十四条第一款规定的，由省文物行政部门责令改正；造成严重后果的，处五万元以上五十万元以下罚款。

第二十二条　违反本条例第十二条第二、三、四、五、六项规定的，由炳灵寺石窟保护管理机构责令改正；情节严重的，处五十元以上一千元以下罚款。

第二十三条　违反本条例第十三条规定，在炳灵寺石窟保护范围内新建与文物保护无关的永久性建筑物、构筑物的，由省文物行政部门责令改正；造成严重后果的，处五万元以上五十万元以下罚款，并由有关部门依法拆除。

第二十四条　违反本条例第十八条规定的，由当地宗教部门会同炳灵寺石窟保护管理机构批评教育、责令改正。

第二十五条　炳灵寺石窟所在地各级人民政府及其工作部门、炳灵寺石窟保护管理机构工作人员，滥用职权，玩忽职守，徇私舞弊的，由上级人民政府或者省文物行政部门责令改正；情节严重的，依法给予行政处分；构成犯罪的，依法追究刑事责任。

第二十六条　有关炳灵寺石窟的保护和管理，法律、行政法规已有或者另有规定的，从其规定。

第二十七条　本条例自 2017 年 7 月 1 日起施行。

宁夏

宁夏回族自治区实施《中华人民共和国文物保护法》办法

（2006年11月30日宁夏回族自治区第九届人民代表大会常务委员会
第二十五次会议通过　自2007年1月1日起施行）

第一章　总　则

第一条　为了加强对文物的保护、利用和管理，根据《中华人民共和国文物保护法》《中华人民共和国文物保护法实施条例》的规定，结合自治区实际，制定本办法。

第二条　本自治区行政区域内的文物和具有科学价值的古脊椎动物化石、古植物化石、古人类化石、地震遗址的保护、利用和管理，适用本办法。

第三条　各级人民政府负责本行政区域内的文物保护工作。

县级以上人民政府文物行政主管部门对本行政区域内的文物保护实施监督管理。

建设、国土资源、工商、公安、发展改革、旅游、宗教、环保、林业、海关等部门在各自的职责范围内，做好有关的文物保护工作。

第四条　县级以上人民政府应当将文物保护事业纳入本级国民经济和社会发展规划、土地利用总体规划和城乡建设规划，将文物保护事业所需经费列入本级财政预算。

第五条　自治区境内地下、内水中遗存的一切文物，属于国家所有。

文物工作贯彻保护为主、抢救第一、合理利用、加强管理的方针。

第六条　各级人民政府应当对下列文物实行重点保护：

（一）长城、岩画、石窟寺、大型古文化遗址、古脊椎动物化石遗址、古植物化石遗址、古墓葬、古建筑；

（二）珍贵馆藏文物；

（三）有重大纪念意义的革命历史文物；

（四）其他需要重点保护的文物。

第七条　一切机关、组织和个人都有依法保护文物的义务。

鼓励公民、法人和其他组织参与文物保护工作，捐助文物保护事业。

第八条　对在文物保护工作中取得显著成绩的单位和个人，由县级以上人民政府给予表彰、奖励。

第二章　不可移动文物

第九条　不可移动文物实行原址保护原则。未经依法批准，不得迁移、拆除不可移动文物。

修缮、保养、迁移、使用不可移动文物，不得改变不可移动文物原状。

第十条　文物保护工程施工，应当按照文物行政主管部门批准的工程设计方案进行；需要变更已批准的工程设计方案的，必须经原批准部门批准。

第十一条　对新发现的不可移动文物，县级以上人民政府应当根据文物保护工作的需要，对土地利用总体规划和城乡建设规划作出适当的修改、调整。

第十二条　自治区文物行政主管部门负责组织制定全国重点文物保护单位和自治区级文物保护单位的具体保护措施，并公告施行。

设区的市、县（市、区）文物行政主管部门负责组织制定市、县级文物保护单位的具体保护措施，并公告施行。

尚未公布为文物保护单位的不可移动文物，由所在地县（市、区）文物行政主管部门组织调查，对其名称、类别、位置、范围等予以登记、录像，建立档案，并制定具体的保护措施。

第十三条　文物保护单位保护范围内的非文物建筑物和构筑物，危害文物保护单位安全、破坏或者影响文物保护单位历史风貌的，应当拆除或者改造。拆除、改造费用按照文物保护单位级别由相关人民政府解决；非文物建筑物和构筑物属于违法建筑的，拆除费用由违法行为人承担。

第十四条　在文物保护单位的保护范围内和建设控制地带内，禁止从事下列活动：

（一）存放易燃、易爆、有毒和放射性、腐蚀性危险物品；

（二）采石、采矿、毁林、开荒、挖掘、取土、射击、狩猎；

（三）排放废水、废气、废渣和其他污染物；

（四）其他可能影响文物保护单位安全及其环境的活动。

第十五条　在文物保护单位建设控制地带内修建的建筑物或者构筑物，其形式、高度、体量、色调等必须与文物保护单位周围的环境风貌相协调。其设计方案应当征得同级文物行政主管部门的同意，并报同级规划部门批准。

第十六条　被列为旅游景点的文物保护单位，由文物行政主管部门指导具体管理部门制定保护方案；保护方案由文物保护单位的管理者负责实施。

被列为旅游景点的文物保护单位，其管理者应当将门票收入中不低于20%的资金专户储存，专门用于文物保护单位本体的修缮和保养，并将年度提取的资金数额和使用情况通报文物行政主管部门和财政部门，接受文物行政主管部门和财政部门的监督检查。

第十七条　宗教活动场所经依法批准为文物保护单位的，由管理该宗教活动场所的宗教组织负责对其进行修缮、保养和安全管理，并应当遵守文物保护法律法规的规定，接受文物行政主管部门和宗教事务管理部门的指导和监督。

第三章　考古发掘

第十八条　进行大、中型工程建设的，建设单位在取得项目选址意见书后，应当报请自治区文物行政主管部门在工程范围内有可能埋藏文物的地方进行考古调查、勘探。自治区文物行政主管部门应当在接到申请之日起 30 个工作日内，组织从事考古发掘的单位完成考古调查、勘探，并作出考古调查、勘探结果处理意见书。建设行政部门应当根据考古调查、勘探结果处理意见书，依法办理建设工程相关审批手续。

第十九条　在被确认有埋藏文物的地方进行工程建设的，自治区文物行政主管部门应当在开工前与建设单位签订文物保护责任书，确定文物保护责任人。

第二十条　在日常生产生活中发现文物或者工程建设单位、工程施工人员在施工过程中发现文物的，应当立即报告文物行政主管部门。对急需抢救的文物，文物行政主管部门应当立即采取抢救措施；对需要进一步勘探、发掘的，依法报请自治区文物行政主管部门组织勘探、发掘；对已被哄抢、私分、藏匿的文物，应当立即向公安机关报告并协助公安机关及时追回。

第二十一条　在被确认有埋藏文物的地方进行考古发掘的，由自治区文物行政主管部门组织；需要实施原址保护的，建设工程规划应当进行调整或者另行选址。

考古调查、发掘中的重要发现未经自治区文物行政主管部门同意的，不得对外公布。

第二十二条　考古发掘工作结束后，文物行政主管部门应当及时将处理意见书面通知建设单位。发现重要遗迹需要实施原址保护的，建设行政主管部门应当责成建设单位及时调整工程设计、建设方案。

第四章　馆藏文物

第二十三条　文物收藏单位应当建立和落实文物安全责任制度。

不具备收藏珍贵文物条件的文物收藏单位收藏一、二级珍贵文物的，由自治区文物行政主管部门指定的文物收藏单位代为收藏。

文物收藏单位与代收藏单位的权利和义务由双方依法约定。

第二十四条　自治区文物行政主管部门应当组织文物专家对文物收藏单位收藏的文物进行鉴定。参与鉴定的专家不得少于三人。

第二十五条　博物馆、图书馆和其他文物收藏单位应当建立总账、分类账、卡片和档案，并建立馆藏文物核查制度，对馆藏文物定期进行检查。

未经文物行政主管部门批准，任何单位或者个人不得调取馆藏文物。

文物收藏单位应当将文物档案报同级文物行政主管部门备案。

第二十六条 国有文物收藏单位的法定代表人、文物库房保管员工作变动时，应当按照馆藏文物档案移交馆藏文物，并经文物行政主管部门确认。

第二十七条 国有文物收藏单位应当将其收藏的文物或者图片资料向社会开放。

国有文物收藏单位展览文物，应当向老年人、残疾人、在校学生、现役军人免费开放。

第五章　文物流通和利用

第二十八条 文物收藏单位以外的公民、法人和其他组织，可以通过继承或者接受赠予等合法方式取得文物，其收藏的文物可以依法流通，但法律、行政法规禁止流通的文物除外。

第二十九条 文物行政主管部门应当加强对文物市场的监督检查，对违法进行交易的文物予以先行登记保存，并移送工商行政管理部门、公安机关依法处理。

第三十条 文物商店、拍卖企业销售、拍卖文物的，应当在销售、拍卖前30日内，向自治区文物行政主管部门提交申请资料。自治区文物行政主管部门自接到申请之日起20日内，依据《中华人民共和国文物保护法》第五十六条的规定，作出审核决定。

文物商店和拍卖企业不得销售、拍卖未经审核或者超出核准范围的文物。

第三十一条 允许文物商店销售的文物，应当粘贴自治区文物行政主管部门制作的标识。

文物商店不得剥除、更换、挪用、损毁或者伪造文物行政主管部门粘贴在允许销售的文物上的标识。

第三十二条 文物商店购买、销售的文物和拍卖企业拍卖的文物，应当按照国家有关规定作出记录，并于购买、销售或者拍卖之日起60日内，向自治区文物行政主管部门备案。

第三十三条 民办博物馆收藏、保管、利用文物的，应当遵守文物法律、法规的有关规定，并接受文物行政主管部门的监督检查。

第三十四条 为制作商业性出版物、音像制品或者进行其他商业性活动，需要拍摄文物保护单位或者将文物保护单位作为活动场地的，根据文物保护单位的级别，由文物保护单位的管理者报经相关的文物行政主管部门同意。拍摄单位或者活动举办者应当按规定支付费用。

文物保护单位的管理者应当与拍摄单位或者活动举办者签订文物保护单位安全责任书。

第六章　法律责任

第三十五条 违反本办法第九条、第十条、第十五条规定，有下列行为之一的，由县级以上人民政府文物行政主管部门责令改正；造成严重后果的，处五万元以上五十万元以下的罚款：

（一）擅自迁移、拆除不可移动文物的；

（二）因修缮、保养、迁移、使用不可移动文物，改变不可移动文物原状的；

（三）擅自变更已批准的不可移动文物保护工程设计方案施工的；

（四）在文物保护单位建设控制地带内修建的建筑物或者构筑物，其工程设计方案未经文物行政主管部门的同意、报规划部门批准，对文物保护单位的历史风貌造成破坏的。

第三十六条 违反本办法，有第十四条规定行为之一的，由公安、国土、环保、林业等部门依法予以处罚。

第三十七条 违反本办法第十八条规定，建设单位未经文物考古调查、勘探或者发掘擅自开工建设的，由自治区文物行政主管部门责令改正，拒不改正的，处一万元以上十万元以下的罚款；造成文物灭失、损毁的，依法承担赔偿责任。

第三十八条 违反本办法第二十五条第二款规定，未经批准擅自调取馆藏文物的，由县级以上人民政府文物行政主管部门责令改正。

违反本办法第二十六条规定，未按照馆藏文物档案移交馆藏文物，或者所移交的馆藏文物与馆藏文物档案不符的，由县级以上人民政府文物行政主管部门责令改正，可以并处二万元以下的罚款；造成文物灭失、损毁的，依法承担赔偿责任；构成犯罪的，依法追究刑事责任。

第三十九条 违反本办法第三十条第二款规定，文物商店、文物拍卖企业未经审核或者超出核准范围销售、拍卖文物的，由工商行政管理部门没收违法所得、非法经营的文物；违法经营额五万元以上的，并处违法经营额一倍以上三倍以下的罚款；违法经营额不足五万元的，并处五千元以上五万元以下的罚款；情节严重的，由原发证机关吊销许可证书。

第四十条 违反本办法第三十一条第二款规定，文物商店剥除、更换、挪用、损毁或者伪造文物标识的，由县级以上人民政府文物行政主管部门给予警告，责令改正；有违法所得的，没收违法所得，并处三千元以上三万元以下的罚款。

第四十一条 违反本条例第三十四条第一款的规定，拍摄单位或者活动举办单位未经文物行政主管部门同意，擅自拍摄或者利用文物保护单位的，由主管的文物行政主管部门责令改正，收缴非法录制品或者没收违法所得，并处二千元以上二万元以下的罚款。

第四十二条 上级人民政府对下级人民政府不履行文物保护职责的，应当责令改正；对直接负责的主管人员和其他直接责任人员依法给予行政处分。

文物行政主管部门和其他有关部门的工作人员，在文物保护工作中玩忽职守，滥用职权、徇私舞弊的，由其所在单位或者上级主管机关给予行政处分；构成犯罪的，依法追究刑事责任。

第四十三条 当事人对行政机关作出的行政处罚决定不服的，可以依法申请行政复议或者提起行政诉讼。

第七章 附 则

第四十四条 本办法自 2007 年 1 月 1 日起施行。1989 年 10 月 27 日自治区第六届人民代表大会常务委员会第九次会议通过的《宁夏回族自治区文物保护条例》同时废止。

宁夏回族自治区岩画保护条例

（2011年8月5日宁夏回族自治区第十届人民代表大会常务委员会
第二十五次会议通过　2011年10月1日起施行）

第一章　总　则

第一条　为了加强对岩画的保护，根据《中华人民共和国文物保护法》和有关法律、行政法规的规定，制定本条例。

第二条　本条例适用于自治区行政区域内岩画的保护、管理、研究和合理利用活动。

第三条　本条例所称岩画，是指由古代人类在岩石上凿刻、磨刻、使用颜料绘制的具有历史、艺术、科学价值的图形、文字、符号的总称。

第四条　岩画保护应当坚持原地保护、适度开放、科学管理、合理利用的原则，保持岩画自然生态和历史风貌的完整性。

第五条　岩画所在地人民政府负责本行政区域内的岩画保护工作。

岩画所在地县级以上人民政府文物主管部门（以下简称文物主管部门）对岩画保护实施监督管理，其所属的文物管理机构具体承担岩画的保护和管理工作。

发展和改革、公安、民政、财政、国土资源、环保、住房和城乡建设、林业、旅游等行政管理部门在各自职责范围内，协同做好岩画的保护工作。

第六条　岩画属于国家所有。任何单位和个人都有依法保护岩画的义务，对损毁、破坏岩画的行为有制止和举报的权利。

第七条　县级以上人民政府应当将岩画保护所需经费列入本级财政预算，专款专用。

第八条　对在岩画保护、研究工作中做出突出贡献的单位和个人，由县级以上人民政府或者文物主管部门给予表彰奖励。

第二章　规划管理

第九条　自治区文物主管部门应当会同有关部门制定自治区岩画保护总体规划和年度实施计划，报自治区人民政府批准后实施。

设区的市、县（市、区）人民政府应当根据自治区岩画保护总体规划和年度实施计划，制定本辖区岩画保护实施方案。

第十条 自治区文物主管部门应当选择具有重要历史、艺术、科学价值的岩画点确定为自治区文物保护单位，报自治区人民政府核定后公布。

设区的市、县（市、区）文物主管部门可以选择具有历史、艺术、科学价值的岩画点作为市级或者县级文物保护单位，报本级人民政府核定公布，并报自治区人民政府备案。

尚未核定为文物保护单位的岩画点，由岩画所在地县级文物主管部门予以登记，建立档案，并采取措施予以保护。

第十一条 岩画点被确立为文物保护单位的，由岩画所在地县级以上人民政府按照保护岩画整体风貌、保留岩画完整体系的原则，依法划定保护范围和建设控制地带，并设置保护标志和界桩。

第十二条 在岩画文物保护单位的保护范围和建设控制地带内，禁止建设破坏岩画本体、历史环境风貌和造成环境污染的设施。因特殊情况确需在岩画保护范围内进行工程建设的，应当保证岩画的安全，并经核定公布该文物保护单位的人民政府征得上一级人民政府文物主管部门同意后，予以批准。

第十三条 在岩画文物保护单位的保护范围和建设控制地带内污染岩画及其环境的设施、场所，应当由产生污染的单位在规定期限内治理；对危害岩画安全及破坏其历史风貌的建筑物、构筑物，应当依法进行改造或者拆除。

第三章　保护措施

第十四条 岩画所在地乡镇人民政府应当指定专职或者兼职文物协管员负责本地岩画的保护工作。岩画所在地有自然村的，文物主管部门或者其所属的文物管理机构应当与村民小组签订岩画协助保护协议；有采矿企业的，应当与采矿企业签订岩画协助保护协议。

第十五条 设区的市、县（市、区）文物主管部门可以根据本行政区域岩画分布情况，聘请看护人员看护岩画，并给予适当报酬。

第十六条 设区的市、县（市、区）文物主管部门应当对本行政区域内的岩画逐幅建立档案，并报送自治区文物主管部门备案。

第十七条 对分布零星且自然风化严重、濒临损毁的岩画，文物主管部门应当采用摄像、图画、拓片、摹本、电子文本等形式建立档案后，对该岩画进行抢救性保护。对无法实施原址保护的，应当依法迁移至岩画博物馆或者文物主管部门指定的国有收藏单位收藏。

第十八条 岩画分布较为集中的区域，应当设置围栏或者其他必要的封闭防护措施，防止损毁岩画。

第十九条 禁止对岩画实施下列行为：

（一）盗窃、哄抢、私分或者非法侵占岩画；

（二）买卖岩画；

（三）脱膜复制岩画；

（四）擅自拓印岩画；

（五）挖掘、撬砸、刻划、涂污岩画；

（六）其他危害岩画的行为。

第二十条 在岩画保护范围内和建设控制地带，禁止从事下列行为：

（一）擅自爆破、钻探、挖掘；

（二）采石、采砂、毁林、建坟、垦荒、放牧、射击；

（三）存放或者排放危害岩画安全的易燃、易爆或者具有腐蚀性、放射性的危险物品；

（四）排放废水、废气、废渣和其他污染物；

（五）擅自移动、损毁岩画保护标志和界桩；

（六）其他妨碍岩画安全和破坏与岩画共存的自然环境风貌的行为。

第二十一条 经批准在岩画保护范围内进行道路、供电、供水、防洪、通信等公共建设工程项目，施工单位不得危及岩画安全，不得破坏与岩画共存的自然环境风貌。

第二十二条 在工程建设或者农牧业生产中，发现岩画或者疑似岩画的，应当保护现场，并立即报告当地文物主管部门进行处理。

第二十三条 人民法院、人民检察院、公安机关、海关和工商行政管理部门依法收缴的岩画，应当登记造册，妥善保管，在结案后三十日内无偿移交文物主管部门指定的国有文物收藏单位收藏。

鼓励单位和个人将所收集的岩画捐献给当地文物主管部门研究收藏。

第二十四条 文物主管部门应当建立岩画保护区定期巡查制度，发现可能危及岩画安全的，应当及时采取措施予以保护。

第二十五条 岩画位于自然保护区的，自然保护区管理机构应当协助文物主管部门作好岩画保护工作。

第四章 研究利用

第二十六条 自治区鼓励科研机构开展岩画及防止岩画自然风化研究，并给予经费支持。

第二十七条 利用岩画开辟参观旅游景点的，应当由县级以上人民政府制定利用方案和保护措施，征得上一级人民政府文物主管部门同意后，报自治区人民政府审核批准。

未经批准，任何单位或者个人不得利用岩画点开辟参观旅游景点。

第二十八条 因教学、科研等特殊需要在岩画画面上进行拍摄、拓印等活动的，应当经岩画所在地的县级人民政府文物主管部门批准，并在岩画保护工作人员的监督下，严格按照有关规定进行。

第二十九条　岩画文物保护单位、岩画博物馆取得的事业性收入，应当用于岩画的保护，任何单位和个人不得侵占、挪用。

第五章　法律责任

第三十条　违反本条例的，依照下列规定处罚：

（一）违反本条例第十二条、第二十条第一项规定的，由文物主管部门责令改正，造成岩画损坏的，处五万元以上十万元以下罚款；

（二）违反本条例第十九条第一项规定的，由公安机关处五千元以上一万元以下罚款；构成犯罪的，依法追究刑事责任；

（三）违反本条例第十九条第二项规定的，由工商行政部门没收非法所得，对违法经营额一万元以上的，处二倍以上五倍以下罚款；违法经营额不足一万元的，处五千元以上二万元以下罚款；构成犯罪的，依法追究刑事责任；

（四）违反本条例第十九条第三项、第四项规定的，由文物主管部门没收违法工具和制品，处二千元以上一万元以下罚款；

（五）违反本条例第十九条第五项规定的，由文物主管部门给予警告，并处五百元以上五千元以下罚款；构成犯罪的，依法追究刑事责任；

（六）违反本条例第二十条第五项规定的，由文物主管部门责令恢复原状或者赔偿损失，并处五百元以上一千元以下罚款；

（七）违反本条例第二十七条第二款规定的，由文物主管部门责令改正，没收违法所得，对违法经营额二万元以上的，处二倍以上五倍以下罚款；违法经营额不足二万元的，处二万元以上五万元以下罚款；

（八）违反本条例第二十八条规定的，由文物主管部门责令停止拍摄、拓印，给予警告，并没收拍摄、拓印的全部岩画资料；拒不改正的，处以三百元以上二千元以下罚款。

第三十一条　违反本条例第二十条第二项、第三项、第四项规定的，由国土、林业、民政、公安、环保等部门依法给予处罚。

第三十二条　文物主管部门及其所属文物管理机构工作人员违反本条例规定，不依法履行职责，有玩忽职守、滥用职权、徇私舞弊等行为的，依法对直接负责的主管人员和其他直接责任人员给予处分。

第六章　附　则

第三十三条　本条例自 2011 年 10 月 1 日起施行。

青 海

海北藏族自治州中国第一个核武器
研制基地旧址保护管理条例

（2010 年 1 月 12 日海北藏族自治州第十二届人民代表大会第五次会议通过
2010 年 3 月 18 日青海省第十一届人民代表大会第十四次会议批准
自 2010 年 7 月 1 日起施行）

第一条 为加强对自治州境内中国第一个核武器研制基地旧址（即原国营二二一厂旧址，以下简称旧址）的保护管理，继承和弘扬"两弹一星"精神，进行爱国主义和革命传统教育，根据《中华人民共和国文物保护法》等相关法律法规和《海北藏族自治州自治条例》，结合实际，制定本条例。

第二条 旧址的保护管理必须遵守本条例。任何机关单位、社会团体和个人在旧址保护范围内游览、考察或进行其他活动，都有依法保护旧址的义务。

第三条 旧址保护范围是：二二一厂总指挥部、一分厂、二分厂、十一厂区、四分厂、填埋坑、六厂区、影剧院、1～10 号黄楼、33 号楼、地下人防设施、原子城纪念馆、"中国第一个核武器研制基地"纪念碑等建筑物；旧址建设控制地带经省人民政府批准，由省文化行政主管部门会同省城乡建设行政主管部门划定并公布。

第四条 旧址的保护管理，贯彻"保护为主、抢救第一、合理利用、加强管理"的文物保护方针，实行统一规划、分级负责、严格保护和专业管理与群众管理相结合的原则，正确处理旧址保护和利用的关系。

第五条 自治州人民政府负责旧址的保护和管理工作。

自治州人民政府文化行政主管部门、文物行政管理机构负责监督、指导旧址的保护和管理工作。

公安机关、工商、环保、城建等相关部门和单位，应当依法履行所承担的保护旧址的职责，维护旧址管理秩序。

旧址所在地州、县、乡人民政府及其相关部门应建立旧址保护工作领导责任制，作为部门及领导干部年终考核的内容之一进行考核。

第六条 自治州人民政府将旧址保护纳入国民经济和社会发展规划，所需经费列入州本级财政预算，遇有特殊需求申请上级财政予以支持。

第七条 自治州人民政府应当注重宣传、科学规划、统筹协调，加强旧址资源综合利用，发展旅游产业，大力开展爱国主义、革命传统教育和国防教育，充分发挥爱国主义教育基地在经济建设中的作用。

第八条 自治州人民政府应当重视旧址的保护，正确处理经济建设、社会发展与旧址保护的关系，保证旧址安全。

基本建设、旅游发展必须遵守文物保护工作的方针，其活动不得对旧址造成损害。

第九条 旧址内新建各类建筑物和设施，应当符合本条例的规定和保护规划的要求。禁止建设影响旧址历史风貌的建筑物和构筑物，禁止进行破坏环境设施、危及环境安全的建设工程。

第十条 已利用旧址建筑物和构筑物的单位和个人，必须严格遵守不改变文物原状的原则，承担保护维修责任，并在自治州文物行政管理机构登记备案，接受自治州文物行政管理机构的监督、管理和指导。

旧址保护对象应立碑刻文，设置标志，标明保护范围。保护标志应用藏、汉两种文字书写。禁止破坏文物保护设施，禁止毁坏和移动保护标志。

第十一条 旧址保护范围内应严格保持原有历史风貌。建设控制地带除按规定统一设置必要的保护设施和游览设施外，不得建设其他设施和搭建临时建筑物、构筑物。

在保护范围和建设控制地带不得进行挖沙取土、开山采石、建墓以及其他破坏文物的活动。

加强旧址内生态环境保护，禁止砍伐树木和破坏绿化带、草原植被。

第十二条 建设工程选址，应当避开旧址建筑物、构筑物，因特殊情况不能避开的，对原建筑物、构筑物应当尽可能实施原址保护。

实施原址保护的，建设单位应当事先确定保护措施，由自治州人民政府逐级申报国务院文物行政管理部门批准，并将保护措施列入可行性研究报告或者设计任务书。

无法实施原址保护，必须迁移异地保护的，须由青海省人民政府报国务院批准。经批准拆除的建筑物中具有收藏价值的构筑物、构筑件、设施、设备等，由自治州文物行政管理机构收藏。

本条规定的原址保护、迁移等所需费用，由建设单位列入建设工程预算。

第十三条 对旧址保护范围的建筑物进行修缮，由自治州人民政府逐级申报国务院文物行政管理部门批准后，方可进行。

旧址保护范围的修缮、迁移、重建，由取得文物保护工程资质证书的单位承担。

对旧址保护范围的建筑物进行修缮、保养、迁移，应当遵守修旧如旧、不改变文物原状的原则。

第十四条 在旧址保护范围内进行影视拍摄和大型实景演艺活动，应当根据活动内容、规模和影响特征，提出保护方案，并报国家文物局审批。

第十五条 旧址的现有地下工程设施由自治州文物行政管理机构加强保护管理，禁止任何单位或个人盗窃、倒卖、破坏地下工程的设施设备。

第十六条 旧址的展览馆、博物馆、档案馆收藏的具有历史价值、科学价值或艺术价值的展品、藏品，由自治州文物行政管理机构在进行普查的基础上，按照《中华人民共和国文物保护法》有关规定，对其进行鉴定定级后纳入可移动文物保护范围。

各展陈、收藏单位对展品、藏品负有科学管理、科学保护、整理研究、公开展出和提供使用（对社会提供展品资料）的责任。保管工作必须做到制度健全、账目清楚、编目详明、保管妥善、查用方便。

第十七条 有下列事迹的单位和个人，由自治州人民政府给予表彰或奖励：

（一）为保护旧址与违法犯罪行为作坚决斗争的；

（二）为展陈馆所征集文物、丰富馆藏作出特殊贡献的；

（三）长期从事旧址保护管理工作，作出显著成绩的；

（四）在旧址重点文物保护区域面临危险时，抢救文物有功的。

第十八条 违反本条例规定，有下列行为之一的，由自治州人民政府有关行政部门按以下规定给予处罚：

（一）任何单位和个人，未经批准在旧址保护范围和建设控制地带内进行建设的，责令其停止建设，限期整改或拆除，并处二万元以上五万元以下罚款；

（二）对旧址保护范围内的建筑物、构筑物擅自改建、添建和新建的，限期拆除恢复原状，并视情节轻重给予责任人一万元以上三万元以下罚款；

（三）移动、损毁、破坏文物保护标志的，责令其恢复原状，并视情节轻重处二百元以下罚款；

（四）刻划、损坏文物的，视情节轻重处二百元以上五百元以下罚款；

（五）未经批准在旧址保护范围和建设控制地带内搭建临时建筑物、构筑物或擅自挖沙取土、开山采石和建墓的，责令限期整改拆除，并视情节轻重处二千元以上一万元以下罚款；

（六）破坏旧址设施设备的，视情节轻重处一万元以上五万元以下罚款；

（七）旧址建筑物使用单位在接到文物行政管理机构的维修通知书后，不按期进行维修，致使文物建筑受损、坍塌或未按修旧如旧原则维修的，责令限期修复，造成损失的追究其负有责任的主管人员和其他责任人的责任。

第十九条 侵占和挪用文物事业费和文物专项经费的，由自治州人民政府有关行政部门依法给予行政处分。

第二十条 有下列行为之一的，由自治州人民政府有关行政部门责令其改正，并视情节轻重处一千元以上二万元以下罚款，有违法所得的，依法予以没收：

（一）旧址展览单位未按照国家有关规定配备防火、防盗、防自然损坏设施的；

（二）展览收藏单位法定代表人离任时未按照馆藏文物档案移交馆藏文物，或者所移交的馆藏文物与馆藏文物档案不符的；

（三）挪用或者侵占依法调拨、交换、出借文物所得补偿费用的。

第二十一条　有下列行为之一的，由自治州人民政府有关行政部门依照有关法律法规予以处罚：

（一）干扰、阻挠文物保护管理人员依法执行公务的；

（二）展览馆经营管理人员违反安全规定，致使展览馆发生安全事故的。

第二十二条　违反本条例规定，构成犯罪的，依法追究刑事责任。

第二十三条　自治州文化行政主管部门和文物行政管理机构及相关部门的工作人员违反本条例，玩忽职守、滥用职权、徇私舞弊的，由其所在单位或上级机关给予行政处分；构成犯罪的，依法追究刑事责任。

第二十四条　本条例的具体应用问题由自治州人民政府负责解释。

第二十五条　本条例自 2010 年 7 月 1 日起施行。

青海省实施《中华人民共和国文物保护法》办法

（2011年11月24日青海省第十一届人民代表大会常务委员会第26次会议通过
自2012年2月1日起施行）

第一章 总 则

第一条 为了保护和合理利用文物，传承优秀历史文化遗产，根据《中华人民共和国文物保护法》《中华人民共和国文物保护法实施条例》等法律、行政法规，结合本省实际，制定本办法。

第二条 本省行政区域内文物的保护、利用和管理及其相关活动，适用本办法。

第三条 各级人民政府负责本行政区域内的文物保护工作，并将文物保护事业纳入本级国民经济和社会发展规划，制定和落实文物保护事业发展目标、任务和措施。

第四条 县级以上人民政府承担文物保护工作的部门（以下简称文物行政部门）负责本行政区域内文物保护的监督管理和文物认定工作，督促检查文物保护单位、文物收藏单位落实文物保护安全措施。

根据工作需要，文物行政部门可以依法委托所属的文物管理机构实施文物行政执法工作。

县级以上人民政府有关部门应当在各自的职责范围内，做好文物保护的相关工作。

第五条 县级以上人民政府应当将文物保护经费列入本级财政预算，用于文物保护的财政拨款随着财政收入增长而增加。

第六条 文物保护工作坚持专业保护与群众参与相结合的原则。

文物行政部门认定的文物集中地或者有重要文物的乡（镇）人民政府，可以设立群众性文物保护小组或者聘用文物保护员，在文物行政部门指导下开展文物保护活动。

文物行政部门可以与认定的文物集中地或者有重要文物的乡（镇）人民政府、村（牧）民委员会签订文物保护责任书，明确双方在文物保护中的权利和义务。

鼓励公民、法人和其他组织参与文物保护活动。

第七条 文物行政部门和教育、科技、旅游、新闻出版、广播电视等主管部门及有关社会组织应当充分利用报刊、广播、电视、网络等媒体，开展形式多样的宣传活动，普及文物保护法律知识，发布文物保护公益广告，增强全社会的文物保护意识。

文物行政部门应当及时向社会发布文物保护信息。

第八条 省人民政府文物行政部门负责组织文物鉴定委员会，在本省行政区域内开展文物鉴定工作，提供文物咨询、鉴定等服务。

第九条 文物行政部门应当制定并实施本行政区域内文物安全突发事件应急预案，做好文物安全突发事件应急处置工作。

文物保护单位、文物收藏单位应当按照有关规定编制文物安全突发事件应急预案，保证文物安全突发事件应急处置工作的正常进行。

第十条 县级以上人民政府及其文物行政部门和其他有关部门，应当对文物保护事业做出突出贡献的组织和个人，给予表彰或者奖励。

第二章 不可移动文物

第十一条 文物保护单位、历史文化名城、名镇、名村所在地县级以上人民政府，应当将文物保护工作有关内容纳入本行政区域城乡规划。

第十二条 本省行政区域内的全国重点文物保护单位依照有关法律规定核定公布。

省级文物保护单位由省人民政府文物行政部门根据不可移动文物的历史、艺术、科学价值确定，报省人民政府核定公布，并报国务院备案。

州（市）级和县级文物保护单位由州（市）和县级人民政府核定公布，并报省人民政府备案。

尚未核定公布为文物保护单位的一般文物点由县人民政府文物行政部门予以登记和公布，并参照县级文物保护单位进行管理和保护。

第十三条 本省行政区域内的全国重点文物保护单位的保护规划，经国务院文物行政部门同意后，由省人民政府批准公布；省级文物保护单位的保护规划经省人民政府文物行政部门同意后，由所在地州（市）人民政府批准公布；州（市）级和县级文物保护单位的保护规划，分别由本级人民政府批准公布，并报省人民政府文物行政部门备案。

第十四条 全国重点文物保护单位和省级文物保护单位，应当自核定公布之日起一年内，由省人民政府划定保护范围，设置保护标志，建立记录档案。州（市）级和县级文物保护单位，应当自核定公布之日起一年内，由核定公布该文物保护单位的人民政府划定保护范围，设置保护标志，建立记录档案。

任何单位和个人不得擅自移动、损毁文物保护标志。

第十五条 全国重点文物保护单位、省级文物保护单位的建设控制地带，由省人民政府文物行政部门会同省人民政府城乡规划主管部门划定，经省人民政府批准后予以公布。

州（市）级、县级文物保护单位的建设控制地带，由州（市）、县人民政府文物行政部门会同同级城乡规划主管部门划定，经同级人民政府批准后予以公布。

第十六条 在文物保护单位的建设控制地带内进行工程建设，其工程的结构布局、建筑风格应当与文物保护单位的历史风貌和周边环境相协调。工程设计方案应当根据文物保护单位的级别，经相应的文物行政部门同意后，报城乡规划主管部门批准。

第十七条 申报历史文化名城，由省人民政府城乡规划主管部门会同省人民政府文物行政部门论证推荐，按照《历史文化名城名镇名村保护条例》的规定提出申请。

申报历史文化名镇、名村，由所在地县级人民政府提出申请，经省人民政府城乡规划主管部门会同省人民政府文物行政部门组织论证，提出审查意见，报省人民政府批准公布。

第十八条 历史文化名城批准公布后，所在地县级以上人民政府应当组织编制历史文化名城保护规划。

历史文化名镇、名村批准公布后，所在地县级人民政府应当组织编制历史文化名镇、名村保护规划。

第十九条 不可移动文物的所有人、管理人或者使用人，应当加强火源、电源和防盗管理，安装、配备必要的消防、避雷、用电和监控等安全防护设施。安装、使用消防、避雷、用电和监控等安全防护设施不得对文物造成损坏。

国有不可移动文物的所有人、管理人或者使用人，应当按照国家有关规定建立健全各项管理制度，确定安全保卫人员，明确文物安全职责，在重点场所设置警示标志。

第二十条 不可移动文物的所有人、管理人或者使用人，必须保持文物原有的整体性，不得改变文物的结构和原状，对其附属文物不得擅自进行彩绘、添建、改建、迁建、损毁。

第二十一条 古建筑及其他不可移动文物的修缮、迁移、重建等工程，应当根据文物保护单位的级别，报相应文物行政部门批准；对未核定为文物保护单位的一般文物点进行修缮、迁移、重建等工程，应当报登记的文物行政部门批准。

文物保护单位的修缮、迁移、重建，应当由取得文物保护工程资质证书的单位承担，依法实行招标投标和工程监理。

对不可移动文物进行修缮、保养、迁移，必须遵守不改变文物原状的原则。

第二十二条 国有不可移动文物，由管理人或者使用人负责修缮、保养。管理人或者使用人无力承担修缮、保养责任的，可以申请当地人民政府修缮、保养，或者将管理权、使用权移交文物行政部门。

非国有不可移动文物，由所有人负责修缮、保养。非国有不可移动文物有损毁危险，所有人不具备修缮、保养能力的，可以向当地人民政府申请帮助修缮、保养，当地人民政府应当给予帮助。

第三章 考古调查与发掘

第二十三条 文物行政部门负责对本行政区域内的考古调查、勘探、发掘工作进行监督管理。

任何单位或者个人不得私自发掘地下和水域中的文物，不得阻挠依法进行的考古发掘工作。

第二十四条　考古调查、勘探由省人民政府文物行政部门批准。考古工作单位在进行考古调查、勘探前,应当向考古工作所在地文物行政部门交验省人民政府文物行政部门的批准文件。考古工作单位在进行考古发掘前,应当向考古工作所在地文物行政部门交验国务院文物行政部门的批准文件或者省人民政府文物行政部门的临时委托文件。

第二十五条　在下列区域内进行的建设工程,建设单位在城乡规划主管部门确定项目选址后,应当报请省人民政府文物行政部门组织考古调查、勘探:

(一)历史文化名城、名镇、名村的保护规划范围;

(二)已核定公布为文物保护单位的古遗址、古墓葬、古建筑、石窟寺及石刻、近现代重要史迹及代表性建筑等历史文化遗迹的保护范围;

(三)大型基本建设工程项目范围;

(四)省人民政府文物行政部门核定的可能埋藏文物的区域。

依据前款规定进行的考古调查、勘探、发掘,所需费用由建设单位列入建设工程预算。

第二十六条　省人民政府文物行政部门应当在接到建设单位考古调查、勘探申请后,组织有资质的考古工作单位与建设单位签订文物考古工作合同,进行考古调查、勘探工作。

考古工作单位应当在考古调查、勘探结束后七个工作日内出具考古调查、勘探报告,并对报告的真实性负责。

第二十七条　省人民政府文物行政部门应当在接到考古调查、勘探报告后十个工作日内作出考古调查、勘探结果处理书。对没有文物埋藏的,应当及时通知建设单位;有文物埋藏的,应当提出具体处理意见并送达建设单位。

第二十八条　在工程建设和生产活动中,任何单位和个人发现文物,应当保护现场,立即报告当地文物行政部门。

接到报告的文物行政部门,应当在二十四小时内赶到现场,根据文物保护需要和现场实际情况,依法采取文物保护措施,并报请当地人民政府通知公安机关协助保护现场。公安机关应当维护现场秩序,制止哄抢、私分、藏匿或者损毁文物等违法行为。

第二十九条　在本省行政区域内进行考古发掘工作,应当在考古调查、勘探基础上,由省人民政府文物行政部门提出发掘计划,经国务院文物行政部门批准后,依照技术规范进行。

因建设工期紧迫或者有自然破坏等危险,确需对古文化遗址、古墓葬等文物进行抢救发掘的,应当由省人民政府文物行政部门组织发掘,并自开工之日起十个工作日内向国务院文物行政部门补办审批手续。

第三十条　考古工作单位应当在考古发掘完成之日起三十个工作日内,向省人民政府文物行政部门和国务院文物行政部门提交结项报告,并于提交结项报告之日起三年内,向省人民政府文物行政部门和国务院文物行政部门提交考古发掘报告。

考古工作单位获取的地下文物埋藏信息和重要的考古发现，如需对外公布的，应当经省人民政府文物行政部门同意。

第三十一条 考古发掘的出土文物，应当登记造册，妥善保管，并按照国家有关规定由省人民政府文物行政部门指定国有文物收藏单位收藏。

考古工作单位确需保留少量出土文物作为科研标本的，应当经省人民政府文物行政部门批准并限定保留时限。

第四章 馆藏文物及文物收藏

第三十二条 县级以上人民政府可以根据本地实际设立综合性或者专题性博物馆等文物收藏单位，并报省人民政府文物行政部门备案。

第三十三条 博物馆、图书馆、核定为文物保护单位的宗教活动场所和其他文物收藏单位对收藏的文物，必须区分文物等级，设置藏品档案，建立严格的管理制度，并报主管的文物行政部门备案。

文物行政部门应当分别建立本行政区域内的馆藏文物档案。

第三十四条 国有文物收藏单位应当设有固定、合格的文物藏品库房，配备必要的文物存储设备，健全出入库、统计、安全、保养和修复等工作制度；按照国家有关规定加强火源、电源和防盗管理，配置必要的消防、防盗、防自然损坏等设施，配备相应的专业技术人员和安全保卫人员。

第三十五条 国有文物收藏单位不具备收藏珍贵文物条件的，其收藏的珍贵文物由省人民政府文物行政部门指定具备收藏条件的单位代为收藏。文物收藏单位与代藏单位的权利、义务由双方协商确定。

第三十六条 国有文物收藏单位进行文物展览必须具有符合安全规范和展览条件的文物展室。

第三十七条 本省行政区域内的国有文物收藏单位之间调拨、交换、借用文物藏品，必须依法履行申请、批准、备案手续。依法调拨、交换、借用国有馆藏文物的期限、补偿标准按有关规定执行。交换馆藏一级文物的，应当经国务院文物行政部门批准。

国有文物收藏单位的法定代表人离任时，应当按照馆藏文物档案办理馆藏文物移交手续。

第三十八条 公民、法人及其他组织收藏通过合法方式取得的文物，受法律保护。鼓励公民、法人及其他组织依法设立非国有文物收藏单位或者场所。

第五章 民族文物和宗教文物的保护

第三十九条 本省行政区域内，下列具有重要历史、艺术、科学价值的民族文物和宗教文物，应当予以重点保护：

（一）反映本省各民族古代社会制度、经济发展、祭祀会盟、宗教信仰、节庆活动、生产和生活方式等有代表性的实物或者场所；

（二）本省各民族在历史发展中形成和遗存的具有特色的古民居、古庄园、古村落、古遗址、古碉楼、古战场、古墓葬等不可移动文物；

（三）与本省各民族的重大历史事件、重要运动及著名历史人物有关的建（构）筑物、场所及纪念物；

（四）历史上形成和遗存的具有一定宗教和社会影响的建筑物、器具、崇拜物以及文献资料；

（五）经省人民政府文物行政部门认定的其他有保护价值的民族文物和宗教文物。

第四十条 文物行政部门应当及时组织开展民族文物和宗教文物普查、征集、认定、整理、收藏、修缮等保护工作，加强本行政区域内民族文物和宗教文物的抢救性保护。

第四十一条 核定为文物保护单位的宗教活动场所，其管理者应当与所在地文物行政部门签订文物保护责任书，接受文物行政部门的监督和指导，依法履行文物保养和安全管理等义务。

第四十二条 鼓励公民、法人和其他组织通过合法方式收藏和依法保护民族文物和宗教文物。

第六章 文物利用和经营

第四十三条 县级以上人民政府及其相关部门应当在有效保护的基础上合理利用本行政区域内的文物资源，组织开发具有地方特点、民族特色的文化旅游产品，促进文化事业与文化产业发展。

不可移动文物被纳入旅游发展规划或者辟为参观游览场所的，所在地人民政府应当加强环境整治，落实和改进保护措施，在确保安全的前提下合理开发利用。

第四十四条 从事馆藏文物修复、复制、拓印的单位应当取得相应等级的资质证书。文物收藏单位在修复、复制、拓印文物时，应当依法办理审批手续，并按照技术规范和业务程序进行。

按照文物的名称、形状、比例、色彩、纹饰、质地等制作的文物复制品，应当标明复制时间、比例和"复制"字样。

未经文物行政部门批准，文物收藏单位不得向文物复制单位或者个人提供文物资料。

第四十五条 拓印古代石刻文物，应当经省人民政府文物行政部门批准。但文物收藏单位必须保存资料的除外。

内容涉及国家疆域、外交、民族关系的石刻文物，不得拓印出售或者翻刻。

第四十六条 利用文物保护单位拍摄电影、电视和其他音像制品以及举办大型活动的，拍摄单位或者举办单位应当制定文物保护方案，并按照审批权限报文物行政部门批准。

第四十七条 国内新闻单位对考古发掘现场进行专题类拍摄或者电视直播的，应当经省人民政府文物行政部门批准。

第四十八条 国有博物馆、纪念馆等文物收藏单位应当依照国家规定向社会开放。

鼓励非国有博物馆、纪念馆等文物收藏单位或者场所向社会开放。

第四十九条　国有不可移动文物不得转让、抵押。

国有文物保护单位及其收藏的可移动文物不得作为企业资产经营。

第五十条　设立文物商店应当经省人民政府文物行政部门批准。

拍卖企业从事文物拍卖活动的，应当取得国务院文物行政部门核发的文物拍卖许可证。

未经批准，任何单位和个人不得从事文物经营活动。

第五十一条　文物商店或者文物拍卖企业在销售或者拍卖文物前，应当经省人民政府文物行政部门对文物进行审核。对允许销售或者拍卖的，由省人民政府文物行政部门作出标识、记录或者颁发批准文件。

禁止伪造、涂改文物销售标识和文物拍卖批准文件。

第五十二条　文物行政部门应当会同公安、工商行政管理等部门对经营文物的企业及其经营活动依法进行监管。

任何组织和个人不得交易未结案的涉案文物，不得将国家禁止出境的文物转让、出租、质押给外国人。

第七章　法律责任

第五十三条　违反本办法第十四条规定，擅自移动、损毁文物保护标志的，由文物行政部门责令恢复原状、赔偿损失，并处以二百元以下罚款。

第五十四条　违反本办法第二十条规定，不可移动文物的所有人、管理人或者使用人改变文物结构和原状的，或者对附属文物擅自进行彩绘、添建、改建、迁建、损毁的，由文物行政部门责令限期改正；造成严重后果的，处五万元以上十万元以下罚款。

第五十五条　违反本办法第二十五条规定，建设单位未经考古调查、勘探擅自进行工程建设的，由文物行政部门责令改正；造成严重后果的，处十万元以上三十万元以下罚款。

第五十六条　违反本办法第三十四条规定，国有文物收藏单位未按照国家有关规定配备防火、防盗、防自然损坏设施的，由文物行政部门责令改正，处五千元以上一万元以下罚款。

第五十七条　违反本办法第四十四条规定，未取得资质证书，擅自修复、复制、拓印馆藏文物的，由文物行政部门责令停止违法活动，没收违法所得和从事违法活动的专用工具、设备；造成严重后果的，处一万元以上五万元以下的罚款；构成犯罪的，依法追究刑事责任。

第五十八条　违反本办法第四十六条规定，拍摄单位、举办单位未经文物行政部门批准擅自进行拍摄或者举办大型活动的，由文物行政部门责令改正，并处一万元以上五万元以下罚款。

第五十九条　违反本办法第五十二条第二款规定，有关组织或者个人交易未结案的涉案文物或者将国家禁止出境的文物转让、出租、质押给外国人，尚不构成犯罪的，由文物行政部门责令改正，没收违法所得，违法经营额在一万元以上的，并处违法经营额二倍以上五倍以下罚款；违法经营额不足一万元的，并处五千元以上一万元以下罚款；构成犯罪的，依法追究刑事责任。

第六十条 人民法院、人民检察院、公安机关、海关和工商行政管理部门依法追缴的属于公民、法人和其他组织所有的文物，应当在结案后三十日内归还所有人。

前款规定以外依法没收的文物，应当登记造册，妥善保管，结案后三十日内无偿移交省人民政府文物行政部门指定的国有文物收藏单位收藏。

违反前两款规定的，对其主管人员和其他直接责任人员依法给予行政处分；构成犯罪的，依法追究刑事责任。

第六十一条 文物行政部门以及公安、工商行政等部门，违反本办法规定，玩忽职守、徇私舞弊，造成珍贵文物损毁或者流失的，对负有责任的主管人员和其他直接责任人员给予行政处分；构成犯罪的，依法追究刑事责任。

第六十二条 违反本办法的其他行为，法律、行政法规已有规定的，从其规定。

第八章　附　则

第六十三条 本办法自 2012 年 2 月 1 日起施行。1989 年 11 月 1 日青海省第七届人民代表大会常务委员会第十一次会议通过、2001 年 6 月 1 日青海省第九届人民代表大会常务委员会第二十四次会议修正的《青海省实施〈中华人民共和国文物保护法〉办法》同时废止。

新　疆

新疆维吾尔自治区历史文化名城街区和历史建筑保护条例

（2002年5月31日新疆维吾尔自治区第九届人民代表大会常务委员会第二十八次会议通过　自2002年8月1日起施行　根据2010年6月3日新疆维吾尔自治区第十一届人民代表大会常务委员会第十八次会议《关于修改〈新疆维吾尔自治区历史文化名城街区建筑保护条例〉的决定》修正）

第一章　总　则

第一条　为了加强自治区历史文化名城、街区、历史建筑的保护和管理，继承历史文化遗产，保护城市传统风貌及地方、民族特色，根据《中华人民共和国城乡规划法》、《中华人民共和国文物保护法》和国务院《历史文化名城名镇名村保护条例》，结合自治区实际，制定本条例。

第二条　自治区行政区域内历史文化名城和具有较高历史文化价值的街区、历史建筑的确定、规划、保护和利用，适用本条例。

第三条　县级以上人民政府依照本条例履行历史文化名城、街区、历史建筑的保护职责。

县级以上人民政府规划行政主管部门，负责本行政区域内历史文化名城、街区、历史建筑的保护和监督管理工作。

文物、国土资源、环境保护、旅游、城乡建设等部门，依据有关法律法规，在各自职责范围内，做好与历史文化名城、街区、历史建筑相关的自然资源、人文资源的保护工作。

第四条　对历史文化名城、街区、历史建筑应当坚持有效保护、合理利用、科学管理的原则。

第五条　各级人民政府应当鼓励和支持公民、法人和其他组织依法从事历史文化名城、街区、历史建筑的保护、维修与科学研究活动，对在历史文化名城、街区、历史建筑保护工作中做出突出贡献的单位和个人给予表彰和奖励。

任何单位和个人都有保护历史文化名城、街区、历史建筑的义务，有权检举、控告破坏、损害历史文化名城、街区、历史建筑的行为。

第二章　历史文化名城街区和历史建筑的确定

第六条　历史文化名城的申报、审批条件和程序，按照国务院《历史文化名城名镇名村保护条例》执行。

尚未达到国家规定条件，但符合下列条件的城市，由州、市（地）人民政府（行署）提出申请，经自治区人民政府规划行政主管部门会同文物部门组织有关单位、专家进行论证，提出审查意见，报自治区人民政府批准公布为自治区历史文化名城：

（一）古代政治、经济、军事、文化、民族发展史上的重要城镇或近代重大历史事件发生地，有丰富的历史文化遗迹和实物遗存；

（二）文物古迹丰富，具有较高的历史文化价值，对城市性质、发展方向具有重要影响；

（三）城市传统风貌与格局独具特色，反映历史风貌的建筑物、构筑物、道路、河流、树木等环境要素保存完整。

第七条　历史文化街区，由州、市（地）人民政府（行署）规划行政主管部门会同文物等有关部门组织鉴定，符合下列条件之一的，由州、市（地）人民政府（行署）报自治区人民政府批准公布：

（一）历史建筑集中连片；

（二）街区内有丰富的传统文化艺术、民风民俗遗存和传统民间工艺制作。

第八条　历史建筑，由城市、县人民政府规划行政主管部门会同文物等有关部门组织鉴定，符合下列条件之一的，由城市、县人民政府批准后公布：

（一）具有重要的政治、经济、历史、文化、科学、艺术价值；

（二）能够较完整真实地体现地方、民族特色和传统风貌；

（三）建筑类型、空间形式和建筑艺术独具特色。

历史建筑依法确定后，其原权属关系不变。

第九条　历史文化名城、街区、历史建筑审查审批前，应当由审查鉴定机关组织专家委员会进行评审。

第十条　符合本条例第七条规定的条件，没有申报历史文化街区的，自治区人民政府规划行政主管部门会同同级文物主管部门可以建议该街区所在地的州、市（地）人民政府（行署）申报；仍不申报的，可以直接向自治区人民政府提出确定该街区为历史文化街区的建议。

符合本条例第八条规定的条件，没有申报历史建筑的，州、市（地）人民政府（行署）规划行政主管部门可以建议该城市、县人民政府申报；仍不申报的，可以直接向州、市（地）人民政府（行署）提出确定该建筑为历史建筑的建议。

第十一条　城市、县人民政府应当为历史文化名城、街区、历史建筑设置保护标志。保护标志包括历史文化名城、街区和历史建筑的名称、内容、年代、批准机关、树立标志机关以及实施保护的时间。

任何单位和个人不得涂抹、刻划、损毁或者擅自移动保护标志。

第十二条　各级人民政府应当组织规划、文物等有关部门开展历史文化名城、街区、历史建筑的普查，发掘历史人文资源，积极做好历史文化名城、街区、历史建筑的申报和审批工作。

第三章　历史文化名城街区和历史建筑的保护

第十三条　历史文化名城经批准公布后，城市、县人民政府应当在一年内组织规划、文物、国土资源、环境保护、旅游、城乡建设等有关部门编制历史文化名城保护规划。

历史文化街区经批准公布后，城市、县人民政府规划行政主管部门应当在 6 个月内会同有关部门编制历史文化街区保护规划。

第十四条　城乡规划组织编制机关在编制城市和镇总体规划、乡和村庄规划时，应当设立专篇对历史文化街区、历史建筑提出保护要求。

编制历史文化名城和街区保护规划，应当依据国家、自治区规划编制要求，科学论证，广泛征求有关部门、专家学者、社会公众的意见。

第十五条　历史文化名城的保护规划由州、市（地）人民政府（行署）审查同意后，报自治区人民政府审批。

历史文化街区保护规划，由州、市（地）人民政府（行署）审查同意后，报自治区人民政府规划行政主管部门审批。

第十六条　历史文化名城和历史文化街区的保护规划一经批准，城市、县人民政府应当予以公布，公布的保护规划，任何单位和个人都必须遵守，不得擅自变更。

第十七条　在历史文化名城街区保护规划范围内从事工程建设活动，应当符合保护规划的要求，保持历史文化名城的传统风貌与格局。建设项目的布局、造型、体量、高度、色调等，应当与周围景观风貌相协调。

第十八条　在历史文化名城、街区保护规划范围内进行新区建设和旧城改造，城市、县人民政府应当事先组织有关专家对建设方案进行论证，并广泛听取社会各方面意见。

第十九条　城市、县人民政府规划行政主管部门应当会同有关部门，在历史建筑周围划定工程建设控制区。控制区根据建筑的类别、规模、周边环境和相邻关系等因素合理确定。工程建设控制区范围报城市、县人民政府批准后公布。

在控制区内从事工程建设不得改变地形地貌，损坏历史建筑，或者影响历史建筑的景观效果。

第二十条　历史建筑的所有权人或者使用人，应当合理利用历史建筑，不得损毁历史建筑或者擅自改变历史建筑的造型、高度、体量、色调，实施清洁、维修活动必须保持其原貌。

对历史建筑进行维修、装修，应当制定设计、施工方案，报城市、县人民政府规划行政主管部门审查同意后，方可实施。

因禁止拆除、改扩建历史建筑，直接影响产权所有人利益的，城市、县人民政府应对产权所有人另行安置，原历史建筑由城市、县人民政府作价收回，归国家所有。

第二十一条　严禁擅自拆除历史建筑。因特殊需要必须拆除历史建筑的，由所在地城市、县人民政府规划行政主管部门会同同级文物主管部门提出审查意见，报自治区人民政府规划行政主管部门会同同级文物主管部门批准。

第二十二条　城市、县人民政府应当采取有效措施，不断改善历史文化名城基础设施条件，防止环境污染，有计划、有步骤地组织对历史文化名城、街区和历史建筑进行维护，对濒危的或者遭到破坏的历史文化街区和历史建筑，及时组织抢修、整治。

第二十三条　县级以上人民政府应当将历史文化名城、街区、历史建筑规划编制和保护经费纳入本级财政预算，专项用于历史文化名城、街区、历史建筑的规划编制和保护工作。在保持历史文化名城、街区、历史建筑风格和原貌的前提下，鼓励单位和个人通过多种形式投资历史文化名城、街区、历史建筑，进行开发利用、维修和保护等活动。

第二十四条　城市、县人民政府规划行政主管部门应当建立健全历史文化名城、街区、历史建筑档案，收集有关历史沿革、城市变迁等资料，做好保护工作的记载。

第二十五条　经批准的历史文化名城、街区因保护不善或者其他原因，已经不具备规定的条件，历史建筑已经丧失保护价值的，按照审批程序由原批准机关取消其保护称号。

第二十六条　历史文化名城、街区内的文物保护，依照《中华人民共和国文物保护法》规定执行。已经依法确定为文物保护单位的建筑，不重复进行历史建筑鉴定登记。县级以上人民政府规划行政主管部门应当配合文物部门做好相关的保护工作。

第四章　法律责任

第二十七条　违反本条例规定，城市、县人民政府不履行组织编制历史文化名城或者街区保护规划职责，未将批准的保护规划予以公布，不执行保护规划，擅自调整保护规划，或者建设方案未经论证擅自进行新区建设和旧城改造的，由其上一级人民政府责令限期改正，对直接负责的主管人员和其他责任人员依法给予行政处分。

第二十八条　违反本条例第十一条第二款规定的，由城市、县人民政府规划行政主管部门责令限期改正；逾期不改正的，对单位处1万元以上5万元以下罚款，对个人处10万元以上1万元以下罚款。

第二十九条　违反本条例第十七条、第十九条第二款、第二十条第一、二款规定的，由城市、县人民政府规划行政主管部门责令停止违法行为，限期恢复原状或者采取补救措施；有违法所得的，没收违法所得；逾期不恢复原状或者不采取其他补救措施的，城市、县人民政府规划行政主管部门可以指定有能力的单位恢复补救，所需费用由违法者承担；造成严重后果的，对单位并处5万元以上10万元以下罚款，对个人并处1万元以上5万元以下罚款。

第三十条　违反本条例第二十一条规定的，由城市、县人民政府规划行政主管部门责令停止违法行为、限期恢复原状或者采取其他补救措施；有违法所得的，没收违法所得；逾期不恢复原状或者不采取其他补救措施的，城市、县人民政府规划行政主管部门可以指定有能力的单位代为恢复原状或者采取其他补救措施，所需费用由违法者承担；造成严重后果的，对单位并处 20 万元以上 50 万元以下罚款，对个人并处 10 万元以上 20 万元以下罚款；造成损失的，依法承担赔偿责任。

第三十一条 违反本条例规定，应当承担法律责任的其他行为，依照国务院《历史文化名城名镇名村保护条例》和其他有关法律法规执行。

第三十二条 违反本条例规定，县级以上人民政府规划行政主管部门不履行历史文化名城、街区、历史建筑的管理、保护和监督执法职责的，由同级人民政府或者上一级人民政府规划行政主管部门责令限期改正；情节严重，造成历史文化名城、街区、历史建筑损坏后果的，对主要负责人和直接责任人员，给予行政处分。

第五章 附 则

第三十三条 历史建筑的价值，由城市、县人民政府规划行政主管部门会同文物、房产等有关部门组织专家论证，予以确定。

第三十四条 历史文化名镇、名村的申报、批准、规划、保护按照国务院《历史文化名城名镇名村保护条例》执行。

第三十五条 本条例自 2002 年 8 月 1 日起施行。

新疆维吾尔自治区吐鲁番交河故城遗址
保护管理条例

（2004 年 11 月 26 日新疆维吾尔自治区第十届人民代表大会常务委员会
第十三次会议通过　自 2005 年 1 月 1 日起施行）

第一条　为了加强交河故城遗址的保护和管理，根据《中华人民共和国文物保护法》及有关
法律、法规，制定本条例。

第二条　本条例所称交河故城遗址，包括交河故城及沟西墓地、沟北墓地和雅尔湖石窟历史
文化遗址。

任何单位和个人在交河故城遗址进行活动，必须遵守本条例。

第三条　交河故城遗址保护范围和建设控制地带的划定，依照自治区人民政府公布的《吐鲁
番地区文物保护与旅游发展总体规划》确定的范围执行。

第四条　交河故城遗址保护应当遵循保护为主、抢救第一、合理利用、加强管理的文物工作
方针，确保交河故城遗址及其历史风貌和自然环境的真实性、完整性。

第五条　自治区人民政府文物主管部门负责对交河故城遗址保护工作实施监督管理。

吐鲁番地区行政公署文物主管部门负责组织实施交河故城遗址的保护管理工作。

吐鲁番交河故城遗址保护管理机构（以下简称保护管理机构）具体承担对交河故城遗址的日
常检查、养护、修缮、安全保卫等项工作，并定期将有关情况报送上级文物主管部门。

国土资源、建设、规划、环保、旅游、公安等有关行政管理部门按照各自的职责，做好交河
故城遗址保护管理的相关工作。

第六条　吐鲁番地区行政公署应当加强交河故城遗址的保护，将交河故城遗址的文物保护工
作纳入本地区国民经济和社会发展计划，保护经费应当列入财政预算。

第七条　吐鲁番地区行政公署文物主管部门应当对交河故城遗址保护范围树立保护标志，建
立记录档案。

任何单位和个人不得侵占交河故城遗址保护范围内的文化遗存；不得擅自更换、移动、挪用、
损毁文物保护设施、设备或者文物保护标识。

第八条　文物主管部门应当开展交河故城遗址保护的科研工作，增加科技保护投入，运用现代科技方法保护交河故城文化遗存。

第九条　在交河故城遗址保护范围和建设控制地带内进行旅游活动，应当按照《吐鲁番地区文物保护与旅游发展总体规划》执行，确保交河故城遗址不受损坏。

第十条　交河故城遗址的保护和管理经费、国内外捐赠的资金和物品以及其他款项，应当按照有关规定管理，专款专用，并接受财政、审计部门的监督检查。

第十一条　交河故城遗址的重大修缮工程方案，由自治区文物主管部门组织有关专家研究制定，并按法定权限和程序报国家文物行政管理部门批准后，方可实施。

第十二条　在交河故城遗址进行考古发掘和考古调查活动，应当按照文物保护的法律、法规的有关规定执行。

第十三条　因制作出版物、影视节目和音像制品等需在交河故城遗址进行拍照、拍摄活动的，应当按照国家有关规定执行。

对禁止拍照、拍摄的交河故城遗址及其文物应当设立标志。

第十四条　在交河故城遗址保护范围内禁止进行与保护该遗址无关的任何建设项目。在交河故城遗址建设控制地带进行的建设工程必须贯彻文物保护工作方针，确保交河故城遗址安全，不得影响其历史风貌和自然环境。

第十五条　交河故城遗址保护范围内禁止下列活动：

（一）放牧、耕种、取土等危害文物安全；

（二）非法采集地表文物；

（三）在文物建筑物、构筑物或者保护设施上涂污、刻划、攀登、张贴；

（四）在未开放的区域进行参观旅游；

（五）在禁止拍摄的区域或者对禁止拍照的文物进行拍照、拍摄。

第十六条　对在交河故城遗址保护管理工作中成绩显著的单位和个人，由自治区人民政府或者吐鲁番地区行政公署给予表彰和奖励。

第十七条　文物主管部门、保护管理机构的工作人员，有下列行为之一的，由其所在单位或者上级主管部门给予行政处分；构成犯罪的，依法追究刑事责任：

（一）不履行职责或者发现违法行为不予查处，造成严重后果的；

（二）玩忽职守造成交河故城遗址损毁或者文物流失的；

（三）借用或者非法侵占国有文物的。

第十八条　违反本条例第十五条第（一）项规定的，由吐鲁番地区行政公署文物主管部门责令改正；情节严重的，处以1000元以上30000元以下罚款。

违反本条例第十五条第（二）、（三）、（四）、（五）项规定的，由保护管理机构给予警告，并处以 50 元以上 200 元以下的罚款。

第十九条 违反本条例应当给予处罚的其他行为，依照《中华人民共和国文物保护法》及有关法律、法规的规定予以处罚。

第二十条 本条例自 2005 年 1 月 1 日起施行。

新疆维吾尔自治区坎儿井保护条例

（2006年9月29日经新疆维吾尔自治区第十届人民代表大会常务委员会
第二十六次会议审议通过　自2006年12月1日起施行）

第一条　为保护和合理利用坎儿井，充分发挥坎儿井的综合效益，根据《中华人民共和国水法》及有关法律、法规，结合自治区实际，制定本条例。

第二条　在自治区行政区域内保护和利用坎儿井应当遵守本条例。

对列入重点文物保护单位的坎儿井，应当按照有关文物保护的法律、法规予以保护、利用和管理。

第三条　本条例所称坎儿井包括坎儿井水源和竖井、暗渠、出水口、明渠、蓄水池及其附属部分。

第四条　保护和利用坎儿井应当与现代水利建设相结合，坚持科学规划、综合利用，统筹兼顾经济效益、社会效益和生态效益。

第五条　自治区水行政主管部门负责对全区坎儿井的保护、利用和监督管理。

坎儿井所在地的州、市（地）、县（市）人民政府水行政主管部门负责对本行政区域内坎儿井的保护、利用和监督管理。

其他有关部门按照其职责，负责坎儿井保护和利用的相关工作。

第六条　坎儿井水源属于国家所有。

坎儿井实行谁所有、谁管理，谁受益、谁保护的原则。

集体经济组织所有的坎儿井，由集体经济组织负责管理；个人所有的坎儿井，由个人负责管理。

第七条　自治区及坎儿井所在地的州、市（地）、县（市）人民政府对坎儿井的保护和利用，应当给予资金扶持；对保护和利用坎儿井成绩显著的单位和个人给予奖励。

第八条　自治区及坎儿井所在地的州、市（地）、县（市）水行政主管部门，应当加强坎儿井的科学研究，推广先进和适用的坎儿井维护技术、工艺及节水灌溉技术，为坎儿井保护和利用提供技术支持及服务。

第九条　自治区水行政主管部门负责组织编制自治区坎儿井保护和利用规划，报自治区人民政府批准。

坎儿井所在地的州、市（地）、县（市）水行政主管部门负责组织编制本行政区域内的坎儿井保护和利用规划，经其上一级水行政主管部门审查同意后，报本级人民政府批准。

第十条 编制坎儿井保护和利用规划，对已经停水，但水源条件较好、坍塌较轻的坎儿井，应当定为可恢复坎儿井；对水源短缺、坍塌较严重的，应当定为报废坎儿井。

第十一条 坎儿井保护和利用规划应当符合坎儿井所在地的水资源综合规划、地下水开发利用规划和农田水利规划等专业规划，并与水工程建设规划和机电井建设规划相衔接。

第十二条 自治区及坎儿井所在地的州、市（地）、县（市）水行政主管部门，应当加强坎儿井水源的动态监测和统计工作，每五年组织一次调查评价，并根据调查评价的结果对坎儿井保护和利用规划进行修改。

修改坎儿井保护和利用规划，应当按照原规划批准程序报批。

第十三条 在坎儿井所在地从事水资源开发利用活动，应当遵守坎儿井保护和利用规划，新建、改建、扩建水库等控制性水利工程或者打机电井，应当对工程的建设和运行管理进行科学论证，避免对坎儿井水源造成影响。

第十四条 自治区及坎儿井所在地的州、市（地）、县（市）水行政主管部门，应当实行水资源总量控制，优化配置水资源，合理安排保护坎儿井水源所需的水资源量，防止坎儿井水源枯竭。

第十五条 自治区及坎儿井所在地的州、市（地）、县（市）水行政主管部门应当加强地下水的监测和管理；对地下水超采区域，应当采取有效措施，防止地下水位持续下降。

第十六条 坎儿井所有者，应当沿坎儿井暗渠走向，设立明显保护标志。

第十七条 坎儿井水源第一口竖井上下各 2 公里、左右各 700 米，暗渠左右各 500 米范围内，不得新打机电井；已有的机电井，应当控制并逐渐减少取水量；已经干涸的机电井，不得恢复。

第十八条 坎儿井暗渠地上两侧各 30 米以内，已有的耕地维持现状，不得扩大耕地面积或者改种高耗水作物；不得修建渠道、房屋等各类建筑物；已有的建筑物对坎儿井造成损害的，应当采取补救措施。

第十九条 坎儿井暗渠地上两侧各 30 米内，与坎儿井伴行的道路，限制重型机动车辆通行。

第二十条 保护坎儿井的特有景观，不得破坏附属于坎儿井竖井的堆土。

第二十一条 禁止向坎儿井水源、明渠、蓄水池倾倒废污水、垃圾等废弃物。

第二十二条 新建、改建、扩建公路、铁路、输油输气管道以及石油、天然气开采等各类工程，需要穿越、跨越坎儿井的，应当对工程建设期间、运行过程中可能给坎儿井造成的危害进行论证，并制定坎儿井保护方案。

坎儿井保护方案应当征得坎儿井所有者的同意。坎儿井所有者可以委托坎儿井所在地的水行政主管部门对保护方案组织审查，并进行监督。

第二十三条 在坎儿井周围从事爆破、勘探、开采等活动的，应当事先告知邻近的坎儿井所有者，并采取有效措施，防止对坎儿井造成破坏。

第二十四条 利用坎儿井从事旅游经营活动的，应当与坎儿井所有者签订协议，明确坎儿井保护的权利和义务，不得对坎儿井造成破坏。

第二十五条 坎儿井所有者应当依法向取水口所在地的县（市）水行政主管部门登记办理取水许可手续，但不缴纳水资源费。

集体经济组织成员使用本集体经济组织所有的坎儿井的水，不需要办理取水许可证，不缴纳水资源费。

第二十六条 集体经济组织成员以外的其他单位或者个人使用集体经济组织所有的坎儿井的水，应当经集体经济组织同意，并服从其管理。

使用个人所有的坎儿井的水，应当经坎儿井所有者同意，并签订用水协议。

第二十七条 集体所有的坎儿井，应当由集体经济组织通过集体协商、民主决策的方式，建立健全坎儿井保护、水量分配、节约用水以及坎儿井维修、保护、管理资金筹集使用和投劳等方面的管理制度。

第二十八条 鼓励对坎儿井用水实行总量控制与定额管理相结合的制度，推广先进节水技术，提倡按方计量收取水费。

鼓励组建农民用水者协会，实行坎儿井用水民主管理。

第二十九条 坎儿井所有者应当加强坎儿井的维护，定期检修和加固坎儿井竖井井口和出水口。

第三十条 原有坎儿井之间的距离，应当尊重历史，维持现状。坎儿井需要延伸涉及相邻方的，应当协商一致。

第三十一条 坎儿井所有者之间、使用者之间及其相互之间发生水事纠纷的，应当协商解决；当事人不愿协商或者协商不成的，可以向坎儿井所在地县（市）人民政府或者其授权的部门申请调解，也可以依法向人民法院提起诉讼。

在水事纠纷解决前，当事人不得单方面改变现状。

第三十二条 违反本条例第十七条规定新打机电井的，由坎儿井所在地县（市）水行政主管部门责令停止违法行为，并处 5000 元以上 20000 元以下罚款；水行政主管部门及其工作人员违法批准新打机电井的，由其所在单位或者有关主管部门对直接负责的主管人员和直接责任人员给予行政处分。

第三十三条 违反本条例第十九条、第二十一条规定的，由坎儿井所在地县（市）水行政主管部门责令纠正违法行为，消除影响；造成损害的，应当依法予以赔偿。

第三十四条 违反本条例规定，新建、改建；扩建公路、铁路、输油输气管道以及石油、天燃气开采的各类工程或者从事爆破、勘探、开采、旅游等活动，对坎儿井造成损害的，应当及时采取补救措施，并依法予以赔偿。

第三十五条 违反本条例规定应当给予行政处罚的其他行为，依照有关法律、法规的规定予以处罚。

第三十六条 本条例自 2006 年 12 月 1 日起施行。

新疆维吾尔自治区实施
《中华人民共和国文物保护法》办法

（2007年3月30日新疆维吾尔自治区第十届人民代表大会常务委员会
第二十九次会议通过　自2007年5月1日起施行）

第一条　根据《中华人民共和国文物保护法》及有关法律、法规的规定，结合自治区实际，制定本办法。

第二条　本办法适用于自治区行政区域内文物的保护、管理和利用。

第三条　各级人民政府负责本行政区域内的文物保护工作，组织协调有关部门解决文物保护、管理和利用方面的重大问题，将文物保护纳入土地利用总体规划、城乡建设规划和旅游发展规划，正确处理文物保护与经济建设、社会发展的关系，确保文物安全。

文物保护工作应当贯彻保护为主、抢救第一、合理利用、加强管理的方针。

第四条　县级以上人民政府应当将文物保护事业所需经费列入本级财政预算，并随着财政收入的增长和文物保护工作的需要而增加。文物丰富地区的人民政府应当设立文物保护专项经费。

第五条　县级以上人民政府文物行政部门对本行政区域内的文物保护实施监督管理，并根据实际需要建立健全文物行政执法机构或者配备专职文物行政执法人员。

公安、海关、工商、建设、环境保护、旅游、宗教等部门在各自的职责范围内依法做好有关的文物保护工作。

第六条　各级文物行政部门和文化、教育、科技、新闻出版、广播电视等部门，应当做好文物保护的宣传教育工作，增强各族群众的文物保护意识。

第七条　鼓励自然人、法人或者其他组织向文物保护事业进行捐赠，向国有博物馆、纪念馆和重点文物保护单位提供捐赠的，依法享受国家规定的税收优惠。

受赠单位应将捐赠专项用于文物保护事业。

第八条　国有博物馆、纪念馆、文物保护单位的门票等事业性收入，应当全额上缴财政，专门用于文物保护，任何单位或者个人不得侵占、挪用。

第九条　县级以上人民政府文物行政部门应当设立并向社会公布文物保护举报电话，及时受理文物保护等方面的投诉。

第十条 县（市、区）、州（市）、自治区级文物保护单位，根据不可移动文物的历史、艺术、科学价值，分别由本级人民政府核定公布，并报上一级人民政府备案。

具有重大历史、艺术、科学价值的不可移动文物，需要确定为全国重点文物保护单位的，由自治区文物行政部门依照法定程序推荐上报。

尚未核定公布为文物保护单位的不可移动文物，由当地县级人民政府文物行政部门予以登记公布，建立档案，并采取相应的保护措施。第十一条文物保护单位保护规划应当由所在地县级以上人民政府组织编制。保护规划编制完成后，应当由规划编制组织单位报自治区文物行政部门会同城乡建设规划等部门组织评审。全国重点文物保护单位和自治区级文物保护单位保护规划由自治区人民政府批准公布，州、市（地）、县（市、区）级文物保护单位保护规划由当地人民政府批准公布。全国重点文物保护单位保护规划在批准公布前，应征得国务院文物行政部门的同意。

州、市（地）、县（市、区）人民政府文物行政部门应当制定文物保护单位的具体保护措施。

第十二条 依法划定的文物保护单位的保护范围，由文物行政部门或者文物保护单位的管理机构依照土地管理法律、法规向当地土地管理部门申请办理土地登记手续。

第十三条 在文物保护单位的保护范围内，禁止进行可能影响文物保护单位安全及污染其环境的工程施工建设，禁止存放易燃、易爆和易腐蚀性的物品，禁止进行爆破、钻探、挖掘、采矿、取土、垦荒、放牧、修渠、筑路或其他可能影响文物安全的活动。因特殊情况确需进行工程建设或者爆破、钻探、挖掘等施工作业的，必须保证文物保护单位的安全，并按照《中华人民共和国文物保护法》第十七条的规定办理相关报批手续。

在文物保护单位建设控制地带内，应严格控制建设项目，不得修建对文物构成危害及破坏文物环境风貌的建筑物和构筑物。现有危害文物安全、破坏文物环境风貌的建筑物、构筑物，应当限期治理。

第十四条 文物保护单位的标志说明，应当同时使用规范的维吾尔文字、汉字和当地通用的少数民族文字。标志说明应当报送自治区文物行政部门会同语言文字工作部门审定。

第十五条 文物行政部门应当与使用、管理不可移动文物的单位或者个人签订文物安全责任书。不可移动文物发生险情时，使用、管理不可移动文物的单位或者个人应当在24小时内向所在地文物行政部门报告，并应立即采取应急抢救措施。

第十六条 不可移动文物尚未设置专门管理机构的，所在地县级人民政府或者其文物行政部门可以根据实际情况，组织建立群众性保护组织或者聘请文物监护员，进行巡查、看护，并对文物监护员给予适当补助。

第十七条 被依法核定公布为文物保护单位的民用住宅、纪念建筑物、宗教建筑物等非国有不可移动文物，由其所有人对其进行日常修缮和保养；有损毁危险，所有人不具备修缮能力的，当地人民政府应当给予帮助；所有人具备修缮能力而拒不依法履行修缮义务的，县级以上人民政府可以给予抢救修缮，所需费用由所有人承担。所在地文物行政部门应当加强对文物保护和文物利用的监督管理。

第十八条 向公众开放的文物保护单位，其管理机构应当根据文物的性状，科学核定游客数量，避免过度利用，确保文物本体及其环境安全；存在安全隐患的，应当限制或者禁止参观。

第十九条 未开放的文物保护单位，禁止参观、旅游、探险。因科研考察确需进入的，应当持科考项目方案及相应批准文件报经自治区文物行政部门审核同意，并由文物监护员随同监护。

第二十条 国有不可移动文物不得租赁、转让、抵押。建立博物馆、保管所或者辟为参观游览场所的国有文物保护单位，不得作为或者变相作为企业资产经营。

第二十一条 文物保护工程勘察设计、施工和监理以及重要设备、材料的采购，应当依法进行招标投标。

第二十二条 对文物保护单位进行保护维修，应保持文物原有的整体性，不得改变文物的结构和原状，不得对不可移动文物及其附属物进行改建、添建、损毁、拆除。

文物保护单位的保护工程设计和施工方案，应当根据文物保护单位的级别报相应的文物行政部门审批。在施工过程中需要变更原设计或施工方案的，应当报原审批的文物行政部门重新审批。

文物保护工程竣工后，建设单位应当按照有关规定组织工程验收，并通知批准工程建设的文物行政部门参加。

第二十三条 进行大型基本建设工程，建设单位应当事先报请自治区文物行政部门组织从事考古发掘的单位，在工程范围内可能埋藏文物的区域进行考古调查、勘探。自治区文物行政部门应当及时组织考古调查、勘探，并向建设单位提出文物调查勘探评估意见书；发现文物的，会同建设单位制定并采取必要的保护措施。

因进行基本建设、生产建设所需要的考古调查、勘探、发掘费用，由建设单位列入建设工程预算。

第二十四条 在工程建设或者农牧业生产过程中，任何单位或者个人发现文物或者疑似文物的，应当立即停止作业，保护现场，立即向当地文物行政部门报告，文物行政部门应当依法及时处理。

任何单位或者个人不得哄抢、私分、藏匿或者故意损毁文物。

第二十五条 外国人或者外国团体在自治区行政区域内进行考古调查、勘探、发掘及其研究，应当依法取得许可，并严格遵守国家涉外考古的有关规定。

外国人或者外国团体参观考古发掘现场的，由自治区文物行政部门报国家文物行政部门批准后方可进行。

第二十六条 考古发掘的文物应当登记造册，妥善保管，任何单位和个人不得侵占。

非经考古发掘单位同意，任何单位和个人不得擅自发表尚未公开的文物考古资料。

第二十七条 博物馆及其他文物收藏单位应当建立健全藏品收藏、保护、研究以及展示制度，并建立藏品总账、分类账及藏品档案。珍贵文物藏品档案应当报自治区文物行政部门备案，一般文物藏品档案应当报上一级文物行政部门备案。

第二十八条 借用国有馆藏一级文物的，应当经国务院文物行政部门批准；借用国有馆藏二、三级和非国有馆藏一级文物的，应当经自治区文物行政部门批准；借用国有馆藏一般文物的，由主管该馆的文物行政部门批准，并报自治区文物行政部门备案。

第二十九条 博物馆以及其他文物收藏单位应当建立健全安全保卫制度，配备防火、防盗、防自然损坏的设备、设施。馆藏一级文物和其他易损易坏的珍贵文物，应当设立专库或者专柜，并由专人负责保管。

第三十条 博物馆以及其他文物收藏单位的安全设施不符合国家有关规定的，不得展示文物。文物保护单位不具备国家规定的安全条件的，不得向社会开放。

第三十一条 博物馆应当向公众开放，并公告服务项目和开放时间。国有博物馆全年开放时间不得少于 10 个月；法定节假日和学校寒暑假期间，应当适当延长开放时间。

国有博物馆对未成年人集体参观和老年人、残疾人、现役军人等特殊社会群体参观实行免费制度。

第三十二条 国有博物馆或者其他国有文物收藏单位展出禁止拍摄的文物，应当设置明显标志。

制作出版物、影视片、音像制品或者举办大型活动等需要拍摄国有文物的，应当依法向国家或自治区文物行政部门申请办理审批手续，并按国家有关规定交纳文物补偿费用。

第三十三条 文物商店销售的文物，销售前应当经自治区文物行政部门审核，对允许销售的，应当加贴销售标识。销售标识不得伪造、涂改、毁损、挪用或者更换。

第三十四条 违反本办法规定，进入未开放文物保护单位参观、旅游、探险的，或者未经同意擅自进入未开放文物保护单位进行科研考察活动的，由县级以上人民政府文物行政部门责令改正，拒不改正的，对个人处 1000 元以上 10000 元以下罚款，对单位处 5000 元以上 50000 元以下罚款；对以营利为目的组织参观、旅游、探险的，没收非法所得，并处 2 万元以上 10 万元以下罚款。

第三十五条 违反本办法规定，伪造、涂改、毁损、挪用或者更换销售标识的，由自治区文物行政部门责令改正，并处 5000 元以上 30000 元以下罚款。

第三十六条 违反本办法应当给予处罚的其他行为，依照有关法律、法规的规定予以处罚。

第三十七条 文物行政部门的工作人员有下列行为之一的，依法给予行政处分；构成犯罪的，依法追究刑事责任：

（一）违反本办法规定，滥用审批权限、不履行职责或者发现违法行为不予查处，造成严重后果的；

（二）借用或者非法侵占国有文物的；

（三）举办或者参与举办文物商店或者经营文物拍卖的拍卖企业的；

（四）因不负责任造成文物保护单位、珍贵文物损毁或者流失的；

（五）贪污、挪用文物保护经费的。

第三十八条　本办法自 2007 年 5 月 1 日起施行。《新疆维吾尔自治区文物保护管理若干规定》同时废止。

新疆吉木萨尔北庭故城遗址保护条例

（2013年1月12日自治州十四届人民代表大会第二次会议通过　2013年3月30日新疆维吾尔自治区第十二届人大常委会第一次会议审查批准
自2013年5月20日起施行）

第一章　总　则

第一条　为了加强对新疆吉木萨尔北庭故城遗址（以下简称北庭故城遗址）的保护、管理和利用，根据《中华人民共和国文物保护法》《新疆维吾尔自治区实施〈中华人民共和国文物保护法〉办法》等法律、法规的规定，制定本条例。

第二条　本条例适用于北庭故城遗址的保护、管理和利用。

北庭故城遗址范围由依法批准的北庭故城遗址保护总体规划确定，包括遗产区和缓冲区。

第三条　北庭故城遗址保护、管理和利用，坚持保护为主、抢救第一、合理利用、加强管理的方针，确保北庭故城遗址文化遗产价值及其载体的整体性。

第四条　自治州、吉木萨尔县人民政府应将北庭古城遗址的保护、管理和利用纳入本级人民政府国民经济和社会发展规划、土地利用总体规划和城乡规划。

第五条　自治州、吉木萨尔县文物行政主管部门负责北庭故城遗址保护工作的指导、协调和监督。

吉木萨尔县文物行政主管部门所属的北庭故城遗址保护管理机构承担具体的保护和管理工作。

自治州、吉木萨尔县发展和改革、财政、环保、公安、旅游、规划、国土、建设、水利、林业等部门按照各自职责，协同做好北庭故城遗址的保护、管理和利用工作。

第六条　北庭故城遗址保护经费应当纳入本级财政预算。

第七条　任何单位和个人都有保护北庭故城遗址的义务。有权检举、制止破坏北庭故城遗址的行为。

自治州、吉木萨尔县人民政府对在北庭故城遗址保护管理工作中成绩突出的单位和个人，应当给予表彰和奖励。

第二章　规划实施

第八条　北庭故城遗址的保护、管理和利用应当执行依法批准的总体规划和依据总体规划编制的详细规划。

自治州、吉木萨尔县人民政府负责北庭故城遗址总体规划和详细规划的组织和实施。

第九条　经依法批准的总体规划和详细规划不得擅自修改。确需修改的，应当依照法定程序报批。

第十条　吉木萨尔县人民政府应当组织编制和实施北庭故城遗址内的城池遗存、寺庙遗存、遗产环境、展示利用等专项保护利用规划。

第十一条　北庭故城遗址遗产区、缓冲区内的建设项目应当符合北庭故城遗址保护总体规划和北庭故城遗址保护管理规划要求，在体量、规模、色调等方面与遗址的景观相协调。

第三章　监督管理

第十二条　北庭故城遗址遗产区、缓冲区的文物保护，参照全国重点文物保护单位管理规定进行管理。

第十三条　吉木萨尔县文物行政主管部门应当按照相关规定设置北庭故城遗址保护标志和界碑。

第十四条　经依法批准的考古调查、勘察活动，发掘前，应当向吉木萨尔县文物行政主管部门交验相关批准文件。

第十五条　未经批准，不得在北庭故城遗址保护范围内实施下列行为：

（一）爆破、钻探、挖掘等；

（二）放牧、耕种等；

（三）移动、拆除、污损、破坏保护设施；

（四）取土、挖沙、开窑、建坟等；

（五）产生工业粉尘、废气、废渣、废水、噪声等；

（六）其他破坏北庭故城遗址保护的行为。

第十六条　在北庭故城遗址范围内拍摄电影、电视剧（片）、专业录像或专业摄影利用文物的，应当依法取得批准文件，并在文物管理人员的监督下进行。

第十七条　北庭故城遗址遗产区、缓冲区内从事各类服务业的，应当经吉木萨尔县文物行政主管部门核准。经营地点和营业范围不得擅自改变。

第四章　保护利用

第十八条　北庭故城遗址遗产区和缓冲区内的下列遗产，应当依法予以保护：

（一）城址遗存，包括城墙、壕沟及其围合范围内的全部遗存；

（二）西寺遗存，包括寺院建筑、壁画、塑像及场地等其他相关遗存；

（三）其他同期遗存及遗存分布区，包括城址和西寺周边的同期墓葬遗存区、窑址遗存区、校场遗存区等；

（四）可移动文物，包括遗址出土的各类相关可移动文物；

（五）遗产环境，包括东河坝、西河坝、相关林木、植被品种等；

（六）其他应保护的遗产。

第十九条 北庭故城遗址遗产区和缓冲区内发现的文物实施原址保护，并建立文物记录档案；无法实施原址保护的，由吉木萨尔县文物行政主管部门负责保管，建立档案，并向上级文物行政主管部门登记备案。

文物藏品的调拨、交换、借用和对外展出，应当按照国家有关规定办理审批手续。

第二十条 鼓励单位和个人将收藏的与北庭故城遗址有关的文物捐赠给文物行政主管部门。

第二十一条 北庭故城遗址保护管理机构应当加强对北庭故城遗址的日常监测、定期监测和反应性监测。

鼓励使用先进科学技术手段，开展多学科、多部门合作的监测，形成记录档案，并提出日常监测报告，逐级上报自治区文物行政主管部门备案。

第二十二条 北庭故城遗址保护管理机构应当按照北庭故城遗址保护管理规划要求，严格控制北庭故城遗址保护区内的环境容量和游客接待规模。

第二十三条 文物行政主管部门应当开展北庭故城遗址历史文化价值的诠释、展示和传播工作，增强公众对文化遗产的尊重和保护意识。

第五章 法律责任

第二十四条 有关人民政府或文物行政主管部门工作人员玩忽职守、滥用职权、徇私舞弊，造成北庭故城遗址的文物损毁或者流失的，依法给予行政处分；构成犯罪的，依法追究刑事责任。

第二十五条 违反本条例第十四条规定，擅自在北庭故城遗址保护区范围内从事考古调查、勘察的，由北庭故城遗址保护管理机构责令停止违法行为，并处 1000 元以上 10000 元以下罚款；构成犯罪的，依法追究刑事责任。

第二十六条 违反本条例第十五条第（一）项规定的，由北庭故城遗址保护管理机构责令改正，造成严重后果的，处 50000 元以上 500000 元以下的罚款；构成犯罪的，依法追究刑事责任。

违反本条例第十五条第（二）、（三）、（四）、（五）项规定的，由北庭故城遗址保护管理机构责令停止违法行为，限期改正，恢复原状。情节严重的，处 1000 元以上 30000 元以下的罚款；构成犯罪的，依法追究刑事责任。

第二十七条 违反本条例第十六条规定，未经批准，擅自在北庭故城遗址保护区范围内拍摄电影、电视剧（片）、专业录像或专业摄影的，由北庭故城遗址保护管理机构责令停止违法行为，并处 1000 元以上 10000 元以下罚款；造成严重后果的，处 10000 元以上 100000 元以下罚款；构成犯罪的，依法追究刑事责任。

  第二十八条 违反本条例第十七条规定，未经核准，擅自在北庭故城遗址遗产区、缓冲区内从事各类服务业的，由北庭故城遗址保护管理机构责令改正；构成犯罪的，依法追究刑事责任。

  第二十九条 违反本条例规定，应当承担法律责任的其他行为，依照有关法律、法规规定执行。

第六章 附 则

  第三十条 本条例自 2013 年 5 月 20 日起施行。

中共中央、国务院文件

政务院关于带有歧视和侮辱少数民族性质的
称谓、地名、碑碣、匾联处理办法

（1951 年 5 月 16 日）

为加强民族团结，禁止民族间的歧视与侮辱，根据中国人民政治协商会议共同纲领第 50 条之规定，对于历史上遗留下来的少数民族的称谓以及有关少数民族的地名，碑碣、匾联等，如带有歧视和侮辱少数民族意思者，应分别予以禁止、更改、封存或收管。其办法如下：

（一）关于各少数民族间的称谓，由各省、市人民政府指定有关机关加以调查，如发现有歧视蔑视少数民族的称谓，应与少数民族的代表人物协商，改用适当的称谓，呈报中央人民政府政务院审定、公布通行。

（二）关于地名：县（市）及其以下的地名（包括区、乡、街、巷、胡同），如有歧视或侮辱少数民族的意思，由县（市）人民政府征求少数民族代表人物意见，改用适当的名称，报请省人民政府备案。县（市）以上地名，由县（市）以上人民政府征求少数民族代表人物意见，提出更改名称，呈报中央人民政府政务院核定。

（三）关于碑碣、匾联：凡各地存有歧视或侮辱少数民族意思之碑碣、匾联，应予撤除或撤换。为供研究历史、文化的参考，对此种碑碣、匾联在撤除后一般不要销毁，而加以封存，由省、市人民政府文教部门统一管理，重要者并须汇报中央文化部文物局。如其中有在历史、文物研究上确具价值而不便迁动者，在取得少数民族同意后，得予保留不撤，惟须附加适当说明。以上均由各省、市人民政府进行调查，提出具体处理办法，报请大行政区人民政府（军政委员会）核准后施行。重要者，需呈报中央人民政府政务院核准。

各级有关人民政府在执行以上工作前，应结合民族政策，须先在当地少数民族人民和汉民族人民中进行宣传教育，并与有关民族（包括汉族）的代表协商妥当，在大多数人了解之后具体执行，以便进一步加强各地各民族之间人民的团结，而不致增加民族隔阂，甚或发生民族纠纷。

　　此外，关于各民族历史和现状的艺术品（戏剧等）和学校教材中内容不适当处，应如何修改，因较为复杂，尚待各有关机关研究，并望各地民族事务机构提出意见。

总理　周恩来

1951 年 5 月 16 日

国务院关于在农业生产建设中保护文物的通知

（国二文习字第6号）

各省、自治区、直辖市人民委员会：

在全国农业生产的高潮中，打井、开渠、挖塘、修坝、开荒、筑路、平整土地等各项农业生产建设正在迅速而广泛地进行。由于我们历史悠久，被保存在地上地下的革命遗迹、古代文化遗址、古墓葬、古建筑、碑碣、古生物化石遍布全国。中有许多是非常珍贵的，是对我国历史和文化进行科学研究最宝贵的资料，也是向广大人民进行爱国主义教育最有力的实物例证。但是目前有些地区在上述建设工程中已经发生了破坏文物的严重情况。地方各级人民委员会必须在既不影响生产建设、又使文物得到保护的原则下，采取紧急措施，大力宣传，在农业生产建设中开展群众性的文物保护工作。为此，特作如下通知：

一、由于农业生产建设范围空前广阔，农村的文物保护工作已绝非少数文化工作干部所能胜任，因而必须发挥广大群众所固有的爱护乡土革命遗址和历史文物的积极性，加强领导和宣传，使保护文物成为广泛的群众性工作。只有这样做，才能适应今天的新情况，才能真正达到保护文物的目的。各级文化部门应该大力开展宣传工作，通过农村中各种基层文化组织和各种文化活动，特别是通过农村中的积极分子，应用广播、幻灯、黑板报等形式宣传文物保护政策和法令，普及文物知识，并且在发现文物地区，就地举办临时性的展览。可以根据各地不同情况，在群众自觉自愿的原则下，把其中积极分子组成群众性保护文物的小组，同文化部门密切联系，进行经常的保护工作；在农业生产中发现古文化遗址、古墓葬的时候，应该随时报告文化部门处理。

二、地方各级人民委员会在进行农村建设全面规划中，必须注意到文物保护工作，并且把这项工作纳入规划之中：

（一）一切已知的革命遗迹、古代文化遗址、古墓葬、古建筑、碑碣，如果同生产建设没有妨碍，就应该坚决保存。如果有碍生产建设，但是本身价值重大，应该尽可能纳入农村绿化或其他建设的规划加以保存和利用。

（二）全国有很多地区已经确定是革命遗迹和重要的古代文化遗址，例如：河南省安阳殷墟、新郑郑韩故城、洛阳汉魏故城，陕西省西安市丰镐遗址、汉城，山东省临淄县齐国故城、曲阜县鲁国故城，河北省邯郸赵王城、易县燕下都，湖北省江陵楚郢都、纪南城，云南省大理县南诏故城，内蒙古自治区宁城县辽大名城，新疆维吾尔自治区哈拉和卓高昌故城、雅尔湖故城以及历次革命战争中有重要纪念价值的地点。在上述地址进行农业生产基本建设规划的时候，必须征得文化部同意，以避免遗址的破坏。

（三）各省、自治区、直辖市文化局对于农业生产建设中确实有妨碍的一般性的古代文化遗址、古墓葬、古建筑、碑碣，应该准备一定人力，随时进行紧急性的清理、发掘工作或拆除、迁移工作。对于具有重大价值的文物，应该报请文化部处理。

三、必须在全国范围内对历史和革命文物遗迹进行普查调查工作。各省、自治区、直辖市文化局应该首先就已知的重要古文化遗址、古墓葬地区和重要革命遗迹、纪念建筑物、古建筑、碑碣等，在本通知到达后两个月内提出保护单位名单，报省（市）人民委员会批准先行公布，并且通知县、乡，做出标志，加以保护。然后将名单上报文化部汇总审核，并且在普查过程中逐步补充，分批分期地由文化部报告国务院批准，置于国家保护之列。被确定的文物保护单位，由文化部进行登记，颁发执照，交由当地人民委员会负责保管。各地农业生产合作社对本社范围内的文物保护单位负有保护责任。

四、凡进行大规模水利工程、工业基本建设工程和军事工程都应该按照前政务院"关于在基本建设工程中保护历史及革命文物的指示"贯彻执行。

五、广西、贵州、云南地区，分布有丰富的第四纪中期的古生物化石，在石灰岩山洞的堆积层中，已发现有人类化石。广东、湖南、四川、江西、福建、浙江等省，也都有类似的山洞。这些化石对于研究人类的起源和发展以及研究地质，都是极为重要的科学研究资料，应该坚决保护。特别是广西、贵州、云南三省，必须禁止挖掘石灰岩山洞中的"岩泥"，以免科学研究的资料遭到损失。山西、陕西两省和内蒙古自治区等地第三纪、第四纪的古生物化石，也是科学研究上的重要资料，应该适当地保护，如果在生产建设的挖掘中发现大量龙骨，应该报告县或自治县人民委员会研究处理。

六、地下蕴藏的文物，都是国家的文化遗产，为全民所共有。在农业生产建设中，如果有所发现，应该立即报告当地文化部门并且把出土文物移交文化部门保管。各级国家机关工作人员、各地农业生产组织和农民由于及时报告情况或其他努力因而使重要的文化遗迹或文物得以保护、保存者，应该由文化部门予以表扬或奖励；对于文化遗迹和文物采取粗暴态度，以致造成不可弥补的损失者，应该由当地文化部门提请监察部门予以适当的处分，情节重大者，依法移送人民法院判处。

国务院

一九五六年四月二日

国务院关于进一步加强文物保护和管理工作的指示

（国文习字 39 号）

一、文物保护工作是一项重要工作。我国丰富的革命文物和历史文物，是世界人类进步文化的宝贵遗产。切实保护这些文物，对于促进我国的科学研究和社会主义文化建设，以及向广大人民进行革命传统教育和爱国主义教育，起着重要的作用。因此，各级人民委员会必须认真贯彻执行"文物保护管理暂行条例"，凡是具有历史、艺术、科学价值的文物，都应当妥善保护，不使遭受破坏和损失。文化部和各省、自治区、直辖市人民委员会还应当本着重点保护、重点发掘，既对基本建设有利，又对文物保护有利的方针，根据当地具体情况采取有效措施，进一步加强对文物保护工作的领导。

二、文物保护工作必须坚持勤俭办事业的原则，对于革命纪念建筑和古建筑，主要是保护原状，防止破坏，除少数即将倒塌的需要加以保固修缮以外，一般以维持不塌不漏为原则，不要大兴土木。保护文物古迹工作的本身，也是一件文化艺术工作，必须注意尽可能保持文物古迹工作的原状，不应当大拆大改或者将附近环境大加改变，那样做既浪费了人力、物力，又改变了文物的历史原貌，甚至弄得面目全非，实际上是对文物古迹的破坏。

三、各级人民委员会对于这次公布的第一批全国重点文物保护单位和地方原来公布的各级文物保护单位，必须做好保护和管理工作。此外，还应当继续通过调查了解，对于尚未经公布的革命遗址、纪念建筑物、古建筑、石窟寺、石刻、古文化遗址、古墓葬，特别是关系中国共产党党史、革命史的遗址、遗迹，加以适当选择，公布为省（自治区、直辖市）级或县（市）级文物保护单位，加强保护工作。文化部应当继续选择其中价值重大者作为全国重点文物保护单位，陆续报经国务院核定公布。

四、做好文物保护工作，不仅是文化行政部门的一项重要任务，也是各有关部门的共同责任，特别是基本建设部门必须严格遵守条例的各项有关规定，使祖国文物不致遭到破坏和损失。各级人民委员会和文化行政部门还必须采取适当方式向广大人民群众宣传保护文物的政策、法令，教育群众爱护祖国文物，使文物保护成为广泛的群众性的工作。

国务院

一九六一年三月四日

国务院转发中国科学院《关于保护古脊椎动物化石问题的请示报告》的通知

（直秘会字 40 号）

各省、自治区、直辖市人民委员会、文化部、卫生部、中国科学院：

国务院同意中国科学院关于保护古脊椎动物化石问题的请示报告，现在转发给你们，请参照执行。

古脊椎动物化石是珍贵的古生物实物资料，在学术研究上具有重大价值。为了防止破坏，避免造成无法弥补的损失，有关各地要切实做好保护工作。

国务院

一九六一年三月十八日

附：关于保护古脊椎动物化石问题的请示报告（摘录）

国务院：

……

古脊椎动物化石，是地质工作者鉴定和对比地层、了解地球历史的重要根据，是生物学家和人类学家研究动物和人类起源，发展历史及其规律的珍贵材料，同时，也是群众学习并认识自然和人类历史及其发展规律，建立唯物主义宇宙观的实物资料。化石的形成需要数十万年，及至数千万年的时间，它们在地层中的分布和埋藏数量有一定的限度，而且越是接近地表面，可以采集到的部分、数量就越少。因此，世界上各科学较发达的国家，都制定了保护化石的法令。

我国是世界上古脊椎动物化石保存较为丰富的区域之一。解放后，党和政府对化石的保护极为重视，中央人民政府政务院和国务院曾在一九五三年和一九五六年先后发布指示，指出古脊椎动物与古人类化石在科学文化上的重要性，要求各地在基本建设和农业生产中注意保护。大部分地区都根据这些指示，加强了化石保护工作。但在少数地区仍然存在一些缺点，化石被破坏的情况仍不断发生。如不予以制止，则若干年后，有关的科学机构、博物馆、学校将无足够的化石作为研究、教学和陈列的标本材料，供医疗应用的"龙骨"、"龙齿"也将断绝来源。为了加强对古脊椎动物化石的保护。特提出以下几点意见：

一、由各省、自治区、直辖市选择少数在学术研究工作上有重大价值的化石丰富地区（如内蒙古自治区的乌兰察布盟锡拉木伦河区域，山西的榆社、武乡、保德等县，山东的临朐、莱阳和云南的禄丰、宜良等县），划为"古脊椎动物化石保护区"。在保护区内，除科学研究，并征有关领导批准者外，都不许挖掘化石。具体保护区由各省、自治区、直辖市文化厅（局）会同中国科学院分院和中国科学院古脊椎动物研究所或其工作站选定，选定后报请省、自治区、直辖市人民委员会批准。对保护区内和周围的群众要经常进行宣传教育，要依靠群众做好保护化石的工作。

二、请卫生部门注意掌握使用"龙骨"、"龙齿"。在一般处方中尽量少用或不用；药材经营部门应逐步减少收购量和适当降低收购价格；科学部门在采挖时，应将零碎的无研究价值的"龙骨"、"龙齿"按照收购牌价全部售给药材经营部门，以供药用。

三、在古脊椎动物化石较丰富的地区，有关部门要注意向群众讲授一些有关的知识，教育群众在发现化石之后，及时向当地政府报告。各级政府得到这方面的报告之后，及时通知文化和古生物科学研究部门，请他们鉴定有无学术研究价值，并提出处理意见。

四、为了有效地配合和加强化石的保护工作，满足各地文化部门和博物馆古生物部门发展的需要，各省、自治区、直辖市人民委员会要重视古生物化石的收藏和保管，在化石藏量特别多的地区，如条件允许，还可培养一定数量的业务干部专司此事。中国科学院古脊椎动物与古人类研究所应在业务上给予协助。

以上报告，如无不当，请批转各省、自治区、直辖市人民委员会和有关部门参照办理。

中国科学院

一九六〇年十二月三十一日

中共中央关于在无产阶级文化大革命中
保护文物图书的几点意见（摘录）

（1967 年 5 月 14 日）

………

我们的国家，是一个历史悠久而又富于革命传统和优秀遗产的国家，保存下来的文物图书极为丰富。这些文物图书都是国家的财产，在文化大革命中，应当加强保护和管理工作……为此，对保护文物图书，提出如下几点意见：

一、全国各地革命遗址和革命纪念建筑物必须坚决保护，并且应当保持原状，目前不要进行大拆大改。……

二、各地重要的有典型性的古建筑、石窟寺、石刻及雕塑壁画等都应当加以保护。目前不宜开放的，可以暂行封闭，将来逐步使这些地方成为控诉历代统治阶级和帝国主义罪恶的场所，向人民群众进行阶级教育和爱国主义教育。

三、各地古文化遗址，古墓葬要注意保护，严禁以搞副业生产或其他为名挖掘古墓。地下文物概归国有，出土文物应一律交当地文化部门保管。凡是出土的古代金银器皿，各地人民银行不要收购，已收购的应当交由文化部门进行保管。

四、对有毒的书籍不要随便烧掉，要作为反面教材，进行批判。

五、各地革命委员会或军管会应当结合对查抄物资的清理，尽快组织力量成立文物图书清理小组，对破四旧过程中查抄的文物（如铜器、陶瓷、玉器、书画、碑帖、工艺品等）和书籍、文献、资料进行清理，流失、分散的要收集起来，集中保存，要改善保管条件，勿使损坏。一时处理不完的，可先行封存，逐步进行处理。

六、各炼铜厂、造纸厂、供销社废品收购站对于收到的文物图书一律不要销毁，应当经过当地文化部门派人鉴定，拣选后，再行处理。

七、各地博物馆、图书馆、文管会、文物工作队（组）、文化馆、文物商店、古籍书店所藏文物图书都是国家财产，一律不要处理或销毁，应当妥善保管，并注意经常的保养工作。

在进行上述工作时，要进行保护文物的宣传教育工作。

国务院关于选送出土文物到国外展览的通知

（国发文〔1971〕59号）

各省、市、自治区革命委员会：

最近，在北京举办的无产阶级文化大革命以来的部分出土文物展览，国内外反映很好。为了宣传无产阶级文化大革命的伟大成果，为了增进我国同世界各国人民的文化交流和友好往来，决定从各地选一部分解放后的出土文物到国外展览。

这次出国展览，是在我国国际关系日益发展的大好形势下进行的，是配合外交工作的一项重要活动，希望各地认真做好展品的选送工作。现将选送展品的有关事项通知如下：

一、展品从建国以来直到现在的出土文物中挑选，并尽可能选送无产阶级文化大革命期间的出土文物。文物的时代，自猿人起到明代止。

二、选择的文物要精粹而有复品。精粹，指具有重要的历史、艺术、科学等方面价值，器形、花纹、色泽优美而突出。复品，系指全国范围而言，不是指某一收藏单位。

三、选送的展品要有详细资料及说明卡片、照片等。凡是过去发表过的文物，应注明发表刊物的名称、年月、期数。对文物的时代，出土年月（或收集年月）、地点、历史根据，要仔细核对，防止差错。

四、这次出国展品拟选两千件左右，文物较多的省、市、自治区，如陕西、山西、山东、河南、新疆、甘肃等，需各选送二百件左右，其它省、市、自治区可根据实际情况选送一百件左右。

下列文物不要选送：大型笨重文物，如大件石刻；运输中易损毁的文物，如浸泡在水中的漆、木器；易破碎的文物，如玻璃器、薄瓷器等，以及人骨架及小型易散失或易被盗窃的珠宝饰物等。

某些重要遗址墓葬，如陕西半坡原始社会遗址，山西侯马奴隶殉葬墓葬等，可制成模型（全部或重点部分），并附以实物。

五、请各地于九月十五日以前，将展品初选目录报送出土文物展览工作组（在北京故宫博物院内），进行平衡审定，九月底在故宫内预展审查。有关展品选定、运输和其它具体事项，请直接与出土文物展览工作组联系。

另外，为了研究我们民族的历史，各地应当根据实际需要，配备一定数量的文物考古专业人员。对原有的专业人员，凡无重大政治问题的，一般应予使用，并要注意积极培养年轻的专业人员。

国务院

一九七一年八月十七日

国务院关于加强文物保护工作的通知

（国发〔1974〕78号）

各省、市、自治区革命委员会、国务院各部委：

无产阶级文化革命以来，文物工作在毛主席革命路线指引下，贯彻"古为今用"的方针，形势很好。在批林批孔运动中，文物工作者与工农兵一起，利用文物保护单位、考古发掘现场和历史文物，揭露批判孔孟之道和林彪的反革命修正主义路线，驳斥苏修社会帝国主义对我国历史疆域的反动谬论，初步取得了较好的效果。

但是，也出现了一些值得注意的问题：有些地方不按规定，不经批准，自行"挖坟取宝"；有的对于重要的出土文物，据为本单位所有，严格"保密"；有的地方生产队以挖掘古墓为"副业"，破坏历史文物，助长资本主义倾向。为了进一步加强文物保护工作，特作以下通知：

一、革命文物是发扬革命传统，进行阶级斗争和两条路线斗争教育的重要武器。革命纪念建筑，必须妥善保护，严禁乱拆乱改。修缮时，要严格注意保持原有建筑和周围环境的原貌。不要喧宾夺主，另搞富丽堂皇的新建筑。对革命文物的征集，要采取严肃的科学态度，切实做好详细的原始记录。要充分重视人民群众在革命斗争中遗留下来的丰富文物。"有比较才能鉴别"，对于反映错误路线的文物资料，也要进行必要的征集和研究，可起反面教育作用。但不可过多，过多起副作用。

二、历史文物是历史上阶级斗争、生产斗争和科学实验的遗物，是奴隶们创造历史的实物例证，有些还是研究农民革命和儒法斗争的重要资料。必须切实做好保护和管理工作，用马克思主义的立场、观点和方法，进行历史的阶级的分析和研究，为当前的政治斗争、思想斗争服务。

出土文物是祖国珍贵的文化遗产，是人民的财富。任何地方、任何单位、任何个人都不能据为己有。凡是重要的考古发现，都要及时上报国家文物事业管理局。

各个地方各个部门进行工业、农业、水利、交通、国防、城市建设等工程，对于工程范围内的文物保护单位和在施工中新发现的墓葬、遗址、要严格按照《文物保护管理暂行条例》的规定，和文物部门密切配合，做好文物保护工作。

考古发掘工作，应当以配合基本建设为主要任务。要严格按照有关规定，履行报批手续，经批准后始得进行。事先要有计划，事后要写出发掘报告。发掘过程中，要严格按照科学要求办事，反对单纯"挖宝"。

保护古代建筑，主要是保存古代劳动人民在建筑、工程、艺术方面的成就，作为今天的借鉴，向人民进行历史唯物主义的教育。对于全国重点文物保护单位，要切实做好保护和维修工作，分别轻重缓急订出修缮规划。对古代建筑的修缮，要加强宣传工作，说明保护文物的目的和意义，批判封建迷信思想，防止阶级敌人造谣破坏。在修缮中要坚持勤俭办事业的方针，保存现状或恢复原状。不要大拆大改，任意油漆彩画，改变它的历史面貌。对已损毁的泥塑，石雕、壁画、不要重新创作复原。更不能借口保护文物大修庙宇，起提倡迷信的破坏作用。

三、地下埋藏的一切文物，都属于国家所有。任何单位和个人，都不得私自挖掘。严禁买卖或变相倒卖出土文物，要坚决打击文物走私和投机倒把的活动。对于保护重要文物有成绩的单位和人员可以给予适当的奖励。

国务院

一九七四年八月八日

国务院批转外贸部、商业部、文物局关于《加强文物商业管理和贯彻执行文物保护政策的意见》的通知

（国发〔1974〕132号）

各省、市、自治区革命委员会，国务院各部委：

现将外贸部、商业部、文物局《关于加强文物商业管理和贯彻执行文物保护政策的意见》转发给你们，请参照执行。

国务院

一九七四年十二月十六日

附：关于加强文物商业管理和贯彻执行文物保护政策的意见

国务院：

近几年来，各地文化、外贸、商业部门收购文物和组织一般文物出口工作，都取得了一定的成绩。但是，目前文物商业市场的管理还存在着一些问题，主要是多头经营、价格不一、市场混乱。甚至有的收购出土文物，助长"挖坟取宝"之风。这对文物保护都是极为不利的。

文物是我国的历史文化遗产，对珍贵的文物应一律禁止出口。对时代较晚、有大量复品、又无收藏价值的一般文物，可适当地组织出口。但是，这些文物是过去遗留下来的，货源只会日益减少不会增多。而且它是我们独有的特殊商品，不存在和其他国家竞争的问题。因而不宜采取"成批销售"的办法，必须密切注意国际市场的供求关系和价格变化的动向，采取"少出高汇、细水长流"的方针，有计划地组织出口。对文物商业市场，则应归口经营、统一收购、统一价格、加强管理。为了既有利于文物保护，又有利于组织一般文物商品出口，换取外汇，支援社会主义建设，特提出以下意见：

一、文物出口界限和鉴定标准。在未制定新的标准以前，仍应按原有规定执行。对于乾隆六十年（一七九五年）以后按标准可以出口的文物，如属价值较高，数量较少的（包括有代表性的现代艺术作品）要从严掌握。乾隆六十年以前的一般文物，经国家文物事业管理局特许批准者

可以出口。革命文物或反革命罪证，不限年代，一律不准出口。

二、文物商业的管理和经营分工。文物商店应由文化部门领导，没有建立文物商店的省、市、自治区应逐步建立。现由外贸部门领导的文物商店，应即移交文化部门领导，原有的文物商店的业务人员和不动产（包括仓库）以及外贸部门和其它部门不准出口的库存文物一并移交文化部门。移交的文物可按原来收进价格作价。文物部门资金、仓库不足的，可适当增加。今后各地文物应由文物商店统一收购。不属于文物性质的珠、翠、钻由外贸部门统一收购（或委托文物商店等机构代购）。

外贸部门出口的文物商品、货源一律由文物商店负责供应。

文物商店门市部、友谊商店和外轮供应公司应只经营文物复制品和经过鉴定选择可以出口的一般文物，但只能零售，不得批发。

银行、友谊商店、外轮供应公司，信托商店等都不得收购文物。友谊商店、外轮供应公司门市部向外宾销售的文物商品，统一由外贸部门供应。

三、文物、商业、外贸等部门，要互相配合，加强协作。文物部门应防止只注意收藏、不注意出口的片面思想，要积极鉴选可供出口的文物，供应外贸部门出口、商业、外贸等部门遇有交售文物者，应即通知当地文物部门处理；收购商品中夹杂收来的文物，要及时移交文物部门。

四、炼铜、造纸和废品收购等部门，不要把文物当废品处理，应当配合文物部门进行拣选。其中可以出口的由文物部门提供外贸部门出口。拣出的铜器，由国家给以同等数量的铜。

五、文物商品应在指定的北京、上海、天津、广州四个口岸出口，须经文物部门鉴定、准许出口，海关始能放行。凡没有经过鉴定和办理准予出口手续的，一律不准出口。未经指定的口岸，一律不准办理文物商品出口业务，各地海关要把好关。

六、文化、外贸、商业等有关部门，要积极宣传文物保护政策，防止破坏古墓和古遗址等。要加强文物商业市场管理，坚决打击文物走私和投机倒把活动，防止外国人钻空子，防止有收藏价值的重要文物外流。

以上意见，如无不妥，请批转各省、市、自治区参照执行。

外贸部　商业部　文物局
一九七四年十一月二十五日

国务院批转国家文物事业管理局《关于在农业学大寨运动中加强文物保护管理》的报告

（国发〔1977〕13号）

各省、市、自治区革命委员会，国务院各部委：

　　现将国家文物事业管理局《关于在农业学大寨运动中加强文物保护管理的报告》转发给你们，请参照执行。

国务院

一九七七年二月十五日

附：关于在农业学大寨运动中加强文物保护管理的报告（摘录）

国务院：

　　……党中央一举粉碎王、张、江、姚反党集团篡党夺权的阴谋，取得伟大历史性胜利的大好形势下，党中央召开了第二次全国农业学大寨会议。这次会议必将促进在全国广大农村，深入揭批"四人帮"，迅猛地兴起一个农业学大寨，普及大寨县的伟大革命群众运动的新高潮。在我们这样一个历史悠久、具有丰富历史文化遗产的国家，大规模地进行兴修水利、平整土地，必然会发现许多珍贵的历史文物，这将极大地促进我国文物考古工作的蓬勃发展。但是，在有些地区兴修水利、平整土地与有重点地保护一些古遗址和古墓葬也会发生一定的矛盾，需要加以解决。一九七五年全国农业学大寨会议以后，我们遵照报告中提出的各部门都要积极为普及大寨县贡献力量的要求，邀请七个省、市、自治区的文物工作同志举行了座谈，议定了一些措施。一年来，不少省、市、自治区的文物工作部门，在当地党委的领导下，主动为农业学大寨运动服务，运用革命文物宣传党的革命传统，结合当地的历史文物，宣传古代劳动人民战天斗地的英雄气概，在鼓舞群众的革命斗志，大干社会主义，促进人们思想革命化方面，起了良好的作用。从而进一步引起了各级党委和广大贫下中农对保护革命遗址、古遗址、古墓葬的重视，保护了一批重要的革命文物和历史文物。不少地方党委把革命文物的宣传工作作为进行党的基本路线教育的一个内容。有的地方还结合农田、水利建设，举办了亦工亦农考古训练班，根据农业学大寨运动的需要，对一些古墓葬和古遗址进行了发掘，出土了一批重要的历史文物，著名的秦始皇时代的法律竹简，就是湖北孝感地区亦工亦农考古短训班学员在水利工程中发现并完整出土的。但是，也还存在一些问题，在有的地区还发生了文物破坏的情况，甚至有的重要古遗址破坏情况还比较严重。当前各地存在的主要问题是：各省、市、自治区文物工作干部太少，根本顾不过来。而且大规模农田基本建设、兴修水利的群众运动中保护革命遗址、古遗址、古墓葬的问题，往往涉及生产建设许多有关部门，必须由各级党委、革委会加强领导。同时也存在着一些具体问题需要解决，如有些作为重点文物保护单位的古遗址、古墓葬，其中有一部分必须长期保存，不宜深翻土地和兴修水渠。这一部分土地，在一些县的范围内占的比重极小，但是对于所在的生产大队和生产队来说，比重就比较大。保护它们，对于当地生产队农业增产有一定的影响，需要在粮食征购指标、化肥供应等各方面给予适当照顾，以保证不影响当地群众的生活。

上述问题都不是各地文物部门能够自行解决的。为此，我们提出以下几点意见。

一、建议各级革命委员会，进一步加强对文物工作的领导。健全文物管理机构，认真执行党的文物政策，保持文物工作专业队伍的相对稳定。要贯彻执行"重点保护，重点发掘，既对基本建设有利，又对文物保护有利"的方针，组织文物部门和生产建设部门密切协作，在一些重要古遗址、古墓群地区进行兴修水利，平整土地，应因地制宜，区别对待，把文物保护、发掘规划纳入到当地农田基本建设的全面规划当中去。

二、在必须重点保护的革命遗址、古遗址和古墓群区，不宜进行大规模平整深翻土地，兴修水利等农田基本建设的生产大队和生产队，因此使农业生产受到影响，要在粮食征购指标、化肥供应以及发展社队企业等各方面给予适当照顾，以保证该地区集体经济的巩固和发展。

三、要发动群众、依靠群众，广泛开展群众性的文物保护工作。巩固、健全和发展群众业余文物保护小组。在进行考古发掘和较大规模的文物普查时，要根据不同情况举办各种类型的亦工亦农文物考古短训班，逐步培养一支当地贫下中农的业余考古队伍。不是配合生产建设的考古发掘，必须严格按照有关规定，履行报批手续，经批准后始得进行。

四、要密切配合农村进行党的基本路线教育，要充分运用革命文物，宣传革命传统，向群众进行阶级斗争和路线斗争教育。在历史文物中，要特别注意调查、保护反映地质水文、地下水脉、河道变迁、地貌变化和天文气象等情况的遗址、墓葬、碑刻等文物，并及时进行整理研究，直接为生产建设和科学研究服务。

五、要以阶级斗争为纲，坚持党的基本路线，注意农村中两个阶级、两条路线的斗争，坚决打击文物走私和投机倒把活动，严禁盗掘古墓、破坏革命文物和历史文物。

以上意见如无不妥，请批转各省市、自治区参照执行。

国家文物事业管理局

一九七七年二月八日

国务院批转国家文物事业管理局、国家基本建设委员会《关于加强古建筑和文物古迹保护管理工作的请示报告》

（国发〔1980〕120号）

各省、市、自治区人民政府（革命委员会），国务院各部委、各直属机构：

国务院同意国家文物事业管理局，国家基本建设委员会《关于加强古建筑和文物古迹的保护管理工作的请示报告》。现转发给你们，请认真研究贯彻执行。

建国以来，党和国家十分重视对古建筑和文物古迹的保护，颁发过一系列政策和法令。但近十几年来，由于林彪、"四人帮"极"左"路线的严重干扰和破坏，古建筑和文物古迹遭到了很大的破坏，造成不可弥补的损失。为进一步做好古建筑和文物古迹的保护和管理工作，望各级人民政府和有关部门加强领导，采取有力措施，制止破坏，切实把这项工作抓起来，并在经费、物资、设备等方面给予必要的支持。

国务院

一九八〇年五月十五日

附：关于加强古建筑和文物古迹保护管理工作的请示报告

国务院：

近十几年来，由于林彪"四人帮"极"左"路线的严重干扰和破坏，使我国的古建筑和文物古迹经历了一场浩劫。有许多文物古迹被分割侵占，古建筑遭到严重的破坏。西藏地区的全国重点文物保护单位葛丹寺、萨迦寺被破坏殆尽，举世闻名的万里长城，仅在北京范围的三百六十六里，就拆毁了一百〇八里，其他地区也有许多长城的重要关隘险口、城堡被毁得荡然无存。甘南藏族自治州的拉卜楞寺中的许多建筑和文物被毁。内蒙古许多具有民族特点的古建筑遭到严重破坏，著名的席力图召喇嘛庙内竟作为储存弹药的地方。山西五台山在解放初尚有一百几十处庙宇，现仅存五十余处，这是必须永远记取的沉痛教训。

特别值得注意的是，粉碎"四人帮"以后，虽然对"四人帮"在这方面的罪行进行过批判，采取了一些措施，使一些地方的破坏情况得到制止。但是，至今在有些地区古建筑和文物古迹遭受破坏的情况仍继续发展。当前的主要问题是：有些重要古建筑继续被一些机关、部队、工厂、企业所占用。如全国文物保护单位广州的光孝寺和驰名东南亚的陈家祠，长期被机关、工厂占用，特别是陈家祠被搞得面目全非，国家文物局多次建议地方解决，广东省三令五申，限期搬迁，至今仍未解决。有些著名古建筑和文物古迹附近随便兴建新建筑物，丝毫不考虑环境气氛，如无锡蠡园修建一个十几层高的旅游大楼，影响了风光的清幽和和谐，已引起建筑界和外宾的强烈不满。此外，也有的地区和单位不履行报批手续，不遵守《文物保护管理暂行条例》中所规定的保持现状或恢复原状的原则，对古建筑"改旧创新"，既损坏了古建筑，又浪费了国家的经费。

以上情况的存在，主要是由于林彪、"四人帮"极"左"路线的流毒尚未肃清造成的。但另一方面，由于过去对文物法令政策宣传不够，有些地区和单位对文物政策的规定和修缮古建筑的原则不了解，他们出于好心。为了加速四个现代化，为了发展旅游事业，因而在文物保护单位和文物古迹周围，修建了一些在环境风貌上很不协调的新建筑，甚至对古建筑进行随意的拆改。此外，不少城市由于建筑用地紧张，城市建设又缺乏全面规划，甚至提出"见缝插针"的口号，在古建筑群内部随意增添新建筑，这也是产生上述情况的一个重要原因。

中国以木结构建筑为主的古建筑，以其独特的风格和完整的体系见称于世界。分布在全国的各个历史时期的古建筑，反映了我国古代建筑艺术和科学技术的高度水平，是中国人民的珍贵文化遗产。做好对它们的保护和管理工作，对于丰富人民文化生活、提高民族自尊心和发展旅游事业，都有着重要的意义。

目前，全国各地重要的古建筑和文物古迹，经过一场浩劫之后，完整保存下来的已经为数不多了，保护管理工作的任务是十分艰巨的。一个时期以来，新华社和各级内参，以及许多群众来信，都不断反映古建筑和文物古迹仍在继续被破坏的情况。国际上有的著名建筑专家和港澳报纸，也对我国在城市建设中损坏古建筑的情况很有意见。最近很多人大代表、政协委员、建筑专家还发出了"救救古建筑"的强烈呼吁！我们认为这些意见都是正确的。我们如果不采取有力措施，制止破坏，加强保护，就可能使这份珍贵遗产在我们这一代人手中毁掉。这是既对不起祖先，也对不起子孙的事情。

实践证明，保护古建筑和文物古迹同国家各项建设事业发展之间的矛盾，只要认真贯彻执行"既对基本建设有利，又对文物保护有利"的两利方针，加强各有关方面的协作，是可以得到妥善解决的。建国初期和"文化大革命"期间，周总理亲自决定北京金鳌玉桥的马路向南扩建，保留北海团城，地下铁道绕行，保护建国门古观象台，为我们贯彻两利方针树立了典范。

为了切实加强对古建筑和文物古迹的保护管理工作，针对当前存在的问题，提出以下几点意见：

一、建议各省、市、自治区人民政府加强对文物工作和城市建设工作的领导，调查研究，摸清情况，加强保护措施。责成文物部门对本地区"文化大革命"以来文物破坏和目前古建筑使用的情况作一次全面的调查了解，将材料系统整理上报。同时，由国家文物事业管理局约请关心这一工作的部分人大代表、政协委员和建筑专家，从北京地区开始，有重点地对破坏情况较为严重的地区进行一次检查。对占用古建筑和侵占文物古迹的单位，要由文物部门和城市规划部门重新审查、区别情况、分别处理。一切有损古建筑安全和有碍开放游览的，都必须限期迁出。经过重新审核可以继续使用古建筑的单位，要与文物部门签订使用合同，严格遵守有关法令的规定，负责保护文物的安全。今后凡是故违反规定破坏文物的要追究责任，情节严重的可由文物部门依法起诉。

二、建议各级人民政府在调查研究的基础上，根据一九六一年国务院公布的《文物保护管理暂行条例》规定，调整、补充、重新公布各级文物保护单位名单，并且要按照政策法令规定的要求，落实保护管理的具体措施。凡是由政府公布的各级文物保护单位其所有权属于国家，任何单位都不得据为己有。一切使用单位包括专设的研究所、博物馆（院）、文管所，对于使用的古建筑只有保护安全的责任，没有拆除、改建的权力。在需要修缮的时候，必须严格遵守保持现状或恢复原状的原则，提出修缮计划，根据国务院《文物保护管理暂行条例》的规定履行报批手续，未经批准，一律不得动工。

三、建议各级人民政府在制定生产建设规划和城市建设规划的时候，要通盘安排，因地制宜，合理布局。事先应当由城市规划部门、建设部门同文物部门、园林部门密切协作，商定对所辖地区内的各级文物保护单位的具体保护办法纳入总体规划之中。各级文物保护单位必须划定保护范围，在保护范围内不得随便增添新建筑物，并应注意保持周围环境的风貌。古建筑和文物古迹区附近的工厂企业和其他单位，凡有"三废"、噪声、恶臭污染的，必须限期治理。新建旅馆及旅游设施，都必须由城市规划部门统一安排。在一些古建筑和文物古迹附近添建建筑物的形式、色调、高度和体量，要考虑与周围的环境气氛相协调。任何单位在周围修建新建筑都必须事先与文物部门协商并经城市规划部门批准。

四、重要古建筑必须坚持原地保存的原则。已公布为文物保护单位的古建筑如与基本建设发生矛盾时，要根据文物价值大小，建设需要的程度，权衡轻重，区别对待，妥善处理。凡是文物保护单位的迁移或拆除，都必须严格按照国务院《文物保护管理暂行条例》的规定，报请原公布机关批准，并且要在拆除以前作好全部实测、摄影、文字记录工作，作为科学档案，由文物部门保存。

五、大力开展文物保护的宣传工作。建议新闻、出版、文化等部门与文物部门密切协作，通过报纸、杂志、电影、电视、文艺作品等大力宣传保护文物古迹的重要意义，使广大人民群众了解保护文物人人有责，并进一步引起各级领导和有关部门的重视。

以上意见，如无不妥，请批转各省、市、自治区人民政府和有关部门贯彻执行。

国家文物事业管理局

国家基本建设委员会

一九八〇年五月七日

国务院关于加强历史文物保护工作的通知

（国发〔1980〕132号）

各省、市、自治区人民政府革命委员会，国务院各部委、各直属机构：

我国历史悠久，保存在地上地下的历史文物极为丰富，是我国珍贵的文化遗产。做好对它们的保护管理工作，对于提高人民的民族的自尊心，进行历史研究和为创造社会主义的民族的新文化起着重要的作用。建国以来，党和国家十分重视文物保护和管理工作，颁发了一系列的文物保护法令和指示，从根本上结束了近一百多年来我国文物被帝国主义任务掠夺和破坏的历史。但是，近十几年来由于林彪、"四人帮"推行极"左"路线，煽动极"左"思潮，鼓吹历史虚无主义，严重破坏法制，使祖国历史文物经历了一场浩劫，很多历史文物遭到破坏。有的重点文物保护单位被夷为平地，有的地区搞副业为名乱挖古墓，有的博物馆制度不严，造成文物损失、丢失，特别值得注意的是，这些现象至今在一些地区仍在继续发展，如不采取有力措施，加强管理，制止破坏，将使我国珍贵文化遗产遭到不可弥补的损失。为此，特作如下通知：

一、埋藏在地下的历史文物统属国家财产，任何单位、任何个人不得擅自挖掘古墓、古遗址。工农业生产部门在修建房屋和进行农田水利等基本建设时，如果发现古墓、古代遗址和其他重要历史文物，必须严加保护，立即上报，听候处理。对保护有功者奖，对破坏损失者罚。

二、一切历史文物，都不得进行黑市交易。私人出售其收藏的历史文物，都由国家开设的文物商店议价收购。严禁用历史文物进行贩卖走私和投机倒把活动，违者严惩。

三、珍贵历史文物一律不准出口，一般历史文物的出口必须严格按照国家规定的执行。少量特许出口的历史文物，必须经国家文物事业管理局批准，由国家开设的文物商店总店统筹办理。

四、认真保护各种有历史意义和艺术价值的古建筑、石刻、石窟等历史文物，未经原来规定为文物保护单位的机关批准，不得对这些历史文物进行拆除、改建。严禁损伤或其他破坏活动，违者严惩。

五、各级政府的文物收藏管理机构，对各该管辖范围内的历史文物，要认真建立严格的统计制度、档案制度、保管制度。严禁贪污盗窃，严禁私相授受，严格防止因管理不善而发生各种损坏事故。要认真做好防火、防盗、防霉烂、防损伤的工作，违者按情节轻重严肃处理。

各省、市、自治区人民政府应定期组织力量对所属文物收藏单位、革命纪念馆和古建筑、石窟寺等进行清仓查库、安全防护大检查。

以上通知请切实遵照执行。

国务院

一九八〇年五月十七日

中共中央、国务院关于收回"文化革命"期间散失的珍贵文物和图书的规定

（中发〔1980〕47号　1980年6月4）

　　中共中央、国务院关于收回"文化革命"期间散失的珍贵文物和图书的规定"文化革命"期间，林彪、江青、康生、陈伯达、谢富治一伙，煽起了打、砸、抄、抓的妖风，接着他们又趁火打劫，以各种名义从查抄物资中，甚至从文物保管单位藏品中，掠夺了大量珍贵的文物、图书，据为己有。据国家文物事业管理局初步调查了解，他们仅从北京市一处地方就掠夺了文物八千多件，古书三万多册。

　　在这种风气的影响下，有些负责干部或其亲属，也从中调走或象征性地以特低价格"购买"了若干珍贵文物和图书。另有些人还利用职权，从文物管理单位的藏品中，"调"走或"买"走了若干珍贵的文物和图书。

　　为维护革命纪律，保护文物，特作如下规定：

　　一、林彪、"四人帮"、康、谢及其一伙非法掠夺的文物、图书，必须坚决追回。

　　二、其他凡是在"文化大革命"期间从查抄的文物或文物管理单位藏品中，私自拿去据为己有，或象征性地以特低价格"购买"了珍贵的文物、图书的，应该自动退回。对于拒不交退的，应给予政纪党纪处分。

　　三、各省、自治区、直辖市文物管理部门，应根据以上规定，负责向上述人员（文物管理局有名单）收回其所占有的文物和图书。对于收回的珍贵文物、图书，应按照党和政府的有关政策处置。这项工作，亦由国家文物事业管理局负责办理。

　　四、所有文物管理部门收藏的文物、图书，都是国家的宝贵财富。今后，任何党员都不得以任何方式将其据为己有。文物管理部门应从这次大量珍贵文物、图书散失的事件中，吸取教训，失职人员应受到批评。文物管理部门的工作人员，不得以文物、图书徇私授受，化公为私。党的纪律检查机关，对于文物管理部门为抵制不正之风，保护珍贵文物和图书而采取的各种措施，要给予坚决支持。

国务院批转国家文物事业管理局《关于加强文物工作的请示报告》的通知

（国发〔1981〕9号　1981年1月15日）

各省、市、自治区人民政府，国务院各部委、各直属机构：

现将国家文物事业管理局《关于加强文物工作的请示报告》转发给你们，请研究贯彻执行。

国务院

一九八一年一月十五日

附：关于加强文物工作的请示报告

国务院：

去年五月间，中央书记处讨论了文物、博物馆、图书馆工作，作了重要指示和决定，并要我们就一些方针政策问题向中央写个专题报告。我们在去年六月召开的全国文物工作会议上传达了中央的指示，并就制止文物破坏，控制文物出口，增加文物经费，培养专业人才，落实知识分子政策和健全文物管理体制等问题，进行了热烈的讨论。一致认为，由于这些问题长期未得到解决，给文物工作带来很大损失和困难。因而及时地、正确地解决这些问题，是加强文物保护，发展文物事业，更好地为四个现代化服务的重要条件。会后，我们又就这些问题进一步作了研究，并听取了有关部门的意见。现将这些问题和我们的意见报告如下：

一、加强文物保护工作，坚持制止破坏文物的现象

林彪、"四人帮"横行时期，煽动极"左"思潮，打着所谓"破四旧"的旗号，使祖国文物遭受了一次空前的浩劫。由于极"左"思潮的流毒尚未肃清，由于我们宣传不够，社会上不少人对保护文物的意义认识不足，目前继续破坏文物的状况在许多地区依然严重，主要表现是：（一）一些古建筑（包括长城在内）被任意拆毁，古墓葬、古遗址被任意挖掘或平毁。而且有的是由一些部队、机关、公社等单位领头造成的，文物部门制止无效。（二）不少博物馆收藏的文物，由于库房和设备严重不足，长期露置在院中或棚下，风吹雨淋，造成严重的自然损坏。有的珍贵书画，由于存放

条件太差，也发生潮霉。文物的安全缺乏保证。（三）有些新出土的重要文物，因管理制度不严，被非文物单位或私人占有，甚至流失。（四）许多全国和省级文物保护单位，长期被机关、部队、工厂、学校不适当占用，或改为仓库和家属宿舍；有的在文物保护单位范围内或附近，任意增盖新建筑，弄得面目全非。

为了迅速制止这种严重状况，需要采取以下措施：

1. 动员各种宣传手段，包括报刊、电影、电视、图书、招贴画等，大力开展文物保护的宣传工作。使"保护祖国文物，人人有责"的思想真正深入人心，把党的政策化为广大群众的自觉行动。

2. 我们在征求各方面意见的基础上，已经草拟了《中华人民共和国文物保护法》，拟报经人大常委会审定正式颁布，在《文物保护法》未发布前，必须坚决落实国务院国发〔80〕120、132号文件规定的各项措施，切实制止破坏文物的活动。

3. 各省、市、自治区要分别情况进行一次文物普查或文物复查工作。原已公布的各级文物保护单位名单，经过调整和补充后重新加以公布，切实落实保护、管理、维修的责任。要重新审查目前使用革命纪念建筑和古建筑的单位，凡有损于这些建筑安全的，必须限期迁出。经过审核可以继续使用这些建筑的单位，要与文物管理部门签订使用合同，严格遵守文物管理部门提出的保护文物安全的各项要求，并负责进行必要的维修。修缮时，必须将计划事先报经文物管理部门同意。使用古建筑的单位要设专职或兼职人员，在文物管理部门的指导下进行保护工作。

4. 为适应旅游事业发展的需要，一些被不合理占用的文物保护单位，正在进行维修准备开放。涉及这些单位今后归谁管理使用的问题，应本着有利于保护文物和发展旅游的原则，作慎重考虑。须由当地人民政府研究提出意见，并征得上级政府文物管理部门的同意。

各有关部门凡在文物保护单位及其保护范围内设置业务活动机构，均应征得文物部门和城市规划部门的同意。

5. 有些重要文物因缺少库房而无法保证安全，是一个亟待解决的紧迫问题。各省、市、自治区务必尽快地把必要的文物库房建立起来。有的可以将某些古建筑加以维修作为库房。没有条件保存珍贵文物的单位，国家文物局和各省、市、自治区文物领导部门可将这些珍贵文物调往有条件保存的单位暂时收藏。

6. 文物比较集中的地区或城市，当地人民政府领导干部中应有专人分管这项工作，切实加强领导，并定期召集文物、旅游、园林、城市规划以及宗教等有关部门开会，统一规划，互相协商，及时调解文物保护工作中产生的各种矛盾。

二、调整文物出口政策，加强市场管理

目前，文物出口和文物市场存在的问题是：（一）文物出口量大，根据过去规定，一七九五年（乾隆六十年）以后的部分存量较多的一般文物可以出口，但是近几年来每年出口较多，有些文物在国内存量已日益减少，如再不加以控制，就可能造成近二百年来某些文物的历史空白。（二）多头经营，价格不一。有些部门不经批准就自设文物收购点和销售点，甚至在外宾较多的地方摆摊。不少地方出现黑市交易和文物走私活动。因多头经营，盲目竞争，大大刺激了私自挖坟掘墓和投机倒把活动的恶性发展。

为了控制文物出口和改变文物市场的混乱状况，需要采取以下措施：

1. 坚决落实国务院国发〔74〕132号文件的规定，真正做到文物商业统一由文物部门归口经营，统一收购，统一价格。其他部门应立即停止收购文物。文物管理部门要与有关部门共同制定文物市场管理办法，取缔黑市，坚决打击文物走私和投机倒把活动。文物商店的主要任务，是通过商业手段来收集和保护流散在社会上的文物。它是文物管理事业的一部分，不是一般的商业部门。因此，要克服单纯营利思想，做好珍贵文物的收购工作，首先为博物馆充实藏品。同时，文物商店要努力扩大经营范围，一方面，积极配合旅游，做好对来访外宾的销售业务；另一方面，要恢复和建立面向国内群众的文物销售业务，以丰富人民的文化生活，并为国家增加收入。

2. 出口文物必须严加控制，坚持"少出高汇，细水长流"的方针。文物出口的方向，要逐步减少向国外市场批发，逐步增加在国内市场零售，有计划、有控制地供应来我国访问、旅游的外宾，为国家创造较高的外汇。同时，大力加强文物复制品的制作与外销工作，逐步减少文物真品的出口。

鉴于文物出口业务的特殊情况。要在调查研究的基础上，搞清目前文物商店和外贸部门库存的文物品种与数量，统一考虑，严格控制和逐步减少每年文物出口的数量，对于国内存量已经较少的文物品种，应立即停止对外批发。有关改进文物出口业务的具体问题，拟根据国务院国发〔74〕132号文件精神，与外贸部门协商解决。

三、合理增加文物经费

这几年来，文物经费虽然逐年有所增加，但是，由于过去基数很低，一九八〇年全国文物经费预算为四千多万元（图书馆经费已除外），在全国财政开支预算中占比重很小。这同我国这样一个历史悠久、地上地下文物十分丰富的文明古国保护和发展文物事业的需要极不相称。而且这项经费，还常被挪作他用。不少地方，除人员工资和日常行政开支外，业务经费极少，无法正常开展功能。文物事业在城市建设中具有重要地位。然而，在各地城市维护费中，却不包括文物保护单位维修费用，以致许多重要的古建筑、石窟寺等长期失修。由于文物事业的基本建设投资很少，不少文物保管单位连库房等必不可少的条件也不具备，各级博物馆的库房条件也很差。这种状况如果长期继续下去，势必对祖国文物造成不可弥补的损失。这种损失，甚至很难用金钱来估计，后果是严重的。

现在，财政体制正在改革，各项事业经费不再戴帽下达，而由地方统一安排。今后的文物事业经费主要依靠地方解决。我们建议：

1　各省、自治区、直辖市人民政府对地方财政预算中的文物经费和基建投资（包括文物库房建设），要在一九八〇年原有基数上，根据各地财力情况，应有较大幅度的增加。特别是，各地重要革命纪念建筑和古建筑维修、文物库房兴建、重要考古发掘的经费一定要得到确实的保证，以利于文物工作的正常开展。

2　各地的城市维护费，应把本地区内的文物维修费列入开支项目。

3　国家文物事业管理局的直拨经费，要根据财政情况，逐年有较多的增加，以便对重要文物的维修、发掘、收购进行重点补助。

4　除国家和地方财政拨款外，文物部门根据国家法令和有关规定举办商业性出国展览，组织文物复制品出口、旅游收费、各地文物商店的利润以及特许出口文物等途径得到的收入，经商得财政部门同意，可部分或全部用于弥补文物事业经费的不足，并进口一些文物保护和科学研究工作必需的设备。

四、落实党的知识分子政策，积极做好培养人才的工作

目前文物专业队伍存在的问题相当严重：一是文物专业人员的生活和工作条件很差，一直不被当作科研人员对待，同高等院校、科学研究机构的差距很大，往往同工不能同酬，以致人心浮动，人员不断流向其他部门，现有队伍很难稳定。二是许多文物研究人员、鉴定人员、技工等年龄已大，不少行业面临青黄不接，后继无人的危险。

针对这个情况，需要采取以下措施：

1. 文物、博物馆部门的专业人员中，不少人学有专长，有的是国内外的知名人士，但他们的生活待遇问题，长期得不到解决。要尽快落实党的知识分子政策，明确他们的职称，承认他们应有的社会地位；并逐步改善他们的生活和工作条件，在工资、业务补贴、住房等方面做到和其他科学研究、教育部门的同级人员同等待遇。

2. 加速培养专业人员。建议教育部积极办好高等学校中现有的考古专业，并在有条件的大学增设博物馆、古建筑等新专业或招收研究生。争取在三五年内由国家文物局举办或与地方合作举办一至数所培养文物、博物馆专业人员的中等文物专业学校。同时，应该加强在职干部的培训工作，继续举办各种专题性的短期培训班，争取在各大区分搞几个训练中心。目前，这方面的最大困难是校舍问题不能解决，希望国家计委和建委在基建指标方面给以解决。

3. 配备和提拔一些坚持社会主义道路，热爱文物博物馆事业，具有专业知识和管理能力、年富力强的同志到各级领导岗位上来，建立和健全干部的业务考核制度。今后文物单位配备干部、应首先考虑接收大学有关专业的应届毕业生，目前有些组织部门把文物单位作为安排老弱病残或安置干部的地方，这种状况必须坚决改正。

五、健全文物管理体制，大力发展博物馆事业

这几年文物遭到破坏的重要原因之一，是文物管理体制不健全。不少地方，文物工作还处于无人管理的状态。我们建议：各省、市、自治区可从实际情况出发，根据工作需要，健全文物管理机构或配备专职干部、兼职干部负责文物工作。

博物馆是收藏、展览、研究文物的专业机构，是利用文物对人民群众进行教育的重要阵地。现在全国只有三百多个博物馆，显然太少了，而且门类比较单一。我们初步设想是，要积极创造条件，在今后若干年内，适当发展一些专区、省辖市和文物较多的重点县的博物馆。各地还应从实际出发，发展有关民族、民俗以及具有地方特色的各种类型博物馆。

以上报告如无不当，希能批转各省、市、自治区和国务院各部门参照执行。

国家文物事业管理局

一九八一年一月六日

国务院办公厅转发文化部、国家文物事业管理局《关于长城破坏情况的调查报告》的通知

（国办办发〔1981〕34号）

河北、北京、天津、内蒙古、山西、陕西、宁夏、甘肃省、市、自治区人民政府：

文化部、国家文物事业管理局《关于长城破坏情况的调查报告》，已经国务院批准，现转发给你们，请参照执行。

国务院办公厅
一九八一年四月十日

附：关于长城破坏情况的调查报告

国务院：

遵照党中央、国务院领导同志关于保护长城问题批示的意见，文化部和国家文物局于一九八〇年六七月间共同派出业务负责干部，分赴北京、河北、内蒙古、陕西、甘肃五个省、市、自治区，对长城的破坏情况进行了重点调查。现将情况和我们的意见，报告如下：

一、长城破坏的情况

万里长城是我国古代雄伟的建筑工程，是中华民族宝贵的历史遗产。据史书记载，有二十多个诸侯国家和封建王朝，都先后修建过长城，估计总长不止万里，而是有几万里。由于年代久远，许多地方的长城，现在只剩下了一些旧址残迹，这是完全可以理解的。问题严重的是：有不少本来保存较好的地段，近期内又遭到了人为的破坏。

河北省境内保存的二千四百多华里的明代长城，大都用砖石筑成，是现存长城中修建得最为坚固的一段，是万里长城中的精华部分。通过此次调查得知，其中只有百分之四十左右保护较好，城墙、敌台、关口等还基本完整，滦平县沙口岭一带四十多华里的一段城墙属于这种情况。破坏严重的约占百分之五十左右，大批的长城砖石被取下，大段的长城被拆毁，城垣支离破碎，敌台、战台、马道、垛口全部毁坏，在地面上只见处处残砖断坡。古北口二道河子安营寨、铁门关、墙

子路口等处的城墙就是这种情况。荡然无存的约占百分之十左右，如像冷口、白洋峪口、鲇鱼关一带的长城，地面上只存了一点残迹，有的连残痕也没有了。北京市辖范围内三百六十六华里的长城，被拆毁一百零八里，约占总长百分之三十，加上自然残毁严重，保存较好的至多也只有百分之五十左右了。

关于长城破坏情况的调查报告的通知内蒙古、陕西、甘肃等省、自治区的长城大多是土筑，自然残毁的情况本已相应严重，加之人为的破坏，遗存下来的土筑长城多被夷为平地。粗略估计，较为完好的已不到十分之一。陕西省的长城主要在陕北榆林地区府谷、神木、榆林、横山、靖边、定边六个县，几乎全部破坏无存，城堡土墩的砖石，有的修公路时被垫作路基，有的公路直接修在长城上。府谷县境内约一百九十里的长城有百分之八十五以上被破坏，目前保存较好的只有五里了。甘肃河西走廊的长城全部为土筑（玉门关汉长城则是用流沙、石子，铺红柳枝条、芦苇等修筑的），由于当地多是戈壁沙滩，黄土稀少，肥料缺乏，随着人口增加，公社生产队，挖长城平地，长城的黄土成了平地造田的原料和肥料的来源。敦煌玉门关汉长城是汉长城中保存得最为完好的一段，不仅城墙和烽燧大都保存了下来，两千多年时放烽烟的积薪，一堆堆柴草也还完整地保存着，十分珍贵。过去由于人迹罕至，无人破坏，现在放牧和过往的人日益增多，破坏长城和积薪的情况也相继出现。

在内蒙古与山西交界处用砖石修筑的长城，虽然工程非常坚固，同样也遭到了严重的破坏。清水河县北堡公社至水泉堡一带的长城，都是用条石和大城砖修筑的。原来烽火台林立，城墙高大，甚为壮观，由于连续不断地大挖大拆，今天全县三百多华里的长城除了烽火台的土墩子和极个别的地段还保存外，其余全都破坏了。当年的城楼被拆成一个个小土丘，高大的城墙被拆成一段又一段的土疙梁。其中原来非常雄伟的"鸿门口"、水泉堡一带的长城，拆成了残垣断壁，大城砖和长条石几乎拆得一干二净。杀虎口一带长城，不仅城垛被扒的荡然无存，社员们还在城基上平地盖房居住。

国务院公布为第一批全国重点文物保护单位的三处长城遗址——山海关、居庸关八达岭、嘉峪关，经过多年保护维修，早已向国内外开放。但就是这三处重点保护单位，破坏情况也曾相继发生。长城的起点河北山海关，从关城到老龙头的一段长城，一九七八年曾被生产队拆毁盖房；长城的终点——甘肃嘉峪关附近的土筑长城，近年来也发生了被社员挖土垫圈、平地的事件；北京居庸关八达岭，今年发现有拆毁长城砖石修建房屋、猪圈、厕所的情况。对此有关方面已进行制止，并做了处理。

根据调查来看，长城的上述毁损，许多是人为的、重大的破坏事件，多数都是在近十几年内发生的。尤其严重的是调查组所到的地方都碰到正在破坏长城的情景。有的正在挖基石，有的正在拆城砖，有的正运夯土，有的正在用炸药爆破。破坏者不是个别人，而是有领导、有组织的劳动集体。河北调查组到达建昌营公社时，正碰上太平大队一副队长率领人马，拆除冷口西侧城墙基石。公社还派有大车、拖拉机从冷口往回运砖。甘肃省调查组到达武威地区永昌县北海子公社金川西大队，调查这一段过去一直被认为保存得较好的长城时，发现生产队长亲自带领全队劳力，正在用炸药爆破，把长城的夯土运去垫猪圈造肥和平地。

二、长城破坏的原因

几个调查组根据实地调查和在省市座谈会上了解，长城破坏的原因，主要是受林彪、"四人帮"极"左"思潮的影响，在"文化大革命""破四旧"中，一些干部和群众，把长城当成了"四旧"。同时也由于我们对保护长城的宣传工作做得很不够，许多人不了解保护长城的意义，把长城的砖石、夯土当成废物来"古为今用"，甚至有人认为拆长城砖石盖房子、修路是"废物利用，就地取材"。山西偏关县还在水泉堡开过用长城砖石修砌战备洞的现场会，组织长城内外的人参观学习，推广经验，使长城内外的群众认为长城无用了，抢着拆长城砖石券窑洞、盖猪圈、砌院墙、铺地。

其次，是保护工作没有落实。长期以来文物工作人员少、经费少，绝大部分县里没有保护文物的专职干部，有的即使在文化部门中设有个别兼职干部也多数被派去完成中心任务，文物业务工作根本陷于停顿状态。经费又严重缺乏，出去调查、了解的差旅费都无处开支，对长城的宣传和保护工作很难开展。

还有一些人认为拆长城算不了什么，顶多批评批评、检讨几句完事，如河北省兴隆县二道河子公社一党支部书记几次组织劳力拆长城，旁人劝阻不住，公社公安助理制止也不听，目无法纪，知法故犯。

似此情形，如不迅速采取措施，立即予以制止，不用几年时间，长城这一中华民族的骄傲、世界历史的奇迹很有可能完全被毁。

三、保护长城的措施

万里长城遭受严重破坏的情况再也不能继续下去了。为了抢救这一伟大的历史遗产，提出以下几点意见：

1. 加强保护长城的宣传。建议有关省、市、自治区颁发保护长城的布告，在长城沿线的地区广泛张贴。建议中央及有关省、市、自治区的报刊、广播、电影、电视宣传长城在政治、经济、文化、军事、工程各方面的重大历史价值和保护长城的意义，宣传国家有关保护长城和保护文物的政策法令，使广大干部和群众都认识到保护长城的重要性。进一步明确保护长城是当地各级人民政府、解放军驻军、人民公社、生产队以及每一个公民的光荣职责、自觉起来同破坏长城的行为做斗争。

2. 进行长城普查，制定保护规划，进行重点维修。长城经行的地区辽阔，多达几万里遗址，当然不可能也不需要全部维修。但必须对现在还存在的部分采取"全面保护、重点维修"的方针，建议有关省、市、自治区组织力量，对所辖境内的长城进行一次全面的普查，弄清长城保存的现状，定出保护长城的措施，把具有历史、工程、军事科学研究和参观游览价值的长城地段和关隘、烽火台等切实保护起来。划出保护范围，树立保护标志，建立科学记录档案。

对具有重大历史、工程价值和具备旅游开放条件的长城关口，可根据具体情况有计划地加以维修整理开放。

国家基本建设、城市规划部门以及工农业生产单位，在长城线上进行工作时，要同文物管理部门共同研究，把长城纳入规划予以保护。

3. 落实保护组织和经费。重点保护的长城地段，必须把保护的责任落实到组织或人。特别重要而又有开放游览条件的地方，可设立专门的保管机构。不设专门保管机构的地方，也要把保护责任落实到公社、大队、当地驻军、机关单位或保护人。并可以建立群众性的保护组织。根据旅游开放需要和财力可能，落实保护和维修经费。

4. 严肃法制。建议有关省、市、自治区，抓住破坏长城的典型事件，查清事实，严肃处理，扩大宣传，加强教育。对那些明知故犯，屡教不改和带头破坏的单位、个人要绳之以法，除给予经济制裁外，根据情节的轻重，还要给以行政以至刑事处分。对积极保护长城与破坏长城的行为做斗争者，要给予表扬和物质奖励。

以上报告如无不妥，请批转有关省、市、自治区人民政府参照执行。

文化部

国家文物事业管理局

一九八〇年十月十三日

国务院批转《国家文物事业管理局关于加强文物市场管理的请示报告》

（国发〔1981〕161号）

各省、市、自治区人民政府，国务院各部委、各直属机构：

现将国家文物事业管理局《关于加强文物市场管理的请示报告》转发给你们，请认真研究贯彻执行。

目前，文物市场混乱，文物走私严重，各地文物盗窃案件不断发生，乱挖古墓的歪风也有发展，这使国家在文化上、经济上和政治上都受到很大的损失，应当引起各地和各部门的高度重视。望各省、市、自治区人民政府要采取坚决有力措施，把文物市场整顿好，迅速改变这种状况。同时，要加强文物保护工作。分工主管文教工作的领导同志，应经常检查、督促文物部门和其他有关部门切实把文物工作做好。各级文物部门要振作精神，理直气壮地向一切违反国家文物政策、法令的现象作斗争，认真贯彻执行国家的文物保护政策，以利文物事业的发展。

国务院

一九八一年十月三十日

附：国家文物事业管理局关于加强文物市场管理的请示报告

国务院：

当前，全国文物市场的情况混乱，黑市交易、投机倒把、贩运走私活动猖獗，从城市到农村都有一些人专门从事倒卖文物，投机倒把，牟取暴利。严重的是还有少数干部其中包括文物干部，直接和港商或外国人勾结，进行走私活动。根据查获的走私案件提供的线索，文物走私涉及的方面很多，从河南、陕西直到广东、广西、福建、浙江等沿海各省都有这种活动。种种迹象表明，这些地区存在着尚未侦破的若干个文物走私集团。值得注意的是，有的国营企业也私运大量文物出口。

按照国务院〔1974〕132号文件的规定，国内市场的文物应由文物部门归口经营，统一收购。

但是，一个时期以来，很多部门都插手经营文物。北京市是文物市场混乱比较突出的地区，全市有文物销售点达五六十处之多。其中有的单位完全是违章经营，根本未经批准，没有营业执照。在上述文物销售点中，属于国营企业、机关的有二十多个点。此外，还有集体所有制的街道企业、知青联社，甚至农村社队和私人也在经营文物。仅八达岭附近就有五、六家由公社、大队开设的文物经销点，这里曾不断发生农民包围、追逐外国人兜售文物的情况，影响很坏。

国务院批转国家文物局关于加强文物市场管理的请示报告的通知由于多头经营，相互竞争，文物市场的价格极不统一。一些违章经营文物的单位售价一般比国家文物商店低得多，他们之间的价格也有很大差异，这就为外国人和投机倒把贩运走私分子大开方便之门。特别是有的单位置国家文物政策于不顾，拒绝文物部门的检查，将禁止出口的珍贵文物廉价卖给外国人；这些外国人则采取各种手段，蒙骗海关，偷运出口，转手在国际市场获取高利。目前在北京的很多外国使馆人员经常驱车到一些文物经销点选购文物。

文物市场的混乱情况，造成了非常严重的后果：第一，严重腐蚀了国家干部和职工。如昆明园林局在旅游点经营文物，致使该局一些干部和职工，在暴利引诱下，也纷纷到社会上倒卖文物，捞取外快。在文物系统中，北京、河北、广东、广西、湖南、河南、陕西、旅大等地都发现了文物干部与外商勾结倒卖文物。第二，促使社会上文物盗窃案急剧增加。据不完全统计，一九七九年全国文物单位发生文物盗窃案十三起，一九八〇年增加到二十四起，今年仅上半年就已发生二十六起，而且有日益严重的趋势，这对各文物收藏单位是个很大的威胁。第三，大大刺激了挖坟盗墓的歪风。由于一些单位派人走乡串户，甚至坐镇基建工地收购文物，因而有许多农村社队挖坟取宝，有的还组织了专业队。这种情况在河北、江苏、浙江、江西、广西等许多省都有发生，使地下文物遭到严重破坏。第四，直接影响农业生产。如安徽省休宁县从事盗墓活动的遍及全县二十二个公社，估计有五六千人。有的生产队田里基本没人干活；河北省安新县尹庄大队贩运文物的人数占整个劳动力的百分之八十一，很少有人参加生产，致使一九七九年粮食总产量，比遭灾的一九七七年还下降百分之六十八。

我们认为，上述混乱现象，是我国实行对外开放、对内放宽政策后，在文物战线出现的新情况、新问题。中国文物历来是国际市场的高档商品。最近几年，伴随着国际交往日益发展和旅游事业日益兴旺，来华访问的外国人、华侨、港澳同胞不断增多，其中有些人出于这样、那样的动机总想买些中国文物带回去。于是有些单位从局部利益出发，便把经营文物作为生财之道。特别值得注意的是，国外国内都有一些人在历史上就是相互勾结从事文物走私的，最近，又沉渣泛起，重操旧业。针对这些情况，我局近两年来，一再确定以加强文物的安全防护工作作为自己的工作重点，并围绕着这一重点召开了全国文物工作会议、全国文物局长会议，起草了中华人民共和国文物保护法、文物市场管理暂行规定、文物商店工作条例等文件，还多次派人到各省市检查了解这方面工作的情况。但是，由于我们对文物市场出现的新情况、新问题研究的不透，对加强文物市场管理工作宣传得不够，并且未能协助各级政府和有关部门采取有力措施来解决这些问题，因而改变这种混乱情况的效果很不明显。

为了加强文物市场的管理，尽快改变目前这种混乱局面，制止文物破坏，防止珍贵文物外流，我们特提出以下几点建议：

（一）加强领导，提高认识。这是整顿文物市场，乃至做好整个文物工作的根本保证。文物是祖国文化遗产的重要组成部分，它对于开展科学研究，向人民群众进行宣传教育、建设社会主义精神文明起着重要的作用。随着四个现代化的发展，人民文化水平的不断提高，保护文物的重要意义将会愈益显示出来。但是有些同志对文物工作的意义缺乏了解，对出现的问题和造成的严重后果也认识不足，因而放松了对文物工作的领导，甚至有些发生的问题还是得到某些领导干部的支持和批准的。如河北省涿县为修干部宿舍竟然擅自批准将一座属于全民财产的，具有四百多年历史的明代建筑药王庙，以二十八万元的代价卖给部队拆毁以后改建其他用房。因此，如何统一认识，引起各级领导对文物工作的重视和支持，实为做好文物工作的关键。事实上，文物工作涉及的方面很多，仅整顿市场这项工作就涉及外贸、商业、司法、公安、工商管理等许多部门，如果得不到省、市、自治区领导和有关部门的重视和支持，仅仅依靠文物部门，是无法解决的。当前社会上一些专家、学者、知名人士对于文物大量外流，市场混乱、文物破坏情况严重的反应非常强烈，许多人大代表、政协委员提出提案，呼吁解决这些问题。我们建议，各省、市、自治区人民政府都要有一位领导同志主管文物工作，加强对文物工作的领导，协调各方面的关系，以利文物事业的发展。

（二）整顿文物市场，坚决落实文物的归口经营，统一收购。文物是历史上遗留下来不可能再生产的一种特殊物品，买卖文物的政策性、专业性很强，必须归口统一，不宜多头经营，否则势必造成混乱。因此，应当坚决执行国务院〔1974〕132号文件规定，大力整顿文物市场。对于未经文物部门同意和工商行政管理部门批准的文物销售点，要进行一次全面检查，区别情况，进行处理，应该取缔的，要坚决取缔。除文物部门外，其他部门应当立即停止收购文物。

鉴于一个时期以来，文物、外贸系统在经营文物上都发生一些问题，建议由外贸部、文物局会同各省、市、自治区人民政府组织力量对各地文物商店、工艺品进出口公司、首饰公司的文物购销情况进行一次普遍检查，以便根据发现的问题，总结教训，采取有力措施，严格制度，纯洁队伍，加强管理，堵塞漏洞。

（三）调整文物出口政策，严格控制文物出口。由于多年来文物大量出口，现在连乾隆六十年（1795年）以后的文物，国内存量也大为减少，有的品种已经非常罕见，因而有必要对现行文物出口政策进行调整。我们认为，必须继续坚持禁止珍贵文物出口，控制一般文物出口，采取"少出高汇"的方针，今后文物出口的发展方向，应把对外批发逐步转为在国内市场零售，从现在起，就应逐年减少对外批发的数量，有些国内已经较少的文物品种，应当立即停止对外批发。有的文物要调整限制出口年限，具体规定由文物部门和有关部门商定。今后文物出口如何经营问题，建议请进出口委召集有关部门协商，提出具体方案，报国务院批准后实行。

（四）加强法制，坚决打击文物走私和投机倒把分子。我们建议，对于文物走私犯，特别是利用职权，监守自盗，与走私集团以及与国外勾结，进行文物走私的严重犯罪分子，必须从快从重，坚决打击。要抓住典型案例，公开登报，大张旗鼓地进行处理，教育群众，以儆效尤。

（五）改善目前各地文物安全的保管条件。近年来各地连续发生文物失窃案件，这固然和领导不力、队伍不纯、制度不严有关，但安全条件太差也是重要原因之一。当前各地博物馆、文物保管所的文物库房过于简陋和设备条件太差是普遍现象。一些单位根本没有库房，珍贵文物放在文物干部的床底下，甚至寄存在农民家里，漏洞极大。这种情况如不迅速改变，文物破坏，被盗的情况还会愈益发展，造成更大损失。但长期以来，文物基建项目在许多地方根本排不上队。为此，我们建议，从现在开始，每年应从国家基本建设计划中增列一笔专款，用来解决国家重点文物库房的建设；同时，各省、市、自治区人民政府也应当按照国务院〔1981〕9号文件的规定，对地方财政预算中的文物经费和基建投资，要在原有基数上，有较大幅度的增加，重点解决一些文物库房的建设问题，否则文物安全就很难得到保证。

以上建议是否有当，请批转各地执行。

国家文物事业管理局

一九八一年八月一日

国务院批转国家建委等部门
《关于保护我国历史文化名城的请示》的通知

（国发〔1982〕26号）

各省、市、自治区人民政府，国务院各部委、各直属机关：

国务院同意国家基本建设委员会、国家文物事业管理局、国家城市建设总局《关于保护我国历史文化名城的请示》，现发给你们，请研究执行。

我国是一个历史悠久的文明古国。保护一批历史文化名城，对于继承悠久的文化遗产，发扬光荣的革命传统，进行爱国主义教育，建设社会主义精神文明，扩大我国的国际影响，都有着积极的意义。各级人民政府要切实加强领导，采取有效措施，并在财力、物力、人力等方面给予应有的支持，进一步做好这些城市的保护和管理工作。

国务院

一九八二年二月八日

附：关于保护我国历史文化名城的请示

国务院：

我国是一个历史悠久的文明古国，许多历史文化名城是我国古代政治、经济、文化的中心，或者是近代革命运动和发生重大历史事件的重要城市。在这些名城的地面和地下，保存了大量历史文物与革命文物，体现了中华民族的悠久历史、光荣的革命传统与光辉灿烂的文化。做好这些历史文化名城的保护和管理工作，对建设社会主义精神文明和发展我国的旅游事业都起着重要的作用。但是随着经济建设的发展，城市规模一再扩大，在城市规划和建设过程中又不注意保护历史文化古迹，致使一些古建筑、遗址、墓葬、碑碣、名胜遭到了不同程度的破坏。近几年来，在基本建设和发展旅游事业的过程中，又出现了一些新情况和新问题。有的城市，新建了一些与城市原有格局很不协调的建筑，特别是大工厂和高楼，使城市和文物古迹的环境风貌进一步受到损害。如听任这种状况继续发展下去，这些城市长期积累起来的宝贵的历史文化遗产，不久就会被断送，其后果是不堪设想的。

世界上许多国家都十分注意保护历史名城。意大利的威尼斯完全保存了原来的风貌。法国巴黎旧城区基本保存了原有的布局。美国按照独立战争前的样子，恢复和保护了威廉斯堡十八世纪风光的古镇。日本在一九七一年专门发布了《关于古都历史风土保存的特别措施法》。苏联在一九四九年公布了历史名城名单，把这些城市置于建筑纪念物管理总局的特殊监督之下。

经过商议和征求有关省市自治区建委、文物局、文化局、城建局的意见，我们选择了二十四个有重大历史价值和革命意义的城市（名单附后），作为国家第一批历史文化名城（台湾省的历史文化名城待台湾回归祖国后另行公布），加强管理和保护。对于这些城市，我们的意见是：

一、城市的性质和发展方向，要根据其历史特点和在国民经济中的地位与作用加以确定。今后的建设，既要考虑如何有利逐步实现城市的现代化，又必须充分考虑如何保存和发扬其固有的历史文化特点，力求把两者有机结合起来。搞现代化，并不等于所有的城市都要建设很多工厂、大马路和高层建筑。特别是对集中反映历史文化的老城区、古城遗址、文物古迹、名人故居、古建筑风景名胜、古树名木等，更要采取有效措施，严加保护，绝不能因进行新的建设使其受到损失或任意迁动位置。要在这些历史遗迹周围划出一定的保护地带。对这个范围内的新建、扩建、改建工程应采取必要的限制措施。

二、过去在市区已经建成的工矿企业或其他单位，凡三废污染严重的，要限期治理，危害特别严重的，要结合经济调整，实行关停并转或搬迁；正在建设的工程，凡是有损于这些名城保护的，要妥善处理。今后在这些城市安排较大的基本建设项目，事先应征得当地城建、文物部门同意。

三、认真执行一九八〇年五月《国务院关于加强历史文物保护工作的通知》和《国务院批转国家文物事业管理局、国家基本建设委员会关于加强古建筑和文物古迹保护管理工作的请示报告》。在城市的规划和建设中，要切实做好历史和革命文物以及名胜古迹的保护，禁止乱占、乱拆、乱挖、乱建。对非法占用文物古迹、风景园林，不利于文物安全和妨碍旅游开放的，不论涉及哪个部门、单位，都应限期迁出。

四、各有关省、市、自治区的城建部门和文物、文化部门应即组织力量，对所在地区的历史文化名城进行调查研究提出保护规划。在接到本通知一年左右的时间内，将历史名城的保护规划说明和图纸（万分之一比例尺）以及城市的重点文物、名胜古迹的保护规划说明和图纸（千分之一或五百分之一比例尺）报国家城市建设总局和国家文物事业管理局审查。

五、考虑到历史文化名城目前维护建设的任务较重，经征得财政部同意，从一九八二年起，对扬州、景德镇、绍兴三个城市分别实行每年从上年工商利润中提成百分之五的办法，以增加维护、建设资金的来源（其余城市已先后实行这个办法或已另有规定）。

以上报告当否，请批示。

国家基本建设委员会

国家文物事业管理局

国家城市建设总局

一九八一年十二月二十八日

国务院批转城乡建设环境保护部等部门
《关于审定第一批国家重点风景名胜区的请示》的通知

（1982年11月8日）

国务院同意城乡建设环境保护部、文化部和国家旅游局《关于审定第一批国家重点风景名胜区的请示》，现发给你们，望遵照执行。各地区、各部门要按照《国务院批转国家城建总局等部门关于加强风景名胜保护管理工作报告的通知》（国发〔1981〕38号文）和本通知的要求，切实做好风景名胜的保护和管理工作。

关于审定第一批国家重点风景名胜区的请示

根据《国务院批转国家城建总局等部门关于加强风景名胜保护管理工作报告的通知》（国发〔1981〕38号文）的要求，各省、市、自治区对重点风景名胜区进行了调查、评价和鉴定，已有二十二个省、市、自治区提出了五十五处，要求列为国家重点风景名胜区。

今年三月到四月期间，全国政协城建组、文化组和原城建总局分别邀请部分在京政协委员和有关园林、建筑、城市规划、地理、美术、文物、旅游、环保等方面的专家学者开会，讨论加强风景名胜的保护问题并评议了国家重点风景名胜区名单。大家一致认为，我国山河壮丽，历史悠久，自然风景和名胜古迹遍布全国。一些年来由于各种原因，许多重要风景名胜遭到不同程度的破坏，近年来一些风景区的开发建设缺乏统一规划，加强风景名胜区的保护和管理工作已刻不容缓，应尽早确定国家重点风景名胜区名单，制订保护管理办法，明确管理体制，使我国一些世所罕见的壮丽自然景观和名胜古迹切实得到保护。经过讨论和评定，提出了四十四处风景名胜区（名单附后），作为第一批国家重点风景名胜区（台湾省的风景名胜区待台湾回归祖国后另定），请审定。

当前，各地要继续按照国务院国发〔1981〕38号文件的要求，做好风景名胜区的保护和管理工作。

一、抓紧编制国家重点风景名胜区的规划，划定范围。各地城乡建设环境保护部门要组织科技力量，深入调查研究，认真编制国家重点风景名胜区的规划，提出保护和管理范围。风景名胜区的规划和管理范围要从保持景区自然和人文景观的完整，有利于保护，便于管理和组织旅游出发，不应受行政区划的限制。为了保持国家重点风景名胜区的特色，维护生态平衡，避免环境污染，还要在风景名胜区外围划出一定的保护地带。国家重点风景名胜区的规划和范围经城乡建设环境保护部审查后，报国务院批准，并立碑标明区界，建立档案。

二、加强领导，实行统一管理。国家重点风景名胜区的管理机构要在省、市、自治区人民政府的领导下，全面安排风景名胜区内各方面工作，其主要任务是采取有效措施，保证风景名胜不再受到破坏和污染，保持和发扬景观原有特色，按照合理的环境容量和现有的物质、技术条件安排好旅游。使风景名胜区环境优美，秩序良好，成为有益于人民群众身心健康，进行科普教育，激发爱国主义热情，建设社会主义精神文明的游览胜地。

三、严格保护景区植被和地形地貌，维护自然生态。在风景名胜区规划范围内，严禁砍伐林木、破坏植被和进行开山取石、挖沙取土、围湖造田等破坏地形地貌的活动。

四、积极稳妥地做好风景名胜区的开发建设工作。风景名胜区的一切建设均要按照规划要求有计划地进行，重要建设项目要报上一级城乡建设部门审批。旅游设施要因地制宜，要保持地方特色，同自然环境相协调。目前尚不具备对外开放条件的风景名胜区，应搞好保护和管理工作，加强绿化建设。

五、继续做好风景名胜资源的调查、评价和鉴定工作。凡符合国家重点风景名胜区条件的，可陆续呈报国务院审批。建议各省、市、自治区人民政府分批审定省级风景名胜区，并送城乡建设环境保护部备案。

以上妥否，请批示。

附：第一批国家重点风景名胜区名单

1. 八达岭——十三陵风景名胜区八达岭位于北京西北延庆县境内，是万里长城重要隘口——居庸关的外口。山势险峻，长城依山而筑，居高临下，工程浩瀚，气势雄伟。明十三陵位于北京北部昌平县境内，山环水抱，南部有龙虎二山对峙，形同大门，其内分列着十三座明代帝王的陵寝，每陵各居一山，明楼、殿阁隐现于苍松翠柏之中。1958年修建了十三陵水库，使风景名胜区更添新色。八达岭——十三陵一带还分布着望京石、点将台、居庸关、云台，沟沟崖、铁壁银山等名胜古迹。

2. 承德避暑山庄外八庙风景名胜区位于河北省承德市，坐落在峰峦起伏的山谷盆地中。避暑山庄建于1703～1790年，是规模宏大的皇家园林，由宫殿和苑景两部分组成。宫殿布局严谨，建筑朴素；苑景充分利用丰富多样的自然地形，运用我国传统的造园手法，集中了古代南北园林艺术之精华。外八庙融合了汉、蒙、藏等民族的建筑形式，如众星拱月，环列于山庄的东部和北部。分布于群山中的奇峰异石如磐锤峰、双塔山、罗汉山等，与山庄建筑相互映衬，使人文美与自然美融合一体。

3. 秦皇岛北戴河风景名胜区位于河北省秦皇岛市西南，南临渤海，北靠联峰山。北戴河海滩漫长曲折，沙软潮平，林木苍翠，有鸽子窝、金山咀、老虎石、观音寺、望海亭、莲花石等景点，是我国著名的海滨风景名胜区。秦皇岛市东北还有万里长城重要关城"天下第一关"——山海关以及孟姜女庙、孟姜女坟、老龙头等名胜古迹。

4. 五台山风景名胜区位于山西省五台县东北。以台怀镇为中心，周围屹立着东、西、南、北、中五个山峰，称作五台。五峰之内称台内。最高峰北台海拔3058米，素称"华北屋脊"。五台山是古老的花岗岩、片麻岩构成断块上升的山地，山顶平展如台，河谷溪流不断。五台山为我国四大佛教名山之一，早在东汉就在此建佛教殿堂，现存唐、辽、元、明、清寺庙及遗迹近百处。台外南禅寺和佛兴寺建于唐代，是我国现存最早的木结构建筑，其它珍贵文物亦很多。五台山还是抗日战争和解放战争时期晋察冀边区政府所在地，松岩口有白求恩大夫建立的模范医院。

5. 恒山风景名胜区位于山西省浑源县城南。恒山主峰海拔2016米，为石灰岩质断层山。山势雄伟，奇峰壁立，自古被封为北岳。有天峰岭、翠屏峰、金龙峡、姑嫂崖、飞石窟、千佛岭、悬空寺等胜景。悬空寺建于金龙峡西侧翠屏峰悬崖上，上载危岩，下临深谷，楼阁悬空，分外壮观。还有彩陶文化、青铜器遗址、汉崞县古城遗址、内长城以及古墓葬等古迹。

6. 鞍山千山风景名胜区位于辽宁省鞍山市东南。为花岗岩体剥蚀低山丘陵，群山层峦起伏，山峻崖峭，态状万千，最高峰仙人台海拔708米。山上林木繁茂，有植物八百多种和珍贵的黑鹳等鸟兽近百种。自隋唐以来千山成为佛道两教活动之地，目前尚存祖越、龙泉、中会、大安香岩等寺观二十座，古塔、古碑、题刻等名胜古迹多处，有"东北明珠"之称。

7. 镜泊湖风景名胜区位于黑龙江省宁安县西南。镜泊湖为牡丹江上火山形成的熔岩堰塞湖。湖泊四面环山，水平如镜，湖岸曲折，山重水复，有吊水楼瀑布、白石砬子、大孤山、小孤山、珍珠门等景区。湖西为张广才岭的茂密森林，生长着许多珍贵动、植物。还有十座雄伟的火山口和许多熔岩洞。

8. 五大连池风景名胜区位于黑龙江省德都县西北。为火山地质自然风景，十四座火山锥平地而起，形态各异，五个连通的熔岩堰塞湖蜿蜒其间。老黑山和火烧山为二百多年前喷发的近期火山，火山地貌完整，有"火山地质博物馆"之称，火山熔岩形成的丰富地貌与山、水、森林融合在一起，构成特殊的景观，有温泊云雾、三池冰裂、石浪闻声、桦林沸泉等景点。

9. 太湖风景名胜区位于江苏省苏州、无锡两市和吴县、宜兴、无锡三县境内。太湖中有岛屿四十八个，山水结合，层次丰富，自成天然画卷。太湖东、北、西沿岸和湖中诸岛，为吴越文化发源地，遗存大批文物古迹，如春秋时期阖闾城、越城遗址、隋代大运河、唐代宝带桥、宋代紫金庵、元代天池石屋、明代扬湾一条街以及大量名寺古刹，古典园林等。还有关于吴王夫差、越王勾践、孙子、范蠡、西施、项羽、范仲淹等历史人物的传说和遗迹。

10. 南京钟山风景名胜区位于江苏省南京市，以钟山（紫金山）和玄武湖为中心。钟山三峰相连形如巨龙，山、水、城浑然一体，雄伟壮丽，气势磅礴，古有"钟山龙蟠，石城虎踞"之称。地处北温带和亚热带之交，为南北植物引种过渡地带，植物品种丰富，林木繁茂。有中国民主革命伟大先驱者孙中山先生的陵墓——中山陵以及辛亥革命名人墓。还有孙权墓、明孝陵、灵谷寺等名胜古迹多处。

11. 杭州西湖风景名胜区位于浙江省杭州市。西湖风景妩媚，早在南宋即出现"西湖十景"，经过历代妆点，使江湖、山林、洞壑、溪泉、春华秋实、夏荷冬雪等自然之胜与古刹丛林及造园家的雕凿融为一体，正如苏东坡诗："水光潋滟晴方好，山色空蒙雨亦奇；欲把西湖比西子，淡妆浓抹总相宜。"杭州为吴越古都，又是丝绸之府、鱼米之乡，人物辈出，留下不少可歌可泣的史实和传诵千古的诗篇，与西子湖畔大量名胜古迹互为印证。

12. 富春江——新安江风景名胜区位于浙江省钱塘江上游，下起富阳，上至淳安。两岸山色青翠秀丽，江水清碧见底，素以水色佳美著称；更兼许多具有浓厚地方特色的村落和集镇点染，使富春江、新安江画卷增色不少。新安江水库碧波万顷，湖中岛屿密布，林木繁茂，有千岛湖之称。沿江有鹳山、桐君山、瑶琳洞、赋溪、姥山、龙山等景区，还有严子陵钓台、方腊洞、灵栖洞等名胜。

13. 雁荡山风景名胜区位于浙江省乐清县东北。雁荡奇秀是因构成山体的流纹岩断裂发育，经风化作用而形成的奇特地貌。奇峰怪石，古洞石室，层峦叠嶂，飞瀑流泉，蔚为壮观。主峰百岗尖海拔 1150 米。灵峰、灵岩、大龙湫为全山风景中心。大龙湫瀑布高达 190 米，直泻龙潭。雁荡山古负盛名，唐初即在山上建寺院，宋时曾有十八古刹、十六亭、十院之盛。

14. 普陀山风景名胜区位于浙江省普陀县。为我国四大佛教名山之一。相传自五代建"不肯去观音院"之后，历代相继兴建寺院，其中普济、法雨和慧济三大寺是我国南方清初寺庙建筑群的典型。普陀山四面环海，群岛罗列，碧海蓝天，风景奇特，素有"海天佛国"之称。古人云："山兼海之胜，当推普陀山"。岛上有千步沙，百步沙海滩以及潮音洞、梵音洞、南天门、西天门等风景点二十多处。

15. 黄山风景名胜区位于安徽省南部太平、黟县、休宁、歙县交界处。为峰林状花岗岩高山构成的山岳风景名胜区。山体雄伟奇特，玲珑巧石，万姿千态，主峰莲花峰海拔 1840 米，黄山美在奇松、怪石、云海、温泉"四绝"。黄山松生长在峰石峭壁间，苍劲、刚毅，尤以迎客松的美姿著名。黄山雨量充沛，林木繁茂，云蒸雾涌，自然景色变幻莫测，主要景点有北海、西海、天都峰、玉屏楼、云谷寺等。黄山以其非凡的自然美赢得"五岳归来不看山，黄山归来不看岳"之誉。

16. 九华山风景名胜区位于安徽省青阳县境内。是花岗岩体构成的山岳风景名胜区，山势雄伟高拔，主峰十王峰海拔 1341 米。宋王安石誉为"楚越千万山，雄奇此山兼"。九华山是我国四大佛教名山之一，东晋开始佛教传入，佛教寺庙相继而建。建筑形式以佛教殿堂与皖南民居相结合而独树一帜。尤其九华街一带之寺庙，各抱地势，高低错落，形成以化城寺为中心的优美古建筑群，享有"佛国仙城"之号。九华山的苍松、翠竹、岩洞、怪石、飞瀑、流溪、田园、山庄，也别有情趣。

17. 天柱山风景名胜区位于安徽省潜山、岳西两县境内。是花岗岩构成的山岳风景名胜区，主峰海拔 1490 米，壮丽峻秀，多瀑布，清泉，林木茂密，海拔千米以上多黄山松，千姿百态，其"迎客松"犹如黄山"迎客松"之同胞姊妹。天柱山古称皖山，现存三祖寺等寺庙和历代文人留下的摩崖石刻二百多处。

18. 武夷山风景名胜区位于福建省崇安县境内。是以"丹霞地貌"为特征的风景名胜区。"有声欲静三三水，无势不奇六六峰"，以盘流山中的九曲溪为中心，沿溪森列三十六峰，碧水丹山，奇险秀丽。九曲溪每曲自成异境，大王峰、玉女峰、天游峰、接笋峰、小桃源、水帘洞、流香涧、一线天各有其胜。还有古越族安置在绝壁上的"船棺"，宋代朱熹创办的紫阳书院，元代御茶园以及历代摩崖石刻等名胜古迹。

19. 庐山风景名胜区位于江西省九江市南，东濒鄱阳湖，北临长江。是以平地拔起的地垒式断块山为主体的山岳风景名胜区。主峰大汉阳峰海拔 1474 米。庐山风景具有雄、奇、险、秀的特色。自古有"匡庐瀑布誉满天下"的盛名。位于五老峰东的三叠泉，水分三级挂落于铁壁峰前，落差 120 米。山上有仙人洞、三宝树、龙首岩、含鄱口等景点，山下有晋代东林寺，宋代的观音桥和白鹿洞书院等名胜古迹。

20. 井冈山风景名胜区位于江西省井冈山县。井冈山属南岭北支，罗霄山脉中段，为中国革命第一个农村根据地，有毛泽东、朱德、彭德怀、陈毅等无产阶级革命家和工农红军革命斗争的遗迹多处。英雄的业绩和壮丽的河山相互辉映，光照千秋，故朱德同志题为"天下第一山"。井冈山以石灰岩、砂页岩为主，亦有花岗岩出露，山高谷深，林木茂密，山泉飞瀑，溪流澄碧，终年不断，还有大型溶洞和许多珍稀动、植物。

21. 泰山风景名胜区位于山东省泰安市。是古老的片麻岩构成的断块山地，崛起于华北大平原东缘的齐鲁丘陵之上，主峰海拔 1546 米，山势磅礴，雄伟壮丽，常被喻为中华民族伟大崇高的象征。泰山为五岳之首，自秦皇、汉武、唐宗、宋祖，直至明清，历代帝王封禅祭祀，文人墨客吟咏题刻，留下丰富的文物古迹，被誉为露天的历史、艺术博物馆。有岱庙、普照寺、碧霞祠、经石峪刻石、灵岩寺等名胜古迹和玉皇顶、日观峰、月观峰、石坞松涛、鹰愁涧、龙潭瀑布等景点以及许多古树名木。

22. 青岛崂山风景名胜区位于山东省青岛市。包括青岛海滨和崂山两部分。青岛海滨岬角曲折，丘陵起伏，其中分布着公园、浴场、寺院等，隔海有薛家岛、竹岔岛、琅琊台等景区。崂山为我国近海名山，海山毗连，雄奇秀美。主峰崂顶海拔1133米，山上奇峰异石，清泉回流，可观海上云气岚光、壮丽日出等。还有道家宫观，名人诗文刻石等名胜古迹多处。

23. 鸡公山风景名胜区位于河南省信阳市南。为低山丘陵风景，是本世纪初发展起来的避暑游览地。山岭苍翠秀丽，报晓峰海拔784米，形似引颈啼鸣的雄鸡。鸡公山地处我国南北植物过渡带，雨量充沛，气候宜人，植物繁茂，有一千二百多种。云海、日出、飞瀑、流泉，四季景色变化动人，主要景点有报晓峰、灵华山、青龙潭、将军石等，还有大量山庄别墅和山村民居。

24. 洛阳龙门风景名胜区位于河南省洛阳市南。龙门山系熊耳山之分支，由西向东到龙门突然断裂，分成东西两山，巍然对峙，伊水中流，形成一座天然石阙，称为"伊阙"。伊水西岸山势陡峭，自北魏始开凿佛教石刻，现有窟龛二千一百多个，佛像十万余尊，碑刻题记三千六百多块，佛塔四十多座，是我国三大石窟艺术宝库之一。洛阳为九朝故都，龙门自古为帝王游幸、文人荟萃之地，附近还有关林、白居易墓等古迹。

25. 嵩山风景名胜区位于河南省登封县境内。中岳嵩山由太室山（海拔1494米）和少室山（海拔1512米）等组成，雄峙中原，群峰耸立，层峦叠嶂。地处古都汴、洛之间，自古为文人荟萃之地，历代帝王将相、文人学士、高僧名道、拳豪义侠留下了大量名胜古迹，如始建于北魏的少林寺，规模宏大的中岳庙，我国四大书院之一的嵩阳书院和院内的两株"将军柏"，以及我国现存最古的嵩岳寺塔，太室、少室、启母三汉阙和古天文观测台等。

26. 武汉东湖风景名胜区位于湖北省武汉市武昌区。东湖水面辽阔，港汊曲折，依自然环境，分为听涛、磨山、落雁、白马、吹笛、珞洪等景区。沿湖山峦起伏，以磨山最为秀丽，四季花木繁茂，春兰、夏荷、秋桂、冬梅都很著名。有梅林近百亩，七十多个品种。还有楚王、屈原、刘备、关羽、李白、岳飞等历史名人的遗迹多处。

27. 武当山风景名胜区位于湖北省均县西南。峰奇谷险，洞室幽邃，景色绮丽。主峰天柱峰海拔1612米。武当山为道教圣地之一，自唐以来不断有所建筑，从古均州城到天柱峰一线一百四十余里，分布着数十组元、明、清历代古建筑群，有的在高峰之巅，有的嵌入峭壁，有的隐现于山麓、涧谷、石洞之中，同地形完美结合，工程浩大，工艺精湛，成功地体现了"仙山琼阁"的意境，犹如我国古建筑成就的展览。

28. 衡山风景名胜区位于湖南省衡山县。南岳衡山主要由花岗岩构成，山势雄伟，群峰簇拥，主峰祝融峰海拔1290米。现存南岳庙、祝圣寺、福严寺、南台寺等寺庙多处。祝融峰之高，藏经殿之秀，方广寺之深，水帘洞之奇为南岳"四绝"。衡山林木繁茂，终年翠绿，奇花异草，四时郁香，素有"五岳独秀"之称。历代帝王和文人墨客来此巡狩，祭祀、聚会、讲学，留有许多古迹和大批诗词、题咏、摩崖石刻。

29. 肇庆星湖风景名胜区位于广东省肇庆市。包括七星岩和鼎湖山两部分。为石灰岩峰林型山水风景。七星岩湖面广阔，七座苍翠的山岩，矗立湖滨，排列如同北斗。岩内多溶洞，岩壁上留有许多题刻。鼎湖山群峰竞秀，古木参天，以丛林古刹，飞瀑流泉著称。散布在庆云寺周围的数千亩自然林，属南亚热带常绿季雨林型，具有独特的岭南景色。

30. 桂林漓江风景名胜区位于广西壮族自治区东北部。是典型的岩溶峰林地貌，山奇水秀，为著名的山水风景名胜区。"江作青罗带，山如碧玉簪"。山石突起，或孤峰婷婷，或峰丛连座，森列无际。漓江及其支流，环回于石山峰林之间，山环水抱，秀丽无比，素有"桂林山水甲天下"之称。桂林"无山不洞"，以芦笛岩、七星岩等溶洞最著。名风景区内文物古迹很多，仅石刻就有两千多件，遍布各风景点，还有秦堤灵渠，秦汉古严关遗址，明靖江王城等。

31. 峨眉山风景名胜区位于四川省乐山地区，包括峨眉山和乐山大佛两部分。峨眉山为平畴突起的断块山。东部低山，势如锦屏，中部群峰如笋，西部山势巍峨，素有"峨眉天下秀"之称。主峰金顶海拔 3099 米。登金顶可观云海、日出、"佛光"、"圣灯"四大奇观。从山麓到山顶分别属三个不同的气候带，雨量充沛，植物三千多种，故有"植物王国"之称。峨眉山是我国四大佛教名山之一，有报国寺、伏虎寺、万年寺、清音阁、洗象池等名胜古迹多处。乐山大佛在岷江、青衣江、大渡河三江交汇处，开凿于唐，高 71 米，为全国之冠，与山、水、寺、塔共同组成了一处蜀中胜景。

32. 长江三峡风景名胜区位于四川省东部和湖北省西部。为以长江峡谷水道为主的河川风景名胜区，西起四川奉节，东至湖北宜昌。长江三峡是瞿塘峡、巫峡、西陵峡的总称，两岸群山笔立，崔嵬摩天，幽邃峻峭。三峡以瞿塘雄、巫峡秀、西陵险和观三峡云雨驰名。沿江的名胜古迹有丰都名山、忠县石宝寨、云阳张飞庙、奉节白帝城以及大量赞颂三峡风光的题刻。长江支流大宁河的小三峡，山青水秀，奇峰壁立，林木葱茏，猿声阵阵，饶有野趣。

33. 黄龙寺—九寨沟风景名胜区位于四川省松潘、南坪县境内。是以众多的高原湖泊、瀑布和植物景观为主的自然风景。黄龙寺面对白雪皑皑之玉翠山。沟内彩池密布，遍地奇花异草；九寨沟内有成百个阶梯彩色湖泊，无数飞瀑流泉奔腾倾泻，串连其间，景色秀丽奇绝，世所罕见。黄龙寺、九寨沟二者毗连，但又被高山阻隔为各自独立、各具特点的两大景区。

34. 重庆缙云山风景名胜区位于四川省重庆市北碚区和合川县城附近。包括缙云山、北温泉、合川钓鱼城以及北碚至钓鱼城间嘉陵江沿岸风景名胜。缙云山、北温泉的山岳江河、温泉峡谷、丛林古刹、溪流瀑布、奇葩异卉展示了巴山蜀水幽、险、雄的特色。山中植物有一千七百余种，有"川东小峨眉"之称。合川钓鱼城是南宋抗元的古战场，该城三面临江，屹立江心，尚存古城墙和七座城门以及护国寺、忠义祠等古迹。

35. 青城山—都江堰风景名胜区位于四川省灌县境内。青城山背靠岷山雪岭，面向川西平原，四周密林青翠，岁寒不凋，诸峰环绕，状若城郭，故名。主峰大面山海拔 1300 米。以幽古闻名，素有"青城天下幽"之称。青城山为我国道教发祥地之一，名胜古迹，文赋墨迹极为丰富。都江堰是我国古代劳动人民创建的伟大水利工程，不仅消除水患，而且使川西平原成为"天府之国"，有都江堰、二王庙、伏龙观、斗犀台、安澜索桥、玉垒关等景点。

36. 剑门蜀道风景名胜区位于四川省绵阳地区。是在连绵不断的秦岭、巴山、岷山之间，以"蜀道"为纽带的风景名胜区。蜀道是从陕西汉中、宁强入川至广元、剑阁、梓潼的古栈道，绵亘数百里。沿线地势险要，风光峻丽，唐代李白有"蜀道难，难于上青天"的描述，蜀道中分布着众多的名胜古迹，有古栈道、三国古战场遗迹、武则天庙皇泽寺、唐宋石刻千佛岩、剑门关、古驿道翠云廊、七曲山大庙、李白故居等。

37. 黄果树风景名胜区位于贵州省镇宁和关岭两县接壤处。为以黄果树大瀑布为中心的风景名胜区。大瀑布位于犀牛滩，落差74米，宽81米，瀑下为水深17米的犀牛潭，瀑布周围景色瑰丽，河流曲折，地形起伏，有许多激流险滩和瀑布群。还有石林、溶洞和布依族、苗族村寨以及红岩碑、关索庙、天龙庙等古迹。

38. 路南石林风景名胜区位于云南省路南彝族自治县境内。石林为石岩岩溶地貌的一种特有形态，以怪石林立、突兀峥嵘、千姿百态、变化无穷为特征。其生动奇异的形象，犹如莽莽森林，又似千队万骑，令人遐想，流传下来许多传神的命名和神话故事。石林壁峰之中，翠蔓挂石，金竹挺秀，山花香溢，季鸟和鸣，使千嶂崖峰显得生机盎然。附近还有芝云洞、奇风洞、长湖、月湖、飞龙瀑等景点。当地彝族人民的歌舞、风情，更使风景名胜区增添色彩。

39. 大理风景名胜区位于云南省大理白族自治州。为以苍山洱海为中心的湖泊山岳风景名胜区，包括剑川县石宝山景区和宾川县鸡足山景区。苍山挺拔壮丽。主峰海拔4112米。山上有三千多种植物，是我国植物资源宝库。洱海为高山淡水湖，湖面海拔1966米，碧水清波，山水相映，明媚秀丽。在下关至上关间分布着古南诏德化碑、大理三塔和蝴蝶泉等名胜古迹。这里白族等少数民族有丰富多彩的民居、民俗和许多优美的民间故事、神话传说。

40. 西双版纳风景名胜区位于云南省西双版纳傣族自治州。以景洪为中心，包括勐仑，勐遮和澜沧江一线，为茂密的原始森林和热带雨林风光，以动植物资源繁多著称，勐仑河谷热带雨林是西双版纳植物王国的缩影。勐遮有景真八角亭、勐邦水库、曼冷缅寺、茶王树等景点。澜沧江一线有称为"孔雀之乡"的橄榄坝、小白塔、仙人洞、大宗河瀑布、虎跳石等景点以及多种野生植物群落。西双版纳是以傣族为主的多民族聚居区，有独特的民俗、民居建筑和园林村落。

41. 华山风景名胜区位于陕西省华阴县境内。西岳华山属秦岭山脉，由花岗岩构成，平地拔起，直插云霄。落雁峰最高，海拔2154米。华山以奇险著称，有青柯坪、千尺幢、擦耳崖、苍龙岭、长空栈道等景点。华山松高大参天，多生长在海拔1500米以上的地带，与险峰奇石相得益彰。华山为道教胜地之一。规模宏大的西岳庙位于华阴县城北，还有玉泉院、仙姑观等名胜和许多历代名人题刻，以及神话传说。

42. 临潼骊山风景名胜区位于陕西省临潼县境内。临近古城西安、咸阳，以名胜古迹众多著名。骊山林木苍郁，素有"绣岭"之称，远望似一匹骊马，最高峰海拔914米。周、秦、汉、隋、唐等王朝均在骊山建离宫，利用温泉沐浴，有华清池等名胜。骊山东有秦始皇陵和兵马俑坑，一号坑已建起规模宏大的兵马俑博物馆。兵马俑雕塑精美，造型生动，是文化艺术珍品，骊山西北有五千年前姜寨母系氏族社会村落遗迹，东北还有鸿门宴遗址等。

43. 麦积山风景名胜区位于甘肃省天水县境内。以石窟造像为主，自然风景也很秀丽，分为麦积山、仙人崖、石门三个景区。在僧帽山、罗汉岩、香积山、三扇岩、独角峰等奇峰环抱中，麦积山一秀突起，石窟即开凿于悬崖峭壁上，现存石窟佛龛一百九十四个，泥塑、石雕七千二百余件，壁画一千余平方米，北朝"崖阁"八座，是丝绸之路上的佛教圣地，风景区内植被良好，山峦叠翠，被誉为西北黄土高原的一颗明珠。

44. 天山天池风景名胜区位于新疆维吾尔自治区阜康县境内。是以高山湖泊为中心的自然风景区。天山博格达峰海拔 5445 米，终年积雪，冰川延绵。天池在天山北坡三工河上游，湖面海拔1900 多米。湖畔森林茂密，绿草如茵。随着海拔不同可分为冰川积雪带、高山亚高山带、山地针叶林带和低山带四个自然带。在天池同时可观赏雪山、森林、碧水、草坪、繁花的景色。附近还有小天池、灯杆山、石峡等景点。天池石古称"瑶池"，清乾隆时始以"天镜""神池"之意命名为天池。

国务院办公厅批转文化部《关于加强文物
保护制止破坏的紧急报告》的通知

（国办发〔1984〕23 号）

各省、自治区、直辖市人民政府，国务院各部委、各直属机构：

文化部《关于加强文物保护制止破坏的紧急报告》，已经国务院批准，现转发给你们，请研究执行。报告中列举的破坏文物事件，请有关部门和省、自治区、直辖市人民政府查清事实，严肃处理。

各地区、各部门要认真检查一次《文物保护法》的执行情况，并将检查结果于今年八月底以前报送文化部。

国务院办公厅

一九八四年三月三十日

附：关于加强文物保护制止破坏的紧急报告

国务院：

一九八二年十一月，人大常委会颁布《中华人民共和国文物保护法》以后，文物保护工作取得了较大成绩。但是也有一些地区文物破坏现象仍然时有发生，文物走私和投机倒把活动还相当严重。

有些单位和干部缺乏法制观念，有法不依，在基本建设工程中乱占，乱拆古建筑、古墓葬。一九八三年三月，在新焦铁路复线工程的施工中，施工单位事先未与文物管理部门协商进行地下文物的勘探清理工作，致使省级文物保护单位白庄汉墓群和春秋时代的墙南遗址破坏范围达十五万五千多平方米。当河南省文物管理部门前往要求暂停施工时，竟遭施工部门拒绝，又使大量文物古迹压在地下或毁坏无存，造成巨大损失。一九八三年五月，吉林省舒兰县小城公社林场，不听从文物部门的劝阻，在省级文物保护单位完颜希尹（金代开国元勋，左丞相，著名的政治家、军事家，女真文字的创造者）家族墓地，修筑了一条长三百米、宽八米多的林道，两侧排水沟宽二米、深一米，破坏古墓无数，大批文物被砸坏，林道旁到处散布着石羊、石柱、石础等石刻和大量残碎墓砖。陕西省西安市新城北门系明代梁王府遗址，也是明末李自成建立"大顺"政权的遗址。一九八三年四月，地方有关部门负责人不顾国家文物政策法令和中央负责同志指示以及广大群众的反对，下令强行拆除。同时，该省韩城县省级文物保护单位法王庙内老君殿、厢房、鼓楼、西舞台等古建筑也被占用单位非法拆除。

文物贩子煽动群众掘古墓、古遗址和不法分子盗窃、走私文物的事件有所增多。一九八三年六月至八月，河南省淮阳县三个公社、七个大队、二十个生产队的干部和群众五百多人，在文物走私分子高价收买文物的煽动下，大肆挖掘古墓葬，破坏战国至汉代古墓七百五十一座，盗窃文物二千三百多件。这次破坏事件的时间之长，范围之广，规模之大，文物损失之严重，都是建国以来所没有的。类似这样的事件，在其他地区也有发生，文物损失十分惊人。一九八三年十月二十二日，湖南省博物馆马王堆展室被盗（已破案），丢失文物三十一件、复制品七件，其中素纱蝉衣、"信期绣"绢手套、彩绘双层漆奁、铜鼎等一级文物二十件，均属国家稀有珍品。文物走私活动比以前有上升趋势，仅据广东省统计，近一年来共查获文物走私案三百多起，文物近二万件。其中广东省珠海市、斗门、中山县从一九八二年八月至一九八三年六月，共查获文物走私案二十一起，文物九千多件，98% 均属国家严禁出口的文物。海关部门估计，由海关查获的文物约占全部走私文物的千分之五，可见文物走私数量大得惊人。河南省洛阳市公安机关最近破获五起重大倒卖走私文物团伙案，抓获违法犯罪分子一百五十多人，追回商代虎纹玉珮、汉代四龙浮雕玉璧、唐代鎏金铜菩萨等历代文物一千五百多件，古币二千余枚。

文博单位管理不严，制度不健全，也常使文物遭到破坏。一九八二年十二月至一九八三年五月，北京故宫博物院在复制和拍照馆藏文物时，不严格执行有关规章制度，连续损坏了四件一级文物。一九八三年六月，天津市文物公司仓库，由于保管人员离库时忘记关灯，致使二百瓦灯泡烤着文物，烧毁字画二千多件。一九八三年七月十二日，河南省洛阳地区一农村社员，于光天化日之下，在全国重点文物保护单位龙门石窟内砸坏佛像、菩萨和佛宝座等二十多处，为该石窟建国以来最严重的破坏。

以上所举事实表明，当前文物破坏情况严重，必须引起高度重视。文物是不能再生产的，如不采取措施加以制止，将会给国家文化遗产造成难以弥补的损失。加强文物保护，文化部门责无旁贷，但只靠文化部门是不够的，必须各级人民政府重视起来，坚决贯彻执行《文物保护法》，才能取得效果。为了刹住当前有法不依、执法不严，大量破坏文物的现象，提出如下意见：

一、执行《文物保护法》，认真保护文物，是地方各级人民政府的职责。建议各级政府对贯彻执行《文物保护法》的情况，进行一次检查。凡在本地区内发生文物破坏事件，必须采取有效措施，立即加以制止。各级文博部门要限期开展一次文物安全防护工作大检查。从人到物，从制度到设备，通过检查，发现问题，堵塞漏洞，完善规章制度，加强安全防护设施。今后凡因失职、渎职造成文物破坏、损失者，不论任何人，都必须查明责任，严肃处理。

二、对走私文物、盗掘古墓和投机倒把的严重犯罪分子，以及文博队伍内部同走私盗窃集团勾结监守自盗分子，要依照一九八二年全国人民代表大会常务委员会《关于严惩严重破坏经济的罪犯的决定》，坚决打击，从重从快惩处。

各地边防、海防、海关、工商行政、公安和文化行政管理部门，要密切协作，依法办事，切实做好查私工作和文物出口鉴定管理工作，严防珍贵文物外流。

三、请各地区的文化、工商、公安等有关部门联合起来，对本地区的文物商业和文物市场，认真进行一次严格的检查和整顿，对违反规定，私自经营文物的，要坚决予以取缔。

四、各地区、各部门应结合实际情况，抓紧制定出有关文物保护、考古发掘、古建筑修缮和文物市场管理等细则，或提出保护文物的具体措施，以保证《文物保护法》的贯彻执行。

以上报告，如无不当，请批转各地区、各部门研究执行。

文化部

一九八四年三月一日

国务院关于打击盗掘和走私文物活动的通告

（1987 年 5 月 26 日）

近几年来，全国各地文物走私和盗掘古墓葬、古遗址的犯罪活动屡有发生，不少文物被盗运出境，不仅使我国文化遗产遭受严重破坏，而且败坏社会风气，有损于社会主义物质文明和精神文明的建设。为切实保护我国文物，严惩犯罪分子，特通告如下：

一、我国地下、内水和领海中遗存的一切文物，统属国家所有，非经国家文化行政管理部门批准，任何单位和个人，不得以任何借口私自掘取。在工程建设和农田水利基本建设中发现地下文物，应立即报告当地文化行政管理部门处理。私自挖掘古遗址、古墓葬的，依照《刑法》《文物保护法》的有关规定予以惩处。

二、文物购销统由文物部门经营，国内外人士不得私自买卖文物。未经省级和省级以上文化主管部门委托并经工商行政管理部门许可，任何单位和个人不得经营文物。违法经营的，由工商行政管理部门依照《文物保护法》的有关规定处罚；进行文物走私或者进行文物投机倒把活动情节严重的，依法追究其刑事责任。

三、对盗掘、走私文物知情不举的，要追究其责任；窝藏、包庇盗掘、走私文物犯罪分子的，依法追究其刑事责任。

文物部门职工利用职权盗窃文物或者内外勾结走私文物的，依法从重处罚。国家工作人员玩忽职守，致使文物被盗掘、流失遭受重大损失的，依照《刑法》的有关规定，予以惩处。

四、各级人民政府要坚决贯彻《文物保护法》。要把宣传工作纳入当前普法教育工作计划，作为社会主义精神文明建设的重要内容。在文物比较集中的地区，要建立和健全群众性的文物保护组织，依靠群众与违法犯罪活动作斗争，保护好所辖地区内的文物。

五、公安、司法、工商、海关和文化行政管理等有关部门要相互配合、密切协作，坚决打击盗掘和走私文物的违法活动。

六、对揭发检举盗掘和走私文物犯罪分子以及破案有功的人员和单位，由文物主管部门报请同级人民政府批准后，给予表彰或奖励。

七、凡盗窃、私掘、投机倒把和走私文物的违法犯罪分子，在本通告发布之日起两个月内，向当地公安部门自首，彻底坦白，交出非法所得和现存文物的，可予以宽大处理；拒不坦白或继续违法犯罪的，要从严从重惩处。

　　此告。

国务院

一九八七年五月二十六日

国务院关于进一步加强文物工作的通知

（国发〔1987〕101 号　1987 年 11 月 24 日）

　　我国是一个历史悠久统一的多民族国家。我们的祖先在改造自然、改造社会的长期斗争中，创造了灿烂辉煌的古代文化，为整个人类文明历史做出过重要的贡献。保存在地上地下极为丰富的祖国文物是中华民族历史发展的见证。它真实地反映了我国历史各个发展阶段的政治、经济、军事、文化、科学和社会生活的状况，蕴藏着各族人民的创造、智慧和崇高的爱国主义精神，对世世代代的中华儿女都有着强大的凝聚力和激励作用。在建设具有中国特色的社会主义的新时期，在全国各族人民坚持四项基本原则，坚持改革、开放总方针的伟大实践中，进一步加强文物工作，对于继承和发扬中华民族的优秀文化和革命传统，促进社会主义物质文明和精神文明建设，团结国内外同胞推进祖国统一大业，以及不断扩大我国人民同世界各国人民的文化交流和友好往来，都具有重要的意义。

　　保护文物是党和政府的一贯政策。在革命战争年代，由于全党、全军的高度重视和努力，使全国的历史名城和绝大多数文物古迹得到了保护，许多革命先烈为此献出了宝贵的生命。中华人民共和国成立后，党和政府制定了一系列政策和法令，在马列主义、毛泽东思想指导下，由国家领导的文物事业广泛发展，结束了一百多年来祖国文物被外国人肆意掠夺的历史。三十多年来，我国的文物事业，尽管在"十年动乱"期间受到严重破坏，但总的来说，仍然取得了旧中国无可比拟的重大成就。我们建立了全国文物工作的管理体系；保护、维修了大量的文物古迹；发现、收集了大批流散在社会上的珍贵文物；开展了相当规模的考古发掘工作，取得了一系列举世瞩目的成果；建立了一批不同类型的具有中国特色的博物馆；建设了一支初具规模的专业干部队伍。所有这些，都为进一步发展文物事业奠定了基础。

　　但是，文物事业的发展，同祖国的历史和现代化建设事业的发展还很不相称，同复兴伟大的中国文明的使命还很不适应。当前的主要问题：一是在实际工作中，对文物的保护和发挥文物的作用、社会效益和经济效益、统一管理和分工协作等方面的关系还没有处理好，文物在社会主义精神文明和物质文明建设中的应有作用没有得到充分发挥。二是文物遭受破坏的情况还相当严重，特别是文物走私和投机倒把活动还十分猖獗，盗窃文物、私掘古墓等事件时有发生，屡禁不止。在基本建设施工中忽视文物保护，也使许多文物遭到破坏。产生上述问题的根本原因是，《中华人民共和国文物保护法》还没有很好地得到贯彻执行。三是文物工作的管理体制、干部队伍，还不能完全适应文物事业发展的需要，急待改革、调整和充实、提高。当前文物工作的任务和方针是：加强保护，改善管理，搞好改革，充分发挥文物的作用，继承和发扬民族优秀的文化传统，为社会主义服务，为人民服务，为建设具有中国特色的社会主义做出贡献。

一、充分发挥文物的作用

充分发挥祖国文物在社会主义精神文明和物质文明建设中的作用，是文物工作的重要任务。要充分运用文物向广大人民群众特别是青少年，进行爱国主义、革命传统和历史唯物主义的教育。文物具有直观、形象、生动的特点，其教育作用和感染力是其他教育手段所难以代替的。进行这种教育，既要注意运用古代文物，更要运用反映中国人民进行巨大历史变革的近现代文物、革命文物，同时也要有选择地保存一些阶级压迫和帝国主义侵略的罪证，从正反两方面给人以深刻的教育。在中小学的教科书中，要增加有关祖国文物的内容，教育青少年提高民族自尊心和自豪感，继承和发扬革命传统，做有理想、有道德、有文化、有纪律的一代新人。

要运用文物丰富人民的精神生活，提高文化素养。在祖国文物中，有大量绚丽多彩的文化珍品，具有鲜明的民族特色，不仅可以给人以美的享受，而且也是了解和认识我国民族文化艺术传统的重要资料。它所展示的各种传统艺术形式，可以为我们今天批判地继承历史文化遗产，创造社会主义的民族的新文化提供借鉴。文物部门应同有关部门合作，为建设这样的新文化做出贡献。

要加强对文物的科学研究工作，为各个学科的学术研究提供资料。文物是实物史料，对于历史研究起着证史、补史和纠正文献谬误的作用。文物的内容非常广泛，涉及社会科学、自然科学、文化艺术等各个领域。只有通过科学研究，不断深化对文物本身固有的历史、艺术、科学价值的认识，才能更好地发挥文物的作用。各级政府应当组织文物部门同各有关科研单位、大专院校共同协作，切实加强文物科研工作，争取出更多的成果。

要运用文物研究我国历史上科学技术发展的情况，为社会主义经济建设服务。千百年来我国劳动人民在利用自然、改造自然的斗争中，所创造的许多重大科技成果，曾经在当时的时代处于领先的地位。但是，有些成果后来却湮没失传，只是在出土文物上才被重新发现。对这份遗产进行科学的整理和研究，将会为今天我国发展科学技术提供有益的借鉴。六十年代以来，文物考古工作者运用考古学手段，考察古代水文、地震、沙漠变迁等，开拓了文物考古学应用的新领域，并在国际上产生了积极的影响。文物战线的工作人员要坚持这个方向，广开思路，勇于探索，继续开辟文物工作直接为社会主义经济建设服务的新途径。

遍布全国各地的丰富多彩的文物古迹，是吸引来访外宾和国内外广大旅游者参观的重要内容，是我国旅游事业发展的重要条件。旅游部门、风景名胜管理等部门与文物部门要加强联系，相互支持，密切协作。对于涉及有文物的旅游开放点，要相互协商，共同制定规划，合理解决旅游收入中文物部门的分成比例问题，使保护文物和发展旅游事业很好地结合起来，互相促进，共同发展。

要利用祖国文物，开展国际文化交流，增进我国和各国人民之间的相互了解和友谊。近年来，文物出国展览在对外文化交流活动中起了很好的作用，在国际上影响很大。今后要继续根据《中华人民共和国文物保护法》的有关规定，本着积极慎重、细水长流、统一规划、归口管理的原则，把这项工作办得更好、更有成效。对于特别珍贵的孤品和重要易损文物，一律禁止出国展览。

二、加强文物的保护管理工作

加强文物保护，是文物工作的基础，是发挥文物作用的前提。离开了保护就不可能发挥文物的作用。《中华人民共和国文物保护法》，是加强文物保护和管理的法律武器，全国各族人民都必须坚决贯彻执行。任何部门、任何单位和个人都无权作出与这个法律相抵触的决定。擅自主张，玩忽职守，造成文物破坏、被盗或流失的要严肃处理，直至追究法律责任。国家文化（文物）行政管理部门有权制止一切违反《中华人民共和国文物保护法》的行为，对违反规定的，有权提出处理意见或提起诉讼，并应及时向人民政府反映情况。人民政府对反映的问题如不及时处理，致使文物遭到破坏的，要追究领导责任。

公安、司法、监察机关和海关、工商行政管理等部门，要按照各自的职责，严肃处理违反《中华人民共和国文物保护法》的案件。对那些盗窃文物、私掘古墓、进行文物走私和投机倒把活动的犯罪分子，必须根据国务院《关于打击盗掘和走私文物活动的通告》精神，依法追究刑事责任，给予严厉的惩处，绝不能只以经济处分代替刑事处罚。

作为国家文物重点保护的古建筑群、古园林，都应当对广大人民群众开放，各有关地方应普遍进行一次检查。现在仍在使用文物古建筑的单位，凡是有碍文物安全或严重影响环境风貌的，经过当地人民政府研究确定后，应有计划地限期搬迁；经检查审核仍可继续使用的单位，要在文化（文物）行政部门和使用单位的上级部门的共同主持下，签订使用合同。使用单位要严格遵守规定，负责保证文物安全，损坏文物的要追究责任。凡是经国家批准，由机关、团体、部队、学校、宗教组织和企事业等单位使用的文物保护单位和所掌握的重要文物，都要按规定加强管理，合理使用，自觉接受文化（文物）行政管理部门的检查、监督和指导，并为有关人员履行职责提供方便。

在各级文物保护单位中，有些是历史上的宗教建筑物。对于这些宗教建筑物，凡是经国务院批准作为宗教活动场所的，有关宗教组织和宗教组织人员，也应严格执行《中华人民共和国文物保护法》的规定，确保文物安全，并接受文物部门的检查指导。在汉族地区属于全国重点文物保护单位的佛教、道教建筑物，除按国发〔1983〕60号文件规定作为宗教活动场所开放者外，未经国务院正式批准，不得开展宗教活动。不作为宗教活动场所的寺观，都应当作为开展科学研究、丰富人民文化生活、进行宣传教育的阵地，不得进行任何形式的宗教活动，更不允许宣传封建迷信。

要正确处理文物保护和发展旅游事业的关系。一切旅游活动，都要服从国家保护文物的规定，在保证文物安全的前提下进行。在名胜古迹的中心地带和文物保护单位附近兴建高楼大厦，是对环境风貌的破坏，不仅不利于文物保护，而且也不利于发展旅游事业。要在积极为发展旅游创造条件的同时，切实防止因开展旅游可能给文物保护带来的有害影响。像敦煌壁画这类易于损坏的稀世珍宝，不能作为一般性的旅游开放点，必须严格控制参观人数，并采取有效的保护措施。禁止把文物作为拍摄电影、电视的道具。对于文物古迹的修缮和保养，要坚持不改变原状的原则，修复要有科学根据，绝不可凭主观想象办事。由于各种原因早已全部毁坏的古建筑和古园林，除特殊需要的外，一般不再重新修建。

加强流散文物的管理，制止文物的非法出口，是加强文物保护管理的一项重要任务。目前，国内文物市场比较混乱，必须进行整顿。要坚决执行由文物部门统一管理、统一收购、统一经营的规定。对一切未经批准的文物购销点，由工商行政管理部门坚决取缔。文物商店要端正业务方向，改进经营管理，积极收购和保护文物，组织好文物的合理流通。文物销售要杜绝不正之风，文物工作人员更不得利用职权为自己和别人收购或收集文物，违者要从严处理。同时，要继续加强文物拣选工作。文化（文物）行政管理部门应主动同银行、冶炼厂、造纸厂以及废旧物资回收等部门和单位联系，相互协作，共同做好掺杂在金银铜器和废旧物资中的文物拣选工作，并做到经常化、制度化。

贯彻执行《中华人民共和国文物保护法》，必须依靠广大人民群众。各级政府文化部门，要运用多种形式，宣传党和国家的文物保护政策，普及文物知识，把执行党和国家保护文物的政策变为广大群众的自觉行动。在文物比较集中或有重要文物的地方，要把保护文物作为乡规民约的一项内容，列为评比文明村镇、文明单位的条件之一，并落实到行政管理或经营责任制中去。要把保护文物作为社会主义精神文明建设和普法教育的重要内容，在全社会提倡"保护文物、人人有责"的新风尚。要因地制宜地在城市和农村发展群众性的文物保护员，建立各种形式的社会文物保护组织。对于因保护文物而影响农民生产、生活的实际问题，由当地人民政府帮助解决。

防止和控制自然力对文物的损害，是当前文物工作中必须认真研究、解决的一个重要课题。有关部门可先建立几个内容各有侧重的文物保护科学技术中心，作出长远规划，逐步在全国范围内形成有一定数量、有一定科学水平的专业队伍。既要充分利用现代科学技术的成果，引进必要的先进技术设备，又要对我国固有的、行之有效的传统技术进行研究、总结。对有失传危险的传统技术，要立即采取有效措施，进行抢救。要加强文物部门与科研部门的横向联系，注意科学技术信息的沟通和交流，把科学技术的新成果应用于文物保护。要区别轻重缓急，确定重点项目，组织各学科联合攻关。各有关科学研究单位和高等院校，应当给以大力支持，密切协作，为保护祖国文物作出自己的贡献。

三、加强博物馆建设

博物馆是保管文物和发挥文物作用的重要场所。博物馆的基本职责，是收藏和科学保管文物、标本，对文物、标本进行科学研究，向人民群众进行宣传教育，为建设两个文明服务。随着国家经济建设的发展，随着人民群众对文化科学知识需求的增长，我国博物馆事业应当有一个较大的发展和提高，逐步在全国范围内建立起一个丰富多彩，具有中国特色的社会主义博物馆体系。在这个体系中，既要有历史的，又要有现代的；既要有全国性的，又要有地方性的；既要有社会科学方面的，又要有自然科学方面的；既要有综合性的，又要有专门性的；还要反映我国多民族的特点，加强民族博物馆的建设。为实现这个目标，要从实际出发，研究制定博物馆建设的规划，有计划、有步骤、有重点地予以实施。

抓好国家和省级博物馆的整顿、充实和提高的工作，是加强博物馆建设的重要任务。现有博物馆都必须在建立健全文物保管制度，加强防护设施，保证文物安全的同时，全面清理藏品，区分文物等级，搞好藏品清档、建档工作。要加强科学研究，不断提高陈列、展览的科学性、思想性、艺术性，增强宣传教育效果。

博物馆要面向社会，面向群众，经常向社会各界提供文物资料和科研成果，积极开展同各有关部门和单位的学术交流活动，为科学研究服务。各类学校要尽量运用博物馆作为课堂，组织教学活动。要努力使博物馆成为广大群众丰富精神生活的场所、专家学者科学研究的阵地、学生校外学习的课堂。

四、把文物的保护管理纳入城乡建设总体规划

文物的保护管理要纳入全国和各地区的城乡建设总体规划，要根据实际情况，分别确定为历史文化名城、各级文物保护单位和重点文物保护区，逐步形成一个反映中华民族光辉灿烂古代文化和光荣革命传统的文物史迹网。全国和各地区城乡建设规划的制定，都应当以此作为一项重要内容进行研究，在布局上作出合理安排。

确定历史文化名城，对我国文物保护和城市发展具有重要意义。要根据各个历史文化名城的历史、艺术、科学价值的传统特点和在国民经济中的地位与作用，来确定它的城市性质、发展方向和规划原则。历史文化名城建设规划总的指导思想应该是：既要符合现代化生产、生活的要求，又能保持其优秀历史文化传统的风貌。要保留这些名城固有的合理的总体布局，注意整个城市空间的协调，并把一些有典型意义的地段、街区成片地保存下来，确定为重点文物保护区，划出一定范围的建设控制的地带和禁建地带。通过规划，把它有机地组织到城市的整体环境中去，以显示历史文化名城的历史连续性。必须严格禁止在历史文化名城新建有严重污染或破坏城市风貌的工业项目。已有的这类企业，要限期搬迁或转产。对混杂在市区影响环境协调的企业，要认真调查，分别情况，妥善处理。

搞好文物普查，确定文物保护单位和文物保护区，是文物保护管理的一项重要的基础工作，需要认真做好。目前已公布的各级文物保护单位为数很少，同我们有几千年悠久历史的文明古国很不相称，必须逐步增加。新发现的重要文物，在未确定为文物保护单位之前，可由文化（文物）

行政管理部门先指定为保护对象，加以保护，不得破坏。

要妥善解决文物保护和各项生产建设的矛盾。今后基本建设、技术改造的各个项目，应当尽可能避开文物保护单位、文物保护区或者地下文物丰富的地段。如因特殊需要而必须在这些地方选点，事先必须征得文物部门和城乡建设规划部门的同意，没有取得正式批准文件，不得征地，建设银行不得拨款。凡已确定的大型基本建设项目，要由有关省、自治区、直辖市的文物部门组织力量设置职能部门，负责工程范围内的文物调查、勘探和考古发掘工作。今后一个相当长的时间内，文物部门的考古工作应主要是配合基本建设。考古发掘工作必须严格履行报批手续。对不妨碍基建的重要古墓葬、古遗址，在当前出土文物保护技术还没有完全过关的情况下，一般不进行发掘。坚决防止和克服盲目地乱挖乱掘地下文物的现象，违者要依据政纪国法予以惩处。

出土文物归国家所有，为充分发挥文物的作用和确保文物安全，国家和省、自治区、直辖市文化（文物）行政管理部门有权按《中华人民共和国文物保护法》的有关规定统一调拨，指定保管单位。

五、加强对文物工作的领导

政府加强对文物工作的领导，是做好文物工作的根本保证。各级人民政府要把这项工作列入自己的议事日程，政府文化（文物）行政部门要认真地做好这方面的具体工作。为了切实加强对文物工作的领导，成立由国务院领导同志、有关部门负责同志和专家组成的国家文物指导委员会，协调、解决文物工作中的重大问题。国家文物事业管理局同时也是国家文物指导委员会的日常办事机构。各级人民政府也应视实际需要，建立或健全、充实文物事业管理机构。

各级人民政府应当根据《中华人民共和国文物保护法》的规定，在财政计划中，落实文物经费，并争取逐年有所增加。文物部门的收入只能用于文物事业，作为文物经费的补充，不得挪作他用。要加强对文物管理部门的领导，坚持文物工作的正确方向，坚持以确保文物安全为前提，以社会效益为最高标准，反对一切向钱看，防止把文物作为单纯的营利手段的错误倾向。要组织文物工作者认真学习马克思主义理论，学习党的方针政策，努力探索和掌握文物工作的规律，研究新情况，解决新问题，加强工作中的原则性、系统性、预见性和创造性。要加强对广大文物干部的职业道德教育，教育他们全心全意、勤勤恳恳地做好本职工作，抵制腐朽思想的侵蚀，改变怕苦怕累、不下田野、垄断资料、争名逐利等不良作风。

不断壮大文物工作干部队伍，提高队伍的政治、思想和业务素质，逐步改善他们的工作条件和生活待遇，是进一步加强文物工作的一个决定性的条件。要把那些年富力强、坚决执行党的方针政策、热爱文物事业、具有专业知识和管理能力的同志提拔到领导岗位上来。要从长远着想，制定培养干部的规划，加强现有各大学的文物、考古和博物馆专业，并根据现有条件积极筹建文博学院。要有计划地培养一批品学兼优的专业人才，轮训在职干部，逐步增加文物干部队伍中业务人员的比重，改善人员结构，提高队伍素质。

我国的文物事业有着广阔的发展前途，文物工作是十分光荣而艰巨的。广大文物工作者要勇敢地担当起这一重任，艰苦奋斗，开拓进取，努力开创文物工作的新局面，在伟大的社会主义现代化建设事业中，作出新的更大的贡献。

国务院

一九八七年十一月二十四日

中共中央办公厅、国务院办公厅转发《公安部、国家文物局关于严厉打击盗掘古墓葬犯罪活动的意见》的通知

（中办发〔1991〕12号）

各省、自治区、直辖市党委和人民政府，各大军区党委，中央和国家机关各部委，军委各总部、各军兵种党委，各人民团体：

《公安部、国家文物局关于严厉打击盗掘古墓葬犯罪活动的意见》，已经中央、国务院同意，现转发给你们，请认真执行。

最近一个时期，盗掘古墓葬的犯罪活动急剧蔓延，不断发生大规模盗掘古墓葬、古文化遗址的事件，给祖国珍贵的历史文化遗产造成巨大的损失。各级党委、人民政府和有关部门要切实加强领导，采取有力措施，坚决打击盗掘古墓葬犯罪活动，保护国家文物。

中共中央办公厅

国务院办公厅

一九九一年十月二十八日

附：公安部、国家文物局关于严厉打击盗掘古墓葬犯罪活动的意见

最近一个时期，曾一度有所收敛的盗掘古墓葬犯罪活动又屡有发生，并急剧蔓延。一些地方不断发生大规模盗掘古墓葬、古文化遗址的事件。许多盗掘现场尸骨狼藉，文物碎片随处可见，有些地区古墓葬已被盗掘殆尽，埋藏在地下千百年的文物毁于一旦，大量农田也同时被毁，其严重程度不仅为建国以来所未有，也为历史上所罕见，如不立即采取果断措施加以制止，祖国的历史文化遗产将蒙受难以估量的损失，也有损于国家的形象。现就严厉打击盗掘古墓葬犯罪活动提出以下意见：

一、充分认识盗掘古墓葬犯罪活动的危害性，切实把保护国家文物作为当前的一项紧迫任务

我国是著称于世的文明古国。现存于地上地下的极为丰富的文物，是中华民族的珍贵历史文

化遗产，也是整个人类文明发展的宝贵财富。保护和利用好这些文化遗产，对于弘扬爱国主义精神，树立民族自信心和自豪感，增强民族凝聚力，促进社会主义现代化建设事业的发展，都有着重要的作用。坚决打击盗掘、走私和破坏文物的犯罪活动，保护文物，是各级党政领导机关、社会各界和广大人民群众的共同职责。

当前，盗掘古墓葬等违法犯罪活动屡禁不止，与一些地方的领导同志对保护文物的重要性缺乏足够的认识有关。少数领导干部对盗掘古墓葬的违法犯罪活动采取姑息容忍的态度，甚至极其错误地认为这是群众致富的一种途径。有的地方在处理盗掘古墓葬违法犯罪案件时存在着量刑偏轻、以罚代刑等打击不力的现象；文物管理工作薄弱，漏洞很多，给不法分子以可乘之机；对文物保护方面的法律和政策宣传不力，未能造成广大群众依法自觉保护文物的社会环境。鉴此，各级领导必须充分认识打击盗掘古墓葬违法犯罪活动、保护祖国文物是当前的一项紧迫任务，要切实加强领导，组织和协调各方面的力量，立即对本地区盗掘古墓葬违法犯罪活动和对文物保护管理的情况进行全面的调查研究，迅速作出部署，尽快扭转当前的严重局面。

二、采取坚决果断措施，依法从重从快打击盗掘古墓葬等违法犯罪活动

各地公安机关要与文物、工商、海关等部门和司法机关密切配合，协调行动，运用法律手段加强文物保护管理工作，严格按照1991年6月29日全国人大常委会《关于惩治盗掘古文化古墓葬犯罪的补充规定》的精神，对盗掘、走私和破坏文物的违法犯罪案件依法从重从快处理。要组织强有力的破案队伍，迅速侦破和审理一批重大案件，清查和处理一批积案。要坚决严厉打击隐藏深、危害大、影响恶劣的具有黑社会性质的盗掘古墓葬和盗窃其他文物的犯罪团伙；对盗掘古墓葬集团或者聚众盗掘的首要分子，对教唆犯和惯犯、累犯，都要依法严惩；对严重犯罪分子要依法公开宣判，宣传法制，教育群众，以儆效尤。对私自经营文物的旧货商店和个体摊商要依法进行清理整顿，坚决取缔非法经营文物的黑市，依法惩处那些走乡串户私自收购文物的文物贩子。特别是对那些境内外勾结的文物走私团伙，必须组织优势力量，深入开展侦察工作，除恶务尽。在盗掘古墓葬和倒卖走私文物犯罪活动猖獗的地区，要适时开展专项斗争，造成强大的声威和气势，震慑犯罪分子，打击犯罪活动，绝不允许以罚代刑，甚至故意包庇纵容罪犯。针对当前文物犯罪集团化、职业化等特点，要做好长期斗争的准备，提高文物安全保卫人员的思想素质和业务能力，改善侦破条件，配置实用的先进装备。重点地区可以建立一支打击文物犯罪的专业队伍。

在查处群众性的盗掘古墓葬活动时，要贯彻惩办与宽大相结合的政策，充分发挥党的政策的感召力，孤立打击少数，团结教育多数。

三、加强基层文物保护管理工作，发挥群众保护文物的作用

县、乡（镇）党委和政府要把保护本地区的文物、打击文物犯罪活动作为一项重要工作，认真抓紧抓好。要增强自觉同破坏文物行为进行斗争的意识，明确基层人民政权对所辖地区文物保护的责任，把这项工作作为政权建设和政绩考核的重要内容，特别是文物密集、管理工作薄弱的地区，要尽快充实、调整文物管理力量，切实改变文物无人管理的状况。

在文物较多的县、乡（镇）村普遍建立三级群众义务文物保护组织，聘请热心文物保护的群众作为文物保护员，明确规定他们的责、权、利，加强对群众文物保护组织和文物管理员的管理、培训，建立经常性的检查、汇报制度。对群众文物保护员要给予必要的经济补贴，适当减免他们的义务工日，切实调动和保护他们的积极性。

要把打击盗掘古墓葬和破坏文物的犯罪活动与社会治安综合治理密切结合，坚持打防并举，把文物保护列入综合治理目标管理责任制，充分发挥村民委员会的作用，形成群防群治网络，有效地预防和减少盗窃、破坏文物的违法犯罪活动的发生。

四、广泛深入地宣传保护文物的法律、政策，增强广大群众的文物保护意识

发动、组织、依靠广大人民群众自觉参与文物保护工作，是确保文物安全的根本措施。要充分利用广播、影视、报刊等多种形式普及文物保护的有关法律、政策和知识，在全体公民中大力宣传《文物保护法》和全国人大常委会《关于惩治盗掘古文化遗址古墓葬犯罪的补充规定》，宣传保护文物的重大意义和每个公民保护文物的义务，并与宪法、刑法、治安管理处罚条例的普及教育结合起来，搞好群众性的学法、普法教育，增强群众的法制观念。

要把文物保护作为社会主义精神文明建设的一项重要内容，发扬我国人民保护文物的优良传统，努力提高人民的科学文化素质和思想道德水准。要特别注意加强对广大青少年的宣传教育，从小培养他们爱祖国、爱家乡、爱护文物的思想感情和道德规范，形成人人具有文物意识、人人热爱祖国文物的良好社会风尚。

五、对为保护祖国文物作出贡献的单位和个人给予表彰和奖励

为保护祖国文物作出贡献的单位和个人应受到社会的尊重和称赞。对打击盗掘古墓和破坏文物的违法犯罪活动，保护祖国文物成绩显著，特别是对破获重大案件，收缴珍贵文物，为国家挽回重大损失的单位和个人要给予表彰和奖励；对那些发现文物主动上交，对检举揭发、举报文物犯罪活动有功的单位和个人也要给予表彰和奖励。

国务院办公厅关于印发《文化部和国家文物局职能配置、内设机构和人员编制方案》的通知

（国办发〔1994〕20 号　1994 年 1 月 28 日）

各省、自治区、直辖市人民政府，国务院各部委、各直属机构：

　　文化部和国家文物局的职能配置、内设机构和人员编制方案经中央机构编制委员会办公室审核，已经国务院批准，现予印发。

国务院办公厅

一九九四年一月二十八日

附 2：国家文物局职能配置、内设机构和人员编制方案

　　根据第八届全国人民代表大会第一次会议批准的国务院机构改革方案和《国务院关于部委管理的国家局设置及有关问题的通知》（国发〔1993〕26 号）的规定，国家文物局为文化部管理的国家局（副部级），要适应国家经济体制改革和社会主义市场经济的发展，以转变职能、加强宏观管理与调控、提高工作效率为重点，建立科学的行政管理体制。

一、职能转变

　　根据"保护为主，抢救第一"的方针和当前文物、博物馆事业的现状，国家文物局要加强文物保护、抢救和考古发掘的统筹规划与监督；加强文物、博物馆事业发展的组织协调；加强政策、法规研究，健全文物保护政策、法规体系；加强文物流通管理，指导、监督和控制社会流散文物的流通活动；加强对外文物交流，弘扬和扩大民族文化的影响；加强文物保护经费的使用管理，检查、监督资金流向。

　　国家文物局下放给地方文物部门和转移给直属事业单位的职能有：人才培养的具体工作，文物、博物馆技术规范的制定，对各口岸文物出口鉴定组成员的培训，回收流失海外的珍贵文物，文物展览，一级文物档案管理，私人收藏文物的保护工作，文物、博物馆系统科研项目等。

二、主要职责

国家文物局是主管全国文物、博物馆事业的职能部门，主要职责是：

（一）贯彻落实"保护为主，抢救第一"的方针和《中华人民共和国文物保护法》的各项规定，研究制订文物、博物馆事业的发展方针、政策和规划，制订有关的法规、制度、办法。建立健全检查、监督机制。

（二）指导、协调全国文物的管理、保护、抢救、发掘、研究、出境、宣传等业务工作。

（三）审批全国重点文物的发掘、保护、维修项目，制定工程质量标准，进行监督检查。

（四）指导、协调全国省级和大型博物馆的建设及各博物馆之间的协作、交流工作。

（五）审批文物商店、文物出口鉴定组的设立和撤销，指导、监督文物经营单位购销活动和经营方式，加强对国内文物市场和文物对外销售的调控和宏观管理。

（六）会同有关部门处理文物保护的重大问题，协同有关部门检查和处理文物失盗、破坏、投机倒把等大案要案。

（七）制订文物事业经费预算，审核划拨并监督检查各项经费使用情况。

（八）管理和指导文物、博物馆外事工作，促进对外文化交流。

（九）统筹规划培养文物、博物馆系统专门人才，加强文物、博物馆队伍建设。

（十）组织指导文物、博物馆系统科学研究和文物保护科学技术工作。

（十一）承办国务院和文化部交办的其他事项。

三、内设机构

根据上述职责，国家文物局设 4 个职能司（室）和机关党委。

（一）办公室

组织协调、督促检查局机关政务，协助局领导处理日常工作，负责文电、保密、保卫、档案、信访、局机关事务和财务等工作，管理局机关和直属单位的人事工作，检查、督促全国文物、博物馆系统的安全保卫工作，管理和指导全国文物、博物馆的对外交流工作。

（二）文物保护司

研究和指导文物保护与抢救工作，组织、指导全国重点文物保护工程方案的论证、设计、施工、质量监督与验收，向国家和国际组织推荐、申报重点文物保护单位和世界文化遗产，会同有关部门向国家申报历史文化名城，管理、监督全国考古工作，指导重大考古项目的实施并负责组织考古成果的评审鉴定，负责文物保护科技工作，审批文物建筑维修设计资格、考古发掘领队资格，协调与国际文物保护机构的关系，管理文物市场，指导文物商店经营活动，抢救、回收社会上特别珍贵的文物，负责文物鉴定，审批特许文物的出境。

（三）博物馆司

制订全国博物馆事业发展规划，审核国家级博物馆建设方案，指导、协调全国文物系统博物馆业务工作，管理直属博物馆的业务建设，指导全国各行业博物馆业务工作；联系中国博物馆学会和有关国际组织，进行业务及学术交流。

（四）综合司

研究制订文物、博物馆事业的发展方针、政策和规划，汇总全国文物、博物馆事业中短期计划，编制文物、博物馆事业统计资料；会同有关部委下拨全国重点文物保护专项补助经费，负责局机关和直属单位的财务计划管理和监督工作，负责直属单位国有资产管理及基本建设工作；研究和探讨文物管理工作理论和国外工作动态；负责有关文物法规的起草、审查、执法监督和行政诉讼工作；负责制定文物、博物馆系统教育的总体规划及专业培训计划并组织落实。

（五）机关党委

负责局机关及直属单位的党群工作（包括纪委、工会、共青团工作）。

四、人员编制和领导职数

国家文物局机关行政编制为 90 名。其中，局长 1 名，副局长 4 名；司局级领导职数 14 名（含机关党委专职书记 1 名）。

纪检、监察、审计等派驻机构和后勤、老干部服务机构及编制，按有关规定另行核定。

国务院关于加强和改善文物工作的通知

（国发〔1997〕13 号　1997 年 3 月 30 日）

各省、自治区、直辖市人民政府，国务院各部委、各直属机构：

我国是有着悠久历史和灿烂文化的文明古国，拥有极为丰厚的历史文化遗产。保护和利用好祖国珍贵文物，是我们义不容辞的责任和义务。当前，在发展社会主义市场经济条件下，文物工作面临许多新情况和新问题，较为突出的是：造成文物损失的法人违法案件有所增加；盗掘古墓葬、盗窃馆藏文物、走私文物等犯罪活动和文物非法交易活动屡禁不止；一些地方文物保护工作得不到应有的重视和支持，影响了文物事业的正常发展。因此，必须以党的十四届六中全会精神为指导，继续坚持"保护为主，抢救第一"的方针，贯彻"有效保护，合理利用，加强管理"的原则，正确处理好文物保护与经济建设的关系、文物事业发展中社会效益和经济效益的关系，建立与社会主义市场经济体制相适应的文物保护体制。现就有关问题通知如下：

一、建立与社会主义市场经济体制相适应的文物保护体制

要努力建立适应社会主义市场经济体制要求、遵循文物工作自身规律、国家保护为主并动员全社会参与的文物保护体制。各地方、各有关部门应把文物保护纳入当地经济和社会发展计划，纳入城乡建设规划，纳入财政预算，纳入体制改革，纳入各级领导责任制。财政预算中安排的文物保护经费应逐年有所增加，同时要制定相应的政策鼓励、引导并广泛吸收有关部门和企事业单位及个人参与文物保护事业。

国家文物行政管理部门要加强对全国文物工作的宏观管理，搞好全国文物事业发展的总体规划，根据工作需要对现行的法律法规加以补充完善，逐步健全我国文物保护的法律体系。地方各级人民政府要健全、完善所辖地区的文物保护管理制度，加强文物行政管理部门的力量。有关职能部门要进一步明确职责，在政府统一领导下互相配合、共同搞好文物保护工作。

要发动、组织人民群众参与文物保护工作，根据实际需要建立群众性的文物保护组织，明确责任和权利，尽快改变许多文物实际处于无人保护的状况。

二、正确处理文物保护与经济建设以及人民群众切身利益的关系，切实做好文物的抢救与保护工作

地方各级人民政府和有关部门要本着既有利于文物保护，又有利于经济建设和提高人民群众生活水平的原则，妥善处理文物保护与经济建设以及人民群众切身利益的一些局部性矛盾，把古文化遗址特别是大型遗址的保护纳入当地城乡建设和土地利用规划；充分考虑遗址所在地群众的切身利益，采取调整产业结构、改变土地用途等措施，努力扶持既有利于遗址保护又能提高当地群众生活水平的产业，从根本上改变古文化遗址保护的被动局面；尽量减轻由于保护遗址给当地群众生产、生活造成的负担，必要时采取适当方式给予补偿。

考古发掘坚持以配合基本建设为主，特别要配合做好大型基本建设项目的考古勘探、调查、发掘工作。为科学研究而进行的考古发掘，要充分考虑保护工作的需要，加强统一管理，严格审批制度。目前，由于文物保护方面的科学技术、手段等条件尚不具备，对大型帝王陵寝暂不进行主动发掘。今后，凡在文物保护单位和已普查登记的文物古迹点保护范围及建设控制地带内，基本建设项目的立项要事前征求文物行政管理部门的意见，由文物行政管理部门参与建设项目选址等有关文物保护设计方案的审批；文物保护和考古调查、勘探、发掘经费，要列入建设工程投资预算。因土地使用权出让和开发进行的地下文物的勘探发掘，所需经费由投资者承担，其区域内遗存的文物归国家所有。对已公布为全国重点文物保护单位和省级文物保护单位的大型古文化遗址、古墓葬群、古石窟寺、古建筑群、近现代纪念建筑等，可根据需要分别制定保护管理的专项法规或规章。

必须加强对濒临毁灭的重要文物古迹和馆藏珍贵文物的抢救维修与保护。要统筹规划、集中资金、保证重点、讲究效益，切实抓好"九五"计划期间的文物维修工作。应把控制和减轻自然力对文物的损害作为重要课题，确定一批重点项目，组织联合攻关，充分运用现代科学技术和挖掘传统技术保护文物。

保护好历史文化名城是所在地人民政府及文物、城建规划等有关部门的共同责任。在历史文化名城城市建设中，特别是在城市的更新改造和房地产开发中，城建规划部门要充分发挥作用，加强城市规划管理，抢救和保护一批具有传统风貌的历史街区，同时加强对文物古迹特别是名城标志性建筑及其周围环境的保护。

关于历史上曾经是宗教活动场所的古建筑重新恢复宗教活动问题，必须按党中央、国务院的有关文件规定执行。现由文化、文物及其他非宗教部门管理的寺观教堂等古建筑，不得设置功德箱、收取布施及从事宗教活动，更不得从事迷信活动。

三、充分发挥文物作用，为社会主义精神文明建设服务

要在有效保护、加强管理的前提下，充分发挥文物的社会教育作用、历史借鉴作用和科学研究作用。文物的利用必须服从和服务于社会主义精神文明建设的需要，坚持把社会效益放在首位，努力实现社会效益和经济效益的统一。要为公益性文物、博物馆事业单位创造有利于把社会效益放在首位的环境和条件，在资金上给予必要保证，在文化经济政策上给予支持。地方各级人民政府特别是文物比较集中地方的人民政府，在把文物作为地方优势加以利用的同时，要防止因单纯追求经济利益而损害文物的做法。重大的文物利用项目要事前进行充分的科学论证，严格履行审批手续，避免对文物的破坏性利用。

各级各类文物、博物馆单位组织的陈列展览和导游讲解活动，要坚持弘扬爱国主义、社会主义和革命传统，发挥自身优势，有计划、有重点地推出优秀文物陈列展览及文物图书和文物影视音像制品。要进一步加强近现代文物特别是革命文物的保护和利用，努力做好革命文物的普查、征集、保护、研究和展示工作。要确定一批有重大影响的革命博物馆、纪念馆（地），由各级人民政府给予必要的经费支持，逐步建成基础设施完备的爱国主义教育基地。

国家和各省、自治区、直辖市文物行政管理部门应分别确定并建设好一批重点博物馆。对文物系统之外的部门、企事业单位或个人兴办的博物馆，文物行政管理部门要制定相应的规章制度，给予必要的指导和监督。文物收藏单位要加强文物特别是珍贵文物的征集，进一步充实馆藏，搞好收藏单位之间的藏品调剂和交换。对不具备安全条件的收藏单位所收藏的珍贵文物，上级文物行政管理部门有权将其调运到指定单位保管。考古发掘单位的发掘项目结束后，要在3年内完成资料整理和考古发掘报告编写工作。发掘出土的文物，除少量经国家或省、自治区、直辖市文物行政管理部门批准可作为标本留存外，要及时移交指定的博物馆。各省、自治区、直辖市文物行政管理部门要尽快编制所辖地区国有馆藏文物目录。在此基础上，国家文物行政管理部门要编制全国国有馆藏文物总目录。

要充分利用我国的文物优势，开展同境外有关方面的交流与合作，广泛争取国际组织、友好国家政府及团体、海外华人、港澳台同胞对我文物保护事业的资助和支持。开展对外文物合作与交流活动，必须维护国家权益、保证文物安全、严格审批程序，要统筹规划、统一管理，所得资金要用于发展我国文物事业。

四、加强和改善文物市场的管理

进入市场流通的文物是一种特殊商品，有关部门要密切配合，进一步加强和改善文物市场管理，加强调控和监督，保障文物市场的健康发展。从事文物收购、销售业务的经营单位，必须按照国家有关规定严格履行审批手续并在核准的范围内经营，未经批准的任何单位和个人都不得经营文物。工商行政管理部门要会同文物、公安部门坚决取缔非法经营文物的活动。对经批准的旧货市场，工商、文物和内贸行政管理部门要联合实行监管。各地海关要加强对文物出入境的监管工作，防止珍贵文物流失。

要依法规范文物拍卖市场。国家和省、自治区、直辖市文物行政管理部门及其文物鉴定机构，要加强对文物拍卖标的鉴定和许可审批工作，法律法规禁止买卖的文物不得作为拍卖标的进入拍卖市场。流传在社会的具有特别重要历史、科学、艺术价值的文物（包括文物的特殊品种），应在一定范围内定向拍卖。国家对公民出售个人所有的传世珍贵文物有优先购买权。

五、强化执法力度，严厉打击文物犯罪活动

要在广泛、深入、持久地宣传有关文物保护的法律法规的同时，强化执法力度，着力抓好对法人违法案件的处理，追究当事人和责任人的行政或法律责任。公安、外贸、工商、海关、文物等有关部门要加强协作，形成合力，严厉打击盗掘、盗窃和走私文物等犯罪活动。公安机关应在重点文物收藏单位和文物犯罪多发地区加强防范，必要时可设立专门的公安派出机构。文物部门要建立健全文物保护责任制，配合公安机关打击文物犯罪活动，支持和鼓励文物管理人员与违法犯罪行为进行斗争。

六、加强队伍建设，提高文物管理工作的水平

做好文物工作，必须建设一支政治强、业务精、作风正的文物工作队伍。各有关部门和单位要高度重视队伍的思想建设，教育和要求广大干部坚持正确的政治方向，认真学习马列主义、毛泽东思想特别是邓小平建设有中国特色社会主义理论，树立全心全意为人民服务的思想和高尚的职业道德，自觉遵纪守法。同时，要组织广大干部努力学习和掌握有关方针政策、法律法规和专业知识，不断提高业务工作水平。

要进一步加强有关专业技术人才的培养，采取"馆校结合"、师承制等方式，切实解决文物保护技术、文物鉴定、文物修复、古建筑维修等人才短缺的问题。加强对文物保护传统技艺的整理、挖掘，注重发挥文物和博物馆界老专家、老技工的作用。应有计划地增加对外技术交流，选派优秀中青年科技人员到国外学习先进的文物保护科学技术。同时，注重培养兼通行政管理、经营管理、现代科技等知识的复合型人才，逐步提高文物部门专业人员的比例。要通过各种方式加强对现有文物行政管理人员的培训，促进管理工作的科学化、规范化。

国务院

一九九七年三月三十日

中共中央办公厅、国务院办公厅关于转发

《中央宣传部、国家教委、民政部、文化部、国家文物局、

共青团中央关于加强革命文物工作的意见》的通知

（中办发〔1998〕2号）

各省、自治区、直辖市党委和人民政府，各大军区党委，中央和国家机关各部委，军委各总部、各军兵种党委，各人民团体：

我国是一个具有光辉革命历史和优良革命传统的国家，近现代一个半世纪的革命历程，保存和遗留下了极其丰富的革命文物。这些革命文物是全国各族人民宝贵的历史遗产和精神财富。当前，我国正处在改革开放和社会主义现代化建设事业承前启后、继往开来的重要历史时期，大力加强革命文物工作，充分发挥革命文物的教育作用，对于振奋民族精神，凝聚民族力量，继承和发扬光荣革命传统，推动社会主义现代化建设和民族振兴有着重大意义。

党中央、国务院一贯重视革命文物工作。建国以来，特别是党的十一届三中全会以来，革命文物工作取得了显著成绩。但也应当看到，在建立和完善社会主义市场经济体制的过程中，革命文物工作面临一些新的情况和亟待解决的问题。江泽民同志在党的十五大报告中指出，要"重视科学、历史、文化的遗产和革命文物的保护"。新形势下的革命文物工作，必须以马列主义、毛泽东思想和邓小平理论为指导，按照《中共中央关于加强社会主义精神文明建设若干重要问题的决议》、《中共中央关于印发〈爱国主义教育实施纲要〉的通知》和《国务院关于加强和改善文物工作的通知》的要求，坚持"保护为主，抢救第一"的方针和"有效保护，合理利用，加强管理"的原则，坚持对人民群众进行革命传统、爱国主义、集体主义和社会主义教育，努力培养适应社会主义现代化要求的一代又一代"四有"公民。

经党中央、国务院领导同志同意，现将《中央宣传部、国家教委、民政部、文化部、国家文物局、共青团中央关于加强革命文物工作的意见》转发给你们。请各级党委、政府认真贯彻执行，

切实加强对这项工作的领导。

中共中央办公厅

国务院办公厅

一九九八年一月二十日

附：中央宣传部、国家教委、民政部、文化部、国家文物局、共青团中央关于加强革命文物工作的意见

当前，我国正处在改革开放和社会主义现代化建设事业承前启后、继往开来的重要时期。认真贯彻党的十五大精神，落实《中共中央关于加强社会主义精神文明建设若干重要问题的决议》（中发〔1996〕11号）、《中共中央关于印发〈爱国主义教育实施纲要〉的通知》（中发〔1994〕7号）和《国务院关于加强和改善文物工作的通知》（国发〔1997〕13号）的有关要求，进一步加强革命文物工作充分发挥革命文物的作用，对于在全社会广泛开展革命传统、爱国主义、集体主义和社会主义教育，振奋民族精神，凝聚民族力量，加强社会主义精神文明建设，推动社会主义现代化建设有着重大意义。

一、革命文物是中华民族的精神财富

我国是一个具有光辉革命历史和优良革命传统的国家。1840年鸦片战争以来，中华民族为抵御帝国主义列强侵略和推翻封建专制统治，进行了不屈不挠、前仆后继的斗争。20世纪20年代初以来，中国共产党领导全国各族人民，为反帝国主义、封建主义、官僚资本主义的反动统治，捍卫民族独立，争取民族解放，进行了艰苦卓绝、英勇顽强的斗争。新中国建立后，我国社会主义革命和建设事业取得了举世瞩目的伟大成就。一个半世纪的革命历程保存和遗留下了极其丰富的革命文物，这些革命文物是全国各族人民宝贵的历史遗产和精神财富。

革命文物作为我国各族人民长期革命斗争和中国共产党领导的新民主主义革命与社会主义革命和建设的实物见证，凝聚着中华民族和中国共产党人抵御外侮、威武不屈，热爱祖国、维护统一，追求真理、舍生取义，自尊自信、自强不息，励精图治、无私奉献，艰苦奋斗、勤劳勇敢，百折不挠、奋发向上的伟大精神，革命文物以其深刻的内涵和直观、形象、具体的特点，记录了中华民族和中国共产党生存、奋斗和发展的光辉历程，充分体现了中国共产党和人民群众血肉相连、情感相系的巨大力量，有力地证明了"没有共产党就没有新中国""只有社会主义才能救中国""只有社会主义才能发展中国"的伟大真理，在社会主义物质文明和精神文明建设中有着无可替代的特殊地位和作用。

二、革命文物工作的形势

党中央、国务院历来重视革命文物工作。建国以来，特别是党的十一届三中全会以来，革命

文物工作取得了显著成绩，发挥了重要的社会教育作用。近现代以来，中华民族抵抗外来侵略的民族气节和反抗精神，以"井冈山精神""长征精神""延安精神"等为代表的中国共产党人的伟大革命精神和革命风范，鼓舞和激励了几代人以巨大的热情为民族的独立和解放，为社会主义革命和建设的宏伟事业努力奋斗。改革开放和社会主义现代化建设事业的发展，赋予了革命文物工作以新的时代主题，为革命文物工作的新发展提供了前所未有的历史机遇。

同时也应看到，有些地方和部门对新形势下做好革命文物工作的重大意义认识不足，革命文物保护工作还不能适应社会主义市场经济体制建立过程中不断发生变化的形势，革命文物保护经费投入不足，一些濒临毁坏的革命旧址和革命纪念建筑亟待抢救维修，革命文物的保护和利用工作还存在不少薄弱环节。这些都是当前迫切需要解决的问题。

三、革命文物工作的指导思想和方针原则

革命文物工作必须坚持以马列主义、毛泽东思想和邓小平理论为指导，坚持党的基本路线，坚持服从和服务于社会主义物质文明和精神文明建设的大局。革命文物工作具有鲜明的政治性、思想性、教育性、群众性、时代性，革命文物工作者要以坚定的政治立场、高度的政治责任感和政治敏锐性，以对党对人民的无限忠诚和热爱，紧跟时代发展的步伐，努力做好革命文物工作，为社会主义现代化建设提供精神动力。

坚持为人民服务，为社会主义服务的方向。坚持以史育人，展示爱国志士和革命烈士的英雄业绩，反映中国共产党领导中国人民英勇奋斗的历史，宣传改革开放和社会主义现代化建设的伟大成就，继承和发扬优良革命传统，弘扬爱国主义的主旋律，坚持不懈地进行社会主义教育，引导人民群众树立崇高的理想、坚定的信念、高尚的情操和正确的世界观、人生观、价值观，成为有理想、有道德、有文化、有纪律的社会主义公民。

贯彻"保护为主，抢救第一"的方针和"有效保护，合理利用，加强管理"的原则。妥善处理革命文物保护与经济建设、改善人民群众生产生活条件的关系；妥善处理革命文物工作社会效益与经济效益的关系。在服从经济建设为中心的前提下，坚持既有利于经济建设和改善人民群众生产生活条件，又有利于革命文物抢救和保护的方针。在开展革命文物工作中，坚持把社会效益放在首位，努力实现社会效益与经济效益的最佳结合。

努力建立适应社会主义市场经济体制要求、遵循革命文物工作自身规律、国家保护为主并动员全社会参与的革命文物保护体制。把革命文物保护纳入当地经济和社会发展规划，纳入各级领导责任制。制定相应的政策，以鼓励、引导、吸收社会各个方面参与革命文物的保护和多渠道投入。

四、充分发挥革命文物的社会教育作用

要组织好各种革命文物的陈列和展览，广泛、深入、持久地向人民群众特别是广大青少年进行革命传统，爱国主义、集体主义和社会主义教育。要逐步创造条件，运用现代高科技手段和新

颖的陈列表现手法，充分揭示革命文物的深刻内涵，以主题鲜明、富有思想性和现实针对性的陈列展览感染和教育观众。全国各级革命博物馆、纪念馆、陈列馆、展览馆、革命烈士陵园等单位，要在坚持办好基本陈列和原状陈列的同时，进一步办好各种内容丰富、形式多样的专题展览和流动展览。

树立精品意识，实施精品战略。各级革命博物馆、纪念馆、陈列馆、展览馆、革命烈士陵园等单位要围绕党和国家的中心工作，进一步挖掘自身潜力，努力突出自身特色，不断推出革命文物的精品展览。要充分利用和发挥自身的藏品优势、人才优势、馆舍优势，同时要利用和发挥群体优势，加强省际、馆际间的合作与交流，适时组织具有一定规模的革命文物精品展览，在全国大中城市巡回展出，并加强舆论宣传，力求取得良好的社会效益。对大型革命文物精品展览，各级党委、政府和举办单位的主管部门要统筹规划，给予必要的支持和帮助。

加强群众工作，优化服务质量，努力发挥第二课堂的作用。突出抓好面向观众特别是面向广大青少年的讲解宣传和接待服务。要根据当代青少年不同的年龄层次、心理发展规律和认知特点，进行深入浅出、循序渐进的讲解。根据实际需要，可以聘请参加过革命战争的老同志，在职或离退休的干部、教师、史学工作者和理论工作者等作为兼职或社会志愿人员参与群众教育工作；也可以广泛吸收大中专学校学生，经过短期培训，作为社会志愿人员参与组织观众和讲解宣传工作。要努力与当地教育部门、共青团组织和社会团体建立长期的工作联系，有计划地组织大中小学生瞻仰和参观学习。实行收费的单位，对中小学师生有组织的参观活动要实行免费；对普通高校师生有组织的参观活动，可根据实际情况实行免费或半价优惠；对机关、部队、社会团体、企事业单位有组织的参观活动也要实行优惠。

要广泛利用报纸、刊物、广播、电影、电视等现代传播媒介，大力宣传革命文物，不断扩大社会教育面。积极支持以革命传统、爱国主义、集体主义和社会主义教育为主题的各类图书和影视片的创作，不断推出更多贴近社会、贴近群众、贴近青少年的精品佳作。要注意抓住有利于进行革命传统、爱国主义、集体主义和社会主义教育的重要革命历史纪念日和有利于振奋民族精神的重大活动，适时形成宣传的高潮。各级各类革命博物馆、纪念馆、陈列馆和图书馆、档案馆要进一步扩大开放，对收藏的各种可以公开的近现代历史文献、党史和军史史料、革命文物资料等，在保证安全的前提下，要充分提供给社会研究利用。

五、重视革命文物的基础性建设

运用革命文物开展革命传统、爱国主义、集体主义和社会主义教育是精神文明建设的一项基础性工程。要大力加强爱国主义教育基地的建设，促进基地建设向规范化、制度化和网络化方向发展。要遴选一批成绩突出的爱国主义教育基地作为样板，发挥其示范作用。

抓好全国革命文物的普查和规划。在摸清全国革命旧址和革命纪念建筑分布情况和保存现状的基础上，对革命博物馆、纪念馆、陈列馆、展览馆、革命烈士陵园的建设进行统筹规划，科学、合理地调整区域布局。抓好重点革命博物馆、纪念馆、陈列馆、展览馆、革命烈士陵园的改建扩建项目，积极支持具有重大政治历史意义的革命史迹纪念馆和革命烈士纪念建筑的保护维修及基础设施建设。对于近现代历史上曾经发生过重大事件的地方，经过审批后可以建立纪念标志，昭示今人和后人，永久纪念。对于新建纪念设施，要坚决执行《中共中央办公厅、国务院办公厅关于严格执行建立纪念设施有关规定的通知》（中办发〔1996〕5号），严格按照规定程序履行报批手续。对于近现代名人故居，除经党中央、国务院批准的以外，一律坚持正常使用，不得专门腾出作为纪念馆。

进一步加强革命博物馆、纪念馆、陈列馆、展览馆、革命烈士陵园等单位的自身建设。改善藏品保管、陈列展览等基础设施和防火、防盗等安全防范设施。逐步更新陈列展览设备，提高宣传教育效果。对政府兴办的革命博物馆、纪念馆、陈列馆、展览馆、革命烈士陵园等公益性事业单位的建设，应给予经费保证。

各级革命博物馆、纪念馆、陈列馆、展览馆、革命烈士陵园等单位要积极开展社会主义精神文明单位创建活动，优化美化环境，营造有利于开展革命传统、爱国主义、集体主义和社会主义教育的良好氛围，烘托神圣、庄严、肃穆的气氛。对与革命旧址、革命纪念建筑和革命博物馆、纪念馆、陈列馆、展览馆、革命烈士陵园环境气氛不相协调的经营活动和娱乐设施，要坚决进行清理整顿。

六、加强革命文物的保护工作

要以对党对人民高度负责的政治责任感，重视和加强革命文物的保护。各省、自治区、直辖市民政部门和文物行政管理部门要在1998年年底前对本地区革命文物的分布和保护情况进行一次全面普查，并将结果分别报民政部和国家文物局备案。各省、自治区、直辖市文物行政管理部门要依据《中国革命文物和革命纪念馆事业"九五"计划纲要》提出的目标和任务，结合所辖地区革命文物保护的实际情况，制定本地区革命文物事业的发展计划和长远规划，确定抢救维修和亟待保护的重点项目，并通过重点项目的实施，全面带动所辖地区革命文物的保护工作。

对革命文物的维修保护要坚持"不改变原状"的原则，维护革命旧址、革命纪念建筑特有的历史环境风貌，给人以"身临其境"、庄严肃穆的感受，切忌"修旧如新"、富丽堂皇。对由于历史原因已经不复存在的革命旧址和革命纪念建筑，原则上不再复建。确需复建的，要经过充分论证，严格履行报批手续。要加强已确定为各级革命文物保护单位的革命旧址、革命纪念建筑和革命烈士纪念建筑的"四有"（有保护标志，有保护范围，有科学记录档案，有保护机构）建设。对重要的革命旧址、革命纪念建筑和革命烈士纪念建筑，有关省、自治区、直辖市人大或政府要制定相应的地方性法规或规章予以保护。

各级党委和政府对革命文物的抢救维修和保护要统筹规划、合理布局、集中资金、保证重点、讲求效益。特别是对旧民主主义革命时期和新民主主义革命时期具有较大政治影响和历史价值的，或由于年久失修已濒临毁坏的重要革命旧址、革命纪念建筑和革命烈士纪念建筑，要作为重点加以抢救保护。对财政比较困难的老少边穷地区的重点革命旧址、革命纪念建筑和革命烈士纪念建筑的抢救维修，要在经费安排上给予倾斜。要加强革命文物保护、维修经费的管理，做好重点项目的审计监督，确保专款专用。要明确地方政府和革命文物使用单位对革命旧址、革命纪念建筑和革命烈士纪念建筑负有保护和维修的责任，各级党委和政府要以切实可行的方式加强指导和监督，使其真正得到有效保护和合理使用。

妥善解决革命文物保护与当地经济建设以及人民群众生产生活的矛盾，保护和调动人民群众保护革命文物的积极性。加强对口支持，积极鼓励和引导社会各个方面以捐资赞助等形式参与革命文物保护工作，逐步建立国家保护与社会保护相结合的革命文物保护体制。

做好馆藏革命文物的清理、鉴定和建档工作，努力改善馆藏革命文物和革命文献资料的保护条件。加强对社会上散存的革命文物和革命文献资料的调查征集工作，注意征集和保护能够反映我国近现代社会进步的各种实物和文献，包括我国社会主义革命和建设时期的典型文物，以填补近现代历史重大事件和重要人物的文物空白。对于反映特定历史环境下我国社会主义革命和建设成就、具有重大纪念意义的建筑物，要按照《中华人民共和国文物保护法》的有关规定，及时确定为相应级别的文物保护单位，在城市规划和建设中加以妥善保护。

七、努力提高革命文物工作队伍的素质

建设一支高素质的革命文物工作队伍，是我国革命文物事业发展的重要保证。要高度重视革命文物队伍的思想建设，教育和要求广大革命文物工作者坚持正确的政治方向，认真学习马列主义、毛泽东思想和邓小平理论，树立全心全意为人民服务的思想，模范执行《中国文物、博物馆工作者职业道德准则》，严格规范自己的行为，立足本职，奉献社会。

努力提高革命文物工作队伍的业务素质。运用马克思主义的立场、观点、方法，研究近现代历史特别是中共党史，多出具有较高水平和较大学术影响的研究成果，造就一批造诣高、成绩突出的优秀人才。要重视群众教育队伍的建设，特别是讲解员队伍的建设，吸收大学本科和专科毕业生充实讲解员队伍。对现有的讲解员要加强在职培训，丰富他们的专业知识，支持和鼓励他们开展业务研究，积极探索群众教育工作的新形式。

八、加强对革命文物工作的领导

各级党委和政府要加强对革命文物工作的领导和支持，把革命文物工作作为社会主义精神文明建设的重要内容，列入本地区、本部门的工作全局，作为社会主义精神文明建设的考核目标和评选文化工作先进单位的考核指标，定期进行研究，严格检查和监督。

加强革命文物工作是一项社会性的工程，要统筹安排，协调和组织好各方面的力量。各级宣传、教育、民政、文化、旅游、文物等部门和工会、共青团、妇联等团体要结合各自工作的特点，从不同方面加大对革命文物保护管理和宣传教育工作的力度。同时，要在各级党委、政府的统一

领导下，密切沟通、加强配合、相互支持、形成合力，推动革命文物工作的发展。

革命文物工作要求真务实，力戒形式主义。要注意总结加强革命文物工作，运用革命文物进行革命传统、爱国主义、集体主义和社会主义教育的典型经验和好的做法，及时加以推广。对工作成绩突出的单位，要给予表彰和奖励。

在新的历史时期，保护和利用革命文物，展现我国近现代波澜壮阔的革命斗争的历史画卷，紧跟时代步伐，高扬时代精神，鼓舞和激励人民投身建设富强、民主、文明的社会主义现代化国家的洪流，是革命文物工作者的历史责任。全国革命文物工作者要高举邓小平理论伟大旗帜，紧密团结在以江泽民同志为核心的党中央周围，在党的十五大精神的指引下，同心同德，开拓进取，努力开创革命文物工作的新局面。

国务院办公厅关于印发《国家文物局职能配置内设机构和人员编制规定》的通知

（国办发〔1998〕72号）

各省、自治区、直辖市人民政府，国务院各部委、各直属机构：

《国家文物局职能配置、内设机构和人员编制规定》经国务院批准，现予印发。

国务院办公厅

一九九八年六月十九日

附：国家文物局职能配置、内设机构和人员编制规定

根据第九届全国人民代表大会第一次会议批准的国务院机构改革方案和《国务院关于部委管理的国家局设置的通知》（国发〔1998〕6号），设置国家文物局。国家文物局是文化部管理的负责国家文物和博物馆方面工作的行政机构。

一、职能调整

（一）划出的职能。

审批文物商店的有关工作，交给地方人民政府。

（二）转变的职能。

取消指导、监督文物经营单位购销活动和经营方式的职能。

二、主要职责

根据以上职能调整，国家文物局的主要职责是：

（一）研究拟定文物、博物馆事业的发展方针、政策、法规和规划，制定有关的制度、办法并监督实施。

（二）指导、协调文物的管理、保护、抢救、发掘、研究、出境、宣传等业务工作。

（三）审核、申报全国重点文物保护单位；承担历史文化名城、世界文化遗产项目的相关审

核、申报工作；依照有关法律法规审核或审批全国重点文物的发掘、保护、维修项目。

（四）指导大型博物馆的建设及博物馆间的协作、交流。

（五）研究处理文物保护的重大问题；对查处盗窃、破坏、走私文物的大案要案提出文物方面的专业性意见。

（六）研究制定文物流通的管理办法；审批文物出口鉴定机构的设立和撤销。

（七）编制文物事业经费预算，审核划拨并监督各项经费使用情况。

（八）统筹规划文物、博物馆专门人才的培训；组织指导文物保护和博物馆方面的科研工作。

（九）管理和指导文物、博物馆外事工作，开展对外合作与交流。

（十）承办国务院和文化部交办的其他事项。

三、内设机构

根据上述职责，国家文物局设 3 个职能司（室）：

（一）办公室（人事劳动司）

组织协调、督促检查局机关政务；协助局领导处理日常工作；负责文秘、信访、局机关事务和机关财务工作；研究提出文物、博物馆事业的发展方针、政策和法规草案；编制文物、博物馆事业中长期发展计划；开展文物、博物馆理论研究和文物保护宣传工作；管理局机关和直属单位的人事、财务工作；管理和指导文物、博物馆系统的对外合作与交流工作；编制文物、博物馆事业经费预算、全国重点文物保护专项补助经费计划并监督实施；承办机关党委的日常工作。

（二）文物保护司

研究和指导文物保护与抢救工作；拟定相关工程质量标准；审核、申报全国重点文物保护单位，承担历史文化名城、世界文化遗产项目的相关审核、申报工作；承办审核或审批全国重点文物的发掘、保护、维修项目工作；组织、指导全国重点文物保护工程方案的论证、设计、施工、质量监督与验收；指导重大考古项目的实施，组织考古成果的评审鉴定；承办审批文物建筑维修、设计资格和考古发掘领队资格工作；研究拟定文物流通的具体管理办法；组织开展文物鉴定工作；指导抢救、回收社会上特别珍贵的文物；承办审批特许文物的出境工作；协调与国际文物保护机构的关系；研究处理文物保护重大问题。

（三）博物馆司

研究提出博物馆事业发展规划；审核国家级博物馆建设方案，指导大型博物馆业务工作，负责国家一级文物藏品的登记、调拨与交换的审批等工作；指导直属博物馆的业务建设；联系中国博物馆学会和有关国际组织，开展业务和学术交流；统筹规划文物、博物馆专门人才的培训；组织指导文物保护、博物馆方面的科研工作；督促、检查文物、博物馆系统的安全保卫工作；负责文物、博物馆信息网络的建设并指导运行。

机关党委。负责局机关及在京直属单位的党群工作，办事机构设在办公室。

四、人员编制

国家文物局机关行政编制为 60 名。其中：局长 1 名，副局长 3 名，正副司长职数 10 名（含机关党委专职副书记）。

离退休干部工作机构、后勤服务机构及编制，按有关规定另行核定。

国务院办公厅关于西部大开发中加强
文物保护和管理工作的通知

（国办发〔2000〕60号）

各省、自治区、直辖市人民政府，国务院各部委、各直属机构：

西部地区是中华文明的重要发源地之一，自古以来就是一个多民族聚居的地区，各族人民共同创造了光辉灿烂的古代文化，留下了丰富而珍贵的文化遗产。这些文物是各族人民开发西部、建设西部，并在这里生活、繁衍、生息的历史见证。保护和管理好这些文物，具有重要历史意义和现实意义。现就有关问题通知如下：

一、加强西部大开发中的文物保护和管理工作，是各级人民政府和有关部门义不容辞的责任。有关地方、部门要以对国家和民族文化遗产负责的态度，充分认识西部大开发中做好文物保护和管理工作的重要意义，切实加强和改善对这项工作的领导。要加强宣传、贯彻《中华人民共和国文物保护法》等相关法律法规的力度，大力提倡、动员和引导全社会参与文物保护，依法保护和管理好管辖区内的历史文化遗产。要抓紧研究制订或修改当地文博事业发展规划，搞好与生态恢复、城乡建设及基础设施建设、产业结构调整的协调，将文博事业发展列入区域经济和社会发展"十五"规划。

二、要妥善处理好西部大开发中文物保护和经济建设之间的关系。文物部门要进一步加强西部地区文物调查、评估和公布文物保护单位等基础性工作，摸清底数，加快完成西部各省（自治区、直辖市）文物普查和文物地图集的编纂等工作的进度，在可能埋藏文物的地方做好重点文物保护区域的划定工作。在重点文物保护区域内的基本建设项目，在进行前期立项、论证、选址等工作时，要充分征求文物行政管理部门的意见；在工程施工范围内有可能埋藏文物的地方应事先进行文物调查、勘探工作；对调查、勘探中发现的文物，应及时提出处理意见，避免发生毁坏文物的事件。因基本建设进行文物勘探、考古发掘所需费用，按照《中华人民共和国文物保护法》和国家计委、财政部文件（计价费〔1997〕1220号）的有关规定，由建设单位从项目投资中列支。

三、结合西部生态环境建设工程，做好古遗址、古墓葬的保护工作。要把古遗址、古墓葬特别是大型遗址的保护纳入当地退耕还草（林）和土地利用规划；对遭到耕作破坏严重或埋藏较浅的大遗址，可列入退耕还草（林）的重点目标，加以妥善保护，以减缓耕作和自然力对遗址的剥蚀，防止新的破坏。

四、根据西部地区历史文物、少数民族文物和各类矿物、动植物标本相对丰富的实际情况，要加强抢救和保护，有计划、有重点地发展各县特色的专题博物馆；改善博物馆的地区分布和品类布局，健全博物馆的设施和功能；强化精品意识和服务意识，面向社会，面向群众，面向广大青少年，提高博物馆及其他文博机构藏品保护、陈列展示和社会教育的水平，努力满足各族人民群众日益增长的精神文化需求。

五、科学、合理地发挥文物特有的作用，为西部大开发服务。依托西部地区丰富多样的文物资源优势，发展具有历史、民族特征的文物旅游，有利于促进资源优势转化为经济优势，有利于西部地区的产业调整，有利于加强爱国主义教育和增强民族凝聚力。同时，文物保护单位对社会开发必须具备相应的开放条件，必须有助于文物和生态环境的保护，必须符合《中华人民共和国文物保护法》等有关法律法规的规定。

六、作为宗教活动场所的古建筑和寺庙内收藏的各类文物，必须依据《中华人民共和国文物保护法》进行有效管理。已公布为全国和省级重点文物保护单位的寺庙，要制定专项保护法规或规章制度，建立相应的管理组织，自觉接受文物行政管理部门的指导、监督和管理。

七、加强西部文物保护科研工作和人才培养。要努力增加科研经费的投入，促进科技成果推广，增大文物保护工作的科技含量。要加强西部文物队伍建设，充分利用西部高等院校培养文物、博物馆事业的急需人才，特别要重视对少数民族文物干部的培养，同时努力创造条件，吸纳各门类专业人才。

八、加大对盗掘、盗窃、非法交易和走私文物等违法犯罪活动的打击和防范力度。公安、工商行政管理、海关、文物等有关部门要密切协作，相互配合，对各种文物犯罪分子特别是那些破坏性强、危害严重的盗掘团伙和走私集团，必须坚决摧毁，依法予以严厉打击。

国务院办公厅

二〇〇〇年八月三十一日

国务院关于加强文化遗产保护的通知

（国发〔2005〕42 号）

各省、自治区、直辖市人民政府，国务院各部委、各直属机构：

我国是历史悠久的文明古国。在漫长的岁月中，中华民族创造了丰富多彩、弥足珍贵的文化遗产。党中央、国务院历来高度重视文化遗产保护工作，在全社会的共同努力下，我国文化遗产保护取得了明显成效。与此同时，也应清醒地看到，当前我国文化遗产保护面临着许多问题，形势严峻，不容乐观。为了进一步加强我国文化遗产保护，继承和弘扬中华民族优秀传统文化，推动社会主义先进文化建设，国务院决定从 2006 年起，每年六月的第二个星期六为我国的"文化遗产日"。现就加强文化遗产保护有关问题通知如下：

一、充分认识保护文化遗产的重要性和紧迫性

文化遗产包括物质文化遗产和非物质文化遗产。物质文化遗产是具有历史、艺术和科学价值的文物，包括古遗址、古墓葬、古建筑、石窟寺、石刻、壁画、近代现代重要史迹及代表性建筑等不可移动文物，历史上各时代的重要实物、艺术品、文献、手稿、图书资料等可移动文物；以及在建筑式样、分布均匀或与环境景色结合方面具有突出普遍价值的历史文化名城（街区、村镇）。非物质文化遗产是指各种以非物质形态存在的与群众生活密切相关、世代相承的传统文化表现形式，包括口头传统、传统表演艺术、民俗活动和礼仪与节庆、有关自然界和宇宙的民间传统知识和实践、传统手工艺技能等以及与上述传统文化表现形式相关的文化空间。

我国文化遗产蕴含着中华民族特有的精神价值、思维方式、想象力，体现着中华民族的生命力和创造力，是各民族智慧的结晶，也是全人类文明的瑰宝。保护文化遗产，保持民族文化的传承，是联结民族情感纽带、增进民族团结和维护国家统一及社会稳定的重要文化基础，也是维护世界文化多样性和创造性，促进人类共同发展的前提。加强文化遗产保护，是建设社会主义先进文化，贯彻落实科学发展观和构建社会主义和谐社会的必然要求。

文化遗产是不可再生的珍贵资源。随着经济全球化趋势和现代化进程的加快，我国的文化生态正在发生巨大变化，文化遗产及其生存环境受到严重威胁。不少历史文化名城（街区、村镇）、古建筑、古遗址及风景名胜区整体风貌遭到破坏。文物非法交易、盗窃和盗掘古遗址古墓葬以及走私文物的违法犯罪活动在一些地区还没有得到有效遏制，大量珍贵文物流失境外。由于过度开发和不合理利用，许多重要文化遗产消亡或失传。在文化遗存相对丰富的少数民族聚居地区，由于人们生活环境和条件的变迁，民族或区域文化特色消失加快。因此，加强文化遗产保护刻不容缓。地方各级人民政府和有关部门要从对国家和历史负责的高度，从维护国家文化安全的高度，充分认识保护文化遗产的重要性，进一步增强责任感和紧迫感，切实做好文化遗产保护工作。

二、加强文化遗产保护的指导思想、基本方针和总体目标

（一）指导思想：坚持以邓小平理论和"三个代表"重要思想为指导，全面贯彻和落实科学发展观，加大文化遗产保护力度，构建科学有效的文化遗产保护体系，提高全社会文化遗产保护意识，充分发挥文化遗产在传承中华文化，提高人民群众思想道德素质和科学文化素质，增强民族凝聚力，促进社会主义先进文化建设和构建社会主义和谐社会中的重要作用。

（二）基本方针：物质文化遗产保护要贯彻"保护为主、抢救第一、合理利用、加强管理"的方针。非物质文化遗产保护要贯彻"保护为主、抢救第一、合理利用、传承发展"的方针。坚持保护文化遗产的真实性和完整性，坚持依法和科学保护，正确处理经济社会发展与文化遗产保护的关系，统筹规划、分类指导、突出重点、分步实施。

（三）总体目标：通过采取有效措施，文化遗产保护得到全面加强。到 2010 年，初步建立比较完备的文化遗产保护制度，文化遗产保护状况得到明显改善。到 2015 年，基本形成较为完善的文化遗产保护体系，具有历史、文化和科学价值的文化遗产得到全面有效保护；保护文化遗产深入人心，成为全社会的自觉行动。

三、着力解决物质文化遗产保护面临的突出问题

（一）切实做好文物调查研究和不可移动文物保护规划的制定实施工作。加强文物资源调查研究，并依法登记、建档。在认真摸清底数的基础上，分类制定文物保护规划，认真组织实施。国务院文物行政部门要统筹安排世界文化遗产、全国重点文物保护单位保护规划的编制工作，省级人民政府具体组织编制，报国务院文物行政部门审查批准后公布实施。国务院文物行政部门要对规划实施情况进行跟踪监测，检查落实。要及时依法划定文物保护单位的保护范围和建设控制地带，设立必要的保护管理机构，明确保护责任主体，建立健全保护管理制度。其他不可移动文物也要依据文物保护法的规定制定保护规划，落实保护措施。坚决避免和纠正过度开发利用文化遗产，特别是将文物作为或变相作为企业资产经营的违法行为。

（二）改进和完善重大建设工程中的文物保护工作。严格执行重大建设工程项目审批、核准和备案制度。凡涉及文物保护事项的基本建设项目，必须依法在项目批准前征求文物行政部门的意见，在进行必要的考古勘探、发掘并落实文物保护措施以后方可实施。基本建设项目中的考古发掘要充分考虑文物保护工作的实际需要，加强统一管理，落实审批和监督责任。

（三）切实抓好重点文物维修工程。统筹规划、集中资金，实施一批文物保护重点工程，排除重大文物险情，加强对重要濒危文物的保护。实施保护工程必须确保文物的真实性，坚决禁止借保护文物之名行造假古董之实。要对文物"复建"进行严格限制，把有限的人力、物力切实用到对重要文物、特别是重大濒危文物的保护项目上。严格工程管理，落实文物保护工程队伍资质制度，完善从业人员管理制度，建立健全各类文物保护技术规范，确保工程质量。

（四）加强历史文化名城（街区、村镇）保护。进一步完善历史文化名城（街区、村镇）的申报、评审工作。已确定为历史文化名城（街区、村镇）的，地方人民政府要认真制定保护规划，并严格执行。在城镇化过程中，要切实保护好历史文化环境，把保护优秀的乡土建筑等文化遗产作为城镇化发展战略的重要内容，把历史名城（街区、村镇）保护规划纳入城乡规划。相关重大建设项目，必须建立公示制度，广泛征求社会各界意见。国务院有关部门要对历史文化名城（街区、村镇）的保护状况和规划实施情况进行跟踪监测，及时解决有关问题；历史文化名城（街区、村镇）的布局、环境、历史风貌等遭到严重破坏的，应当依法取消其称号，并追究有关人员的责任。

（五）提高馆藏文物保护和展示水平。高度重视博物馆建设，加强对藏品的登记、建档和安全管理，落实藏品丢失、损毁追究责任制。实施馆藏文物信息化和保存环境达标建设，加大馆藏文物科技保护力度。提高陈列展览质量和水平，充分发挥馆藏文物的教育作用。加强博物馆专业人员培养，提高博物馆队伍素质。坚持向未成年人等特殊社会群体减、免费开放，不断提高服务质量和水平。

（六）清理整顿文物流通市场。加强对文物市场的调控和监督管理，依法严格把握文物流通市场准入条件，规范文物经营和民间文物收藏行为，确保文物市场健康发展。依法加强文物商店销售文物、文物拍卖企业拍卖文物的审核备案工作。坚决取缔非法文物市场，严厉打击盗窃、盗掘、走私、倒卖文物等违法犯罪活动。严格执行文物出入境审核、监管制度，加强鉴定机构队伍建设，严防珍贵文物流失。加强国际合作，对非法流失境外的文物要坚决依法追索。

四、积极推进非物质文化遗产保护

（一）开展非物质文化遗产普查工作。各地区要进一步做好非物质文化遗产的普查、认定和登记工作，全面了解和掌握非物质文化遗产资源的种类、数量、分布状况、生存环境、保护现状及存在的问题，及时向社会公布普查结果。3年内全国基本完成普查工作。

（二）制定非物质文化遗产保护规划。在科学论证的基础上，抓紧制定国家和地区非物质文化遗产保护规划，明确保护范围，提出长远目标和近期工作任务。

（三）抢救珍贵非物质文化遗产。采取有效措施，抓紧征集具有历史、文化和科学价值的非物质文化遗产实物和资料，完善征集和保管制度。有条件的地方可以建立非物质文化遗产资料库、博物馆或展示中心。

（四）建立非物质文化遗产名录体系。进一步完善评审标准，严格评审工作，逐步建立国家和省、市、县非物质文化遗产名录体系。对列入非物质文化遗产名录的项目，要制定科学的保护计划，明确有关保护的责任主体，进行有效保护。对列入非物质文化遗产名录的代表性传人，要有计划地提供资助，鼓励和支持其开展传习活动，确保优秀非物质文化遗产的传承。

（五）加强少数民族文化遗产和文化生态区的保护。重点扶持少数民族地区的非物质文化遗产保护工作。对文化遗产丰富且传统文化生态保持较完整的区域，要有计划地进行动态的整体性保护。对确属濒危的少数民族文化遗产和文化生态区，要尽快列入保护名录，落实保护措施，抓紧进行抢救和保护。

五、明确责任，切实加强对文化遗产保护工作的领导

（一）加强领导，落实责任。地方各级人民政府和有关部门要将文化遗产保护列入重要议事日程，并纳入经济和社会发展计划以及城乡规划。要建立健全文化遗产保护责任制度和责任追究制度。成立国家文化遗产保护领导小组，定期研究文化遗产保护工作的重大问题，统一协调文化遗产保护工作。地方各级人民政府也要建立相应的文化遗产保护协调机构。要建立文化遗产保护定期通报制度、专家咨询制度以及公众和舆论监督机制，推进文化遗产保护工作的科学化、民主化。要充分发挥有关学术机构、大专院校、企事业单位、社会团体等各方面的作用，共同开展文化遗产保护工作。

（二）加快文化遗产保护法制建设，加大执法力度。加强文化遗产保护法律法规建设，推进文化遗产保护的法制化、制度化和规范化。积极推动《非物质文化遗产保护法》《历史文化名城和历史文化街区、村镇保护条例》等法律、行政法规的立法进程，争取早日出台。抓紧制定和起草与文物保护法相配套的部门规章和地方性法规。抓紧研究制定保护文化遗产知识产权的有关规定。要严格依照保护文化遗产的法律、行政法规办事，任何单位或者个人都不得作出与法律、行政法规相抵触的决定；各级文物行政部门等行政执法机关有权依法抵制和制止违反有关法律、行政法规的决定和行为。严厉打击破坏文化遗产的各类违法犯罪行为，重点追究因决策失误、玩忽职守，造成文化遗产破坏、被盗或流失的责任人的法律责任。充实文化遗产保护执法力量，加大执法力度，做到执法必严，违法必究。因执法不力造成文化遗产受到破坏的，要追究有关执法机关和有关责任人的责任。

（三）安排专项资金，加强专业人才队伍建设。各级人民政府要将文化遗产保护经费纳入本级财政预算，保障重点文化遗产经费投入。抓紧制定和完善有关社会捐赠和赞助的政策措施，调动社会团体、企业和个人参与文化遗产保护的积极性。加强文化遗产保护管理机构和专业队伍建设，大力培养文化遗产保护和管理所需的各类专门人才。加强文化遗产保护科技的研究、运用和推广工作，努力提高文化遗产保护工作水平。

（四）加大宣传力度，营造保护文化遗产的良好氛围。认真举办"文化遗产日"系列活动，提高人民群众对文化遗产保护重要性的认识，增强全社会的文化遗产保护意识。各级各类文化遗产保护机构要经常举办展示、论坛、讲座等活动，使公众更多地了解文化遗产的丰富内涵。教育部

门要将优秀文化遗产内容和文化遗产保护知识纳入教学计划，编入教材，组织参观学习活动，激发青少年热爱祖国优秀传统文化的热情。各类新闻媒体要通过开设专题、专栏等方式，介绍文化遗产和保护知识，大力宣传保护文化遗产的先进典型，及时曝光破坏文化遗产的违法行为及事件，发挥舆论监督作用，在全社会形成保护文化遗产的良好氛围。

与此同时，国务院有关部门也要切实研究解决自然遗产保护中存在的问题，加强自然遗产保护工作。

国务院

二○○五年十二月二十二日

国务院办公厅关于进一步加强古籍保护工作的意见

（国办发〔2007〕6号）

各省、自治区、直辖市人民政府，国务院各部委、各直属机构：

我国是历史悠久的文明古国，拥有卷帙浩繁的古代文献典籍。这些古籍是中华民族的宝贵精神财富。党中央、国务院历来高度重视古籍保护工作。近年来，在各地区、各有关部门和全社会的共同努力下，我国古籍保护工作取得了显著成绩。但是，也应清醒地看到，当前我国古籍保护工作还面临许多问题，形势严峻。为抢救、保护我国珍贵古籍，继承和弘扬优秀传统文化，推动社会主义先进文化和和谐社会建设，根据《中华人民共和国文物保护法》和《国务院关于加强文化遗产保护的通知》（国发〔2005〕42号）、《国家"十一五"时期文化发展规划纲要》（中办发〔2006〕24号），经国务院领导同志同意，现就进一步加强古籍保护工作提出以下意见：

一、充分认识古籍保护工作的重要性和紧迫性

我国古代文献典籍是中华民族在数千年历史发展过程中创造的重要文明成果，蕴含着中华民族特有的精神价值、思维方式和想象力、创造力，是中华文明绵延数千年，一脉相承的历史见证，也是人类文明的瑰宝。古籍具有不可再生性，保护好这些古籍，对促进文化传承、联结民族情感、弘扬民族精神、维护国家统一及社会稳定具有重要作用。同时，加强古籍保护工作，也是建设社会主义先进文化，贯彻落实科学发展观和构建社会主义和谐社会的客观要求。

由于诸多原因，当前我国古籍保护存在不少突出问题，如现存古籍底数不清，古籍老化、破损严重；古籍修复手段落后，保护和修复人才匮乏，尤其是少数民族古籍保护和整理人员极度缺乏，面临失传的危险；大量珍贵古籍流失海外。因此，加强古籍保护刻不容缓。地方各级人民政府和有关部门要从对国家和历史负责的高度，充分认识保护古籍的重要性，进一步增强责任感和紧迫感，切实做好古籍保护工作。

二、加强古籍保护工作的指导思想、基本方针和总体目标

（一）指导思想。坚持以邓小平理论和"三个代表"重要思想为指导，全面贯彻和落实科学发展观，加大古籍保护工作力度，建立科学有效的古籍保护制度，提高全社会的古籍保护意识，充分发挥古籍在传承中华文化，提高人民群众思想道德素质和科学文化素质，增强民族凝聚力，促进社会主义先进文化建设中的重要作用。

（二）基本方针。贯彻"保护为主、抢救第一、合理利用、加强管理"的方针。坚持依法保护和科学保护的原则，正确处理古籍保护与利用的关系，统筹规划、分类指导、突出重点、分步实施。

（三）主要任务和基本目标。"十一五"期间，大力实施"中华古籍保护计划"和"十一五"国家古籍整理重点图书出版规划，全面、科学、规范地开展保护工作。对全国公共图书馆、博物馆和教育、宗教、民族、文物等系统的古籍收藏和保护状况进行全面普查，建立中华古籍联合目录和古籍数字资源库；实现古籍分级保护，建立《国家珍贵古籍名录》；完成一批古籍书库的标准化建设，命名"全国古籍重点保护单位"；加强古籍修复工作，培养一批具有较高水平的古籍保护专业人员。通过努力，逐步形成完善的古籍保护工作体系，使我国古籍得到全面保护。

三、突出重点，科学规范地开展古籍保护工作

（一）统一部署，全面开展古籍普查登记工作。从 2007 年开始，用 3～5 年，在全国范围内组织开展古籍普查登记工作，全面了解和掌握各级图书馆、博物馆等单位及民间所藏古籍情况。对登记的古籍进行详细清点和编目整理，并依据有关标准进行定级。在文化行政部门领导下，国家图书馆负责全国古籍普查登记工作，各省、自治区、直辖市省级图书馆负责本地区古籍普查登记工作。教育、宗教、民族、文物等部门根据实际情况，制订本系统古籍普查实施方案，也可委托各省（区、市）省级图书馆统一开展普查登记工作。民间收藏的古籍可到所在地省级图书馆进行登记、定级、著录。加强与国际文化组织和海外图书馆、博物馆的合作。有关单位和机构要对海外收藏的中华古籍进行登记、建档工作。国家图书馆负责汇总古籍普查成果，建立中华古籍综合信息数据库，形成全国统一的中华古籍目录。

（二）建立《国家珍贵古籍名录》，逐步形成完善的古籍保护制度。统筹规划，加强对珍贵古籍的重点保护，并以此带动古籍保护工作的有序开展。建立《国家珍贵古籍名录》，经国务院批准后公布。对列入《国家珍贵古籍名录》的古籍，收藏单位要按照有关要求，完善保护措施，切实做好保护工作。地方各级人民政府要对此进行监督检查。

各省、自治区、直辖市也可建立省级珍贵古籍名录，并采取相应保护措施，加大保护力度。

（三）改善古籍保管条件，命名全国古籍重点保护单位。建立健全古籍书库的建设标准和技术标准，改善古籍保管条件，完善安全措施，保障古籍安全。对古籍收藏量大、善本多、具备一定保护条件的单位，经国务院批准，命名为全国古籍重点保护单位，并作为财政投入和保护的重点。对全国古籍重点保护单位，要定期进行评估、检查。各省、自治区、直辖市也可命名省级古籍重点保护单位。

（四）加快推进古籍修复工作，提高古籍修复水平。集中资金，有计划地对破损古籍进行修复，重点抓好列入《国家珍贵古籍名录》和濒危古籍的修复工作。各古籍收藏单位要建立修复档案，按照有关技术标准和规范对古籍进行修复，确保修复质量。要将传统修复技艺与现代技术相结合，充分吸收国外先进技术和经验，提高古籍修复水平。在具备条件的图书馆设立国家文献保护重点实验室，开展古籍保护技术的研究和实验。

（五）进一步加强古籍的整理、出版和研究利用。制订古籍数字化标准，规范古籍数字化工作，建立古籍数字资源库。利用现代印刷技术，推进古籍影印出版工作，继续实施中华再造善本二期工程。积极采用缩微技术复制、抢救珍贵古籍。要整合现有资源，建立面向公众的古籍门户网站。要采取有效措施，向社会和公众开放古籍资源，发挥古籍应有的作用。

四、加强领导，协同配合，共同做好古籍保护工作

（一）建立古籍保护工作协调机制。建立由文化部牵头，发展改革委、财政部、教育部、科技部、国家民委、新闻出版总署、宗教局、文物局等部门组成的全国古籍保护工作部际联席会议，联席会议办公室设在文化部。部际联席会议各成员单位要按照现有职能分工，认真履行职责，密切配合，共同做好古籍保护工作。各省、自治区、直辖市也要建立相应的工作机制，组织实施本地区的古籍保护工作。地方各级人民政府要将古籍保护作为文化遗产保护工作的重要内容，明确工作目标和任务，认真落实保护措施，建立健全古籍保护责任制度和责任追究制度。要充分发挥专家在古籍修复、保护、研究等方面的作用，推进古籍保护工作的有效开展。

（二）加大古籍保护资金投入。各级财政部门要对本地区古籍普查、修复、出版及数字化等工作给予必要的资金支持。要制定鼓励政策，积极吸纳社会资金参与、支持古籍保护工作。

（三）加强古籍保护人才培养。有关部门要制订规划，多渠道、分层次培养古籍保护人才。建立古籍修复机构资格准入与修复人员资格认证制度，在有条件的高等院校设置古籍保护和修复专业，培养一批技术精湛、素质较高的古籍修复人才。加强古籍保护工作人员的在职培训和少数民族古籍翻译、整理、出版、研究人才的培养。积极开展国际与地区间古籍保护的交流与合作。

（四）加大古籍市场监管力度。有关部门要依法规范古籍市场流通和经营行为，加强古籍销售、拍卖行为的审核备案工作，严厉打击盗窃、走私古籍等违法犯罪活动。要按照文物管理的有关法规，制定古籍出入境审核、监管办法。加强国际合作，坚决依据有关国际公约和法律法规追索非法流失境外的古籍。

（五）加强对古籍保护的宣传。各级各类图书馆要积极开拓文化教育功能，通过讲座、展览、培训、研讨等形式宣传古籍保护知识，促进古籍利用和文化传播。广播电视、报刊、互联网等新闻媒体要加大古籍保护工作宣传力度，普及保护知识，展示保护成果，培养公众的保护意识，营造全社会共同保护古籍的良好氛围。

国务院办公厅

二〇〇七年一月十九日

国家文物局主要职责内设机构和人员编制规定

（国办发〔2009〕24号）

《国家文物局主要职责内设机构和人员编制规定》已经国务院批准，主要内容如下：

国家文物局（副部级）为文化部管理的国家局。

一、职责调整

（一）取消已由国务院公布取消的行政审批事项。

（二）加强文物行政执法督察职责。

二、主要职责

（一）拟订文物和博物馆事业发展规划，拟订文物认定、博物馆管理的标准和办法，组织文物资源调查，参与起草文物保护法律法规并负责督促检查。

（二）协调和指导文物保护工作，履行文物行政执法督察职责，依法组织查处文物违法的重大案件，协同有关部门查处文物犯罪的重大案件。

（三）负责世界文化遗产保护和管理的监督工作，组织审核世界文化遗产申报，协同住房和城乡建设等部门审核世界文化和自然双重遗产申报，协同住房和城乡建设部门负责历史文化名城（镇、村）保护和监督管理工作。

（四）负责管理和指导全国考古工作，组织、协调重大文物保护和考古项目的实施，承担确定全国重点文物保护单位的有关工作。

（五）负责推动完善文物和博物馆公共服务体系建设，拟订文物和博物馆公共资源共享规划并推动实施，指导全国文物和博物馆的业务工作，协调博物馆间的交流与协作。

（六）负责文物和博物馆有关审核、审批事务及相关资质资格认定的管理工作。

（七）组织指导文物保护宣传工作，拟订文物和博物馆有关人才队伍建设规划。

（八）编制文物和博物馆科技、信息化、标准化的规划并推动落实，组织开展重大文物保护科技创新工程，促进文物保护科技成果的转化和推广。

（九）管理、指导文物和博物馆外事工作，开展文物对外及对港澳台的交流与合作，负责文物进出境有关许可和鉴定工作。

（十）承办国务院及文化部交办的其他事项。

三、内设机构

根据上述职责，国家文物局设 5 个内设机构（副司局级）：

（一）办公室（外事联络司）

负责机关文电、会务、机要、档案和保密、信访、政务公开工作；负责机关财务、基建等工作，指导监督事业单位财务工作；负责文物和博物馆业务统计工作；承担对外和对港澳台的交流与合作工作。

（二）政策法规司

拟订文物和博物馆事业发展规划，研究提出政策建议；参与起草相关法律法规草案；承担组织文物保护宣传和新闻发布工作；承办有关行政复议、行政应诉工作。

（三）督察司

拟订文物行政执法督察和案件查处的有关规定；组织开展文物行政执法、文物和博物馆安全保卫督察工作；组织查处文物违法重大案件，协助配合有关部门查处文物犯罪重大案件。

（四）文物保护与考古司

协调、指导文物保护、考古工作和重大项目的实施工作；组织开展文物资源调查工作；承担文物保护与考古有关审核审批事务及相关资质、资格认定工作；承办全国重点文物保护单位的审核工作；依法承担文化遗产相关审核报批工作。

（五）博物馆与社会文物司（科技司）

指导博物馆工作，承担全国博物馆管理制度规范和业务指导工作；承担文物和博物馆科技、信息化、标准化规划的拟订和推动落实工作；承办国家一级文物藏品的有关审核审批事项；协调博物馆间的交流与协作；指导民间珍贵文物抢救、征集工作；承担文物拍卖、进出境和鉴定管理工作。

机关党委　负责机关和直属单位的党群工作。人事司与机关党委合署办公，一个机构两块牌子，承担机关和直属单位人事管理及机构编制工作；规划文物、博物馆专门人才的培训；负责机关离退休干部工作。

四、人员编制

国家文物局机关行政编制为 84 名。

五、其他事项

所属事业单位的设置、职责和编制事项另行规定。

六、附则

本规定由中央机构编制委员会办公室负责解释，其调整由中央机构编制委员会办公室按规定程序办理。

国务院关于进一步做好旅游等开发建设活动中文物保护工作的意见

（国发〔2012〕63号）

各省、自治区、直辖市人民政府，国务院各部委、各直属机构：

我国是历史悠久的文明古国，拥有极其丰富的文物资源。各类文物既是中华民族优秀传统文化的重要载体，也是旅游业可持续发展的重要基础。国家高度重视在旅游等开发建设活动中的文物保护工作，采取了一系列措施，既确保了文物安全，又有效利用了文物资源。但是也存在有的地方违法转让、抵押国有不可移动文物，将国有不可移动文物作为企业资产经营，过度开发利用文物资源、导致文物破坏或损毁，甚至擅自拆除文物古迹和历史文化街区、村镇以及历史建筑等问题。为进一步做好旅游等开发建设活动中的文物保护工作，现提出以下意见：

一、严格执行文物保护法律法规。国有不可移动文物不得转让、抵押，不得作为企业资产经营。文物古迹和历史建筑应当尽可能实施原址保护，不得擅自拆除、迁移。对于历史文化街区、村镇，要逐步改善基础设施、公共服务设施和居住环境，不得擅自拆除。国有不可移动文物已经全部毁坏的，不得擅自在原址重建、复建。辟为参观游览场所的国有文物保护单位，所在地人民政府应当依法设立专门机构负责管理，不得将文物保护单位管理机构作为企业的下属机构或交由企业管理。国有其他文物也要按照文物保护法律法规严格管理，不得赠与、出租或者出售给其他单位、个人，也不得抵押或作为企业资产经营。

二、严格履行涉及文物的旅游等开发建设活动审批。要加强各级文物保护单位的规划编制工作，提高规划的科学性。各地编制旅游等开发建设规划要符合城乡规划，并与文物保护单位的规划相衔接，坚持文物保护优先，把文物安全放在首位。旅游等开发建设项目要严格履行基本建设审批程序。在文物保护单位和历史文化街区、村镇以及历史建筑的保护范围和建设控制地带内实施建设工程的，要事先依法征得文物行政部门同意，报城乡规划部门批准；未经文物行政部门同意的，不得立项，更不得开工建设。

三、合理确定文物景区游客承载标准。文物、旅游等部门要立足文物安全，科学评估文物资源状况和游客流量，合理确定文物旅游景区的游客承载标准，并向社会公布。对于古遗址、古建筑、石窟寺等易受损害的文物资源，要通过预约参观、错峰参观等方式调节旅游旺季的游客人数，防止背离文物旅游景区实际、片面追求游客规模。要定期对利用古遗址、古建筑、石窟寺等易受损害的文物资源开展旅游等开发情况进行安全评估，对可能造成文物资源破坏的要及时采取保护措施，确保文物安全。

四、加大对文物保护的投入。各级人民政府要将文物保护经费列入本级财政预算，保证财政拨款随着财政收入增长而增加。要切实保障文物保护单位的日常维护经费和文物保护的抢救性投入。要加大基础建设投入，改善文物本体及其环境状况，加强文物保护基础设施和安全设施建设。国有文物保护单位的事业性收入应当专门用于文物保护。鼓励社会力量采取捐赠、设立文物保护社会基金等方式参与文物保护。文物旅游景区经营性收入要优先用于文物保护，具体比例由地方人民政府确定。文物保护单位管理机构要加强资金管理，严格遵守财务制度，提高资金使用效益。

五、加强文物旅游的指导和监管。旅游、文物等部门要把依法保护文物、确保文物安全列入旅游景区质量标准管理体系。对文物保护与安全管理规定不落实，造成文物破坏、损毁的，要依照相关规定处理并通报批评，涉嫌违法的要依法追究相关单位和人员责任。要建立文物旅游突发事件应急预警机制、巡视检查制度、专家咨询制度，定期组织评估文物保护与旅游发展状况并向社会公布，促进文物保护和文物资源的合理利用。

六、切实落实文物保护责任。县级以上地方人民政府及其文物行政部门是文物保护的第一责任人。地方各级人民政府要切实加强对文物保护工作的领导，把文物保护事业纳入本级国民经济和社会发展规划，加强文物保护机构队伍建设，定期解决文物保护面临的问题。国务院每两年组织开展一次文物保护法律法规落实情况检查，对领导不力、玩忽职守、决策失误，造成文物破坏损毁的，要严肃追究责任。

七、认真履行文物保护职责。进一步发挥全国文物安全工作部际联席会议制度的作用，对各地在旅游等开发建设活动中文物保护情况进行督导。文物行政部门要加强对文物保护的监督管理，统筹协调和指导文物保护工作，履行文物行政执法督察职责；旅游部门要在发展旅游中切实落实文物保护的相关规定；发展改革部门要加大对文物保护设施的投入，把好文物旅游基本建设项目立项审批关；财政部门要加大文物保护经费的投入，加强经费使用的监督管理；国土资源部门要加强对国有不可移动文物、考古遗址等重点文物保护用地及规划的监管；城乡规划、文物部门要加强对历史文化名城和历史文化街区、村镇以及历史建筑的保护；公安部门要加强对损毁文物特别是国家保护的珍贵文物或损毁全国重点文物保护单位、省级文物保护单位的违法犯罪活动的查处力度。

八、依法纠正违法违规行为。各地要对本行政区域内旅游等开发建设活动中涉及文物古迹和历史文化街区、村镇以及历史建筑等的保护情况进行一次检查，全面摸清有关情况，依法纠正违法违规行为。

（一）对于将国有不可移动文物转让、抵押的，要限期改正，予以回购、终止抵押。对于将国有不可移动文物作为企业资产经营的，要限期将其从企业资产中剥离；暂不具备剥离条件的，可以设定过渡期，并由省级人民政府向国务院报告。

（二）对于游客接待量超过承载量，造成文物破坏或可能造成文物安全隐患的，要限期改正。

（三）对于擅自拆除文物古迹和历史文化街区、村镇以及历史建筑的，由县级以上地方人民政府或其城乡规划、文物等部门依法定职权责令停止违法行为、限期恢复原状或者采取其他补救措施。历史文化街区、村镇遭到严重破坏的，由批准机关撤销历史文化街区、村镇称号。

（四）对于将文物保护单位管理机构作为企业的下属机构或交由企业管理的，要从企业中分离，恢复文物保护单位管理机构的事业单位性质，交由文物行政部门管理。

（五）对于把历史文化街区、村镇整体出让给企业管理经营的，要予以纠正。暂不具备条件的，应当由省级人民政府向国务院说明情况。

在检查工作中，对涉嫌违法的行为，要依法追究相关单位和人员的法律责任。检查结束后，各省、自治区、直辖市人民政府要在 2013 年 5 月底前将检查情况上报国务院。国务院将组织督查组对各地检查情况进行督导。

国务院

二〇一二年十二月十九日

国务院关于进一步加强文物工作的指导意见

（国发〔2016〕17号）

各省、自治区、直辖市人民政府，国务院各部委、各直属机构：

为切实加强文物工作，进一步发挥文物资源在传承和弘扬中华优秀传统文化、实现中华民族伟大复兴中国梦中的重要作用，现提出如下意见。

一、重要意义

中华民族具有五千多年连绵不断的文明历史，创造了博大精深的中华文化，留下了极其丰厚的文化遗产。文物是不可再生的珍贵文化资源，是国家的"金色名片"，是中华民族生生不息发展壮大的实物见证，是传承和弘扬中华优秀传统文化的历史根脉，是培育和践行社会主义核心价值观的深厚滋养。加强文物保护，让收藏在博物馆里的文物、陈列在广阔大地上的遗产、书写在古籍里的文字都活起来，对于传承中华优秀传统文化、满足人民群众精神文化需求、提升国民素质、增强民族凝聚力、展示文明大国形象、促进经济社会发展具有十分重要的意义。

近年来，在党中央、国务院的高度重视下，我国文物事业取得了显著成就。全社会保护文物的意识进一步增强，文物保护基础工作不断夯实，资源状况基本摸清，保护经费和保护力量持续增长，保护状况明显改善，博物馆建设步伐加快，公共文化服务水平稳步提高，文物利用的广度深度不断拓展，文物拍卖市场管理逐步规范，文物对外交流合作日益扩大，文物事业呈现出前所未有的良好态势。同时也应看到，随着经济社会快速发展，文物保护与城乡建设的矛盾日益显现，随着文物数量大幅度增加，文物保护的任务日益繁重，文物工作面临着一些新的问题和困难。全社会保护文物的法治观念有待提升，文物保护的配套法规体系尚需完善；一些地方履行文物保护的责任不到位，法人违法行为屡禁不止；一些文物保护单位因自然和人为因素遭到破坏，一些革命文物的保护没有得到足够重视，尚未核定公布为文物保护单位的不可移动文物消失加快；文物建筑火灾事故多发，盗窃盗掘等文物犯罪屡打不止；文物执法力量薄弱，执法不严、违法不究现象时有发生；文物拓展利用不够，文物保护管理的能力建设有待加强。面对文物保护的严峻形势和突出问题，必须增强紧迫感和使命感，本着对历史负责、对人民负责、对未来负责的态度，采取切实有效措施，进一步加强新时期的文物工作。

二、总体要求

（一）指导思想。全面贯彻落实党的十八大和十八届二中、三中、四中、五中全会精神，按照党中央、国务院决策部署，坚持创新、协调、绿色、开放、共享的发展理念，坚持"保护为主、抢救第一、合理利用、加强管理"的文物工作方针，深入挖掘和系统阐发文物所蕴含的文化内涵和时代价值，切实做到在保护中发展、在发展中保护，努力为建设社会主义文化强国作出更大贡献。

（二）基本原则。坚持公益属性。政府在文物保护中应发挥主导作用，公平对待国有和非国有博物馆，发挥文物的公共文化服务和社会教育功能，保障人民群众基本文化权益，拓宽人民群众参与渠道，共享文物保护利用成果。

坚持服务大局。始终把保护文物、传承优秀传统文化、建设共有精神家园作为文物工作服务大局的出发点和落脚点，统筹协调文物保护与经济发展、城乡建设、民生改善的关系，充分发挥文物资源传承文明、教育人民、服务社会、推动发展的作用。

坚持改革创新。深化行政管理体制改革，简政放权、放管结合、优化服务，破除影响文物事业发展的体制机制障碍。更新观念，协同创新，发挥社会各方面参与文物保护利用的积极性。

坚持依法管理。完善文物法律法规体系，全面落实法定职责，健全依法决策机制，强化责任追究。加大执法力度，严肃查处违法行为，严厉打击文物犯罪。

（三）主要目标。到 2020 年，文物事业在传承中华优秀传统文化、弘扬社会主义核心价值观、推动中华文化走出去、提高国民素质和社会文明程度中进一步发挥重要作用；文物资源状况全面摸清，全国重点文物保护单位、省级文物保护单位保存状况良好，市县级文物保护单位保存状况明显改善，尚未核定公布为文物保护单位的不可移动文物保护措施得到落实；馆藏文物预防性保护进一步加强，珍贵文物较多的博物馆藏品保存环境全部达标；文物保护的科技含量和装备水平进一步提高，文物展示利用手段和形式实现突破；主体多元、结构优化、特色鲜明、富有活力的博物馆体系日臻完善，馆藏文物利用效率明显提升，文博创意产业持续发展，有条件的文物保护单位基本实现向公众开放，公共文化服务功能和社会教育作用更加彰显；文物法律法规体系基本完备，文物保护理论架构基本确立，行业标准体系和诚信体系基本形成；文物行业人才队伍结构不断优化，专业水平明显提升；文物执法督察体系基本建立，执法力量得到加强，安全责任体系更加健全，安全形势明显好转；社会力量广泛参与文物保护利用格局基本形成，文物保护成果更多惠及人民群众，文物资源促进经济社会发展的作用进一步增强，促进中外人文交流的作用进一步发挥。

三、明确责任

（一）落实政府责任。各级人民政府要进一步提高对文物保护重要性的认识，敬重祖先留下来的珍贵遗产，依法履行管理和监督责任。地方人民政府要切实履行文物保护主体责任，把文物工作列入重要议事日程，作为地方领导班子和领导干部综合考核评价的重要参考；建立健全文物保护责任评估机制，每年对本行政区域的文物保存状况进行一次检查评估，发现问题及时整改。

（二）强化主管部门职责。要支持文物行政部门依法履行职责，加强文物行政机构建设，优化职能配置。文物保护，基础在县。县级人民政府应根据本地文物工作实际，明确相关机构承担文物保护管理职能。各级文物行政部门要深化行政管理体制改革，转变职能，强化监管，守土尽责，敢于担当。

（三）加强部门协调。各地要建立由主管领导牵头的文物工作协调机制，地方各级人民政府相关部门和单位要认真履行依法承担的保护文物职责。在有关行政许可和行政审批项目中，发展改革、财政、住房和城乡建设、国土资源、文物等部门要加强协调配合。建立文物、文化、公安、住房和城乡建设、国土资源、环境保护、旅游、宗教、海洋等部门和单位参加的行政执法联动机制，针对主要问题适时开展联合检查和整治行动。发挥全国文物安全工作部际联席会议作用，公安、海关、工商、海洋、文物等部门和单位要保持对盗窃、盗掘、盗捞、倒卖、走私等文物违法犯罪活动的高压态势，完善严防、严管、严打、严治的长效机制，结案后应及时向文物行政部门移交涉案文物。加强文物行政执法和刑事司法衔接，建立文物行政部门和公安、司法机关案情通报、案件移送制度。工业和信息化、文物等部门和单位要共同推进文物保护装备产业发展。教育部门要在文物工作急需人才培养方面给予支持和倾斜。

四、重在保护

（一）健全国家文物登录制度。完善文物认定标准，规范文物调查、申报、登记、定级、公布程序。抓紧制定不可移动文物的降级撤销程序和馆藏文物退出机制。建立国家文物资源总目录和数据资源库，全面掌握文物保存状况和保护需求，实现文物资源动态管理，推进信息资源社会共享。

（二）加强不可移动文物保护。对存在重大险情的各级文物保护单位应及时开展抢救性保护，在项目审批上开辟"绿色通道"，在资金安排上予以保障；组织实施一批具有重大影响和示范意义的文物保护重点项目；加强文物日常养护巡查和监测保护，提高管理水平，注重与周边环境相协调，重视岁修，减少大修，防止因维修不当造成破坏。文物保护工程要遵循其特殊规律，依法实行确保工程质量的招投标方式和预算编制规范。加强长城保护。注重革命文物的维修保护。加强大遗址保护和国家考古遗址公园建设。开展水下考古调查，基本掌握水下文物整体分布和保存状况，划定水下文物保护区，实施一批水下文物保护重点工程，加快建设国家文物局水下文化遗产保护中心南海基地，研究建立涵括水下文化遗产的海洋历史文化遗址公园。做好世界文化遗产申报和保护管理工作，加快世界文化遗产监测预警体系建设。

（三）加强城乡建设中的文物保护。高度重视城市改造和新农村建设中的文物保护，突出工作重点，区分轻重缓急，加强历史文化名城、村镇、街区和传统村落整体格局和历史风貌的保护，防止拆真建假、拆旧建新等建设性破坏行为；涉及各级文物保护单位建设控制地带和地下文物埋藏区的建设项目，应当严格按照文物保护法律法规的规定办理相关手续；不可移动文物不得擅自迁移、拆除，因建设工程确需迁移、拆除的，应当严格按照文物保护法律法规的规定办理相关手续。做好基本建设中的考古调查、勘探、发掘和文物保护工作，搞好配合，提高时效。研究制定文物保护补偿办法，依法确定补偿对象、补助范围等内容。利用公益性基金等平台，采取社会募集等方式筹措资金，解决产权属于私人的不可移动文物保护维修的资金补助问题，使文物所有者和使用者更好地履行保护义务。

（四）加强文物保护规划编制实施。要将文物行政部门作为城乡规划协调决策机制成员单位，按照"多规合一"的要求将文物保护规划相关内容纳入城乡规划。国务院文物行政部门统筹指导各级文物保护单位保护规划的编制工作。全国重点文物保护单位保护规划由省级人民政府组织编制，经国务院文物行政部门审核同意后公布实施。地方各级人民政府要及时核定本行政区域相应级别的文物保护单位和不可移动文物名录，依法划定文物保护单位保护范围和建设控制地带，并通过政务信息平台向社会公开，接受社会监督。

（五）加强可移动文物保护。实施馆藏文物修复计划，及时抢救修复濒危珍贵文物，优先保护材质脆弱珍贵文物，分类推进珍贵文物保护修复工程，注重保护修复馆藏革命文物。实施预防性保护工程，对展陈珍贵文物配备具有环境监测功能的展柜，完善博物馆、文物收藏单位的文物监测和调控设施，对珍贵文物配备柜架囊匣。要为处于地震带的博物馆的珍贵文物配置防震保护设备。实施经济社会发展变迁物证征藏工程，征集新中国成立以来反映经济社会发展的重要实物，记录时代发展，丰富藏品门类。

（六）加强文物安全防护。实施文物平安工程，完善文物建筑防火和古遗址古墓葬石窟寺石刻防盗防破坏设施，切实降低文物保护单位安全风险。落实文物管理单位主体责任。夯实基层文物安全管理，健全县（市、区）、乡镇（街道）、村（社区）三级文物安全管理网络，逐级落实文物安全责任；发挥乡镇综合文化站作用，完善文物保护员制度，推行政府购买文物保护服务，逐处落实文物安全责任单位或责任人。

（七）制定鼓励社会参与文物保护的政策措施。指导和支持城乡群众自治组织保护管理使用区域内尚未核定公布为文物保护单位的不可移动文物。制定切实可行的政策措施，鼓励向国家捐献文物及捐赠资金投入文物保护的行为。对社会力量自愿投入资金保护修缮市县级文物保护单位和尚未核定公布为文物保护单位的不可移动文物的，可依法依规在不改变所有权的前提下，给予一定期限的使用权。培育以文物保护为宗旨的社会组织，发挥文物保护志愿者作用。鼓励民间合法收藏文物，支持非国有博物馆发展。制定文物公共政策应征求专家学者、社会团体、社会公众的意见，提高公众参与度，形成全社会保护文物的新格局。

五、拓展利用

（一）为培育和弘扬社会主义核心价值观服务。挖掘研究文物价值内涵，以物知史，以物见人，传播优秀传统文化，引领社会文明风尚。推出一批具有鲜明教育作用、彰显社会主义核心价值观的陈列展览、文物影视节目和图书等多媒体出版物。推动建立中小学生定期参观博物馆的长效机制，鼓励学校结合课程设置和教学计划，组织学生到博物馆开展学习实践活动。

（二）为保障人民群众基本文化权益服务。完善博物馆公共文化服务功能，扩大公共文化服务覆盖面，将更多的博物馆纳入财政支持的免费开放范围。建立博物馆免费开放运行绩效评估管理体系。加强革命老区、民族地区、边疆地区、贫困地区博物馆建设，促进博物馆公共文化服务标准化、均等化。考古发掘单位要依法向博物馆移交文物。推动博物馆由数量增长向质量提升转变，完善服务标准，提升基本陈列质量，提高藏品利用效率，促进馆藏资源、展览的共享交流。实施智慧博物馆项目，推广生态博物馆、流动博物馆，有条件的地方可以建立社区博物馆。提升古遗址古建筑石窟寺展示利用水平，拓宽近现代文物的利用方式。推动有条件的行政机关、企事业单位管理使用的文物保护单位定期或部分对公众开放。

（三）为促进经济社会发展服务。发挥文物资源在文化传承中的作用，丰富城乡文化内涵，彰显地域文化特色，优化社区人文环境。发挥文物资源在促进地区经济社会发展、壮大旅游业中的重要作用，打造文物旅游品牌，培育以文物保护单位、博物馆为支撑的体验旅游、研学旅行和传统村落休闲旅游线路，设计生产较高文化品位的旅游纪念品，增加地方收入，扩大居民就业。实行文物保护的分类管理、精准管理，针对城市、乡村、荒野等不同地域，以考古勘探等工作为基础，合理划定古遗址的保护区划；对传统村落中的文物建筑分别实行整体保护、外貌保护、局部保护，实现文物保护与延续使用功能、改善居住条件相统一。切实加强文物市场和社会文物鉴定的规范管理，积极促进文物拍卖市场健康发展。

（四）大力发展文博创意产业。深入挖掘文物资源的价值内涵和文化元素，更加注重实用性，更多体现生活气息，延伸文博衍生产品链条，进一步拓展产业发展空间，进一步调动博物馆利用馆藏资源开发创意产品的积极性，扩大引导文化消费，培育新型文化业态。鼓励众创、众筹，以创新创意为动力，以文博单位和文化创意设计企业为主体，开发原创文化产品，打造文化创意品牌，为社会资本广泛参与研发、经营等活动提供指导和便利条件。实施"互联网＋中华文明"行动计划，支持和引导企事业单位通过市场方式让文物活起来，丰富人民群众尤其是广大青少年的精神文化生活。

（五）为扩大中华文化影响力服务。积极参与国际文化遗产保护事务，扩大与相关国际组织的合作，形成文物交流双边、多边合作机制。与更多国家和地区签署防止盗窃、盗掘和非法进出境文物双边协定，通过外交、司法、民间等多种形式推进非法流失海外文物的追索与返还。拓宽文物对外展示传播渠道，加强文物与外交、文化、海洋等部门和单位联动。推进与"一带一路"沿线国家文物保护领域的实质性合作。

（六）合理适度利用。任何文物利用都要以有利于文物保护为前提，以服务公众为目的，以彰显文物历史文化价值为导向，以不违背法律和社会公德为底线。文物景区景点要合理确定游客承载量；国有不可移动文物不得转让、抵押，不得作为企业资产经营，不得将辟为参观游览场所的国有文物保护单位及其管理机构整体交由企业管理。

六、严格执法

（一）完善文物保护法律法规。加快推进文物保护法、水下文物保护管理条例等法律法规修订工作。省级人民政府和具有立法权的市级人民政府要推动文物保护地方性法规规章制度修订工作，健全法制保障体系。

（二）强化文物督察。完善文物保护监督机制，畅通文物保护社会监督渠道。加强层级监督，依法对地方履行文物保护职责情况进行督察，对重大文物违法案件和文物安全事故进行调查督办，集中曝光重大典型案例，对影响恶劣的要约谈地方人民政府负责人。优化国务院文物行政部门执法督察力量配置。

（三）加强地方文物执法工作。地方各级人民政府要结合综合行政执法改革，进一步加强文物执法工作，落实执法责任。加强省级文物行政部门执法督察力量。市县级文物行政部门要依法履行好行政执法职能，也可通过委托由文化市场综合执法队伍或其他综合行政执法机构承担文物执法职能。文物资源密集、安全形势严峻的地方可根据实际需要，设立专门的警务室。文物行政部门要强化预防控制措施，加大执法巡查力度，及时制止违法行为；建立案件分级管理、应急处置、挂牌督办等机制，建设文物执法管理平台。

（四）严格责任追究。地方各级人民政府、各有关部门和单位因不依法履行职责、决策失误、失职渎职导致文物遭受破坏、失盗、失火并造成一定损失的，要依法依纪追究有关人员的责任；涉嫌犯罪的，移送司法机关处理。造成国家保护的珍贵文物或者文物保护单位损毁、灭失的，要依法追究实际责任人、单位负责人、上级单位负责人和当地政府负责人的责任。建立文物保护责任终身追究制，对负有责任的领导干部，不论是否已调离、提拔或者退休，都必须严肃追责。建立健全文物保护工程勘察设计、施工、监理、技术审核质量负责制，对违反国家法律法规和相关技术标准，造成文物和国家财产遭受重大损失的，要依法追究相关单位和人员的责任。

（五）加大普法宣传力度。要将文物保护法的学习宣传纳入普法教育规划，纳入各级党校和行政学院教学内容。文化、新闻出版广电等部门和单位要主动做好文物保护法的宣传普及工作。落实"谁执法谁普法"的普法责任制，各级文物行政部门要将文物保护法的宣传普及作为重要工作任务常抓不懈，切实提高全民文物保护意识和执行文物保护法的自觉性。开展多种形式的以案释法普法教育活动。建立健全文物、博物馆、考古等有关企事业单位的守法信用记录，完善守法诚信行为褒奖机制和违法失信行为惩戒机制。

七、完善保障

（一）保障经费投入。县级以上人民政府要把文物保护经费纳入本级财政预算。要将国有尚未核定公布为文物保护单位的不可移动文物保护纳入基本公共文化服务范畴，积极引导和鼓励社会力量参与，多措并举，落实保护资金的投入。探索对文物资源密集区的财政支持方式，在土地置换、容积率补偿等方面给予政策倾斜。加强经费绩效管理和监督审计，提高资金使用效益。大力推广政府和社会资本合作（PPP）模式，探索开发文物保护保险产品，拓宽社会资金进入文物保护利用的渠道。

（二）加强科技支撑。发挥科技创新的引领作用，充分运用云计算、大数据、"互联网＋"等现代信息技术，推动文物保护与现代科技融合创新。通过国家科技计划（专项、基金等），重点支持文物价值认知、保护修复和传统工艺科学化、考古综合技术、大遗址展示利用、文物预防性保护、智慧博物馆等方面的科技攻关，突破一批共性、关键、核心技术；针对土遗址、彩塑壁画、石质文物、纸质文物、纺织品的保护，实施一批重点科技示范工程，形成系统解决方案；建立跨部门跨地区的协同创新工作机制，在重点方向成立工程技术研究中心和技术创新战略联盟，全面提升集成创新、区域创新能力。提高文物保护装备制造能力。加快重要和急需标准制修订，支持有关企业、行业标准的制订，完善文物保护准则，进一步推广应用文物保护技术标准和行业规范，提升文物工作标准化、科学化水平。

（三）重视人才培养。实施人才培养"金鼎工程"，加快文博领军人才、科技人才、技能人才、复合型管理人才培养，形成结构优化、布局合理、基本适应文物事业发展需要的人才队伍。组织高等院校、科研院所以及文物大省的专业人才，实施保护项目与人才培养联动战略，加快文物保护修复、水下考古、展览策划、法律政策研究等紧缺人才培养。重视民间匠人传统技艺的挖掘、保护与传承。加强县级文物行政执法、保护修复等急需人才培训，适当提高市县文博单位中高级专业技术人员比例。加大非国有博物馆管理人员、专业人员培训力度，完善文物保护专业技术人员评价制度，加强高等院校、职业学校文物保护相关学科建设和专业设置。

各地、各有关部门和单位要根据本指导意见要求，结合工作实际，认真抓好贯彻落实。

国务院

二〇一六年三月四日

国务院办公厅转发文化部等部门《关于推动文化文物单位文化创意产品开发若干意见》的通知

（国办发〔2016〕36号）

各省、自治区、直辖市人民政府，国务院各部委、各直属机构：

文化部、国家发展改革委、财政部、国家文物局《关于推动文化文物单位文化创意产品开发的若干意见》已经国务院同意，现转发给你们，请结合实际，认真贯彻执行。

国务院办公厅

二〇一六年五月十一日

附：文化部、国家发展改革委、财政部、国家文物局关于推动文化文物单位文化创意产品开发的若干意见

为深入发掘文化文物单位馆藏文化资源，发展文化创意产业，开发文化创意产品，弘扬中华优秀文化，传承中华文明，推进经济社会协调发展，提升国家软实力，根据《国务院关于进一步加强文物工作的指导意见》（国发〔2016〕17号）有关要求，现提出以下意见。

一、总体要求

文化文物单位主要包括各级各类博物馆、美术馆、图书馆、文化馆、群众艺术馆、纪念馆、非物质文化遗产保护中心及其他文博单位等掌握各种形式文化资源的单位。文化文物单位馆藏的各类文化资源，是中华民族五千多年文明发展进程中创造的博大精深灿烂文化的重要组成部分。

依托文化文物单位馆藏文化资源，开发各类文化创意产品，是推动中华文化创造性转化和创新性发展、使中国梦和社会主义核心价值观更加深入人心的重要途径，是推动中华文化走向世界、提升国家文化软实力的重要渠道，是丰富人民群众精神文化生活、满足多样化消费需求的重要手段，是增强文化文物单位服务能力、提升服务水平、丰富服务内容的必然要求，对推动优秀传统

文化与当代文化相适应、与现代社会相协调，推陈出新、以文化人，具有重要意义。

推动文化创意产品开发，要始终把社会效益放在首位，实现社会效益和经济效益相统一；要在履行好公益服务职能、确保文化资源保护传承的前提下，调动文化文物单位积极性，加强文化资源系统梳理和合理开发利用；要鼓励和引导社会力量参与，促进优秀文化资源实现传承、传播和共享；要充分运用创意和科技手段，注意与产业发展相结合，推动文化资源与现代生产生活相融合，既传播文化，又发展产业、增加效益，实现文化价值和实用价值的有机统一。力争到2020年，逐步形成形式多样、特色鲜明、富有创意、竞争力强的文化创意产品体系，满足广大人民群众日益增长、不断升级和个性化的物质和精神文化需求。

二、主要任务

（一）充分调动文化文物单位积极性。具备条件的文化文物单位应结合自身情况，依托馆藏资源、形象品牌、陈列展览、主题活动和人才队伍等要素，积极稳妥推进文化创意产品开发，促进优秀文化资源的传承传播与合理利用。鼓励文化文物单位与社会力量深度合作，建立优势互补、互利共赢的合作机制，拓宽文化创意产品开发投资、设计制作和营销渠道，加强文化资源开放，促进资源、创意、市场共享。

（二）发挥各类市场主体作用。鼓励众创、众包、众扶、众筹，以创新创意为动力，以文化创意设计企业为主体，开发文化创意产品，打造文化创意品牌，为社会力量广泛参与研发、生产、经营等活动提供便利条件。鼓励企业通过限量复制、加盟制造、委托代理等形式参与文化创意产品开发。鼓励和引导社会资本投入文化创意产品开发，努力形成多渠道投入机制。

（三）加强文化资源梳理与共享。推进文化文物单位各类文化资源的系统梳理、分类整理和数字化进程，明确可供开发资源。用好用活第三次全国文物普查和第一次全国可移动文物普查数据。鼓励依托高新技术创新文化资源展示方式，提升体验性和互动性。支持数字文化、文化信息资源库建设，用好各类已有文化资源共建共享平台，面向社会提供知识产权许可服务，促进文化资源社会共享和深度发掘利用。

（四）提升文化创意产品开发水平。深入挖掘文化资源的价值内涵和文化元素，广泛应用多种载体和表现形式，开发艺术性和实用性有机统一、适应现代生活需求的文化创意产品，满足多样化消费需求。结合构建中小学生利用博物馆学习的长效机制，开发符合青少年群体特点和教育需求的文化创意产品。鼓励开发兼具文化内涵、科技含量、实用价值的数字创意产品。推动文化文物单位、文化创意设计机构、高等院校、职业学校等开展合作，提升文化创意产品设计开发水平。

（五）完善文化创意产品营销体系。创新文化创意产品营销推广理念、方式和渠道，促进线上线下融合。支持有条件的文化文物单位在保证公益服务的前提下，将自有空间用于文化创意产品展示、销售，鼓励有条件的单位在国内外旅游景点、重点商圈、交通枢纽等开设专卖店或代售点。综合运用各类电子商务平台，积极发展社交电商等网络营销新模式，提升文化创意产品网络营销水平，鼓励开展跨境电子商务。配合优秀文化遗产进乡村、进社区、进校园、进军营、进企业，加强文化创意产品开发和推广。鼓励结合陈列展览、主题活动、馆际交流等开展相关产品推广营销。积极探索文化创意产品的体验式营销。

（六）加强文化创意品牌建设和保护。促进文化文物单位、文化创意设计企业提升品牌培育意识以及知识产权创造、运用、保护和管理能力，积极培育拥有较高知名度和美誉度的文化创意品牌。依托重点文化文物单位，培育一批文化创意领军单位和产品品牌。建立健全品牌授权机制，扩大优秀品牌产品生产销售。

（七）促进文化创意产品开发的跨界融合。支持文化资源与创意设计、旅游等相关产业跨界融合，提升文化旅游产品和服务的设计水平，开发具有地域特色、民族风情、文化品位的旅游商品和纪念品。推动优秀文化资源与新型城镇化紧密结合，更多融入公共空间、公共设施、公共艺术的规划设计，丰富城乡文化内涵，优化社区人文环境，使城市、村镇成为历史底蕴厚重、时代特色鲜明、文化气息浓郁的人文空间。将文化创意产品开发作为推动革命老区、民族地区、边疆地区、贫困地区文化遗产保护和文化发展、扩大就业、促进社会进步的重要措施。鼓励依托优秀演艺、影视等资源开发文化创意产品，延伸相关产业链条。

三、支持政策和保障措施

（一）推动体制机制创新。鼓励具备条件的文化文物单位在确保公益目标、保护好国家文物、做强主业的前提下，依托馆藏资源，结合自身情况，采取合作、授权、独立开发等方式开展文化创意产品开发。逐步将文化创意产品开发纳入文化文物单位评估定级标准和绩效考核范围。文化文物事业单位要严格按照分类推进事业单位改革的政策规定，坚持事企分开的原则，将文化创意产品开发与公益服务分开，原则上以企业为主体参与市场竞争；其文化创意产品开发取得的事业收入、经营收入和其他收入等按规定纳入本单位预算统一管理，可用于加强公益文化服务、藏品征集、继续投入文化创意产品开发、对符合规定的人员予以绩效奖励等。国有文化文物单位应积极探索文化创意产品开发收益在相关权利人间的合理分配机制。促进国有和非国有文化文物单位之间在馆藏资源展览展示、文化创意产品开发等方面的交流合作。鼓励具备条件的非国有文化文物单位充分发掘文化资源开发文化创意产品，同等享受相关政策支持。

（二）稳步推进试点工作。按照试点先行、逐步推进的原则，在国家级、部分省级和副省级博物馆、美术馆、图书馆中开展开办符合发展宗旨、以满足民众文化消费需求为目的的经营性企业试点，在开发模式、收入分配和激励机制等方面进行探索。试点名单由文化部、国家文物局确定，或者由省级人民政府文化文物部门确定并报文化部、国家文物局备案。允许试点单位通过知识产权作价入股等方式投资设立企业，从事文化创意产品开发经营。试点单位具备相关知识和技能的人员在履行岗位职责、完成本职工作的前提下，经单位批准，可以兼职到本单位附属企业或合作设立的企业从事文化创意产品开发经营活动；涉及的干部人事管理、收入分配等问题，严格按照有关政策规定执行。参照激励科技人员创新创业的有关政策完善引导扶持激励机制。探索将试点单位绩效工资总量核定与文化创意产品开发业绩挂钩，文化创意产品开发取得明显成效的单位可适当增加绩效工资总量，并可在绩效工资总量中对在开发设计、经营管理等方面做出重要贡献的人员按规定予以奖励。

（三）落实完善支持政策。中央和地方各级财政通过现有资金渠道，进一步完善资金投入方式，加大对文化创意产品开发工作的支持力度。研究论证将符合条件的文化创意产品开发项目纳入专项建设基金支持范围。认真落实推进文化创意和设计服务与相关产业融合发展、发展对外文化贸易等扶持文化产业发展的税收政策，支持文化创意产品开发。将文化创意产品开发纳入文化产业投融资服务体系支持和服务范围。面向从事文化创意产品开发的企事业单位，培育若干骨干文化创意产品开发示范单位，加强引领示范，形成可向全行业推广的经验。将文化创意产品开发经营企业纳入各级文化产业示范基地评选范围。强化文化市场监管和执法，加大侵权惩处力度，创造良好市场环境。鼓励各级地方政府创新文化创意产品开发机制，用机制创新干事。

（四）加强支撑平台建设。发挥国家级文化文物单位和骨干企业作用，支持实施一批具有示范引领作用的项目，搭建面向全行业的产品开发、营销推广、版权交易等平台。支持有条件的地方和企事业单位建设文化创意产品开发生产园区基地。实施"互联网＋中华文明"行动计划，遴选和培育一批"双创"空间，实施精品文物数字产品和精品展览数字产品推广项目。充分发挥重点文化产业、文物展会作用，促进优秀文化创意产品的展示推广和交易。规范和鼓励举办产品遴选推介、创意设计竞赛等活动，促进文化创意产品展示交易。借助海外中国文化中心、国际展览展示交易活动、文物进出境展览和交流等平台，促进优秀文化创意产品走出去。

（五）强化人才培养和扶持。以高端创意研发、经营管理、营销推广人才为重点，同旅游、教育结合起来，加强对文化创意产品开发经营人才的培养和扶持。将文化创意产品设计开发纳入各类文化文物人才扶持计划支持范围。文化文物单位和文化创意产品开发经营企业要积极参与各级各类学校相关专业人才培养，探索现代学徒制、产学研结合等人才培养模式，并为学生实习提供岗位，提高人才培养的针对性和适用性。通过馆校结合、馆企合作等方式大力培养文化文物单位的文化创意产品开发、经营人才。支持文化文物单位建设兼具文化文物素养和经营管理、设计开发能力的人才团队，并通过多种形式引进优秀专业人才，进一步畅通国有和民营、事业单位和企业之间人才流动渠道。鼓励开展中外文化创意产品设计开发、经营管理人才交流与合作，定期开展海外研习活动。

（六）加强组织实施。地方各级文化、发展改革、财政、文物等部门要按照本意见的要求，根据本地区实际情况，加强对推动文化创意产品开发工作的组织实施，做好宣传解读和相关统计监测工作。部门间、地区间要协同联动，确保各项任务措施落到实处。注意加强规范引导，因地制宜，突出特色，科学论证，确保质量，防止一哄而上、盲目发展。强化开发过程中的文物保护和资产管理，制定严格规程，健全财务制度，防止破坏文物，杜绝文物和其他国有资产流失。充分发挥各级各类行业协会、中介组织、研究机构等在行业研究、标准制定、交流合作等方面的作用。

国务院办公厅关于进一步加强文物安全工作的实施意见

（国办发〔2017〕81号）

各省、自治区、直辖市人民政府，国务院各部委、各直属机构：

文物是中华文明、中国革命的精神标识和文化标识，是国家象征、民族记忆的情感依托和物质载体。保护文物就是保护国家与民族的历史，守护中华民族的根与魂。文物安全是文物保护的红线、底线和生命线，关系国家历史传承和民族团结，关系社会主义核心价值观培育，关系人民群众精神家园建设，是弘扬中华优秀传统文化、建设社会主义文化强国、维护国家文化安全的重要内容。党中央、国务院高度重视文物安全工作，作出一系列决策部署，推动文物安全状况不断好转。但也要看到，保护文物安全是一项长期而又艰巨的工作，当前文物遭受盗窃盗掘盗捞案件高发频发，法人违法屡禁不止，文物流通领域非法交易、非法收藏、拍假卖假乱象丛生，文物安全属地管理主体责任履行不到位、监管缺失，执法机构队伍薄弱、管理不到位。为牢固树立保护文物也是政绩的科学理念，严格落实文物安全保护责任，严密安保措施，严防监管漏洞，严打文物犯罪，严肃问责追责，坚决筑牢文物安全防线，经国务院同意，现就进一步加强文物安全工作提出如下实施意见。

一、健全落实文物安全责任制

（一）明确地方政府主体责任。地方各级政府要切实履行文物安全属地管理主体责任，坚持党政同责、一岗双责、齐抓共管、失职追责，完善文物安全责任体系。要将文物安全摆在重要位置，加强组织领导，建立由分管负责同志牵头的文物安全工作协调机制，将文物安全工作纳入地方政府年度考核评价体系。实施目标管理，强化源头治理，整治重大隐患，督促有关方面履职尽责。将文物安全经费纳入财政预算，保障文物安全经费投入。

（二）强化部门监管责任。坚持管行业必须管安全、管业务必须管安全、管生产经营必须管安全，厘清各有关部门文物安全工作职责。文物部门负责制定文物行政执法督察和案件查处的相关规定和标准，查处文物违法案件，督办行政责任追究；协同配合有关部门查处文物犯罪案件、安全事故，规范文物市场。公安部门负责打击文物犯罪，指导文物和博物馆单位开展消防和内部治安保卫工作。海关部门负责进出境文物监管和打击文物走私工作。工商部门负责依法对古玩旧货市场中文物经营活动进行检查，对其中未经许可开展的文物经营行为进行查处。国土资源、住房城乡建设、旅游、宗教、海洋等负有文物安全职责的部门和单位要依法依规认真履行职责。发展改革、教育、财政等其他有关部门和单位要在职责范围内为文物安全工作提供支持保障。

（三）落实文物管理使用者直接责任。坚持谁管理谁使用谁负责。文物和博物馆单位对本单位文物安全负全面责任，要自觉接受属地监管。文物和博物馆单位法定代表人或者文物所有人、使用人是文物安全的直接责任人，要明晰领导责任，明确文物安全管理人，健全文物安全岗位职责，配齐安全保卫人员，依照规定建立单位专职消防队或者微型消防站，完善安全防护设施和措施，确保责任到人、责任到岗。田野文物等无使用人的不可移动文物，由县级政府承担安全责任。

（四）完善责任落实机制。地方各级政府间、政府与部门间、文物部门与文物和博物馆单位间要签订文物安全责任书，明确责任目标，逐级落实文物安全责任。实行文物安全直接责任人公告公示制度，接受社会监督。文物部门要经常性对文物安全直接责任人进行培训，提高文物安全管理水平和能力。

二、加强日常检查巡查，严厉打击违法犯罪

（五）强化日常检查巡查。要将文物被盗、火灾、雷击等隐患以及安全设施运行维护、应急演练处置、文物安全责任制落实等情况作为重点，不间断进行日常检查巡查。地方各级政府要将文物安全纳入社会综合治理、文明城市建设，每年开展一次文物安全检查评估；文物、公安、住房城乡建设、旅游、宗教、海洋等有关部门和单位要在各自职责范围内加强文物安全日常检查及监视监测工作；文物和博物馆单位的上级主管部门要加强对文物安全责任制落实和关键岗位、关键环节的检查，文物管理使用单位要做到日日有巡查、次次有记录。

（六）严厉打击文物犯罪，惩治法人违法行为。公安、国土资源、住房和城乡建设、海关、工商、旅游、宗教、海洋、文物等有关部门和单位要协同配合，建立长效机制，研判文物安全形势，适时开展专项行动，严厉打击盗掘古文化遗址、古墓葬，盗窃田野石刻造像、古建筑壁画和构件，盗捞水下文物以及倒卖、走私文物等犯罪活动；严厉查处非法交易文物、非法收藏文物、擅自从事文物经营活动等违法行为，清理非法经营主体；严厉查处未批先建、破坏损毁文物本体和环境、影响文物历史风貌等法人违法行为，对严重违法、社会影响极其恶劣的案件要约谈地方政府负责人，并向社会曝光。

三、健全监管执法体系，畅通社会监督渠道

（七）提高监管执法能力。充实国务院文物行政部门安全督察力量，加强省级文物监管力量，建立健全督察机制。强化市县监管力量，市县级政府已设立文物局的，要加强文物监管执法力量，切实履行职责；未设立文物局的，要确定专管部门及专职人员。承担文物执法职能的综合执法机构要明确岗位职责。有文物分布的乡镇和街道，乡镇政府和街道办事处要明确人员负责文物安全。文物安全形势严峻的地方，经属地公安机关、文物部门联合评估后，可结合当地实际，在点多面广、重要的文物保护单位设立派出所或者警务室，配备专职人员，加强重点保护。

（八）引导社会力量参与。地方各级政府应通过政府购买服务等方式，确保无专门管理机构或管理机构力量不足的不可移动文物有专人负责巡查看护。加强文物保护法律法规宣传普及，充分利用文艺演出、公益广告、广播电视节目等形式，积极利用各类新闻媒体平台，引导全社会树立保护文物光荣、破坏文物违法的意识。树立正确文物收藏观，鼓励合法收藏，拒绝非法交易文物。加强社会监督，鼓励文物保护社会组织、志愿者等积极参与文物安全监督管理，向有关部门提供文物违法犯罪线索，畅通社会监督渠道。

四、强化科技支撑，提高防护能力

（九）完善安全防护设施。实施文物平安工程，健全文物安全防护标准，推广应用文物和博物馆单位安防、消防先进技术和装备。尚未建设安全防护设施的要尽快建设完善，逐步实现全覆盖。文物资源密集、专门机构人员短缺的地区，可集中设置安全防护综合控制中心。通过现有资金渠道，对文物保护单位、博物馆等风险单位的安全防护设施建设、运行及维护经费予以积极保障。鼓励和引导社会力量参与，健全多元化的文物安全防护设施资金投入渠道。

（十）加强信息平台建设。建立覆盖全国重点文物保护单位和世界文化遗产地的监控系统，实现远程监管、消防物联网监控和文物安全监管人员智能巡检，建设完善文物安全监管平台。完善全国文物犯罪信息平台，及时发布被盗文物信息，充分运用云计算、大数据、"互联网+"等现代信息技术，推动文物安全保护与现代科技融合创新。

五、加大督察力度，严肃责任追究

（十一）加强督察。国务院文物行政部门组织全国文物安全工作部际联席会议成员单位每年对各地文物安全工作落实情况开展一次督察，对安全和执法工作履职尽责情况进行评估和通报，确定重大文物案件和安全事故并挂牌督办。省级政府要加大对市县级政府文物安全工作落实情况的督察力度，将重大文物安全隐患、事故和违法案件列为政府督察重要事项，坚持原因不查清不放过、责任者得不到处理不放过、整改措施不落实不放过、教训不吸取不放过，切实提高督察实效，可对文物安全工作成绩显著的地区和单位给予表彰，对表现突出的个人予以奖励，对工作不力的地区和单位进行通报批评。

（十二）严肃追责。建立严格的文物案件和安全事故追责问责机制，制定文物案件和安全事故违法违纪处分办法，厘清责任单位和责任人员，界定违法违纪行为，明确处分种类和运用规则。地方各级政府、各有关部门和单位不依法履行职责、决策失误、失职渎职等导致文物遭受破坏、失盗、失火并造成损失的，对负有领导责任、监管责任和直接责任的人员必须严肃追责；涉嫌犯罪的，必须移送司法机关处理，让有权必有责、有责要担当、失责必追究成为工作常态。

各地区、各有关部门和单位要根据本实施意见要求，结合工作实际，认真抓好贯彻落实。

国务院办公厅

二〇一七年九月九日